北京经济技术开发区年鉴

BEIJING ECONOMIC-TECHNOLOGICAL DEVELOPMENT AREA YEARBOOK

（2013）

北京经济技术开发区年鉴编纂委员会 编

方志出版社

《北京经济技术开发区年鉴》
编纂委员会

《北京经济技术开发区年鉴》
编　辑　部

《北京经济技术开发区年鉴》

组　稿　人

（按姓氏笔画排序）

丁丽芊　于莉晶　于　翔　万　红　马　华　马苗苗
马　杰　马欣欣　马　晶　马　焱　王文华　王玉姗
王冬温　王　宁　王亚飞　王秀红　王　迪　王建平
王　昳　王　娜　王培杰　王　晗　王　琪　王　晶
王瑞青　王德友　巨德慧　月梅兰　石　晔　卢佳音
田　位　白志敏　冯　康　宁　然　边淑清　邢　雷
吕　璐　朱丽芳　朱　静　全莉莉　刘小雨　刘书雅
刘　冉　刘　欢　刘　君　刘　祎　刘　洋　刘泰连
刘晓薇　刘淑静　刘　然　刘福生　刘　静　江　玮
许　春　孙　玲　孙晓洁　孙　健　杜晓东　李文玲
李文祥　李　刚　李　华　李军辉　李　芳　李　青
李　杰　李振领　李彩云　李　嵘　李楠楠　李　新
李　韬　李　璟　杨卫东　杨　莉　杨健美　杨竞希
杨　博　杨路萍　吴希瑶　吴　妍　吴　迪　吴艳明
吴海燕　何　焱　谷明华　冷月侨　宋　敏　张文芮
张玉力　张　成　张　帆　张传青　张军莉　张员璋
张　妍　张　京　张建中　张　莹　张　凌　张海英

（续）

张雪平	张　敏	张　舒	张　然	张　蒙	张　楚
张蔚青	陈　戈	陈乐央	陈　立	陈　伟	陈　芸
陈　君	陈　林	陈国舫	陈晓文	陈培洁	陈　晨
陈跃腾	陈　敏	林光美	果汝君	罗小英	周小燕
周立娟	周会丽	周　洁	周菁楠	郑伟松	屈丽娜
孟　雨	赵立方	赵　宇	赵琳琳	赵　楠	赵　新
赵慧娟	胡生宝	胡颖君	段雪梅	侯明明	侯　洁
侯　莹	侯雪辉	俞　航	姜　昆	姜姗姗	秦连荣
袁卫中	贾　妍	贾　琳	贾　燕	钱　程	候　璐
徐健泓	徐博远	高　飞	高　峰	郭云珍	郭　青
席志斌	陶素杰	黄秀敏	黄　崧	曹慧敏	常　亮
崔建平	崔琳琳	彭立华	彭晓娟	董凤荣	蒋　澜
韩志学	韩博静	韩　燕	景　轶	程　芳	程　胜
程　洁	靳子畅	靳　洋	蔡红健	蔡素凤	漆素薇
谭明慧	翟志芳	翟　欣	滕瑞群	小柳由里香	

8 月 20 日，开发区建设 20 周年纪念雕塑《绽放》落成　　新闻中心提供

12 月 7 日，市委、市政府加快推进北京经济技术开发区创新发展大会召开

开发区创新发展大会

宣传部提供

4月17日，中国共产党北京市大兴区、北京经济技术开发区代表会议召开

新闻中心提供

2月9日，开发区总公司2012年度工作会召开

开发区总公司提供

区、北京经济技术开发区代表会议

7 月 18 日，新区廉政警示教育活动总结大会召开　　高宁 摄

7 月 2 日，新老党员在开发区企业党委表彰大会上宣誓　　新闻中心提供

2月17日，新区2012年就业工作大会召开　　新闻中心提供

1 月 30 日，北京奔驰汽车零部件配套产业园启动　　北京奔驰提供

9 月 25 日，北京奔驰二期工程奠基　　新闻中心提供

框架

5 月 15 日，中芯国际北京公司二期项目合作框架签字仪式举行
新闻中心提供

9 月 25 日，中芯国际（北京）二期项目奠基　新闻中心提供

3 月 20 日，北京智能交通系统及智能交通产业项目签约仪式举行

新闻中心提供

12 月 24 日，中国人民解放军海军 北京市人民政府军民融合创新园（蓝鲸园）奠基

刘朗 摄

2月8日，2012外交官经济论坛在开发区举办

5月23日，在第十五届科博会上，2012中国金融论坛暨北京·亦庄项目入区签约仪式举行

新闻中心提供

新闻中心提供

12 月 12 日，2012 云世界大会在开发区召开

8 月 17 日，北京市重大交通事故应急医疗救援演练在开发区举行

新闻中心提供

高宁 摄

5 月 23 ~ 27 日，开发区 57 家高新技术企业 180 余件创新成果在第十五届科博会上展出

新闻中心提供

3 月 1 日，京东方 8.5 代线厂房光伏发电项目竣工　　京东方提供

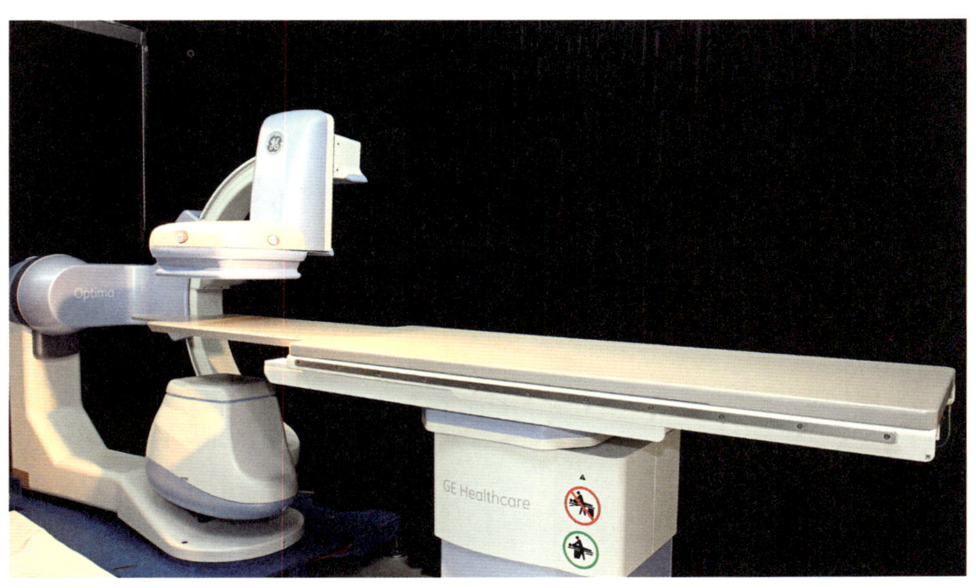

6 月 27 日，通用航卫首台血管机下线　　通用航卫提供

5 月，华联印刷引进第 4 台 M600 高速商业轮转印刷机　　华联印刷提供

7 月，SMC 公司入选中国机械 500 强和中国机械 500 大企业　　SMC 公司提供

7 月 17 日，卡夫北京区域生产线竣工　　新闻中心提

12 月 20 日，北京奔驰一工厂发动机 / 桥车间第十万台发动机下线　　北京奔驰提

4 月，金风智能微网亦庄机组投入运行　　金风科创提供

7 月，京东方北京第 8.5 代 TFT-LCD 生产线实现满产　　京东方提供

9 月 18 日，诺基亚体验创新中心成立　　诺基亚提供

8 月 30 日，义翘神州与美国 Life Technologies 全球战略合作启动

新闻中心提供

10 月 12 日，奔驰 GLK 级豪华中型 SUV 上市

10 月 29 日，云电英纳 220kV 超导限流器在天津电网挂网运行

洪辉　摄

北京奔驰提供

2 月 16 日，2011 年度新区纳税 50 强、纳税增长 50 强企业颁奖典礼举行

新闻中心提供

5 月 9 日，保华国际教育园奠基　　新闻中心提供

5 月 19 日，国家康复辅具研究中心附属康复医院开业　　赵晓明 摄

9月1日，亦庄第三幼儿园、亦庄第四幼儿园和慧才苑林肯公园社区实验幼儿园正式开园

亦庄三幼提供

9月11日，泰河智能110千伏输变电站投入使用　　潘清泉 摄

2012年，“46.8平方公里”内市政道路建设完工　　建发局提供

10 月 19 日，北京现代制造业职业教育集团成立 电科职院摄

9 月 27 日，新区党群活动中心投入使用

9 月 30 日，亦庄保税物流中心税收突破亿元大关　　博大世通提供

高宁 摄

4 月 20 日，市知识产权局与开发区启动年度开发区知识产权战略推进计划

新闻中心提供

5 月 2 日，开发区中小企业服务中心投入运行

博大数文提供

6 月 8 日，开发区行政服务中心迁入新址

新闻中心提供

12 月 18 日，北京经济技术开发区资讯中心启用

新闻中心提供

12 月，开发区第 100 家亦庄书屋建成

新闻中心提供

年内，“12 平方公里”回迁房建设完成

潘清泉 摄

11 月 30 日，亦庄新城滨河森林公园开园

潘清泉 摄

年内，开发区获国家级工业节水示范区称号　　潘清泉 摄

1 月 29 日， 开发区工委、管委会领导到基层慰问　　新闻中心提供

3 月 7 日，开发区组织食品安全检查

新闻中心提供

12 月，开发区组织施工安全检查　　新闻中心提供

8 月 20 日，开发区举行生态工业园建设发展论坛　　康立庚 摄

8 月 16 日，院士专家工作站授牌

新闻中心提供

8 月 9 日，开发区 20 周年发展研讨会召开

新闻中心提供

9 月 5 日，生物医药企业投资峰会召开　　新闻中心提供

编辑说明

一、《北京经济技术开发区年鉴》是一部记述北京经济技术开发区发展变化的综合性、年度性资料工具书。2012年创刊，由北京经济技术开发区年鉴编纂委员会主持编纂。

二、本年鉴以邓小平理论、“三个代表”重要思想、科学发展观为指导，坚持实事求是的原则，科学、客观地记述本地区经济、社会发展情况。

三、本年鉴采用类目结构，以条目为主体，附之以文章，用规范的语体文、记述体，直陈其事，文字力求言简意赅。

四、本年鉴设有特载、园区建设20周年专稿、文件选载、大事记、产业发展、科技、综合经济管理、规划·建设、区属国有资产经营、金融、社会保障与社会发展、公用事业、党建事务、综合行政事务、统计资料、附录共16个类目。

五、本年鉴记述2012年1月1日至12月31日期间情况（部分内容依据实际情况时限略有前后延伸），凡2012年事项，均直书月、日，不再另写年份。

六、本年鉴在记述时使用了一些简称，主要有：大兴区和北京经济技术开发区合称为“新区”，北京经济技术开发区简称为“开发区”，中共北京市委经济技术开发区工作委员会简称为“开发区工委”，北京经济技术开发区管理委员会简称为“开发区管委会”，北京经济技术投资开发总公司简称为“开发区总公司”。凡入编企业、事业单位在其条目或标题下出现的简称均为企业习惯简称。

七、本年鉴中一般采用标准计量单位，外币直接标明币种。“12平方公里”“16平方公里”“26平方公里”“46.8平方公里”为特殊专属名词。

八、入选本年鉴的文章和条目、图片，均通过各单位（部门）确定专人负责撰写或提供，并经主要负责人审核。凡图片摄影者无具体署名的，均注“单位”或“企业”提供。全区经济社会统计资料统一由开发区统计局提供，业务部门统计数据由各主管部门提供。

九、本年鉴编纂出版工作得到了市地方志办公室的指导，得到开发区工委、管委会、总公司各部门、区内有关单位、入区企业的大力支持，其他年鉴编纂单位的同仁也给予了悉心帮助，全体编纂人员为年鉴的出版付出了辛勤劳动，在此谨致谢意。

十、由于编辑水平有限，年鉴中如有疏漏和差错，恳请广大读者批评指正。

目　录

CONTENTS

产业发展

技术研发 216

成果转化 224

规划·建设

公用事业

统计资料

附　录

主题词索引

特载

在加快推进北京经济技术开发区创新发展大会上的讲话

中共中央政治局委员中共北京市委书记　郭金龙

（2012 年 12 月 7 日）

同志们，朋友们：

今天，市委、市政府在这里召开加快推进北京经济技术开发区创新发展大会，目的是深入学习贯彻党的十八大精神，进一步推动北京经济技术开发区在新的形势下更好地创新发展。刚才，张伯旭同志汇报了北京经济技术开发区建设发展情况，康宁显示公司、义翘神州公司的负责人作了发言，商务部副部长王超同志作了很好的讲话。借这个机会，我代表市委、市政府对长期关心支持首都工作的国家有关部委和中央企业，以及在开发区从事建设发展事业的各界朋友们表示衷心的感谢！

设立经济技术开发区，是中央作出推动改革开放和社会主义现代化建设的重大战略决策。建设经济技术开发区，就是要通过在特定区域内实施更加优惠的政策，营造更加良好的发展环境，聚集优势企业、资金、技术、人才，集约使用各类资源，打造技术的高地、知识的高地、对外政策的高地，更好地推动经济发展。

北京经济技术开发区建立于 1992 年，走过了不平凡的发展历程，在昔日的荒郊僻壤，建设起了现代化、生机勃勃的高端产业新区。回顾过去，北京经济技术开发区的发展，一是得益于坚持以经济建设为中心，以解放和发展社会生产力为根本任务，集成首都优势，从无到有，从小到大，从弱到强，紧紧围绕着发展先进制造业和战略性新兴产业的方向，形成了电子信息、生物医药、装备制造、汽车制造等四大主导产业，实现了地区生产总值年均增长超过 40% 以上，工业总产值年均增长超过 50% 以上，财政收入年均增长超过 60% 的发展奇迹，建成了首都实体经济发展的重要基地。二是得益于坚持深化改革，以改革的精神推动开发区建设，充分发挥市场在资源配置中的基础性作用，不断创新管理体制、服务体制、行政区划体制。特别是经过行政资源整合，实现了资源的优势互补和生产要素的合理配置，突破传统体制的束缚，建立起了统筹、高效、精简、便捷的行政审批机制，提高了行政效能，优化了发展环境，建成了先行先试的改革示范区，走出了一条行政区和功能区统筹发展的新路。三是得益于坚持对外开放，积极利用国际国内两个市场、两种资源，大力引进国外资金、技术、管理、人才，聚集了一批国内外知名企业，加强了国际合作，扩大了出口规模，优化了产品结构，提高了产品的质量和效益，提升了利用国际资源的能力，探索了首都实体经济对外开放的发展新路，成为首都对外开放的重要窗口。四是得益于坚持创新驱动战略，积极借助首都科技资源优势，引入一大批高端创新研发机构、创新人才和创新企业，搭建科技创新成果转化平台，形成了北有中关村、南有开发区，科技研发、成果转化南北呼应的创新发展格局，成为具有国际水平的科技创新成果产业化平台。五是得益于坚持统筹协调的发展方式，北京经济技术开发区在建设过程中，按照城乡一体、经济社会同步发展的思路，统筹推动基础设施建设、生活环境改善、社会事业发展，成为城乡一体、宜居宜业的发展典范。总之，经过多年的不懈努力，北京经济技术开发区走出了一条通过改革开放，发展实体经济，建设高端产业新区的路子，为推进首都工业化、现代化、城市化书写了浓墨重彩的一笔。

这些成绩来之不易，是北京经济技术开发区、大兴区广大干部职工坚持以邓小平理论、“三个代表”重要思想、科学发展观为指导的实践成果，是首都改革开放和现代化建设辉煌成就的生动缩影，也是我们坚持中国特色社会主义道路、理论体系和制度的又一成功印证。北京经济技术开发区建设的成功实践，丰富了我们对首都现代化建设特点和规律的认识；坚定了我们加快转变经济发展方式，走创新驱动发展战略，推动实体经济发展的决心；也使我们看到了首都现代化宜居宜业新城生机勃勃的美好愿景。

党的十八大为推动首都的科学发展指明了方向。我们必须顺应新形势、新任务和人民群众的新期待，按照十八大的要求，坚持解放思想、实事求是、与时俱进、求真务实，以更加奋发有为的精神状态，更加扎实有效的工作举措，建设好北京经济技术开发区。当前，北京正处在转型发展的关键时期。作为北京唯一的国家级经济技术开发区，北京经济技术开发区在推动首都科学发展，加快转变经济发展方式，促进产业结构深度调整，推进科技产业化和发展实体经济等方面，要当仁不让地承担起责任，当好推动首都科学发展的排头兵，努力在首都现代化建设中不断取得新成绩、迈上新台阶。为了进一步搞好北京经济技术开发区的建设，市委、市政府研究制定了《关于进一步加快推进北京经济技术开发区发展的意见》，明确了下一步发展的指导思想和目标任务，全市各级、各部门都要认真贯彻落实这个意见，积极支持北京经济技术开发区的建设发展。北京经济技术开发区也要抢抓机遇，乘势而上，奋力争先。借此机会，我强调几点意见。

一、要在深入学习贯彻十八大精神上下工夫

党的十八大勾画了在新的历史条件下加快推进社会主义现代化、夺取中国特色社会主义新胜利的宏伟蓝图，是我们党团结带领全国各族人民沿着中国特色社会主义道路继续前进、为全面建成小康社会而奋斗的政治宣言和行动纲领。特别是在发展方面，强调了以科学发展为主题，以加快转变经济发展方式为主线的战略抉择。要适应国内外经济形势新变化，加快形成新的经济发展方式，把推动发展的立足点转到提高质量和效益上来，着力激发各类市场主体发展新活力，着力增强创新驱动新动力，着力构建现代产业发展新体系，着力培育开放型经济发展新优势。要认真学好十八大精神，在学深学透上下工夫，在武装头脑上下工夫，在学以致用上下工夫，努力以学习贯彻十八大精神的实际行动促进北京经济技术开发区更好发展。

二、要在实施创新驱动战略上下工夫

实施创新驱动是十八大确定的重要战略任务，也是首都经济抢占制高点、发挥创新优势的必然要求。北京经济技术开发区是中关村国家自主创新示范区的重点组成园区，要充分利用好这一创新体制优势，用好“1+6”先行先试政策，对接好中关村创新资源的辐射扩散，用足中关村人才特区的智力资源，率先利用好中关村扩区的重大机遇，形成更大的政策叠加效应。要进一步完善科技创新和成果转化应用平台，加快推进重大科技创新成果在区内的产业化进程，发展实体经济特别是先进制造业，坚持走创新驱动、高端引领、产业融合的发展路子，推动战略性新兴产业、先进制造业健康发展，培育“北京创造”品牌。要着力构建以企业为主体、市场为导向、产学研相结合的技术创新体系，支持企业牵头实施产业目标明确的国家重大科技产业化项目，充分发挥企业的创新主体作用。要高度重视人才工作，进一步完善人才发展机制，拓宽人才引进的渠道，为优秀人才施展才能创造更好的环境，使北京经济技术开发区成为优秀人才创业发展的向往之地。

三、要在进一步深化改革开放上下工夫

改革开放成就了北京经济技术开发区，北京经济技术开发区的进一步发展，仍然

要靠改革开放。在新的发展阶段，进一步建设好北京经济技术开发区，必须坚定不移地推进改革开放，以更大的勇气和智慧，迎难而上，攻坚克难，破除妨碍科学发展的体制机制弊端。北京经济技术开发区是首都深化改革开放的重点，要勇敢地承担起改革开放的历史责任，不失时机深化改革。各相关部门要大力支持北京经济技术开发区的改革，紧紧抓住国家深化重要领域改革的机遇，敢于先行先试，打造政策高地，优化发展环境，激发市场活力，不断增强北京经济技术开发区的发展动力。

四、要在深化两区行政资源整合上下工夫

北京经济技术开发区与大兴区行政资源整合三年来，拓展了发展空间，统筹了资源要素，优化了服务环境，形成了两区一体化发展的新格局。实践证明，两区行政资源整合，是市委、市政府为推动改革开放、加快转变发展方式、促进南部地区发展，做出的正确的、科学的重大决策。要巩固和发展这种良好的势头，加大行政资源整合的力度，拓展行政资源整合的广度，完善行政资源整合的运行机制，探索行政区和功能区一体化发展的新途径，形成推动首都南部地区发展的强大合力。要进一步加大基础设施建设力度，提高水、电、气、热、道路交通等方面的供应保障能力，进一步加强公共服务设施的建设，推动中心城区优质公共服务资源向北京经济技术开发区转移，提高社会管理和公共服务的水平，为开发区营造更好的创新发展环境，打造南部高端制造业产业带。

北京经济技术开发区已经站到了新的历史起点上，任务很重、责任很大。该有的政策一定要给足，该担的责任也一定要担起。希望大兴区委和开发区工委认真学习贯彻十八大精神，切实加强领导班子和干部队伍建设。要加强理想信念教育、宗旨教育，打造政治坚定、作风过硬、业务精良的干部队伍。要进一步加强干部素质能力建设，增强国际视野，提高管理水平。要切实加强作风建设，增强服务意识，提高服务质量，切实做好服务群众、服务企业、服务发展的各项工作，积极帮助企业解决实际问题，以优良的作风推动开发区更好更快发展。

同志们，让我们在以习近平同志为总书记的党中央坚强领导下，解放思想，开拓创新，扎实工作，努力实现北京经济技术开发区发展的新跨越，为中国特色世界城市建设作出新贡献！

在开发区年度工作会上的讲话

中共北京市大兴区委书记
中共北京市委经济技术开发区工作委员会书记　林克庆

（2013 年 1 月 15 日）

同志们：

刚才，伯旭同志代表工委、管委会对开发区过去一年的工作进行了全面总结，描绘了未来五年发展蓝图，对今年的重点任务从七个方面作了总体部署，我完全赞同。会后，各单位、各部门要认真抓好贯彻落实。下面，我再讲三点意见。

一、充分肯定过去一年取得的成绩

过去的一年，我们在市委、市政府的正确领导下，克服困难、团结一致、努力工作，圆满完成了各项任务，经济社会保持了持续健康发展的良好势头。这些成绩来之不易，新区各部门和广大干部群众做了大量卓有成效的工作，总结起来，可以概括为四句话：一是大事办得好。落实市委、市政府的重大决策部署，以开发区建设 20 周年为契机，全面总结开发区发展经验，推动市委、市政府出台《关于进一步加快推进北京经济技术开发区发展的意见》，为今后新区发展创造了大好机遇。北京新机场项目获得国家正式批复，为新区未来发展注入了强大动力。此外，奔驰二期、中芯国际二期等一批重大项目开工建设、京东方 8.5 代线全面量产，为今年的经济增长打下了良好基础。成功申办 2016 年“世界月季洲际大会”，为进一步展示新区、宣传新区搭建了国际化平台。二是难事办得稳。我们圆满完成了十八大的维稳工作，高标准建成228万平方米安置房，实现4000多户搬迁农民和谐无震荡回迁；妥善解决了一批涉及社会稳定的难题；沉着应对“7·21”特大暴雨洪灾，排除各类防汛隐患，确保人民生命财产安全。顺利启动了农村集体建设用地建设项目的试点；下大力气解决资金困难，确保重大项目开发建设的进度。三是一体发展抓得紧。“三镇一园”综配区建设全面启动。“12平方公里”扩区建设加快推进；“26平方公里”扩区前期工作稳步开展。北京十一学校亦庄分校、保华国际教育园、同仁医院二期建设顺利推进。新增8000多名新区劳动力在开发区就业。四是党建工作抓得实。过去的一年，开发区党建工作紧紧围绕新区发展大局，不断强化思想、组织、作风、党风廉政建设和制度建设，为新区发展提供了坚强保障。创先争优活动取得明显成效。深入学习宣传党的十八大精神，强化了理论武装。积极推进干部交流与培训，加大后备干部培养力度，领导班子和干部队伍建设切实加强。人才高地效应进一步显现。年内新增“千人计划”10人，累计达到36人；新增“海聚工程”32人，累计达到69人。建成党群活动服务中心，非公企业党建工作进一步加强。开展“12个一”廉政警示教育活动，对重点项目、重要领域从程序上进行严格监督，惩防体系建设取得新成效。

一年来，面对大事多、难事多、责任大、任务重的形势，开发区广大干部群众顾大局、识大体，体现了敢于担当、攻坚克难、敬业奉献的良好精神状态和工作作风。在争取奔驰二工厂等重大项目上，各位区级领导和相关部门全力以赴，克服了很多困难，最终使项目顺利落地、开工。在处理燕宝公司员工上访问题上，工会、人劳局等多个部门通力合作，妥善解决了难题，得到了企业和职工的高度赞扬，企业的负责人还专门致信通过美国驻华大使感谢开发区。在“12平方公里”基础设施建设，以及综配区、“六园”和新航城的建设上，总公司大局意识强，不计得失、不算小账，为推动新区一体发展作出了重要贡献。这样的例子还有很多，我在这里就不一一列举了。

借此机会，我代表新区领导班子对广大干部群众的辛勤工作，表示崇高的敬意和衷心的感谢！

二、关于今年的重点工作

2013年是全面贯彻落实党的十八大精神的开局之年，是实施“十二五”规划承上启下的关键之年，是北京新机场建设和第二阶段城南行动计划的启动之年，是在新起点上推动开发区创新发展、实现新区高水平一体发展的重要一年。在这样的大背景、大形势下，开发区要进一步明确在首都、在新区发展大局中的职责和定位，也就是“三个责任”：要主动承担起做推动首都科学发展的排头兵、做大做强实体经济的责任；承担起推动改革创新、率先形成创新驱动发展格局的责任；承担起高水平推动一体发展，打造首都高技术制造业和战略性新兴产业聚集区的责任。落实好“三个责任”，需要强调的是，这些责任是新区共同的责任，但是开发区要发挥新区发展的“发动机”“助推器”的作用，在承担责任、推动发展上做“排头兵中的排头兵”。刚才，伯旭同志对今年和今后五年的工作思路和目标进行了阐述，提出了七个方面的重点工作，各单位要认真抓好落实。关于今年工作，我再强调几个方面：

（一）深入学习和全面贯彻落实党的十八大精神。深入学习和全面贯彻落实党的十八大精神，是当前和今后一个时期的首要政治任务。我们要按照市委要求，着重在学深学透上下工夫，在武装头脑上下工夫，在学以致用上下工夫，努力以学习贯彻十八大精神的实际行动促进新区更好更快发展。要明确指导思想，深刻理解十八大提出的旗帜、道路和目标任务，坚定理想信念，切实把全区广大党员干部的思想统一到党的十八大精神上来，把力量凝聚到实现党的十八大提出的各项战略任务上来。要紧密联系实际，落实工作责任，全面贯彻市委、市政府的重大决策部署，加快落实推进实体经济发展的政策措施，研究推进改革的内容和步骤，用改革的精神推动工作，用工作成果推动改革。

（二）在发展实体经济上实现新突破。前不久召开的市委全会上，郭书记在分析首都发展的阶段性特征时特别提到，首都经济实力还不够强，“高端制造业产业链、产业集群发育还不够充分，有国际影响力的大型企业数量不多”。作为首都发展实体经济的主阵地，我们要站在国际产业分工的高度，对重点发展的十大产业进行再分析、再研究，针对每个产业都要制定明确的发展思路、发展政策、发展措施，在推动高端产业发展上担起责任、扛起大梁。今年要按照“四个一批”的要求，确保落实一批重大项目的开工、落实一批重大项目的引进。同时，要加快推进产业空间拓展，继续完善“12 平方公里”基础设施和公共服务设施，满足重大项目建设需求。还要积极推动“26 平方公里”扩区工作，为下一步的产业发展奠定基础。

（三）在改革创新上要有新亮点。要推动新区在新起点上实现更大突破，必须坚定不移地推进改革创新。当前，首先要落实好市委、市政府《意见》中提出的在产业空间拓展、行政审批权限下放、中关村政策对接、深化人才和干部管理工作以及在社会管理服务等方面的创新。要用创新的手段破解难题，用创新的动力推进工作。只要有利于增强活力、有利于做大做强开发区、有利于推动新区发展，都要敢于探索、先行先试。

（四）在高水平一体发展上要有新成效。经过三年的努力，新区由整合、融合再到深度融合，已经形成一体发展的新格局。今年，我们要紧抓《意见》落实的机遇，按照目标一致、分工负责、统筹协调、渐进有序的原则，更大力度、更深层次、更广范围地推动新区实现高水平一体发展。即一体推进产业发展，一体推进一区六园和综配区建设，一体推进社会管理和公共服务，一体推进新机场建设与开发。

三、抓好党的建设，为新区发展提供坚强保障

做好全年的各项工作，重点在各级党组织和党员干部。我们要按照党的十八大提出的党建工作总体部署，以建设学习型、服务型、创新型党组织为目标，紧紧围绕中心工作，着力强化思想、组织、作风、廉政和制度建设，为新区在新的起点上实现新跨越提供坚强的政治保障。

一是着力强化思想政治建设。今年在深入学习贯彻落实十八大精神的同时，我们要按照市委统一部署，深入开展以为民务实清廉为主要内容的党的群众路线教育实践活动，结合开发区实际，重点查找并解决在发展上、作风上、干部队伍建设上，特别是领导干部中存在的突出问题，提高实践活动的针对性和实效性。坚持“三个面向”，抓好“三项教育”，加大思想宣传力度，强化舆论引导，把全区广大党员干部群众的思想统一到中央和市委的决策部署上来。

二是着力抓好组织人才工作。抓好班子建设，各级领导班子是我们各项事业的领导核心，是完成各项工作的组织保障，是各支队伍的排头兵，要按照十八大提出的自我净化、自我完善、自我革新、自我提高能力的要求，加强各级领导班子建设。工委要求每名班子成员都要在加强理论学习、密切联系群众、遵守组织纪律、深入一线指挥和主动承担责任上，做干部群众的表率。加强干部队伍建设，要继续加大干部培训力度，总结固化专题研讨班和专业知识大讲堂等培训方式，提高广大干部整体素质。坚持正确的选人用人导向，健全有利于科学发展的目标体系、考核办法、奖惩机制。优化干部队伍结构，加大竞争性选拔和两区干部交流力度，着力抓好党政一把手、年轻干部和专业干部的调整配备。加强后备干部队伍建设，完善后备干部人才库。加强干部监督和管理，严格执行干部选拔任用四项监督制度。做好人才工作，加快落实十大人才工程，深入开展人才发展体制机制改革和政策创新，研究制定《领军人才聚集区实施意见》，加强国家海外高层次人才创新创业基地建设。

三是着力加强基层党建。突出区域特色，抓好非公党建工作，要摸清区域内非公有制企业和党员底数，推动党的组织和工作全覆盖。进一步完善党群活动服务中心的功能和管理，使之成为全市加强非公企业党建工作和思想教育的示范阵地。不断完善党群一体化工作机制，继续推进党支部书记与工会主席一人兼。不断创新机关党建载体，推进学习型、服务型、创新型党组织建设，增强机关干部服务大局、推动发展的意识和能力。扎实推进社区党建工作，引领带动开发区社会建设。

四是着力抓好廉政建设。总结固化廉政集中警示教育活动经验成果，健全反腐倡廉

宣传教育长效机制，促进干部清正、政府清廉、政治清明。制定推进廉政风险防控“三个体系”建设实施细则。切实做好《意见》落实情况的监督工作。定期组织企业特邀督查员座谈会，推进“三下三上”双向沟通工作机制，改进工作作风，提高行政效能。要认真落实中央、市委及新区班子关于改进工作作风密切联系群众的有关规定，坚持艰苦奋斗、勤俭节约，坚决克服庸懒散奢等不良风气，坚决反对大手大脚、铺张浪费，坚决杜绝部门之间请客送礼、大吃大喝，切实抓好节日期间的党风廉政建设。

五是着力强化作风建设。市委、市政府要求我们“该有的速度要有、该出的效益要出、该具备的作风要具备”。我们要把当好排头兵，作为加强作风建设的标准。要有当好排头兵的精神状态。广大党员干部特别是处级以上领导干部，一定要拿出新区干部应有的“精气神”来，杜绝“等、靠、要”的消极思想，杜绝“庸、懒、散”的散漫作风。切实增强加快发展的责任感和使命感，振奋精神，主动作为，在产业发展、社会建设、文化建设、生态建设等方方面面都要争创一流，取得新的突破。要拿出当好排头兵的闯劲。今年任务繁重、困难不少，但还是那句话，办法总比困难多。大家要继续发扬“三敢”精神，迎难而上，开拓创新，敢闯敢试，全力破解制约发展的难题。要拿出当好排头兵的干劲。空谈误国，实干兴邦。广大党员干部特别是各级领导干部要真正沉下去，深入基层一线，深入到具体难点环节中，加强调查研究，着力解决企业反映强烈的突出问题，提高为企业服务的水平和能力。要善于运用底线思维，把有限的资源用在群众最需要的地方。

最后，我再强调一下年终岁末的几项工作。一是做好走访慰问工作。各级领导干部都要深入基层，重点加强对困难群众、一线员工以及老干部、老党员走访慰问，解决好群众生活中的实际困难。特别是要继续抓好和谐回迁，把工作做细，确保老百姓过好回迁后的第一个春节。二是做好安全生产工作。节前，要集中开展安全生产大检查，着力抓好企业、工地、社区、烟花爆竹、煤气中毒、食品药品等重点行业、重点领域的隐患排查工作，坚决防止重特大安全事故发生。三是做好社会稳定工作。年底前，要做好农民工讨薪等突出矛盾纠纷的排查化解。要加强应急值守，严格执行值班、领导带班和请销假制度，确保节日期间工作正常运转。

同志们，当前，新区发展机遇空前，发展任务艰巨，我们正在书写新区发展的历史。站在新的起点上，我们必须进一步解放思想、改革开放、凝聚力量、攻坚克难，切实当好首都科学发展的排头兵，大力推动新区一体化、高端化、国际化发展，坚决完成好市委、市政府交给我们的光荣使命，为建设宜居宜业和谐新区作出新的更大的贡献！

政府工作报告
——北京市大兴区第四届人民代表大会第二次会议

北京市大兴区区长
中共北京市委经济技术开发区工作委员会副书记　李长友
（2012年11月20日）

各位代表：

现在，我代表区人民政府向大会报告政府工作，请予审议。

2012年工作回顾

2012年是新一届政府的届首之年，是实施“十二五”规划的突破之年，是新区一体发展的关键之年。一年来，面对国内外错综复杂的形势，在市委、市政府和区委领导下，在区人大依法监督、区政协民主监督支持下，区政府认真执行中央大政方针和市委、市政府工作部署，全面落实“十二五”规划任务和区四届一次人代会决议，团结带领全区人民，迎难而上，锐意进取，努力拼搏，扎实工作，经济、政治、文化、社会和生态文明建设取得新成绩，为完成新区“十二五”规划目标奠定了坚实基础。

一、突出产业强区战略，新区综合实力实现新跨越

一年来，面对严峻的经济形势，区政府坚持“稳中求快进、创新大发展”的工作基

调，着力转变发展方式，不断优化产业结构，经济运行质量和效益稳步提高。预计地区生产总值完成 386 亿元，比上年增长 10%；预计财政收入完成 45 亿元，比上年增长 12%；预计社会消费品零售额完成 200 亿元，比上年增长 15.5%；预计城镇居民人均可支配收入达到 31100 元，比上年增长 11.9%；预计农村居民人均纯收入达到 15370 元，比上年增长 12%，经济发展总体形势好于预期。

园区建设加快推进。围绕“一区六园”布局，着力拓展产业发展空间。开发区“12 平方公里”新扩区域达到项目落地条件，“26 平方公里”扩区方案初步确定。累计投入 5 亿元资金，实施军民结合产业园、新媒体基地、生物医药基地等园区基础设施建设，专业园区对高端项目的吸附力和承载力明显增强。积极推进产业升级，腾退、盘活低效产业用地 66.67 公顷，全区产业保持高端、集聚发展的良好态势。

产业集聚效应凸显。充分发挥开发区辐射带动作用，深化“四个一批”项目建设机制，奔驰二期、蓝鲸园、华润医药等重大项目签约落地，天语手机、同仁堂前处理中心等一批项目建成投产，京东方 8.5 代线、奔驰 GLK 等重点项目实现量化生产，电子信息、装备制造、生物医药、汽车制造四大主导产业规模进一步发展壮大，二产对地区经济的贡献显著增强。金融、研发、商务等现代服务业发展迅速，中国影视大乐园开园迎宾，宜家商业综合体、龙湖时代天街等商圈开工建设，央广购物、中信银行入区发展，地铁大兴线沿线生产性服务业产业带初具规模。超前谋划临空经济，积极储备临空产业项目，与南航、中石化等一批大型企业签订战略合作协议。建筑业、房地产业健康有序发展。

政策集成优势明显。新区成为首批国家级电子商务示范基地和北京市唯一的国家新型工业化产业示范基地，产业扶持政策体系日趋完善。制定促进新区产业发展指导意见，入驻新区企业享受到统一的扶持标准。出台加快企业上市工作意见，中环汽车、利德曼、首航艾启威等3家企业实现上市，全区自主培育上市企业达到7家，募集资金超过70亿元。

二、突出三农基础地位，新农村建设取得新进展

都市型现代农业稳步发展。积极拓展农业的生产、生活、生态和示范功能，大力发展环境一产、高效一产、特色一产。成功申办 2016 年“世界月季洲际大会”。新建提升标准化和“三品”基地 45 家，农产品质量安全水平进一步提高。促进现代农业和旅游业融合发展，提升观光农业产业带 6 条、观光园 13 个，推出精品旅游线路 20 条，全年累计接待游客突破 500 万人次，旅游收入实现 42 亿元。成功推广“市民认养一分田”“盆栽蔬菜进社区”等一批新模式，创意农业实现新的突破。大力推进“农超、农餐、农企、农社”对接，农产品流通体系更加畅通快捷。

农村整体环境持续改善。实施新能源利用、雨洪利用等 13 项能源工程，农村新能源

利用水平显著提升。完成 90 万平方米街坊路建设和“一户一表”工程，实施 2.5 万户农村住宅抗震节能改造。加大农村环境整治力度，强化“村收集、镇运输、区处理”机制，垃圾密闭化处理率达到 100%，无害化处理率达到 97%，农村整体环境进一步改善。

农民群众得到更多实惠。着力推进科技助农工程，深入开展“院区合作”，示范推广新品种、新技术 350 个，培养科技示范户 1600 户，农民科技水平不断提升。坚持“减少农民、富裕农民”，引导搬迁农民向“新市民”转变，开展农民技能培训 1.1 万人次，促进 1.2 万名农村劳动力向二、三产业转移就业。规范和发展农民专业合作社 10 家，全区累计达到 508 家，带动 7 万农户增收致富，农民组织化程度稳步提高。进一步扩大政策性农业保险覆盖范围，在“7 · 21”特大自然灾害中，为受灾农户赔付 320 万元，最大限度减少农民损失。

三、突出统筹联动原则，城乡一体化建设实现新突破

新机场前期工作成效显著。加大执法力度，有效遏制各类违法建设和抢栽抢种行为。完善拆迁政策，扎实开展拆迁模拟推演，为顺利实施征地拆迁创造条件。制定水、电、路等保障预案，服务保障机制初步建立。主动配合首都机场集团，加快可研编制等前期工作，立项手续取得实质性进展。坚持同步规划建设新航城，组建新航城控股公司，积极探索开发建设新模式。成功举办新航城地区发展规划研讨会，开展概念性规划设计、综合交通等 10 个专题研究，为新机场开工建设奠定了坚实基础。

新城综合功能日臻完善。大兴新城“两点一线”建设快速推进，兴创大厦、中建国际港、绿地缤纷城等一批标志性地段、标志性建筑亮相兴华大街沿线。核心区道路、管网等市政工程启动建设，拆迁扫尾、土地上市等工作加快实施。加大建成区改造力度，8 个老旧小区 96 栋楼综合整治工作顺利推进，2 万多市民的居住条件得到明显改善。地铁 8 号线南延方案初步确定，京良路一期、万寿路南延等工程快速推进，兴华、皮各庄等 3 座变电站投入使用，基础设施综合承载能力不断提升。开发区综配区建设加快实施，规划范围、总体定位和建设目标初步确定，15 个重点项目启动建设，五福堂路、凉水河滨河公园等一批项目顺利完工，亦庄新城的配套服务功能逐步完善。

城乡结合部改造实现重大突破。坚持“先行先试”，全力推进西红门、旧宫工业大院改造试点，探索形成镇级统筹下的农村集体建设用地利用新模式。寿保庄、南街一期拆除腾退工作基本完成，累计腾退工业大院 96 万平方米，编制完成市政综合方案，道路、供电、污水等市政设施启动建设。立足高端产业定位，加大项目招商力度，“电商谷”等一批项目签约落地。探索建立共建共享机制，同步推进土地腾退、拆违打非、规划编制等工作，“三场一基地”综合整治方案初步确定。

城市管理机制进一步健全。实施“治拥疏堵”工程，加快综合停车场建设和路口渠化，启动智能停车引导系统建设，严厉查处各类交通违法行为，新城交通秩序得到改善。大力推进绿色交通体系建设，新建公租自行车网点 30 个，群众出行更加方便。创新实施网格化城市管理新模式，市场经营秩序、市容环境秩序和社会治安秩序持续好转。制定农村宅基地管理办法，严厉打击非法占地违法建设行为，累计拆除违法建设 84 万平方米，立案查处非法占地 108 宗，城乡发展环境进一步优化。

四、突出宜居宜业目标，生态文明建设呈现新局面

着力打造精品绿化工程。紧抓平原造林机遇，高标准完成 2533.33 公顷绿化任务。南海子公园二期建设加快推进，建成亦新公园等一批镇级生态休闲公园，完成 120 万平方米新农村和老旧小区绿化美化工作，全区新增绿地面积 640 万平方米，林木绿化率提高 2 个百分点，森林不断融入城市，绿色正在覆盖社区。

不断加强水环境建设。着力提高污水处理能力，瀛海污水处理厂实现开工，黄村再生水厂进展顺利。加快推进黄村第三水厂和亦庄水厂建设，南水北调东干渠拆迁顺利实施，亦庄调节池正式开工，供水保障体系不断完善。加大河道治理力度，编制完成全区河道治理规划，启动老凤河等 16 条河道综合治理工程，完成 240 千米河道清淤疏浚工作。

全面推进节能减排。积极发展循环经济，始终坚持最严格的准入机制，着力扶持节能环保项目发展，5 家高耗能、高耗水、高污染企业有序退出。高度重视大气污染防控，实施 PM2.5 监测体系建设，完成康庄、观音寺集中供热厂脱硫脱硝和 4 座小锅炉房并网工作。大力推广微灌、滴灌等技术，全区节水灌溉面积累计达到 35733.33 公顷，水资源利用水平不断提高。出台水资源管理办法，群众节水意识明显增强。万元 GDP 水耗、能耗预计分别下降 3% 和 4% 以上。

五、突出民生改善根本，群众生活质量实现新提高

教育医疗水平不断提升。不断加大教育投入力度，开工建设大兴九中等 22 所学校和幼儿园，首师大附中大兴南校区等 14 所学校投入使用，办学条件持续改善。积极引进优质教育资源，北京十一学校等名校到新区办学。不断扩大教育资源总量，新增中小学和幼儿园学位 7750 个，“入园难”问题得到缓解。深化医药卫生体制改革，圆满完成广安门医院南区一期扩建工程，北大医院南院区、同仁医院南区二期等重大项目进展顺利，区人民医院妇儿综合楼、科教急诊楼投入使用，广大群众享受到更加优质的医疗服务。

文化体育各项事业蓬勃发展。大力弘扬和践行“北京精神”，广泛开展群众喜闻乐见的系列文艺活动，大型原创现代评剧《银杏庄》在全市巡演，成为党的十八大重要献

礼剧目之一。高度重视文史资料保护，完成 123 个拆迁村庄史志资料收集工作。大力发展群众体育活动，增设群众体育设施 150 件套。认真落实党的民族宗教政策，民族宗教工作取得新进展。人口计生、广播电视、老龄、档案、残联、红十字等各项事业服务新区发展的能力不断增强。

服务管理水平日益提高。深化“四有”机制，完成 200 万平方米回迁安置房建设，3.7 万群众实现平稳回迁，1.1 万群众得到妥善转非安置。投入 1.2 亿元，继续实施社区“三个一”综合改造和便民网点建设，社区居民生活条件得到有效改善。高度重视食品安全，严厉打击制售假冒伪劣行为，严格物价监管，保障群众生活必需品充足供应。

社会保障体系更加健全。坚持政府主导就业，积极开发就业岗位，8000 多名大兴区劳动力到开发区就业，城镇登记失业率控制在 1.9%，就业质量逐年提高。不断完善社会保障体系，城乡居民养老保险参保率达到 96%，“新农合”参合率达到 99%，保障水平进一步提高。建成各类保障性住房 1.6 万套，切实解决了一批中低收入家庭的住房困难问题。成功举办“爱在新区 · 我们在行动”大型公益募捐活动，筹集资金超过 5000 万元，营造了广泛关注困难群体、支持慈善事业发展的良好风气。

六、突出创新驱动导向，体制机制改革迸发新活力

投融资改革持续深化。积极筹备“北京创造壹”基金，引导金融资源服务实体经济。兴展公司企业债券成功发行，募集金额达 14 亿元，融资工作实现重大突破。广泛与金融部门开展合作，新增授信额度达到 300 亿元。搭建中小企业投融资服务平台，促进银企合作，有效解决企业融资难问题。积极争取上级资金支持，全年累计争取各类政策性资金 30 亿元。加快土地供应工作，积极推进土地上市，有效吸引社会投资。

企业改革深入推进。积极整合优质资源，盘活闲置资产，实施商贸公司和药材公司改制工作，完成物资公司与煤炭公司整合重组，国有企业总体实力不断增强。高度重视非公经济发展，出台促进中小企业发展意见，加大区内企业产品宣传推介，开展“稳增长、拓市场”上下游企业对接工作，制约企业发展的土地、资金、手续、市场拓展等各类实际问题得到有效解决，企业竞争力不断提升。

农村综合改革稳步实施。全国农村金融改革试验区顺利推进，金融产品方案初步确定，北京银行、邮储银行等一批金融机构广泛参与新市镇和新农村建设。527 个行政村集体产权制度改革基本完成，资产处置工作有序实施。全面清理镇村各类合同，村务制度化、规范化水平不断提高。出台农村产权交易工作意见，规范农村土地承包经营权、林权等资产交易，农村经济发展活力进一步增强。

社会管理创新成效明显。扎实推进以“一网三化”为重点的网格化管理试点，初步建立集“人、地、物、事、组织”于一体的管理网络，社会管理效能进一步提升。探索分级分类管理机制，完善“以奖促管”“以资源控人”等措施，流动人口服务管理水平进一步提高。实施视频监控“天网”工程，治安防控立体网络基本建立。严格落实企业主体责任，探索“大安全”格局，安全生产隐患排查治理长效机制初步形成。

七、突出民主法治要求，政府自身建设得到新提升

主动接受监督检查。圆满完成区四届一次人代会及区人大常委会各项决议。主动接受区人大依法监督，全年向区人大及其常委会报告工作16次，接受人大代表视察检查17次。充分利用便民电话、区长信箱、座谈会等多种形式，主动听取人大代表、广大群众对政府工作的意见和建议，及时进行整改落实，有效促进了各项工作。坚持重大事项主动向区政协协商、通报制度。自觉接受政协民主监督，积极听取并采纳政协委员和社会各界的意见。高度重视人大代表建议和政协提案，圆满完成192件建议、提案办理工作，代表、委员的满意率超过97%。

全力维护安全稳定。高质量完成党的十八大服务保障工作。坚持打防并重，始终保持高压态势，坚决打击各类治安、刑事犯罪行为，可预防性案件发案率比上年下降26.8%，群众安全感在全市排名前列。持续开展“打非”专项行动，严厉查处各类安全隐患，全区安全生产形势总体保持稳定。加大社会矛盾纠纷排查和调处力度，信访工作有序开展。深入推进双拥工作，国防教育和国防后备力量建设得到加强。积极支持工会、共青团、妇联开展工作。健全预警与应急机制，妥善处置“7·21”特大自然灾害，政府处置突发事件的能力不断增强。

着力推进法治建设。坚持依法行政，政务公开、行政监察、行政投诉等制度不断完善，政府工作透明度进一步提高。不断简化审批流程，压缩行政审批时限50%以上。深入推进“六五”普法工作，群众法制意识明显增强。严格落实党风廉政建设各项规定，完善廉政风险防范体系，对重大工程项目、大额财政支出实施全程监管，强化政府部门、各镇主要领导经济责任审计，始终用制度管人、管事、管权、管钱，政府部门廉洁自律意识进一步提高。

各位代表，一年来，区政府及组成部门主动适应新的发展形势，充分发扬“以我为主、用我必胜”的拼搏精神，在实干中赢得主动，在探索中寻求突破，在创新中积蓄后劲，推动经济社会发展实现新的跨越。总结一年的工作，我们深深体会到，政府部门必须始终做到“五个坚持”：

必须始终坚持加快发展不放松。只有牢牢抓住发展这个第一要务，心无旁骛谋发展、聚精会神干事业，才能破解各种难题，促进发展方式转变，提高经济运行质量，实现地区经济社会又好又快发展。

必须始终坚持开拓创新不守旧。创新是素质，是能力，更是党性原则。一年来，全区各部门充分发挥主观能动性和创造性，实践探索出一批富有新区特色的鲜活经验，破解了许多制约发展的历史难题和瓶颈问题，成为推动新区持续发展的重要内生动力。

必须始终坚持顽强拼搏不畏难。拼搏决定成败，拼搏成就未来。面对各种急难险重的工作，各部门和属地政府迎难而上，顽强拼搏，打开了发展局面，提振了干部士气，赢得了社会好评。

必须始终坚持团结协作不推脱。团结出战斗力，团结出生产力。区政府及组成部门始终坚持一盘棋、一条心、一股劲，充分发扬团结协作精神，形成无缝衔接机制，取得了良好的社会效果。

必须始终坚持以人为本不懈怠。以人为本是发展的核心、是发展的最终目的。区政府始终围绕关系群众切身利益的各类问题，加大投入力度，持续办理一批实事，努力改善群众生产生活条件，让改革发展的成果广泛惠及群众。

各位代表，以上成绩的取得，得益于市委、市政府和区委的正确领导，得益于区人大的依法监督和区政协的民主监督，得益于驻区中央市属单位、驻区部队和社会各界的大力支持，更凝聚着全区干部群众的心血和汗水。在此，我代表区人民政府，向所有关心、关注和支持新区发展的朋友们，表示衷心的感谢！

在看到成绩的同时，我们也清醒地认识到，发展中还存在不少问题和不足：一是带动区域发展的重大企业、龙头项目还不够多，多点支撑的产业格局尚未形成，还需加快引进培育重大项目、完善产业链条，快速提升二、三产的总量；二是城乡一体化进程还需加快推进，基础设施、公共资源还需进一步向城乡结合部和农村地区覆盖；三是人口与资源、环境的矛盾仍然比较突出，还需进一步创新人口调控、环境管理等体制机制，促进经济社会协调可持续发展；四是政府部门的服务能力与发展的新形势、新要求还有一些不适应，发展环境有待进一步优化。对于这些问题，我们将以求真务实的态度，采取更加扎实有效的措施，在今后工作中认真加以解决。

2013 年工作安排

2013 年是全面贯彻落实党的十八大精神的第一年，是新一轮城南行动计划的启动之年，是“十二五”规划承上启下的关键之年，是新区实现高水平一体发展的重要之年。

综合分析研判明年的整体形势，我们面临着严峻挑战，更面临着重大历史机遇。我们必须看到，随着世界经济形势日趋复杂，经济增速放缓与物价上涨相互交织，经济发展面临的不确定因素增多；随着国家战略的完善和出台，国内地区之间、区域之间的竞争更加激烈。我们更必须看到，党的十八大描绘了全面建成小康社会、加快推进社会主义现代化的宏伟蓝图，为我们进一步发展指明了方向；市委、市政府大力发展实体经济的战略决策，更加有利于我区发展壮大二产；首都经济圈发展规划即将出台、北京新机场开工建设、新一轮城南行动计划实施，必将吸引更多的高端功能、高端产业、高端人才加快转移新区，必将实现更多的政策、项目、资金汇聚新区，必将为经济社会发展注入更加强劲的动力，推动各项工作实现更大突破。

为此，2013 年政府工作的总体思路是：全面贯彻党的十八大精神，高举中国特色社会主义伟大旗帜，以邓小平理论、“三个代表”重要思想、科学发展观为指导，认真落实中央和市委、市政府各项决策部署，继续坚持“稳中求快进，创新大发展”的总基调，以新机场建设重大历史机遇为契机，以高技术制造业和战略性新兴产业聚集区建设为抓手，以体制机制创新为引领，解放思想、改革开放、凝聚力量、攻坚克难，推动经济、政治、文化、社会和生态文明建设“五位一体”实现新的突破！

2013 年全区经济社会发展的主要预期目标为：地区生产总值比上年增长 10%；财政收入比上年增长 12%；社会消费品零售额比上年增长 16%；城镇居民人均可支配收入比上年增长 8%；农村居民人均纯收入比上年增长 8%；万元 GDP 能耗、水耗进一步下降。

为圆满完成各项任务，明年政府部门将按照“保障机场、产业高端、城乡一体、管理精细、环境生态、民生普惠、创新常态、服务高效”的目标，重点做好以下工作：

一、坚持高端定位，着力推动新机场建设国际化

紧抓新机场建设重大历史机遇，按照“服务新机场、建设新航城”的思路，整合资源、统筹协调，举全区之力推进新机场建设各项工作，着力将新航城地区打造成为世界城市新地标、首都经济新引擎、区域合作新典范。

积极抓好规划协调。积极协调市有关部门和首都机场集团，加快推动新航城总体规划编制，争取新机场地铁线、高速公路等重大交通项目最优规划方案，努力实现综合交通、市政设施、产业布局和公共服务设施一体化。广泛汲取专家意见，完成新航城地区概念性规划设计、综合交通等 10 个专题研究。持续推进临空经济产业规划，促进产业园区和新机场、新航城协调发展。

全面保障新机场建设。高质量完成征地拆迁、转非安置工作，切实解决好拆迁群众居住、入学、就医、就业等问题。加大供水、供电、交通、物资供应等服务保障力度，确保机场建设期间道路畅通、水电充足、生活保障、社会稳定。鼓励新区企业积极参与新机场建设，做好金融结算、税务注册和劳务派遣等工作，为参建企业提供优质服务。继续加强新机场周边地区管控，强化社会治安管理，为新机场和新航城建设创造良好环境。

大力发展临空经济。全力争创国家航空经济示范区，积极筹办中国临空经济论坛，努力提升地区影响力和知名度。立足临空经济功能定位，加强战略合作，大力发展航空企业总部、航空物流、商务会展、旅游休闲等高端服务业和高端制造业，加快项目储备和落地，争取临空产业取得实质性进展，努力培育地区新的经济增长极。

二、坚持一体发展，着力推动产业发展高端化

立足首都二产主阵地的功能定位，坚持“拓空间、调结构、转方式、上水平”，强化开发区龙头作用，加快产业园区建设，着力壮大主导产业规模，积极发展新兴产业和支撑产业，推进全区产业发展实现新的跨越。

高水平推进一体发展。全面落实市委、市政府关于加快推进开发区发展的意见，争取市有关部门支持，统筹推进产业发展、空间拓展、城市建设、公共服务、体制机制创新等工作，全力支持开发区做大做强。坚持“五个一体”原则，按照“探索创新体制机制，高水平推进一体发展”的思路，组建专门机构，推进以南海子公园为中心的开发区综配区建设，努力建成一体发展的示范区。立足配套服务定位，重点发展文化创意产业和商务、休闲等现代服务业。实施南海子变电站、旧忠桥改造等工程，启动亦庄医院、旧宫中学改扩建等项目，不断提升基础设施和公共服务水平。全面对接亦庄新城规划，推动旧宫地区整体改造，实现亦庄新城地区城业互促、协调发展。

着力优化产业结构。围绕做大做强二产，努力推进三次产业协调发展。坚持高端化、集群化，集中力量做强电子信息、生物医药、装备制造、汽车制造四大主导产业，提高二产比重。大力发展环境、高效、特色一产，增强一产对二、三产业的生态服务功能，持续推进农业生产者向经营者、农业园区向观光景区、农产品向旅游商品转变，促进农民增收致富。围绕新城、重大交通设施、产业园区加快服务业体系建设，大力吸引金融、证券、审计、法律、评估、电子商务等业态入区发展，构建总量扩大、质量优化、协调发展的现代产业体系。

努力拓展产业空间。着力向扩区要空间，完善开发区“12 平方公里”新扩区域基础设施和公共服务设施，满足重大项目建设需求；积极推进“26 平方公里”扩区工作，争

取规划方案尽快获批，提前启动专项规划编制、项目招商等工作，确保年内取得实质性突破。着力向低端要空间，对现有企业产出效益、资源消耗进行综合评估，加大工业大院腾退力度，实施产业园区空置厂房清理整治，年内腾退、盘活低效产业用地66.67公顷，促进产业集约发展。着力向“飞地”要空间，充分利用周边地区土地资源丰富、能源供应充足、劳动力价格相对较低的优势，探索新的合作模式，引导占地多、能耗大的企业生产加工环节外移，实现互惠双赢。

完善园区基础设施。继续安排专项资金，加大园区基础设施建设力度，实施一批水、电、气、热、路工程。加快军民结合产业园起步区基础设施建设，推进生物医药基地市政配套工程，启动新媒体基地广平大街、供热厂改造等基础设施项目，不断增强园区综合承载力。加强园区环境治理，提升产业园区整体形象。

加大项目建设力度。突出“北京·亦庄”品牌优势，落实“五统一”原则，实行更加严格的评审准入机制，突出项目质量和效益，确保实现项目高端化、资源减量化、效益最大化。按照“四个一批”要求，加快推进奔驰二期、科创药业等重大项目开工建设，确保中检院、康宁二期等重点项目竣工投产，力争台联电、诺华等一批知名项目签约落地，形成项目建设的良性发展机制。着力做大做强龙头企业，围绕上下游产业和高效产业链进行招商，加快形成布局合理、特色鲜明、要素集聚、附加值高的产业链，努力将专业园区打造成产业集群的主阵地。高度重视企业上市，力争年内实现3家以上自主培育企业上市。

促进中小企业发展。落实促进中小企业发展意见，完善相关激励政策，帮助民营企业、中小企业解决融资、技术创新、市场开拓等问题。探索“园中园”模式，鼓励和引导质量高、前景好、潜力大的中小企业向“一区六园”集中，促进产业集聚发展。鼓励专精特新，加大民营企业、中小企业升级改造支持力度，引导企业实现产品和产业结构优化升级，推动企业内涵式发展。

三、坚持统筹兼顾，着力推动城乡建设一体化

全面落实市委、市政府率先形成城乡经济社会一体化发展新格局的要求，坚持以城带乡、以乡促城、城乡互动，不断提高城镇化和城市现代化水平。

大力提升新城品质。加快“两点一线”建设，推动宜家商业综合体、龙湖时代天街等一批标志性建筑亮相，进一步提升兴华大街沿线城市形象。全面推进新城核心区建设，加快实施拆迁扫尾、土地上市和市政配套工程，确保政务中心、商务中心等项目实现开工。加大建成区综合整治力度，实施京开公路环境整治工程，推进老旧小区整体改造试点工

作。加快基础设施建设，争取地铁 8 号线尽快开工，着力打通万寿路南延、京良路一期、五环兴业路北向匝道等一批“断头路”“瓶颈路”；建成庞各庄、同兴庄等 6 座变电站，不断提升城市综合承载力。

加大城乡结合部改造力度。加强与市级部门沟通协调，争取规划、政策和资金落地。推进“电商谷”项目开工，实现中国网库、麦德龙等一批项目签约落地。加快基础设施建设，年内完成寿保庄和旧宫南街一期道路、管网等工程。启动第二期工业大院拆除腾退工作，整体解决产业升级、农民就业、人口调控、环境改善等问题。全力推进“三场一基地”综合整治，加快规划编制和团河地区土地腾退，确保各项工作取得实质性进展。

着力完善新市镇功能。依托新机场、新航城规划建设，立足庞各庄、魏善庄、安定、采育四个新市镇特色，进一步深化镇域规划、明确功能定位。加大政策、项目、资金支持力度，引导文化、教育、卫生等公共服务资源和基础设施向新市镇覆盖，推进中坤广场、京南旅游集散中心、大龙河公园等一批项目，不断增强新市镇的承载力和辐射带动力。

扎实推进新农村建设。继续加大农田水利建设力度，夯实农业稳定发展基础。巩固新农村建设成果，健全农村基础设施和公共服务设施长效管护机制。探索新农村建设新模式，完成魏善庄羊坊村新型社区试点一期工程，启动庞各庄梨花村新型社区前期工作。深化农村体制机制改革，聚集政策、平台、人才、市场等要素，大力实施“土地流转起来、资产经营起来、农民组织起来”工程，不断增强农村发展活力。

四、坚持建管并重，着力推动社会管理精细化

坚持以“一网三化”为载体，不断创新管理体制机制，完善覆盖城乡的社会管理网络，切实维护和谐稳定、秩序良好的社会环境。

深化“四有”工作机制。高标准做好搬迁群众服务管理工作，确保 4000 余户群众满意回迁，完成 6 个搬迁村、4500 余人整建制转非安置。努力保障搬迁群众就业，让有就业意愿的劳动力实现充分就业。增强搬迁群众参保意识，力争城乡居民养老保险参保率达到 98%，“新农合”参合率达到 99%。推广集中理财、留地安置等模式，实现集体资产有收益、个人资产能收益，切实保障搬迁群众长远利益。

提升城市管理水平。全面推广网格化管理模式，健全问题发现、处置、反馈、监督、评估的长效机制，努力实现社会服务“零距离”、社会管理“全覆盖”。继续实施路口渠化工程，推行城市智能停车引导系统，统筹考虑小区立体停车、路侧临时停车、集中停车场建设，缓解居民停车难问题，提高道路通行能力。倡导绿色出行，积极发展电动出租车、公租自行车等公共交通。严厉打击侵街占道、乱停乱放、非法运营等行为，维

护良好的交通秩序。强化“环境产权属于每一个大兴人”的理念，巩固“人人抓环境、个个树形象”的氛围，创建整洁靓丽的城乡环境。

提高社会管理服务能力。深入推进村庄管理社区化、社区建设规范化、园区管理属地化，全面提升社会管理服务水平。高标准推进回迁小区社区建设，以“南海家园”为试点，严格社区管理，完善社区教育、卫生、商业、交通等综合服务体系，引导村民转变生活方式，努力将回迁小区建成宜居和谐的现代化示范社区。加强社区组织和社区队伍建设，实施“六型社区”工程，提高社区服务管理能力。大力推进“菜篮子”“安心早餐”工程，年内“一刻钟社区服务圈”覆盖率达到60%。

完善人口调控机制。充分发挥基层组织作用，整合基层流管队伍，深化“以奖促管”“以资源控人”等措施，推广分级分类管理机制，不断提高流动人口服务管理水平。加大“北清南控”力度，努力调减流动人口总体规模。针对新机场建设等重大工程，制定专门方案，优化流动人口结构，有效控制外来人员和低端产业涌入周边地区。坚持计划生育基本国策，围绕“稳定低生育水平，提高人口素质”，完成人口和计划生育各项指标。

维护社会安全稳定。加快“智汇安全”项目建设，推广动态化监管和安全预警信息平台，提高安全预防处置水平。加大生产、食品、交通、防火等监管力度，建立健全企业安全标准化和信誉体系，有效防止重特大事故发生。深入开展“打非”专项行动，严厉打击生产、居住、储存“三合一”和“厂改居”“棚改居”等行为，清理整治建成小区住改商、侵占公共绿地以及私自拆建、加建、改建等突出问题。严厉打击各类违法犯罪行为，加强社会治安综合治理，切实维护长期稳定的社会局面。进一步完善信访工作机制，着力从源头预防和化解矛盾，解决群众各类合理诉求，促进社会和谐。

五、坚持低碳绿色，着力推动城乡环境生态化

坚持把生态文明建设融入经济建设、政治建设、文化建设、社会建设的各方面和全过程，按照党的十八大建设美丽中国的要求，始终强化生态服务城市建设、服务产业发展、服务民生改善的理念，不断提升地区生态文明水平，努力建设天蓝、地绿、水净的美丽新区。

坚持高水平规划。统筹考虑产业布局、景观效果、生态价值等因素，完成永定河生态产业带规划，力争年内启动建设，打造集体育休闲、文化创意、商务会展等新兴业态于一体的绿色产业走廊。加大南中轴保护开发力度，推进南中轴森林公园规划研究，打造敞开式绿色空间。研究制定新航城地区绿地规划，打造大色块、几何状大地森林景观，展示“国门印象”。围绕城镇、园区、村庄、道路、河道等统筹布局绿化项目，努力形成“绿色园廊绵延相连，高端产业镶嵌其间”的格局。

坚持高质量建设。围绕“低碳发展、绿色家园”，做足“绿”和“水”两篇文章。加快南海子公园二期工程建设，争取明年“十一”前开园亮相。重点围绕“一河、一带、一路、多楔”，完成3333公顷平原造林任务。实施庞各庄、青云店等镇级生态休闲公园建设，加大农村庭院、林间路网等绿化力度，提升农村绿化美化水平。着力提高污水处理和供水能力，推进黄村第三水厂、亦庄水厂建设，力争黄村再生水厂、瀛海污水处理厂年内投入使用。加快天堂河、老凤河等69条河道、排沟治理工程，努力实现行洪安全及水环境持续改善。

坚持高标准管理。实行严格的水资源管理制度，严控开发利用、用水效率和限制纳污“三条红线”，深入推进节水型社会建设。研究建立平原造林管护运营长效机制，探索社会参与建设管护新模式。发挥南海子公园等生态工程的集聚功能，引入市场机制发展园区产业，形成“以园养园”的自我发展模式。实施4处非正规垃圾场治理工作，在新城100个社区推广垃圾分类试点，实现农村垃圾密闭化、无害化处理全覆盖。全面落实PM2.5防控措施，完成各项节能减排任务指标。

六、坚持以人为本，着力推动民生改善普惠化

始终将保障和改善民生作为政府工作的出发点和落脚点，努力解决关系群众切身利益的教育、医疗、住房、社会保障等问题，不断增进人民福祉。

切实提高就业质量。坚持政府主导就业，着力完善就业服务体系，提高劳动者自主择业能力，努力实现充分就业。千方百计增加城乡居民收入，围绕新机场建设、绿化工程、产业项目等，大力开发绿色就业岗位，实现农村劳动力向二三产业转移1万人，推动6000名大兴区劳动力到开发区实现就业。继续实施农民素质提升工程，有针对性的加大农民职业技能培训，进一步提高农民就业能力。加大帮扶力度，鼓励支持青年和妇女创业，抓好搬迁群众、残疾人和新生劳动力就业工作。加强劳动纠纷调解，切实维护职工合法权益。

提升公共服务能力。坚持教育优先发展战略，全面完成学前教育三年行动计划，力争大兴五幼、十幼等15所幼儿园开园，不断扩大学前教育资源总量。促进基础教育资源均衡发展，推进大兴一中新校区前期工作，启动三合庄学校、北京十一学校亦庄实验中学等9所学校建设，确保大兴九中、十一小学等6所学校投入使用。坚持“外引内培”战略，着力引进优质教育资源，注重教师队伍建设，不断提高教育质量。深化医药卫生体制改革，探索社会资本办医模式，推进北大医院南院区、同仁医院南区二期、广安门医院南区二期项目建设，加快国际医院、三级医院和特色专科医院建设步伐，不断满足群众对优质医疗资源的需求。

完善社会保障体系。认真落实各项社会保障制度，不断扩大城乡居民养老、城乡低保和“一老一小”大病医疗等保险覆盖范围。高度重视特殊群体救助工作，推进残疾人职业康复中心、社会福利中心等项目建设。认真落实“九养”政策，不断提高养老服务水平。加大住房保障工作力度，年内开工或建成2.6万套保障房，解决2500户轮候家庭住房问题。认真落实民族宗教政策，支持少数民族经济发展。大力发展慈善事业，积极开展多种慈善活动，努力形成人人参与慈善、支持慈善、奉献慈善的良好氛围。

推动文化体育事业繁荣发展。加大党的十八大精神宣讲力度，深入践行“北京精神”，开展多种形式的精神文明创建活动，将广大干部群众爱新区、建新区的热情，内化成为投身新区建设发展的自觉行动。坚持“文化兴区”，着力提升文化软实力。大力发展文化创意产业，提高新媒体基地龙头带动作用，实施南海子体育产业公园等文化产业项目。着力繁荣文体事业，深入挖掘南海子和南中轴历史文化，推进新城北区体育中心等项目。支持竞技体育发展，广泛开展全民健身活动，提高群众身体素质。坚持移风易俗，推进殡葬事业改革，倡导勤俭节约、文明消费的社会风气，努力营造科学文明新风尚。

七、坚持改革开放，着力推动体制机制创新常态化

坚持把体制机制创新作为破解难题、加快发展的重要手段，进一步解放思想，大胆探索，不断增强创新驱动能力，推动新区实现“超常规、高水平、跨越式”发展。

创新投融资模式。建立一体融资平台，统筹新区金融服务管理，集中资金保障重大项目建设。拓宽企业债券、金融租赁、中期票据等渠道，扩大直接融资规模，完成新一轮企业债券发行工作。深入推进国有企业改革，探索行政事业单位资产“非转经”新模式，发挥财政资金杠杆作用，培育壮大国有企业实体平台，支持国有企业做大做强。围绕新航城、基础设施、城乡结合部改造等项目，多途径尝试BT、BOT等模式，吸引更多社会资金参与新区建设。深化全国农村金融改革试验区建设，鼓励金融机构加大资金供给、丰富金融产品。创新集体资产保值增值方式，盘活存量资金，增加农民资产性收入，满足城市化建设资金需求。

建立外联服务机制。围绕共创、共建、共享目标，整合各级各类资源，建立对外联络服务体系。搭建交流服务平台，帮助重点企业进行项目和产品对接，形成区内企业产业链。加强与驻区中央市属企事业单位的联络服务，帮助驻区单位解决实际困难。充分汇聚驻区央企、科研院所、高校和部队的优势，推动驻区单位自身发展与地方建设有机结合，实现多方合作共赢。

提高自主创新能力。坚持创新驱动，着力构建以企业为主体、市场为导向、产学研相结合的技术创新体系，推动中关村政策和首都科技成果在新区实现产业化，打造一批

"北京创造"品牌。加强科技企业孵化器建设，继续实施科技"小巨人"工程，着力培育一批科技型中小企业。加快科技创新，力争专利申请达到3000件，专利授权2000件，不断提高产业发展的核心竞争力。

创新人才培养使用机制。落实"十大人才工程"，搭建人才交流与合作平台，完善引进、培养、激励、服务等制度设计，确保各类急需人才引得来、用得好、留得住、能发展。坚持"不求所有，但求所用"的理念，探索建立政府"智库"模式，为经济社会发展提供智力支持。围绕新机场等重大工程，建立劳动力储备基地，促进劳动力有序流动，满足各类用工需求。

八、坚持职能转变，着力推动政府服务高效化

坚决执行人大及其常委会决定、决议，自觉接受人大依法监督和政协民主监督。坚持重大事项向人大常委会报告制度和政协协商、通报制度。认真办理人大代表建议和政协提案。深入推进"六五"普法工作，严格遵守法律法规，依法行政，履行职责。认真贯彻实施《政府信息公开条例》，增加政府工作透明度，努力扩大群众知情权、参与权、表达权、监督权。按照党的十八大干部清正、政府清廉、政治清明的要求，强化党风廉政责任制建设，健全监督制约机制，支持监察、审计部门依法履行职责，确保权力在阳光下运行，强化政府资金使用决策和流向管理，做好增收节支工作，坚决制止铺张浪费，建设清廉政府。

各位代表，新机遇赋予新使命，新任务带来新挑战。面对全年艰巨的发展任务，政府部门必须进一步加强自身建设，加大公务员队伍培训教育力度，全面提高科学发展、民主决策、群众工作、改革创新、执行落实、应急处置和优质服务的能力，进一步增强政府公信力和执行力。

切实提高科学发展的能力。认真学习党的十八大精神，把学习作为政府部门的一项政治责任，在学习中把握发展规律，掌握前沿理论，提高综合素质。坚持学以致用，以开放的意识、国际的视野、战略的思维，推动区域经济社会科学发展。

切实提高民主决策的能力。健全决策机制，完善决策程序，对涉及全局、群众关注的重大事项，坚持集体决策，充分听取社会各方意见建议，切实做到政府决策效益最大化。建立健全行政问责机制，加大行政决策效果评估，保证决策的科学性。

切实提高群众工作的能力。政府各级干部必须要始终把握新形势下群众工作的特点和规律，认真践行群众路线，相信群众、依靠群众，始终把人民放在心中最高位置，不断增强联系群众、组织群众、服务群众、团结群众的本领，努力实现政群、干群更加合拍，民心、民力更加凝聚的良好局面。

切实提高改革创新的能力。创新迸发活力，创新推动发展。政府部门必须善于将机遇、

政策和实际紧密结合，鼓励支持基层创造，充分借助“外脑”与“外力”，以创新求突破，以创新上水平，努力将机遇转化成为推动发展的竞争优势。

切实提高执行落实的能力。实现科学发展、跨越发展，关键在落实。政府部门必须转变作风，深入基层，加强调研，把更多的精力放到改革发展稳定的重大工作中，放到群众生产生活的紧迫问题上，严格按照“四个明确”要求，雷厉风行，埋头苦干，攻坚克难，不折不扣完成各项工作任务。

切实提高应急处置的能力。突发事件处置是对政府执政能力的直接考验，更是以人为本的重要体现。必须细化各项预案，加强物资储备，强化应急队伍建设，积极开展应对重大疫情、火灾、地震、极端天气、危化品泄漏等各种实战演练，不断提高预防和处置各类突发事件的能力，努力维护广大群众的生命财产安全。

切实提高优质服务的能力。服务是能力，是品牌，更是地区的核心竞争力之一。政府部门必须始终强化服务意识，做到主动服务、跟踪服务、超前服务。必须不断增强服务能力，提供个性化、特色化服务，以服务汇聚民心，以服务创造效益，以服务推动发展，以服务提高群众的幸福感和满意度。

各位代表，党的十八大为夺取中国特色社会主义新胜利展现了更加广阔的前景！让我们高举中国特色社会主义伟大旗帜，以邓小平理论、“三个代表”重要思想、科学发展观为指导，更加紧密的团结在党中央周围，在市委、市政府和区委正确领导下，在区人大依法监督和区政协民主监督支持下，以更加坚定的信心、更加饱满的热情、更加昂扬的斗志、更加务实的作风，解放思想、改革开放、凝聚力量、攻坚克难，为推动新区“一体化、高端化、国际化”发展而努力奋斗！

在加快推进北京经济技术开发区创新发展大会上的发言

中共北京市大兴区委副书记
中共北京市委经济技术开发区工作委员会副书记
大兴区副区长 北京经济技术开发区管委会主任 张伯旭
（2012年12月7日）

尊敬的各位领导、各位来宾，同志们、朋友们：

今天，北京市委、市政府在这里召开加快推进北京经济技术开发区创新发展大会，这是市委、市政府深入贯彻落实党的十八大精神的重要举措，必将对开发区在新的起点上实现又好又快发展起到强大的推动作用。下面，我代表大兴区委、区政府，开发区工委、管委会向大会汇报开发区发展建设情况。

从1992年4月正式开工建设，1994年8月经国务院批准成为国家级经济技术开发区，到2010年市委、市政府做出推进大兴区与开发区行政资源整合、建设南部高技术制造业和战略性新兴产业聚集区的重大决策，在市委、市政府的领导下，开发区由一片田野发展成为一座名企云集、经济繁荣、社会和谐的现代化高端产业新城，彰显了北京改革创新的风采。

一是高端产业快速发展，经济实力不断壮大。截至目前，开发区入驻企业5000余家，投资总额387亿美元，累计实现工业总产值16600亿元，年均增长53%；实现财政收入1550亿元，年均增长61%。世界500强企业投资项目110个，星网工业园模式成为世界产业园区建设的成功典范，京东方、中芯国际等民族品牌成为行业领先者，奔驰、拜耳等跨国企业不断发展壮大，“北京·亦庄”已成为首都高端产业发展的一个闪亮品牌。

二是创新要素加快聚集，创新驱动格局日益凸显。开发区聚集了8万余名专业技术人员，2600余位海外学人，其中入选中央“千人计划”36人，北京市“海聚工程”69人，初步建立起了以海外高层次人才为代表的科技创新人才队伍。拥有国家级高新技术企业312家，国家级、市级研发中心140余家，在全国开发区中名列前茅。开发区万人发明专利拥有量为164项，高新技术产业产值占工业总产值比重达96%以上，居国内领先水平。初步打造了以企业为主体、市场为导向、产学研相结合的技术创新体系，创新驱动发展格局正在逐步形成。

三是发展质量效益显著提升，绿色发展水平不断提高。开发区工业用地地均产值185亿元/平方千米，百亿元GDP创造税收31.4亿元，万元GDP能耗0.157吨标煤，万元工业总产值水耗1.61吨，发展质量和效益达到国内先进水平。获批成为国家生态工业示范园区、国家工业节水示范园区、国家国土资源节约集约模范区、国家太阳能光伏发电集中应用示范区和国家园区循环化改造示范区。

四是基础设施日益完善，城市建设加快推进。累计投资1870亿元，高标准建设水电气热路等基础设施，全区域实现了“十通一平”。开通亦庄轻轨，建成保税物流中心和200多万平方米的公共租赁住房、园区配套公寓；引进北京二中、十一学校、同仁医院等优质公共服务资源；建成南海子公园等一批重大生态项目，区域综合承载力不断增强，发展环境不断优化，民生显著改善，城业互促发展的格局初步形成。

五是体制机制创新不断深化，开发区和大兴区一体发展成效显著。探索建立了开发建设、联合招商、劳动力就业等机制，推动资源共享、优势互补。两年多来，开发区产业发展空间快速拓展，两区联合吸引投资总额158亿美元，京东方8.5代线、奔驰二期、中芯国际二期等一批重大项目进展顺利，2万多名大兴区劳动力在开发区实现就业，开发区辐射带动作用显著增强，城乡发展一体化步伐明显加快。

回顾发展历程，我们深深感到，开发区取得的每一个成就，都得益于中央各部委的悉心关怀，得益于市委、市政府的正确领导，得益于北京市各部门、各区县的大力支持，得益于众多企业的壮大发展，得益于广大建设者的拼搏奉献。在这里，我代表大兴区委、区政府，开发区工委、管委会，向所有关心、支持和参与开发区建设发展的各级领导、同志们、朋友们致以崇高的敬意和衷心的感谢！

回顾发展历程，我们深深体会到，开发区要想实现科学发展，必须按照中央和北京市的要求，立足首都优势，坚持走高端引领、创新驱动、绿色发展的道路。

推动开发区科学发展，必须不断解放思想、开拓创新。开发区既是改革开放的产物，又是首都经济发展的先行区、试验田。从星网工业园模式，到行政区和功能区行政资源整合的体制机制创新，只有与时俱进地探索，审时度势地创新，开发区才能不断充满活力，不断保持领先优势。

推动开发区科学发展，必须坚持科技强区、人才优先。科技是第一生产力，人才是第一资源。作为首都唯一的国家级经济技术开发区，我们只有充分发挥首都创新资源丰富的优势，深入推进科技强区、人才强区战略，不断提高区域创新驱动发展水平，才能加快经济发展方式的转变，勇立时代潮头。

推动开发区科学发展，必须坚持高端高效、绿色低碳。绿色发展是世界发展的潮流，也是未来发展的唯一出路。只有立足于首都人口、资源、环境的禀赋特征，坚持走节能减排、绿色低碳的发展道路，着力发展高端、高效、高辐射、低能耗、低排放的产业，才能适应时代要求，实现可持续发展。

推动开发区科学发展，必须不断优化服务、改善环境。环境就是生产力、环境就是竞争力。只有牢固树立为投资者、为企业服务的理念，不断改善法制、政策、社会、生态和公共服务环境，提高为企业、居民服务的能力和水平，才能不断增强开发区的吸引力和竞争力。

推动开发区科学发展，必须强化作风，锤炼队伍。开发区的发展成就，饱含着一批批创业者的不懈追求和无私奉献，浸透了广大干部群众的辛劳和汗水。从 20 年前第一批建设者开始艰苦创业，到星网工业园建成、奔驰投产，再到 50 天完成“12 平方公里”拆迁，9 个月建成保税物流中心，18 个月点亮京东方 8.5 代显示屏……这块热土上涌现出的开拓创新、拼搏奉献的精神是我们的宝贵财富。只有将这些开发区精神不断继承发扬下去，才能将我们的事业从胜利推向更大胜利，从辉煌带向更加辉煌。

展望开发区的未来，我们信心百倍。我们将以党的十八大提出的“实施创新驱动发展战略”“实行更加有利于实体经济发展的政策措施”“推动战略性新兴产业、先进制造业健康发展”等精神为指导，以市委、市政府进一步加快推进开发区发展的意见为动力，紧抓开发区和大兴区一体发展、北京实施新三年城南行动计划、首都新机场建设等重大发展机遇，在加快实施创新驱动发展战略，做大做强首都实体经济，推动首都新一轮科学发展方面，当仁不让、责无旁贷地挑起发展的大梁，着力打造首都实体经济发展的主阵地、创新驱动的示范区、对外开放的重要窗口和城乡一体宜居宜业的发展典范。

一是要着力打造首都实体经济发展的主阵地。按照市委、市政府赋予的功能定位，做大做强十大产业，完善一区六园产业布局，不断拓展产业空间，打造首都东南高端产业带。着力发展以智能制造、下一代信息技术、生物技术、新能源新材料技术为特征的新型制造业，着力发展高技术研发、地区总部、电子商务、现代物流等高端业态，打造现代产业体系。充分发挥龙头项目的引领带动作用，打造完整产业链，形成3个以上千亿级和6个以上五百亿级产业集群。力争到“十二五”末，实现“五个倍增、三个领先”，即工业总产值增长2倍，地区生产总值、人均地区生产总值、区域税收、社会消费品零售额增长1倍，把开发区建设成为引领产业发展潮流的繁荣新区。

二是要着力打造创新驱动的示范区。充分发挥首都智力密集的优势，加快实施创新驱动发展战略。大力支持数字电视、新能源、云计算等优势产业的发展，主动培育具有自主创新能力和国际化经营能力的龙头企业。积极引导高科技企业的发展，促进科技成果产业化，全力打造“北京创造”品牌。创新人才服务载体和模式，完善人才服务环境，把开发区建设成为科技人才荟萃的智慧新区。

三是要着力打造首都对外开放的重要窗口。大力引进先进的技术、资金、人才等高端要素及先进的管理理念，加大消化、吸收、再创新的力度。积极参与国际产业合作与竞争，充分展示开发区开放、包容的文化形象，进一步提升“北京·亦庄”品牌的国际影响力。不断提高区域国际化水平，在产业升级、城市管理、公共服务、环境提升等方面不断与国际接轨，把开发区建设成为引领国际化发展的开放新区。

四是要着力打造城乡一体宜居宜业的发展典范。坚持城业互促的理念，加强区域经济、社会、文化、资源环境的统筹协调发展，加快推进城乡发展一体化进程。不断完善基础设施建设，着力解决资源能源、市政设施、道路交通、城市功能配套等保障水平。加快教育、医疗、文化、体育、商业设施、生态环境的建设，不断提高区域公共服务水平，为企业、居民营造良好的工作生活环境，把开发区建设成为宜居宜业的幸福新区。

五是要着力深化体制机制创新，高水平推动一体发展。认真落实市委、市政府进一步加快推进开发区发展的意见，在管理体制、工作机制、工作方法等方面大胆闯、勇敢试，做首都先行先试的改革示范区。立足行政区和功能区行政资源整合的成功经验，进一步深化体制机制创新，在更广范围、更深层次、更高水平上促进资源要素的统筹整合，形成一体发展的良好局面，把开发区建设成为引领改革创新发展潮流的活力新区。

面对新机遇、新形势、新任务，我们要进一步加强学习、强化作风、狠抓落实。要认真学习贯彻党的十八大精神，进一步加强干部作风建设，以实际行动落实好市委、市政府的决策部署。要进一步加强干部队伍建设，打造一支精简高效、经验丰富、具有国际化视野的干部队伍。要以非公党建为重点，进一步加强基层党建创新，充分发挥党组织的战斗堡垒作用和广大共产党员的先锋模范作用，为开发区发展提供坚强的政治保证。

同志们，过去的辉煌，是我们跨越发展的全新起点；美好的蓝图，需要我们奋力铸就。我们将在市委、市政府的正确领导下，在中央各部门和社会各界的大力支持下，解放思想、开拓创新、求真务实、埋头苦干，为首都新一轮科学发展作出新的更大贡献！

在开发区年度工作会上的报告

中共北京市大兴区委副书记
中共北京市委经济技术开发区工作委员会副书记
大兴区副区长　北京经济技术开发区管委会主任　张伯旭

（2013年1月15日）

同志们：

今天的会议是我们在新时期、新起点召开的一次重要会议，既是年度工作会，又是进一步认清形势，统一思想，夺取跨越发展新胜利的再动员、再部署会。一会儿克庆书记将作重要讲话，大家要认真学习贯彻。下面，我受开发区工委、管委会委托，向大会报告工作。

一、2012年开发区经济社会发展情况

2012年，是开发区奋力求进、攻坚克难的一年。在市委、市政府的正确领导下，开发区上下坚持“稳中求快进、创新大发展”，坚定信心、凝聚力量，全力克服外需持续不振、内需带动不足、投资拉动放缓、项目竞争加剧等极为严峻的经济形势和空前紧张的资金压力，迎难而上、开拓进取，取得了经济社会发展的突出成效，在做大做强实体经济、推进高技术制造业和战略性新兴产业聚集区建设上迈出了坚实步伐，奠定了进一步加快创新发展的良好基础。

一年来的主要工作和特点是：

（一）经济发展质量效益进一步提升。在下大力气抓新项目落地投产的同时，积极克服移动通信产业产值大幅下降等不利因素，全力帮扶现有企业稳产值、保增长、增效益。初步统计，新区全年实现地区生产总值突破1200亿元，同比增长7%，其中开发区完成820亿元，同比增长5%。新区实现工业总产值2776亿元，完成全社会固定资产投资820亿元，同比增长4%，其中开发区完成340亿元，同比增长6%。开发区完成销售收入4170亿元，实现税收收入277亿元（含退税），同比增长13%。高新技术企业产值贡献率稳步提升，占工业总产值比重保持90%以上。积极创新融资工作，发起设

立中关村国盛创业投资基金、北京亦庄互联云计算基金，总募集资金达 33.6 亿元，支持利德曼等 3 家企业成功上市。成为国家电子商务示范基地、国家国土资源节约集约模范区和北京市唯一的国家园区循环化改造示范区。经济发展效益不断提升，后劲持续增强。

（二）产业高端化发展水平进一步提高。全年引资总额超过 60 亿美元，引资质量不断提升。奔驰前驱车、中芯国际二期等一批重大项目落地奠基，同仁堂集团等 47 个项目开工建设，德尔福等 30 个项目投产见效，奔驰 GLK、京东方 8.5 代线等一批重大项目、高端项目量产，拜耳、云基地等项目进入高速增长期，带动汽车制造、生物医药、云计算等产业不断壮大。生产性服务业产业园建设全面提速，西红门商务服务业聚集区规模初现，军民结合产业基地挂牌，蓝鲸军民融合创新园项目正式落户。重大项目、高端项目多点支撑、主导产业均衡发展格局逐步显现。

（三）创新驱动步伐进一步加快。加速聚集科技创新资源要素，新增中央“千人计划”入选者 10 人、累计达 37 人，新增北京市“海聚工程”入选者 32 人、累计达 69 人，新认定的新区海外高层次人才 29 人、累计达 185 人。新设立创新实践基地工作站 2 家、博士后科研工作站 3 家。设立中小企业服务中心，新增市级研发机构 32 家，新搭建公共技术服务平台 5 家，北京亦庄生物医药园快速发展。全年培育“小巨人”企业、优势中小企业、北京市专利试点企业共 66 家。坚持创新驱动的“北京 · 亦庄”模式在全市的引领带动作用日益增强，在国际国内的影响力持续提升。

（四）区域综合环境进一步完善。完成博兴路西延、泰河路西延等一批道路建设，开通并优化公交线路 10 条，实现与轻轨无缝衔接。加快推进国家水资源综合利用示范区创建工作，东区再生水厂实现并网供水，现有两座污水处理厂提级改造工程开工。完成万亩新城滨河森林公园北岸、通惠排干渠河道改造和 4000 亩绿化造林生态工程。实施便民菜市场、早餐点等一批惠民工程。着力推动和加快同仁医院二期、十一学校亦庄分校等一批高端公共服务机构和设施建设。完成一站式服务大厅改造搬迁工作，不断提高审批和服务效能。全面推进城市公共安全信息化建设，城市综合治理、安全生产工作有序推进，应急处置能力进一步增强。实行部门联动，化解一批突出矛盾和敏感事件，圆满完成十八大安保工作。城市承载力不断提高，保障和服务发展能力持续提升。

（五）一体发展进一步深化。“12 平方公里”功能拓展区基础设施建设不断加快。建成总面积 228 万平方米的回迁安置房并交付使用，实现 4402 户居民平稳回迁。“六园”项目统筹布局力度加大，工作机制日益完善。编制完成“三镇一园”综合服务配套区发展规划，将 22 个基础设施项目纳入开发区固定资产投资计划，安排投资 10 亿元，其中五福堂一号路实现竣工，五福堂路南段、德贤路绿化工程等 6 个项目实现开工。新增8000余名大兴区劳动力在开发区就业。一体发展步伐不断加快，发展合力日益增大。

（六）加快发展的信心进一步增强。围绕开发区建设20周年，以产业发展和新城建设为重点，认真总结历史经验，探索未来产业发展模式。积极宣传展示开发区发展成就和新区未来发展蓝图，提升“北京·亦庄”影响力。特别是主动谋划，积极配合市委、市政府召开了进一步加快开发区创新发展大会，出台了《关于进一步加快推进北京经济技术开发区发展的意见》，标志着市委、市政府对全市实体经济发展和城南地区发展作出了重大决策部署！这是一个全新的起点，为开发区乃至整个新区未来的大发展、大跨越奠定了非常重要、非常坚实的空间基础和政策优势，同时也赋予新区更大的机遇和更大的责任，进一步坚定了我们实现跨越发展的信心和决心。

过去的一年，我们用实际行动弘扬了“开拓创新、拼搏奉献”的开发区精神，创造了一个又一个变不可能为可能的新区速度和发展成果。成绩来之不易，这是开发区建设发展20年来辉煌成就的集中体现，是新区融合发展3年来突出成效的生动缩影，汇集了社会各界的大力支持，凝聚了广大建设者们的辛勤汗水。在这里，我代表开发区工委、管委会，向大家致以崇高的敬意和衷心的感谢！

成绩属于过去，压力催人奋进。对照市委、市政府提出的“该有的速度要有、该出的效益要出、该具备的作风要具备”“该担的责任要担起”的要求，我们也深刻地认识到，工作中还有诸多差距与不足。在主观方面，我们的工作思路还不够开阔，改革创新精神还有待强化，工作作风还需要改进。在客观方面，我们的产值增长压力仍然很大，在支撑首都实体经济发展、率先形成创新驱动格局等方面发挥的作用有待提升；带动区域发展的高端项目、龙头企业还不够多，多点支撑、均衡发展的产业格局还需加快形成；宜居宜业新城建设、高水平一体发展的步伐还需要加快。这些问题和不足正是我们今后工作的努力方向，我们应该高度重视，进一步拓宽工作思路，努力破解发展难题，赢得更大发展。

二、当前形势及未来五年发展目标

当前，首都的发展已经呈现出新的阶段性特征，进入了经济发展方式转变、实施精细化城市管理、加强社会服务管理创新、推动文化大发展大繁荣和高度重视人与自然和谐发展的新阶段。与之相对应，开发区的发展也进入了产业优化升级的紧迫期，创新驱动发展的攻坚期，打造高品质综合城市环境、完善高端公共服务的提速期，对我们的资金保障、人才培养和干部队伍建设工作提出了全新的考验。我们必须牢牢把握机遇大于挑战的基本判断，市委、市政府对新区发展的高度重视和大力支持，以及由此带来的有利于新区发展的资源条件不断聚集，使我们处在聚光灯下、舞台中央，我们肩负历史使命，我们责无旁贷！

未来五年，我们面临的机遇最大，责任也最大。一个是北京新机场建设，一个是加快高端产业功能区发展，这是新区未来五年两项最主要的工作任务，也是新区千载难逢的历史机遇和跨越发展的最大契机。

我们必须清楚，这既是前所未有的重大机遇，更是重如泰山的历史责任，承载了全市人民的期望与重托。能否真正抓住机遇，担起责任，乘势而上，是我们当前面临的最大挑战，这既是对我们工作能力水平的集中检验，更是关乎发展前途和命运的历史考验！

为此，我们必须自觉坚持当前与长远发展相结合，以更大的智慧和勇气谋划未来，推动大发展；以更加求真务实的作风真抓实干，实现大发展。未来五年开发区发展的主要目标是：依托"一区六园"，把产业发展空间拓展到 150 平方千米以上，培育 10 家以上具有自主知识产权、年收入超百亿元的国际知名本土企业，十大产业集群产值规模均超过 500 亿元以上，实现年总收入超万亿元；产业领军人才数量和竞争力居全国开发区之首，综合发展质量和土地利用效益居全国开发区前列；成为引领一体化、高端化、国际化发展的首都实体经济主阵地、创新驱动示范区、对外开放重要窗口和城乡一体宜居宜业发展典范。

三、2013 年工作任务

2013 年是全面贯彻落实十八大精神的第一年，是实施"十二五"规划承前启后的关键之年，是落实市委、市政府对开发区发展实施新决策部署、实现未来五年发展宏伟目标的起始之年，是新区实现高水平一体发展的提速之年。

2013 年开发区工作的总体思路是：深入学习贯彻党的十八大和市委十一届二次全会精神，紧紧围绕主题主线，按照市委、市政府"当好推动首都科学发展排头兵"的要求，坚持"稳中求快进、创新大发展"，以提高经济增长质量和效益为中心，以体制机制创新为动力，在打造先行先试改革示范区上迈出新步伐、在打造开放型首都实体经济主阵地上实现新跨越、在打造首都创新驱动示范区上实现新突破、在拓展产业发展空间上推出新举措、在形成城乡一体宜居宜业发展典范上迈上新台阶，担起责任，奋力创新，全面突破，为新区新一轮跨越发展开好局、起好步。

主要目标是：实现地区生产总值增长 15% 以上，工业总产值增长 20% 以上，税收收入增长 15% 以上，完成全社会固定资产投资 370 亿元，吸引投资总额增长 20% 以上，完成北京市下达的节能减排和环境保护的任务指标。

为此，我们将着力抓好以下几个方面工作。

（一）全面落实市委、市政府加快开发区发展的意见，在打造先行先试改革示范区上迈出新步伐。切实将《意见》作为指导开发区未来一段时期工作的纲领性文件，把《意见》的贯彻执行作为今年工作的着力点。

一是抓好《意见》的学习理解及细化方案的制定实施。各部门特别是相关业务部门要加强对《意见》的深入学习，充分认识其对开发区发展的重要性，全面了解掌握其深刻内涵。积极主动对接市级部门，加快制定落实《意见》实施的细化方案，上半年要取得实质性进展。

二是抓紧把《意见》各项政策落实到位。积极推动审批权限下放，按照“开发区的事在开发区办”的要求，全面梳理各项审批权限，主动与市级部门做好对接，按照“能下放的权限尽量下放”的原则积极争取，并以此为契机推进区内行政审批改革，进一步精简优化审批程序，提高审批效率，打造首都行政审批改革示范区。

积极争取市级资金支持，协调市级资金支持重大项目建设。打造覆盖各类产业金融要素的“6+1+N”金政园企产业金融服务体系，促成金融服务业与实体经济紧密合作，创建产业金融创新示范区。

创新干部人事管理体制，建立灵活自主的干部选拔引进机制和具有开发区特色的绩效考核办法和激励机制，增强干部队伍活力。

（二）着力推动产业结构优化升级，在打造开放型首都实体经济主阵地上实现新跨越。进一步加强产业促进工作，提高产业发展水平，切实提升新区对首都实体经济发展的支撑带动作用。

一是聚焦重大高端项目。建立专门机制，加强产业发展战略研究，提高研判和把握产业发展规律的水平。密切关注以智能制造、堆积制造和绿色制造为特征的世界第三次工业革命进程，主动培育新型制造业和战略性新兴产业，积极争取创建国家级战略性新兴产业发展示范区，推进工业发展模式转型。进一步提高主动招商意识和招商谈判水平，制定年度产业促进和项目引进目录，配套出台相应促进政策，加大跟踪高端项目、龙头企业的力度，引进一批以央企、世界500强、大型民企为代表的百亿级、千亿级总部类项目。

二是促进现有企业加快发展。结合“小巨人”培育工程，筛选一批潜力大的科技型中小企业，重点培育、集中支持。抓住国家进一步扩大内需、促进消费的重大机遇，支持企业进行产品更新，产能放大。支持有条件的企业参与国际产业合作与竞争。总结以往国际并购的成功经验，抓住国际产业深度调整机遇，继续实施国际并购战略。总结云世界大会的成功经验，积极筹备举办国际性产业研讨会，提升“北京·亦庄”的国际影响力。进一步完善重大项目推进工作机制，确保奔驰发动机等30个重大项目投产见效；确保百度云计算等30个重大项目开工建设；确保30个重大项目签约落地，其中要有2家以上投资超10亿美元的大项目。加大对招商项目的跟踪监管力度，建立动态管理台账，定期集中检查，严格督促项目方切实履行好入区承诺，对未能履约企业要严格按照约定予以追责。

三是加快专业产业园区建设。全面推进奔驰汽车产业园、数字电视产业园配套项目建设，启动新媒体产业园核心区基础设施建设，确保星光影视园三期项目、蓝鲸军民融合创新园开工建设，大力推进国家电子商务示范基地建设，打造首都电子商务中心区。制定新航城产业规划，力争签约一批重大项目，同步推进新机场建设与临空产业布局，全力争创国家航空经济示范区。

（三）加快聚集创新资源要素，在打造首都创新驱动示范区上实现新突破。加快实施科技强区八大工程和人才强区十大工程，提升科技、人才对经济发展的支撑和带动作用，建设具有国际水平的创新驱动示范区。

一是加快科技创新平台建设。总结推广北京亦庄生物医药园的成功经验，搭建更多“全过程、多功能、高端化”的国际一流科技创新服务平台。着力完善适合创新创业的体制机制和整体环境，新搭建4个以上公共技术服务平台。充分发挥中小企业服务中心作用，加大培育优势中小企业力度，力争培育“小巨人”企业总数达80家以上。

二是加快以战略性新兴产业领军人才聚集为特征的人才特区建设。增设博士后科研工作站2~3家，创新实践基地工作站2~3家，入选中央“千人计划”人数累计达40人以上，入选北京市“海聚工程”人数累计达到90人以上，探索建立高层次人才跟踪评价机制，保持高端人才数量和竞争力居于全市领先地位。

三是尽快建立健全与中关村国家自主创新示范区的工作对接机制。对中关村所有产业目标明确的科研项目，特别是重大科技成果转化项目逐一进行走访对接，建立动态跟踪推进机制，做好优先承接项目产业化工作，打造中关村科研成果转化的主体平台。着力加强与中关村孵化项目的全过程合作，加快形成企业为主体，市场化为导向的产学研用相结合的技术创新体系，着力打造“北京创造”品牌。巩固深化北有中关村，南有开发区，科技研发和成果产业化南北相呼应的发展格局。

（四）提高土地集约节约利用水平，在拓展产业发展空间上推出新举措。不断提高“土地资源是开发区发展的最重要载体”的认识，更加珍惜每一寸土地的使用。通过内部挖潜、外部合作、空间拓展等方式扩大产业发展空间。

一是集约利用现有土地资源。以起步区 3.8 平方千米范围为重点，制订专项方案，淘汰落后产业，力争全年盘活空置低效用地 500 亩，全面推进产业转型升级。积极推动土地管理制度创新，探索建立农用地征收转用“征、转分离”模式。结合产业发展需求，坚持建设储备一定规模标准厂房，保持不少于 20 万平方米。除特殊重大项目外，原则上主要采取租赁土地或使用标准厂房等方式生产经营。

二是加大区域合作力度。强化与北京市远郊区县及周边省市区域的产业分工合作，立足优势互补，与其他地区探索建立特定产业的联合招商、分工合作机制，形成总部、结算中心在内，生产环节在外的产业新格局。

三是加快推动扩区工作。抓紧完善“12 平方公里”基础设施和公共服务设施，满足重大项目落地需求。积极推进“26 平方公里”扩区工作，完成产业布局、城乡统筹、市政交通、能源供给、配套设施等专项规划编制，适时启动征地拆迁。尽快研究制订空间拓展规划方案，加强与商务部、国土资源部等部委的沟通协调，力争实现新一轮扩区。

（五）高水平推动一体发展，在形成城乡一体宜居宜业发展典范上迈上新台阶。围绕打造首都东南高端产业发展带及建设宜居宜业新城的目标，以推进新区一体化发展为核心，着力加快新区城乡一体发展步伐。

一是高水平推动一体发展。深入落实市委、市政府关于两区一体发展的指示精神，新区作出了将“六园”和综配区的经济建设职能纳入开发区统一管理的重要决策，并明确了具体的实施方案和管理办法。各部门要深刻理解新区作出这一重要决策的重要意义，以高度的历史责任感，抓好工作落实，真正挑起发展首都高端产业的大梁。力争用 3~5 年的时间，使“六园”和综配区的产业得到全面升级，城市面貌得到彻底改善。同时与大兴区相关部门一起努力，同步提升区域的社会管理和公共服务水平。

抓紧做好“六园”、综配区及拟扩“26 平方公里”等区域的划界工作，推动开发区审批权限实现真正覆盖。按照“招商、投资、政策、审批、收益、管理”六位一体的原则，加快完善综配区发展规划。围绕“美丽南海子、绿色商务区”的定位，加快建设以南海子公园周边为重点的亦庄新城中心商务区，着力完善区域高品质的城市功能，引进高端教育、医疗、商务等资源，促进亦庄新城城业互促协调发展。重点实施旧忠桥、旧忠路南段等交通项目，打通区域交通节点和主要连接通道。新实现 6000 名大兴区劳动力在开发区就业，提高就业水平。创新南海家园社区建设和管理模式，努力将其建设成为现代化宜居宜业和谐示范社区。

二是坚持建管并重，着力提升城市精细化管理水平。全力推进博大路改造工程及荣昌康定组合立交桥建设，从根本上改善开发区对外交通条件。结合区域特点，强化统筹联动，解决日益突出的居民出行难、停车难的问题。坚持需求导向，标本兼治，加快推进便民早餐点、便利店建设工作，从根本上满足区内企业员工及居民的需求。统筹研究未来产业发展的资源能源供应保障问题，提高资源循环利用水平，确保核心区和路东区污水处理厂提级工程完成并投入使用，启动路南西区污水处理厂和路东区污水处理厂三期建设。强化生态文明建设，加快建设亦庄新城滨河森林公园调整段，完成南海子公园二期核心区建设，力争十一前开园。设立亿元专项资金，推进企业节能减排工作，提高区域生态环保水平。

三是着力提升社会管理和服务水平，促进区域和谐稳定。完善亦庄地区教育扶持奖励政策，建立幼儿教育督导评估体系，不断提升地区基础教育水平。确保五幼、亦庄实验小学年内开学，启动 X39 号地完全学校、市第二中学亦庄学校扩建工程建设。推进同仁医院二期及河西区社区卫生服务中心建设，设立市 120 开发区直属急救站，组建开发区突发公共事件医疗救治应急救援体系。结合区域实际，加强科技、文化设施建设，启动开发区科技中心建设，推动文化产业发展，构建以企业为主体、以创新为亮点的开发区特色文化。强化管理创新，着力做好安全生产、应急管理、社会矛盾与劳动纠纷调处等工作，保障区域和谐稳定。

（六）凝聚各方力量，在提高创新服务能力上形成新合力

驻区各职能局要以创新发展为突破口，进一步创新工作模式和服务手段，提升服务水平，继续做好企业注册登记、税源监控、食品药品监管、特种设备及货物出口监管、交通、消防和安全生产等工作，为企业提供更加高效、便捷的服务。进一步优化行政审批流程，提高审批速度，加大对行政服务中心服务水平的监督检查力度，树立对外窗口的良好形象。

总公司、亦庄国际要加强为产业服务意识、自身经营意识、市场竞争意识和主人翁意识，主动研究开发区和新区的发展需要，为发展助力。总公司要按照现代企业制度，进一步理顺管理体制机制，充分发挥开发建设、项目推进、投融资主体作用。加快优质资产改制上市融资，积极争取市级资金注资，扩大融资能力。亦庄国际要进一步发挥投资平台的作用，通过股权投资、债权投资等方式推动重点项目建设。加快市场化运作步伐，以新区范围内企业为重点，主动开展风险投资等业务，提高市场化能力。

（七）倡导求真务实、开拓创新精神，在全面改进工作作风上展现新风貌。

一是解放思想，奋力争先。要承担起空前的历史责任，就要打破常规，敢闯敢试；就要有战略眼光，善于谋大事；就要以更加开放的心态，更加开阔的思路，审视和谋划

开发区的发展，更加主动地将开发区的发展与首都发展大局相结合。紧紧立足首都定位，始终瞄准国内领先，不断争创国际一流。

二是改进作风，落实责任。严格贯彻落实党中央关于改进工作作风的八项规定，以提高行政效能为目标，不断提高统筹能力和创新能力，提升综合服务和保障能力，打造一支胸怀全局、作风过硬、真抓实干、善于创新的干部队伍。进一步增强加快发展的历史责任感和紧迫感，增强舍我其谁的主人翁意识，真正做到上下一心、令行禁止。各部门要进一步细化工作分工，严格工作纪律，明确工作标准，充分调动每名工作人员的积极性和主动性。强化督查督办和绩效考核，加快建立“干与不干不一样，干好干坏有区别”的工作机制，真正形成“人人想干事、争相干成事”的工作氛围。

三是改进方法，务求实效。加强工作调查研究，掌握真实的发展需求，找准工作的方向和着力点，增强工作的计划性和针对性，真正做到“想明白，干明白”。部门工作要突出重点，在关键领域取得重点突破。各级领导都要做实干的榜样，要真懂真干，率先垂范。特别是处级干部，决不能只当“二传手”，要带着下属一起干，指导下属怎么干。否则，就不配做领导干部。

四是深化政府自身建设，提升管理水平。加强廉政建设，建立廉政风险防控动态管理机制。加强重点项目跟踪审计，强化审计结果的督促整改，促进工作提升。加强政府信息化建设，建立覆盖工委、管委会各部门、驻区职能局的政府数字化服务管理体系，提升政府管理数字化、网络化水平和跨部门信息资源共享、业务协同能力，降低行政成本和企业、公众办事成本，提高行政效率，促进政府管理创新。

同志们，我们已经站在了新的历史起点上，做好今年经济社会各项工作意义深远、事关重大、非同寻常。我们要进一步解放思想、把握机遇、乘势而上、突破跨越，当好推动首都科学发展的排头兵，坚决完成市委、市政府交给我们的光荣任务，为推动一体化、高端化、国际化发展，建设宜居宜业和谐新区而努力奋斗！

园区建设20周年专稿

北京经济技术开发区年鉴 2013

BEIJING ECONOMIC-TECHNOLOGICAL DEVELOPMENT AREA YEARBOOK

紧抓重大历史机遇 加快发展方式转变 打造高技术制造业和战略性新兴产业聚集区

中共北京市大兴区委副书记
中共北京市委经济技术开发区工作委员会副书记
大兴区副区长
北京经济技术开发区管委会主任 张伯旭

（2012年8月15日）

自1992年10月正式开工建设以来，北京经济技术开发区已走过了20年的风雨历程。在中央、北京市的正确领导和关心支持下，经过广大建设者的艰苦创业和不懈努力，现已发展成为具有高端引领、创新驱动、绿色发展特征的现代化产业新区，成为北京市乃至全国对外开放的重要窗口。

一、发展历程

北京经济技术开发区20年的发展历程，可以分为1992~2000年的起步建设期、2001~2009年的起飞加速期、2010年至今的一体发展期。

（一）起步建设期（1992~2000年）

从1991年8月市委、市政府决定筹建北京经济技术开发区，到1994年经国务院批准成为国家级经济技术开发区，再到1999年经科技部批准设立“北京高新技术产业开发试验区亦庄工业园区”，开发区在产业发展、体制机制创新等方面进行了扎实探索，形成了开发区在空间布局、功能定位、运作模式、政策体系等方面的基本架构。2000年星网工业园举行奠基仪式，同年开发区高新技术企业总产值为45.5亿元，占工业总产值比重达到53.6%，进一步奠定了开发区高端产业聚集发展的基调。

（二）起飞加速期（2001~2009年）

随着2002年开发区获批向京津塘高速路东和凉水河以西扩展了“24平方公里”，到2007年亦庄新城总体规划得到国务院批复，再到2009年京东方八代线等一系列重大项目落地，北京经济技术开发区的综合经济实力大幅跃升。2009年开发区工业总产值是2001年的4.65倍，年均增速41.9%，GDP占全市的比重从2001年的2.46%上升为4.88%，出口总额达到2001年的9.5倍。开发区作为北京市对外开放的重要窗口功能进一步凸显，诺基亚、奔驰、中芯国际、京东方、通用电气、富士康、康宁、拜耳、SMC、威讯、德尔福、资生堂、艾科泰、安讯、揖斐电等多家著名公司在开发区投资建厂，四大主导产业逐渐形成，高端化、国际化、集群化的园区形象日益彰显。

（三）一体发展期（2010年至今）

2010年，北京市做出了推进开发区和大兴区行政资源整合，建设南部高技术制造业和战略性新兴产业聚集区的重大决策，开发区从此进入与大兴区一体发展阶段。随着开发区产业布局向"一区六园"和"三镇一园"战略拓展，电子信息、生物医药、汽车制造、装备制造四大主导产业的规模、效益和竞争力稳步提升，社会管理和公共服务不断完善，"以业兴城、以城促业"的良好格局逐渐形成，开发区进入体制机制创新和战略性新兴产业聚集发展的新时期。下一阶段，开发区将在两区行政资源整合的基础上，进一步巩固提升首都二产平台的地位和作用，打造宜居宜业的国际高端产业新城，为新区乃至首都经济圈一体发展探索先行经验，构建引领示范模式。

二、发展成绩

20年来，在市委、市政府的坚强领导下，开发区广大干部群众始终以开拓者的姿态，主人翁的精神，艰苦创业、励精图治、锐意创新、不断超越，在经济社会发展的各个方面都取得了显著的成绩。

（一）区域经济加速发展，综合实力显著增强

建区20年来，开发区地区生产总值增长迅速，1999年首次突破10亿元，2004年迈入百亿元大关，2011年接近800亿元，1995~2011年GDP年均增长率为48%，高于同期北京市GDP年均增长率17%。从第一个投资项目资生堂落户，到星网工业园工程启动、京东方TFT-LCD生产线正式量产、北京奔驰公司正式奠基入驻，开发区工业总产值取得跨越式发展，2007年工业总产值突破2000亿元大关，2011年达到2742亿元，占全市工业生产总值的比重达到20%。开发区财政收入1995~2011年的年均增长率为61%，税收收入年均增长率为46%。经过20年的发展，开发区综合经济实力显著增强，日益成为首都乃至京津冀地区重要的高端产业园区之一。

（二）产业结构加速优化，质量效益持续领先

20年来，开发区实现了产业结构的重要转变，实现了从建区之初二产主导到现在二、三产业均衡发展的转变，从以三资企业投资为主向内外资并重转变。首先，第二产业与第三产业的比重由2000年的92:8转变为2011年的62:38。第三产业增加值从2000年的2亿元上升至2011年的303亿元，年均增长率为56%，比同期二产增速高26个百分点。其次，内资企业与外资企业投资额的比例从1993年的1:99转变为2011年的61:39，其中1993~2011年内资企业投资总额的年均增长率为31%，开发区二、三产业，

内、外资结构的不断变化，标志着开发区产业结构的不断优化升级。

（三）高端产业集聚发展，产业集群不断形成

开发区在 20 年发展过程中逐渐形成了以电子信息、生物医药、汽车制造和装备制造为代表的四大主导产业集群，建设了星网工业园、奔驰汽车产业园、数字电视产业园等上下游紧密配套、专业化分工协作的高端产业聚集区。主导产业占开发区工业总产值的比重由 2005 年的 88% 增长到 2011 年的 90%。经过 20 年的发展，区内共有世界 500 强企业投资项目 109 个，产值 10 亿元以上的龙头企业达到 38 家，产值亿元以上企业超过 140 家，分别占北京市的 26% 和 13%。电子信息、生物医药、汽车制造、装备制造等四大主导产业产值分别占全市的 50%、48%、22% 和 17%，已成为首都现代制造业发展的主阵地。

（四）创新要素加快聚集，创新驱动效应凸显

20 年来，开发区始终坚持“科技强区”“人才强区”的发展战略，注重不断加强对企业技术研发、金融资本、高端人才等创新要素的扶持力度，形成了“多功能、全流程、高端化”的产业金融服务体系和科技创新服务体系。企业自主创新能力和竞争力快速提升，“十一五”期间，在职务发明专利和实用新型专利的申请和授权方面，企业均占 95% 以上。2011 年区内拥有 312 家国家级高新技术企业，位居国家级经济技术开发区前茅，高新技术产业产值占工业总产值比重达到 96.7%，连续 9 年超过 80%。区内拥有中央“千人计划”29 人，北京市“海聚工程”56 人，成为名副其实的科技人才高地。

（五）高效水平显著提高，绿色发展模式日趋完善

20 年来，开发区始终坚持“绿色低碳”的发展理念，不断以更高标准构筑绿色集约发展模式。目前，开发区的区域面积在全国前八名开发区中最小，但工业用地地均产值 185 亿元 / 平方千米，百亿 GDP 创造税收为 30.8 亿元，发展质量和效益处于国内领先水平。万元地区生产总值能耗 0.157 吨标煤，万元工业总产值水耗 1.61 吨，能耗水耗水平约为北京市的三分之一，获批成为首批国家级生态工业示范园区、国家级工业节水示范区、国土资源节约集约模范区和国家级光伏集中利用示范区。

（六）发展环境不断优化，功能配套逐步完善

建区 20 年来，开发区始终把理顺城业关系、完善发展环境作为突出任务来抓，特别是两区整合以来，公共服务体系建设取得显著成绩。“三镇一园”综配区建设正式启动，发展空间有效拓展；亦庄地铁线通车，环区域高速路网逐渐形成；全市首个产业配套住宅小区率先建成，北京八中亦庄分校、十一学校、保华国际教育园、同仁医院二期等一批教育医疗机构相继落户，区域公共服务环境明显改善；相继建成了博大公园、南海子公园等大型公园，实施凉水河沿岸改造工程，城市绿地率达到 51.9%；力宝中心、朝林国际、亦城科技、亦城财富等项目正在加快建设，荣华路商务服务带日渐繁荣。园区服务环境不断完善，服务能力和服务水平不断提升，“以业兴城、以城促业”的格局逐渐形成。

三、经验认识

20年来，北京经济技术开发区按照科学发展观的要求，坚持“决不牺牲质量要速度，决不牺牲效益要规模，决不牺牲环境要发展”，努力实现又好又快发展。

（一）坚持招大引强，集群发展。尊重企业、尊重市场、尊重规律，明确产业发展方向，以产业链为基础选商选资、招优招强，发展高端产业的高端环节。坚持龙头项目带动和产业链条驱动的发展模式，注重吸纳高端产业的龙头企业，注重配套发展上下游的产业高端功能，从而形成价值密集、协作高效的产业集群。通过引进和发展一批竞争力强、投资强度大的龙头项目，不断吸引区域总部、研发和营销总部、结算中心等入驻，形成高端高效环节聚集发展的态势。

（二）坚持解放思想，不断创新。按照《北京经济技术开发区条例》和《北京市人民政府关于实施〈北京经济技术开发区条例〉办法》，不断完善统筹、高效、精简、便捷的审批机制和服务机制。开通“一站式”服务大厅，创新“四个一批”等工作机制，变“绿通”为“普通”，变“串联审批”为“并联审批”，为入区企业提供优质高效的服务。

（三）坚持科技强区，人才优先。北京经济技术开发区始终坚持“科技是第一生产力、人才是第一资源”的理念，充分利用国家级经济技术开发区和国家高新技术产业园区双重优惠政策，发挥首都创新资源丰富的优势，积极实施科技创新八大工程，建设了一批公共技术服务平台、孵化器、成果转化和产业化基地，强化了创新成果转化的区域功能。开发区始终把人才建设置于战略高度位置，出台《鼓励高级人才入区的规定》《“博大贡献奖”实施办法》等优惠政策，建立海外学人中心、留学人员创业园、博士后科研工作站、青年英才创新实践基地等高端人才创业服务基地，着力打造高端人才创业首选区域。

（四）坚持绿色循环，集约发展。开发区立足于首都人口、环境、资源的禀赋特征，在区域资源能源约束日益紧张的形势下，深入推进节能减排、绿色低碳的经济发展模式，走出了具有亦庄特色的绿色、循环、集约的发展道路。自2002年开发区获批成为“国家工业节水示范园区”以来，开发区通过实施全面节水的“博大计划”，启动了污水处理厂提级改造、再生水综合利用、雨水综合利用等一批水资源综合利用工程。开发区坚持严格供地管理，坚持项目准入高标准，着力发展高端、高效、高辐射、低能耗、低排放的产业，通过腾退、置换、整合零星产业用地等方式不断提高土地利用水平。开发区通过鼓励企业清洁生产、推进企业生态化改造、构建工业循环产业链、加快园区生态化改造，构建了低投入、低消耗、低排放和高效率的循环型工业体系，进一步夯实了开发区绿色、低碳、可持续的发展格局。

四、未来展望

当前，开发区发展面临着新的机遇和挑战。一方面，随着国际金融危机影响的不断加深，世界经济格局深刻调整，对开发区以外向型经济为主的产业结构产生了巨大冲击；国内宏观经济环境发生变化，经济增速由快转稳，原材料成本、劳动力成本、融资成本持续快速上升，为劳动密集型、投资依赖型、出口加工型企业的生产经营带来了巨大压力；首都人口、资源、环境协调发展的问题日益突出，对以土地扩张、资源消耗为特征的外延式发展模式提出了挑战，加快转变经济发展方式的要求更加迫切。

在深刻认识当前严峻形势的同时，我们也看到，当前开发区发展面临着更多的机遇。国际金融危机带来了全球范围内高新技术、尖端人才等高端要素的加速流动，为我们积极抢占产业战略制高点、参与国际竞争提供了新的契机；国家高度重视实体经济的发展，出台了一系列促进战略性新兴产业发展的政策和措施，为我们营造了良好的政策环境；首都经济圈上升为国家战略，城南行动计划加快实施、两区行政资源整合深入推进、北京新机场落户南部新区等，都为开发区发展提供了难得的历史机遇。总起来看，开发区已经进入了重要的发展黄金期、创新孕育期、改革攻坚期、战略转型期。

下一阶段，我们将深入贯彻落实科学发展观和北京市第十一次党代会精神，按照中央、北京市做大做强实体经济的要求，紧抓重大历史机遇，加快经济发展方式的转变，大力加强自主创新，不断提升产业结构，以“国内领先、首都窗口、新区示范”为标准，走一体化、高端化、国际化道路，建设世界城市的战略产业新区、高端要素聚集区、体制机制创新先导区和绿色低碳发展示范区，创建首都经济圈一体发展的国家级综合配套改革试验区，力争成为未来承载国家重大项目、承担首都重要功能、辐射并带动京津冀区域发展、具有国际影响力的战略增长极。力争在“十二五”末期，南部新区工业总产值突破 8000 亿元，在建区 30 周年时工业总产值突破 15000 亿元，占全市工业总产值的比重达到 40% 以上。同时，确保单位土地产值税收、高新技术产值占比保持全国领先水平，单位综合能耗保持全国最低水平，工业用新鲜水实现零增长，力争光伏等新能源利用水平在国家级开发区中保持领先地位。

（一）重视产业发展的质量和效益，打造战略产业新区

按照 “一体化、高端化、国际化”发展的总体战略和要求，提高招大引强、选商选资水平，以战略性新兴产业为核心，聚焦高端服务资源集聚、产业服务功能拓展和专业服务能力提升，引导产业集约、集聚、循环发展。进一步发展壮大电子信息、装备制造、生物医药、汽车制造等主导产业，积极培育新能源新材料、航空航天、文化创意等新兴产业，大力发展生产性服务产业、科技创新服务业和都市产业。加快建设数字电视产业园、奔驰汽车产业园、移动硅谷产业园、中芯微电子产业园和云产业园，打造 3 个以上千亿级和 6 个以上五百亿级的产业集群，全面提升高技术制造业和战略性新兴产业的综合实力，建成代表首都参与国际竞争的战略产业新区。

（二）强化创新驱动和人才优先，构建高端要素聚集区

全面实施科技强区战略，加快智慧园区建设，建立承接中关村自主创新成果、突出产业化特色的发展机制。加快“北京创造”品牌建设，牢固树立自主创新意识和品牌意识，培育具有自主创新能力和国际化经营能力的龙头企业，形成数字电视、新能源、云计算等特色产业品牌。深入实施“人才强区”战略，开发利用好国际国内两种人才资源，在

建设世界人才之都的进程中走在全市前列，努力建设开放型、创新型、引领型的人才高地。重点实施“产业高端人才开发计划”，培养聚集具有世界眼光和战略思维、能够支撑引领重点产业发展的高端人才。

（三）强化先行先试功能，构建体制机制创新先导区

立足功能区和行政区行政资源整合的成功经验，进一步深化体制机制创新，有效提升政府服务和管理水平。一方面，以产业协同布局和城乡统筹发展为重点加快体制机制创新，有效推进“三镇一园”“一区六园”的一体发展，分步骤、有重点地实现开发区扩区，使开发区产业发展空间达到150平方千米以上。积极创新园区社会管理属地化模式，建立完善劳动就业、公共服务的长效机制，促进资源实现双向覆盖、优势互补，为做大做强开发区和推进首都城乡一体化进程奠定坚实基础。另一方面，依托北京新机场建设，积极探索跨区域航空城和空港产业园共建模式，深化区域产业、科技、品牌、人才等领域的区域交流合作，率先建立健全区域合作的政策体系和运行机制，积极推动园区协作分工发展和城市功能协同布局，为跨区域合作发展发挥先行先试的作用。

（四）突出区域绿色责任，构建绿色低碳发展示范区

以建设国家级生态工业园区为主线，大力实施循环经济技术开发和应用示范工程，促进高能效、低排放的技术研发和推广应用，强化开发区的“绿色责任”和“低碳引领”形象。着力构建区域循环经济合作网络，构建绿色生产体系、绿色消费体系和绿色环境体系。加快推广开发区水资源综合利用、太阳能光伏应用、循环化改造方面的成功经验，进一步强化资源集约利用水平，提高生态环境改造力度，积极为首都乃至全国绿色工业发展、生态园区建设、资源集约利用体系建设提供可资借鉴的“亦庄样本”。

靠思想行走的亦庄

——写在北京经济技术开发区建设20年之际

记者　魏晔玲

靠思想行走的人才能走得更远。亦庄——北京经济技术开发区。这里云集着一群人，一群站在思想的高地上审视自己，站在世界的坐标上寻找自己，站在全球的逐鹿场上打拼的创业者、耕耘者。20年的思索，20年的奋斗，他们用亦庄思维，写下了“敢叫日月换新天”的动人篇章。

亦，“同”也，“大”也。今日之亦庄，乃不“亦”之“亦”庄，大而不同。一个大胸怀、大视野、大手笔、大目标的亦庄跃然眼前。

20年PK 2000年

亦庄地处北京东南的大兴地区。大兴因最早建置县有“天下首邑”之称。从秦始皇时期建制置“蓟县”至今已有2200余年的历史。元明清时期，这里曾是皇家猎苑，皇亲国戚在这片土地上游猎，农民在这片土地上谋生。新中国成立后，生产关系发生了巨大变化，但这里的生产力和经济面貌并没有太大改观。直到20世纪90年代初这里仍是一片农田，广袤的平畴沃野等待着机遇的降临。

1992年的中国，东方风来满眼春。邓小平在南方谈话中敏锐地说：“要抓住机会，现在就是好机会。”这次机会，亦庄没有错过。北京市做出了建设经济技术开发区的战略安排，地址就选择在这里。

1992年4月8日，北京经济技术开发区破土。随着奠基石上最后一铲落土，亦庄也种下了新思维和新理念的种子。“小政府、大社会”“用跨国公司的眼光来审视政府行为”“以商招商、产业链招商”“高端、高效、高辐射力、低能耗、低排放”“整合创新资源，创造良好的科技创新服务环境”“多功能、全过程、高端化的公共服务”等理念，使亦庄成为一个靠思想行走的巨人，迈开了走向辉煌的步伐。

从第一家企业资生堂入驻亦庄，20年的时间，昔日这片农田就像一块巨大的磁石，吸引了全世界40多个国家和地区的5000多家企业，其中包括诺基亚、奔驰、拜耳、GE、可口可乐在内的世界500强企业就有79家。亦庄也逐渐发展成为北京南部高技术制造业与战略性新兴产业的聚集区。移动通信产业集群、数字显示产业集群、集成电路产业集群、汽车制造产业集群、生物医药产业集群、装备制造产业集群不断发展壮大，形成了电子信息、汽车制造、生物医药、装备制造四大主导产业。“一部手机、一块屏、一个芯片、一辆车”成为亦庄的产业符号。

20 年的时间，靠思想行走的亦庄引领时代潮流。科技成果转化率达到 80% 以上，远高于全市 25% 和全国 5% 的平均水平。万元 GDP 综合水耗和综合能耗分别仅为全市平均水平的 1/4 和 1/3。每平方千米创造税收 13.27 亿元、每百亿 GDP 创造税收为 30.8 亿元，发展效益和发展质量方面均居于全国首位。

20 年的时间，亦庄共吸引投资 387 亿美元，累计创造了 16500 亿元产值、1310 亿元的税收。20 年的时间，亦庄完成了由农田向北京经济版图战略高地的华丽转身。当我们用手触摸、用心感受亦庄的发展成就时，当一个个理念还原成鲜活的事实时，“亦庄的成功是必然的”这一感受逐渐成为共识。亦庄的发展，不仅得益于政策的支持、政府的扶持，更得益于这片热土上聚集了一大批有思想的实干家。

观念决定方向，思路决定出路。

燃烧创新的“火车头”

火车头是拉动车身的引擎。拉动亦庄这列高速列车的火车头，燃烧的不是煤，不是柴油，而是创新。以创新为驱动力的亦庄，获得了研发生产的高效率。

“运进石英砂、产出电视机”是亦庄新区综合展览中讲述的一个产业传奇。这也是对亦庄数字显示产业链形象的、准确的描述。带来这个传奇的是亦庄的产业链创新。

京东方科技集团股份有限公司是我国研发生产液晶面板的龙头企业。2011 年，北京工业史上单体投资总额最大的项目、国内首条大尺寸液晶面板生产线——8.5 代线在这里建成投产，实现了从 1.8 英寸到 55 英寸全系列液晶面板的国产化。从而打破了国外对大尺寸液晶显示屏的长期垄断，大幅降低了国内液晶显示器件的价格，充分实现了国家的战略意图。

开发区有关负责人说，在建设京东方之初就有一个坚定的理念，就是不单纯地只建设一个企业，而是要建设一条产业链。

在亦庄数字显示产业集群中，京东方 8.5 代线 TFT-LCD 液晶显示面板生产线是核心产业。围绕着液晶显示面板的生产，需要聚集一大批上游产业和下游产业，与核心产业一同形成高端高效集约集聚的产业链条。

为了形成这种环环相扣、首尾相接的链条式关联关系，亦庄努力将生产液晶板、电视机所需原材料的生产企业都集中在京东方附近的 2.6 平方千米土地上。位于数字显示产业链条上游的美国康宁公司将石英砂生产成玻璃基板，提供给京东方制作成液晶面板，京东方再把液晶面板提供给冠捷制作成数字整机销往市场。目前，数字电视产业园内共有 26 家企业。生产液晶显示屏所需的十大主材，除了用量最少的液晶外，其他九大主材的生产厂商均在此建厂。谈及形成这一数字显示产业链的好处，京东方总裁陈炎顺深有感触地说：“缩短物料在企业内部的停留时间和物流时间，在快鱼吃慢鱼的市场下，这就是制胜法宝。”

“朝下订单、夕已出关”是亦庄创造的又一个高效率。2001 年 12 月 20 日，由诺基亚公司及其合作伙伴共同投资兴建的星网工业园在亦庄正式启动。建设星网工业园的初衷和最终目标是实现服务的就近化，使诺基亚全球采购全球销售的模式转变为当地采购全球销售，从而达到提高效率、增强核心竞争力的目的。星网工业园以诺基亚公司为龙头，会同 20 多家诸如三洋、揖斐电、威讯联合半导体等全球和国内知名零部件供应商，创新海关监管、物流等服务模式，实现了零库存生产和 24 小时通关，打造出了全球最完整的绿色手机产业链。每天早上，零部件供应商接到来自诺基亚的订单后，把从全球各地调来的元器件在星网工业园内加工成手机零部件，下午便可以提供给诺基亚进行组装，当天晚上，这批刚刚生产出来的手机便可以坐上飞机，出口到世界各地。这个被誉为“星网模式”的产业功能布局在世界上被公认为是一个创新范例，被收入全球 MBA 教材。

作为国家级经济技术开发区，亦庄始终高度重视创新驱动在发展中的根本作用。“整合创新资源，创造良好的科技创新服务环境”，基于这样的理念，开发区打出了一套“组合拳”：

为培育创新型中小企业，开发区建设了软件园、生物医药产业园、留学人员创业园等一批专业孵化器，以及海外学人中心等一批专门服务机构，聚集了 400 多家拥有核心技术、高成长性的初创企业；为推动主导产业和新兴产业的发展，开发区成立了软件联盟、抗体联盟、生物技术研发服务联盟、云计算联盟、诊断试剂联盟、高技术服务业联盟等产学研技术联盟，引导企业占领技术价值链高端，赢得产业发展的主动权；为提高专业服务水平，建立了企业创新信息服务数据平台、专利服务平台和 8 个获得国际国内权威机构认证的检测服务机构；为解决企业融资难问题，建立了以股权投资、风险投资、融资担保和上市培育 4 类业务为核心的科技金融服务体系，探索出“政府主导，企业操作”的投资管理模式。

……

自开发区 2008 年出台科技创新专项资金政策以来，共支持了 426 家企业的 636 个项目，支持资金达 4.6 亿元。目前，开发区企业承担了国家、北京市级科技项目 300 多个，获得财政资助超过 15 亿元。64 家企业的 243 种产品被认定为北京市自主创新产品。185 家企业被认定为北京市专利引擎试点企业。

创意变黄金的“大转炉”

2011 年 7 月，北京华昊中天生物技术有限公司总经理杨波带着研发了 7 年的抗癌药项目来到了亦庄生物医药园。那时的亦庄生物医药园还是一片正在施工的工地。而杨波和他的团队几经考察和比较，还是选择在这里投资科研。杨波说：“这里的政府服务机能和园区提供的服务，使我们有信心在这里安营扎寨。”

亦庄生物医药园的巨大魅力是什么？亦庄生物医药园副总经理吴小兵一语道破：“这里，拎着包就可以来创业。”随着 2011 年 10 月 18 日北京亦庄生物医药园正式启动，吴小兵所说的逐一成为现实。

生物医药园是亦庄投资 9 亿元打造的多功能、全过程、高端化的生物医药创新服务体系，占地面积约8.7万平方米，由商务中心、孵化中心、中试中心、中型企业楼等建筑组成，总建筑规模近18万平方米，可吸纳100余家生物医药创新及服务外包企业入驻。

吴小兵介绍到，与其他行业不同，生物医药产业投资大、风险高、见效慢。生物医药企业在研发初期、甚至中试阶段只是投入，没有产出，而且随时都有失败的可能。所以许多开发区都不太愿意引进这样的企业。但只要新药研发成功，增值又是爆发性的、成百倍递增的。凭借对生物医药行业的敏锐把握，选择一批技术有特色、有发展潜力但尚处于研发阶段的企业入驻医药园，给这些企业提供各种政策扶持和服务，助其尽快研发成功实现量产，就是亦庄生物医药园扮演的重要角色。吴小兵对医药园有个形象的比喻，"就像医药企业的幼儿园，我们的责任就是把他们培养成人"。

生物医药企业在进行新药研发时会使用到许多相同的仪器设备。如果每个企业都去购买，就好比买一只鸡只生一个蛋，会大大增加企业的投入。而医药园一期投入1500万元购买了一批生物医药研发企业常用的仪器设备，搭建了园区公共仪器测试服务平台，企业只需要交纳一定租金就可以使用。据医药园工作人员介绍，二期4000万元设备投资资金也马上到位。除了提供仪器设备，医药园还搭建了试剂耗材供应中心、洗消间及孵化单元，与公共仪器测试服务平台组成医药园孵化中心。走进位于园区内的孵化中心，共有13层，99间孵化单元分为110、190、230平方米三种不同面积的套型，可为企业提供实验室、生物安全柜室、仪器室、办公室等，为企业研发活动提供了有利的条件支撑。

吴小兵说："园区致力于提供真正的'一站式'服务，不仅提供拎包入住的孵化实验室、动物实验室，还帮助企业进行注册咨询、融资贷款、人才招聘、新药报批、市场推广等。"首批入园的28家企业之一——百奥赛图基因生物技术公司首席科学家沈月雷介绍说，他们公司能以世界上最快的速度为药物研制、人类遗传病研究提供"敲除"不同基因的小鼠。但公司创业不久，规模很小，无法大量接受订单。生物医药园了解情况后，主动为他们提供了整整一层楼，百奥赛图立即建起高标准的实验室，来自哈佛大学、中科院等海内外的订单不断涌来，企业迅速步入良性发展轨道。

华昊中天作为最早入驻生物医药园的企业，到这里已经一年有余。谈及这段经历，杨波告诉我们："当初的选择是对的。"据杨波介绍，依托生物医药园的平台，各级领导和媒体都对华昊中天给予了关注。知名度的提高，对投资人的信心和后期融资都会产生积极影响，如果不是在生物医药园，像他们这样的企业想获得如此高的关注度基本上是不可能的事情。现在已有一些药厂通过媒体的报道来找华昊中天寻求合作。而且，生物医药园还经常帮着他们介绍一些投资人，这些都是难得的无形资源。

亦庄的许多企业家都有同样的感受。黎江，中金数据系统有限公司的高级副总裁，一位先后在美国硅谷和澳大利亚工作了11年的"海归"。2008年，随着IT行业第三次变革的到来，黎江怀着引领世界云计算发展的梦想，放弃了国外优越的生活条件，回到了中国、来到了亦庄。谈到这几年的感受，黎江连着说了好几遍："没想到，没想到政府这么重视，没想到事业能发展这么快。"事业的起步方式和未来发展前景，是黎江没想到的。他说："在亦庄，我们如果有好的发展思路，可以直接面对面跟开发区的领导沟通、交流。有时候即使是晚上10点多了，亦庄的领导也依然可以见我。"纵观世界，美国 IT 行业的发展主要靠几家垄断大企业推进，中国如果想在云计算发展中占领先机，当务之急就是培育产业链，政府在这其中发挥了重要作用。由于政府的重视和政策的支持，黎江投身的云计算事业呈现出步伐大、速度快的特点。

把铁锭炼成钢需要转炉。要把铁锭在更短的时间里炼成钢就需要吹氧的高速转炉。亦庄就是一座把创意变成黄金的“高速转炉”。在这里，推动创业和发展的服务平台，携带着一系列鼓励和扶持创业发展的政策，快速地把创业者的梦想变为现实，把智慧冶炼成黄金。

百米跑与马拉松

走进亦庄，满眼绿色，环境静谧优美，使人产生了宛如置身欧洲小镇的感觉。然而，这里不仅是一个宜居的生活区，还是坐落着几千家企业的生态工业园区。

中芯国际是代表国内芯片生产最高水平的龙头企业。走进厂区，一个最突出的感受就是绿草茵茵、绿树郁郁。厂区内的绿化面积约 4 万平方米，占整个厂区用地的近 1/4。而灌溉这些花草树木很少用自来水，基本上是靠雨水。中芯国际市场部总监夏鹰指着地上的一个雨箅子说，厂区内所有的雨箅子都通过管道与雨水回收池相连接。这套集雨设施自 2002 年开始建厂时就列入了建设规划，2004 年建成使用，雨水大的年份可以 100% 满足厂区绿化灌溉需要，即使雨水最少的年份也能满足 50% 的灌溉需要。使用 8 年来，累计节水 8 万吨。

有人帮中芯国际算了一笔经济账，即使按 6.1 元 / 吨水计算，节水 8 万吨相当于节约了近 50 万元。而中芯国际当初建设这套集雨设施就投入了 800 万元。照这样计算，这套集雨设施要使用近 130 年才能收回成本。“建设这套集雨设施，我们更看重的是生态账。”中芯国际厂务处助理总监姜镭解答了人们的疑惑。姜镭介绍说，芯片生产企业是众所周知的“水老虎”，为了尽可能地少用水、少欠大自然的“账”，中芯国际在建厂之初就确立了节水的理念，并将这一理念贯穿到设计、施工、运行等各个环节。

中芯国际是亦庄第一家使用再生水的企业，最初每天使用 100 多吨再生水，现在每天可使用 2500 吨；厂区一期 80% 的用水是再生水，二期工程设计更是达到 100%。即使用再生水，他们也“斤斤计较”。“开发区再生水厂生产的再生水质量比较好，我们用于工业生产，至于冲厕，则使用厂区自己对废水进行处理产生的再生水。”对于工业废水，中芯国际也分为 29 类，浓剂类排水卖给要求不高的企业，浓酸类排水进行回收提纯后销售，稀酸类排水如果不含有其他杂质再循环回系统使用 …… 中芯国际把用水这篇文章做到了极致。

窥一斑而知全豹。中芯国际只是亦庄坚持绿色低碳发展的典型之一。京东方既是“电老虎”，也是“水老虎”。为节约水电，他们在 8.5 代线厂房顶部全部安装了太阳能面板，日发电量达到 2 万千瓦小时，可解决非工业用电量的 20%；采用先进节水技术，自来水使用量仅占总用水量的 15%，其他 85% 使用再生水，每年可节水 1100 万吨，水消耗量处于全球业内最优水平。华润协鑫公司是北京市第一家燃气热电联产企业，通过对电、蒸汽、热水、冷水等能源的梯级利用，给周边企业进行综合能源配套，使能源的利用率达到了 70% 以上 ……

这不仅仅是企业家的追求，也是亦庄一直秉承的理念。在选择入区项目方面，是否符合“三高两低”的“硬指标”，是到亦庄投资落户的企业都必须过的“绿色门槛”，通不过就一票否决。同时，亦庄在发展过程中主动进行“腾笼换鸟”，适时腾退了一些低端项目。

为了实现科学发展，亦庄对驻区企业的节能减排行为给予大力支持。中芯国际与华润协鑫联手解决热水循环使用问题，对企业和环境来讲是好事，却减少了开发区的经济利益。中芯国际厂务处助理总监姜镭说，两家企业进行热水交换，就不需要再从于发区热电厂购买大量的蒸汽。仅这一项，开发区每年就要少收入近200万元。这在传统开发区是根本不能想象的事情。亦庄不仅支持了企业的做法，还将其作为典型在全开发区进行推广。

这样的事情不胜枚举。华润协鑫总经理王东告诉记者，毗邻华润协鑫的京东方每天要产生大量工业废水，过去都是排入开发区的污水处理厂净化处理成再生水后，再由污水处理厂按吨卖给使用企业。本着就近使用能源的节能原则，华润协鑫考虑使用一部分京东方排出的污水，在污水进入开发区污水处理厂之前进行截留并净化处理。这需要亦庄提供建设相关设施的用地，而且华润协鑫将大幅减少从污水处理厂购买再生水的数量。即便如此，亦庄还是给予了大力支持，在土地资源紧张的情况下，专门批给华润协鑫土地用于建设污水截留设施和净化装备等相关设施。

作为首都做大做强实体经济主阵地的亦庄担起了区域绿色低碳发展的责任。早在11年前，金源经开污水处理厂就投入使用，实现了对生活污水和工业废水的大规模集中处理。2004年，亦庄在全市率先出台了水资源利用规划，开启了水资源综合利用的大幕。同年，亦庄污水处理率达到100%。现在的亦庄，一吨水至少要使用三次。雨水、污水、自来水、地表水、再生水、河道水六水联调，实现了水资源的循环利用，每滴水都发挥出最大的作用。每年仅再生水使用一项就可节水千万吨，相当于5个昆明湖……

亦庄“高端、高效、高辐射力、低能耗、低排放”的发展理念，把这片国家级经济技术开发区打造成为一个“竞技场”。在这里，既有比高度的撑竿跳，也有比跨度的三级跳；既有比速度的百米跑，也有比恒力的马拉松。一条更高、更快、更可持续的科学发展之路，使亦庄的发展效益、质量居全国开发区最高水平之列，能耗水耗居全国开发区最低水平之列。

一庄带一区、一区补一庄

2012年9月25日，北京奔驰二期项目在亦庄一片被叫为“12平方公里”的土地上奠基。“12平方公里”原来是大兴区的一片土地，而现在已是亦庄开发区产业拓展的新空间。

经过近20年的高速发展，亦庄社会管理和公共服务资源不足、产业发展空间受限的“软肋”越来越突出，并逐渐成为掣肘之痛，解决这些问题迫在眉睫。而与开发区相邻的大兴区，在现代化、城市化进程中也欲振乏力，迫切需要插上腾飞的“翅膀”。北京市委、市政府审时度势，2010年初，果断做出了推进大兴区和北京经济技术开发区行政资源整合的战略决策。

如今，行政资源整合之路已走了两年多。这期间，大兴区和开发区，坚持一切服从服务于发展，按照“机制新、活力大、效率高”和“超常规、高水平、跨越式发展”的要求迅速推进整合工作，充分实现了优势互补、一体发展。大兴区充分发挥土地资源、社会管理、公共服务等优势，开发区充分发挥品牌、政策、产业发展、科技创新等优势，通过融合产生了“1+1>2”的“化学反应”。

“12 平方公里”就是在这种情况下产生的。两区行政资源整合后，为解决亦庄发展空间受限的问题，围绕“十二五”产业发展规划，为实现建设宜业宜居新城的战略构想，大兴区拿出这“12 平方公里”土地用于亦庄拓展产业发展空间。亦庄拿出大量资金解决当地农民拆迁问题，开创性地实现了 50 天和谐无震荡拆迁，优势互补效果体现得淋漓尽致。

如今，“12 平方公里”土地已由“生地”变为“熟地”。道路、雨水管线、污水管线、自来水、天然气、电力、电信、热力、有线电视、无线上网均已接通，并做到了土地平整，达到了“十通一平”的高水准。北京奔驰首个海外发动机项目、中芯国际二期工程等一批重大项目已经落户开建，这里的繁华一触即发。作为这一变迁的见证人，“12 平方公里”建设项目指挥部总经理窦建军不无感慨地说：“没有两区的融合发展，就不会有‘12 平方公里’土地的新生。”

不仅如此。目前，按照商品房标准建设的 228 万多平方米的回迁楼鳞次栉比，宽阔平坦的马路将 7 个居民小区与学校、医院、文体中心等配套设施贯连。1.2 万多名生于斯长于斯的农民，通过扩区全部农转非，并以“直通车”的方式就地进入企业。一位被安排到奔驰公司上班的农民，说起他第一天上班看到上百辆奔驰车时还饶有兴致，他说，做梦也没想到能到这么大的企业来上班。大兴区的一位领导说：“通过两区行政资源整合，‘12 平方公里’及其周边地区的城市化进程至少加快了 10 年。”

一庄带一区、一区补一庄，不断放大着政策品牌的优势效应，一体发展的叠加效应不断显现。产业布局、品牌、标准、政策、服务做到统一，实现了产业发展一体化，产业招商创历史最高水平；新区产业发展空间扩展工作得到统筹，实现了开发建设一体化，开发建设规模和速度大幅提升；有效整合大兴区劳动力资源，实现了劳动力就业一体化，大兴区劳动力到开发区就业人数达到 1.5 万余人；大兴区将区域资源向亦庄覆盖延伸，成立了开发区法庭和检察处，引入优质教育、医疗资源，实现了社会管理和公共服务一体化，亦庄公共服务水平不断提升；涵盖大兴区亦庄镇、旧宫镇、瀛海镇、南海子公园的“三镇一园”综合服务配套区建设，将更进一步提升亦庄产业高品质配套环境，掀开宜业宜居新城建设的新篇章……

两年多来，两区吸引投资总额 158 亿美元，为亦庄前 18 年总和的 83%；完成工业总产值 5511.6 亿元，为亦庄前 18 年总和的 50%；财政收入达到 585.8 亿元，为亦庄前 18 年总和的 71.5%。这串数字，诠释了两区行政资源整合的深意。

靠思想行走的亦庄，在跨越发展、持续发展的 20 年中留下了光辉的足迹。这是思想的光辉，这是实干的光辉，这是科学发展带来的光辉。

靠思想行走的人，将会走得更远……

（2012 年 10 月 22 日刊登于《前线》杂志）

资源聚合：亦庄路径

——来自北京大兴区、北京经济技术开发区的新闻调查（一）

记者　罗冰

这是北京追求科学发展的一次战略谋划。

这是首都建设“中国特色世界城市”的一次前瞻布局。

2010年，在北京经济技术开发区18年发展史上必定是不寻常的一年。

年初，在建设“中国特色世界城市”和实施“城南行动”计划的大背景下，北京市委、市政府作出推动大兴区和开发区行政资源整合，建设南部高技术制造业和战略性新兴产业聚集区的重大战略决策：集成两区优势资源，做大做强北京第二产业，使首都经济发展水平走在全国前列。

年末，首都“十二五”规划新鲜出炉，做强做大北京经济技术开发区，打造以两区整合后的空间资源为依托的南部高技术制造业和战略性新兴产业聚集区，成为首都加快经济发展方式转变的路线图。

中共中央政治局委员、北京市委书记刘淇强调：牢牢把握机遇，奋力推动跨越式发展，高水平建设南部增长极。

于是，人们把目光再次聚焦到北京亦庄这片创造了首都五分之一工业总产值的神奇热土。

于是，资源聚合，打造南部增长极，成为拉开北京“中国特色世界城市”建设大幕的强劲序曲。

超常规高水平跨越式打造京南增长极

机遇与挑战并存。

承担着做大做强北京第二产业、振兴首都经济的重大责任，两区整合如何开好局、起好步?

肩负着建设“中国特色世界城市”和转变经济发展方式的特殊使命，新区建设如何实现可持续的科学发展?

面对这道考题，两区领导班子思路清晰：

站在北京看新区，“十二五”末期要实现8000亿元工业总产值的目标，需要超常规的发展，没有超常规的发展力度和发展速度，打造南部增长极、领跑首都经济就只能是一纸空谈；跳出北京看发展，近有天津滨海新区，远有上海浦东新区，你追我赶、百舸争流，区域竞争日趋激烈。不发展不行、发展慢了不行、按常规发展也不行。能否抢占先机、实现超常规发展，至关重要。

抓住了机遇，就能迅速腾飞、赶超先进；抓不住机遇，就会不进则退、拉大差距。

2010年3月24日，北京市委书记刘淇、市长郭金龙率领一班人到大兴区和北京经济技术开发区进行专题调研，在肯定了两区行政资源整合取得的初步成效后，刘淇再一次强调：要进一步解放思想，抢抓机遇，实现超常规、高水平、跨越式发展。

按照这一要求，短短十个月来，“超常规、高水平、跨越式”成为新区建设的主旋律。超常规的举措、超常规的努力、超常规的付出，也换来了超常规的发展速度、超常规的发展成果：

2010年，大兴区、北京经济技术开发区完成税收290.2亿元，同比增长23.8%；预计实现工业总产值2670亿元，同比增长12%；全社会固定资产投资650亿元，同比增长27.1%。

1+1=1，发展形成强大合力

叶斌，大兴区采育镇副镇长，现在每周有两三天要到开发区上班。行政资源整合后，两区成立了联合招商工作组，他是汽车板块招商负责人。

“两区融合前，我们是借势发展，是小打小闹，总在探讨如何借助亦庄的优势，现在不同了，两区整合之后，采育汽车基地纳入到开发区汽车产业的整体布局之中，从项目招商到产业规划和布局都实现一体化，无障碍了。”他兴奋地告诉记者，开发区汽车产业的龙头老大奔驰公司扩产后，其配套的零部件企业已进驻采育。

构建了协调统一、灵活高效的指挥决策机制。一条心、一盘棋、一股劲，过去采育开发区是市级开发区，实力不够，跟人谈项目没有底气，没有主动权和选择权。现在，叶斌的感觉大不一样了：“我们对外就是北京·亦庄，这个品牌不是谁都能叫的，项目的入区门槛也与开发区看齐，用亦庄完整的政策体系、配套体系来跟企业进行对接。”

“没有两区融合，这些高端项目到不了采育。融合，还解决了我们自己解决不了的资金问题，解决了我们管理水平提升的问题。”叶斌如数家珍，“过去配套能力不够，现在开发区总公司投资，采育核心区的四条道路同时启动改造升级，你们过几个月再来，采育就完全不一样了。”

坚持有利于转变经济发展方式、加快高技术制造业和战略性新兴产业聚集发展，有利于做大做强开发区，有利于促进区域经济社会协调发展，有利于推进城乡一体化进程；保障国家级开发区的规格和架构不变，机构设置不变，人员待遇不变，任务责任不变，对企业、社会承诺的政策和服务不变。推进规划编制、对外招商、劳动就业、数据统计、社会管理、城市管理、公共服务、信息资源“八个对接”。两区实现了思想、感情、发展“三个融合”。

“大兴区就是开发区，开发区就是大兴区。”大兴区委办公室主任王宗刚告诉记者，短短10个月，通过两区主要领导交叉任职，新区发展真正形成了强大合力，实现了1+1=1。

1+1>2，放大“北京·亦庄”品牌效应

经过多年的高速发展，北京经济技术开发区作为国家级开发区形成了“北京·亦庄”的品牌效应。目前已有来自全球30多个国家和地区的3700余家企业入驻，入区企业投资总额超过240亿美元，诺基亚、奔驰、拜耳、通用电气等近70家世界500强企业纷纷在此投资建厂。而大兴区空间开阔，占北京市平原面积的1／6，土地资源丰富。

两区行政资源整合，形成一种优势互补、强强联合的态势。大兴区充分发挥土地资源、社会管理、公共服务等优势，开发区充分发挥品牌、政策、产业发展、科技创新等优势，携手抢滩国际高端产业市场。

大兴生物医药产业基地管委会副主任赵晓晨感受最为深刻。“现在小项目基本没有了，全是大项目。这得益于‘北京·亦庄’的品牌效应。”他告诉记者，两区整合之后，园区进入真正跨越发展的黄金时期。2010年5月份以来，北京同仁堂、华润、步长甚至拜耳、辉瑞等一些大企业、大项目纷纷入驻，投资额小到10亿元，大到100亿元，到2015高举“做强做大开发区”的旗帜，大兴区全力当好“工兵营”“后勤部”“护卫舰”，开发区则成为辐射带动大兴区发展的“发动机”“助推器”，1+1>2的效应日益显现。

仅仅50天，过去18年建成区只有不到“50平方公里”的开发区，就大举扩张“12平方公里”，搬迁18个村庄，12000余人，这项两区融合后的“一号工程”，涉及范围之广、规模之大、人数之多、速度之快，在两区历史上皆属首次。

仅仅300天，南海子公园占地3000多亩的一期工程就大功告成并正式开放，作为新区头号重大生态建设项目，位于大兴新城和亦庄新城之间的这座湿地公园，不仅成为人们休闲健身的天然氧吧，也成了两区对外招商的绿色名片。

2010年1月至11月，开发区新入区企业785家，同比增长221家；新批企业投资总额56.3亿美元，同比增长1.1倍；内外资共增加投资42.3亿美元，同比增长4.4倍；外商实际投资2.1亿美元，同比增长4.4倍。京芯半导体、UT斯达康、冠捷、英飞凌等一批重大项目纷纷落户。

“战略产业新区、区域发展支点、创新驱动前沿、低碳绿色家园”，着眼于环渤海经济圈，着眼于京津冀城市群发展，北京南部高技术制造业和战略性新兴产业聚集区的未来令人期待。

（2011年1月13日刊登于《科技日报》）

创新驱动：亦庄样本

——来自北京大兴区、北京经济技术开发区的新闻调查（二）

记者　罗冰

“十一五”收官之年的最后十天里，“北京创造”着实成为了中国创新舞台上的主角，北京亦庄也由此一次次走入人们的视线：

中国首台云计算服务器在北京亦庄问世，标志着中国云计算产业实现了从技术到产品，从概念到实体的重大跨越，进入到实质性发展阶段；

北京首批30辆全电动汽车在亦庄下线，拉开了国内技术领先、产业规模最大、实力最强的纯电动汽车科技产业园的发展序幕；

中国首条采用自主产权列车自控系统的地铁线在亦庄开通，由亦庄企业生产的“中国信号”彻底结束中国地铁45年“无脑”的尴尬历史……

作为首都唯一的国家级经济技术开发区，经过近20年的发展，从“北京制造”到“北京创造”，从“世界工厂”到“世界研发中心”和“总部基地”，北京亦庄走出了怎样一条创新驱动，内生增长的可持续发展之路?

高端产业集群创新

隆冬的北京，寒风呼啸，但在亦庄“北京数字电视产业园”的建设工地上，却依然是热火朝天的繁忙景象。京东方八代线已经进入建设的紧要关口，建成后将彻底结束我国液晶电视“缺芯少屏”的时代。不仅如此，包括冠捷年产800万台液晶电视的生产基地等与之配套的24个项目，也已纷纷签约入驻。未来，北京数字电视产业园将形成继星网工业园之后又一个具有较完整产业链的千亿级现代化高科技产业园区。

按产业链需要，吸引上下游企业，发挥龙头企业创新带动效应，形成高端产业集群创新格局是北京亦庄长期以来坚持的产业发展方向。如今，产业集群效应已经成为区域创新驱动的一个显著特征。

“早晨接到订单，晚上产品就飞往客户手中”，这是诺基亚星网工业园演绎的传奇。作为产业集群发展的经典案例，全球独一无二的“星网模式”被写入MBA教科书。在这里，为手机生产配套的20多家企业整合在一起，形成完整的产业链，从而降低交易成本，提高市场应变能力，缩小产品更新换代周期。产业集群化发展也成为企业参与世界竞争的优势。

按照这一模式，目前北京亦庄已经形成电子信息、生物工程与新医药、汽车、装备制造四大主导产业。拥有“中国最大的移动通讯产业基地”“北京最大的电子信息产业基地”和代表生物工程与新医药产业国际、国内领先水平的“北京药谷”。

记者手头的一份最新数据显示，2010 年，四大主导产业占开发区工业总产值的比重超过八成。“十一五”期间，北京亦庄电子信息产业产值占全市同行业比重达 59%，生物工程和医药制造业产值占 37%。

龙头企业引领创新

砷化镓材料是继硅单晶之后第二代新型化合物半导体材料中最重要、用途最广的材料之一，大到航天航空，小到数字电视、电脑、手机芯片都离不开它。由于技术门槛高，该技术问世并产业化的 15 年来，一直都被美国、日本、德国等西方国家少数企业所垄断，中科晶电的出现改变了这一历史，不仅为中国人在半导体材料领域赢得了一面旗帜，也为中国 LED 产业的发展铺平了道路。

“订单已经拿到手了，做不过来。”中科晶电董事长告诉记者，通过引进消化吸收再创新，目前，中科晶电已实现单片生产数量世界第一，2 英寸砷化镓晶片月产量可达到 20 万片，内地市场占有率达到 85%，台湾市场占有率达到 50%，产量每年呈几何级数上升，2010 年销售额已经超过 2 亿元，2011 年将超过 4 亿元。在高技术产业化领域，中科晶电证明中国人不是不可以，而是 NO.1。

在亦庄采访，最大的感受就是这里的企业个个都身怀“绝技”、身手不凡，个个都活力四射、自信满满。这种活力来自于创新，这种自信也来自于创新。

北京开发区最近评选的科技创新先进单位中，产业集群的龙头企业，主导产业的核心企业比比皆是：诺基亚是移动通讯产业创新集群龙头，中芯国际是微电子产业的领军企业，京东方是光电显示产业创新集群的核心，SMC 是装备制造业的龙头企业，航卫通用、泰德制药则是生物医药产业的翘楚，过半数的企业位列开发区工业产值 50 强 , 成为拉动开发区经济增长的主导力量。据统计，这些企业近两年来人均纳税均已超过 35 万元。

从“世界工厂”到“世界研发中心”

2009 年 5 月，国际金融危机寒潮尚未退去，北京亦庄迎来了原位于芬兰总部的诺基亚 TD-SCDMA 研发中心。成立至今的十几年，诺基亚中国先后在亦庄设立了包括诺基亚中国研究中心、诺基亚北京产品开发中心等 10 多个研发机构，“仅 2008 年至 2009 年，就投入研发费用总额 34.2 亿元人民币。”诺基亚中国一位负责人告诉记者。目前，全球六成的诺基亚手机在北京亦庄进行研发集成，公司两年内通过科技创新技术产品（服务）创造了 846 亿元人民币的收入，实现纳税 99 亿元人民币。

2010 年，对于北京亦庄单位面积产能最高、纳税 50 强之一的北京德尔福万源发动机管理系统有限公司来说，是一个书写跳跃式发展的年份：仅用半年的时间就完成了全年的利润指标；创造了 10 年以来月产出最高纪录；新生产线达产就实现 30% 以上利润率；年销售收入预计 24 亿元人民币……

将德尔福北京技术中心迁入亦庄，是其提速发展的制胜一招。97% 的客户在国内，随着国产机动车市场占有率的增长，德尔福万源的市场份额也在不断扩大，如何保持这个优势呢？“增强产品的核心竞争力。”总经理闫云峰说，因为国产轿车的更新换代以及市场计划不确定性，这就要求供应商要能及时跟上整车厂的要求，在较短时间开发出合适的产品，根据客户的需要作出产品调整，缩短技术中心和生产基地的距离，就是为了这个最终目标。

北京经济技术开发区管委会主任张伯旭告诉记者，建区以来，尤其是近些年来，北京开发区坚持走高端、高效、高辐射的产业发展之路，努力以科技创新抢占未来制高点和提升产业发展水平，已经逐渐成为国际国内大型企业的总部基地和创新中心。

3000 多家企业，万元 GDP 能耗仅为 0.16 吨标煤，远低于全国国家级开发区和北京市的平均水平。

327 个企业技术研发中心，申请专利 3872 件，发明专利占 65%；科技成果的转化率达到 80%，远高于全国和北京市的平均水平。

229 家高新技术企业，高新技术产业产值占全区工业总产值比重连续 9 年超过 80%，在全国国家级开发区中名列第一。

数据最有说服力。在北京亦庄，创新已经成为发展的核心动力。

（2011 年 1 月 14 日刊登于《科技日报》）

人才“雁阵”：亦庄现象

——来自北京大兴区、北京经济技术开发区的新闻调查（三）

记者 罗冰 通讯员 曹霞

在辽阔的天空上，“人”字形的雁阵，由头雁引领着，借助集体飞行所产生的气流，向着远方展翅飞翔。如今，在北京亦庄，也出现了这种“人才雁阵”现象：一批又一批的海外人才接踵而来，高端人才引领创新，创新团队合力攻关，领军人物主导发展，在这片创新的天空尽情飞翔，为这片创业的热土增添了新的动力引擎。

打造“人才高地”

“去年5月才搬到亦庄，面积有1000多平方米，可刚过来半年又在找地方了，要扩大到3000平方米，建一个符合GMP认证的药厂。”北京伊斯康科技有限公司总经理郭 彤没想到，回国创业才两年，企业发展得这么快、这么顺。这位美国马里兰大学药学专业博士，2008年从美国诺华公司辞职回国，创办了这家从事新型缓释、控释制剂开发的高技术公司。

“亦庄聚集了众多国际知名的医药企业，这里不仅配套服务完善，而且很方便对接上下游企业。”令他感触更深的是，开发区管委会具有现代意识和服务意识，“海外学人中心提供了贴心的服务，有什么政策和项目都及时告诉我们，公司几次搬家都是他们帮忙找房子。”

一路走来，每一步都有人关心，郭旻彤感觉特别温暖。他告诉记者，现在企业已经建起了技术平台，下一步要建产业化平台。最终目标是要让中国的缓释控释药物制剂走出国门，走向世界。“3年之后，伊斯康要在北京亦庄建起一座更具规模的高科技制药厂。”对此，郭旻彤充满信心。

80后青年段润润是美国佐治亚理工学院材料科学与工程博士，他回国后选择了新材料领域创业。产品方向之一是新型生物医用陶瓷材料，主要应用在生产人工陶瓷骨关节上，预计未来5年市场需求可达25亿元。另一方向是金属基陶瓷复合材料，在通信、化工、航空航天等重点领域都有应用。

新材料技术的产业化，资金投入大、设备要求高是创业公司的难题。利用技术优势同有实力、有资质的企业合作，是实现企业发展的重要途径。段润润的开元科创公司去年4月成立之后，就开始同材料业界的企业进行技术合作的洽谈。没想到入区不久，他就被开发区认定为海外高层次人才，他的企业也得到了开发区对海外高层次人才创办企业给予的有力支持。“这对企业资质的提升很重要。虽然我们企业规模不大，但有政府的认可，对商业合作的洽谈起了重要的推动作用。”现在，他们已与开发区内一家著名上市企业达成了技术合作协议，对方不但提供资金支持，还提供实验场地、实验设备和仪器等研发条件，由此撬动的社会资源总值达 1500 多万元。

“我们就是要让海外学人在亦庄都能创业成功，让海外学人精彩亦庄。”北京经济技术开发区人事劳动和社会保障局局长赵莉告诉记者，为吸引高层次人才，开发区先后出台多个鼓励高级人才入区的政策，建立了博士后工作站，留学人员创业园，设立了区域最高人才奖“博大贡献奖”，成立了北京海外学人中心开发区分中心，每年设立 1 亿元的专项资金，用于资助海外高层次人才来开发区创新创业。目前，开发区已聚集两院院士 20 余名，海外学人 1100 余名，其中 83 人通过开发区海外高层次人才认定，17 人入选国家“千人计划”、17 人入选北京市“海聚工程”。北京亦庄已经成为北京南部具有集聚和辐射效应的“人才高地”。

汇聚创新团队

一家企业引进二十几个“海归”不足为奇，但同时拥有三个入选“千人计划”“海归”的却并不多见。在亦庄就有这样一家企业，马宁宁就是这并不多见中的一位。

户口落了，房子买了，举家安顿下来，马宁宁现在成了地地道道的“庄里人”。而一年半前，他还是美国著名药企辉瑞公司的高级主任研究员，领导开发辉瑞制药最新的单克隆抗体生产工艺。现在他的身份是北京义翘神州生物技术有限公司副总经理，兼任中国医学科学院协和细胞工程中心副主任。

回国一年多，他参与建立了中国最大的蛋白试剂库，公司目前已经拥有 1500 个蛋白产品，其中 100 多个是国际首创。国际大公司需要 30 年完成两三千个蛋白积累，他和他的团队只用 3 年走了别人 30 年的路，而且产品质量达到国际一流，去年底开始销往世界各地的一千多家单位。目前他不仅承担着国家的重大专项课题，还获得了开发区几百万元科研项目的支持，去年还争取到 200 多万元海外学人专项支持。

与马宁宁一样，义翘神州 CEO 谢良志和副总经理王阳，都是入选中央“千人计划”的“海归”。他们三人共同组成公司生物技术开发的“三巨头”：谢良志和马宁宁具有丰富的细胞培养、工艺放大和生产的技术经验，王阳的到来，为公司增添了蛋白结构分析和质量把关的重大优势。

现在，义翘神州拥有近 200 人规模的创新团队和 6000 多平方米的实验室，主要从事生物技术产品的研发、生产、技术服务外包和科研工具试剂、临床诊断试剂的开发和生产，已经为全球前十强的制药企业完成 800 多个单克隆抗体候选药物的临床前生产技术服务，建立了全球领先的重组蛋白和抗体候选药物的快速生产技术平台，拥有国际先进水平的动物细胞大规模培养工艺技术平台和我国最大的自主研发生产的重组蛋白库和抗体库。

在亦庄，马宁宁和义翘神州的故事只是高端人才引领创新的一个缩影。

几年来，北京亦庄努力创造有利于海外高层次人才创业创新的发展环境，高端人才的引领作用已经开始显现，SMC、泰德制药、德尔福万源……2009 年，6 家海外高层次人才领衔企业入选开发区纳税 20 强，康龙化成、神州细胞、天奈科技、旷博生物等通过“以才引才”方式引进海外高层次人才 34 人，仅康龙化成 2009 年以来就引入海归 25 名，其中 19 名海归博士、6 名海归硕士。

谋划人才战略

不久前，在大兴区、北京经济技术开发区召开的人才工作会议上，中科院院士沈岩等 16 人一起受聘为政府特聘专家。

这份 16 人名单中，涵盖了各个领域的高层次人才：北汽新能源汽车有限公司总工程师廖越峰，带领创新团队打造国内技术领先、规模最大、实力最强的新能源汽车的研发和生产基地；北京奔驰汽车有限公司首席技师赵郁带领一线员工每年围绕新车型投产设立技能课题，这些课题的成果被直接运用到生产制造和售后维修中，大大提高了生产制造和售后维修高档汽车的能力；大兴区种植业服务中心总农艺师刘国栋 20 多年来始终工作在农技推广第一线，主持了 12 项研究与推广项目，被誉为“瓜农科技致富的引路人”。

面对大兴区和北京经济技术开发区行政资源整合、建设北京南部高技术制造业和战略性新兴产业聚集区的历史机遇，北京亦庄比任何时候都更需要大批高层次创新创业人才来引领。以人才工作会议的召开为契机，北京亦庄瞄准未来发展目标强力启动了人才强区大战略，集中推出涉及人才吸引、人才培养、人才激励、人才保障四个方面的十大措施，支持高层次人才到新区创新创业，为构筑人才高地提供坚实支撑。

每年设立 1 亿元的人才发展专项资金；为人才提供“一站式”“人性化”“个性化”服务；实施产业人才聚集工程、创新人才推进工程、海外人才引进工程、青年英才开发工程等十大人才工程；建设开放型、创新型、引领型的人才高地……

这是一种胸怀，一种眼光，一种气魄，更是一种谋略。

亦庄人明白，谁赢得了人才，谁就会赢得未来。亦庄这片天空，辽阔而高远，将永属那怀抱鸿鹄之志的群群“雁阵”。

（2011 年 1 月 17 日刊登于《科技日报》）

战略谋划：亦庄思维

——来自北京大兴区、北京经济技术开发区的新闻调查（四）

记者 罗冰 通讯员 曹霞

2010年年底，深冬的亦庄，空气清冽，长空如洗，北京经济技术开发区（亦庄）诞生了三大行业知识产权创新联盟——云计算创新联盟、诊断试剂创新联盟、高技术服务业（钢铁行业）创新联盟，联盟内企业今后将建立产学研信息、知识产权等资源共享机制，以加快科技成果的产业化进程。

开发区管委会相关负责人表示，将对具有优势的知识产权创新联盟加强引导与支持，根据主导产业和新兴产业的发展，重点推动产业技术创新领先、对产业发展起龙头带动作用的联盟向更深层次发展。

纵观北京亦庄发展的历史，这虽然只是一个创新的“小动作”，然而却可以折射出亦庄人战略谋划的“大思维”：以发展和长远的眼光，整合创新资源，营造创新环境，形成创新合力，实现创新驱动。

高端思维：选企业多选“排头兵”

3个月前，亦庄装备制造业再添“新军”：我国自动化技术领域“排头兵”和利时集团的控制与自动化系统产业基地在此落成，至此，和利时集团的核心业务全部迁入亦庄。

“在开发区，我们可以与世界500强为邻，更重要的是，这里有鼓励创新的土壤。”和利时集团副总裁邵柏庆一语道破天机。

我国自动化控制系统领域自主创新成果和市场占有率第一，敢和西门子、霍尼韦尔等百年名企一争高低，全球过程自动化50强……和利时的“重量”和“体量”，与亦庄选择入区企业的标准“不谋而合”：坚持发展科技含量高、创新能力强、辐射带动大的高端产业和总部经济，加快打造北方经济总部中心，引领打造“北京创造”品牌。

北京经济技术开发区管委会主任张伯旭告诉记者，开发区选择入区企业的前提就是要看它在同行业是不是领先，对开发区坚持创新驱动的理念认不认同。所有入区企业必须要过两道槛：一是科技含量，二是低碳环保。

亦庄人有亦庄人的思维：绝不能放低质量要速度，绝不以牺牲环境要效益。

坚持走高端路线，不断调整产业结构，用较少的资源消耗换来较大的经济效益。“十一五”期间，北京经济技术开发区地区生产总值、税收收入、出口总额、全社会固定资产投资年均增长分别为21%、36.5%、18%和14.4%，累计完成额分别为“十五”时期的3.4倍、5倍、1.7倍和4.8倍，而产业建设用地仅增长了0.5倍。每公顷已出让土地平均投资密度达到1181万美元、创造税收1063万元人民币，分别是“十五”期末的1.3倍和2.8倍。

以“科技强区”战略为支撑，发展清洁能源，强化环境管理，亦庄在单位工业增加值综合能耗、再生水利用、总量控制和污染减排、资源回收利用等方面已经走在全国开发区前列。不久前，亦庄通过了由环保部、商务部、科技部联合组织的创建国家生态工业示范园区技术考核和现场验收，即将成为北京市首家综合类国家生态工业示范园区。

逆向思维：危机“遭遇战”变为升级“主动仗”

“你们一定要好好写写开发区管委会，如果没有他们，企业就渡不过难关。”百泰生物药业董事长白先宏动情地对记者说。

“在开发区的直接帮助下，我们才克服了各种困难，不仅成功地战胜危机，更是通过新产品、新市场的开发，极大提升了企业的竞争实力。”北京京东方光电科技有限公司相关负责人如是感慨。

2009年年初，在国际金融危机的强力影响下，以外向型经济为主的开发区率先感受到了寒意：众多企业的订单大幅下滑，有的企业甚至连续数月接不到新订单。面对复杂多变的国际、国内宏观经济环境，亦庄紧紧围绕“助企业、保增长、调结构、促和谐”来谋划发展，将帮扶企业渡过难关作为重中之重，一次次大调研、大走访，摸情况、理思路、解困难。从临危不乱到迎难而上，再到稳扎稳打，亦庄将一场危机遭遇战转变为提升发展质量的主动仗：建立绿色审批通道，加快重点项目的审批进度；集中出台帮助企业开拓市场、扩大产能、稳定用工、降低成本、科技创新、人才引进的2项措施和5项政策，加大产业扶持办法落实力度，仅在2009年就给予近百家次企业5亿多元直接资金支持、20多亿元间接资金支持；加快搭建投融资平台，为企业提供强有力的金融支持……

上下齐动、“新政”迭出，一系列政策帮扶措施不仅有力增强了企业的信心，而且激励了企业加快发展的决心。年产值超10亿元的重点企业纷纷向开发区转移产能。其中GE从日本、施耐德从法国把产能转移至开发区；全球最大的印制电路板生产商日本揖斐电公司则不惜将其本土的产能移至亦庄。

从突如其来的金融危机到经济的企稳向好、主要指标昂扬向上，政企同心共克时艰，不仅扩大了产能优势，而且借势积蓄了竞争后劲。

记者拿到的一份最新数据显示，2010年北京经济技术开发区经济持续回升。据初步统计，规模以上工业企业完成工业总产值2222亿元，同比增长13%；完成税收收入223.1亿元，同比增长28.3%；完成全社会固定资产投资240亿元，同比增长52.7%。康宁二期、冠捷、东贝、英特尔研发中心、同仁堂健康药业、宽带资本、京东商城等一大批高端项目纷纷落户，全年吸引投资总额（含增资）59.4亿美元，同比增长1.1

倍，创历史最好成绩。

积极思维：企业创新缺什么，亦庄就建什么

新药研发是一项耗资大、周期长、风险高的事业，单一的企业买仪器，好比买一只鸡只生一个蛋，而公共平台的建设，却可以让企业付出最小的创业成本。

为此，亦庄启动了生物医药产业园建设，占地8.6万平方米，建筑面积约16万平方米，可吸纳约100家医药创新及服务外包企业入驻。园内设有公共技术支撑平台，包括仪器设备测试中心、器材高压消毒中心、实验器材供应中心等，可为企业提供生物医药公共实验平台、研发办公空间以及符合GLP标准的实验室和GMP标准的生产车间等。

“企业创新缺什么，亦庄就建什么，现在药品检测、安全评价等在开发区内都能解决。”舒泰神（北京）生物制药股份有限公司副总经理张海山对此很感动。

“政府必须为企业提供增值服务，就像一台‘超级服务器’那样，‘处理’和‘整合’一切创新资源，营造创新创业环境。”基于这样的思路和理念，北京经济技术开发区打出了一系列组合拳：为培育创新型小企业，开发区建设了汇龙森科技园、北工大软件园、生物医药产业园等一批专业孵化器，并已聚集了400多家拥有核心技术和高成长性的初创企业。

为推动主导产业和新兴产业的发展，成立了软件联盟、抗体联盟、生物技术研发服务联盟等以企业为主体、市场为导向的“产学研技术联盟”，引导企业占领技术价值链高端，赢得产业发展的主动权。

建立了企业创新信息服务数据平台、专利服务平台和8个获得国际、国内权威机构认证的检测服务机构。

为解决企业融资难问题，建立了以股权投资、风险投资、融资担保和上市培育4类业务为核心的科技金融服务体系，探索出“政府主导，企业操作”的投资管理模式。

“亦庄是北京高科技产业化最好的地方，开发区很重视高科技企业，对高科技行业也很了解，知道企业需要什么，产业化规律是什么，管理更有目的性，产业化配套更成熟，还有政策和资金上的支持，对企业发展起到全方位的促进作用。”原美国著名药企辉瑞公司的高级主任研究员马宁宁在回国两年后，对亦庄做出这样的评价。

着眼当前，谋划长远，亦庄人秉承一贯的创新型思维，开始新的谋篇布局：通过实施“大旗舰”打造工程、“小巨人”孵育工程、科技平台升级工程、高端创新人才汇聚工程、知识产权推进工程、科技金融创新工程、科技中介服务提升工程和创新文化建设工程等“八大工程”，全面构建科技创新生态系统，依靠创新驱动，加快经济发展方式转变，建设具有全球影响力的高端产业园区。

（2011年1月21日刊登于《科技日报》）

前瞻布局：亦庄实践

——来自北京大兴区、北京经济技术开发区的新闻调查（五）

记者　罗冰　　　通讯员　曹霞

一个月前，财政部、科技部、住房和城乡建设部、国家能源局四部门联合公布了我国首批 13 家“太阳能光伏发电集中应用示范区”，北京 · 亦庄榜上有名。

对亦庄来说，这次入选有着双重的意义。作为一项国家使命，这仅仅是一个开始；作为一次前瞻布局，这又是一个最好的印证。

着眼产业发展前沿和前瞻布局，积极培育风力发电、太阳能光伏、生物医药、新能源汽车、新材料、新一代互联网等战略性新兴产业，抢占新一轮经济和科技发展制高点，亦庄已率先传递出产业转型升级的铿锵足音。

让中国赢在云时代

“过去 15 年，中国的 IT 产业都是在跟进，现在云时代来了，可以建立中国自己完整的 IT 体系了，云给了中国人机会！”北京亦庄云基地，宽带资本董事长田溯宁激情四射地向记者描述着北京云基地的现在和未来。这位被业界誉为“愤青”的 IT“大鳄”，是“中国云”的倡导者、推动者和实践者，他的构想与亦庄加快创新驱动、大力发展战略性新兴产业的谋划一拍即合。

刚刚成立两个月，北京云基地入驻企业达到 10 家，总投资金额 5 亿元，员工 600 人。业务包含了云计算各个环节：分布式数据中心、云服务器、瘦终端、云存储等硬件产品；云操作系统、桌面虚拟应用系统等基础软件；智能知识库、数据挖掘系统等应用软件以及云系统集成，整体构成了云计算产业链。去年年底，随着中国首台云计算服务器在云基地正式下线，意味着中国云计算事业步入了实质性的发展阶段。

“今天可能很小，但 5 年内将建成一个云计算产业园。”田溯宁告诉记者，“十二五”期间，云计算产业园将吸引大批中外企业，形成 2000 亿元人民币的年产值。

减免房租、推动成立云计算产业联盟……为了扶持云计算产业的发展，北京开发区推出了一系列扶持政策。

“把云基地变成北京创造的前沿阵地，通过云基地，诞生中国下一代 IT 产业。”这个梦想，让亦庄的决策者和田溯宁一样充满激情。北京经济技术开发区管委会主任张伯旭告诉记者，发展战略性新兴产业，要有国家队，亦庄就要做这个国家队。

站在产业发展最前端

坐落在北京开发区南部的金风科技北京基地最近喜事连连：2010 年 11 月底，与全球领先的半导体解决方案供应商英飞凌签署了一份核心模块技术引进协议，这意味着在成本大幅下降的同时，其核心部件的国产化率将更加提高；仅仅 1 周后，金风科技 RTDS 平台直驱永磁风机建模仿真获得成功，不仅进一步证明了其自主研发的直驱永磁风电机组具有优异的低电压穿越能力，而且向“电网友好”风电发展目标迈出了关键性的一步。

从 2007 年 6 月投资设立全资子公司金风科创开始，金风科技在北京亦庄 3 年 4 次注资扩产，时至今日，一座集研发中心、整机制造中心、电控中心、物流中心、信息服务中心于一体的风电产业园已现雏形。随着产业链的构造完成，预计未来的 3 年至 5 年内，产值将由目前的 10 多亿元跃升至 100 亿元以上。

作为中国风电领域的领军企业，金风科技拥有全球风电行业最领先的直驱永磁核心技术，实现了风电设备从中国制造到中国创造的跨越。金风科技一位负责人告诉记者，永远站在产业发展的最前端，北京给了金风科技更开阔的视野和国际化的高端人才，用风能做海水淡化、实现智能电网的储能蓄能等等，瞄准未来可再生能源领域的发展机会，金风科技正在寻求新的突破。

金风科技北京基地的成功，是亦庄布局战略性新兴产业的得意之作，也验证了亦庄人的前瞻性眼光。当年，得知这家风电企业欲求扩张之时，开发区管委会果断决策，主动出击，从接洽到企业奠基，前后用了不到半年时间。

高科技、高成长、制造业、可再生的绿色能源，金风科技成为开发区绿色新能源产业发展的风向标，也带动亦庄新能源产业基地的迅速崛起。

撑起首都经济一片蓝天

“一克黄金价为300元，而泰欣生一克抗体价格为7万~8万元，是黄金的200多倍。”百泰生物药业董事长白先宏用几组数字把公司的科技含量描述得淋漓尽致：生产出我国第一个治疗恶性肿瘤的基因重组人源化单克隆抗体药物泰欣生；诞生了我国第一个全自动哺乳动物细胞大规模培养生产线；结束了跨国生物医药巨头对抗体人源化技术的垄断。美国媒体如此评论她：中国少有的几个顶尖的具有自主知识产权和创新能力的生物技术公司。

2009 年，百泰生物成为北京亦庄科技创新资金最青睐的企业，获得 860 万元的资金支持。2010 年，百泰再次入选开发区科技创新专项资金支持项目名单。这对于正致力于二期开发的企业来说无异于雪中送炭。“二期建成后，我们将拥有全世界最大的抗体药物灌装生产线，年产量将由现在的 16 千克增加到 50 千克，按泰欣生一克抗体价格为 7 万元计算，年产值将达到 35 亿元。”白先宏说。

在亦庄，像这样掌握着生物医药前沿技术的高科技企业不胜枚举：连续多年跻身开发区纳税 50 强的泰德制药，自主创新的静脉注射剂“凯时”，使我国在纳米制药技术和靶向制剂研究领域达到世界先进水平，每年对日出口150万支，年销售额达到10亿元，被美国《福布斯》杂志评为全中国最具发展潜力企业200强中的第90名；90%市场在海外的义翘神州，是全球重组蛋白和抗体产品临床前生产技术外包服务的翘楚，不断有“重磅炸弹”蜚声国际：建立了全球领先的重组蛋白和抗体候选药物的快速生产技术平台，建立了我国领先水平的动物细胞大规模培养工艺技术平台，建立了我国最大的重组蛋白库……

如今，在亦庄生物医药产业园和大兴生物医药基地双引擎的带动下，亦庄生物医药产业保持了快速发展势头，成为北京市生物医药产业发展的核心力量。在北京市列为G20工程的企业中，亦庄14家企业榜上有名，药品生产企业销售收入约占全市制药工业的30%；医疗器械生产企业销售收入约占全市的80%。

抢占未来发展制高点

2010年年底，“移动硅谷产业园”正式奠基，这是亦庄围绕战略性新兴产业谋篇布局的又一个大手笔。

规划面积180公顷的移动硅谷产业园，以京芯半导体为核心，依托3G、4G核心芯片技术，集聚高端移动通讯产业链，抢占物联网产业发展先机。目前，首批签约进驻企业已达20多家，签约资金达40亿元。5年内将带动周边产业达到每年1000亿元左右的销售规模，成为继星网工业园之后又一个千亿元的产业集群。

站在“十二五”开局和大兴区、北京经济技术开发区融合发展的历史节点上，亦庄已经描绘出新的产业发展蓝图：巩固提高电子信息、汽车制造、生物医药、装备制造四大主导产业；支持培育新能源及新材料、航空航天、文化创意三大新兴产业；配套发展生产性服务业、科技创新服务业、都市产业三大支撑产业。围绕做大做强开发区，着力构建“一个中心区、六个专业园”的产业格局，到“十二五”末期实现工业总产值8000亿元，成为引领首都科学发展的排头兵，具有国际水平和影响力的新增长极。

（2011年1月22日刊登于《科技日报》）

从投资拉动到创新驱动的可喜转变

——《科技日报》评论

记者　罗冰

迎着2011年的曙光，中国经济发展的航船驶入一个新五年规划期。

在这未来五年里，以科学发展观为主题，以转变经济发展方式为主线，把科技进步和创新作为加快转变经济发展方式的重要支撑，将成为中国经济社会发展的主基调和主旋律。

加快经济发展方式的转变，路该怎么走？北京·亦庄用自己坚持不懈的探索实践让我们看到，当转变发展方式成为一种行动的自觉，将会给我们的经济社会发展带来怎样的生机与靓丽。

发展是硬道理，关键是结合自身实际，选择合适的发展方式。作为国家级开发区，建区18年来，北京·亦庄始终坚持发展“高端、高效、高辐射、低能耗、低排放”的优质产业，不断调整产业结构，用较少的资源消耗换来较大的经济效益，实现了从投资拉动到创新驱动的可喜转变，形成了独具特色的亦庄思维、模式和路径。

不争一时一地的得失，摒弃短期行为的政绩观，开发区的决策者们始终把可持续发展放在首位，从产业规划到营造环境再到整合资源，进行了一系列的战略谋划、顶层设计和前瞻布局，积极培育战略性新兴产业，努力抢占新一轮经济和科技发展制高点，把科学发展的理念真正变成科学发展的生动实践。高新技术产业产值占全区工业总产值比重连续9年超过80%，在全国国家级开发区中名列第一；科技成果的转化率高达80%，远高于全国只有5%的转化率水平；万元GDP能耗仅为0.161吨标煤，远低于全国国家级开发区和北京市的平均水平。

紧紧抓住人才这一科学发展的第一资源，坚持汇智聚才模式创新，努力营造尊重知识、尊重人才、尊重劳动、尊重创造的创新文化和激励机制，亦庄已经成为北京南部具有集聚和辐射效应的“人才高地”，以两院院士和海外高层次人才为代表的创新队伍已初步形成，为开发区实现创新驱动，内生增长提供着不竭的动力。

今天的亦庄又站在新的历史起点上。北京市委、市政府作出大兴区和开发区行政资源整合，建设南部高技术制造业和战略性新兴产业聚集区的重大战略决策，超常规高水平跨越式打造南部增长极，创新驱动、科学发展正在亦庄铺开锦绣前程。

（2011年1月13日刊登于《科技日报》）

文件选载

北京经济技术开发区年鉴 2013
BEIJING ECONOMIC-TECHNOLOGICAL DEVELOPMENT
AREA YEARBOOK

中共北京市委 北京市人民政府 关于进一步加快推进北京经济技术开发区发展的意见

京发〔2012〕18号

（2012年12月31日）

为学习贯彻党的十八大精神，认真落实党中央、国务院关于实施创新驱动发展战略、做大做强实体经济的工作部署，充分发挥北京经济技术开发区（以下简称开发区）在推动首都新一轮科学发展中的重要作用，促进首都经济发展方式转变，推动首都经济又好又快发展，现提出如下意见。

一、充分认识加快推进开发区发展的重大意义

开发区于1992年4月开始建设，1994年8月经国务院批准，成为北京市唯一的国家级经济技术开发区。经过20年的发展，开发区工业产值年均增长53%，财政收入年均增长61%，拥有国家级、市级研发中心140余家，高新技术产业产值占工业总产值比重、单位工业用地地均产值、单位GDP税收、万元GDP能耗水耗等均处于全国领先水平，产业高端引领、创新驱动、绿色发展的特征日益突出。开发区的建设发展，深刻地改变了首都第二产业的格局和面貌，为首都做强第二产业发挥了十分重要的作用。尤其是2010年与大兴区行政资源整合以来，发展活力进一步增强，发展环境显著优化，开发区与大兴区优势互补、一体发展的格局已经形成，具备了进一步加快发展的基础和条件。

开发区是首都重要的高端产业功能区，是产业发展基础好、综合发展实力强、服务环境完善的区域，承担着推动国家战略产业发展、做强首都第二产业、打造首都高技术制造业和战略性新兴产业聚集区的责任。进一步拓展开发区产业发展空间，增强对开发区的政策支持，有利于首都做大做强实体经济、实现又好又快发展。

开发区是中关村国家自主创新示范区的重点园区，是首都科技人才资源丰富、高科技企业集中、改革创新环境良好的区域，承担着推动重大科技成果产业化、打造“北京创造”品牌、在体制机制创新方面先行先试的责任。进一步扩大开发区的行政审批权限，提高行政工作效率，有利于首都加快经济发展方式的转变，率先实现创新驱动的发展格局。

开发区是首都南部地区发展的引擎，亦庄新城是北京城市总体规划确定的重点新城，同时也是首都南部经济发达、基础设施完善、城市化水平高的地区，承担着辐射带动区域发展、推进城乡一体化进程、促进功能区和行政区统筹协调发展的责任。进一步提高开发区规划建设水平和标准，强化城市功能配套，有利于推动城业互促发展，率先实现城乡一体化的发展格局。

开发区是首都对外开放的重要窗口，是世界五百强企业数量多、国际化特征突出、对外开放程度高的区域，承担着引领国际化发展、聚集国际高端要素、参与国际产业竞争的责任。进一步加快对外开放，强化与国际接轨的城市功能，有利于全面提高开放型经济发展水平。

二、加快推进开发区发展的指导思想、基本原则和主要目标

（一）指导思想

全面贯彻落实党的十八大和市第十一次党代会精神，以科学发展观为指导，坚持龙头带动、集群发展，坚持创新驱动、优化升级，坚持高端高效、绿色低碳，坚持改革开放、先行先试，依托国家级开发区的政策优势，做大做强首都高端产业，率先形成创新驱动的发展格局，高水平推动开发区和大兴区一体发展，打造首都高技术制造业和战略性新兴产业聚集区。

（二）基本原则

1. 统筹协调。立足做大做强首都实体经济，进一步加强对全市产业发展的统筹协调，集中优势资源要素，加大对开发区产业发展和城市规划建设的支持力度。着力推动高端业态发展，优化人口质量和结构，实现人口、资源、环境的全面协调可持续发展。

2. 先行先试。认真贯彻执行《北京经济技术开发区条例》，积极推动体制机制创新和政策先行先试，积极申请建设国家级试验区、示范区，以体制机制创新形成推动首都科学发展的强大动力。

3. 优先布局。加强对全市重大产业项目的统筹布局，促进产业集聚集约发展，集中力量做大做强开发区。全市重大制造业项目按照区域功能定位，优先向开发区布局。

4. 一体发展。立足加快首都南部地区发展，发挥首都经济圈战略支点作用，创新行政区和功能区整合的体制机制，高水平推进开发区和大兴区一体发展。

（三）主要目标

以开发区为龙头，做强首都第二产业，全面提高首都高技术制造业和战略性新兴产业的发展水平，打造引领一体化、高端化、国际化发展的实体经济主阵地、创新驱动示范区、对外开放重要窗口和城乡一体宜居宜业发展典范。“十二五”时期，实现地区生产总值、人均地区生产总值增长 1 倍以上，工业总产值增长 2 倍以上，建成 3 个以上千亿级和 6 个以上五百亿级产业集群。

三、加快推进开发区产业又好又快发展

开发区要立足区域功能定位，加快推进产业又好又快发展，建设首都高技术制造业和战略性新兴产业聚集区。

（一）高端引领，科学布局

立足首都产业发展定位，以大项目为龙头，以产业链为基础择优选强，大力引进“高端、高效、高辐射”的龙头项目，进一步强化产业集群式发展布局，做大做强产业集群，形成重大项目多点支撑、主导产业竞相发展的新格局。着力打造以京东方为龙头的数字电视产业集群，以奔驰为龙头的汽车制造产业集群，以中芯国际为龙头的集成电路产业集群，以云基地为龙头的云计算产业集群，以地铁装备为龙头的装备制造产业集群和以大兴生物医药产业基地、亦庄生物医药园等为重点的生物医药产业集群。

（二）结构优化，产业升级

紧跟世界产业发展潮流，尊重市场规律，积极吸引优质高效项目，加快淘汰落后项目，引导资源向优质企业集中。重点关注工业设计和技术源头创新，高度重视高技术研发、地区总部、电子商务、现代物流等高端业态，着力发展以智能制造、下一代信息技术、生物技术、新能源新材料技术为特征的新型制造业，不断提高产业核心竞争力。大力推动以中央企业为代表的公有制经济的发展，鼓励、支持和引导非公有制经济发展，调动各类市场主体积极性。进一步完善产业结构，巩固提高电子信息、生物医药、装备制造、汽车制造四大主导产业，加快培育新能源和新材料、航空航天、文化创意三大新兴产业，配套发展生产性服务业、科技服务业、都市产业三大支撑产业。

（三）创新驱动，人才优先

进一步发挥首都科技创新资源密集的优势，加快智慧园区建设。依托数字电视、新能源、云计算等优势产业，强化“北京创造”品牌建设，培育具有自主创新能力和国际化经营能力的龙头企业。深入实施“人才强区”战略，开发利用好国际国内两种人才资源，为产业发展提供强有力的智力支撑。

（四）绿色发展，生态示范

立足首都人口、资源、环境禀赋特征的要求，着力推动绿色发展、循环发展、低碳发展。建立严格的产业项目准入机制，大力发展循环经济、绿色产业。深入推进国家生态工业示范园区、国家节水型社会和水资源综合利用示范区建设，积极实施循环经济技术开发和应用示范工程，建立促进循环经济发展的政策体系，在绿色低碳发展和污染防治方面发挥引领示范作用。力争单位综合能耗、单位土地产值税收、新能源利用、再生水利用等方面居国内领先水平，污染物排放总量得到有效控制，环境质量继续改善。

四、高水平推动开发区和大兴区一体发展

开发区和大兴区要深入推进体制机制创新，努力探索功能区和行政区一体发展的新机制、新途径，形成推动首都南部地区发展的强大合力。要紧抓北京新机场建设的重大机遇，提高区域国际化水平，高起点谋划产业对接和规划建设，形成新航城与亦庄新城、大兴新城一体化、协调发展的良好局面。

（一）创新体制机制

开发区和大兴区要充分发挥整合过程中业已形成的产业发展、建设开发、科技人才、劳动就业、社会管理和公共服务等方面创新机制的作用，并在实践中进一步固化完善、深入推进。不断加快体制机制创新步伐，在更广范围、更高水平、更深层次，探索建立更有利于功能区和行政区一体发展的新体制、新机制。

（二）深入推进区域一体化进程

大兴区要充分发挥空间优势，在整合、腾退现有工业用地的基础上，加快落实中关村示范区空间规模和布局调整工作，拓展高端产业发展空间，为做大做强开发区提供有力支撑；要积极向开发区延伸、覆盖社会管理和公共服务职能，营造宜居宜业的发展环境。开发区要充分发挥产业和政策优势，辐射带动大兴区生物医药产业园、新媒体产业园、新能源汽车科技产业园、军民结合产业园、生产性服务业产业园、新空港产业园（以下简称“六园”）发展，推动大兴区产业转型升级、基础设施完善和劳动力就业转移，加快首都南部地区的城乡发展一体化进程。

（三）推动亦庄地区城业互促发展

要将一体发展和重点新城建设结合起来，把南海子地区 56 平方千米的区域纳入开发区综合服务配套区，实现城市规划、产业布局、道路交通、基础设施、公共服务的一体发展。大力发展现代生产性服务业和生活性服务业，提高为企业、居民服务的能力和水平。根据高端产业发展需要，促进中心城区优质的教育、医疗、文化、体育休闲等公共服务资源向亦庄新城转移。加快建设以南海子公园周边为重点的亦庄新城中心商务区，疏解中心城区公共服务、商务和国际交往功能，完善区域宜居宜业发展环境。

五、鼓励和支持开发区改革创新、先行先试

充分发挥开发区的引领示范作用，进一步解放思想、改革创新，打造首都政策先行先试的“试验田”。

（一）拓展产业发展空间

立足首都高技术制造业和战略性新兴产业聚集发展的目标，将开发区产业发展空间从现有区域逐步向京沪高速公路以西、京台高速公路以东的区域拓展，打造首都东南高端产业发展带，满足产业发展需要。积极推动土地管理制度创新，探索土地租赁、代建厂房、统一回购等方式，不断提高土地集约利用水平。

（二）下放行政审批权限

根据开发区发展空间不断拓展的情况，优化开发区现行行政审批管理工作，将开发区的行政审批权限和产业发展支持政策扩大至“六园”和综合服务配套区，并逐步扩大至市政府批准的新拓展区域。进一步向开发区管委会下放有关市级部门的行政审批权限，将产业发展和城市规划建设方面，除按国家规定需由市级部门核准的项目审批、使用市级资金的政府投资项目审批、征收集体土地审批之外的市级部门的审批权，在不违反国家相关法律规定的前提下，下放到开发区管委会，并制定具体实施办法，实现“开发区的事在开发区办”。规划方面，在符合街区总体规划的前提下，开发区可根据项目需求作局部调整。

（三）用足用好中关村政策

充分发挥开发区作为中关村国家自主创新示范区重要园区的优势，用足用好中关村示范区各项政策，形成促进科技成果产业化的良好政策环境。优先向开发区布局全市重大科技成果产业化项目，推动高新技术产业集聚发展。

（四）加大市级政府支持力度

以开发区和大兴区一体发展为基础，创新完善更有利于开发区扩大发展的财政体制。延续开发区现行财政管理体制 3 年。对开发区土地出让收入市级留成部分，在扣除按国家规定和市政府对开发区的专项规定计提后全额返还。对重大基础设施建设项目和征地拆迁项目给予重点支持。随着开发区产业空间范围的不断扩展，将财政资金使用范围相应扩大至“六园”、综合服务配套区和市政府批准的新拓展区域。

（五）加大金融创新力度

按照现代企业制度，进一步理顺北京经济技术投资开发总公司的管理体制机制，使其具有产业发展、开发建设及投融资功能。由市、区两级按一定比例向总公司注入资本金，支持总公司扩大融资渠道。完善金融支持产业发展的政策体系，通过股权投资等多种方式推动重点项目建设，鼓励风险投资企业参与主导产业发展，促进高新技术企业上市融资，加快建设产业金融创新综合试验区。

（六）深入推进人才和干部管理工作创新

充分发挥开发区作为国家海外高层次人才创新创业基地的优势，进一步创新人才政策体系，完善宜居宜业的工作生活环境，为高层次人才充分发挥作用提供保障。紧密结合开发区发展需要，建立健全“引得进、留得住、干得好、有发展”的干部人事管理体制，探索建立灵活自主的干部选拔、引进机制和具有开发区特色的绩效考核办法、激励机制，增强干部队伍活力。

北京市大兴区人民政府 北京经济技术开发区管理委员会 促进新区产业发展的指导意见

京兴政发〔2012〕19号

（2012年8月7日）

为深入贯彻落实市委、市政府建设南部高技术制造业和战略性新兴产业聚集区的决策部署，推进产业结构优化升级，提升区域综合经济实力，实现大兴区与北京经济技术开发区（以下简称新区）功能定位和产业发展目标，特制定本意见。

一、指导思想

深入贯彻落实科学发展观，以加快转变经济发展方式为主线，按照建设“三个北京”的战略部署，结合新区“战略产业新区、区域发展支点、创新驱动前沿、低碳绿色家园”的总体定位，加快推进产业融合工作，实现新区促进产业发展政策全覆盖。按照“一体化、高端化、国际化”的发展目标，以提升产业竞争力为核心，以科技创新为动力，逐步形成高端、高效、高辐射的十大产业集群，努力推动新区实现“超常规、高水平、跨越式”发展。

二、发展目标

力争到“十二五”末，实现新区产业结构进一步优化，自主创新能力显著增强，高技术制造业在全市的优势地位更加巩固，战略性新兴产业集聚效应充分体现，生产性服务业和科技创新服务业快速发展，国际化程度和国际竞争力大幅提升，生态环境明显改善，成为国家战略性新兴产业引领区、首都高技术制造业核心区、体制机制创新先导区、绿色低碳发展示范区。

到2015年，新区地区生产总值占全市的比重达10%，工业总产值占全市比重达40%，社会消费品零售额比2010年翻一番。自主创新能力不断增强，高技术制造业和战略性新兴产业占地区生产总值比重达到40%。国际化发展水平持续提升，每年新增世界500强企业3~5家，形成一批具有国际竞争力的世界级企业和品牌。产业发展环境显著优化，资源能源利用效率持续提高，万元GDP能耗显著降低。

三、支持原则

（一）支持跨越发展。坚持把经济结构战略性调整作为加快转变经济发展方式的主要方向，大幅度提升产业集群度，着力增强经济发展内生动力，提高经济增长质量和效益，建立科技引领、内生增长的发展模式，实现经济总量和发展质量的跨越。

（二）支持创新驱动。坚持把体制机制创新作为加快转变经济发展方式的强大动力，把科技进步和创新作为加快转变经济发展方式的重要支撑，创新行政区和功能区的管理体制和运行机制，创造科技成果向产品转化的良好环境，建设能够激发创新活力、促进科技成果转化及产业化的创新驱动引领区。

（三）支持绿色保障。坚持把建设资源节约型、环境友好型社会作为加快转变经济发展方式的重要着力点，继续提升生态建设水平，加大节能减排、环境保护力度，大力发展绿色经济和循环经济，高水平建设低碳绿色家园。

（四）支持一体发展。坚持走一体化、高端化、国际化产业发展道路。建立健全新区促进产业发展政策，实施覆盖新区统一标准的产业扶持政策，促进新区产业协调、健康、有序发展。

四、扶持方向

（一）投资规模大、科技含量高、标准化行业影响力大、市场前景广、经济效益好、带动能力强、税收贡献大、吸纳本地劳动力多的高技术制造业、战略性新兴产业和现代服务业领域重大项目。

（二）对完善城市功能、提升城市形象、改善投资环境有重大影响的城市功能性和社会公益性项目。

（三）在新区设立，以投资或授权形式对多个区域的企业、机构行使管理或服务职能，且在新区注册、结算、纳税的企业总部（地区总部）。

（四）其他符合新区产业发展方向的企业和项目。

五、扶持范围及标准

（一）扶持范围。在新区依法注册、纳税，并符合新区产业发展方向的重大项目或国家、北京市和新区重点关注的项目。

（二）扶持标准。单项产业政策支持和奖励数额低于10万元的企业，不予执行。

六、政策体系

建立统筹新区产业发展的政策体系，落实区委、区政府“五统一”工作要求，以本意见为依据，加强政策对接，全面梳理、整合现行产业政策，形成协调配套、共促发展的“1+N”新区产业政策体系，实现产业政策全覆盖。

《促进新区产业发展的指导意见》明确新区产业发展方向、目标任务，建立强有力的组织机构和工作机制；以设立产业发展专项基金方式，解决因财政体制不同导致的注册在开发区或大兴区的企业政策兑现不平衡问题。

《新区产业发展专项资金管理办法》明确专项资金的来源、用途、使用范围及各资金管理部门职责，规范程序，合理、有效使用专项资金。

《新区促进产业发展实施办法》对原有新区招商政策进行梳理、完善，吸引投资强度高、税收贡献大的主导产业和重大项目入区。

《新区促进科技创新服务业发展的实施办法》主要支持建立科技创新服务产业体系、标准体系、政策体系和统计体系，增强科技创新服务业对经济结构调整、发展方式转变的支撑力。

《新区培育小巨人企业实施方案》主要支持科技型中小企业加快发展，打造一批具有国内外行业竞争优势的科技“小巨人”企业，促进区域经济快速增长。

《新区关于加快推进企业上市工作的意见》主要支持拟上市企业的培育和上市工作，鼓励上市募集资金在新区投资。

《全国农村改革试验区配套政策》主要为区域经济发展提供强有力的金融支撑，探索建立基于金融产品的公平、持续、具有吸引力的政策支持体系，降低金融机构的经营风险。

《关于促进股权投资基金业发展的办法》主要支持在新区注册的内资、外资股权投资基金和股权投资基金管理企业，创新融资模式，扩宽融资渠道，引导金融服务实体经济发展。

《大兴区关于进一步促进中小企业发展的实施意见》和《大兴区支持中小企业发展专项资金使用暂行办法》，主要支持中小企业扩产、技改、融资、担保等工作，提高企业经营效益，增强企业综合经营能力和市场竞争力。

《新区促进文化创意产业发展的实施办法》主要支持新区内文化创意产业重点园区、重点企业，鼓励文化创意产业快速成长。

《新区促进商业服务业发展的实施办法》主要支持新区商业服务业高端化、规模化、连锁化发展，促进新区商业体系建设良性发展。

《新区促进产业标准化工作的实施办法》主要支持新区深入推进产业标准化工作，规范行业管理，促进企业核心竞争力提升。

《关于深入推进人才工作的意见》《关于为高层次人才提供专项服务的意见》《关于鼓励高层次人才来大兴区、北京经济技术开发区创新创业的意见》，主要支持对人才的引进、培训、服务，落实人才强区战略，优化人才发展环境。

对《关于促进大兴区经济发展的若干意见（京兴政发〔2009〕6号）》进行调整，将涉及专项鼓励政策的内容划转到相关部门拟定实施，对没有制定专项政策和未明确主管部门的内容进行保留和完善，促进区内产业发展。

七、组织保障

（一）领导机构。成立由区长任组长，相关单位主要负责人为成员的新区产业发展领导小组。负责指导和部署新区促进产业发展重点工作，审定拟出台产业政策，统筹协调新区产业发展中遇到的重大问题。领导小组下设办公室，办公室设在新区发改部门。办公室承担领导小组的日常工作，负责做好各专项产业政策与本意见的衔接协调，解决各部门政策制定和执行过程中的具体问题。

（二）专项资金。新区产业发展专项资金由开发区财政列支80%，大兴区财政列支20%。新区第一批产业发展专项资金起点金额为5亿元，以后每年视财政情况递增。专项资金主要用于本政策体系的资金支持，有专项资金渠道政策的扶持资金从原渠道解决。

（三）健全机制。建立新区产业政策统一平台，新区产业发展领导小组办公室根据各职能部门需求，综合考虑新区整体情况，研究提出制定相关产业促进政策的初步意见，报领导小组审定后由职能部门编制实施。建立新区产业发展联动机制，定期沟通产业政策执行情况，查找问题，提出对策措施。建立产业政策后评估制度，通过对产业政策落实情况、取得效益的考核评估，适时调整完善产业政策执行情况，提高政策的效率和水平。

（四）职责分工。新区发改部门：负责拟定实施《促进新区产业发展的指导意见》《新区产业发展专项资金管理办法》《关于促进股权投资基金业发展的办法》。

新区联合招商办：负责拟定实施《新区促进产业发展实施办法》。

新区科技部门：负责修改完善《新区促进科技创新服务业发展的实施办法》和《新区培育小巨人企业实施方案》。

新区商务部门：负责拟定实施《新区促进商业服务业发展的实施办法》。

新区金融办：负责拟定实施《新区关于加快推进企业上市工作的意见》《全国农村改革试验区配套政策》。

新区人保部门：负责拟定实施《关于深入推进人才工作的意见》《关于为高层次人才提供专项服务的意见》《关于鼓励高层次人才来大兴区、北京经济技术开发区创新创业的意见》政策。

大兴区发改委：负责修改完善《关于促进大兴区经济发展的若干意见（京兴政发［2009］6号）》。

大兴区经信委：负责拟定实施《大兴区关于进一步促进中小企业发展的实施意见》和《大兴区支持中小企业发展专项资金使用暂行办法》。

大兴区质监局：负责拟定实施《新区促进产业标准化工作的实施办法》。

新媒体基地管委会：负责拟定实施《新区促进文化创意产业发展的实施办法》。

八、附则

（一）对于符合条件的企业可同时申请享受多项新区产业政策体系中规定的支持和奖励政策，但奖励总额不能超过该企业当年对新区所作贡献。

（二）对因虚假申报获得支持的单位和个人，一经查实立即追回资金，三年内不得享受各项奖励和扶持政策。

（三）本意见由新区发改部门负责解释。

（四）本意见自发布之日起 30 日后施行。

附件：新区产业发展领导小组成员名单

组　　长　李长友　大兴区委副书记、区长，开发区工委副书记

常务副组长　张伯旭　大兴区委副书记、副区长，开发区工委副书记、管委会主任

副 组 长　邵　恒　大兴区委常委、常务副区长

赵昕昕　大兴区委常委，开发区工委委员、管委会副主任

王合生　开发区工委委员、管委会副主任

绳立成　开发区工委委员、管委会副主任，大兴区人大常委会副主任

喻华锋　大兴区副区长

成　　员　汪宝国　大兴区政协副主席、大兴区农委主任

吴志成　大兴区发改委主任

李　旭　开发区发改局局长

张丽英　大兴区商务委主任

刘士忠　大兴区经信委主任

王自学　大兴区科委主任

李群虹　开发区科技局局长

郭金江　大兴区财政局局长

安春玲　开发区财政局局长

叶　斌　大兴区产促局局长

吴山良　大兴区人力社保局局长

常　宸　开发区人力社保局局长

北京市大兴区人民政府 北京经济技术开发区管理委员会
新区加快推进企业上市工作意见

京兴政发〔2012〕18号

（2012年8月10日）

大兴区与北京经济技术开发区（以下简称新区）行政资源整合后，成为北京市建设世界城市的重要功能区，是推动首都实体经济持续发展的重要增长极。为深入贯彻落实市委、市政府关于建设南部高技术制造业和战略性新兴产业集聚区的决策部署，推进产业结构优化升级，提升区域综合经济实力，实现新区功能定位和产业发展目标，推动企业上市工作，特制定本意见。

第一条 本意见适用于在新区依法完成工商注册和税务登记的企业。

第二条 成立新区推进企业上市工作领导小组（名单附后），负责统筹协调新区企业上市的推进工作。领导小组下设办公室，负责具体推进新区企业上市工作，并沟通联系北京证监局、市金融局等行业主管部门，协调解决企业改制、上市过程中遇到的问题和困难，提高服务水平和效率，形成齐抓共管、协同推进的工作格局。

第三条 健全工作机制。建立领导小组办公室例会制度。定期对企业进行走访调研，及时了解上市进程，帮助企业做好上市的各项准备工作，加强各类投资机构与企业的对接合作。

建立企业上市进展情况上报制度。新区企业按照股改、辅导备案、首发申报、材料受理、上会审核、核准发行等重要环节向领导小组办公室报送进展情况。

第四条 经中国证监会发行审核委员会审核通过，并在证券交易所挂牌交易的企业，主板给予800万～1000万元支持资金，中小板给予600万～800万元支持资金，创业板给予400万～600万元支持资金。

（一）对培育期的支持

1.本办法所称培育期企业，是指财务指标符合上市要求或组织形式符合上市要求，具有上市意愿，但处于上市进程早期阶段的企业。新区建立上市培育期企业库，企业可向领导小组办公室提出申请。

2. 培育期企业完成股份制改制后给予一次性奖励，主板给予 150 万元支持资金，中小板给予 120 万元支持资金，创业板给予 100 万元支持资金。本阶段奖励自取得改制后营业执照之日起六个月内申请有效，通过领导小组办公室审核后发放。

（二）对辅导期的支持

3. 在境内上市的企业，进入上市辅导期给予一次性奖励，主板给予 150 万元支持资金，中小板给予 130 万元支持资金，创业板给予 100 万元支持资金。本阶段奖励自取得北京证监局出具的辅导备案登记受理函之日起六个月内申请有效，通过领导小组办公室审核后发放。

（三）对上市发行期的支持

4. 企业在境内首次公开发行并上市成功后，按照企业募集资金投入新区 60% 以下和 60%（含）以上分别进行奖励，该阶段奖励在募集资金完成投入后下一年度开始申请，通过领导小组办公室审核后发放。具体情况如下：主板给予 500 万～ 700 万元支持资金，中小板给予 350 万～ 550 万元支持资金，创业板给予 200 万～ 400 万元支持资金。

5. 在境外交易所直接上市的企业，已经取得合法有效的上市许可文件，对于募集资金 60%（含）以上投入新区的，给予 600 万元支持资金；对于投入新区募集资金低于募集总额 60% 的，给予 400 万元支持资金。该奖励在募集资金完成投入后下一年度开始申请，提交领导小组办公室要求的相关资料，通过审核后发放。

（四）其他

6. 通过间接方式上市的企业，企业将注册地、纳税地迁入新区且形成税收的，按招商引资政策给予相应奖励。

第五条　每家企业在上市过程中的不同阶段，可以分别申请相应的支持，每项支持只能享受一次，资金用于企业生产经营。

第六条　领导小组办公室作为牵头审核部门，会同相关部门对初审合格的项目进行综合审查验收，合格企业上报区政府或开发区管委会批准。经区政府或开发区管委会审批通过后，由新区财政部门进行资金拨付。

第七条　新区各职能部门，对企业上市过程中申请出具合规性证明函件或办理相关手续的，要及时予以办理。对企业改制上市过程中遇到的问题，根据企业需求，采取“一企一策”的办法研究协调解决。

第八条　新区审计部门负责企业上市专项资金的监督检查，任何单位和个人不得以欺骗手段骗取资金支持和奖励，一经发现，全额追回资金，并取消其申请财政支持的资格。

第九条 本意见中确定的支持和奖励资金从新区产业发展专项资金中列支。

第十条 本意见所指的资金单位为人民币计量单位。

第十一条 本意见发布前已在新区培育上市的企业和培育中的企业，可参照本意见申请相应支持和奖励。

第十二条 新区发展和改革部门负责本意见的解释和实施。实施过程中如遇同类优惠政策或国家、北京市政策调整，在不违反新政策的前提下，按照从优原则执行，但不重复享受优惠政策。本意见有效期与《关于促进新区产业发展的指导意见》一致。

附件：新区推进企业上市工作领导小组名单

组　　长　李长友　大兴区委副书记、区长，开发区工委副书记

常务副组长　张伯旭　大兴区委副书记、副区长，开发区工委副书记、管委会主任

副 组 长　邵　恒　大兴区委常委、常务副区长

赵昕昕　大兴区委常委，开发区工委委员、管委会常务副主任

绳立成　大兴区人大常委会副主任，开发区工委委员、管委会副主任

喻华锋　大兴区副区长

成　　员　吴志成　大兴区发改委主任

李　旭　开发区发改局局长

刘士忠　大兴区经信委主任

郭金江　大兴区财政局局长

安春玲　开发区财政局局长

曹　辉　大兴区国资委主任

刘振宝　大兴区住建委主任

芦永忠　开发区建发局局长

苗　静　大兴区审计局局长

田　枫　开发区审计局局长

吴山良　大兴区人力社保局局长

常　宸　开发区人劳局局长
刘冬青　大兴区质监局局长
张丽英　大兴区商务委主任
王自学　大兴区科委主任
李群虹　开发区科技局局长
李延国　大兴区安监局局长
芦亚静　大兴区国土分局局长
尚健明　开发区房土局局长
李金龙　大兴区规划分局局长
陈晓君　开发区规划分局局长
侯春哲　大兴区工商分局局长
赵　敏　开发区工商分局局长
尚　旭　大兴区国税局局长
孙小平　开发区国税局局长
冯守利　大兴区地税局局长
王炯宁　开发区地税局局长
冯　波　大兴区环保局局长
李　英　开发区环保局局长
刘尚先　大兴区行政服务中心主任
叶　斌　大兴区产促局局长
王延卫　开发区产促局副局长
王志军　北京住房公积金管理中心大兴部主任

办公室主任　吴志成　大兴区发改委主任

办公室副主任　张雪飞　大兴区金融办副主任
刘冬青　大兴区质监局局长
闫德强　新媒体基地管委会主任
梁建青　京南物流基地管委会主任
田德祥　生物医药基地管委会副主任
王延卫　开发区产促局副局长

北京市大兴区人民政府　北京经济技术开发区管理委员会
新区贯彻落实《北京市人民政府关于进一步加强职业培训工作的意见》实施意见

京兴政发〔2012〕20号
（2012年8月8日）

为贯彻落实《北京市人民政府关于进一步加强职业培训工作的意见》（京政发〔2011〕33号），加快培养造就高素质技能人才，全面提升劳动者综合素质，促进就业和再就业工作，推动新区一体化、高端化、国际化发展，特制定此意见。

一、加大政府引导力度，建立起面向全体劳动者的职业培训制度

围绕区域发展功能定位，以服务新区经济发展和促进就业为宗旨，建立面向全体劳动者、全职业生涯、全过程衔接的职业培训制度，贯通技能人才成长通道，努力实现“培训一人、就业一人”和“就业一人、培训一人”的目标。

（一）健全完善岗前职业培训制度。进一步加强对城乡劳动者参加职业培训的引导力度，积极落实相关政策，确保新进入人力资源市场的失业人员和农村劳动力获得一次免费的职业培训。同时，指导企业用足用好现有政策，充分利用各类培训资源，对新聘用人员开展岗前职业培训。

（二）推进建立职工在岗培训制度。政府应积极引导、推动企业按照新区整体培训工作的目标、计划和要求，对在岗职工进行职业培训，充分发挥企业在培训中的重要作用，不断强化企业在提升职工素质方面的社会责任。鼓励企业通过在岗培训、脱产培训、以师带徒、业务研修、技能竞赛等多种形式，加快提升在岗职工的技能水平。鼓励企业建立技师工作室和技师研修制度，大力培养高端技能人才。鼓励有条件的企业积极承担社会培训任务，为参训人员提供实训条件。企业应严格按照不低于职工工资总额1.5%的比例提取职工教育经费，经济效益好的企业可按2.5%的比例提取，其中60%以上应用于企业一线职工的教育和培训。对于企业组织职工开展职业技能培训并取得技师、高级技师国家职业资格证书的，按照现行政策分别给予企业和个人1000元的奖励。对未按规定足额提取并正确使用职工教育经费的企业，不得享受新区颁布的各项优惠政策和措施。

（三）积极推进创业培训。以有培训愿望、具备一定创业条件的各类城乡劳动者以及处于创业初期的创业者为主要对象，有重点地开展创业培训。根据不同培训对象的特点和不同创业阶段的需求，开展创业意识教育、创业项目指导和企业经营管理培训，通过案例剖析、考察观摩、企业家现身说法等方式，提高受训人员的创业能力。发挥各镇创业指导服务中心的作用，健全完善创业培训、项目开发、咨询指导、场地安排、担保贷款、税费减免、跟踪扶持等服务措施，不断提高创业培训质量和创业成功率。

二、优化职业培训资源，加快建立开放多元的职业培训体系

（一）建立多层次的培训工作体系。成立新区职业培训工作领导小组，由新区人力社保部门牵头，各相关部门协调配合，统筹驻区各类院校和企业资源，建立以政府为主导、院校为主体、企业共同参与的培训工作体系。适应城市化发展进程，高标准建设“新区城乡劳动力职业技能实训基地”，针对重点产业、重点企业和重点工程建设的用人需求，开展中、短期技能培训，加大对初、中级技能劳动者的培养力度。充分发挥各镇成人学校作用，持续开展对失地农民转移就业过程中的观念提升和技能培训工作，快速提升劳动者的技能水平和就业能力。同时，积极引进外部优质培训资源，提升新区技能人才培养质量，为新区产业发展持续提供高技能人才。

（二）加强职业培训教育体系建设。建立新区职业技能师资库，实行专兼职教师制度，完善院校与企业互学、互通、互用机制，加强职业培训教师队伍建设，着力培养一批兼具理论基础与实践能力的“双师型”教师；建立适应市场需要的教学体系。立足服务产业，满足市场需求，定期组织专家，加大对职业培训工种、培训内容以及培训教材的更新力度，增强职业培训的实效性和针对性；完善“政府引导、校企联合”的培训模式。充分发挥企业在课程设置、实操训练、考核考评等培训环节中的作用，加强企业、学员与培训机构之间的沟通联系，针对企业需求培养实用型技能人才，使企业得到人才、学员得到技能、学校得到发展。

（三）鼓励高技能人才培养机构建设。按照新区“十二五”时期人才发展规划的要求，支持建立一批首席技师工作室，发挥高技能领军人才在解决技术难题、组织重大技术革新、开展项目技术攻关以及带徒传艺等方面的关键作用。新区对首席技师工作室给予 15 万元至 20 万元的资助（对于获得市级重点工作室资助的，不再重复享受新区资助）。

（四）建立职业培训考核评价体系。加强以职业能力和工作业绩为重点的技能人才评价体系建设，完善以社会化鉴定、企业技能人才评价、院校职业资格认证、专项职业能力考核为三要内容的技能人才多元化考核评价机制，充分发挥职业技能鉴定在职业培训中的引导作用。加强职业技能鉴定机构考评员、质量督导员队伍建设，定期对考评员、质量督导员进行业务培训。完善鉴定信息化手段，规范职业资格证书管理制度，为劳动者提供及时、便捷的职业技能鉴定服务。

三、完善培养激励机制，加快建立适应经济社会发展需求的高技能人才队伍

（一）加强技能人才服务平台建设。依托劳动力信息平台，对企业技能人才需求开展调查，发布紧缺技能人才目录。不断完善服务内容，为企业和技能人才提供业务培训、技术开发、成果转让、学术研讨等多项服务，逐步建立起集供求配置、职业分析、职业培训、技能鉴定及能力开发于一体的技能人才服务平台。

（二）提高企业对技能人才的吸引力度。鼓励企业将收入分配向技能人才倾斜，为企业聘任的首席技师、技术能手等高技能人才设立特殊岗位津贴。鼓励企业建立技术要素参与收益分配的激励机制，吸引高技能人才以高新技术成果、专利权入股，并通过股权激励、实行协议工资或年薪制等方式参与收益分配。鼓励企业引进高技能人才，对企业引进的且在企业实际履行劳动合同期限 1 年以上的高级技师，按 3000 元 / 人的标准给予企业一次性奖励。

（三）充分发挥技能竞赛在技能人才培养中的积极作用。鼓励企业开展内部技能竞赛、技能比武与技能创新活动，积极组织新区劳动者参加全市性或全区性职业技能大赛。对在市、区职业技能大赛中取得优异成绩的技能人才给予奖励，并优先推荐入选“新区优秀青年人才”和“高层次人才库”。对在大赛中培训工作基础好、组织推动力度大的企业，确定为“在职培训重点企业”，并给予重点支持和服务。

四、健全职业培训工作保障机制

（一）建立组织保障机制。建立新区统一领导，人力社保部门统筹协调，发改、教育、科技、财政、建设、农业、国有资产管理等部门各司其职、密切配合，工会、共青团、妇联等人民团体广泛参与的工作机制。建立职业培训工作领导小组成员联席会议制度，加强对新区职业培训工作的统筹规划。加强职业培训工作宣传力度，努力营造尊重劳动、崇尚技能、鼓励创新的良好氛围。

（二）建立资金保障机制。建立政府、企业、社会多渠道筹资的职业培训投入机制，不断加大职业培训资金投入，完善和落实各项补贴政策。落实专项经费，对职业技能实训基地建设、培训标准制定、教材题库开发、职业技能竞赛、师资培训、质量督导、评选表彰及社会宣传等给予资金支持，不断加强职业培训基础建设和紧缺高技能人才培养。

（三）加强培训监督管理。加强资金监管，建立监督管理制度，明确资金用途、申领拨付程序和监管措施，定期向社会公开资金使用情况，形成内部监督、审计监督和社会监督相结合的长效机制；加强机构管理，有关部门要做好定点培训机构、公共实训基地等培训机构的日常管理和指导服务，引导其依法、诚信、规范办学，提高培训质量。

北京市大兴区人民政府 北京经济技术开发区管理委员会关于促进科技创新服务业发展的意见

京兴政发〔2012〕33号
（2012年12月28日）

为深入贯彻落实《国务院办公厅关于加快发展高技术服务业的指导意见》（国办发［2011］58号）《关于进一步促进科技服务业发展的指导意见》《关于深化科技体制改革加快首都创新体系建设的意见》以及《关于推动实施科技强区战略的决定》等文件精神，充分发挥科技创新服务业在新区高水平建设高技术制造业和战略性新兴产业集聚区、打造南部增长极的战略支撑作用，加快推进产业转型升级，现就促进科技创新服务业发展提出如下意见。

一、指导思想、基本原则和发展目标

（一）指导思想。深入贯彻落实科学发展观，按照迈向中国特色世界城市战略部署和高水平建设北京南部高技术制造业和战略性新兴产业集聚区的总体要求，加快高端要素集聚，注重服务功能提升，强化服务集群培育，建设与高技术制造业紧密融合、与战略性新兴产业紧密对接、与区域功能协同互动的科技创新服务业体系，加快培育“产业类型重点突出、服务功能特色明显、高端科技资源共享、行业流程协同合作”业态组合，打造具有“多功能、全流程、高端业”特点和服务新区四大主导产业、三大新兴产业的科技创新服务业集聚区。

（二）基本原则。坚持政府引导与市场配置相结合，营造健康有序的行业发展环境；坚持整体推进与重点突破相结合，全面提升科技创新服务业主体的服务能力；坚持资源整合与开放合作相结合，充分挖掘国内外科技创新服务市场的供需潜力；坚持调整供给结构与扩大有效需求相结合，不断扩大科技创新服务业的总体规模。

（三）发展目标。逐步建立和完善科技创新服务产业体系、标准体系、政策体系和统计体系，发展成为区域经济的重要增长点，增强对经济结构调整、发展方式转变的支撑能力；实施以“十百千”工程为核心的科技创新服务业促进计划，大力培育十家综合型和专业型孵化器，着力引进一百家面向科技创新的咨询、法律和会计等专业服务机构，带动一千名高端就业创业人才，全面加快科技创新服务业发展。

二、重点发展领域

（四）研发服务业。重点围绕战略性新兴产业发展，组织实施研发和成果转化服务项目。实施研发服务企业培育计划，重点培育一批创新能力强、技术实力突出、具有一定行业影响力的研发服务企业。鼓励支持企业、科研院所和高校开展产学研合作，攻克关键技术难题。推进用于公共服务的各类研发机构、重点实验室、工程技术中心、科技服务中心等建设，鼓励提供科研仪器设备、文献数据等资源共享服务，支持进行行业共性技术研究和服务。

（五）成果转化服务业。发挥科技中介机构在技术转移、科技孵化、生产力促进、咨询服务等方面的重要作用，大力发展专业化、市场化的科技成果转化服务。重点支持科技企业孵化器、生产力促进中心和大学科技园等机构发展，为高技术创业企业提供技术咨询评估、成果推介、产业化、融资担保、市场化等综合服务。鼓励外资和社会资本投资设立新型转化实体，发展包括创业投资、创业辅导、市场开拓等多种业务的综合性科技成果转化服务。

（六）检验检测服务业。以全面建设高技术制造业和战略性新兴产业聚集区为契机，整合和利用驻区科研院所、科技服务平台等现有科技资源，推进检验检测机构市场化、规模化运营，着力提升定制化、专业化、集成化服务水平。加强与电子信息、装备制造、生物医药和汽车制造四大主导产业的协同发展，发展面向设计开发、生产制造、质量检测、售后服务全过程的分析、测试、检验、计量等服务，培育第三方的质量和安全检验、检测、检疫、计量、认证技术服务。

（七）知识产权服务业。大力实施知识产权战略推进工程，加快公共服务平台建设，支持知识产权服务知识化、法律化、网络化、国际化发展，提高区内企业对知识产权的创造、运用、保护和管理能力。积极推动知识产权战略、知识产权评估、知识产权托管、知识产权许可等新兴领域的发展。以政府决策创新为支撑，发挥行业协会的自律职能，联合企业创新主体，形成高效务实的联动机制，共同推动知识产权服务业的创新发展。

（八）设计服务业。加快中国（大兴）工业设计产业基地“一区五园”建设，围绕诺基亚、中芯国际、科宝博洛尼、中铁五院、凤凰锅炉、威克多、星光等龙头企业发展产业集群，积极建设工业设计展示交易平台，促进工业设计企业聚集发展，重点发展电子信息设计、工程咨询设计、家居家装设计、服装设计、汽车设计等领域，加强与战略性新兴产业融合发展，构建和完善创意设计产业链条。积极利用北京优质文化创意资源，推出一批具有国际影响力的设计大师，培育一批龙头企业，集聚一批国内外知名的、具有一定规模的专业设计公司及相关企业，培养一批知名设计机构和设计品牌，创造出有国际影响的设计作品，并拥有相关的知识产权，高水平建设六个专业设计产业集聚区，将新区建设成为中国具有较大影响力的创意设计中心。

三、重点发展任务

（九）做专做强一批高技术孵化器。重点发展奥宇、汇龙森、凯驰、星光等面向电子信息、生物医药等产业服务的专业孵化器，着力提升孵化器在技术研发、知识产权保护、企业经营管理、发展规划、产品营销、监督控制、战略合作、投融资支持等方面的全程服务功能，引进一批科技含量高、发展潜力大、成长性强的科技企业，推出一批集约性好、贡献率高的科技企业。鼓励高校科研机构、民营企业和国际资本投资建设孵化器，参与孵化器运营管理，推进孵化器专业化、标准化、国际化发展。

（十）重点打造一批特色示范基地。通过政策引导、资源整合等方式，重点打造北京经济技术开发区、生物医药基地、新媒体产业基地、中国（大兴）工业设计产业基地、环保服务业产业园区等一批专业特色的科技创新服务业园区，努力推动科技创新服务业经营企业化、组织网络化、功能社会化、发展集群化。对组织管理规范、产业集群效应明显的科技创新服务业园区，优先认定为科技创新服务业示范园区。对在示范园区内科技创新服务业示范企业和项目，在同等条件下优先予以支持。

（十一）培育发展一批骨干中介服务机构。引进一批科技研发服务中心和成果转化中心等服务机构，并加大培育扶持力度。积极发展面向高技术领域的法律、财务、人力资源、会议会展等新兴业态，吸引相关专业服务机构入驻；提升和规范中国生物制品检验鉴定院、国家动物疫病预防控制中心等一批现有优质中介机构的服务水平。支持发展面向高层次高技术人才、研发团队的猎头招聘、人才租赁、创业咨询和人事代理服务。努力实现技术、项目、人才、管理和资本向骨干服务机构最大化集成，发挥服务机构对吸引国家、市级科技研发项目落户新区的作用。

（十二）重点扶持一批龙头带动企业。依托产业园区政策集成优势，大力引进和培育一批面向高技术制造业和战略性新兴产业领域，提供科技研发、检验检测、工业设计、成果转化等专业服务的龙头企业。组织开展科技创新服务业示范企业认定，加大对科技创新服务业示范企业的支持，引导科技创新服务业企业做大做强。

（十三）完善科技创新公共服务。整合地方政府、驻区高等院校、科技企业资源，搭建科技创新服务业公共服务信息平台，实现科技政策、科研成果、科技人才、研究实验基地、大型科学仪器设备、专业化服务等项资源的开放、共享。依托骨干服务机构，加快推进各类工程技术平台建设，完善试验测试、专用设备技术服务、精密加工制造、成果中试等服务功能。加快建设科技创新外包服务基地。积极承接国际产业高端转移，引进一批国内、国际外包服务的知名专业企业集聚园区，扶持一批区内外包服务企业快速成长，进一步完善科技创新服务产业链条，加速科技成果转化及其产业化。

（十四）建立多渠道、多元化的投融资机制。成立科技型企业投资基金，加强初创企业、创新型中小企业与投资机构的对接，鼓励联合投资和组合投资，建立完善投资退出机制。支持金融资本参与孵化器、产业化园区和工程技术平台运营，推进投融资服务环节前移。探索企业融资新途径，鼓励采用中小服务企业联合捆绑、孵化器和产业化基地整合配套资源发行集合债券。探索发展知识产权质押融资、科技担保、技术研发责任保险、企业履约保险等新型产品和服务，加强对科技型担保企业的政策扶持，制定担保贴息政策。

（十五）加强国际交流合作。吸引国外及港澳台地区组织和个人设立研发机构，鼓励和支持企业设立技术研发中心和工程实验室。重点支持电子信息、生物医药、新能源汽车等研发企业落户。充分利用国际交流平台，策划举办国际科技论坛、高技术产业发展、创新产品展示等专题会议、会展，搭建国际科技研发、技术合作、成果转化、产品推广和人才交流平台。积极推进技术交流合作、知识产权保护、行业标准制定、技术买卖交易与投融资服务等领域的国际交流合作。

四、保障措施

（十六）强化组织领导。成立科技创新服务业发展领导小组，发挥政府部门在科技研发、产业化扶持、公共信息服务等方面的协调纽带作用，统一协调科技创新服务业发展中的重大问题。加强科技创新服务业目标责任考核，科学分解科技创新服务业发展目标与任务，着力形成部门联动、政企互动，合力推进高技术服务业发展的工作机制。

（十七）加大政策集成。加强两区科技、发改、产促等部门联动，抓住中关村国家自主创新示范区“1+6”政策覆盖新区的契机，整合新区科技、产业、公共服务等方面的政策资源。完善机构入驻政策，对入驻的国家和市级科研机构、总部企业技术研发中心给予优惠政策集成服务。加强面向科技创新服务机构的公共服务，将研发服务、信息服务等高技术服务业态纳入新区重点支持发展产业目录，建立健全企业落地、注册的“绿通机制”。

（十八）统筹产业资金扶持。科学规划产业布局，研究出台政策扶持奖励办法。设立科技创新专项资金，统筹安排区级科技、产业发展专项资金，重点支持高层次人才引进、孵化器等高技术载体建设、高技术服务机构发展和企业重大高技术工程建设。同时，积极申请承接国家高新技术产业、战略性新兴产业等领域重大专项，争取北京市促进重大科技成果转化和产业统筹资金、中小企业发展专项资金等资金支持。

（十九）促进行业自律。加快建立新区科技创新服务业协会及重点领域行业协会，以行业组织建设推动科技服务的市场规范和行业促进。支持行业协会建立行业规范、行业标准、行业统计和信息发布制度，开展信用评定、品牌建设工作，促进行业规范自律。深化专家咨询委员会建设，为跨领域、跨行业的科技服务项目提供咨询。

（二十）完善行业统计。探索研究科技创新服务业统计监测制度。研究探索科技创新服务业统计标准、指标体系与调查方法，为制定高技术服务业政策提供科学依据。探索研究将新兴业态纳入统计制度的方式方法。加强科技创新服务业基本单位名录库建设，努力做到“应统尽统”。加强数据开发利用力度，为高技术服务业发展提供准确科学的统计参考。

（二十一）加强宣传推广。充分利用各类优势媒体，采取多种形式，广泛宣传发展科技创新服务业的政策措施，引导中央资源、国际要素资源、民营经济和中小企业、地方经济四类主体，共同推进科技创新服务业加快发展。大力推介科技创新服务示范项目、示范机构、示范园区以及产生重大影响的科技创新服务成果和案例，树立优秀典型。重视培育创业企业家精神，营造鼓励创新的良好氛围。

本实施意见自公布之日起施行。

附件：新区科技创新服务业领导小组成员名单

组　长　李长友　大兴区委副书记、区长，开发区工委副书记
　　　　张伯旭　大兴区委副书记、副区长，开发区工委副书记、管委会主任
副组长　绳立成　大兴区人大常委会副主任，开发区工委委员、管委会副主任
　　　　杜新安　开发区管委会巡视员
　　　　喻华锋　大兴区副区长
成　员　王自学　大兴区科委主任
　　　　李群虹　开发区科技局局长
　　　　吴志成　大兴区发改委主任
　　　　李　旭　开发区发改局局长
　　　　刘士忠　大兴区经信委主任
　　　　郭金江　大兴区财政局局长
　　　　安春玲　开发区财政局局长
　　　　吴山良　大兴区人力社保局局长
　　　　常　宸　开发区人劳局局长
　　　　李德强　大兴区统计局局长
　　　　张　虹　开发区统计局局长
　　　　叶　斌　大兴区产促局局长
　　　　王延卫　开发区产促局副局长

领导小组下设办公室，办公室设在区科委和开发区科技局，办公室主任由王自学、李群虹担任。

北京市大兴区人民政府　北京经济技术开发区管理委员会 促进新区2013年金融改革创新的工作意见

京兴政发〔2012〕36号

（2012年12月31日）

为贯彻落实党的十八大精神和市委、市政府建设南部高技术制造业和战略性新兴产业聚集区的决策部署，加快建设引领一体化、高端化、国际化发展的实体经济主阵地、创新驱动示范区、对外开放重要窗口和城乡一体宜居宜业发展典范，进一步增强金融对实体经济的促进作用，特制定本意见。

一、指导思想

全面贯彻落实党的十八大精神和市委、市政府《关于进一步加快推进北京经济技术开发区发展的意见》要求，以科学发展观为指导，坚持金融服务实体经济，实施产业金融和农村金融“双轮驱动”战略，以产业金融创新带动产业优化升级和创新融合，以城乡统筹背景下的农村金融改革为突破口，加快城乡一体化进程，促进新区“十二五”规划任务目标的全面实现。

二、基本原则

（一）政府引导。加强金融改革创新的顶层设计和统筹协调，充分发挥专家的专业指导作用，调动金融机构的创新积极性，合理匹配政府资源和市场资源，更好地发挥政府的统筹协调、政策引导、搭建平台的作用。

（二）服务需求。做大做强首都实体经济是新区当前面临的主要任务，产业化和城市化进程中的金融需求是新区当前和未来一段时期的主要需求，金融改革创新的出发点和落脚点必须服务于这一需求，使金融真正成为实体经济的助推器。

（三）协同创新。充分发挥体制机制创新和政策先行先试的优势，争创国家级金融改革创新试验区、示范区，以开放合作的理念组合各类金融资源聚焦新区，形成协同创新、先行先试的发展局面。

（四）依法合规。认真贯彻执行国家和北京市有关金融方面的法律法规和政策措施，确保金融改革创新合法合规，完善金融风险防范和应急处置机制，加强新区金融信用体系建设，建立政府与金融监管部门、司法部门协同工作机制。

三、主要任务

（一）加快建设全国农村金融综合改革试验区。继续完善农村信贷、农业投资、农业担保、农业保险和农村信用五大农村金融体系建设。围绕构建“三城三带一轴多点网络化”的空间结构和“新城－新市镇－新型农村社区”的城乡一体发展格局，加强对新城建设、新市镇建设和“三农”建设的金融支持。推进西红门、旧宫城乡结合部改造试点，创新农村集体建设用地拆迁建设融资模式。推进综合服务配套区建设，以南海子公园为中心、以旧宫镇为突破口，配合拆迁建设和产业发展提供金融支持。按照“四有”要求，探索农村集体资产保值增值的稳妥有效途径，增加农民资本性收入。通过保险、期货等方式应对农民生产经营风险，从保成本向保收益转变。深入推进信用体系建设及其融资应用，创新“三农”贷款融资担保方式。

（二）加快建设产业金融创新综合试验区。通过政策引导和服务，对接园区和企业，全面建设“会政园企”产业金融合作体系，不断完善债权融资、产业投资、融资担保、科技保险、企业信用和上市培育六大产业金融板块建设。服务开发区产业空间拓展，为“26平方公里”扩区提供融资支持。充分对接境内外多层次资本市场，深化完善企业上市直通车机制，不断增加区内培育上市企业数量和融资规模，引导上市企业将募集资金投向新区。加强对科技型中小企业的金融服务，针对融资难、融资贵问题，改进完善中小企业融资鼓励政策，建立“科技孵化器＋金融加速器”企业服务体系。改变银行间接融资的单一模式，鼓励引导VC/PE（风险投资）对区内企业投资，组织发行中小企业集合票据，协助企业发行企业债、公司债和尝试资产证券化融资，不断增加产业直接融资的总量和比重，实现多点支撑、组合金融的新格局。抓紧研究制定产业金融创新综合试验区建设方案。

（三）加强金融对区域重大项目的支持。新区发展面临一系列重大机遇，北京新机场项目、“26平方公里”扩区、新一轮城南行动计划以及世界月季洲际大会等相继启动，按照项目规划立项和融资方案设计同步的原则，发挥财政资金杠杆作用，引导金融资金和社会资本投向新区。

（四）提高新区国有平台公司资本运作能力。做大做强开发区总公司、亦庄国投、兴展、兴创和新航城公司等新区重点国有平台公司。通过注入资本金、政府固定资产投资项目“拨改投”“债转股”以及固定资产划拨等方式增加企业净资产规模，实施国有企业改制和与生产经营相关的配套改革。

（五）促进金融聚集区建设和金融业发展。以轨道交通大兴线、亦庄线和南海子商务圈为依托，打造新区生产性服务业聚集区，制定配套政策，吸引金融机构入区发展。积极争取设立北京市新城建设基金子基金。加大对金融机构和准金融机构的招商力度，重点在外地金融机构北京分部、新型金融机构、投资基金、融资租赁、财务结算、交易中心（所）、第三方支付、金融后台等领域取得突破。

四、组织保障

（一）领导机构。成立新区金融改革创新工作领导小组，统筹全国农村金融综合改革试验区和产业金融创新综合试验区建设。领导小组下设金融工作办公室，办公室设在金融工作局，承担领导小组的日常工作。

（二）健全机制。努力探索金融改革创新的新体制、新机制、新举措，形成推动经济社会创新大发展的强大动力，更高水平推动新区一体发展。

（三）政策支持。研究出台农村金融改革和产业金融创新的政策措施和实施方案，促进金融改革创新工作目标的实现。

附件：新区 2013 年金融改革创新工作重点任务折子工程

一、加快建设全国农村金融综合改革试验区

1. 配合推进西红门、旧宫城乡结合部改造试点，探索基于农村集体建设用地预期经营收益权的银行融资模式，实现对西红门镇 2#、3#、4#、5# 地块和旧宫镇南小街工业区拆迁改造的融资支持。

承办单位：大兴区发改委、西红门镇、旧宫镇

协办单位：大兴区住建委、大兴区规划分局、大兴区国土分局、开发区规划分局、农行大兴支行、建行大兴支行

完成时限：2013 年 12 月底

2. 加快推进综合服务配套区建设，配合旧宫镇集贤地区拆迁改造和产业升级，设计实施低成本、高效益的融资方案。

承办单位：开发区发改局

协办单位：旧宫镇、开发区总公司相关部门及所属子公司、相关金融机构

完成时限：2013 年 12 月底

3. 通过集中理财、委托贷款、发行定向信托产品等方式，多渠道实现农村集体经济组织现金资产保值增值，增加农民资本性收入。

承办单位：大兴区经管站、大兴区农委、大兴区发改委

协办单位：相关镇、试点银行

完成时限：2013 年 12 月底

4. 创新“三农”贷款模式，选取 1~2 家农民专业合作社进行预期股权分红质押贷款试点。

承办单位：大兴区农委、大兴区经管站

协办单位：试点银行

完成时限：2013 年 12 月底

5. 积极应对农产品市场价格波动风险，选取 1~2 种区内主要农产品（白菜、西瓜），研究试点大宗农产品价格稳定机制。

承办单位：大兴区农委、大兴区发改委

协办单位：大兴区财政局、人保财险大兴支公司

完成时限：2013 年 12 月底

6. 推行行政区域公众责任保险和自然灾害公众责任保险，提高区域抗风险能力，降低政府风险管理成本。

承办单位：大兴区民政局、大兴区发改委

协办单位：大兴区财政局、人保财险大兴支公司

完成时限：2013 年 12 月底

7. 建立区内农民专业合作社信用评价体系，配套提供对信用社、信用户的融资优先服务。

承办单位：大兴区农委、大兴区经信委、大兴区发改委

协办单位：华夏村镇银行

完成时限：2013 年 12 月底

二、加快建设产业金融创新综合试验区

8. 积极推动“26 平方公里”扩区，组织金融机构共同研究制定扩区开发融资方案。

承办单位：开发区发改局、大兴区发改委、生物医药基地、采育镇、长子营镇、开发区总公司相关部门及所属子公司

协办单位：大兴区扩区办、开发区财政局、大兴区财政局、相关银行

完成时限：2013 年 12 月底

9. 配合奔驰二期、中芯国际二期、中航动科等重大产业项目建设，协同创新项目融资方式，确保资金需求。

承办单位：联合招商办、北京亦庄国际投资公司

协办单位：开发区财政局

完成时限：2013 年 12 月底

10. 完善企业上市直通车机制，建立境内外主板、创业板上市企业梯队，培育新增上市企业 3 家，鼓励企业在新三板市场挂牌融资。

承办单位：大兴区发改委、开发区发改局

协办单位：新区上市领导小组成员单位、北京亦庄国际投资公司

完成时限：2013 年 12 月底

三、加强金融对区域重大项目的支持

11. 北京新机场项目。协调国开行、农发行、农行、中行等金融机构，通过银团贷款方式解决新机场建设前期拆迁资金缺口，从资金上确保新机场项目按计划进行。

承办单位：大兴区机场办、大兴区发改委

协办单位：新航城公司、相关金融机构

完成时限：2013 年 12 月底

12. 世界月季洲际大会。按照筹备工作总体计划，组织金融机构对大会场馆、配套设施、花卉种植等项目提供融资方案和资金支持。

承办单位：大兴区发改委、魏善庄镇

协办单位：相关金融机构

完成时限：2013 年 12 月底

13. 新一轮城南行动计划。坚持项目立项和融资方案同步，发挥财政资金的杠杆作用，引导金融资金和社会资本参与新一轮城南行动建设项目；加大争取市级资金支持力度，争取对征地拆迁支持比例达到 30%，基础设施支持比例达到 50%。

承办单位：大兴区发改委、开发区发改局

协办单位：大兴区财政局、开发区财政局、各项目单位

完成时限：2013 年 12 月底

四、提高国有平台公司资本运作能力

14. 通过资产重组增加开发区总公司资产总量，降低资产负债率，提高融资能力。分阶段将政府持有的热力资产划入博大开拓热力公司，将水厂及管网等水务类资产划转至博大水务公司；推进大市政费改革工作，统一新区大市政费征收标准。

承办单位：开发区发改局、开发区财政局、开发区总公司相关部门及所属子公司

完成时限：2013 年 12 月底

15. 以北京亦庄国际投资公司为主体，通过合资、合作、控股、参股等方式，加快建设集产业基金、科技保险、企业信用于一体的综合性产业金融平台，加快推进耐世特、松辽等所投资企业的上市或重组。

承办单位：北京亦庄国际投资公司、开发区发改局

协办单位：联合招商办、开发区财政局

完成时限：2013 年 12 月底

16. 在市级资金对兴创公司增资支持的基础上，落实区内配套资本金支持，发挥市场融资的杠杆作用。

承办单位：大兴区国资委、大兴区财政局、兴创公司

协办单位：大兴区发改委

完成时限：2013 年 12 月底

17. 积极推进兴展公司二期 20 亿元企业债和生物医药基地 8 亿元企业债的发行工作。

承办单位：大兴区国资委、兴展公司、生物医药基地

协办单位：大兴区发改委、大兴区财政局

完成时限：2013 年 12 月底

五、促进金融聚集区建设和金融业发展

18. 制定新城建设基金方案，争取成为北京市新城建设基金的子基金，计划募集 100 亿元，服务新区基础设施建设。

承办单位：大兴区发改委

协办单位：大兴区国资委、大兴区财政局、相关金融机构

完成时限：2013 年 12 月底

19. 以轨道交通大兴线、亦庄线和南海子商务圈为依托，打造新区生产性服务业聚集区，重点吸引外地金融机构北京分部、新型金融机构、投资基金、融资租赁、财务结算、交易中心（所）、第三方支付、金融后台等入区发展。

承办单位：联合招商办、大兴区发改委、开发区发改局

协办单位：大兴区规划分局、开发区规划分局

完成时限：2013 年 12 月底

六、创新金融工作体制机制

20. 成立新区金融改革创新工作领导小组，统筹推进全国农村金融综合改革试验区和产业金融创新综合试验区建设。领导小组下设新区金融工作办公室（金融工作局），承担领导小组的日常工作。

承办单位：大兴区编办

协办单位：大兴区发改委、大兴区财政局、开发区发改局、开发区财政局

完成时限：2013 年 3 月底

21. 研究出台农村金融改革和产业金融创新的配套政策和实施方案。

承办单位：大兴区发改委、开发区发改局

协办单位：联合招商办、大兴区农委、大兴区经信委、大兴区科委、大兴区财政局、开发区科技局、开发区财政局

完成时限：2013 年 4 月底

大事记

获市知识产权局授予的“北京市千件专利企业”荣誉称号。

—1月—

1日　根据市人力社保局《关于调整本市职工生育保险政策有关问题的通知》规定，开发区将外埠职工、财政部门核拨经费的用人单位人员、外国籍职工纳入生育保险范围。

10日　新区领导干部廉政警示教育大会召开。大会下发了5项反腐倡廉工作制度，部署了下一阶段廉政警示教育工作。

11日　第五届“博大贡献奖”和第六批海外高层次人才名单揭晓。4名“博大贡献奖”获奖者和47名海外高层次人才及相关企业获得1743万元奖励。

12日　开发区2011年度科技创新专项资金项目落地大会召开。

19日　开发区公安分局在开发区上海沙龙小区成立了第一家驻区制涉外警务工作室。

20日　北京博大网信科技发展有限公司主导的博大数通科技发展有限公司成立，创建全国首例由非电信运营商主导的“三网融合”运营模式。

30日　“北京·亦庄”项目签约暨北京奔驰汽车零部件配套产业园启动仪式举行。中共中央政治局委员、市委书记刘淇，市委副书记、市长郭金龙等出席活动并到新区调研。入驻产业园的首批19个重大项目同时签约，总投资49亿元。

是月　京东方科技集团股份有限公司

—2月—

3日　开发区2012年度工作会召开。开发区工委书记林克庆出席会议并讲话，开发区管委会主任张伯旭作题为《奋力求进，勇于创新，全面提升高技术制造业和战略性新兴产业聚集区建设水平》的工作报告。

8日　2012年外交官经济论坛在开发区举办。主题为“突变的世界经济形势与中国企业国际化”，来自50多个国家的外交官出席论坛。

9日　开发区总公司2012年度工作会召开。

是日　航卫通用电气医疗系统有限公司GE影像链子系统的第一台16排数模转换集成探测器（DOD16）正式下线，DOD16项目正式进入批量生产阶段。该项目是首次将微集成电路技术应用到医疗影像链设备中，为用户提供了技术更好、成本更低的影像诊断探测器。

13日　北京军民结合产业基地被授予国家级军民结合产业特色基地荣誉称号。

15日　中共中央政治局常委、全国政协主席贾庆林到新区开展专题调研，考察了南海子公园建设、亦庄生物医药园建设运行和园区企业生产研发情况、公共仪器测试服务平台DNA测序室和北京五加和分子医学研究所科技工作开展情况。

16日　开发区2012年党风廉政建设大会召开。

是日　2011 年度新区纳税 50 强、纳税增长 50 强企业颁奖典礼举行，开发区内一批国内外知名企业获得奖励金额 6400 万元。

是日　北京利德曼生化股份有限公司在深交所创业板挂牌上市。

23 日　全国人大常委会副委员长路甬祥到华德液压工业集团有限责任公司调研。

28 日　德国采埃孚集团投资的采埃孚车桥工厂项目在汽车配套工业园奠基，该项目总投资 2 亿元。

是月　开发区获得国土资源部授予的“首届国土资源节约集约模范县（市）”荣誉称号。

3月

1 日　北京市最大的国家 “金太阳”示范工程—— 5 兆瓦太阳能光伏屋顶发电项目在京东方科技集团股份有限公司 8.5 代线厂房竣工。

是日　开发区政务微博“北京亦庄”正式上线北京微博发布厅。

8 日　中共北京市委常委、市纪委书记叶青纯就党风廉政建设、经济建设等方面工作到新区调研，并到亦庄生物医药园、北京五加和分子医学研究所、北京华昊中天生物技术有限公司和南海子郊野公园进行调研。

9 日　北京威卡威汽车零部件股份有限公司在深交所中小板上市。

16 日　德信智能移动终端先进制造中心项目与利亚德 LED 应用产业园项目开工仪式在大兴区西红门镇产业基地举行。

20 日　北京智能交通系统项目落户开发区。该项目由中电华通、三星物产及三星 SDS 共同设立，总投资 20 亿元。

24 日　市委副书记、市长郭金龙陪同 65 位中直机关、128 位中央国家机关部级领导到新区南海子森林公园二期工地，参加第十一次共和国部长义务植树活动。

是日　2012 中国通讯营销行业年会在开发区召开，主题为“新型消费，融合发展”。

27 日　北京首航艾启威节能技术股份有限公司在深交所中小板上市。

28 日　中共北京市委常委、宣传部部长、副市长鲁炜就文化创意产业、战略性新兴产业等方面工作到新区调研。

30 日　开发区团工委在长子营镇敬老院和温馨家园福利院设立青年志愿服务基地。

是月　航天长征化学工程股份有限公司新建航天煤气化装备产业基地（一期）投入使用，园区面积 6.95 万平方米。

4月

11 日　北京永瀚星港生物科技股份有限公司获批在全国中小企业股份转让系统上市。

17 日　中国共产党北京市大兴区、北京经济技术开发区代表会议召开，会议选举产生了新区出席北京市第十一次党代会的代表。

20 日　市知识产权局与开发区签署

《2012年度开发区知识产权战略推进计划》。

是日　“三镇一园”综合服务配套建设启动，相关项目纳入开发区固定资产投资计划，列入开发区固定资产投资计划项目 22 项，安排投资 10 亿元，占开发区全年政府投资总额的 24%。

是月　京东方科技集团股份有限公司的超高像素屏（HD720）点亮投产。

是月　北京金风科创风电设备有限公司推出 GW93/1500 系列超低风速直驱永磁机组，该机型是国内同类产品中发电效率最高的产品之一。

5月

2 日　北京经济技术开发区中小企业服务中心和北京亦庄科技创新服务中心正式进驻生物医药园的办公场所和服务大厅，并开通服务热线 4008998960。

9 日　保华国际教育园落户开发区。一期建设面积约 6 万平方米，占地面积逾 11.87 万平方米，可服务 3200 名学生。

10 日　康龙化成（北京）新药技术有限公司园区二期正式投入使用，占地面积约 3.4 万平方米。

15 日　中芯国际（北京）二期项目落户开发区，总投资 72 亿美元。

17 日　海军军民融合创新平台落户新区军民结合产业基地。

19 日　国家康复辅具研究中心附属康复医院开业典礼及公益项目启动仪式举行。

21 日　北京华联印刷有限公司被授予“北京市绿色印刷工程标兵示范单位”称号。

22 日　开发区获批建设国家循环化改造示范试点园区。

23 日　在第十五届科博会中国金融论坛专场签约仪式上，新区签约北京产业金融总部基地与战略性新兴产业创新平台、北京天海工业总部及生产基地等 15 个项目，总投资额约为 258 亿元。由北京大基康明医疗设备公司生产的 LA45 高能直线加速器联合靶向药物治疗癌症研究成果在现场展出。

28 日　赛诺菲安万特（北京）制药有限公司胰岛素生产项目竣工投产。

29 日　开发区被授予全国首批“国家级电子商务示范基地”称号。

6月

1 日　瑞云云计算研发运营中心签约落地开发区，项目投资额达 122 亿元。

7 日　开发区与北京和田工业园区签署对口交流合作框架协议。

8 日　开发区投资服务大厅迁入新址试运行，并正式更名为开发区行政服务中心。中心设有 3 个接待大厅，受理投资咨询、房屋登记、代办服务等 190 余项事项。

是日　开发区 7 个社区党支部、8 个社区居委会完成换届选举工作。

15 日　云计算基金正式设立，基金规模为 3.647 亿元。

18 日　比泽尔制冷技术有限公司北京工厂扩建项目在开发区开工建设。项目总投资 2 亿元，主要生产环保型空调和制冷系统所用的制冷压缩机。

27日　GE医疗北京工厂举行第1万台X光机暨首台血管机下线仪式。

30日　国内首家低碳太阳能加油站在开发区文化园路段落成，每年可节约用电10万千瓦时。

7月

2日　开发区企业党委庆祝建党91周年暨创先争优表彰大会召开。大会表彰了25个先进基层党组织和106名优秀共产党员。

8日　悦康药业集团有限公司（四期）创新药物国际化产业园项目举行封顶仪式。

10日　“北京·亦庄文化活动基地”“北京·亦庄文化体育活动基地”和“北京经济技术开发区资讯中心”挂牌成立。

12日　新区村企党组织“双向培养双向发展党员”试点工作启动。

16日　由北京中瑞蓝科电动汽车技术有限公司研制生产的国内首辆纯电动运钞车在开发区下线。该车电机及整车控制器等相关核心技术已获得国家专利。

是日　新区科学技术奖励大会召开，对2011年度科学技术先进单位和个人进行表彰。泰德药业等9家开发区企业获得表彰。

17日　卡夫食品（北京）有限公司“奥利奥生产线”正式投入使用。

18日　北京经济技术开发区建设20周年生物医药产业发展研讨会暨生物医药产业顾问聘请仪式举行。

25日　新区高层次人才座谈会召开。主题为“凝聚力量，引领发展，共创未来”。

是日　中金数据系统有限公司作为中国本土企业中在绿色网格组织的第一个贡献会员，加入绿色网格中国工作组。

是月　京东方科技集团股份有限公司北京8.5代线实现满产，成为中国大陆首条自主建设并最早量产的8.5代线。

8月

15日　中共北京市委常委陈刚就加快推进科技创新工作到新区进行专题调研，考察北京亦庄生物医药园，参观园区公共仪器测试服务平台、孵化中心等设施。

16日　北京经济技术开发区企业院士专家工作站授牌仪式暨“第四届首都创新论坛”召开。新增北京经开工大投资管理有限公司、北京亦庄国际生物医药投资管理有限公司和汇龙森国际企业孵化器3家院士专家工作站。

17日　开发区管委会分别与中国农业银行股份有限公司北京市分行和国泰君安证券股份有限公司签署战略合作协议，获得意向性信用支持金额300亿元。

是日　北京市重大交通事故应急医疗救援演练在开发区举行。

18日　免去赵广义北京经济技术投资开发总公司经理职务。

是日　白文任北京经济技术投资开发总公司经理职务。

20日　开发区建设20周年纪念雕塑《绽放》在开发区南环岛落成。主题立意为“三个体现”，即体现开发区20年发展成就、体现未来产业新区发展的前景，体现国际化、高端化、一体化的发展目标。

是日　开发区建设20周年暨生态工业园建设发展论坛举行。论坛主题为“聚焦高端产业，建设生态文明”。

24日　开发区总公司出资4800万元设立北京新航城控股有限公司，承担北京新航城的开发建设与运营管理等各项任务。

是日　解放军海军与市政府签署在开发区共建蓝鲸军民融合创新园的合作协议。

29日　开发区总公司首次获得发展改革委关于公司发行企业债券的批文，批准额度为6.5亿元。

30日　施耐德电气与日本KDDI电信公司旗下的高科技高品质数据中心供应商TELEHOUSE BEIJING就承建开发区数据中心项目签约。

是日　国家新药创制重大专项课题成果发布会暨义翘神州与美国Life Technology全球战略合作签约仪式在开发区举行。

是月《北京经济技术开发区大事记（1990—2011）》出版。

9月

1日　亦庄第三幼儿园、亦庄第四幼儿园和慧才苑林肯公园社区实验幼儿园正式开园。

6日　和利时集团入选《财富》杂志2012年“100家增长最快的公司”排行榜，排名第42位。

7日　北京光宝移动电子电信部件有限公司二期扩建工程竣工。新厂房位于开发区核心区66M3地块，占地面积1.17万平方米，总投资1.5亿元。

11日　开发区组织危险化学品泄漏事故应急处置综合演练。

是日　亦庄供电公司完成泰河智能110千伏输变电工程。该项工程是开发区第一座智能化变电站。

13日　开发区总公司信用等级提升至AAA级。

18日　中共中央政治局常委、中央纪委书记贺国强到生物医药园调研。

是日　新区综合规划展厅和企业新技术、新产品展厅正式对外开放。

是日　诺基亚（中国）投资有限公司在开发区成立诺基亚体验创新中心（NEIC）。

20日　北京亦庄国际开发建设有限公司代开发区总公司开发管理的“12平方公里”项目X83、X86两个地块上市，6家单位参与竞拍。最终X83地块竞拍16.27亿元、X86地块竞拍14.43亿元。

25日　中芯国际集成电路制造（北京）有限公司二期工程和北京奔驰汽车有限公司二期工程在开发区奠基。市委副书记、代市长王安顺，市委常委陈刚，副市长苟仲文，国家相关部委及市相关部门负责人，开发区领导林克庆、李长友、张伯旭、赵广义、白文、赵昕昕、绳立成等出席奠基仪式。

27日　新区党群活动服务中心正式启用。

28 日　京东方 8.5 代线的重点配套项目——东贝光电项目开工建设。

30 日　亦庄保税物流中心税收总额突破亿元。

是月　开发区总公司首次通过金融租赁形式融资 2.4 亿元。

10 月

12 日　欧必翼门控科技（北京）有限公司生产营销总部获批建设。

13 日　开发区第一个社区青年汇——“金凤 · 社区青年汇”正式挂牌成立。

18 日　北京凯因科技股份有限公司与开发区国际生物医药投资管理有限公司联合成立北京亦庄国际蛋白药物技术有限公司。该项目列入中关村国家自主创新示范区 2012 年度现代服务业试点项目。

19 日　中共中央政治局常委、中央纪委书记贺国强到北京可口可乐饮料有限公司调研。

是日　北京现代制造业职业教育集团在开发区成立。该集团由北京电子科技职业学院牵头，成员单位 74 个，其中企业 40 家、行业协会 5 家、学校 24 家、科研及其他单位 5 家。

23 日　开发区举行第五届文化艺术节闭幕式暨感动新区人物颁奖典礼。

25 日　“12 平方公里”回迁安置房 X80 地块率先启动回迁入住工作。“12 平方公里”安置房总面积 228 万平方米，共计 160 栋住宅楼，总套数为 18387 套，是北京最大的超大型住宅群体工程。

是月　京东方科技集团股份有限公司研发出全球首款融合了氧化物 TFT 背板技术和喷墨打印技术的 17 英寸 AMOLED 彩色显示屏。

11 月

1 日　十一学校亦庄校区正式落户开发区。十一学校计划在开发区“12 平方公里”内开办小学（48 个教学班）和中学（84 个教学班）。小学命名为北京亦庄实验小学，于同日正式成立。这是国内第一所探索“全课程”教育实验的学校，该校的建立是北京市政府 2012 年 30 件实事工程之一。

2 日　拜耳医药保健有限公司北京工厂新库房竣工。新库房容量从原有的 3000 个拍位增加至 1 万个拍位。

4 日　中央电视台《焦点访谈》以《发展之路：科技创新的力量》为题，报道开发区创新驱动发展典型案例。

17 日　市委副书记、代市长王安顺到新区调研，察看榆垡镇新机场规划区管控、“12 平方公里”扩区建设、南海家园搬迁村村民回迁情况。

21 日　北京新华印刷有限公司承担的中国共产党第十八次全国代表大会重要印件印刷工作完成。

26 日　北京海吉星医疗科技有限公司医药园项目封顶。

30 日　亦庄新城滨河森林公园开园。该园是北京 11 个新城滨河森林公园之一，总面积 140 万平方米，总投资 1 亿元。

是月　开发区京东方科技集团股份有限公司的全球首款 110 英寸 ADSDS 超高清显示屏，以及中国大陆首款 65 英寸超高清氧化物 TFT 显示屏首度亮相第十四届中国国际高新技术交易会。

是月　京东方科技集团股份有限公司拥有的“薄膜晶体管液晶显示器的驱动装置”获第十四届中国专利奖金奖。

是月　亨特建筑产品（北京）有限公司承接的康宁显示科技（中国）有限公司第二期工程的双模数夹芯墙体板项目完工。

12 月

1 日　第八届北京国际金融博览会“2012 中国银行业年度峰会”举行，张伯旭作题为“北京 · 亦庄产业金融二十年”的演讲。开发区获“最佳组织策划奖”和“战略合作伙伴奖”。

5 日　诺基亚首款 Windows Phone 8 系列智能手机诺基亚 920T 正式登陆中国市场。这是全球首款采用 TD-SCDMA 技术的 Windows Phone 产品。

6 日　全国开发区首个网络虚拟三维展示平台——北京经济技术开发区发展成果网上综合展厅正式上线。

是日　北京北方微电子基地设备工艺研究中心有限责任公司获批成为博士后工作站分站。

7 日　中共北京市委、市政府在开发区召开加快推进北京经济技术开发区创新发展大会。郭金龙和商务部副部长王超出席会议并讲话。市委副书记、代市长王安顺主持，副市长苟仲文就《关于进一步加快推进北京经济技术开发区发展的意见》要点作说明。

12 日　2012 云世界大会在开发区召开，主题为“你好，云”。张伯旭作题为“中国云在亦庄”的演讲。大会汇聚云计算产业链知名企业、技术专家及资本创投公司等中外代表近 3000 人，同时举办中关村大数据日、云世界领袖、云夜话等 10 余场专题论坛，展示云产业精品，发布最新产品并进行企业合作签约。

13 日　开发区电子信息产业园工程竣工备案，并投入使用。

20 日　开发区节能与新能源产业技术创新战略联盟成立并揭牌。

24 日　蓝鲸军民融合创新园正式落户国家级军民结合产业特色基地。该项目总体规划占地约 21.33 万平方米。

31 日　中共北京市委、北京市人民政府正式下发《关于进一步加快推进北京经济技术开发区发展的意见》。

年内　开发区海关成功办理亦庄保税物流中心首票取消通关单关联的二线进出货物报关单业务。

产业发展

综述

2012年，开发区各项产业紧紧把握“稳中求快进、创新大发展”的总基调，坚定信心、凝聚力量，克服经济发展中的不利因素和内、外需压力，处理好总量与结构、速度与质量、存量与增量的关系，抓好项目质量、产业结构调整及新兴产业培育，全年各项工作稳步推进，成效显著。

年内，新区联合招商成效显著。新批内、外资企业投资总额（含增资）折合60亿美元，完成全年任务的125%，其中外资企业注册资本27.1亿美元（新设企业投资5.5亿美元，现有企业增资21.6亿美元）、内资企业注册资本207亿元，折合32.9亿美元。合同利用外资7.85亿美元，实际利用外资6.69亿美元，核准内资项目投资229亿元。引进世界500强企业项目3个。产业发展的折子工程各项指标基本实现预期目标，管理部门优化“四个一批”管理机制，定期召开促开工项目协调会，倒排项目审批手续时间节点，制定统筹资金的相关制度。年内跟踪储备项目总计209个，其中内资项目176个，外资项目33个，项目总投资1655.54亿元，总占地面积2095.96万平方米；签约项目64个，投资总额823.75亿元，投资5亿元以上的重点项目12个；开工产业类项目43个，总投资额260.15亿元，总建筑面积217.68万平方米；投产项目22个，总投资额69.8亿元。专业园区建设加快，生物医药产业基地等“六园”发展同步推进，产业聚集效应明显。持续打造开发区数字电视产业园、北京亦庄生物医药产业园等园中园发展模式。中芯国际二期、瑞云云计算、奔驰MRA、MFA等重大项目发挥引领作用，凸显项目高端化。广开项目信息来源，招商引资渠道得到拓展，筹建多个海外代表处。加强开发区土地资源利用、新机场前期调研等项目研究，夯实招商基础。策划、组织、参与北京亦庄项目签约暨北京奔驰汽车零部件配套产业园启动仪式、2012外交官经济论坛、第十五届科博会等活动，展示新区高端形象。发挥企业协会平台作用，成立开发区行政服务中心，打造开发区对外窗口形象。积极争取并科学利用统筹资金，扶持企业做大做强。深入开展争先创优活动，促进招商工作发展与进步。

（孙懿男 白利红）

产业促进

概况

2012年，招商工作新批内、外资企业投资总额（含增资）折合60亿美元，引进3个世界500强企业项目，即日本KDDI株式会社投资的北京亚太中立信息技术有限公司、德国采埃孚公司投资的采埃孚汽车底盘系统（北京）有限公司、中国石化投资的中国石化长城能源化工有限公司。跟踪储备53个总投资额5亿元以上的重大项目，包括台联电12英寸晶圆厂、华北高速智能物联网产业基地、AMD（全球第二大CPU生产商）第二全球中心、GE医疗、大火箭项目等；签约项目64个，投资总额为823.748亿元，12个投资5亿元以上的重点项目，包括奔驰发动机、瑞云云计算、天通泰文化数码科技园、士兴集团总部等；签约开工产业类项目43个，总投资额260.15亿元，总建筑面积217.68万平方米；26个促开工项目，总投资141.59亿元，总建筑面积200.73万平方米，包括奔驰发动机厂、京东方集团总部、京东商城、北汽李尔等；22个投产项目，总投资69.8亿元，包括德尔福、华延芯光、日伸电子等。

（孙懿男）

产经活动

举行北京亦庄项目签约仪式

1月30日，由新区主办的“北京·亦庄项目签约暨北京奔驰汽车零部件配套产业园启动仪式”在丰大国际大酒店举行。市委书记刘淇、市长郭金龙、市委秘书长李士祥、副市长苟仲文及市经济信息化委、市发展改革委、市国资委等单位相关领导，新区领导林克庆、李长友、张伯旭、赵广义等出席，北京奔驰汽车有限公司董事长徐和谊等企业负责人参加。签约仪式由李长友主持。张伯旭代表新区签订年内首批投资的23个项目，总金额达107亿元，项目涉及汽车制造、文化创意、生物医药等领域。其中，北京奔驰汽车零部件产业园首批入驻的麦格纳内饰、江森座椅、法雷奥空调等19个重大项目，投资额49亿元。仪式后，刘淇、郭金龙等领导参观了亦庄生物医药园。

（孙懿男 白利红 章大力）

举办2012外交官经济论坛

2月8日，由中贸国际商务交流中心主办、开发区管委会等协办的首届“2012外交官经济论坛”在丰大国际大酒店举行。论坛旨在通过外交官对国内外基本经济形势的见解和判断，提供一个外交官、经济学家、企业家、专家学者等多方交流的平台；为中国经济发展提供新的思路，帮助中国企业逐步加快国际化进程。国务院参事乔宗淮、对外联络部副部长李进军、博鳌亚洲论坛国际咨询委员会委员龙永图，及开发区领导林克庆、张伯旭、绳立成等出席，中外外交官、商会代表、企业代表、专家学者等400余人参加，绳立成致开幕词。论坛上，中国中东投资贸易促进中心、德国联邦外贸与投资署等相关人士围绕“突变的世界经济形势与中国企业国际化”的主题发表观点。论坛达成6点共识：一要科学研判中国企业国际化面临的全球挑战，增强风险预测与处置能力；二要借助国内经济发展良好态势，坚定发展信心，更大范围内参与国际竞争；三要坚持国际视野，遵循国际标准和规则，科学谋划全球经营战略；四要锤炼民族品牌，增强中国企业国际竞争软实力；五要树立责任意识，展现中国企业良好的国家形象；六要凝聚各方智慧，建设中国企业国际化智库。

（孙懿男　白利红）

北京智能交通系统及产业项目签约

3 月 20 日，由开发区管委会主办的“北京智能交通系统及智能交通产业项目签约仪式”在博大大厦举行。市经济信息化委副主任梁胜，新区领导林克庆、张伯旭、赵昕昕、绳立成、喻华锋，三星物产株式会社社长金亨东，三星 SDS(韩国总部)社长高淳东，韩亚银行北京分行行长朴胜培，中电华通总裁邱平等出席。仪式上新区与中电华通、三星物产、三星 SDS 就北京智能交通系统及智能交通产业项目签署战略合作框架协议。该项目由中电华通、三星物产及三星 SDS 共同投资 20 亿元营建，以中电华通无线宽带网络为基础，融合智能交通末端产业链、交通资讯信息平台等多个方面，将公安交通、公交、安监等跨行业、跨功能技术平台进行统一整合，形成以公众交通信息发布平台为核心的整体智能交通系统。

（孙懿男　白利红）

举办 2012 中国通讯营销行业年会

3 月 23~25 日，由中国电子商会和开发区管委会联合主办的第四届“2012 中国通讯营销(电视、网络、移动)行业年会”在丰大国际大酒店召开。国家广电总局、工业和信息化部、商务部、中国电子商会等有关负责人出席。知名电视购物公司、网络购物公司、移动购物、供货商、第三方服务商等单位代表 200 余人参加。年会上，表彰了 2011 年度通讯营销行业十佳明星企业、最佳节目制作、最佳创意营销、十佳供应商。京东商城、好享购物、淘宝网等获奖企业代表作主题演讲。

（孙懿男　白利红）

开展土地资源利用效益分析与思考调研

3 月，开发区产促局委托博大万泰国际投资咨询有限公司开展“北京经济技术开发区土地资源利用效益分析与思考”调研课题。通过资料收集、空间影像判识、实地勘探等方式，对截止到 2011 年年底开发区核心区工业用地的土地利用状况、用地效益情况等进行调查；同时走访相关工业企业，开展企业基本情况、投入、产出、用地状况、建设情况等方面的调查。年内，课题组完成了《北京经济技术开发区土地资源利用效益分析与思考调研报告》，为进一步完善新区招商引资政策，加快项目落地，加强入区项目管理，集约、高效、创新利用土地资源提供了参考依据。

（孙懿男　白利红）

开展土地资源利用情况调研

4 月，开发区产促局委托北京国际工程咨询公司开展的“北京市开发区土地资源利用情况调研”课题结题。该课题对北京市各开发区土地资源整体利用情况进行了调研，分析了各开发区土地价格和土地单位面积产出。形成的《北京市开发区土地资源利用情况调研报告》为新区下一步土地价格调整提供了参考依据。

（孙懿男　白利红）

参展第十五届科博会

第十五届中国北京国际科技产业博览会　　单位提供

5月23~27日，在由科技部、工业和信息化部等主办的“第十五届中国北京国际科技产业博览会”上，开发区展区以“北京·亦庄”为品牌，以“创新驱动、科技引领、循环集约、绿色发展”为主题，全面展示了区内57家高新技术企业180余件创新成果。中共中央政治局委员刘淇、全国人大常委会副委员长司马义·铁力瓦尔地、科技部部长万钢等会间到开发区展区参观。开发区展台从科技创新驱动、产业集群发展、人才聚集支撑、低碳绿色环保等角度立体呈现南部新区厚实的发展基础和强劲的发展态势。开发区管委会荣获科博会组委会颁发的最佳组织奖和最佳展示奖。

（孙懿男　白利红）

科博会签约15个项目258亿元

5月23日，第十五届科博会“2012中国金融论坛暨北京·亦庄项目入区签约仪式”在钓鱼台国宾馆举行。财政部副部长朱光耀及新区领导张伯旭、绳立成、喻华锋参加。喻华锋主持仪式，张伯旭作主题为“创新‘政产金’合作模式，助推产业金融快速发展”的演讲，详细介绍了南部新区在产业金融上的创新优势和需求，向各类金融机构发出邀约，希望金融界与北京·亦庄共同打造助力高端产业发展的高端化、专业化、一体化产业金融服务体系。开发区与北京产业金融总部基地、战略性新兴产业创新平台、北京天海工业总部及生产基地等15个项目签约，总投资额258亿元，涉及高端装备制造业、云计算、物联网等领域。签约项目具有规模大、技术含量高、市场前景广等优势。

（孙懿男　白利红）

京东方等参加西瓜节工业成就展

5月28日，京东方科技集团股份有限公司等10余家企业参加了由大兴区人民政府主办的“第二十四届北京大兴西瓜节工业成就展”。智能平板电视、体感游戏设备等10余件高科技产品以新颖的外观设计、优越的产品性能，展示了新区工业设计新亮点，赢得参观者好评。

（孙懿男　白利红）

新区成为首批国家级电子商务示范基地

5月29日，在“2012中国（北京）电子商务大会”上，开发区获首批国家级电子商务示范基地授牌。张伯旭作为示范基地代表在大会发言时表示，开发区作为北京市发展实体经济的主体平台，将更加注重电子商务这一促进信息流、资金流、物流全球流动和重组的新兴产业，更加重视电子商务对产业融合发展、服务整合发展和领域跨界发展的推动作用。

（孙懿男）

开展泛半导体产业发展战略研究

5月，开发区产促局委托北京国际工

程咨询公司开展“北京经济技术开发区泛半导体产业发展战略研究”。课题组从技术、产业、市场、企业研究4个角度对泛半导体产业所涉及的半导体、显示、太阳能光伏以及LED四大领域进行研究，给出这4个细分产业未来发展方向趋势判断，并对泛半导体产业新兴技术、重点企业和高成长性企业进行预测。同时，梳理开发区现有产业基础及区位、资源、政策等优势，结合硅谷、新竹等全球相关产业园区，以及韩国三星电子在发展半导体产业方面的经验和对标分析，形成《北京经济技术开发区泛半导体发展战略研究报告》，提出了符合开发区发展泛半导体产业的布局建议及各细分产业发展措施建议。

（孙懿男）

京交会签约140亿元

6月1日，“中国（北京）国际服务贸易交易会‘北京日’项目签约仪式”举行。开发区与瑞云云计算研发运营中心、供应商采购协议、永辉超级电商旗舰店、九州通医药健康产业——外贸公共交易平台4个项目签约，金额达139.8亿元，项目涉及电子信息、生物医药等产业领域。其中瑞云云计算研发建设有限公司建设的瑞云云计算研发运营中心项目投资额122亿元，规划建筑面积约200万平方米，建设内容为中国云产业园内的云计算产品技术研发中心、云计算服务运营中心、国际企业基地、两岸合作企业基地、创新企业孵化基地、产业配套服务基地六大板块。

（孙懿男）

举办驻京中外知名企业投资新区行活动

6月26日，由市投资促进局、大兴区政府、开发区管委会主办的“驻京中外知名企业投资新区行”活动在丰大国际大酒店举办。市投资促进局局长周卫民，新区领导张伯旭、喻华锋出席。来自中国航空、迪卡侬、鼎晖投资、江苏企业商会等知名央企、外企、民企、金融投资机构及驻京商会等400余家单位的500余名代表参会。张伯旭在致辞中欢迎企业家们到新区投资兴业，携手北京亦庄发展共赢；喻华锋介绍新区整体情况并着重推介“一区六园”。与会企业家们听取了新区联合招商办工作人员关于新区重点企业的介绍，并到大兴生物医药产业基地参观，实地了解感受新区投资环境和产业发展情况。

（孙懿男）

举办投资北京战略新兴产业对接会

7月12日，由商务部投资促进事务局、市投资促进局主办，商务部中国国际投资贸易洽谈会办公室、开发区管委会承办的“2012投资北京战略新兴产业对接会”在开发区举行。会议主题为“推动转型升级，加快培育发展”。商务部投资促进事务局副局长杨依杭、市投资促进局副巡视员苏宏、管委会副主任王合生出席会议并致辞。来自航天科工资产管理、崇德基金等30余家投资机构及晶科光电、星光拓诚等50余家区内企业的200余位代表参会并交流对接。与会企业代表会后参观了亦庄生物医药园、中国教育电视台高校创意总部和易美芯光科技有限公司等企业。

（孙懿男）

召开新区产业发展顾问工作座谈会

8月10日，新区产业发展论坛暨产

业顾问工作座谈会在博大大厦召开。新区领导林克庆、赵昕昕、绳立成、赵雅娟、喻华锋等出席，王合生主持会议，绳立成作开发区 20 年产业发展报告。本市多名行业权威专家和数名开发区产业发展顾问共同探讨开发区所面临的经济形势，并结合自己熟悉的领域对相关产业发展提出建议。

（卢小雪）

开展自主产业园区产业转移需求调研

8 月，开发区产促局就新区企业对乌兰察布市察右前旗 50 平方千米自主产业园区产业转移需求开展专项调研。通过对新区范围内上年产值达到 1 亿元及以上的工业企业、部分经营性工业园区企业、部分中小企业的产业投资需求进行分层抽样调查，分析了察右前旗 50 平方千米自主产业园区相关建设情况及新区内产业转移的可行性。年内，完成了《新区企业对乌兰察布市察右前旗 50 平方公里自主产业园区产业转移报告》。

（孙懿男 白利红）

参加第十六届国际贸易投资洽谈会

9 月 8~10 日，大兴区副区长喻华锋带领新区代表团参加在厦门举行的“第十六届中国国际贸易投资洽谈会”。喻华锋发表推介演讲，全面介绍新区规划和产业发展情况，并重点推介生物医药产业园、南海子公园等项目情况。新区代表团还参加了市投资促进局组织的北京市代表团商务推介活动和中国开发区协会组织的论坛活动。

（孙懿男 白利红）

法国政商代表团到开发区考察

9 月，法国前总理拉法兰及无任所大使、法国企业家一行 20 多人到开发区参观考察。开发区产促局重点介绍了开发区投资环境和产业发展优势，并着重对移动硅谷项目进行了推介。

（朱蕾）

企业新技术新产品展厅开放

企业新技术、新产品展厅　　单位提供

9 月，新区企业新技术、新产品展厅正式开放。该展厅位于博大大厦一楼，集中展出 180 余件反映新区科技水平及创新能力的代表性产品。展厅配有自主导览解说系统，并灌制了简版及繁版展厅解说词。截至年底，累计接待新区内外各级政府机构、国内外企业、新闻媒体等近千人次。

（孙懿男 白利红）

参加第二届绿色创新技术产品展

11 月 9~11 日，开发区参加了在广州举行的第二届“中国国际绿色创新技术产品展”。新区代表团携反映区域特色的主题展板参展，全面展示了开发区绿色发展成就，宣传了开发区投资环境，传播“北京·亦庄”高端品牌，赢得与会嘉宾和观众关注。

（孙懿男　白利红）

德国企业家代表团到开发区考察

德国企业家代表团到开发区考察　　单位提供

11月，德国企业家代表团一行20多人到开发区参观考察。开发区产促局相关人员介绍了开发区整体发展环境，推介开发区重点发展产业与项目，并组织该代表团与区内移动硅谷等企业进行互动交流。

（朱蕾）

参加绿色技术产业论坛

11月，开发区管委会副主任绳立成出席由德国工商大会主办的“绿色技术产业论坛”。绳立成作“绿色技术与环保产业发展”主题演讲，介绍开发区多年来坚持利用绿色技术，推进环保产业建设，实现低碳发展的成果。

（朱蕾）

开展北京新能源汽车产业相关研究

11月，开发区产促局就北京新能源汽车产业技术路径及产业布局开展研究，重点对国外新能源汽车整车、关键零部件发展现状和趋势、基础设施建设及运行模式发展现状，以及国内新能源汽车的发展状况等进行调研，为促进新能源汽车项目在开发区平稳落地快速发展提供指导。

（孙懿男　白利红）

举办2012云世界大会

12月12日，由开发区管委会、云基地联合举办的“2012云世界大会”在兴基铂尔曼酒店召开。会议主题为“你好，云”。工业和信息化部、市金融局、市经济信息化委、中国投资有限责任公司等单位的相关领导出席。大会主要围绕全球云计算趋势与实践、中国云计算发展道路探索与成果、云计算产业政策、创业与投资等核心问题展开研讨。张伯旭作题为“中国云在亦庄”的演讲，介绍了亦庄作为实体经济发展的重要基地，近年来大力发展云计算产业的情况。大会汇聚了云计算产业链的知名企业、技术专家及资本创投公司等中外代表近3000人参加。同时举办中关村大数据日、云世界领袖、云夜话等10余场专题论坛，展示云产业精品，发布最新产品并进行了企业合作签约。

（捷菲）

参展第七届北京文博会

12月20~23日，在第七届中国北京国际文化创意产业博览会上，新区以科技大兴、创意新区为主题，重点展示了新媒体产业基地、中国电视节目制作基地、工业设计产业基地等四大产业集群，以及新华网、盘古搜索、央广购物、高校创意总部等区内重点文化企业的创新创意成果。新区展位累计接待观众2万余人次，发放宣传材料万余册。

（孙懿男 白利红）

加强市重大科技项目资金统筹管理

年内，开发区制定了《北京经济技术开发区重大科技成果转化和产业项目资金统筹管理意见（试行）》，及统筹资金相关管理制度，重点涉及开发区重大科技成果转化和产业项目相关资金的筹备管理、申领程序、监督审计等内容，旨在通过规范该资金的使用来助推企业发展壮大。开发区产促局对京东商城总部基地、奔驰新建发动机工厂等14项获北京市重大科技成果转化和产业项目统筹资金使用和管理情况，及100亿元统筹资金的出资部门的构成、管理办法及主要投向进行了整理。

（孙懿男 王磊）

加强战略性新兴产业库项目申报工作

年内，开发区产促局组织区内17家企业项目申报进入市发展改革委战略性新兴产业重大项目库，其中国能子金电抗器生产基地、中瑞蓝科新能源汽车电驱动总成系列产品的研发及产业化等入库储备类项目11个，天地超云高密度低功耗云计算服务器项目、中金海量数据资源应用服务平台等入库争取优先支持类项目6个。

（孙懿男 王磊）

形成“五促”工作机制

年内，开发区产促局加强项目推进过程管理，形成“五促”工作机制，即在谈促上会、上会促签约、签约促摘牌、摘牌促开工、开工促投产。成立了促开工工作小组，定期召开促开工项目协调会，对项目建设过程中反映比较集中的土地、规划、资金、电力等问题，分类梳理，专题调研，并通过会议形式，倒排项目审批手续办理时间，精确到对项目建设进度各个节点的督促管理。促开工工作小组建立各级会议决议落实情况跟进制度，及时通过《五促周报》上报项目落实情况，确保项目按计划推进。

（孙懿男）

利用数据系统提高招商工作效率

年内，由开发区产促局开发，以招商项目全流程一体化为核心的项目台账管理一期子系统即招商信息管理与决策支持系统（一期）投入使用。实现了对项目从储备、上会、签约到开工、投产的全流程跟踪管理及汇总统计，对项目上会情况及会议资料可进行跟踪管理；对入区协议及协议兑现情况进行跟踪管理和汇总统计；实现了对企业走访数据及相关资料的电子化管理。截至年底，系统已录入300余个项目信息。

（孙懿男 陈志洁）

设立海外代表处

年内，开发区产促局授权坤鼎集团为开发区驻欧洲招商代表处，授权坤鼎集团邱明、王钊、程修竹为开发区招商代表，在欧洲地区为开发区推介招商；授权汇龙森国际企业孵化（北京）有限公司为开发区驻美国招商代表处，为开发区在美国的招商推介服务。

（朱蕾）

加强国际交流

年内，开发区产促局与波士顿麻省大学中国研究院、美国硅谷科技协会、麻省生物医药协会、麻省国际贸易与投资局、加拿大安大略省投资事务局、美国旧金山生物技术协会、英国曼彻斯特大学、比利时布鲁塞尔新华社驻欧洲总分社、新加坡中盛集团等海外机构就招商引资、产业服务等内容建立合作关系。开发区产促局还与新加坡使馆商务处、瑞士使馆商务处、法国使馆投资处等十几家使馆和商会建立商务联系。

（朱蕾）

服务企业

举办企业家新春团拜会

1月9日，开发区企业协会在丰大国际大酒店举办主题为“魅力新区，龙腾亦庄”企业家新春团拜会。新区领导林克庆、张伯旭、张晓林、王新、赵广义、赍勇、王敬东、温震、王合生、绳立成、喻华锋、王宗刚等出席，区内产值过亿企业、纳税50强企业及企业协会会员单位等200余家企业代表参会。

（孙懿男）

举行新区区情通报会

2月16日，“2011年度新区纳税50强和纳税增长50强企业颁奖典礼暨区情通报会”在博大大厦举行，新区领导张伯旭、赵广义，各有关部门和14个镇的主要负责人，纳税50强、纳税增长50强的企业代表参加。诺基亚、北京奔驰、拜耳医药、利乐包装、泰德制药等一批企业获得奖励，总金额6400万元。张伯旭通报了上年全区经济社会发展总体情况，2012年的发展目标和计划。2011年新区税收收入完成353.7亿元，同比增长20.4%。其中新区纳税50强企业包括42家开发区企业和8家大兴区企业，共纳税178亿元，占全区税收总额的一半。纳税增长50强企业的纳税额同比增长均在60%以上。

新区区情通报会　　新闻中心提供

（孙懿男）

举办企业协会金融分会换届工作会

3月7日，开发区企业协会金融分会换届暨年度工作会在博大大厦召开。区内20余家银行、证券公司等金融机构代表参会。会上，工商银行开发区支行行长吴迎春对分会成立7年来的运转情况进行了总结。农业银行开发区支行行长张晓东担任新一届开发区企业协会金融分会会长。

（孙懿男　卢小雪）

召开企业协会2012年度理事会

3月22日，开发区企业协会2012年度理事会在丰大国际大酒店召开，40余家理事单位出席。企业协会会长张伯旭、常务副会长绳立成出席并讲话。秘书长张凤民作协会2011年度工作报告。监事长王石丰作2011年度财务报告。此次理事会增补开发区管委会副主任绳立成为协会常务副会长，增补中航技进出口有限责任公司、北京龙视百纳文化传媒有限公司、北京亦庄国际人力资源有限责任公司3家企业为理事单位。

（孙懿男）

举办企业管理创新主题讲座

4月20日，开发区企业协会为会员企业举办企业精益管理培训，区内50余家企业的60余名中高层管理者，生产部门、人力资源部门负责人参加。爱波瑞管理咨询集团首席咨询师谢克俭从企业精益管理的核心思想、问题解决型管理思维和管理模式、企业精益改造实施路径图，及全系统全流程精益建设的实施难点与对策等几个方面对企业精益管理进行剖析和讲解，并解答与会人员提出的问题。9月5日，合谷管理咨询（北京）有限公司董事长尚丰就经济下滑时期的企业营销管理进行讲解，分析经济下滑时期的市场特点与企业抉择，指出非常时期的营销管理模式。

（卢小雪）

举办专利情报主题讲座

4月26日，开发区企业协会生物医药分会在博大大厦举办“专利情报在医药研发中的应用主题讲座”。奥凯信息咨询有限公司高级培训师王栋从药物专利意义、难点、检索及分析，专利同族分析，专利诉讼分析等几个方面进行讲解，分析比较各主要专利检索数据库的特点与差异；介绍如何跟踪药物的专利失效情况，寻找仿制品种的机会；分析同族专利法律状态以及如何避免药物专利漏检；介绍专利分析的新思路，如何判断专利的强度和价值，发现相似专利，从而判断风险和潜在无效专利的可能。

（卢小雪）

举办“亦庄有约”B20企业精英论坛

5月30日，“亦庄有约——B20企业精英圆桌论坛”在开发区举办。该论坛由开发区企业协会主办，北京经开工大投资管理有限公司、开发区企业协会IT分会、开发区云计算知识产权创新联盟共同协办。论坛主题为云计算的发展及企业应用。区内云计算产业及其他行业的20余位企业负责人和产业顾问参加。云基地、久其云、中金数据的负责人分别以“云计算，云平台，大数据”“久其云达天下’“风云际会中金云后台”为题进行演讲，参会人员就“云”在生活中的应用以及“云”的安全性等问题进行了探讨、交流。

（卢小雪）

成立开发区行政服务中心

6月8日，开发区行政服务中心试运行。中心由开发区产促局牵头组建，旨在进一步加强开发区行政服务中心窗口管理工作，规范行政服务行为，提高办事效率，增强服务意识。中心设有行政服务厅、社会服务厅、公共服务厅，受理投资咨询、房屋登记、代办服务等事项。截至年底，窗口数量由30个增加至47个，业务受理事项从140余项增加到190余项，基本覆盖开发区管委会全系统审批事项。

（孙懿男）

举办企业家健康工程讲座

8月17日，开发区企业协会举办“企业家健康工程”讲座。首都医科大学附属北京中医医院院长王莒生就如何进行保健、如何减压等问题进行详细讲解，30家企业40余名企业相关人员参加。

（卢小雪）

主导产业

电子信息

管委会领导到百度总部调研

2月7日，绳立成到海淀区上地科技园百度公司总部，就新区云计算产业发展及中国云产业园建设进行主题调研。绳立成与百度副总裁刘辉就百度在新区投建的云计算中心项目推进等问题进行交流。

（捷菲）

移动终端制造中心与LED产业园开工

3月16日，德信智能移动终端先进制造中心项目和利亚德LED应用产业园项目开工仪式在大兴区西红门镇产业基地举行。副市长苟仲文，新区领导张伯旭、绳立成、喻华锋，德信集团董事长董德福，利亚德集团董事长李军出席。智能移动终端先进制造中心项目由德信集团总投资14亿元建设，主要研发生产智能手机等移动终端产品。LED应用产业园项目由利亚德集团总投资13亿元建设，主营LED应用产品的研发、产销和服务。

（段云竹）

启动中芯国际北京二期建设项目

5月15日，中芯国际集成电路制造(北京)有限公司与市经济信息化委、开发区管委会签署合作框架文件。市领导刘淇、郭金龙、吉林、李士祥、赵凤桐、苟仲文、孙康林等，开发区领导张伯旭、绳立成等，中芯国际董事长张文义等出席。项目联合投资72亿美元，在现有的厂区内建设新厂房，并引入45/40纳米及32/28纳米的生产设备，实现先进技术节点产品的量产。9月25日，中芯国际集成电路制造（北京）有限公司北京二期项目奠基仪式在开发区举行。市委副书记、代市长王安顺和副市长陈刚、苟仲文等出席。该项目拟建设两条月产能各为3.5万片、技术水平为45–28纳米的12英寸集成电路生产线。这是北京市继京东方8.5代TFT–LCD生产线后又一个总投资超过300亿元的重大项目，将为集成电路设计企业开发CPU、存储器、移动通信、数字音视频等高端芯片产品提供稳定可靠的生产支持，并做强本市集成电路产业，带动本市下一代互联网、云计算、物联网等战略性新兴产业规模化发展。

（马焱 捷菲 王旭）

中金数据为天安人寿提供保障

5月22日，天安人寿保险股份有限公司联合联想集团、中金数据系统有限公司、快钱支付清算信息有限公司、北京天融信网络安全技术有限公司召开发布会。中金数据为天安人寿开发的基于保险服务全流程的无线技术T–PAD平台提供数据中心和配套设施保障，使云计算的高安全、高可靠等特性获得基础条件。

（赵力 孙健）

中金数据加入绿色网格中国工作组

7月25日，中金数据系统有限公司作为国内企业中在绿色网格组织的第一个贡献会员，率先加入新近创立的绿色网格中国工作组。绿色网格中国工作组包括4个机构：绿色网格中国理事会、绿色网格中国技术工作组、绿色网格中国市场工作组及绿色网格中国联络工作组。绿色网格是一个开放的国际性非营利机构，致力于网络数据标准化。

（赵力 孙健）

京东方8.5代线实现90K全面量产

7月，京东方科技集团股份有限公司8.5代线实现90K全面量产。年内，公司已有23.6寸、32寸、36.5寸、46寸4个尺寸的产品量产，综合良率达94%以上。导入了18.5寸~55寸8个系列产品，110寸数字信息显示产品已上市。公司总投资280.3亿元的目标已全部完成，京东方8.5代线实现工业总产值89亿元，销售收入86.21亿元，净利润2.07亿元。

（孙懿男 张楠）

百度云计算竞得3宗工业用地地块

8月15日，百度云计算技术（北京）有限公司竞得开发区路南3宗工业用地地块，共计2.14亿元，土地面积19.49万平方米，均用于云计算服务中心项目。其中以5369.78万元竞得开发区路南区N17F1地块工业用地建设用地使用权，土地面积4.88万平方米，地上建筑控制规模9.76万~12.2万平方米；以8703.74万元竞得开发区路南区N16M1、N16F1地块工业用地建设用地使用权，土地面积7.91万平方米，地上控制规模13.45万~17.41万平方米；以7370.48万元竞得开发区路南区N15M1、N15F1地块工业用地建设用地使用权，土地面积6.7万平方米，地上控制规模11.49万~14.84万平方米。

（捷菲 王旭）

揖斐电开展节能活动

8月，揖斐电电子（北京）有限公司开展LED节能灯使用、第一工厂使用中水、空调冬季室外冷源使用、锅炉使用中水等108项节能活动，单位产品（平方米）能源消耗逐渐减低，同比减少了约7%。在水处理工艺中，从氢氧化钙的使用改为PAC凝集剂的使用，减少污泥产生量约11%。

（小柳由里香）

光宝移动二期扩建工程竣工

9月7日，北京光宝移动电子电信部件有限公司二期扩建工程竣工。新厂房位于开发区核心区66M3地块，占地面积1.17万平方米，总投资1.5亿元，包括注塑配装车间、涂装车间各1幢，油漆库房1座，其中注塑车间与装配车间合建，锅炉房与涂装车间合建。注塑装配车间为多层工业厂房，上下3层，建筑总高度19.5米，地上建筑面积0.81万平方米；喷漆车间为二层工业厂房，地上建筑面积0.35万平方米，涂装车间顶部配建VOC催化焚烧净化器装置1套。购置工艺设备、仪器等共计117台（套），设备投资8381万元。新厂房建有5条组装线及配套线，主要工艺流程包括原料干燥—注塑—组装—

质检一喷漆一干燥一质检一包装等，年生产能力可增加智能手机用天线 800 万套、智能手机用外壳 800 万套。

（果汝君）

推进台联电 12 英寸晶圆厂项目

9 月 20 日，开发区管委会主任张伯旭与台湾联华电子股份有限公司、新事业发展中心相关负责人就 12 英寸晶圆厂项目选址事宜进行深入交流。11 月 29 日，副主任绳立成率开发区代表团赴台湾新竹联华电子股份有限公司总部拜访，双方就成立专门对接小组等相关事宜达成共识。

（王旭）

中金数据参与编制行业标准

10 月，中金数据系统有限公司作为国内领先的信息系统外包服务商和云计算运营服务商，积极倡导和推进国内云计算标准制定，与国内外标准化研究组织展开深入研讨，将相关标准在云计算运营过程中先试先行，积极推动云计算各项标准的形成。中金数据作为国家信息技术服务标准（ITSS）工作组的核心成员，参与了云计算、服务外包等多个领域的国际、国内行业标准的编制。

（赵力　孙健）

诺基亚与多家企业签订手机采购合约

诺基亚与开发区签署合作备忘录　　企业提供

11 月 20 日，诺基亚（中国）投资有限公司与多家企业在京举行 Lumia 非凡系列智能手机采购合作备忘录签约仪式。中国航天北京航星机器制造有限公司等企业，将利用诺基亚 Lumia 非凡系列智能手机强大的移动商务办公特性，提高移动办公能力和效率。

（王昳）

北方微电子获批博士后工作站分站

12 月 6 日，北京北方微电子基地设备工艺研究中心有限责任公司经全国博士后管委会办公室批准设立博士后工作站分站。该分站的成功设立，标志着北方微电子拥有高水平的研发队伍，掌握先进的创新理论和创新技术，具备为博士后提供科研活动的项目资源且能为博士提供较好的科研条件。

（冯康）

诺基亚携手京东商城达成战略合作协议

诺基亚与京东商城达成战略合作协议　　企业提供

12 月 20 日，诺基亚（中国）投资有限公司与京东商城达成战略合作协议，签订 20 亿元的 2013 年度采购协议，2 款全新机型——诺基亚 2050 和诺基亚 920 由京东商城首发。双方合作后，通过新品首发、平台直供、资源共享等方式，第一时间为消费者带来更多、更新的诺基亚产品。此举是诺基亚携手电商平台拓展在线销售渠道的一项新举措。

（王映）

京东方主持修订 IEC 相关标准

12 月，由京东方科技集团股份有限公司主持修订的 IEC（国际电工委员会）标准《LCD 基本额定值和特性》正式发布。这项标准的发布完善了国际显示领域技术标准体系，也体现出京东方作为中国显示领域领军企业，积极参与国际标准制定的实力。

（任敏）

朗波尔中标财政补贴推广项目

年内，北京朗波尔光电股份有限公司中标由财政部、发展改革委、科技部组织的“2012-2013 年度半导体照明产品财政补贴推广项目”。中标的 LED 筒灯、射灯、路灯和隧道灯将针对对政府办公楼、写字楼、医院、宾馆、商厦、车站、机场等大宗用户室内照明需求和公路、街道、广场、隧道等户外照明需求进行推广应用。此类财政补贴推广的 LED 照明产品将在国家节能减排财政政策综合示范城市所实施的绿色照明改造项目、“十城万盏”半导体照明应用工程示范项目中被优先选用，推动 LED 半导体照明产品的应用。

（许春）

部分企业

诺基亚（中国）投资有限公司

诺基亚（中国）投资有限公司外景　　企业提供

诺基亚（中国）投资有限公司（简称诺基亚）2000 年入驻开发区。诺基亚在中国投资建有 2 家工厂，分别位于北京和东莞。截至年底，诺基亚累计在华投资总额 39 亿欧元、出口额 41.8 亿欧元，在中国拥有 2.5 亿个产品用户，在华累计生产手机超过 13.5 亿台。

诺基亚在开发区内建有诺基亚星网工业园，是全球最大的手机生产链之一，是中国移动通信行业中最大的出口企业之一。中国已成为诺基亚全球创新中心。诺基亚 Lumia 系列 Windows Phone 8 智能手机等产品，及 Asha 新趣系列功能机均由北京生产研发基地开发完成。同时，北京也成为诺基亚移动电话业务研发的主要基地，致力于实施诺基亚帮助未来 10 亿用户紧密相连的发展战略。

诺基亚发起和参与的各类长期可持续性公益项目，包括为 0~6 岁农村儿童提供优质的早期教育和养护的“手牵手”计划、关注“5·12”灾区人民精神家园建设的“金色阳光工程”“绿箱子环保计划”和“废弃手机变森林”公益行动等。

（王映）

诺基亚（中国）投资有限公司
董事长　林启中

京东方科技集团股份有限公司

京东方科技集团股份有限公司（简称京东方）1993 年 4 月成立，是一家光电显示技术、产品与解决方案的提供商。2012 年度新增专利申请数量突破 2500 项，累计拥有可使用专利 9000 余项。已成为中国大陆规模最大、出货量排名全球前五的半导体显示领域高科技企业。截至年底，京东方在全国共拥有 6 条生产线，包括月产能4.5万片玻璃基板的第4.5代TFT-LCD生产线（成都）、月产能10万片玻璃基板的第5代TFT-LCD生产线（北京）、月产能10万片玻璃基板的第6代TFT-LCD生产线（合肥）、月产能9万片玻璃基板的第8.5代TFT-LCD生产线（北京）、月产能9万片玻璃基板的第8.5代氧化物TFT-LCD生产线（合肥，建设中）、月产能5.4万片玻璃基板的第5.5代AMOLED生产线（鄂尔多斯，建设中）。其中京东方北京5代线及8.5代线均位于开发区。京东方北京5代线自2003年建设以来，创造了业内5代线建设的最快速度，于2005年实现量产，整体技术水平及实力位居业内前茅。2012年，京东方北京5代线顺利实现小型化转型，主要生产智能手机、平板电脑用显示屏。京东方北京8.5代线作为本市单个投资额最大的工业项目，于2009年奠基，2011年6月底实现产品点亮，2011年9月量产，2012年7月实现满产，并于2012年11月成功推出全球首款110英寸ADSDS超高清显示屏。

京东方国内首个TFT-LCD工艺技术国家工程实验室落户在开发区。该实验室联合全球多所高校与科研机构，贯穿上下游厂商，共同构建了中国平板显示研究开发和技术创新、上下游技术融合与验证、标准研究、人才培养4大平台。在合肥，京东方与安徽省共建安徽省平板显示工程技术研究中心，并与合肥工业大学、中国科技大学联手，进行高精尖人才培养及自主专利技术的研究。在成都，京东方与电子科技大学共建了OLED联合实验室。

京东方自2003年以并购方式完整获得TFT-LCD核心技术之后，通过消化吸收和自主创新，已拥有4.5代、5代、6代、8.5代及更高世代平板显示技术，具有自主开发移动显示产品、IT用显示产品、TV用显示产品，及装备系统和材料的技术整合能力。经过数年的发展，京东方建立了自己的核心技术团队，技术研发能力已具较强系统性，覆盖TFT-LCD、氧化物、AMOLED和柔性显示产业领域的各方面。

京东方北京第8.5代TFT-LCD生产线　　企业提供

（任敏）

京东方科技集团股份有限公司

董事长　王东升

中芯国际集成电路制造（北京）有限公司

中芯国际集成电路制造（北京）有限公司（简称中芯北京）于2002年7月25日在开发区成立，注册资本10亿美元。中芯国际北京项目是中国大陆第一条月产能3.5万片、技术先进的12英寸集成电路生产线。2012年销售收入38.4422亿元，实现利润3.2亿元，拥有企业员工2000人，主要生产65/55纳米工艺产品。

自2000年以来，该公司先后在上海、北京、天津建设了8英寸和12英寸晶圆厂，在成都建立了封装测试厂，深圳工厂正在建设中。中芯北京产能折合8

英寸为每月 20 万片晶圆，技术能力覆盖 0.35/0.25/0.18/0.13 微米、90/65/55/45/40 纳米多个技术代。

中芯国际生产线 企业提供

（马焱）

中芯国际集成电路制造（北京）有限公司

董事长 张文义

首席执行官 邱慈云

揖斐电电子（北京）有限公司

揖斐电电子（北京）有限公司（简称北京揖斐电）2012 年完成销售收入 175 亿日元。为满足客户的多样需求，北京揖斐电投资约 28 亿日元购买新设备以提高产能和产品质量。在成本改善方面，以材料、品质为中心查找浪费点，将浪费分为 STI 浪费（S: 标准浪费，T: 技术性浪费，I: 设计性浪费），对每个工艺项目制订改善计划并实施，努力减低生产成本。10 月，为了让更多的贫困学生得到救助，公司组织员工到康得县小学开展爱心助学活动，增加了企业员工的社会责任感。年内，公司荣获首都文明单位称号。

北京揖斐电是日本揖斐电株式会社于 2000 年 12 月在开发区星网工业园内设立的全资子公司。日本揖斐电株式会社在印刷电路板行业是全球最大的专业厂家之一，其独自研制开发和生产的产品如 CPU 用半导体封装板、多层高密度移动电话用电路板等的技术水平和加工工艺均处于世界领先地位。北京揖斐电是移动电话用多层高密度印制电路板的主要生产基地。

揖斐电电子（北京）有限公司第二工厂外景 企业提供

（小柳由里香）

揖斐电电子（北京）有限公司

董事长 匂坂克己

总经理 远藤本镇

富士康精密组件（北京）有限公司

富士康精密组件（北京）有限公司（简称北京富士康）2012 年完成营业收入 107863 万元，纳税总额 10529 万元，营业额同比增长 6%，纳税总额同比增长 36%。通过大范围的校企合作，创造数以十万计的就业机会。富士康与清华大学、北京大学等知名高校合作办学，并与政府机构合办“企业大学校”，搭建不同层次的培训体系，培养骨干人才。

北京富士康拥有强大的研发设计队伍，高水平的模具研发制造和世界先进的冲压、成型、表面处理、SMT、系统组装与测试生产线，能快速为世界顶级手机制造商提供整体服务方案并拥有快速量产能力，及时满足客户需求。北京富士康长期致力慈善公益事业，在 2008 年汶川特大地震抗震救灾中，先后为灾区送去 7200 余万元善款。多年来集团累计捐赠善款逾 10 亿元，惠及全国 30 多个省市区。通过“残障人士就业工程”，为残疾人士提供更多的就业岗位。

（赵立方）

富士康精密组件（北京）有限公司

董事长 郭台铭

北京北方微电子基地设备工艺研究中心有限责任公司

北京北方微电子基地设备工艺研究中心有限责任公司（简称北方微电子）2012年员工总数469人，销售额1.2亿元。新申请专利131项，累计专利总数1004项。年内，北方微电子引进4名纳入中组部“千人计划”及北京市“海聚工程”计划的海外专家，总裁赵晋荣获2011–2012年度中国LED行业优秀企业家称号并入选2012年度科技北京百名领军人才培养工程。

北方微电子是一家专业从事集成电路和半导体照明高端工艺设备研发与生产的微电子装备制造企业，是国家02专项的主要承接单位。北方微电子所开发的刻蚀设备（ETCH）、化学气相沉积设备（CVD）、物理气相沉积设备（PVD）等核心产品已广泛应用于集成电路(Semiconductor)、半导体照明(LED)、微机电系统(MEMS)、功率半导体(Power IC)、先进封装（Advanced Packaging）、光通信(Optical Communication)及化合物半导体（Compound Semi）等尖端领域。形成了刻蚀工艺、薄膜工艺、等离子技术、精密机械、自动化及软件、超高真空等核心技术优势。公司研制的8英寸100纳米等离子刻蚀机是国内刻蚀设备的最高技术水平，该项目荣获2007年北京市科学技术进步奖一等奖、2009年国家科技进步奖二等奖、中国信息产业2006经济年会十大经济事件、北京市高技术产业2006重大经济事件、第一届中国半导体创新产品等多项殊荣。“十一五”期间，北方微电子承担了国家科技重大专项“90/65nm刻蚀机研发及产业化”“65–45nm PVD设备研发”两大项目。在“十二五”期间，北方微电子继续滚动承担了“45–22nm铜PVD设备研发及产业化”“32–22nm栅刻蚀机产品研发及产业化”项目。北方微电子于2005年通过了由法国BVQI公司审核的ISO 9001质量管理体系、ISO 14001环境管理体系和OHSAS 18001职业安全卫生管理体系认证。

（冯康）

北京北方微电子基地设备工艺研究中心有限责任公司

董事长 王 岩

总 裁 赵晋荣

北京三箭和众鼎电子有限公司

北京三箭和众鼎电子有限公司外景 田芳 摄

北京三箭和众鼎电子有限公司（简称三箭和众鼎）2012年销售额9600万元，比上年减少2000万元。职工总数616人。年内，三箭和众鼎独立负责完成5个产品的设计，其中主要生产side key，出货总数量27024千片，比上年上升31%。由于手机市场正在向触控式屏幕方向发展，为适应市场的需求，三箭和众鼎尝试开发新产品，如机壳、平板电脑、相机平板以及化妆品和医疗器械类产品，年内开发的丰田 Toyota 车标得到客户的认可。7 月 13 日，公司的对外形象网站正式开通，为供应链的上下游提供了解的窗口，也为业务拓展提供支持。9 月 18 日，为倡导绿色节约，进一步推动无纸化办公，提高工作效率，整合利用公司内网资源，公司正式启动品管部文件申请单电子化系统，并先后启动物流供货商评比系统，和品管样品卡申请单电子化系统。10 月 13 日，公司成功举办第四届中秋园游会。10 月 23 日，公司购进 10 台大型射出机，用于 3C 产品的加工。全部新机器经架模具调试无异常，达到验收标准，完成验收。10 月 30 日，公司获批北京市高新技术企业。年内，公司化学实验室 5 个检测技术标准通过扩项评审，自 2011 年以来，共有 11 个检测技术标准通过认证。

三箭和众鼎成立于 2001 年 1 月，由香港三箭和众鼎电子有限公司投资，注册资金 2600 万美元，投资资金 4300 万美元，位于开发区星网工业园区内，一、二期厂房占地共 4.93 万平方米，主要为知名大厂生产专属配套手机按键。公司的 CSR 系统逐步完善，获谱尼测试“绿色企业”称号。

（李青）

北京三箭和众鼎电子有限公司

董事长兼总经理 高瑞三

中金数据系统有限公司

中金数据系统有限公司（简称中金数据）是一家高等级数据外包服务提供商，主要客户群是金融行业，服务于中国人民银行、中国进出口银行、中国农业发展银行、中国建设银行总行、中国农业银行总行、交通银行总行、华夏银行总行、北京农村商业银行总行、新华人寿保险、泰康保险、银行业协会、安诚保险、中国外汇交易中心、富滇银行、广州商业银行、临商银行、广发基金等金融客户。2012 年 7 月 3 日，获 2011 中关村高成长企业 TOP100 殊荣。9 月，中金数据为武汉农村商业银行提供业务连续性管理专项咨询服务工作，标志着中金数据咨询业务在华中地区取得突破。

（赵力 孙健）

中金数据系统有限公司

董事长兼总裁 杨洁

中企动力科技股份有限公司

中企动力科技股份有限公司（简称中企动力）2012 年完成两款移动应用服务的上线运营，并与新浪、百度达成战略合作协议，实现销售收入 6 亿多元，在移动应用研发方面获得较大突破。承担中关村现代服务业重大科技项目，荣获年度可信网站金牌注册服务机构、年度 CNNIC 注册服务机构服务水平五星级证书（最高星级）等荣誉。年内，公司组织主题为中小企业移动互联网安家工程的全国培训活动，进行信息化推广，先后完成哈尔滨、青岛、西安、天津等十几个城市的巡讲。

中企动力 1999 年成立，是中国数码信息有限公司旗下的一家大型股份制高新技术企业，在全国设立了 80 余家直属分支机构，员工总数逾 8000 人，拥有研发及运营工程师 1200 余人，为 30 余万家企业提供了全方位、多层面的信息化整体解决方案。中企动力已连续 6 年获得中国 IT 外包服务市场本土企业第一名，与国际 IT 服务巨头 IBM、HP 共居中国 IT 外包服务市场前三位，并于 2007 年位列 IT 外包服务市场榜首。

（陈伟）

中企动力科技股份有限公司 董事长 陈 丹

总经理 陈鸣飞

北京天地互连信息技术有限公司

北京天地互连信息技术有限公司（简称天地互连）2012年1月建成全球最大的IPv6国际认证测试中心，测试业务量占全球的40%；4月，参与国家下一代互联网评测体系、标准体系、产业化和应用示范建设，IPv6测试中心成为“下一代互联网IPv6测试认证服务北京市工程实验室”；12月，获市发展改革委批准，组建下一代互联网关键技术和评测北京市工程研究中心。

天地互连成立于1999年11月，主要从事下一代互联网IPv6测试认证服务、IPv6过渡、IPv6物联网等领域的相关业务。承担着全球IPv6论坛理事兼中国委员会主席单位、中国下一代互联网示范工程CNGI工作委员会成员、中国泛在网技术与产业发展论坛副理事长单位、中关村下一代互联网产业联盟理事长单位、中关村物联网产业联盟副理事长单位等多项业界职责。2007年，天地互连为国际市场提供测试平台服务，已为NTT、KDDI、华为、中兴、思科、Nokia、Juniper等100多家国际企业提供测试服务；2009年，天地互连自主研发具有自主知识产权、国际领先的下一代互联网协议测试和分析设备支持下一代互联网基本协议的测试，包括IPv6核心协议测试。2011年11月，天地互连联合中国电信进行下一代互联网相关设备试商用，并自主研发出面向ICP网站的IPv6平滑迁移平台——Smart6，协助中国电信实现IPv6服务能力并为全球的IPv6用户提供服务。天地互连自主研发的IPv4/IPv6大规模视频监控系统助力奥运会的通信保障，荣获奥运科技（2008）行动计划科技奥运先进集体称号。在清华大学FIT大厦、中关村软件园区等地利用IPv6和传感器网络等关键技术实现节能减排和智能控制的应用示范项目，同时制定世界物联网领域首个中国人主导制定的“IEEE”国际标准《泛在绿色社区控制网络协议》。

（刘昌魁）

北京天地互连信息技术有限公司

董事长兼总经理 刘 东

北京朗波尔光电股份有限公司

朗波尔产业基地大楼 企业提供

北京朗波尔光电股份有限公司（简称朗波尔）2012年销售额3.4亿元。拥有员工230人，其中高级职称2人、副高级职称4人、中级职称9人。

朗波尔成立于2009年8月24日，是国资委参股的高新技术企业。位于开发区经凉水河一街10号，注册资本1.5亿元。公司从事研发生产高效、节能、环保的LED照明产品，以合同能源管理模式

（EMC）为城市提供整体照明节能系统改造，大型高端节能照明工程和照明设计。公司拥有国家一级照明施工承包资质和甲级照明工程设计资质，承担了大量国家级标杆性照明工程项目，包括国家体育场（鸟巢）LED照明工程、奥林匹克公园中心区演播塔、上海世博会相关场馆亮化项目、广州亚运会近30项LED照明灯光工程等。公司与中国科学院半导体研究所建立联合实验室，拥有半导体照明行业内第一家获得国家CNAS认证的实验室，承担多项国家“863计划”“十二五”科技支撑等国家重大科研课题。

（许春）

北京朗波尔光电股份有限公司
董事长兼总经理 梁 毅

北京太时芯光科技有限公司

太时芯光生产车间　　陈新 摄

北京太时芯光科技有限公司（简称太时芯光）2012年有员工361人，其中博士2人、硕士9人、本科71人。2月，公司获开发区产促局统筹资金1亿元支持。年内，通过俄罗斯GOST认证。

太时芯光2008年7月16日成立，注册资本3900万美元，总投资额9900万美元，是一家专业从事红黄光LED外延片及芯片的制造企业。公司依托北京工业大学光电子技术实验室科研优势，完成超高亮度红光LED的技术攻关，产品涉及高亮度6.5mil红黄光芯片、9mil红外芯片及反极性红光芯片。2010年，公司通过中关村高新技术企业认证；2011年，公司通过ISO 9001质量管理体系认证。

（薛丽娟）

北京太时芯光科技有限公司 董事长 沈光地
总经理 廉 鹏

北京光宝移动电子电信部件有限公司

北京光宝移动外景　　王海龙 摄

北京光宝移动电子电信部件有限公司（简称北京光宝移动）2012年拥有员工1690人，其中管理人员50人、工程师238人、一线技工1402人。全年营业收入7.6亿元，生产手机零部件4000万部。公司拥有进口注塑机120台、高速及工程冲床13台、自动化喷漆线6条、激光焊接机6台、真空蒸镀机2台、金属镀膜机5台、CNC加工中心37台、激光直接成形机4台。

北京光宝移动前身是贝尔罗斯（北京）电子电信部件有限公司（简称贝尔罗斯），成立于2003年1月13日，2011年2月18日更名。公司占地面积3.05万平方米，拥有制造厂、模具厂和研发中心。北京光宝移动通过ISO 9001质量管理体系认证、ISO 14001质量管理体系认证、OHSAS 18001职业健康安全管理体系认证和中关村高新技术企业认证，持有2项专利独占许可，并获6项计算机软件著作权。具备精密注塑、冲压、喷涂、真空蒸镀、金属溅镀、激光直接成型（LDS）、自动化装配等高新工艺制成能力，主要客户为诺基亚、索爱、LG电子、华为、中兴等知名企业。

（果汝君）

北京光宝移动电子电信部件有限公司

董事长 Cor Saris

总经理 焦立中

信维创科通信技术（北京）有限公司

信维创科通信技术（北京）有限公司外景　　刘静 摄

信维创科通信技术（北京）有限公司（简称信维科通）隶属于深圳信维通信技术股份有限公司，前身是2001年8月在开发区成立的阿尔贡电信设备（北京）有限公司。阿尔贡电信设备（北京）有限公司由瑞典阿尔贡公司投资兴建，专门从事手机天线的设计与制造。2002年11月，美国圣韵公司收购瑞典阿尔贡移动通信公司，公司更名为阿莫斯圣韵无线通信(北京)有限公司。2004年，莱尔德公司收购了阿莫斯圣韵无线通信（北京）有限公司，并于2006年更名为英资莱尔德无线通信技术（北京）有限公司。2011年6月，莱尔德集团宣布退出手机天线业务后，深圳信维通信技术股份有限公司全资收购了英资莱尔德无线通信技术（北京）有限公司的产权。公司客户群包括诺基亚、索尼移动、摩托罗拉、华为、OPPO、RIM和其他北美国际知名品牌，主要生产手机天线、天线模组、集成于中壳或背壳上的天线模块，同时也生产手机的滑动组件、手机上的相机开关快门组件等产品。2011年，公司引进的三维形状激光扫描后金属化天线制造技术及电镀生产线投入运营。公司是开发区纳税前50强企业、国家高新技术企业、中关村高新技术企业；先后通过了ISO 9000、ISO 14001 、OHSAS 18001等国际标准认证；2011年，被英国商会授予年度最佳公司称号。2012年11月3日，信维科通正式接管原公司各项业务。

（王雷 刘静）

信维创科通信技术（北京）有限公司　董事长 彭　浩

总经理 王　雷

北京雷霆万钧网络科技有限责任公司

北京雷霆万钧网络科技有限责任公司（简称雷霆万钧）2012年资产总计72881万元，实现营业收入13253万元，职工总数为252人。

雷霆万钧主要从事网络、计算机软硬件及通信设备的技术开发、技术转让、技术咨询、技术培训、技术服务；提供信息源服务；信息咨询（不含中介服务）；销售计算机软硬件及外围设备、通信设备（无线电发射设备除外）、手持移动电话机、五金交电、办公用机械、医疗器械（未取得专项审批前不得开展经营活动）；互联网信息服务；设计制作网络广告，利用TOM.COM网站发布网络广告、因特网接入服务；移动网增值电信业务专项。随着智能手机市场的高速增长，雷霆万钧整合及重组各业务板块，为用户提供高盈利的移动互联网应用及服务，并将持续连通各业务板块，开发及推出多屏共容的优质产品。雷霆万钧已构建起一个灵活兼容并可延展的跨终端平台，从 2.5G 增值服务转移至提供高盈利的移动互联网应用及服务，包括游戏、音乐、阅读等。

（李苗）

北京雷霆万钧网络科技有限责任公司
董事长 冯珏

生物医药

利德曼公开发行股票并在创业板上市

利德曼上市仪式　　刘文永 摄

2 月 16 日，北京利德曼生化股份有限公司首次公开发行股票并在深圳证券交易所创业板挂牌上市，证券简称利德曼，证券代码 300289。经中国证券监督管理委员会证监许可［2011］2142 号文核准，北京利德曼生化股份有限公司公开发行 3840 万股人民币普通股。本次发行采用网下向配售对象询价配售与网上向社会公众投资者定价发行相结合的方式进行，其中网下配售 768 万股、网上定价发行 3072 万股、发行价格为 13 元 / 股。公司首次公开发行股票募集资金总额为 49920 万元，募集资金净额为 45732.42 万元。

（牛巨辉 杨路萍）

拜耳医药保健启动“健康行”公益活动

4 月 23 日，拜耳医药保健有限公司启动“中国企业员工健康行 · 健康领跑中西部”活动。该活动由拜耳医药保健与中国健康教育中心和《生命时报》报社共同主办，结合中西部居民医疗需求，把健康知识与理念送进大型企事业单位，让员工及时了解最新的健康资讯。截至年底，该活动在全国的 11 个城市举办 17 场次，共 8000 人参加。

（李璟）

赛升药业取得医药生产基地生产用地

5 月 17 日，北京赛升药业股份有限公司通过国有土地使用权出让竞价程序取得开发区河西区 X20 街区 X20F2 地块，土地出让金 4607.71 万元，项目用地性质为工业用地，使用年限 50 年，用于建设医药生产基地。项目用地面积约 41888.3 平方米，北临凉水河二街，南临泰河路北侧规划绿地，东临博兴一路规划市政用地，西接 X20F1 国有建设用地。

（王雪锋）

凯因科技引进新战略投资者

5 月，北京凯因科技股份有限公司继上年引入联想投资战略投资者后，又引入海通开元、赛伯乐、元年洛辰等战略合作伙伴。知名创投机构陆续进入凯因科技，扩大了公司在生物技术领域的影响力。

（郭培先）

舒泰神增资 2 家公司

6 月 13 日，舒泰神（北京）生物制药股份有限公司完成对其子公司北京舒泰神新药研究有限公司增资及工商变更手续。2011 年 3 月 18 日第一届董事会第 17 次会议及 4 月 16 日年度股东大会审议通过《关于使用超募资金增资全资子公司北京舒泰神新药研究有限公司的议案》，决定使用2000万元超募资金对其增资。增资后，北京舒泰神新药研究有限公司注册资本由350万元增至1000万元，舒泰神新药是舒泰神的全资子公司。审议通过了《关于使用超募资金增资全资子公司北京三诺佳邑生物技术有限责任公司的议案》，决定使用3000万元超募资金对其增资。增资后，三诺佳邑的注册资本由1000万元增至2000万元。

（韩雅慧）

舒泰神搬迁至新医药产业基地

舒泰神新厂区外景　　企业提供

6月15日，舒泰神（北京）生物制药股份有限公司搬迁至亦庄生物医药产业基地，启用研发综合楼，研发、生产和办公环境得到改善。新生产车间系统完成工艺设备的安装调试，设备、环境、工艺验证等工作，冻干车间、口服固体制剂车间进入试生产及GMP认证准备阶段。

（韩雅慧）

悦康创新药物国际化产业园结构封顶

7月8日，悦康（四期）创新药物国际化产业园项目举行封顶仪式。该项目位于开发区路东区B8M1、B8F1地块，占地面积96314.5平方米，总投资8.5亿元。按欧盟GMP和美国FDA标准建设药品生产基地及相关药物研发和技术中心，产业园集厂房、职工宿舍及配套服务楼于一体。4#、6#楼通过测评，产业园工程质量获得北京市长城奖。

（何铖）

利德曼当选诊断试剂创新联盟理事长单位

开发区诊断产品创新联盟旗帜交接仪式　　陈征服　摄

7月31日，“开发区诊断产品创新联盟换届大会”在亦庄生物医药园召开，共25家单位33人参加会议。会上，前任理事长单位金豪制药股份有限公司和新任理事长单位北京利德曼生化股份有限公司进行了联盟旗帜交接。

（牛巨辉　杨路萍）

舒泰神股权激励计划（草案）获备案

8月21日，《舒泰神（北京）生物制药股份有限公司股票期权激励计划（草案）》获得中国证监会备案无异议。根据中国证监会《上市公司股权激励管理办法（试行）》的有关规定，公司可以发出股东大会召开通知，审议并实施该股权激励计划。

（韩雅慧）

赛升药业参与城乡共建活动

9月5日，北京赛升药业股份有限公司与魏善庄镇东南研垡小学、东南研垡村共同举行以文明共建手拉手、区域融合促发展为主题的城乡共建启动仪式。双方代表签署了共建协议，学校和村委会向企业负责人分别颁发名誉校长和农村经济建设顾问聘书。公司领导向学校优秀教师、优秀学生颁发赛升教育基金，并为结对村镇捐赠电脑等，同时举行赛升信息化教室揭牌仪式。

城乡共建启动仪式现场　　徐莎莎　摄

（徐莎莎）

绿竹生物获得国家3328万资金支持

9月26日，发展改革委、工业和信息化部联合下发《关于产业振兴和技术改造（第二批）2012年中央预算内投资项目的复函》（发改办产业［2012］2735号），北京绿竹生物制药有限公司获得了产业振兴和技术改造专项资金3328万元支持，该资金与公司自筹资金配套使用，用于北京绿竹疫苗产业化基地项目新建生产厂房、多糖纯化区、综合制备区及配套设施。

（李楠楠）

康龙化成与阿斯利康建立药研合作关系

10月15日，康龙化成（北京）新药技术有限公司宣布与阿斯利康公司建立药物研发合作关系，为阿斯利康的全球创新药物提供技术支持。康龙化成专门组织一支由数百名科学家组成的服务团队，在位于开发区药物研发服务中心的实验室内，为阿斯利康提供化学、药物代谢、药物动力学（DMPK）及有效性检查方面的研发服务。

（楼小强）

凯因科技建立生物医药园中试基地

10月18日，北京凯因科技股份有限公司与开发区国际生物医药投资管理有限公司联合成立北京亦庄国际蛋白药物技术有限公司，在开发区生物医药园建设2000平方米的中试基地，包括蛋白药物中试生产线和生物大分子制剂中试生产线，为生物医药企业提供一站式（工艺开发、制剂开发、质控、注册）集成化服务，加速生物医药成果转化。该项目列入中关村国家自主创新示范区2012年现代服务业试点项目。

（郭培先 李嵘）

拜耳医药保健北京工厂新库房竣工

拜耳医药保健北京工厂新库房　　企业提供

11月2日，拜耳医药保健有限公司北京工厂新库房竣工。新库房容量从原有3000个拍位增加至10000个拍位。库房设施使用高架设备，并配备叉车升降机；库房运营使用先进的SAP与条形码系统，执行严格的温度监控管理；增加3个装卸货平台，包括对货物进行清洁和装运的工作站。

（李璟）

亚宝生物组织突发事件消防安全演练

亚宝生物消防现场演练　　王星楠 摄

11月27日，亚宝生物药业有限公司组织全体员工进行突发事件消防安全演练。演练内容包括消防灭火栓和不同消防灭火器的使用，遇到灾情后正确的逃生路径及方法，必须具备的心理素质等。公司员工通过亲身体验掌握消防灭火器的正确使用方法，增强处理突发事件的能力，为员工自身及公司生产提供保障。

（程洁）

美国泛博基因项目签约

12月20日，由开发区管委会主办的“美国泛博基因研发生产基地项目入区签约仪式”在博大大厦举行。开发区管委会副主任绳立成与泛博基因公司首席执行官汤姆·聂夫分别代表各方签约。此次引入开发区的FG-4592项目是一种基于全新机理的创新型口服药，已获得食品药品监管局授予的绿色通道资格，并将申请作为国内1.1类新药发售。

（孙懿男　白利红）

中关村高端医疗器械产业园揭牌

12月27日，中关村发展集团主办的“中关村高端医疗器械产业园项目公司揭牌暨企业入园签约仪式”在生物医药基地举行。市相关委办局、中关村管委会、大兴区政府等有关单位领导以及签约企业代表共80人出席。仪式上，中关村发展集团股份有限公司的全资子公司北京中科兴仪高端医疗器械产业投资有限公司揭牌成立，注册资金为2亿元，将全面承担中关村高端医疗器械产业园的规划建设和运营服务；中科兴仪公司与天助畅运、热景生物等10家企业签署入园意向合作协议，意向签约面积2万平方米，累计意向投资额2.8亿元；中关村发展集团与有意参与中关村高端产业功能区基础设施投资建设及区域综合开发建设的中国交通建设公司签署战略合作协议。中关村高端医疗器械产业园由中关村发展集团与大兴区政府共同建设，位于生物医药基地三期中部，规划用地面积19.19万平方米，总建筑面积为28.79万平方米，总投资约14.6亿元。该产业园将以高端医疗器械产业为主，集研发、孵化、生产为一体，重点发展高端医疗器械研发总部、新型高端医疗器械生产制造、医疗器械企业孵化成长、医疗器械支撑服务等四大产业功能。

（孙懿男）

亦庄生物医药产业园入驻企业达41家

年内，亦庄生物医药产业园已入驻38家生物医药企业和3家服务性企业，涵盖创新药、检测仪器、医疗器械、诊断试剂、研发外包服务、生物医药信息咨询等医药企业，以及中小企业服务中心、药检所和金融等配套服务机构。该园区获得院士专家工作站、中关村北京市战略性新兴产业科技成果转化基地、科技企业孵化器等荣誉，并获得国家、北京市和开发区多项资金扶持。

（孙懿男　汪正明）

生物医药基地签约 14 个项目

年内，生物医药基地新签约项目共 14 个，包括中国医学科学院药物研究院的动物研究所、药物研究所、生物技术所，中国食品药品检定研究院二期，华润医药控股有限公司的华润双鹤、华润万东、紫竹药业、华润赛科等下属公司，产品涵盖科研机构、中药、医疗器械等领域，合计占地 85 万平方米，总投资 121 亿元。其中中国医学科学院药物研究所拟投资 10 亿元，建筑面积约 20 万平方米，将药物所、医药生物技术研究所、药用植物研究所、医学实验动物研究所落户生物医药基地，共建中国药谷，共享国家级新药技术平台，共建人才培养基地，共同举办世界医药领域专业会议；华润医药公司拟投资约 140 亿元在生物医药基地设立华润医药北京产业园，将分散的生产资源进行整合，打造华润医药高端研发和制造基地，其下属的创新孵化事业部、华润双鹤药业股份有限公司、华润万东医疗装备股份有限公司等企业将进驻产业园。

（孙懿男）

昭衍在美国设立创新园区

年内，北京昭衍新药研究中心股份有限公司在美国加州旧金山湾区设立昭衍美国创新园区，园区紧邻海湾，交通便利、生活方便、环境优美。该园区占地面积 21.4 万平方米，建筑面积约 3 万平方米；园区拥有 GMP 车间、动物饲养管理设施、理化试验室和生物实验室、办公设施及其它系统的配套设施，可以满足药物中试生产、药物研究开发的需要。园区的主要功能是早期药物研究开发的孵化器，除提供实验条件外，还提供新药立项咨询、动物实验支持、中美新药注册以及投资、法律服务等。该园区将中国与美国在生物科技方面的人员、设施、项目、资金等有效结合，形成海内外优势互补的产业链条；园区将积极促进中国和美国的药物创新的交流与合作，为中国药物创新企业进入美国提供支持。

（孙晓洁）

大基康明微创腹腔外科手术课题获进展

年内，北京大基康明医疗设备有限公司联合中国人民解放军总医院、哈尔滨工业大学、天津大学、南开大学开发的微创腹腔外科手术机器人系统产业化工作取得进展。微创腹腔外科手术机器人系统是国家“863 计划”项目，课题针对微创腹腔外科手术，在机器人系统机械设计、主从控制、立体图像与系统集成等关键技术上开发。突破了人眼的极限，进入人体内部的探视镜头可以将手术视野放大数倍甚至数 10 倍，先进的三维成像技术使手术定位更为精确；突破了人手的极限，机械手可以自由旋转、摆动，活动的自由度远远超过人手，手术操作更为精细、准确；突破人力的极限，医生只需要通过计算机遥控，就能进行需要多人才能完成的手术。

（马杰）

部分企业

拜耳医药保健有限公司

拜耳医药保健有限公司（简称拜耳医药保健）是国内第一家通过新版 GMP 认证的制药企业。2012 年公司实现了各项指标两位数的增幅。其中工业总产值同比增长 22.92%，主营业务收入同比增长

24.34%。11月，拜耳医药保健北京工厂新库房竣工。年内，公司启动了中国企业员工健康行·健康领跑中西部活动和“走进基层”农村卫生政策培训项目。“走进基层”项目是继公司“走进西部”项目后的又一个对国家医改工作具有积极促进作用的公益项目。项目希望通过3年时间对全国31个省（区、市）的市（地、州）、县（市、区）和新疆生产建设兵团师、农牧团场的卫生行政管理人员进行农村卫生政策的培训，提升农村卫生基层管理人员的理论知识、政策和管理水平，为农村卫生事业的可持续发展提供政策保障和技术支持。此外，拜耳医药保健被市科委、市经济信息化委、中关村管委会、市投资促进局联合授予“北京生物医药产业跨越发展工程G20杰出贡献企业”荣誉称号；拜唐苹、拜新同、拜阿司匹灵和拜复乐4个知名产品再一次获得“G20工程大品种”荣誉称号，拜耳医药保健成为上榜产品数在外资企业中排名第一的企业。

拜耳医药保健是拜耳集团的子公司，致力于研发、生产和销售能够改善人类健康的创新产品，知名产品主要有拜阿司匹灵、拜唐苹、拜新同和拜复乐等。

（李璟）

拜耳医药保健有限公司

中国总裁 Alok Kanti

通用电气医疗北京工业园

通用电气医疗北京工业园（简称GE工业园）由通用电气医疗旗下航卫通用电气医疗系统有限公司（简称GE航卫）和北京通用电气华伦医疗设备有限公司（简称GE华伦）组成。

2012年，GE工业园继续保持良好的增长势头，多款新产品在GE北京工业园下线。两家企业再次当选开发区纳税50强及纳税增长50强企业，并双双获评为中关村“十百千工程”重点企业。

GE航卫是通用医疗集团中国公司的第一家制造公司，主要生产CT、核磁等设备。GE华伦是通用医疗集团的全资子公司，生产X光机、手术机、核医学设备、血管机等。GE工业园是通用医疗集团全球最大的生产和研发基地之一。

（俞航）

航卫通用电气医疗系统有限公司

董事长兼总经理 陈和强

北京通用电气华伦医疗设备有限公司

总经理 陈和强

北京同仁堂科技发展集团

北京同仁堂科技发展集团亦庄分厂外景　　企业提供

北京同仁堂科技发展集团（简称同仁堂科技集团）2012年7月正式注册更名。年内，为探索同仁堂科技集团走“专业化、规模化、集团化”发展道路，开展学习标杆企业调研工作，共撰写调研报告7篇；完成国资委任中经济责任审计、京都事务所内控审计、普华审计、京都年度预审四大审计工作；10月26日，同仁堂科技集团旗下的北京同仁堂（唐山）营养保健品公司正式启动。在管理体制上，3个分厂（刘家窑分厂、亦庄分厂、通州分厂）的挂牌成立，完成了由生产基地向分厂的过渡，宣告了集团二层单位的独立运行，实现了由扁平化管理向集团化管控的转变。在生产经营方面，同仁堂科技集团全年实现销售收入 20.64 亿元，同比增长 20.73%；出口创汇 1037 万美元，同比增长 75.4%；工业总产量 1267.7 万千克，同比增长 6%；工业总产值 21 亿元，同比增长 8%，实现了持续、平稳、健康、全面的发展。

同仁堂科技集团是北京同仁堂集团公司旗下的六大二级集团之一。其前身为北京同仁堂科技发展股份有限公司，2000 年 10 月在香港联交所创业板挂牌上市，是一家集产、供、销为一体的高科技现代化中药企业，下设亦庄、刘家窑、通州 3 个分厂，拥有符合国家 GMP 标准的生产车间及现代化制药设备。企业所属多条生产线通过了澳大利亚 TGA 认证。

（邢雷　白洁　邵妍）

北京同仁堂科技发展集团

总经理　王煜炜

北京泰德制药股份有限公司

北京泰德制药股份有限公司（简称泰德制药）2012 年拥有员工 1502 人，实现销售收入 20.21 亿元，同比增长 33.33%；净利润 5.85 亿元，同比增长 17.31%。公司发展状况优于同期北京市工业销售产值增速和医药制造业增加值增速。泰德制药在医药工业企业主营业务收入排名中位居第 96 位，利润总额排名第 37 位；在开发区全部企业纳税排名中位居第 4 位。公司主打产品前列地尔注射液（商品名凯时）是第一个北京本地培育的 10 亿元医药大品种，全年销售额达到 13.76 亿元，同比增长 22.42%，继续保持同品种国内市场占有率第一，公司并被评为“G20 工程（北京生物医药产业跨越发展工程）大品种”称号；氟比洛芬酯注射液全年销售额达到 5.13 亿元，跻身北京市生物医药产品年销售额超过 5 亿元大品种行列。年内，北京泰德制药股份有限公司参与大兴区为帮助弱势群体、共建和谐社会而发起的“爱在新区、我们在行动”公益活动，并在活动中向大兴区红十字会捐款 50 万元。

（贾琳）

北京泰德制药股份有限公司

董事长　谢　炳（9 月免）

郑翔玲（9 月任）

总经理　刘红星

悦康药业集团有限公司

悦康药业集团有限公司（简称悦康药业）2012 年实现营业收入 170017 万元，同比增长 20%；利润总额 17650 万元，同比增长 5%；纳税额 7292 万元，同比增长 72%。在京员工总数 2600 人，科研人员 246 人。截至年底，悦康药业在开发区内建有集团新药研发中心和 3 家药厂；资产总额 192721 万元，同比增长 18%。公司共有 40 项授权专利，其中发明专利 34 项（含 21 个海外专利）、实用新型专利 4 项、外观专利 2 项；8 项新药证书，1 项国家重点新产品。共有 18 条生产线，其中 2 条生产线通过欧盟 GMP 认证。10 月，悦康药业被科技部火炬高技术产业开发中心评选为国家火炬计划重点高新技术企业，被市科委、市经济信息化委、市投资促进局、中关村管委会联合评定为 G20 工程杰出贡献企业。年内，公司再次入选中国制药工业百强企业、中国制药工业研发十强企业、中国医药企业制剂国际化先导企业，被市工商局、中关村管委会评定为中关村国家商标战略实施示范区商标示范单位。

悦康药业 2001 年在开发区投资建厂并成立集团总部，是一家集新药研发、药品制造、流通销售于一体的医药企业集团。

（何铖）

悦康药业集团有限公司　董事长　于伟仕

总经理　于圣臣

北京大基康明医疗设备有限公司

北京大基康明医疗设备有限公司外景　　张茜莹 摄

北京大基康明医疗设备有限公司（简称大基医疗）2012 年有员工 300 余人。2 月，正电子发射断层显像的国产化和临床应用规范项目获教育部科学技术进步奖二等奖。5 月，获批北京市核医学装备工程技术研究中心。8 月 24 日，获批中关村高新技术企业。9 月 12 日，获批中关村科技园区瞪羚企业。12 月 28 日，获批中关村国家自主创新示范区“十百千工程”第三批重点培育企业。同月，正电子发射断层扫描仪（PET）、正电子发射及计算机断层扫描系统（PET-CT）、核磁共振及正电子发射成像系统（PET-MR）、核磁共振及正电子发射计算机断层扫描机器人影像系统（PET-MR-CT）、医用电子直线加速器（LA45）、单光子发射断层扫描系统（ECT）、电动转移床共 7 个产品获得中关村国家自主创新示范区新技术新产品（服务）证书。《基于 FPGA 的 PET 中前端电子学系统的研制》获得北京市核医学装备工程技术研究中心 2012 年阶梯计划项目，《SEEREAL32R-1 型 PET 的产业化》项目获得北京经济技术开发区 2012 年度科技创新专项资金。国家“863 计划”计划项目微创腹腔外科手术机器人系统产业化工作取得进展。

大基医疗是一家专业从事核医学影像、放射治疗等医疗设备的生产销售的国际化公司。在美国、瑞典和中国等地区设有公司和研发中心。主要生产销售 PET、PET-CT、PET-MRI 等核医学影像设备、加速器放射治疗设备、各种医疗软件、医疗新技术和提供医疗解决方案。投资管理无锡、上海、广州等地五家医院。公司是中关村医药医疗设备创新驱动发展战略示范企业，承担多项国家支撑项目和“863 计划”项目等重大科技项目。北京大基康明医疗设备有限公司成立以来先后被认定为中关村十百千、北京市 G20 和国家高新技术企业。大基医疗不仅开发应用于临床的派特磁共振（PET-MRI）、机器人影像系统、还研发出了肿瘤和血管斑块放射治疗系统——高能电子直线加速器（LA45）。大基医疗生产的国产 PET、PET-CT、PET-MR、LA45，分别填补国内三项大型医疗设备空白和国际空白，高能加速器和 PET-MRI 已经销售到美国费城癌症中心等国际著名医院和国内多家医院。

（马杰）

北京大基康明医疗设备有限公司

董事长　孙启银

北京绿竹生物制药有限公司

北京绿竹生物制药有限公司（简称绿竹生物）2012年实现产值0.79亿元，销售收入13568万元，利润额9306万元，上缴税收2517万元。年内，公司通过了北京市科技研究开发机构、北京经济技术开发区企业创新中心认定；盟威克、盟纳克、喜菲贝3个产品分别通过了2010版GMP认证，获得药品GMP证书，成为北京市首家通过该版认证的疫苗生产企业；A群C群脑膜炎球菌多糖结合疫苗（盟纳康）、A、C、Y、W135群脑膜炎球菌多糖疫苗（盟威克）2个产品分别获得了市食品药品监管局批准的药品再注册批件；自主研发产品福氏宋内氏痢疾双价结合疫苗（迪森康）提交临床试验申请并获得受理通知书；产业化基地项目获得发展改革委、工业和信息化部“产业振兴和技术改造专项”资金3328万元；承担的国家“863计划”项目、北京市科技计划项目相继完成课题计划研究内容并顺利结题；获得了“喜菲贝”“盟喜康”“迪森康”3个商标的注册证。

绿竹生物是集疫苗科研开发、生产制造及市场营销于一体的国家级高新技术企业。相继获得北京市专利试点企业、中关村“瞪羚计划”重点培育企业、中关村“十百千工程”企业等荣誉认定。

（李楠楠）

北京绿竹生物制药有限公司

董事长 蒋仁生

总经理 杜 琳

北京京精医疗设备有限公司

北京京精医疗设备有限公司（简称京精公司）2012年拥有员工324人，拥有一支光、机、电、信息、医学等学科较齐全的科技队伍，专科以上学历科技人员95人，占29.3%；研究开发人员54人，占16.7%。

京精公司是从事血液回收系统、血液净化、血液治疗及血液储存技术的研究，集生产、推广、销售、服务、培训为一体的高新技术企业。血液回收机系列产品是主打产品，升级产品3000P型血液回收机和3000H型血液回收治疗机是国内首创将血浆置换、血液治疗功能成功引入血液回收机。产品被全国上千家大中型医院使用，年均血液回收10余万例，回收失血近100吨。2001年，公司通过国际ISO 9001质量体系认证。公司先后获得国家重点新产品证书、国家科技进步奖二等奖、北京市科技进步奖一等奖、北京市高新技术企业认证书、北京十大优秀专利实施项目、北京市重大科技成果推广计划等。

（高光普）

北京京精医疗设备有限公司

董事长 鲁天龙

总经理 黄 帆

北京岛津医疗器械有限公司

北京岛津医疗器械有限公司（简称岛津医疗）2012年员工总人数60人，销售额1.9亿元，纳税额1000万元。

岛津医疗是日本岛津制作所在华设立的独资企业，是研发和生产医疗器械的综合性企业。产品为多配置、多组合的医用诊断X线透视摄影系统FLEXAVISION、D-VISIONPLUS、移动X光机、X线摄影系统、图像处理装置、管球封装等。

（吴粉丹）

北京岛津医疗机械有限公司

总经理 山形秀文

北京四环生物制药有限公司

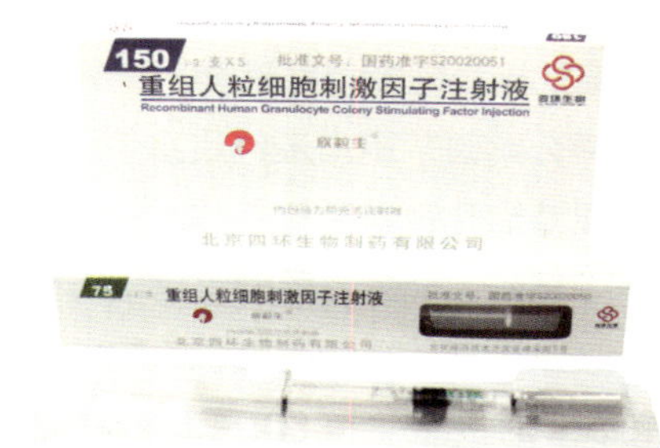

四环生物生产的欣粒生 NE　　企业提供

北京四环生物制药有限公司（简称四环生物）2012 年完成销售额 1.32 亿元，同比增长 16.15%；增值税额 1647 万元，同比增长 18.05%；利润额 4527 万元，同比增长 51.81%。公司员工总人数 160 余人，其中工程技术人员占 70% 以上，具备专科以上学历的员工超过 80%。

四环生物拥有 4 种上市产品，新生物制品第一类抗癌新药——“德路生”（注射用重组人白介素 -2）主要用于治疗恶性肿瘤，也用于癌性胸腹水的控制，具有抗肿瘤、抗病毒、抗感染和无毒性等特点，是国家“八五”重点课题，“863 计划”高技术研究开发项目——基因工程人白细胞介素 -2 的研制、中试、生产及临床应用的科研成果；“新德路生”（重组人白介素 -2 注射液）是公司自行研制，在国际上首家上市的白介素 -2 水针剂新药；抗贫血新生物制品第二类新药“环尔博”（重组人促红素）和促进中性粒细胞增加的新生物制品第二类新药“欣粒生”（重组人粒细胞刺激因子），在国内率先采用了预充式注射器新包装，该种包装减少临床使用时的二次污染和注射时的刺痛感。公司与智利、泰国、尼日利亚、马其顿、巴基斯坦、埃及、印度、巴西、韩国等国家签订合作协议，进行药品注册，其中“重组人粒细胞刺激因子”在印度完成临床试验，并已获得注册批文。公司建有自己的研发中心，聘请了包括 2 位院士在内的 5 位医学、生物学专家组成医药专家委员会，与军事医学科学院签订有长期技术合作协议。

（朱丽芳）

北京四环生物制药有限公司
董事长　孙国建
总经理　程度胜

康龙化成（北京）新药技术有限公司

康龙化成（北京）新药技术有限公司外景　　彭颉　摄

康龙化成（北京）新药技术有限公司（简称康龙化成）2012 年员工总人数 2053 人，向客户提供外包服务的科研人员占 84%，博士学历科研人员占 8.3%，硕士学历科研人员占 32.7%，本科学历科研人员占 32.9%。公司总资产 44836 万元，销售收入 47349 万元，净利润 2115.9 万元，缴税总额 2489 万元，研发投入 35790.8 万元，出口总额 5850 万美元。5 月 10 日，占地面积逾 3.4 万平方米的公司二期正式投入使用。年内，获得市商务委支持的承接国际服务外包业务发展资金和北京市服务外包配套资金。诊断试剂、抗肿瘤药物研发服务项目获得市科委首批中关村现代服务业试点项目资金，同时获得北京市博士后（青年英才）创新实践基地青年英才进站补助。公司通过市商务委、市财政局、北京海关、市国税局联合认定的第二批外资研发中心采购设备退/免税资格企业复审。

康龙化成投资总额 1.5 亿元。公司主营业务涉及新药研发临床前的全流程，包括化学、生物、药物代谢及药代动力学、药理、毒理等各个领域。

（楼小强）

康龙化成（北京）新药技术有限公司

董事长 楼柏良

总经理 楼小强

北京凯因科技股份有限公司

北京凯因科技股份有限公司外景　　袁野 摄

北京凯因科技股份有限公司（简称凯因科技）2012 年实现营业收入 1.8 亿元。入选第六十七届全国药品交易会公布的中国本土药企潜力排行榜 20 强。公司拥有 7 个生物制品和化学药品 GMP 生产车间。其中，小容量注射剂车间完成新版 GMP 改造并获得食品药品监管局颁发的药品 GMP 证书。1 人入选中关村“高聚工程”。

凯因科技是以生物技术为平台，专注于肝病治疗领域，致力于成为提供健康解决方案的专业化公司，注册资本 8000 万元。公司在“十一五”“十二五”等国家重大科技专项项目基础上开发具有自主知识产权的创新药，建立以抗病毒、免疫调节、保肝、抗肝纤维化和肝癌的系列产品格局。研发中心是市科委认定的北京市重组蛋白药物工程技术研究中心。公司研发项目 19 个，其中生物制品研发项目 6 个、化药研发项目 7 个、技术平台类项目 6 个。申请发明专利 50 多项，授权专利 21 项。

（郭涪先）

北京凯因科技股份有限公司

董事长兼总经理 周德胜

北京昭衍新药研究中心股份有限公司

北京昭衍新药研究中心股份有限公司外景　　企业提供

北京昭衍新药研究中心股份有限公司（原北京昭衍新药研究中心有限公司，简称昭衍）是国内规模最大的、专业从事新药研发外包服务的高新技术企业，是中国首家通过美国 FDA 的 GLP 现场检查、同时具有国际 AAALAC（实验动物福利的国际认证机构）认证和中国 CFDA GLP 资质的专业化临床前药物安全性评价机构。

2012 年昭衍取得了良好的经营业绩，完成了对 40 余个创新药物的临床前评价，其中除小分子药物外，评价了大量的单抗药物、干细胞药物等新生物制品；开展了 1000 多个试验研究，有力地支持了北京及我国的药物创新。2012 年实现营业收入 7000 余万元；投入 1000 余元万元改善实验条件、引进先进的实验室信息化管理系统（LIMS）、建立新的技术方法，进一步提升了昭衍的服务能力和工作效率。昭衍承担的国家“十二五”重大新药创制项目“国际化创新药物安全性评价技术平台建设”，国家蛋白质药物专项“动物实验公共服务平台”等研究课题及平台建设进展顺利，取得了阶段性成果；通过“生物制品安全性评价北京市重点实验室2011年度阶梯计划项目”的验收。12月，经市工商局批准同意，北京昭衍新药研究中心有限公司正式更名为北京昭衍新药研究中心股份有限公司。

（孙晓洁）

北京昭衍新药研究中心股份有限公司

董事长 冯宇霞

总经理 左从林

北京永瀚星港生物科技股份有限公司

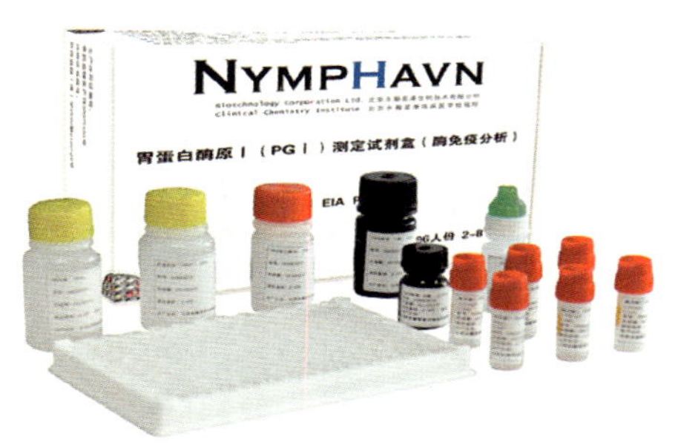

永瀚星港新产品　　企业提供

北京永瀚星港生物科技股份有限公司（简称永瀚星港）2012年员工总人数17人。资产总额934万元；营业收入624万元，同比增长4.03%；利润总额49万元，同比下降76.08%；净利润40万元，同比下降72.86%。4月11日，永瀚星港上市（股票代码：430114）；7月，研发出高灵敏C－反应蛋白检测试纸条；9月，自主研发产品胃蛋白酶原Ⅰ、胃蛋白酶原Ⅱ获得2012年度北京市产品评价中心产品质量创新贡献奖；11月，率先研究出免疫分析领域新技术——适配体技术。公司承担国家立项项目1项、中关村立项项目1项、开发区科技创新项目2项，拥有发明专利3项、实用新型专利2项、软件著作权1项。

永瀚星港前身是北京永瀚星港生物技术有限公司，是从事肿瘤及相关恶性疾病早期诊断试剂研发和生产的国家级高新技术企业。

（季海清 韩博静）

北京永瀚星港生物科技股份有限公司

董事长 范飞舟

总经理 尹　星

北京迪玛克医药科技有限公司

北京迪玛克医药科技有限公司（简称迪玛克）2012年有员工170人，资产总额同比增长19%，销售额同比增长27%。5月，迪玛克迁址中关村示范区通州科技园。

迪玛克从事心内介入医疗器械的研发、生产及销售。公司通过欧盟的CE认证和澳洲的TGA专业认证，是北京首家通过GMP认证的三类无菌医疗器械生产厂家。

（张京）

北京迪玛克医药科技有限公司

董事长兼总经理 戴华英

北京天坛生物制品股份有限公司

北京天坛生物制品股份有限公司（简称天坛生物）2012年营业收入150235.12万元，比上年增加10795.59万元，增幅7.74%；实现营业利润41964.99万元，比上年增加8762.62万元，增幅26.39%；实现利润总额44509.56万元，比上年增加10312.15万元，增幅30.15%；实现归属于上市公司股东的净利润30491.17万元，比上年增加7156.17万元，增幅30.67%。公司累计向股东分配现金股利55685.59万元，为实际募集资金38273.82万元的145%、为累计可分配利润118313.28万元的47.07%。缴纳各种税费19847.61万元；累计向国家缴纳税费115282.4万元，获得市国税局和市地税局联合授予的纳税信用A级企业称号。年内，天坛生物完成开发区产业基地工程建设总工程的58.14%，其中单体工程104#、201#、205#、206#、209#完成结构封顶施工并进入调试阶段。申请百日咳杆菌69KD外膜蛋白的纯化方法、乙型肝炎表面抗原的纯化方法、应用蓝式生物反应器制备人二倍体细胞风疹减毒活疫苗方法3项专利。申报1项重大新药创制课题、2项重大传染病专项课题，参与1项国家“863计划”项目；正式立项课题4项。获得口服脊髓灰质炎减毒活疫苗（人二倍体细胞、液体OPV）生产批件。天坛生物是一家从事疫苗、血液制剂、诊断用品等生物制品研究、生产和经营一体化的国有控股高科技上市公司。公司重组的乙型肝炎疫苗（酿酒酵母）、麻疹风疹联合减毒活疫苗、麻疹腮腺炎风疹联合减毒活疫苗、甲型H1N1流感病毒裂解疫苗、冻干乙型脑炎灭活疫苗（Vero细胞）、风疹减毒活疫苗（人二倍体细胞）6个产品获得中关村国家自主创新示范区新技术新产品证书。大流行流感疫苗、诊断试剂关键技术平台体系的建立和应用课题获北京市科学技术奖一等奖。

（贾涛　于莉晶）

北京天坛生物制品股份有限公司

董事长　杨晓明

总经理　曾令冰

北京亚宝生物药业有限公司

北京亚宝生物药业有限公司（简称亚宝生物）2012年固体制剂车间全面投入生产，年产量达5316万片，销售总额为2203万元。1月，公司荣获北京市药品安全百千万工程北京药品质量管理示范企业称号；5月，申报国家通用名化学药发展专项项目；11月，申报完成国家重点新产品计划项目及开发区“小巨人”项目。

亚宝生物产品为创新型缓释控释制剂，治疗领域覆盖心肾、抗病毒、消化、呼吸等系统。已有卡托普利片、奥美拉唑肠溶片、氯化钾缓释片、阿司匹林双嘧达莫缓释片、维生素C泡腾片、硝苯地平缓释片等6个产品获得国内生产批件，并且与5个国内外厂家签订了委托加工协议。针对国际市场目前拥有美洛昔康片和加兰他敏片2个ANDA文号，同时正在对依非韦仑片、孟鲁司特钠片、非洛地平缓释片等ANDA产品进行技术研究，其中2个产品取得阶段性成果。

（程洁）

北京亚宝生物药业有限公司

董事长　任式贤

总经理　解静萍

北京旷博生物技术有限公司

北京旷博生物技术有限公司（简称旷博生物）2012年总资产3199万元，营业收入632万元，利润总额183万元。公司组建以海外高层次人才为核心的运营团队总人数70人，其中有3名北京“海聚工程”人才、7名北京开发区海外高层次人才，13人拥有博士学位，有9位专家来自海外。2012年，旷博生物产品策略聚焦临床产品和健康预警产品两个主要方向，针对传染性疾病临床诊断和健康人群重大疾病的预防2个市场。以核心技术为基础，争取了4个国家“十二五”重大专项资金支持（其中2个牵头项目），加上地方配套，开发项目获得近2000万元的资金扶持，专项均是与著名临床机构和国家重点实验室联合申请。

旷博生物以开发生产科研试剂和特色临床检验产品为方向，已建立免疫学和分子生物学的5个技术平台（ELISA、流式试剂、四聚体、microRNA和基因测序），开发酶联免疫试剂盒、重组蛋白、荧光标记抗体、 Aimplex多因子检测、特异性T细胞检测试剂盒、microRNA表达谱分析和功能研究、传染病和肿瘤早期诊断试剂盒、健康管理等系列产品和服务，与免疫学、干细胞、传染病和肿瘤等基础研究及临床检验领域的科学家建立广泛的合作关系，形成一定的品牌影响力。公司的发展得到中国科学院、北京大学、清华大学、中国医学科学院、军事医学科学院、上海交通大学、中山大学、第三军医大学和中国医科大学等单位和各领域专家的广泛支持，使用旷博生物产品和服务的论文已经多次在Nature、Eur. J. Immunol和Arthritis & Rheumatism等学术期刊上发表。旷博生物与中国生物工程学会、第三军医大学等共同举办microRNA、免疫检测和流式细胞技术与应用培训班，与北京亦庄生物医药园、中国生物器材网等单位合作举办了北京生物医学新技术与应用系列讲座，同时还参与和赞助了中国免疫学全国会议、北京和广东等地免疫学学术年会、中国细胞生物学干细胞研究年会、北京生命科学论坛、亚太肝病协会研讨会和国际抗衰老生命科技产业发展论坛等多种会议。旷博生物牵头建设中关村国际生物试剂物流中心和产业基地，是市科委审定的科技研究开发机构，获得北京市高新技术企业认证，承担和参与多项“十二五”国家重大科研专项课题，是开发区诊断试剂创新联盟的理事会成员，也是中国转化医学与生物技术创新联盟的发起单位。公司通过ISO 9001CQC认证，并入选2011中关村新锐企业百强。

（杨碾零）

北京旷博生物技术有限公司

董事长　兰宝石

总经理　王济民

北京赛升药业股份有限公司

赛升药业股份有限公司外景　　徐莎莎 摄

北京赛升药业股份有限公司（简称赛升药业）原名北京赛生药业有限公司，2012年公司及子公司实现销售收入39601.28万元，完成年度目标34300万元的115.45%，同比增长61.62%；实现净利润13258.04万元，完成年度目标11300万元的117.33%，同比增长 56.53%，扣除非经常性损益，净利润为 12568.27 万元。交纳所得税 2179.04 万元。其中薄芝糖肽注射液完成收入 9636.75 万元、脱氧核苷酸钠完成收入 13594.54 万元、GM-1 完成收入 6296.11 万元、纤溶酶注射剂完成收入 5112.24 万元、注射用胸腺肽完成收入 1773.18 万元。主要核心产品完成销售收入比重为 91.95%，其他产品完成销售收入 3188.46 万元。公司主要产品全部完成年生产计划，比上年增长 31.05%。2 月，公司被评为开发区 2011 年度纳税增长 50 强企业；3 月，获得首批北京市药品安全百千万工程质量管理示范企业称号；4 月，被市经济信息化委评为 2011 年度生物医药产业突出贡献企业，被大兴区工商业联合会授予“十佳标兵企业”称号；6 月，公司研发中心获市科委北京科技研究开发机构认证；12 月 7 日，公司申报首次公开发行股票并在创业板上市文件；12 月，被开发区认定为第三批开发区企业创新中心。

赛升药业 1999 年成立，位于开发区兴盛街 8 号，注册资金 9000 万元，是一家专注于生物化学医药产品（包括活性蛋白、活性蛋白酶、活性多肽、活性多糖、两性脂类等生物大分子）的研发、生产和销售的高新技术企业，产品涉及心脑血管类疾病、免疫性疾病和神经系统疾病三大医疗领域。

（梁冬娜）

北京赛升药业股份有限公司

董事长兼总经理　马　骉

北京康乐卫士生物技术股份有限公司

北京康乐卫士生物技术股份有限公司（简称康乐卫士）2012 年员工总数 55 人，其中科研人员 40 人、高级职称 6 人（其中教授 2 人、研究员并享受国务院津贴专家 1 人、副高职称 3 人）、博士 6 人、硕士 17 人、本科生 20 人。康乐卫士科研项目“基于生物可降解的纳微球新型佐剂系统开发及尖锐湿疣疫苗研制”获得开发区科技创新专项资金立项支持，“抗肿瘤药物 CC1007 的临床前研究”等获得 1000 余万元技术资金。

康乐卫士于 2008 年 4 月成立，2008 年 10 月 22 日增资扩股，注册资本为 1 亿元，是专门从事重组蛋白、多肽药物和小分子抗肿瘤药物开发的企业。主要研究方向是针对恶性肿瘤和病毒感染性疾病等重大疾病，采用靶标发现技术、药物靶标的结构测定和分析技术、以结构为基础的药物分子筛选与设计、小分子药物与药物靶标的相互作用以及基因操作和蛋白质工程技术等，设计或改良预防和治疗恶性肿瘤等重大疾病的生物和小分子药物。其中人乳头瘤病毒及相关疾病疫苗和白血病、宫颈癌抗肿瘤小分子药物开发是公司的重点研究和开发方向。康乐卫士成立伊始就与美国 C&C 生物医药公司合作，引进了以知名医学专家领军的结构生物学专家团队和相应的先进技术成果，涵盖了结构生物学、分子遗传学、分子生物学、生物制药、发酵工程、药剂学、免疫学、化学合成、药理、药分、药效学及临床规划等专业人才。2009 年，《宫颈癌预防性疫苗临床前实验研究》课题获得北京市科委科技计划和开发区科技创新专项的立项资助。康乐卫士曾被评定为北京市专利试点单位、中关村高新技术企业 、北京科技研究开发机构、开发区海外高层次人才创办企业、高新技术企业、企业创新中心。

北京康乐卫士生物技术有限公司外景　　陈炳良 摄

（陈炳良）

北京康乐卫士生物技术股份有限公司

董事长 陈小江

总经理 郝春利

北京迈劲医药科技有限公司

北京迈劲医药科技有限公司（简称迈劲医药）2012 年有员工 26 人，总资产 2291 万元，主营业务收入（技术转让、技术开发及技术服务）469 万元，共取得 14 项新药证书、48 件临床批件、20 件仿制药的生产批件。

迈劲医药前身是由北京大学、香港灵素科研有限公司和北京迈劲医药科技有限公司合资组建的京港合作企业，是专门从事新药的基础研究和应用开发的技术型企业。2001 年在开发区注册成为外商独资企业，2002 年被市科委认定为高新技术企业，2003 年被市科委认定为科技研究开发机构。公司拥有 700 余平方米独立配套的研发中心，设药物合成室、药物制剂及分析室、临床室、药理室、药品注册部和医学情报网络部，组成完整的新药项目研发体系，同时建立起新药项目情报搜集、立项、研发、申报的流程管理系统。公司与华东医药股份有限公司、远大（中国）制药有限公司、扬子江药业集团、哈药集团、双鹤药业等国内知名企业有广泛和深入的合作关系。

（杨帅）

北京迈劲医药科技有限公司

总经理 马 超

北京协和建昊医药技术开发有限责任公司

协和建昊动物实验中心外景　　企业提供

北京协和建昊医药技术开发有限责任公司（简称协和建昊）2012 年主营业务收入 2800 万元，同比增长 11%；利润总额 612.2 万元，同比增长 29%；应缴税金 321.34 万元，同比增长 33%。

协和建昊 2002 年成立，是中国医学科学院药物所控股的高新技术企业。2010 年，迁入开发区并建立了 GLP 总部。协和建昊是中国医学科学院北京协和医学院新药安全评价研究中心的挂靠管理单位，是中关村高新技术企业、北京市高新技术企业、国家火炬计划重点高新技术企业、中关村生物医药研发外包联盟理事单位。2011 年 10 月，被市发展改革委认定为药物安全评价关键技术北京市工程实验室。公司专业从事安全性评价，通过 SFDA 的 GLP 认证、ISO 9001:2008 认证、NQA 认证、计量认证等。公司主要在 GLP 条件下开展各类新药、农药、新化学物质、化学品的各种安全性评价服务和技术研究，涉及药物毒性作用机制研究和新技术新方法的建立。公司建立了完善的药物生殖毒性、吸入毒性、经皮和特殊给药毒性、光毒性与光敏剂评价关键技术系列平台，同时承担北京协和医学院研究生培养工作，有药物毒理学方向研究生导师2名。

（靳洪涛）

北京协和建昊医药技术开发有限责任公司

董事长 庾石山

总经理 王爱平

舒泰神（北京）生物制药股份有限公司

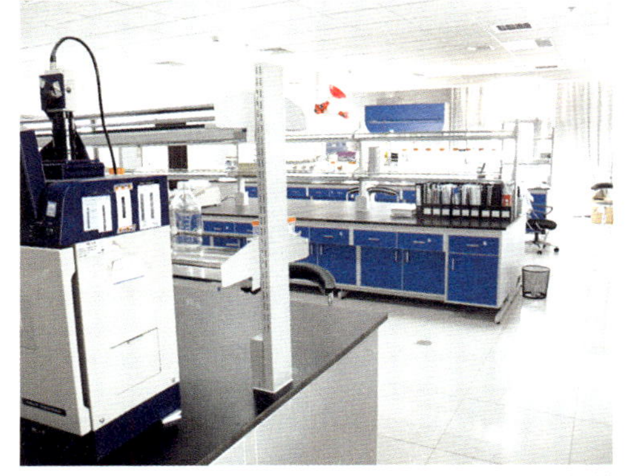

舒泰神分子生物学实验室　　企业提供

舒泰神（北京）生物制药股份有限公司（简称舒泰神）2012年实现营业收入55615.31万元，净利润超过2亿元，缴纳企业所得税3401.37万元，同比增长73.12%。7月，公司注册资本和实收资本均为13340万元。9月，公司收购北京诺维康医药科技有限公司100%股权及其凝血因子X激活剂项目。12月，公司申请的治疗乙肝的小核酸基因药物获得国家重大新药创制项目滚动支持。

舒泰神2002年8月16日成立，是以研发、生产和销售生物制品为主的制药企业。公司主要产品为苏肽生（注射用鼠神经生长因子）和舒泰清（聚乙二醇电解质散剂）。其中，苏肽生是国家一类新药，主要用于神经保护和修复神经损伤；舒泰清是全国独家产品，主要用于清肠和治疗便秘。公司还生产阿司匹林肠溶片、格列齐特片和萘丁美酮胶囊。公司有数个具有自主知识产权的国家级Ⅰ类新药处于临床前安全性评价和临床研究等不同研究与开发阶段，包括治疗乙肝的小核酸基因药物、治疗视网膜色素变性的基因药物、治疗艾滋病的小核酸基因药物等。2008年12月，公司被认定为北京市高新技术企业、中关村高新技术企业，2012年通过复审。2009年12月，被科技部、北京市政府和中国科学院联合命名为中关村国家自主创新示范区创新性企业，承担多项国家级、市级科技创新及产业化项目；多项课题入围国家重大新药创制项目并获得滚动支持。产品被认定为国家火炬计划产品、北京市高新技术成果转化项目、国家生物医药高技术产业化示范工程项目及北京市自主创新产品，获得北京市科学技术奖三等奖。

（韩雅慧）

舒泰神（北京）生物制药股份有限公司

董事长 周志文

总经理 张洪山

北京利德曼生化股份有限公司

北京利德曼生化股份有限公司（简称利德曼）2012年实现营业收入31727.38万元，同比增长25.86%；研发投入2308.98万元，占营业收入的7.28%；利润总额11482.24万元，同比增长37.53%；总资产113018.93万元，同比增长209.09%；归属于上市公司所有者权益合计76101.96万元，同比增长244.71%；归属于公司股东的净利润9828.71万元，同比增长36.79%。

利德曼于1997年11月成立，注册

资本 15360 万元，是一家在生物化学、体外诊断试剂和医疗器械领域集研发、生产和销售于一体的高新技术上市企业。公司申请 38 项专利，掌握 13 种酶制备技术、26 个化学发光诊断试剂注册证书，获得 101 项生化诊断试剂产品注册证书，涵盖肝功、肾功、血脂与脂蛋白、血糖、心肌酶、离子、胰腺、特殊蛋白等九大系列。公司自主研发的全自动生化分析仪（BA800）和全自动化学发光免疫分析仪（CI1000）取得市食品药品监管局和国家食品药品监管分局颁发的注册证书。

（牛巨辉 杨路萍）

北京利德曼生化股份有限公司

董事长兼总裁 沈广仟

北京生物制品研究所有限责任公司

国药中生北京公司中试车间 企业提供

北京生物制品研究所有限责任公司(简称国药中生北京公司）的前身北京生物制品研究所，成立于 1919 年（北洋政府中央防疫处），是中国历史上第一个国家卫生防疫和血清疫苗研究与生产的专门机构，先后研制生产了中国最早的牛痘、霍乱、伤寒、狂犬病疫苗及白喉抗毒素等 15 种制品；分离出中国第一株青霉素菌种，实现了中国生物制品零的突破。1998 年，北京生物制品研究所重组优质资产，成立北京天坛生物制品股份有限公司。2005 年，北京生物制品研究所组建北京微谷生物医药有限公司，承担国家重点项目“新型疫苗国家工程研究中心”的建设工作。2011 年，北京生物制品研究所完成公司制改革，更名为北京生物制品研究所有限责任公司。公司主要从事新型疫苗、抗体、新型佐剂、治疗类生物制剂及基因与蛋白质诊断试剂等生物制品的研究和中试工艺的开发，为我国新型生物制品的研发提供完整的工程化和产业化技术平台。

公司拥有一支包括中国工程院院士在内的高素质科研队伍，共有职工 200 余人，其中科研人员占 67%，具有本科以上学历的科研人员占 72%，有较强的开发创新药物的实力。公司共设置 11 个职能部门和 9 个专业实验室，其中科研管理部下设 7 个研究室，主要从事新产品和新技术的研发；技术管理部下设中试室和动物实验室，为科研工作提供支撑性服务。公司承担着手足口病疫苗、宫颈癌疫苗、艾滋病疫苗、治疗性乙肝疫苗、灭活脊髓灰质炎疫苗、北京株水痘疫苗等一系列国家重点研发项目，其中国家和省部级研发课题 9 项，自主立项课题和国际合作课题 10 项。2012 年公司科研投入合计 13000 余万元。重点课题手足口病疫苗完成Ⅲ期临床揭盲试验；应用于北京株水痘疫苗中的疫苗减毒株是我国唯一自主研发的减毒活疫苗；宫颈癌疫苗的研发进入临床申报阶段；艾滋病疫苗和治疗性乙肝疫苗等一系列新型疫苗进入临床试验阶段。2008 年，公司启动新型疫苗国家工程研究中心建设工作，项目规划总建筑面积 65900 平方米，总投资约 7

亿元。该项目通过发展改革委验收。作为国家级的技术研发和工程技术转化平台，新型疫苗国家工程研究中心集中了多项国际先进技术和工艺，建有符合 GMP 标准的 5 条中试生产单元（内含 3 个生物安全二级 BSL-2 级区域），4 个专业实验室（内含 2 个生物安全二级 BSL-2 级实验室），2 条分装单元、包装区、实验动物房等配套设施，可全面承担国家及地方重大项目的工程化研发及技术支持。

（江薇　陈芸）

北京生物制品研究所有限责任公司

总经理　王玉琳

北京同为时代生物技术有限公司

北京同为时代生物技术有限公司（简称同为时代）2005 年成立，是一家从事治疗性抗体药物研发的生物高新技术企业。注册资本 5000 万元，拥有独立的 1200 多平方米的抗体药物研发基地。公司与中国科学院、中国医学科学院、军事医学科学院、北京大学、美国阿拉巴马大学等建立人才培养、技术合作和科学顾问机制。以研发和生产治疗恶性肿瘤、自身免疫性疾病及传染性疾病的基因工程抗体为主营方向，承担并参加“重大新药创制”科技专项“十二五”实施计划。年内，公司申报 2 项发明专利，被评为开发区企业创新中心并正式挂牌。公司由 4 名博士、8 名硕士组成科研核心，组建了 40 多人的科研团队，拥有海外高层次人才 2 人、北京市“海聚工程”1 人、中关村“高聚工程”1 人。

（张凌）

北京同为时代生物技术有限公司

总经理　唐艳旻

北京悦康科创医药科技有限公司

北京悦康科创医药科技有限公司（简称悦康科创）2012 年实现技术转让及技术服务收入 9014 万元，同比增长 78%。悦康科创采取“企中校”的合作模式，先后与沈阳药科大学、北京理工大学、北京电子科技职业学院等高校合作成立了药物研发中心，并获得北京市科技研发机构、高新技术企业、开发区企业创新中心、大兴区小巨人企业等称号。

悦康科创于 2009 年 4 月成立，是一家从事药物研发的高新技术企业。可为客户提供立项调研、技术研发、中试生产、临床监查、注册咨询等药物研发整体解决方案。公司拥有液相色谱—质谱（LC-MS）、气相色谱—质谱（GC-MS）、高效液相色谱（HPLC）、气相色谱（GC）、紫外分光光度仪等药物分析仪器，片剂、胶囊剂、颗粒剂、干混悬剂、口服溶液、小水针、冻干粉针、乳膏、凝胶等制剂全套中试设备；拥有专业的注册及临床监查人员，可为社会提供分析检测平台、制剂中试生产平台、医政服务平台、临床监查平台。

（牟昳）

北京悦康科创医药科技有限公司

总经理　陶秀梅

本元正阳基因技术有限公司

本元正阳基因技术有限公司（简称本元正阳）2012 年研发投入 368 万元，1 个Ⅰ类新药项目进入Ⅰ期临床试验，1 个Ⅰ类新药项通过食品药品监管局专家上会答辩，2 个Ⅰ类新药项目处于临床报批准备阶段。本元正阳利用基因载体技术平台，为国内外广大研究者及制药厂商提供合同生产和检定服务，公司小 CRO 订单产值为 219 万元。公司承担国家“863 计划”、发展改革委、市科委等科研课题 11 项，发表学术论文 58 篇，申请国内外专利 37 件，其中 17 件专利获授权。

本元正阳于 2000 年 10 月成立，注册资金 5000 万元，是一家从事基因载体研发和生产的生物技术企业。公司立足于病毒载体平台研发、生产、服务和药物开发，是国家“863 计划”生物领域病毒基因载体研发基地，是国内唯一一家具备多品种病毒载体开发和规模生产能力的高科技企业。公司建立了腺相关病毒、腺病毒、仙台病毒（同日本 DNAVEC 公司合作）、慢病毒和质粒 DNA 等多种基因载体的生产、纯化和检定的技术平台和中试工艺，可以大规模生产高质量的基因载体制品以用于基因治疗药物、载体疫苗的临床前研究和早期临床，产品线涵盖世界上 90%以上的用于基因治疗的载体种类。自主研发或合作研发的基因治疗药物主要针对临床重大疑难病症，如恶性肿瘤、先天性遗传病、老年性痴呆、重症下肢缺血、视网膜疾病、类风湿性关节炎等。

本元正阳基因技术有限公司实验室　　企业提供

（刘淑静）

本元正阳基因技术有限公司

董事长　贺　旋

总经理　许允立

装备制造

全国人大常委会领导到华德液压调研

路甬祥到华德液压调研　　张凤源　摄

2 月 23 日，全国人大常委会副委员长路甬祥到北京华德液压工业集团有限责任公司调研。在工业和信息化部、中国机械工程学会等部门负责人陪同下，参观了华德液压的企业发展展室、生产车间，听取华德液压总经理的专题汇报，并与企业领导班子座谈。路甬祥对华德液压的发展及企业在产品种类、规模和经营管理等方面积累的优势给予肯定。

（刘祎）

中冶京诚发布《挤压钢管工程设计规范》

2 月 28 日，住房和城乡建设部发出第 1264 号公告，中冶京诚主编的国家标准《挤压钢管工程设计规范》批准发布执行。该规范是中国第一部挤压钢管工程设计的国家标准，对促进中国挤压钢管工艺技术和装备水平的提高具有重要意义。

（程芳）

和利时签约“港铁 841”项目

3 月 13 日，和利时集团中标“港铁信号系统项目”并在香港签约，合同额为 3.97 亿元。“港铁 841A”项目、“841B”项目分别为地面、车载信号系统集成项目，由和利时总集成负责提供基于 CTCS-3 级列控系统的高速铁路信号系统解决方案。“港铁 853”项目为广深港（香港段）综合监控系统集成项目，由和利时总集成负责提供基于 MACS-SCADA 的主控制系统解决方案。此次中标标志着和利时首次通过国际竞标，将自主研发的高速铁路信号系统应用于香港高速铁路。

（张蔚青）

中航国际北京公司签署马来西亚水泥合同

3 月 30 日，中国航空技术北京有限公司联合德国洪堡公司，在马来西亚吉隆坡与 YTL 公司签署日产 5000 吨水泥生产线总包合同，标志着中航国际北京公司水泥工程业务进入马来西亚及东南亚市场。

（谢典）

中航国际北京公司 5 艘工程船订单生效

4 月 23 日，中国航空技术北京有限公司与伊拉克港口公司 GCPI 签订的总值约 6000 万美元的 5 艘工程船订单正式生效。该订单包括 3 艘 5000 马力全回转拖轮、1 艘 1200 吨供油船，以及 1 艘潜水支持船。

（胡家春）

洲际资源起草酸性氧化电位水国家标准

5 月 1 日，由北京洲际资源环保科技有限公司推动的、与卫生部消毒卫生标准委员会合作起草的国家标准《酸性氧化电位水生成器安全与卫生要求》正式实施。酸性氧化电位水（AEOW）是将经过处理的自来水加入低浓度的氯化钠，在离子隔膜式电解槽中电解后，从阳极一侧生成的具有低浓度有效氯、高氧化还原电位的酸性水溶液。该溶液具有较强的氧化能力和快速杀灭微生物的作用，主要特性是绿色环保、广谱高效、经济安全。

（曹中华）

中航国际北京公司签缅甸车桥生产线合同

中航国际签署缅甸车桥和汽车模具生产线合同　企业提供

6 月 25 日，中国航空技术北京有限公司与缅甸政府签署车桥生产线出口合同，拟在缅甸建设一家年产 5000 根车桥和 500 套汽车模具的工厂。该项目合同金额超过 1 亿美元，是近年来中缅双方成功实施的最大的政府贷款项目。

（邹康宁）

SMC 再次入选中国机械 500 强

7 月，由中国机械工业企业管理协会主办的“2012 年（第九届）中国机械 500 强研究报告暨世界机械 500 强发布会”在北京举行，SMC（中国）公司作为气动行业的代表，入选 2012 年中国机械 500 强和中国机械 500 大企业，分别名列第 184 位、第 187 位。

（杨柏东）

和利时入选《财富》排行榜

9月6日，《财富》杂志发布2012年“100家增长最快的公司”排行榜，和利时集团以“三年来年均每股收益增长率达到110%”的战绩入选该榜单，排名第42位，是中国登榜企业中唯一一家从事工业自动化与信息化的企业。

（张蔚青）

华德液压举办项目预验收会

12月7日，北京华德液压工业集团有限责任公司“战略结构调整暨工程机械关、主液压件项目预验收会”在开发区召开，工业和信息化部、市经济信息化委、中国机械工业联合会、京城机电控股公司、徐州重型机械有限公司、三一重工股份有限公司等客户、供应商代表参加会议。该项目经工业和信息化部、市经济信息化委、开发区审批立项，2011年起实施，是以工程阀和通轴泵为代表的产业化项目，属于装备制造业配套基础部件行业升级改造项目。

（岳高丽）

和利时为宁德核电站提供DCS设备

12月，福建宁德核电站一期1号机组首次并网成功，标志该机组建设正式进入并网调试阶段，具备发电能力。该项目是中国百万千瓦级核电机组自主化、国产化程度最高的核电站之一。和利时集团为该项目设计提供全数字化仪表控制系统DCS设备。和利时自主研发的百万千瓦核电站控制系统填补了国内空白。

（张蔚青）

康宁光缆发布《防鼠光缆测试方法》国标

12月，北京康宁光缆有限公司参与起草的国家标准GB/T 29199-2012《防鼠光缆性能测试方法》通过标准协会技术委员会审查，正式发布。该国家标准深化了鼠咬破坏线缆机理、防鼠咬性能测试、防鼠光缆产品设计等方面的认识。

（万红）

ABB微型断路器全自动装配生产线投产

年内，北京ABB低压电器有限公司的第一条全自动化生产线“木星”投入使用，年设计产能1000万极。该全自动化生产线对零部件的一致性和可靠性要求极高，零部件尺寸不仅要控制在要求公差范围内而且必须保证偏差一致。“木星”生产线上每一个加工中心的工位都配置了自动检测点用来对不同的质量特性进行全面检测。完整的信息流、快速的自动化制造、工序质量在线识别、产品所有数据的可追溯性是“木星”线主要设计优势。公司第2亿极微型断路器产自“木星”线生产线。

（边卡）

部分企业

SMC（中国）有限公司

SMC（中国）有限公司第一工厂外景　　企业提供

SMC（中国）有限公司（简称SMC公司）2012年职工人数2618人，平均年龄29岁，具有研究生、本科、专科以上学历的技术人员占职工总数的54%；出口额及国内销售额均达到 1998 年的 57 倍。SMC 产品的占有率在世界同行业中排名第一位。4 月，SMC 公司被市知识产权局认定为北京市专利工作试点单位；由公司 CTC 营业软件开发课开发的数字压力开关设置系统获得版权局颁发的计算机软件著作权。10 月，SMC 公司被东风汽车有限公司设备制造厂评为优秀供应商。11 月，SMC 公司被开发区评为一线创新人才培养先进单位；公司申报的“TWI 一线班组长管理技能提升训练”等 3 个项目获得资助。被开发区评为 2011 年度纳税 50 强企业、纳税增长 50 强企业。年内，由 SMC 公司创建的“SMC 教育基金会”本着产学结合、育教于人，为中国教育事业发展尽微薄之力的宗旨，开展公益活动。向清华大学、哈尔滨工业大学等 12 所院校提供奖学金及教学科研经费，资助学术交流、研究活动，资助贫困地区教育事业，继续对援建的希望小学进行资助，改善校园环境。对北京“7 · 21”特大暴雨受灾困难家庭学生进行资助，捐赠大兴区工商联光彩公益基金——光彩助学项目等。

SMC 公司是日本 SMC 株式会社在中国投资的外商独资高新技术企业，投资总额 230 亿日元，注册资本 210 亿日元，占地面积 19 万平方米，厂房建筑面积 10 万平方米。SMC 公司是现代制造、光机电一体化企业，产品广泛应用于汽车制造、半导体制造、生物医药工程等高新技术企业。

（杨柏东）

SMC（中国）有限公司

总经理 赵 彤

经纬纺织机械股份有限公司

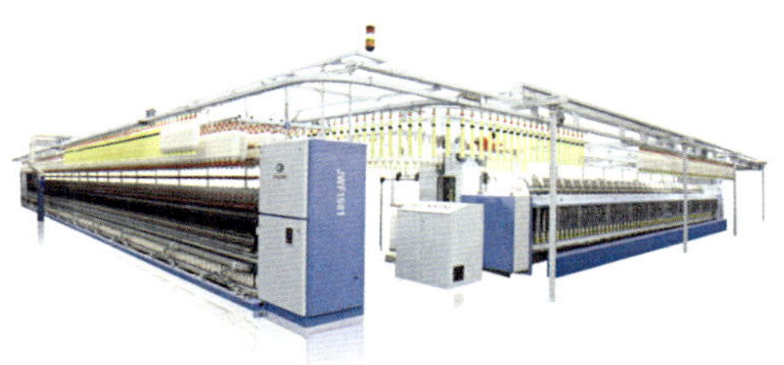

经纬纺机棉纺成套设备之粗细联纺纱系统 620　企业提供

经纬纺织机械股份有限公司（简称经纬纺机）2012 年总资产 155.53 亿元、净资产 80.69 亿元，建有完善的科研开发、工艺技术、生产制造、采购供应、销售服务和经营管理体系，员工 14300 余人。年营业收入 86.77 亿元，年利润总额 18.95 亿元。公司曾荣获中央企业先进集体、全国“五一”劳动奖状、国家火炬计划重点高新技术企业、中国民族经济之花、中国纺织十大品牌文化企业、全国纺织工业优秀企业等荣誉称号。

经纬纺机是国资委管辖的中国恒天集团有限公司旗下的以纺织机械为主业的 A+H 双上市公司，在全国拥有 300 多家分、子公司，1300 多人的技术研发队伍。经纬纺机技术中心被认定为国家级技术中心，拥有纺织机械专利技术 500 余项，产品覆盖清、钢、并、粗、细、络、捻、织、染等工艺流程，是国内最大的棉纺织成套设备供应商。经纬纺机通过中国纺织机械和技术进出口公司 (CTMTC) 专业化的渠道，建立了覆盖全球的产品营销和技术服务体系，产品出口世界 40 多个国家和地区。在做精做强纺机主业的同时，经纬纺机形成了以纺机主业为核心，非纺机械（商用汽车、医疗设备）、金融信托及股权投资共同发展的业务格局。

（刘君）

经纬纺织机械股份有限公司
董事长 叶茂新
总经理 姚育明

蓝星（北京）化工机械有限公司

蓝星（北京）化工机械有限公司外景　　企业提供

蓝星（北京）化工机械有限公司（简称蓝星北化机）2012 年资产总额 12 亿元，年营业收入 84727 万元，利润总额 6025 万元，实际上缴税款 8640 万元。职工人数超千人，其中科技人员 209 人、研发人员 149 人，高级职称以上 41 人，博士 15 人、硕士 37 人。拥有有效专利 53 项，其中发明专利 26 项。5 月，蓝星北化机与日本旭化成化学株式会社成立蓝星旭化成（北京）节能电解技术有限公司，进行国内电解槽的电极更新服务。8 月，BWCM 正式上线运行。9 月， 膜极距节能改造技术通过检测。10 月，公司成为俄罗斯氯碱协会会员。11 月，5000 吨级氧阴极离子膜电解装置通过市科委考核验收。12 月，公司通过和 IBM 咨询公司合作，实施企业组织变革。

蓝星北化机隶属于中国蓝星（集团）股份有限公司，是在原国有企业北京化工机械厂的基础上搬迁入驻开发区的企业，注册资本 2 亿元。公司是国内唯一能够自行设计、制造离子膜电解槽，提供成套离子膜烧碱装置和离子膜电解工艺技术与服务的专业化工程公司，具有年产 300 万吨离子膜电解槽和 500 万吨电极的生产能力，国内离子膜法烧碱市场占有率约为 47%。每年向国内和世界各地的 120 多家氯碱生产企业提供年超过 1600 万吨烧碱的离子膜电解槽装置及 520 万吨烧碱的金属隔膜电解槽。具有一、二、三类压力容器设计制造许可证，并拥有美国机械工程师学会 ASME 证书及 U 和 U2 标志钢印，获得欧洲 CE 认证。“北化机”牌电解槽进入中国名牌产品评价目录，被中国石油和化学工业联合会评为中国“知名品牌”。

（刘洋）

蓝星（北京）化工机械有限公司
总经理 王建军

施耐德（北京）中压电器有限公司

施耐德（北京）中压电器有限公司（简称施耐德中压）2012 年实现营业额 11.2 亿元，中标南方电网项目，合同金额 3100 万元；中标营口康辉石化——公用工程低配项目和恒力集团年产 20 万吨差别化纤维项目，销售 Okken 低压柜合同金额 1557 万元；中标中国民生银行顺义数据中心低压柜项目，销售 Okken 低压柜合同金额 1700 多万元。被评选为第十三届中国电气工业百强企业、开发区纳税 50 强企业、开发区纳税增长50强企业。

施耐德中压1997年5月成立，是一家提供中低压成套设备及技术解决方案的外商独资生产型企业，占地面积1.4万平方米，拥有员工340人，注册资金650万美元，是施耐德电气集团Okken低压柜的全球第二大工程设计和生产基地。

（陈君）

施耐德（北京）中压电器有限公司

总经理 刘 韧

施耐德（北京）中低压电器有限公司

施耐德（北京）中低压电器有限公司（简称施耐德中低压）2012年销售额28亿元，企业纳税额超过2亿元。入选第十三届中国电气工业百强榜，并获得第十三届中国电气工业“创新力”10强称号、开发区十大功勋企业、开发区纳税50强企业。

施耐德中低压1997年11月6日成立，注册资本700万美元，总投资1750万美元。施耐德电气（中国）投资有限公司持股90%，施耐德电气公司（法国）持股5%，开发区总公司持股5%。2008年4月，施耐德北京工业园破土动工，工业园采用先进的能效管理系统，包括电力监测和控制系统、IONE系统和楼宇自控系统。公司通过ISO 9001、14001认证、CCC认证、船级社认证Marine Certificate。质量检测设备包括3D测量仪、机械寿命测试机、盐雾试验箱、质量控制实验室、恒温恒湿试验机、弹簧试验机、自动弹簧试验机、精密数控3D图像测量仪、投影仪、三坐标测量机、荧光光谱仪等。

（陈君）

施耐德（北京）中低压电器有限公司

总经理 汪 旭

北京ABB低压电器有限公司

S200水星生产线　　李保东 摄

北京ABB低压电器有限公司（简称ABB低压）2012年出口额比上年提高92%，正式在市场上推出了智能电表、配电箱、充电桩等新产品，智能电表远销欧洲，充电桩在国内被上海大众、日本尼桑等多家知名汽车厂家采用。荣获第十三届中国电气工业100强荣誉称号。

ABB低压1994年11月成立，由ABB（中国）有限公司与北京敬业电二集团共同投资创建，隶属于ABB中国低压产品部，是ABB在华4家低压产品制造基地之一。公司主要生产终端配电保护产品和建筑电器附件产品，广泛应用于城乡建筑、工业及公共事业等自动化领域。终端配电保护产品包括微型断路器产品、电磁式及电子式剩余电流断路器产品、隔离开关及其他模数化终端配电产品；建筑电器附件产品包括机械开关产品、插座产品、弱点插座产品、酒店功能控制产品、附件产品。

（边卡 陈培洁）

北京ABB低压电器有限公司

总经理 王中丹

北京华德液压工业集团有限责任公司

华德液压生产的 HD-VS080 泵　　企业提供

北京华德液压工业集团有限责任公司（简称华德液压）2012 年围绕技术和质量两条生命线，调整产品结构，转变发展方式，创新市场营销，提升经济效益，被中国出入境检验检疫协会评为 2011 年度中国质量诚信企业，被工业和信息化部科技司确定为工业和信息化部品牌培育试点企业。2 月 23 日，全国人大常委会副委员长路甬祥到公司调研。8 月 15 日，华德液压与燕山大学签署战略合作协议。12 月 7 日，工程关、主液压件产业化项目预验收会在开发区召开，项目实施将进一步提高华德液压高端产品的研发制造水平。

华德液压是一家具有自主知识产权的液压基础件专业制造和服务企业，是由集团总部、研发中心、营销服务网络、生产基地（分公司），及控股子公司等组成的国有大型有限责任公司，中国液压气动密封件工业协会副理事长单位。公司产品包括液压阀、液压泵马达、液压成套设备、液压铸件及密封件等。华德液压服务于机床、冶金、工程机械、环保、船舶、航天及军工等领域，参与多项国家重点工程和国防装备的改造项目，获北京市名牌产品、北京市著名商标、全国用户满意产品、中国液压行业最具影响力品牌及中国市场用户满意第一品牌等称号。

（岳高丽）

北京华德液压工业集团有限责任公司
董事长　杜旭东
总经理　廖显胜

北京龙源冷却技术有限公司

北京龙源冷却技术有限公司外景　　孔震　摄

北京龙源冷却技术有限公司（简称龙源冷却）2012 年职工 500 余人，本科以上学历占 95% 以上，总资产 11 亿元，生产总值近 8 亿元，税收 4389 万元，国际国内空冷机组装机容量超过 2 万兆瓦。

龙源冷却是中国国电集团所属国电科技环保集团股份有限公司的控股子公司。主营业务是发电厂空气冷却系统（空冷）设计、空冷系统核心设备制造、成套设备供货、施工安装服务，是具有大型机组空冷系统总承包能力的专业化空冷高科技企业。龙源冷却的空冷系统核心设备——空冷散热器生产基地占地 3.47 万平方米，引进直接、间接空冷散热器生产线，直接空冷生产线年产可满足 12 台 600MW 直接空冷机组空冷散热器的设备供应。散热器产品获得欧盟 CE 认证，被国家电力行业评为 AAA 级信用等级企业。龙源冷却设有独立的空冷技术研究分公司，获批准多项技术专利，掌握核心专有技术 18 项。2011 年 1 月 7 日，在美国马里兰州托尼敦市注册成立益美高龙源冷却空冷公司，龙源冷却将在世界范围内开发和销售空冷式凝汽器。

（张靖　蒋澜）

北京龙源冷却技术有限公司

董事长　李宏远

总经理　丁　力

安川首钢机器人有限公司

双臂机器人冰激凌销售系统　刘剑盟　摄

安川首钢机器人有限公司（简称安川首钢机器人）2012年开发出电动汽车机器人自动换电系统、双层封闭式汽车前后副车架机器人全自动焊接生产线、空间中厚板相贯线轨迹多层多道焊接机器人系统等9个新产品，获得3项国家实用新型专利。销售收入比上年增长31%。利润总额比上年增长94%，成为开发区纳税增长50强企业、中关村“十百千工程”企业。

安川首钢机器人前身为首钢莫托曼机器人有限公司，由日本株式会社安川电机和中国首钢总公司共同投资，2011年更名。专业从事工业机器人销售，机器人系统、自动化生产线设计、制造、安装调试及售后服务。形成以北京总部和上海分公司为中心的集团化开发生产管理格局，工业机器人产品销售、机器人系统设计、售后服务三大业务增长迅速。

（李彩云）

安川首钢机器人有限公司　董事长　强　伟

总经理　富田也寸史

北京北开电气股份有限公司

北京北开电气股份有限公司（简称北开电气）2012年实现销售收入7.6亿元，比上年增长21.2%；产值73077.1万元，比上年增加9688万元。2月23日，北开电气首次参加中国国际清洁能源博览会并展示了电动汽车充电储能系列产品——交直流充电桩、便携式充电机BKCD6025、电池管理系统（MBS）。4月，国家安全生产监督管理总局核准北开电气为一级安全生产标准化机械制造企业。7月，充电桩产品参加第十三届中国（北京）国际新能源与电源工业技术装备展览会。8月1日，北开电气举行建厂60周年系列活动。9月，“零缺陷质量管理工具的构建与应用”获北京市第二十七届企业管理现代化创新成果二等奖。11月，参加北京国际风能大会暨展览会。12月4日，ZF19-252/T3150-50型、ZFW31-126/T2500-40型气体绝缘金属封闭开关设备被评选为2012年中国质量评价协会科技创新奖——科技创新产品优秀奖，LW36-126型低温自能式六氟化硫断路器、ZN105系列发电机真空断路器被评选为2012年北京企业评价协会科技创新奖——产品类优秀奖。

北开电气占地面积14万平方米，注册资本26998万元，资产总额88734.6万元，从业人员1064人。致力于高、中、低压开关控制设备，超导和机电一体化开关控制设备技术的研究、管理、销售、制造及安装维修服务，主营智能化组合电器、SF6组合电器、SF6断路器、真空断路器及真空接触器、充气柜、智能变电站、低压陆用（船用）空气断路器、高低压成套配电装置及军工产品等。作为国家电网公司和南方电网公司主要设备供应商，产品广泛应用于电网、电厂、电气化铁路等领域。

（李韬）

北京北开电气股份有限公司

董事长 冯纪华

总经理 何 伟

北京供电福斯特开关设备有限公司

北京供电福斯特开关设备有限公司外景 企业提供

北京供电福斯特开关设备有限公司（简称福斯特）2012年拥有职工近500人，其中高级技术职称15人、中级技术职称46人、初级技术职称58人。实现销售额6.1亿元，纳税额817万元。

福斯特是原机械工业部和电力工业部定点的高低压开关设备的生产厂家。2002年进驻开发区，园区占地面积2.7万平方米，公司下设4大部，包括7个部门、3个车间。有大、中、小型设备16台套，装备了从日本进口的58工位数控冲模回转头压力机、数控剪板机、数控折弯机等。福斯特主要产品为高低压开关设备，共5大类20多个品种，主要生产KYN28A-12等高压成套设备、MNS等低压成套设备。福斯特产品广泛应用于石油化工、发电、输变电、配电等行业。福斯特已通过ISO 9001:2000、ISO 14001:2004、OHSAS 18001:2007体系认证。

（陈林）

北京供电福斯特开关设备有限公司

董事长兼总经理 赵学明

北京宏达日新电机有限公司

北京宏达日新电机有限公司外景 刘迎春 摄

北京宏达日新电机有限公司（简称宏达日新）2012年资产总额35623万元，有从业人员179名，其中在岗职工143名，中方派驻高级管理人员1名，日方派驻高级管理人员3名。实现销售收入12777万元，产值12238万元，增加值9609万元，利税总额1410万元。5月，公司外方股东更换主要高级管理人员。公司实施组织结构调整与变革，设立总经理室；撤销物料部，职能与业务部和质管部进行整合；拆分经营管理部，设立为财务部。8月，宏达日新获得国家电网公司特高压皖电东送工程126kV电容器电抗器开断专用开关设备LBS订单。10月，获得首钢贵阳特殊钢有限责任公司110kV GIS订单。12月，获得首个出口马来西亚110kV GIS订单。年内，宏达日新投入200万元对车间环境、硬件设施进行改造和升级。

宏达日新主要从事设计、生产气体绝缘开关及配套设备、零部件；销售自产产品；提供自产产品的安装、调试、维修、技术咨询、技术服务（售前及售后服务）。主要技术和产品从日新电机株式会社引进和自主开发，主导产品包括126kV GIS、252kV GIS、72.5kV~168kV无功补偿专用开关（LBS）等。

（倪朋飞 徐博远）

北京宏达日新电机有限公司

董事长 里见昌男（5 月免）

高桥文治（5 月任）

总经理 里见昌男（5 月免）

立元正人（5 月任）

北京康宁光缆有限公司

北京康宁光缆有限公司外景　　企业提供

北京康宁光缆有限公司（简称康宁光缆）2012 年职工总人数 269 人，销售额超过 4.26 亿元，在中国各省市年销售光缆超过 12 万皮长公里，敷设光纤超过 305 万芯公里。在中国电信集团公司西藏地区光缆干线项目中中标，向西藏电信提供高寒地区加强型光缆产品。

康宁光缆产品以光缆为主，提供多种网络连接产品，广泛应用于电信、联通、网通、移动、广电、铁路、国防系统、石油、高速公路等领域的网络通信建设，其中光缆产品在中国累计敷设超过 136 万皮长公里，光纤敷设超过 3000 万芯公里，在国家一级干线的敷设量超过 4.2 万皮长公里，康宁光缆对亚太地区及美国市场的出口总量超过 7 万皮长公里。

（万红）

北京康宁光缆有限公司

厂长 CHAU CHEE KEONG

北京华东电气股份有限公司

北京华东电气股份有限公司外景　　企业提供

北京华东电气股份有限公司（简称华东电气）2012 年职工人数 335 人，工程技术人员及管理人员 152 名，其中 70% 具有高级技术职称。全年实现销售产值 2.4 亿元，销售收入 15928 万元，比上年增长 3.53%，利润 1203 万元，比上乍增长 4.52%，实现纳税 1001 万元。

华东电气致力于以客户为中心的高压、中压、低压开关成套设备的研发、制造、服务，是国家定点制造高低压成套开关设备的企业，主要产品被国家经贸委列入《全国城乡电网建设与改造所需主要设备产品及生产企业推荐目录》，被国家电刀公司电力规划设计总院、国家电力公司成套设备部列入《电力工程主要辅助设备推荐厂商目录》。华东电气拥有自营进出口业务资格，被市科委、市财政局联合评定为高新技术企业。

（彭立华）

北京华东电气股份有限公司

董事长兼总经理 王怀新

中国航空技术北京有限公司

中国航空技术北京有限公司（简称中航国际北京公司）2012 年实现销售收入 107 亿元，利润总额 3.1 亿元，销售收入突破百亿元大关。12月26日，公司向大兴区红十字会捐赠了爱心款20万元，创建“关爱·长青”少儿先心病救助基金。第一个受助儿童全宝微的手术取得成功。多年来，中航国际北京公司关注社会弱势群体，积极参与助学、助困、救灾等多项公益活动。

中航国际北京公司成立于1992年，是中国航空工业集团公司的成员单位，中国航空技术国际控股有限公司的全资子公司。中航国际北京公司积极实施战略转型，开展船舶和机电工程总包两项主营业务，由贸易公司转变成为集研发、设计、贸易、制造于一体，拥有海外上市公司资本经营平台的专业化公司。

（辛修萍）

中国航空技术北京有限公司

董事长兼总经理 刁伟程

中冶京诚工程技术有限公司

中冶京诚第二办公区外景　冯斐 摄

中冶京诚工程技术有限公司（简称中冶京诚）2012年新签合同额122亿元，实现营业收入109亿元。中冶京诚2003年11月28日改制为国际化的工程技术公司，隶属于世界500强企业中国冶金科工集团公司，前身是成立于1951年的北京钢铁设计研究总院。中冶京诚提供多行业的工程全流程服务，形成以工程咨询和工程承包为中心，装备制造和投资开发为支撑，资产和资金运作为策应的业务架构；实现从单一的钢铁行业工程咨询、设计业务向矿山和工业工程、装备和材料制造、市政和公用设施、资源开发业务转型，业务领域延伸至矿山、机械、造纸、市政、交通、房地产开发等领域。服务涵盖了工程设计、装备研发与制造、工程咨询、工程项目管理、工程招标代理、施工总承包等全过程。公司获国家发明奖、国家和省部级科技进步奖、国家和省部级优秀工程设计奖等500余项，拥有职务发明专利300余项，主持或参加了260余项国家和行业标准的编制工作。

（程芳）

中冶京诚工程技术有限公司

董事长 施 设

总　裁 陈 杰

北京京诚瑞达电气工程技术有限公司

北京京诚瑞达电气工程技术有限公司（简称瑞达公司）2012年12月根据中冶京诚工程技术有限公司的安排，原京诚公司的自动控制所、信号与通讯所并入瑞达公司，公司融入了自动化与信号通讯专业。整合后的瑞达公司有员工400余名，其中硕士、博士170余人，具有中高级及以上技术职称300余人，注册电气工程师、注册自动化系统工程师、冶金建设高级技术人员等70余人，参加国家各项专业技术学会、协会的专家10余人。

瑞达公司1998年4月成立，是中冶京诚工程技术有限公司的全资子公司，前身为北京赛瑞斯达电气设计研究所，2004年改制为瑞达公司，同年迁入开发区。产品销往国内各地，出口到白俄罗斯、孟加拉国、印度、伊朗等海外市场。瑞达公司业务范围包括工程咨询、工程设计、项目管理服务、系统集成、设备成套供货等。主要是面向冶金企业电气控制系统，原料配送、炼铁、炼钢、连铸、轧钢、金属加工等生产过程的技术支持，面向港口、市政、发电、可再生能源等非冶金类市场发展。1999 年至 2012 年累计合同总额超过 50 亿元。高速起停式倍尺飞剪控制系统和棒材（18m/s）生产线自动化控制系统产品稳居国内市场首位。2004 年至 2012 年，原料输送、连铸机液压振动、棒材、飞剪、无缝钢管等多项控制系统获得冶金科学技术奖一、二、三等奖，原料、冶炼、轧钢等领域的 25 项软件成果获得版权局授予的软件著作权。公司成立 15 年来提供成套控制设备近万套，促进了冶金行业自动控制领域科学技术向生产力转换的进程。2008 年开始，在保持常规业务和自有技术的同时，瑞达公司加快研发自主产品。2009 年，抗干扰型脉冲分路器进入市场，高效低压动态补偿装置 TSC 通过测试。2010 年，为了响应国家节能减排的政策方针，瑞达公司加强对节能产品的自主研发，推出了变频器、智能照明控制器、无功补偿装置多款节能产品，通过工程项目来推广和使用这些产品。2011 年，瑞达公司从客户的需要出发，研制开发过程数据采集系统、负荷自动控制系统等实用新型产品和技术。

（张楚）

北京京诚瑞达电气工程技术有限公司

董事长兼总经理 张宝岭

和利时集团

和利时集团总部基地　　臧洁 摄

和利时集团（简称和利时）2012 年营业额超 30 亿元，总资产 17 亿元，员工 3500 余人。中标港铁信号系统项目并完成签约；为福建宁德核电站一期 1 号机组提供全数字化仪表控制系统 DCS 设备；完成第二代中药调剂设备的研发和原理样机试制工作；发布自主研发生产的 HOLLiAS-MACS V6.5.1 系统软件平台；新一代安全保护系统取得德国 TÜV Rheinland 颁发的 SIL3 认证证书，标志着国内首套拥有完全自主知识产权的工业自动化领域 SIL3 安全保护系统的诞生。年内，和利时集团内刊——《和利时之声》荣获 2012 年度北京市工商联内报内刊评选优秀奖。该奖项评选已举办 8 届，是由市工商业联合会组织的对非公有制企业、工商联组织、行业商会、会员企业优秀内报内刊的评选。《和利时之声》自 1995 年创刊以来，伴随和利时共同成长，承载着和利时的文化理念。

和利时是一家从事自主设计、制造与应用自动化控制系统平台和行业解决方案的高科技企业集团。主要业务包括过程自动化（DCS）、工厂自动化（PLC 及驱动）、核电站数字化仪控系统、高速铁路、城市轨道交通自动化等；提供的自主技术、高品质自动化平台及解决方案，在国内率先成功应用于核电站、大型火电机组、铁路提速和城市轨道交通等多种关键装备及重要工程；自主开发制造的信号系统和综合自动化系统在高速铁路和城市轨道交通方面获得广泛应用；核心产品 DCS 及 PLC 在核电、火电、石化等行业的实施工程项目超过 1 万项，PLC 与驱动产品相继获得 CE、UL 认证。

（张蔚青）

和利时集团 董事长 王常力

总经理 贺剑锋

北京赤那思电气技术有限公司

北京赤那思电气技术有限公司（简称赤那思电气）2012 年员工 120 人，其中博士 2 名、硕士 5 名，营业额突破 1 亿元，同比增长 25%。

赤那思电气致力于无功补偿、谐波治理技术及电能质量优化领域研究，产品在电力、汽车制造、船舶、钢铁、冶金、煤炭、石油化工、水泥等领域广泛应用。赤那思电气通过国家高新技术企业认证、ISO 9001:2008 认证、ISO 14001:2004 认证、CCC 国家强制性产品认证，获得了全国优秀企业家创业奖章和市科委科技成果转化扶植基金，被评为科技创新型中小企业 100 强。公司产品入选 2009 年第二批自主创新产品目录。赤那思电气建立了产品研发中心，与行业内的科研机构及大专院校保持紧密的合作关系，形成了多项自主知识产权及特色产品。赤那思的全部产品质保 3 年，电容器、电抗器、投切开关、控制保护系统等核心器件按照公司自有专利技术设计制造。

（战子英）

北京赤那思电气技术有限公司

董事长 战子英

北京国能子金电气技术有限公司

国能子金生产的磁控电抗器　　马新忠 摄

北京国能子金电气技术有限公司（简称国能子金）2012 年营业额 7200 万元，磁控电抗器产品转为规模性生产，年生产能力 100 台套。年内，公司共申请发明专利 3 项、实用新型专利 5 项；获得发明专利 1 项、实用新型专利 4 项。国能子金在开发区形成规模生产销售的产品有高压动态无功补偿及谐波治理成套装置（MSVC）、高压无功自动补偿装置、风电场无功在线监测装置、柱上式线路电压无功自动控制装置。产品广泛应用在电网公司变电站、风电场并网升压站、煤矿变电所、铁路牵引变电站等领域。6 月，通过 ISO 9001:2008 质量、ISO 14001:2004 环境及 GB/T 2008-2001 职业健康安全管理体系认证。7 月 17 日，公司承担的国网科技项目“MSVC 在变电站电压无功智能化控制中的关键技术研究”通过国网专家验收。10 月，通过中关村高新技术企业认证。12 月，获得北京市工业发展专项资金扶持。

国能子金 2009 年 10 月成立，2011 年 10 月迁入开发区，公司主要致力于智能电气设备的研究开发、设计、生产和销售。2011 年 11 月，通过国家高新技术企业认证。

（张传青）

北京国能子金电气技术有限公司

董事长兼总经理 张富民

北京洲际资源环保科技有限公司

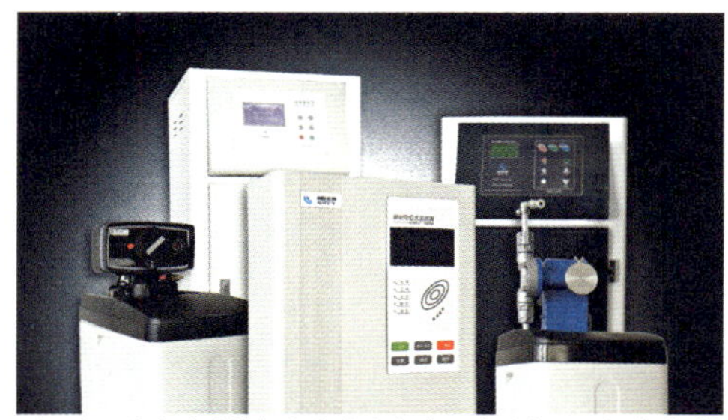

洲际资源生产的酸性氧化电位水生成器系列产品　赵琳琳　摄

北京洲际资源环保科技有限公司（简称洲际资源）2012 年主营业务收入 2000 万元，产生间接经济效益 1000 多万元。

洲际资源 2004 年成立，是具有自主知识产权的酸性氧化电位水系统开发与制造、技术解决方案及品牌服务企业，向部队及地方的医疗卫生、防疫应急、食品安全、食品洁净工业、设施农业等领域提供绿色消毒系统、产品技术与解决方案。洲际资源已申请包括核心技术和关键部件在内的 49 项专利和 3 项软件著作权，其中发明专利 16 项和 PCT 国际专利 2 项。

（曹中华）

北京洲际资源环保科技有限公司

董事长兼总经理　郭永通

北京利达科信环境安全技术有限公司

北京利达科信环境安全技术有限公司外景　企业提供

北京利达科信环境安全技术有限公司（简称利达科信）2012 年产值 3000 万元，纳税额 179 万元；拥有发明专利 2 项，实用新型专利 4 项，软件著作权 7 项。员工 74 人，设立石家庄、呼和浩特、成都 3 家分公司；中标浙江省舟山市环境监测设备运维项目、北京市排水集团运维项目。完成化学新平台水质在线监测设备的开发，扩大公司的产品线，弥补物理方法在线监测仪表应用方面不足，使仪表应用范围更加宽广。利达科信在线监测设备在内蒙古自治区污染源监控设备联网一期、二期工程，河北省重点污染源在线监测设备联网一期、二期工程应用。

利达科信 2002 年 7 月成立，注册资金 1500 万元，是一家研发、生产、销售环保在线监测设备的高新技术企业。有 2 条自动化环保仪器生产线。生产线上有元器件筛选老化流程和自动化贴片机等生产设备。利达科信先后取得国家高新技术企业、中关村国家自主创新示范区创新型试点企业、北京科技研究开发机构、北京市“瞪羚”重点培育企业认定证书，ISO 9001 质量管理体系、ISO 14001 环境管理体系认证证书，环境污染治理设施运营证书。利达科信产品能监测水中的 COD、氨氮、总磷、重金属（铜、镍、铅）、水中油、叶绿素、挥发酚等参数，同时提供在线监测仪器运营维护服务。公司开发的叶绿素 A 和蓝绿藻二合一在线监测仪被评为国家重点新产品。

（王欣　陶素杰）

北京利达科信环境安全技术有限公司

董事长　涂燕平

总经理　王　欣

北京万源多贝克包装印刷机械有限公司

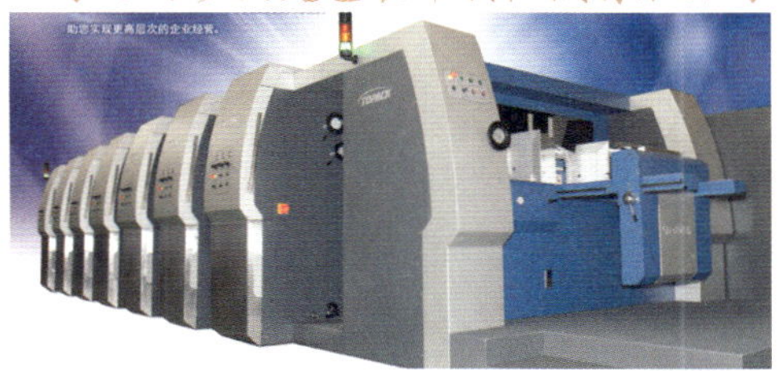

万源多贝克生产的 SP2200 型瓦楞纸板柔性印刷机　企业提供

北京万源多贝克包装印刷机械有限公司（简称万源多贝克）2012年营业收入近1.7亿元，实现利润1572万元，纳税949万元；有员工54人，专科以上科技人员29人，研发人员18人；累计获得国家科技创新资金无偿资助项目共计504万元，获得6项国家技术专利。10月，公司厂房迁至开发区瀛海科技园区，厂房面积扩大近2倍。12月，公司通过了欧盟CE认证，产品进入欧盟及欧洲贸易自由区国家市场。

万源多贝克2003年11月27日在开发区成立，注册资本1000万元，是中国运载火箭技术研究院与法籍华人（个人股）共同投资建立的国家高新技术企业。2006年11月第四届第1次董事会议决定将公司第一大股东由北京航天万源实业公司变更为北京航天万源科技公司。万源多贝克以世界领先的纸箱印刷及后加工技术为基础，发挥中国航天尖端科技和制造优势，从事瓦楞纸箱后处理技术及设备的研究，致力于瓦楞纸板柔性印刷机的设计、生产、销售与服务，产品销售范围遍及国内20多个省市及马来西亚、印度尼西亚、土耳其、越南等国家。万源多贝克在国内最早采用世界上先进的永磁无刷电机，伺服反馈计算机控制系统，率先采用柔性版网点多色直接印刷技术进行配套设计，具有高精度、高稳定性、高效率、低损耗的技术优势。万源多贝克研发的TP2200型瓦楞纸箱柔版直接印刷机，采用固定式机组、独立单元式设计、伺服控制技术、PLC可编程式控制，可进行连线印刷、上光、模切，最高可实现133线印刷品的高速生产，误差范围可控制在±0.25mm以内，纸板及面纸的适印范围广泛，具有替代部分胶印产品的品质。支柱产品SP2200瓦楞纸箱柔版印刷机，可实现最高150线的高端印刷，误差范围仅为±0.2mm，最薄可印刷0.8mm的G楞纸板。公司先后获得国家高新技术企业、中关村高新技术企业、北京市专利试点单位、北京市科技研究开发机构、北京市自主创新产品、包装科技创新奖和中国质量评价协会科技创新产品奖、中国创新设计红星奖、海外高层次人才创办企业、“明辉杯”中国纸包装工业供应商用户喜爱品牌优秀企业、中国包装科学技术奖等荣誉。

（李欣）

北京万源多贝克包装印刷机械有限公司

董事长 李　刚

总经理 王燕兵

北京牡丹联友环保科技股份有限公司

北京牡丹联友环保科技股份有限公司外景　　企业提供

北京牡丹联友环保科技股份有限公司（简称牡丹联友）2012年拥有员工139人，研发人员24人，研发费用占收入比例8.4%，新增脱硝产品创收2000多万元。2月，被评为2011年新区纳税增长50强企业，获奖励资金30万元；入选开发区

“小巨人”重点培育企业。3月，公司进行上市辅导备案登记。5月，被市科委列为北京科技研究开发机构。6月，公司成功收购上海丹联环保有限公司，进一步增强了公司后期运营能力；被评为中关村信用双百企业。7月，公司项目被列入第一批中关村国家自主创新示范区新技术新服务目录。

牡丹联友1992年成立，注册资金6500万元，是国家高新技术企业，是中关村示范区高新技术企业和“瞪羚”企业，主要从事环保在线监测设备和专用检测设备的研发、生产、销售和后期运营服务，曾两次被福布斯杂志评为中国最具发展潜力的200家中小企业。1997年，承担了由环境保护部主持的国家重点科技攻关项目——烟气在线监测设备的研制，从此进入环保监测设备领域。1999年初，被发展改革委列为国家高技术产业化示范工程，获国家无偿资助1000万元。公司承担过国家重点科技攻关项目和国家高技术产业化示范工程，多次承担科技部创新基金项目——二氧化硫和烟尘一体化监测技术的研发和产品中试，始终坚持走自主研发和创新之路，掌握产品的核心技术和生产工艺，拥有全部自主知识产权和专有技术。2011年3月，公司项目被列为北京市高新技术成果转化项目，连续5年可获政府专项资金支持；2011年9月，通过高新复审，再次被认定为高新技术企业。2011年，公司完成股份制改革。公司自主研制的HP5000系列烟气在线监测设备被列入北京市首批、第四批、第九批自主创新产品，HP5000产品是现行业中唯一的国家级自主创新产品。HP5000SL型超低浓度烟气连续监测系统被列入北京市第十批自主创新产品和北京市第八批政府首购自主创新产品目录，此项研究树立了高性能环保监测设备国产化领跑者的市场地位。

（孟雨）

北京牡丹联友环保科技股份有限公司

董事长 杨　森

总经理 王东民

北京豪特耐管道设备有限公司

北京豪特耐管道设备有限公司外景　　企业提供

北京豪特耐管道设备有限公司（简称豪特耐）2012年生产的管道产品总长度达500千米，总产值2.5亿元，纳税总额1600万元。6月1日，北京豪特耐管道设备有限公司工程设计咨询分公司正式注册成立，是豪特耐向多元化经营模式的一次重大战略转型。6月7日，北京豪特耐管道设备有限公司研发中心被认定为北京科技研究开发机构。7月1日，豪特耐正式启用新标志。12月31日，主编的GB/T 29047-2012《高密度聚乙烯外护管硬质聚氨酯泡沫塑料预制直埋保温管及管件》国家标准发布（于2013年9月1日起正式实施）。

豪特耐于1995年在开发区注册成立，是集设计、实验、研发、制造、安装于一体的多元化企业。豪特耐下设3个绝热管道生产基地、1 个工程设计咨询分公司、1 个能源系统优化研发中心和 1 个实验室，努力为客户搭建起一个集方案提供、系统设计、技术研发、系统验证、产品生产、施工安装、技术培训为一体的综合化服务平台。豪特耐是专业的管道绝热及防腐涂敷解决方案供应商，服务于集中供热、集中供冷、石油/天然气、LNG、化工等领域。豪特耐 3 个生产基地分别位于北京市、天津市和新疆维吾尔自治区，总占地面积约 10 万平方米，总投资近 2 亿元，年生产能力 1500 千米以上。豪特耐为国内外 60 多个城市、300 多个项目提供高品质的预制管道系统和服务，其中有超过 2500 千米的豪特耐保温管道服务于集中供热领域。针对集中供热领域的不同需求，豪特耐可以为用户提供适用于直埋、地沟、架空等不同敷设方式的保温管道产品。产品根据不同的介质温度采用聚氨酯和玻璃棉保温，适用于工作压力不大于 2.5Mpa、输送介质温度小于 350℃的热水或者蒸汽供热管道系统，可做到最大管径为 DN1600。产品生产可以执行中国标准和欧洲标准，具有工程整体投资小、施工工期短、使用寿命长、节能环保等特点。

（杨帆）

北京豪特耐管道设备有限公司

董事长 杨　帆

总经理 程伟佳

富思特新材料科技发展股份有限公司

富思特新材料科技发展股份有限公司（简称富思特）2012 年有员工 800 人，管理层本科占 50%，博士以上 2 人，博士后流动站 1 个。4 月，富思特成都新津生产基地开工建设。12 月，富思特制漆（北京）有限公司正式更名为富思特新材料科技发展股份有限公司；荣获经销商最喜爱的十大涂料品牌、中国十佳工程建筑涂料品牌称号。年内，富思特在大兴区的安定新工厂开工建设。

富思特调色实验室　　企业提供

富思特原名富思特制漆（北京）有限公司，1995 年成立，位于开发区地盛中路 3 号中辉世纪大厦，是专业从事建筑涂料和集保温研发、生产、销售和施工为一体的大型现代化企业。富思特生产的外墙涂料在中国建材研究院的抽样检查测试中以耐擦洗 11 万次不透底而远超于优等品 2000 次的国家标准。富思特为中国涂料工业协会副会长单位。连续五届荣任中国涂料协会理事单位，中国建筑装饰协会理事单位。获中国优质名品，质量、服务、信誉 AAA 级企业，重点推广技术、中国优质环保建材、奥运建筑工程推荐材料等称号，富思特是《国家建筑涂料标准》副主编单位，是行业内最早通过国家环境认证和管理体系认证的企业。公司率先在行业内通过了 ISO 9001 国际质量管理体系认证、ISO 14001 国际环境管理体系认证、ISO 14024 国际环境标志产品认证，并成为中国 ISO 14024 国际环境标志产品认证涂料标准制定者。2010 年 4 月，富思特承办首届中国城市色彩市长高峰论坛，展示中国城市色彩规划成果，并发出以优质环保的涂料和保温产品，全力打造低碳、节能、环保、多彩的现代化新城市的倡议。

（李文玲）

富思特新材料科技发展股份有限公司

董事长　郭祥恩

执行总经理　姜年超

汽车制造

北京奔驰汽车零部件配套产业园启动

1月30日，“北京奔驰汽车零部件配套产业园启动仪式”举行。中共中央政治局委员、市委书记刘淇，市委副书记、市长郭金龙，大兴区委书记兼开发区工委书记林克庆，北汽集团董事长兼北京奔驰公司董事长徐和谊共同为产业园推动启程动力杆。首批入驻北京奔驰汽车零部件配套产业园的不乏跻身世界500强的著名企业，他们将为北京奔驰提供零部件生产、全方位一体化物流供应和配套服务等支持，这些项目都将强力助推打造北京奔驰完整的汽车产业链。同时，北京奔驰汽车零部件配套产业园将为推动北京市汽车工业实现汽车制造、研发、生产三大领域的跨越发展提供重要支撑。

（章大力）

汽车配套工业园开工奠基

2月28日，“汽车配套工业园开工奠基仪式”在开发区河西区X57地块举行，世界500强——德国采埃孚集团正式入驻新区。国土资源部土地规划司、市经济信息化委、市国土局等有关单位领导出席仪式。该项目由泰事达房地产开发（北京）有限公司以定制的方式为采埃孚量身打造，总投资2亿元，占地面积5.7万平方米，8月完工，年底实现供货。项目建设完成后，德国采埃孚集团将以租用方式入驻。

（孙懿男）

北京奔驰举行供应商发展研讨会

4月25日，由北京奔驰汽车有限公司主办的“首届中国潜在供应商发展研讨会”在北京开幕，来自75家供应商、戴姆勒和北京奔驰高层管理团队约350位代表参加。研讨会共设7个分会场，分别就合规、采购、质量、工程、物流、本地化与成本计划等议题与供应商展开交流，向供应商详细展示北京奔驰的供应商体系规范及理论。

北京奔驰举行中国潜在供应商发展研讨会　岳政　摄

（杨志平）

北京奔驰迈入国际市场

5月16日，北京奔驰汽车有限公司出口哥伦比亚的34辆梅赛德斯－奔驰E300L轿车装箱启运。这是北京奔驰第一批出口车，是北京奔驰实现国际化战略的新举措，标志着北京奔驰的发展迈上了新的台阶。

（韩庆新）

北京奔驰首次月产超万辆

北京奔驰公司领导与月产第10000辆车合影　　岳政 摄

5月30日，北京奔驰汽车有限公司在二工厂总装车间举行“庆祝北京奔驰月产超万辆”的下线仪式。北京奔驰本月生产的第10000辆车驶下总装车间检测线。公司自成立以来首次月产量超过10000辆。

（仇盛福）

新一代GLK级SUV试驾活动举行

10月12日，北京奔驰汽车有限公司为推广宣传新一代梅赛德斯－奔驰GLK级豪华中型SUV上市，在北京青泉赢睿汽车公园内举行媒体试驾活动。来自全国各地的160家媒体、182人参加此次活动。

（阮伟健　侯洁）

北京奔驰与银团签订26亿元贷款合同

12月11日，“北京奔驰汽车有限公司26亿元发动机项目银团贷款签约仪式”举行。此次由中信银行牵头，北京银行参与的26亿元银团贷款，主要用于北京奔驰公司新发动机工厂一期建设。

（刘洋）

新能源汽车产业基地发展态势良好

年内，新能源汽车产业基地引入了上海大郡电机及哈尔滨光宇电池项目；海纳川航盛、光华、长鹏、李尔二期等项目办理开工前期手续；恒隆、协众等项目已开工。北汽新能源已成为北汽集团新能源汽车技术研发、资源集约、产业整合的项目管理平台，掌握了国内领先的整车系统集成与匹配、整车控制系统、电驱动系统三大关键核心技术，已实际投入运营的电动车超过700台，具有年产4万台新能源汽车的产能。

北京奔驰领导与银团代表合影　　岳政 摄

（孔祥龙）

部分企业

北京奔驰汽车有限公司

北京奔驰汽车有限公司（简称北京奔驰）成立于2005年8月8日，是北京汽车股份有限公司与戴姆勒股份公司、戴姆勒大中华区投资有限公司组建的合资企业，位于开发区博兴路8号。公司的主要产品有梅赛德斯－奔驰长轴距E级轿车、C级轿车和GLK级豪华中型

SUV。2012年生产轿车96839辆，销售超过10万辆。公司在高效实施2015年战略重点项目的同时，完成了2020年战略布局，并开始进入实施。生产经营持续增长，生产、销售、利润均创造了公司成立以来最好成绩，并保持了强劲的盈利能力，对股东、客户、员工和社会的回报增加。公司推行质量管理体系、精益生产体系、营销体系、供应商体系、成本控制等体系流程，体系能力建设推动了企业竞争实力、持续发展能力不断提升。颁布新的"核心价值观"和《行为准则》，建立以"诚信"为核心的企业最高道德标准；签订《集体合同》，召开工会会员（职工）代表大会，建构和谐企业氛围；公司党委发挥引领、助推作用，制定主题教育，组织劳动竞赛，加强素质与能力培训，员工素质和能力不断提高。

7月20日，北京奔驰各车型通过中国环境标志认证检查，获得中国环境标志产品证书，具备政府采购的资格。8月28日，北京奔驰连续第6次成为中国网球公开赛首席赞助商。9月25日，北京奔驰二期工程奠基仪式在位于开发区的北京奔驰新工厂建设基地举行。9月，北京奔驰生产的新一代梅赛德斯－奔驰GLK级豪华中型SUV在2012年中国网球公开赛上正式亮相。12月20日，年度生产装配的第10万台发动机下线。

年内，北京奔驰公司荣获北汽集团颁发的"生产经营突出贡献奖"；生产能力扩充及研发中心建设项目荣获"重点组织奖"；公司党委荣获"北京市国资委系统创先争优先进基层党组织"和"北汽集团创先争优红旗党委"荣誉称号；公司团委被评为"北京市五四红旗团委"；公司获得经济技术开发区"十大功勋企业""纳税50强企业"荣誉称号。

北京奔驰生产的GLK级豪华中型SUV汽车　企业提供（侯洁）

北京奔驰汽车有限公司 董事长　徐和谊
总裁兼首席执行官　戴　斯
高级执行副总裁　蔡速平

北京德尔福万源发动机管理系统有限公司

北京德尔福万源发动机管理系统有限公司外景　程远　摄

北京德尔福万源发动机管理系统有限公司（简称德尔福万源）2012年职工总人数778人，人均销售收入和产值达到350万元以上。11月，公司搬入位于开发区南部新区的新厂址。新厂总投资达3.6亿元，占地面积约3万平方米，建设生产基地和研发中心，主要从事汽车发动机电子控制系统的生产和发动机管理系统及变速箱控制系统的研发。

德尔福万源前身是北京德尔福汽车系

统有限公司，是由美国德尔福公司与中国运载火箭技术研究院共同投资组建的合资企业，于 2000 年正式投产。德尔福万源主要开发和生产汽车发动机管理系统（电子燃油喷射系统），使汽车发动机性能达到最佳状态的同时，也能满足世界公认的排放法规标准，推出 ITMS-6F、MT20、MT20U、MT20U2、MT22U、MT34、MT60、MT80、MT22.1 等产品，适用于不同法规、不同市场应用的系列控制元件，成为国内汽车市场发动机管理系统的第二大供应商，市场占有率达 20%。德尔福万源拥有 20 余条生产线，国产化项目主要为电喷系统（EMS）零部件的国产化生产，包括喷油系统 (GIS)、燃油输送系统 (Fuel handling)、供气调节系统 (EACV)、传感器类 (Sensors & Actuator)、排放检测传感器 (O2 sensor)、点火线圈 (Ignition coil)。公司曾获北京市国际经贸合作奖、开发区特殊贡献奖，被评为开发区 2006 年度纳税信用 A 级企业、中国汽车工业协会 2007 年度中国汽车零部件百强企业，开发区纳税 50 强企业。

（邢贵中　陈砾）

北京德尔福万源发动机管理系统有限公司

董事长　白美璋

总经理　蔡　伟

北京北汽李尔汽车系统有限公司

北京北汽李尔汽车系统有限公司外景　　陈超　摄

北京北汽李尔汽车系统有限公司（简称北汽李尔）2012 年在职员工 220 人；年产值 6.86 亿元，同比增 75%；纳税额同比增长 110%。北汽李尔荣获 2012 年度开发区纳税 50 强、开发区纳税增长 50 强、北京奔驰 2012 年度优秀供应商称号。2 月，公司获得北京奔驰 V205（暨 C-Class 升级版）座椅业务；6 月，北京汽车投资有限公司所持有的北汽李尔 50% 股权转让至北京海纳川汽车部件股份有限公司。

北汽李尔主要经营范围为设计、生产汽车座椅系统，销售自产产品，并提供自产产品的技术服务。北汽李尔生产工艺和质量控制体系完全引进与德国李尔相同的座椅制造体系，以德国李尔斯图加特研发中心为依托，关键测量设备直接由德国进口，并通过 ISO/TS 16949 与 ISO 14001 认证，年产能可达到 10 万套高端汽车座椅，为北京奔驰汽车有限公司和北京汽车股份有限公司提供整车座椅配套服务。

（石峰　贾燕）

北京北汽李尔汽车系统有限公司

董事长　许小江

总经理　孙　琦

康明斯排放处理系统（中国）有限公司

康明斯排放处理系统（中国）有限公司（简称康明斯）2012 年产能达 9 万套。8 月，与佛吉亚排气控制技术（中国）有限公司组成制造联盟。

康明斯是全球最大的商用车发动机后处理技术方案的集成提供商，专为商用车发动机开发各种排放解决方案和生产系统产品。康明斯排放处理系统可生产与集成氧化催化器、壁流式和半壁流式颗粒过滤器、选择性催化还原器等排放控制系统，可开发生产欧四、欧五和国四、国五及以上排放标准的排放处理系统，是集排放处理系统产品开发、生产和销售为一体的在华独资企业，通过了 ISO/TS 16949、ISO 14001 和 OHSAS 18001 管理体系认证。北京工厂建于 2008 年，占地面积 1 万平方米。

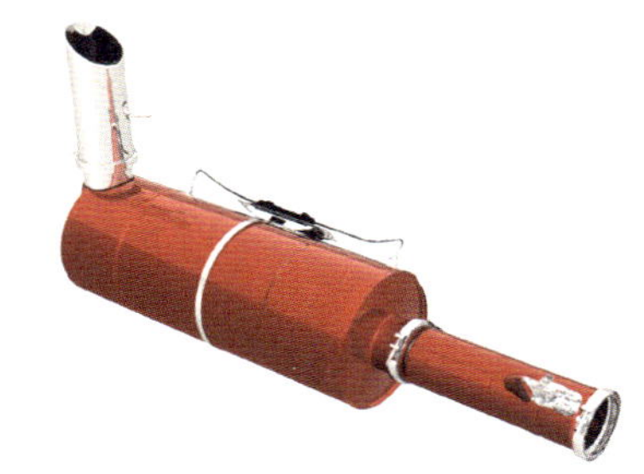

适用于国 4/国 5 排放标准的 SCR 产品　　企业提供

（张慧丽）

康明斯排放处理系统（中国）有限公司

总经理　苟　明

北京中瑞蓝科电动汽车技术有限公司

北京中瑞蓝科电动汽车技术有限公司（简称中瑞蓝科）2012 年员工总人数 182 人，其中院士 2 人，教授、博士生导师 5 人，博士 5 人，硕士研究生 19 人，本科生 52 人。拥有技术研发人员 78 人。年内，获得国家发明专利 4 项、实用新型专利 8 项、国家软件著作权 10 项、国家外观设计专利 2 项。公司总资产 13789 万元，净资产 12204 万元。实现销售收入 2.18 亿元。

中瑞蓝科 2010 年 7 月成立，位于开发区中和街 9 号，注册资本 1.3 亿元，是一家专注于纯电驱动电动汽车电源总成系统、电驱动总成系统、智能化整车控制总成系统和关键零部件的研发、制造、技术服务公司。中瑞蓝科通过国家高新技术企业认证、ISO 9001:2008 质量管理体系认证及 ISO/TS 16949:2009 质量管理体系认证。中瑞蓝科以汽车电动化为目标，在汽车动力电源、电机、电控三大技术领域组织研究和开发，整体并购了欧洲荷兰 DURACAR 新能源汽车科技有限公司，接受并引进了 DURACAR 公司的全部技术、产品和团队，核心产品为纯电驱动汽车电机驱动总成系统、集成化电源总成系统、智能化整车控制总成系统及其关键零部件，提供纯电驱动汽车产业全面解决方案，技术、产品和服务覆盖了商用车、专用车、乘用车等全部应用领域。形成以荷兰 DURACAR 新能源汽车科技公司为重点的海外研发基地，以北京中瑞蓝科中央研究院为核心的科技产业化基地，以北京中瑞蓝科动力电源工厂、电子工厂、电机工厂为基础的核心产品制造基地，以中瑞北方商用车股份有限公司为主体的专用车生产基地，以江西鸿新电动汽车制造有限公司为主体的出口产品基地。

（沐光美）

北京中瑞蓝科电动汽车技术有限公司

董事长　王　威

新兴产业

新能源和新材料

同益中参展国际商业安全博览会

1 月 15~17 日，北京同益中特种纤维技术开发有限公司参展在阿联酋迪拜国际会展中心举办的第十四届法兰克福中东（迪拜）国际商业安全及消防器材博览会。该展会由法兰克福展览公司主办，是中东地区规模最大的专业安全消防产品展会。展会上，共有来自 50 多个国家的 800 多家安防类企业的产品及技术，同益中公司展示了最新研制成功的 DOYENTRONTEX 系列高强高模聚乙烯纤维、有色纤维、抗静电纤维、陶瓷复合板、防弹防刺服等警用产品，受到了来自世界各地参展人员的关注。

（刘晓薇）

京东方 8.5 代线厂房光伏发电项目竣工

3 月，京东方科技集团股份有限公司北京8.5代线厂房光伏发电项目正式竣工。该项目是北京市最大规模的光伏屋顶发电项目，也是北京市最大的国家“金太阳”示范工程。该项目将太阳能光伏利用与厂房建筑有机结合，成为经济效益、社会效益、环境效益三合一示范项目。

（任敏）

金风科创智能微网正式投入运行

4 月，北京金风科创风电设备有限公司可再生能源多能互补智能微网示范工程（简称智能微网）建设完毕投入运行，通过金风自主研发的能量管理系统，对微网内的风机和光伏等分布式电源、多种储能系统和负荷进行综合管理。金风智能微网电源系统包括一台金风 2.5 兆瓦直驱永磁风力发电机组和 500 千瓦光伏组件；储能系统采用了锂电池、钒液流电池、超级电容和飞轮四种储能方式，负荷运用于金风科技办公楼和生产车间，并且通过安装公司自主研发的能量管理系统，实现对用户侧柔性电力管理。智能微网在独立运行的同时也可以与外部电网并网运行。年内，风机年发电量达 120 万千瓦时，光伏年发电量达 40 万千瓦时。

（谷延辉）

同益中新一代聚乙烯纤维基地项目投产

6 月 25 日，北京同益中特种纤维技术开发有限公司承担的“国家高技术产业化示范工程——新一代超高分子量聚乙烯纤维基地”项目竣工投产。该基地总投资 1.5 亿元，土建工程占地 2.67 万平方米，总建筑面积 3.2 万平方米。这标志着同益中在科技成果产业化和工程化方面实现了跨越式发展，为提高中国高性能纤维及复合材料的设计、制造和开发应用水平，加快提升中国新材料产业的发展作出了积极贡献。

（刘晓薇）

同益中纤维行业方法标准立项

6 月，工业和信息化部发布 2012 年第二批行业标准制修订计划，北京同益中特种纤维技术开发有限公司主导起草的《超高分子量聚乙烯纤维耐磨性测试方法》为重点推荐项目。该标准是超高分子量聚乙烯纤维行业第一个检测方法标准。

（刘晓薇）

中科晶电启动质量管理体系认证审核工作

9 月，中科晶电信息材料（北京）有限公司全面启动“ISO/TS 16949:2009 质量管理体系”的认证审核工作。该项工作的开展，是中科晶电适时调整自身产品结构、开拓以汽车照明元器件原材料供给市场为代表的砷化镓衬底材料高端市场的积极举措、进一步提升了盈利能力和市场风险抗御能力、增强了市场综合竞争力。

（张元璋）

中科晶电设立海外分支机构

9月，中科晶电信息材料（北京）有限公司全资子公司中科晶电（香港）贸易有限公司出资550万日元在日本与当地投资方共同设立了CCT JAPAN株式会社。该公司注册资本1000万日元，主要负责中科晶电系列产品在日本地区相关市场的开拓和维护，方便了中科晶电的境外结算，有效降低了运营成本，进一步促进了区域市场的拓展。

（张元璋）

京运通进行光伏并网电站项目建设

11月4日，北京京运通科技股份有限公司对外投资设立全资子公司进行100MW光伏并网电站项目建设。在宁夏回族自治区中卫市设立全资子公司宁夏振阳新能源有限公司，注册资本3.15亿元，主要从事太阳能光伏产品的研发与销售、光伏发电。

（王琪）

同益中加入开发区新材料产业创新联盟

12月13日，北京同益中特种纤维技术开发有限公司作为新材料产业创新联盟发起单位之一，在开发区科技局的牵头下，与清华大学材料系、安泰科技股份有限公司难熔材料分公司、北京云电英纳超导电缆有限公司、北京开元科创科技发展有限公司、北京瑞驰拓维科技有限公司、北京英纳超导技术有限公司、汇龙森欧洲科技（北京）有限公司8家单位共同成立了北京经济技术开发区新材料产业创新联盟。

（刘晓薇）

成立新区新能源产业联盟

12月20日，由区内企业北京泰豪智能科技有限公司牵头，区内新能源产业领域18家公司参加的新区新能源产业联盟举行成立仪式。该联盟的成立旨在整合产业资源，放大产业效能，提高新能源产业创新能力和竞争力，推动新区新能源产业持续健康发展。

（孙懿男 鱼彭涛）

中科晶电新设国内分支机构

12月，中科晶电信息材料（北京）有限公司在张家港市新能源产业园投资设立了江苏中科晶元信息材料有限公司。该公司注册资本3000万元，分两期建设，计划总投资超过6亿元，主要从事砷化镓单晶片的制造。二期完全建成后，将具备年产4英寸光电领域用砷化镓衬底片24万片、4英寸微波领域用砷化镓衬底片24万片及6英寸微波领域用砷化镓衬底片24万片的能力，实现中科晶电区域发展战略部署。

（张元璋）

新材料和节能环保企业加速聚集

年内，大漠石油、三吉安光电、盈科通达电讯、国新世纪、北京电控动力电池等8家公司完成注册，投资额26亿元，部分项目已经进行试生产。开发区签约落地的中国铝业物资公司、量子科技和中寰科技3个项目，引进投资7.6亿元。

（闫继东）

部分企业

北京金风科创风电设备有限公司

北京官厅风电场　　企业提供

北京金风科创风电设备有限公司（简称金风科创）2012年销售收入37亿元，累计销售风机2000余台且运行良好。公司瞄准风能产业的未来趋势，启动了对储能技术、智能电网、分布式发电、风能海水淡化、风光互补等风能高级应用的积极探索。全面实现了2.5MW直驱永磁风力发电机组批量化生产，3MW直驱永磁风电机组也同步进行小批量的生产和销售。同时，1.5MW整机的优化工作也在平稳快速进行，特别针对中国特殊环境的低温、高原、低风速等地区进行研究和开发。在海上风电发展领域，2.5MW海上风机已经具备量产可行条件。

金风科创成立于2006年2月，注册资金9.9亿元，是新疆金风科技股份有限公司的全资子公司。

（陈戈）

北京金风科创风电设备有限公司

总经理　曹志刚

三洋能源（北京）有限公司

三洋能源（北京）有限公司外景　　企业提供

三洋能源（北京）有限公司（简称三洋能源）2012年员工人数3817人，1月三洋能源停止使用Sanyo品牌，开始使用Panasonic品牌。

三洋能源是由日本三洋电机株式会社于2000年11月9日设立的外商独资公司，是以开发和生产锂离子电池及电池零配件、销售和维修自产产品、技术咨询、技术服务、技术培训为经营范围的锂离子电池生产基地。公司的锂离子电池、锂离子聚合物电池体积小、重量轻；以高性能、高质量著称，并销往世界各地，受到世界尖端水平的电脑、手机制造厂商的高度评价。2009年，Panasonic为发展成为电子产业领域中更具广度和深度的企业集团，收购三洋电机使之成为连结子公司，2011年4月Panasonic对三洋电机完全子公司化。

（宁然）

三洋能源（北京）有限公司

董事长　中堀真介

总经理　三浦秀夫

北京京运通科技股份有限公司

北京京运通科技股份有限公司多晶硅铸锭炉　　吴星宇　摄

北京京运通科技股份有限公司（简称京运通）2012年营业收入29493万元，利润总额11597万元，总资产441500万元，缴纳税费6715万元。有员工461人，其中博士及以上学历4人、硕士学历10人。2月7日。

京运通原名北京东方科运晶体技术有限公司，2002年8月8日成立。2006年，京运通承担北京市火炬计划项目的QR-400区熔高阻单晶硅炉产业化项目。2007

年、2008 年，JRDL-900 型软轴单晶炉、JZ-660 型多晶硅铸锭炉连续荣获中国半导体协会、中国电子材料行业协会、中国电子专业设备工业协会和中国电子报社联合授予的“中国半导体创新产品和技术奖”。公司生产的 JZ-460/660 多晶硅定向生长凝固炉项目荣获 2010 年度国家能源科技进步奖三等奖。

（王琪）

北京京运通科技股份有限公司

董事长兼总经理 冯焕培

北京云电英纳超导电缆有限公司

云电英纳 220kV 超导限流器安装现场 洪辉 摄

北京云电英纳超导电缆有限公司（简称云电英纳）2012 年实现高新技术服务收入 1857 万元，比上年增加 1354 万元，同比增长 269%；实现利润总额 457 万元，比上年增长 525%。云电英纳实现 220kV 超导限流器挂网运行的研发目标，全面启动 500kV 超导限流器的研发工作。在人才队伍建设方面，引进一名日本归国留学生加入到研发团队，同时另有一名北京大学博士进入到公司博士后工作站进行研究工作。公司研究人员中有博士 5 名，占 24%；硕士 6 名，占 29%。在研发成果方面，公开发表论文 6 篇，申报发明专利 6 项，授权专利 4 项。220kV 超导限流器实现挂网运行，是目前世界上电压等级最高、容量最大的超导限流器。同时，云电英纳技术部被市总工会和市科委联合认定 100 家职工创新工作室，并成为 30 家以其负责人名字命名的工作室。公司参与完成的“35kV 超导限流器的研制及工程应用项目”荣获 2011 年度国家能源科技进步奖一等奖。

云电英纳致力于超导电力产品的研发与生产，长远目标是发展成为一个以高温超导为核心，以电力产品为主线，在国际上有竞争力的现代化企业。

（漆素薇 任安林 李欢欢）

北京云电英纳超导电缆有限公司

董事长 叶 锋

总经理 信 赢

博世力士乐（北京）液压有限公司

博世力士乐（北京）液压有限公司（简称博世力士乐）1996 年在开发区建立制造基地，陆续在开发区内建成两大生产厂区。第一厂区位于开发区永昌南路 6 号，占地面积 8 万多平方米，建筑面积 6 万多平方米，为客户提供行走、回转、卷扬减速机、液压泵和马达等产品与服务。第二厂区位于开发区泰河一街 2 号，是博世集团在中国重点投资发展项目之一，于 2009 年底建成投产；总占地面积 8 万多平方米，建筑面积 3 万多平方米，主要生产 2MW 风力发电变速箱。2012 年，公司荣获开发区安监局颁发的“最佳实践活动奖”和客户三一重工股份有限公司颁发的年度“最佳质量奖”。

（郭青）

博世力士乐（北京）液压有限公司

高级副总裁 技术总经理 Michael Schmitt

副总裁 商务总经理 Michael Zens

北京通力盛达节能设备股份有限公司

北京通力盛达节能设备股份有限公司（简称通力盛达）2012 年完成工业总产值 1.5 亿元，实现营业收入 1.3 亿元，利润 0.15 亿元，税收 0.17 亿元。拥有员工 300 多人，其中研发人员 50 多人。研发成果包括：在 LED 驱动电源产品方面，6 大系列 LED 驱动电源（25-40W 系列、35-75W 系列、45-75W 系列、80-100 系列、100-120W 系列、150-200W 系列），近 100 种产品通过了美国 UL、FCC 认证，德国 TÜV、欧盟 CE 及 ROHS\REACH 等国际认证，产品充分满足安全性、电磁兼容及环保的国内国际标准要求。以上系列 LED 驱动电源产品同时通过了中国质量认证中心的 CQC 认证。在 LED 路灯方面，产品通过了美国 UL、FCC 及欧盟 ROHS 认证，同时通过中国质量认证中心的 CQC 安全认证和国家节能产品认证。

通力盛达是一家以研发生产通信电源、智能换热器、及 LED 相关电源为主的高科技节能企业。公司主营产品为通信高频开关电源，该系列产品（室内组合电源、室外一体化型、室内外壁挂型、直流远供型等）广泛应用于中国移动、中国联通、中国电信等通信公网及广电、国防通信领域。通力盛达经历引入投资人、增资扩股等一系列的资本运作及股份制改革，由成立之初的注册资金 50 万元，发展成注册资金 7000 多万元，年产值数亿元，拥有多种节能产品的高新技术企业，现有一座面积 14000 平方米的研发生产基地。公司注重科学、先进的经营理念和管理方法，研发、生产、销售、服务严格按照 ISO 9001 质量管理体系、环境管理体系（EMS）和职业健康安全管理体系（OHSAS）进行规范管理。通力盛达注重科技创新，共获得了 38 项国家授权专利证书和 3 项软件著作权证书，是北京市专利试点单位。

（陈国舫　肖蓉）

北京通力盛达节能设备股份有限公司
董事长　王　镇
总经理　张福利

北京同益中特种纤维技术开发有限公司

北京同益中特种纤维技术开发有限公司（简称同益中）2012 年营业收入 11743 万元，销售收入 11471 万元，利税 1717 万元。通过 GJB 9001B-2009 武器装备质量管理体系认证。超高分子量聚乙烯纤维防弹 UD 无纬布 WB-422B 产品荣获中关村国家自主创新示范区新产品称号。公司累计申请近 10 项专利（包括 2 项 PCT 申请），其中 5 项专利获得授权。参与《超高分子量聚乙烯纤维八股绳十二股绳》国家标准的起草制定工作。获开发区“作廉洁自律表率，为新区发展作贡献”演讲比赛三等奖。

同益中成立于 1999 年，其注册资金 8000 万元，隶属于国家开发投资公司，是中纺投资发展股份有限公司的全资子公司。同益中是专业从事超高分子量聚乙烯纤维及其复合材料研发、生产和销售的国家高新技术企业、北京市科技创新研究开发机构。

（刘晓薇）

北京同益中特种纤维技术开发有限公司
董事长　鲍勤飞
总经理　黄兴良

嘉纳尔科技（北京）有限公司

嘉纳尔生产的 JHT-0103 环保型脱漆剂上市　企业提供

嘉纳尔科技（北京）有限公司（简称嘉纳尔）2012 年在缺少资金的困境中坚持创新发展，完成营业额 376.08 万元，同比增长 37%；纳税额 14.55 万元，同比增长 59%；拥有员工 48 人，其中高级技工 22 人、专业从事研发的科技人员 20 人。公司自主研发的一种高阻燃、低导热、低毒性、低烟雾、低火焰传播、耐火焰贯穿、绿色环保的聚氨酯阻燃保温材料，获得开发区科技创新资金支持，被北京市企业评价协会评为科技创新优秀奖。

嘉纳尔 2005 年 10 月在开发区汇龙森科技园成立，是集研发、生产、销售、服务为一体，专业从事航空、新医药、有机化工、高分子新材料、专用仪器设备等多领域研发型科技企业。公司的主导产品包括航空维修用化学品及配套设备、自熄型阻燃聚氨酯保温材料、PVF 高分子过滤材料、常温环保型金属锆化液、电子传感器及数控型工业微波设备等。通过 ISO 9001:2008 国际质量管理体系认证，中关村高新技术企业认证，是市知识产权局授予的专利试点单位；是市科委等 5 大部门认定的北京市自主创新产品单位；是北京质协质量评价中心评审的质量信得过单位；公司有 7 类商标获得授权，有 8 项研发技术和产品获得国家发明专利、实用新型专利授权；公司主导产品被编入《中国军工军需企业与产品物资采购目录》《中国军转民品物资采购手册》《中国民航商务指南》；庆祝空军建军 60 周年，为北京航空博物馆工程采购部提供自主研发的品牌产品 JHT-0103 环保型飞机脱漆剂，是空、海军维修单位合格的生产供货商。嘉纳尔的多项专利技术正在走向成果转化。

（程胜）

嘉纳尔科技（北京）有限公司

董事长兼总经理　金文涛

中科晶电信息材料（北京）有限公司

中科晶电信息材料（北京）有限公司厂区外景　张元璋　摄

中科晶电信息材料（北京）有限公司（简称中科晶电）是经开发区管委会核准，由中国大陆及香港地区投资方共同投资设立的国家级高新技术企业，成立于 2004 年 12 月 24 日，于 2005 年 8 月全面投产。建厂之初，中科晶电从美国引进了砷化镓（GaAs）化合物半导体材料生产专有技术，基于该项技术，研发团队进行了多次技术创新和工艺改造，成功研发了具备国际先进、国内领先水平的自主核心技术及关键设备，打破了行业国际巨头的技术垄断，填补了国内技术空白。经过多年发展，中科晶电现已具备从原材料提纯、多晶合成、单晶生长、晶片加工到大规模生产全系列、多尺寸砷化镓衬底材料的能力，年均可产 2~4 英寸半导体砷化镓单晶片、2~6 英寸半绝缘砷化镓单晶片、P 型锗单晶及 Epi-Ready 晶片合计约 500 万片。中科晶电拥有专业的营销团队，业绩斐然，光电子领域用砷化镓衬底材料国内市场占有率已达 90%，台湾市场占有率已接近 50%，海外销售网直接覆盖美国、日本、欧洲等国家和地区。近几年来，中科晶电先后被认定为“中关村高新技术企业”“中关村科技园瞪羚企业”“国家高新技术企业”“北京中关村企业信用促进会会员”“北京中关村企业信用促进会 Azc 级信用单位”和“北京市信用企业”。

年内，中科晶电连续第三年荣获中关村国家自主创新示范区“瞪羚企业”认证，并获得“北京市中小企业发展专项资金”“开发区科技创新专项资金”“北京市工业保增长企业奖励资金”“开发区工业保增长企业奖励资金”等多项政策扶持，资金合计 607 万。截至年底，中科晶电总资产 51502 万元，产值 20366 万元，年销售额达 31925 万元，同比增长 3.4%；实现年利润 6433 万元，年纳税 1879 万元。

（张元璋）

中科晶电信息材料（北京）有限公司

董事长 张 杰

总经理 卜俊鹏

航天航空

获国家新型工业化产业示范基地称号

2 月 13 日，《工业和信息化部关于公布第三批“国家新型工业化产业示范基地”名单的通知》（工信部规［2012］74 号）下发，北京军民结合产业基地被正式授予国家新型工业化产业示范基地称号。开发区新扩区的“26 平方公里”中的 16 平方千米用于基地建设，正在编制规划。一期计划完成 8 平方千米的开发建设；长子营镇现有工业区占地 342.92 万平方米，市规划委批复城镇规划，在腾退一部分低效能的企业后，其中的 53.33 万平方米作为基地的起步区，由博大兴公司作土地一级开发；航天科技十五所新能源车与嘉捷军民结合产业园项目签订土地合同，规划设计方案正在完善中，预计 2013 年中旬实现项目开工；海军的蓝鲸园一期占地 3.33 万平方千米，进行选址、调规和一级开发工作，预计 2013 年 3 月开始建设。3 月 23 日，工业和信息化部“十二五”工业转型升级规划宣贯工业会暨第三批“国家新型工业化产业示范基地”授牌仪式举行，大兴区副区长喻华锋代表新区接受授牌。

（张平 张帅）

中航科工完成 H 股配售

3 月 2 日，中国航空科技工业股份有限公司完成 H 股配售工作，发行 3.42 亿股 H 股，配售价格为每股 3.55 港元，募集资金总额约 12 亿港元，所得净额人民币 9.69 亿元，将用于收购天津航空机电有限公司股权，认购中航光电科技股份有限公司非公开发行股份，出资设立中航通飞华北飞机工业有限公司，增资中航出版传媒有限责任公司，增资天津航空机电有限公司等项目。

（彭晓娟）

中航科工增资中航传媒

3月12日，中国航空科技工业股份有限公司总经理办公会审议通过增资中航传媒的决议。3月27日，中航科工第三届董事会2012年第2次会议审议通过增资中航传媒的决议。9月10日，中航科工与中航工业、信息中心、经济院、航空报社、中航传媒签署了《关于对中航传媒的增资协议》，决定向中航传媒增资3000万元。增资后中航科工将持有中航传媒53.63%股份。中航传媒主要从事中国航空工业行业内图书、期刊、电子及音像制品的出版、发行。

（彭晓娟）

航天工程公司产业基地（一期）投入使用

3月，航天长征化学工程股份有限公司入驻航天煤气化装备产业基地（一期），建设航天工程公司产业基地。该基地面积达6.95万平方米，包括研发中心大楼、仿真培训中心、多功能会议中心、阀门总成厂房、气化炉总成厂房等设施，基地的投入使用进一步提升了公司的装备、制造能力，为公司未来规模化、产业化、国际化发展奠定基础。

（全莉莉）

中航光电非公开发行股票

5月2日，中国航空科技工业股份有限公司附属公司中航光电科技股份有限公司启动非公开发行股票。5月3日，为配合中航光电科技股份有限公司非公开发行股票事宜，中航科工发布停牌公告。7月20日，获得国资委批复。11月17日，中航光电修订非公开发行方案，经调整后发行股票数量不超过6900万股，募集资金总额不超过83000万元。

（彭晓娟）

共议海军军民融合创新平台规划建设

5月17日，市经济信息化委、中关村管委会、开发区管委会、大兴区政府等有关单位负责人在博大大厦共同研究大兴军民结合产业基地规划建设及海军军民融合创新平台建设等工作。市政府副秘书长戴卫要求各单位通力协作，以“海军特色、开放直通、统规分建、共建共管、快速高效、互利共赢”为原则，加快平台开发建设。

（张平）

航天火箭公司参与载人交会对接任务

6月，航天长征火箭技术有限公司在“天宫一号”与“神州九号”载人交会对接任务中承担了7大系统中火箭、飞行器、发射场、测控通信等4大重要系统的大量电子产品的研制、生产任务。完成火箭、飞行器配套产品共计100多项800多台件；交付首区、航区、落区以及国外测控站、远望号测量船等20多套测控数传设备，在火箭发射、目标飞行器在轨运行等各阶段发挥了重要作用，实现了对火箭发射的全过程跟踪监测。

（董建良）

中航科工出资设立通飞华北公司

7月12日，中国航空科技工业股份有限公司总经理办公会审议通过了关于投资参与组建中航通飞华北飞机工业有限公司（简称通飞华北）的决议。9月21日，中航科工完成第一期出资1亿元。11月27日，由中航科工、中航通用飞机有限责任公司与河北航空投资集团有限公司出资设立的通飞华北揭牌成立，注册资本15亿元。12 月 19 日，中航科工完成第二期出资 8000 万元，两次出资共计 1.8 亿元，占通飞华北公司总股本的 12%。中航通飞与河北航空将分别持有通飞华北 53% 与 35% 的权益。通飞华北公司未来主要从事通用飞机生产制造、通航运营及通航服务业务。

（彭晓娟）

长城测控公司中标 KJ2000N 项目

7 月，北京瑞赛长城航空测控技术有限公司中标阳泉煤业集团 2012 年度一通三防设备采购（监测监控设备）KJ2000N 项目，合同金额 1700 万元，创下了长城测控公司有史以来煤矿安全监控系统合同额的新纪录。此项目标的中包含长城测控公司近年来研发的各项安监系统新产品，包括井下分站、千兆网络传输接口、电源、断电器等。其中千兆网络传输接口是国内市场上同类产品中技术最先进的产品，具有井下信息传输速度快、容量大的特点，极大提高了井下信息交换效率。

（张英）

签署共建蓝鲸军民融合创新园合作协议

8 月 24 日，中国人民解放军海军与市人民政府在北京饭店签署了《共建蓝鲸军民融合创新园合作协议书》。中央军委委员、海军司令员吴胜利，海军政委刘晓江，市委书记郭金龙，代市长王安顺，新区领导林克庆、李长友、张伯旭、绳立成出席。双方将深入落实合作协议，力争把蓝鲸军民融合创新园建设成“五个基地”，即军地供需对接的信息基地、高新技术的创新基地、成果转化的推动基地、高端人才的引育基地和军民融合发展的服务基地。

（张帅 陈佳）

长城测控公司项目通过初审

10 月 16 日，北京瑞赛长城航空测控技术有限公司组织的“目标散射特性室外静态测试场初步设计方案项目评审会”在中航工业沈阳飞机工业（集团）有限公司召开，并通过初审。沈飞公司对室外静态测试场的建设需求十分迫切，项目的顺利实施将直接影响该公司下一阶段型号研制的质量与进度。长城测控公司将按照专家组的意见修改完善，加快项目进展，争取早日进入方案实施阶段。

（杨婷妹）

粉煤气化技术研究中心落户航天工程公司

11 月，石化行业粉煤气化技术工程研究中心落户航天长征化学工程股份有限公司，成为行业内唯一的粉煤气化技术工程研究中心。中心将承担煤气化技术及相关煤化工核心技术的研究开发工作，进一步巩固其在行业内的领先地位，逐步提高中国石油和化工产业自主创新能力和核心竞争力，突破产业结构调整和重点产业发展中的关键技术装备制约，强化对全行业重大战略任务、重点工程的技术支撑和保障。

（全莉莉）

召开蓝鲸军民融合创新园建设工作会议

12 月 24 日，“海军与北京市蓝鲸军民融合创新园建设工作会议”在开发区召开。副市长苟仲文、开发区管委会主任张伯旭等出席会议，市政府副秘书长戴卫主持。会议听取了蓝鲸园建设工作进展情况及重大项目汇报，研究部署下一阶段重点工作。蓝鲸军民融合创新园项目位于新区军民结合产业园，总体规划占地约 0.21 万平方米，拟分 3 期建设。

（张帅 陈佳）

中航电子收购航电资产

12 月，中国航空科技工业股份有限公司附属公司中航电子股份有限公司启动收购中航航空电子系统有限责任公司控股的北京青云航电科技有限公司、中航（苏州）雷达与电子技术有限公司和洛阳隆盛科技发展公司股权，3 家公司 2011 年未经审计归属母公司净利润总计 2.49 亿元。收购完成后将有利于中航电子加强竞争能力，拓展业务，提升盈利水平。青云航电主要从事飞行器仪表、传感器和自动驾驶仪等产品的制造和销售。雷电公司主要从事航空电子及机载设备、航空产品的研发、制造、维修、销售及服务。隆盛公司主要从事电源产品的研发、生产、销售，机电产品的研发及销售等。

（彭晓娟）

中航科工获国际知名投行买入评级

年内，国际知名投资银行、高盛（Goldman Sachs）、大和 (Daiwa)、美银美林 (Merrill Lynch)、第一上海 (First Shanghai) 均发布专题研究报告，首次覆盖中国航空科技工业股份有限公司，并给予买入评级。截至年底，已有中银国际 (BOCI)、招商证券 (CMS)、瑞穗证券 (MIZUHO) 及上述机构共 7 家知名投行覆盖中航科工，标志着中航科工正逐步获得国际资本市场认可。

（彭晓娟）

赛维奥获得专项资金资助

年内，北京赛维奥软件科技有限公司的创新项目“基于 MIL-STD-1553 B 等总线的 CPCI、PX1 等架构的接口板卡”获得市科委科技型中小企业技术创新资金 30 万元资助。同年，赛维奥被市科委授予北京科技研究开发机构，并获得开发区科技创新专项资金资助 50 万元。

（陈伟）

卓越航空规范专业化管理

卓越航空技术人员赴美接受发动机专业培训　　企业提供

年内，北京卓越航空工业有限公司引进并沿用了美国卓越公司经 FAA 批准的工程项目管理系统 MQ1，标志着公司向专业化管理的目标更进一步。该系统可以对所有的生产及质量文件规范管理，对供货商进行最有效、最全面的挑选及控制，也可以利用计算机实现对量具状态的实时监控。

（王辉）

部分企业

北京卓越航空工业有限公司

北京卓越航空工业有限公司（简称卓越航空）2012 年各项工作基本步入正轨。技术人员赴美接受发动机专业培训；产品通过中国民航总局关于生产许可证审查的初审，完成近 30 台发动机的组装任务，实现了部分发动机零部件的国产化，并进行新产品的研发。

卓越航空专门从事航空发动机销售、零部件开发及委托加工。公司通过全资收购美国卓越航空发动机公司而将美国卓越公司的生产技术及质量管理体系引进中国，在中国组装生产的 XP（150–215 马力）和 Vantage（180 马力）系列活塞发动机翻开了中国通用航空发动机制造业的新篇章。

（吴海超）

北京卓越航空工业有限公司　董事长　成身棕

总经理　刘维俊

航天长征火箭技术有限公司

航天长征火箭技术有限公司外景　　沈毅　摄

航天长征火箭技术有限公司（简称航天火箭公司）2012 年完成工业总产值 10.94 亿元，累计实现销售收入 10.27 亿元，利润总额 1.27 亿元。

航天火箭公司 1999 年 12 月 15 日在开发区成立，注册资本 29833.3 万元。公司 2006 年后每年上缴的税款都超过 2000 万元，2008 年后主营业务收入保持在 7 亿元以上，连续多年获得开发区纳税先进企业和纳税 50 强、纳税增长 50 强企业荣誉称号。2005 年至 2009 年，公司连续 5 年获得首都文明单位、新区精神文明单位荣誉称号。2008 年获得全国精神文明建设工作先进单位荣誉称号；由于公司的科技成果及产品在探月工程和载人航天工程中作出的贡献，获得全国总工会授予的全国五一劳动奖状荣誉称号；2010 年获全国模范职工之家称号。

（董建良）

航天长征火箭技术有限公司　总经理　李艳华

北京航天拓扑高科技有限责任公司

北京航天拓扑高科技有限责任公司外景　　企业提供

北京航天拓扑高科技有限责任公司（简称航天拓扑）2012 年注册资金达到 5878 万元，全年实现销售收入 3.1 亿元，其中系统集成产业实现销售收入 1.5 亿元。公司现有员工 400 余人，本科以上学历占 50% 以上。专业技术人员中，中级职称 75 人、高级职称 23 人、研究员 7 人、国家级技师 3 人、全国技术能手 3 人、中华技能大奖得主 1 人。年内，公司在稳步开拓国内市场的基础上，成功斩获柬埔寨烟草自动化项目。

航天拓扑 2001 年 5 月 18 日成立，2003 年在开发区购置土地兴建测控研发生产基地。航天拓扑第一大股东北京航天万源科技公司是中国运载火箭技术研究院下属的全资单位，第二大股东航天投资控股有限公司是中国航天科技集团公司授权的投资管理机构。公司依托航天产业和航天技术，从事电源系统设计和制造、电子产品设计和制造、城市燃气热力和供水监控管理系统开发、烟草行业工业自动化和信息化系统开发等四大主营业务。

（王晶）

北京航天拓扑高科技有限责任公司

董事长　刘宏斌

总经理　刘中兵

北京瑞赛长城航空测控技术有限公司

北京瑞赛长城航空测控技术有限公司外景　　方胜岭 摄

北京瑞赛长城航空测控技术有限公司（简称长城测控公司）2012 年注册资本 1200 万元，全年实现营业收入 18905 万元；新签合同 15008 万元，回款 12590 万元。职工人数 267 人，工程技术人员 170 人，包括高级工程师 30 人、研究员 8 人，具有博士学位 3 人、硕士学位 56 人、管理人员 30 余人。公司“车载式大口径流量计全自动在线检定装置”荣获中国石化集团科学技术进步三等奖。年内，北京瑞赛长城航空测控技术有限公司天津塘沽南疆油库、内蒙古乌海油库、大庆润滑油厂等系统集成工程建设项目开始实施；浙江港口浦油库、云南曲靖油库等自动化系统集成项目合同签订；浙江杭州宇杭油库自动化系统集成项目达成合作意向。

长城测控公司 2002 年底成立，隶属于中航高科智能测控有限公司（中国航空工业集团公司北京长城航空测控技术研究所），是专业从事易燃易爆环境和特种环境测控系统及测控设备研究、开发与制造，并提供监测、管理、控制一体化的整体解决方案（技术支持、工程服务）的国有控股高新技术企业。公司支柱产品有：煤矿安全生产监控系统、空气分离现场制氮系统、油库储罐遥测计量系统、电液伺服控制系统、多自由度仿真测试转台及 PXJ 型多通道协调加载系统等。长城测控公司自 2005 年进入油库自动化系统集成领域以来，相继在浙江诸暨、江苏徐州、福建厦门、广西桂林等地的 10 余个油库进行了油库自动化系统项目的实施。近年来，长城测控公司完成了中石化江苏省公司苏南管线 5 个配套油库的自动化系统集成平台的建设工程，使其成为自动化应用示范库。

（杨婷妹　李秀学）

北京瑞赛长城航空测控技术有限公司
董事长 张振伟
总经理 张　明

中国航空科技工业股份有限公司

中国航空科技工业股份有限公司（简称中航科工）2012 年实现销售收入 168 亿元，较上年增长 26.59%，主要得益于直升机业务及航电业务的增长。其中直升机业务收入为 72.17 亿元，较上年增加 16.60 亿元，同比增长 29.87%；航电业务实现收入 57.58 亿元，较上年增加 9.47 亿元，同比增长 19.68%。总资产 358.96 亿元，总股本 54.74 亿股，H 股股数 23.56 亿股。5 月 25 日，经股东大会审议通过，中航科工第四届董事会、监事会成立并完成董事监事委任工作。中航科工董事会建议派发每股 0.02 元，总额约 1.09 亿元的 2012 年度末期股息。

中航科工 2003 年 4 月 30 日成立，注册资本 46 亿元。2003 年 10 月 30 日，中航科工在香港联交所主板上市。公司主要从事航空产品的开发、制造、销售和改进，为国内外客户提供直升机、教练机、通用飞机、支线飞机，与国外的航空产品制造商共同合作开发和生产航空产品，主要有：直 -8、直 -9、直 -11、HC-120 等系列直升机；L15、K-8和CJ-6型等系列教练机；运-12系列多用途飞机和农-5系列农林飞机；与欧直公司合作生产的EC-120型直升机；与阿古斯特合资生产的CA-109型直升机；与巴西航空工业公司合资生产的莱格赛系列公务机；航空零部件、航空电子产品及附件。

（彭晓娟）

中国航空科技工业股份有限公司 董事长 林左鸣

副董事长兼总经理 谭瑞松

北京赛维奥软件科技有限公司

赛维奥科研大楼效果图　　企业提供

北京赛维奥软件科技有限公司（简称赛维奥）2012年完成营业额672.8万元，纳税额2.118万元。在职员工15人，其中硕士10人、本科生5人。

赛维奥2002年7月24日成立，注册资本750万元，是由中国航空工业集团公司沈阳飞机设计研究所和中航工业赛维航电科技有限公司共同出资设立的一家科技企业。赛维奥定位于航空航天电子系统及其相关领域的产品研发、生产、综合仿真及测试，涉足航空、航天、兵器、船舶等行业。赛维奥主要业务为：1553B航空总线软件研发，航电系统仿真/测试环境、视景系统研发，航空电子检测设备软件研发，代理销售国外相关品牌的板卡和应用软件。其1553 B、429等总线产品，可以支持PCI、CPCI/PXI、PC104、PC104+、ISA、VME、VXI等总线接口。2009年以来赛维奥公司已投入研发资金1020万元。2010年获得开发区“科技创新专项资金”60万元资助。

（杨莉）

北京赛维奥软件科技有限公司 董事长 郑育才

总经理 陈 伟

航天长征化学工程股份有限公司

航天长征化学工程股份有限公司外景图　　企业提供

航天长征化学工程股份有限公司（简称航天工程公司）2012年完成营业额7.6亿元，同比增长26.7%；纳税额8397万元（不含个税），同比增长45.9%；利润总额2.3亿元，同比增长27.8%。拥有员工576人，硕士261人，本科生244人。其中研究员14人，高级工程师62人，工程师263人，具有国家资格的化工工程师、结构工程师、注册造价工程师共78人。12月，公司被评为北京市高新技术企业。

航天工程公司位于开发区经海路141号，注册资本3.3亿元，是以航天粉煤加压气化技术为核心，专业从事煤气化技术及关键设备的研发、工程设计、技术服务、设备成套供应及工程总承包的工程公司。公司的航天粉煤加压气化技术具有自主知识产权，是国家重点推广的洁净煤利用技术，能够实现煤炭的清洁、高效利用，可以广泛应用于煤制甲醇、煤制合成氨以及煤制天然气、煤制油、煤制烯烃、煤制乙二醇、煤制氢、IGCC 发电等领域。公司累计掌握 26 项专利技术，拥有压力容器 A1/A2/A3 级设计、压力管道 GB 类 /GC 类 /GD 类设计、工程咨询单位等相关资质，可从事许可范围内的压力容器、压力管道设计工作，同时还拥有化工石化医药行业甲级工程设计资质，可从事资质证书许可范围内相应的建设工程总承包业务、项目管理、相关技术与管理服务，是北京市高新技术企业、北京市专利引擎试点企业和中关村高新技术企业。

2009 年 10 月，公司的煤气化装置顺利通过了中国石油和化学工业联合会的科技成果鉴定，鉴定认为“该装置操作简单、维护方便，煤种适应性广、投资费用和运行成本低、开工率高、气化炉的故障率低，该技术拥有自主知识产权，总体技术水平处于国际领先”。2009 年 12 月，航天粉煤加压气化技术作为先进煤气化节能技术被发展改革委列入《国家重点节能技术推广目录》；2010 年 3 月，航天粉煤加压气化技术被工业和信息化部列入《重点行业清洁生产技术推行方案》；2010 年 7 月，航天粉煤加压气化技术被中国氮肥工业协会评选为 2007-2010 年氮肥、甲醇行业技术进步奖特等奖；2011 年 5 月，公司被中国低碳经济发展促进会评为 2011 年低碳经济科技示范基地；2011 年 8 月，航天粉煤加压气化装置获科技部、环境保护局、商务部及质检总局联合颁发的国家重点新产品证书；2011 年 10 月，公司被评为中关村高新技术企业。

（全莉莉）

航天长征化学工程股份有限公司 董事长 唐国宏

总经理 王明坤

文化创意

中化岩土创新产业园项目签约

3 月 6 日，“国家新媒体产业基地与中化岩土工程股份有限公司合作签字仪式”在星明湖度假村举行，大兴区副区长喻华锋出席并讲话，大兴区相关委办局负责人参加。双方就共同推进中化岩土创新产业园项目建设达成合作意向。该产业园项目将落户于新媒体基地核心区，总占地面积约 5.34 万平方米，总投资 2.45 亿元，拟建设中华岩土研发创新和产品生产中心。

（孙懿男 白利红）

新华印刷荣获多项荣誉

3 月 28 日，北京质量协会印刷分会在京举行质量工作会议。北京新华印刷有限公司被授予 2012 年度质量管理十佳企业称号，并获得 2012 年度出版物优质品金奖、2012 年度质量管理奖及 2012 年度质量先进集体等多项表彰。

（刘云）

华联印刷荣获多项荣誉

华联印刷被授予国家印刷示范企业　　企业提供

5 月，北京华联印刷有限公司被市新闻出版局评为北京市绿色印刷工程标兵示范单位，被开发区评为2011年度文明单位；6月，被大兴区区委和开发区工委授予创先争优先进基层党组织荣誉称号；10月，被新闻出版总署评为2011-2012年度国家文化出口重点企业；11月，被新闻出版总署授予首批国家印刷示范企业称号。

（胡生宝）

中国工业设计产业基地进入全面建设期

7月7日，由北京工业设计促进中心、中国（大兴）工业设计产业基地、大兴区科委、大兴经济开发区主办的“中国（大兴）工业设计产业基地中国中小型工业设计企业总部工业设计成果交易展示中心揭幕仪式暨中国工业设计中小企业发展论坛”在CDD创意港举办，标志着基地经过近一年的前期准备，已进入了全面建设期。中国工业设计协会、市经济信息化委、北京工业设计促进中心、大兴区政府、大兴区科委等相关领导以及意向入驻企业代表、媒体代表出席。与会专家分别就工业设计和文创产业的现状及发展进行研讨。100余家工业设计企业与CDD创意港签署了意向入园协议，正式认证CDD创意港为中国（大兴）工业设计产业基地下属的“中小型工业设计企业总部工业设计成果交易展示中心”。

（丁丹）

联合出版集团中国区总部项目签约

11月6日，在第十六届北京·香港经济合作研讨洽谈会上，开发区管委会和联合出版(集团)有限公司签署了联合出版(集团)有限公司中国区总部项目框架协议。项目投资主体名称为北京中华商务文化投资有限公司，注册资本不低于6000万美元，投资方为联合出版集团（香港）有限公司和中华商务联合印刷（香港）有限公司。联合出版文化创意产业园规划建筑面积约9.9万平方米，总投资额为9.868亿元，将吸引30余家企业入驻，功能定位为联合出版集团中国区总部、RFID研发生产中心、面向国际知名文化企业的数字出版研发生产中心（内含引领出版科技潮流的出版云计算）、环保低碳的高端绿色印刷中心。

（丁丹）

新华印刷承担十八大重要印件印制工作

11月14~21日，北京新华印刷有限公司承担了中国共产党第十八次全国代表大会重要印件的印制工作。公司以其过硬的政治素质、有力的保密措施、优异的产品质量和及时的供货周期，赢得全国人大、全国政协和发展改革委的高度认可。

（赵树文）

3个项目落户新媒体产业基地

年内，新媒体产业基地分别与央广幸福购物（北京）有限公司、中化岩土工程股份有限公司签署的央广购物、中化岩土创新产业园项目，中环绿谷环境产业投资控股有限公司和大兴区魏善庄镇政府签署国家环境服务产业园项目合计占地约73.37万平方米，总投资约83亿元。新媒体产业基地正在加快北区、核心区的土地开发上市工作，为新项目落地预留充足空间。

（丁丹）

华联印刷多项产品国内外获奖

年内，北京华联印刷有限公司多项产品在国内外获奖。《黄河/淮河全图》《装潢世界》2件产品荣获美国印制大奖优异奖；《生活速递》荣获美国金墨奖银奖；《越南铜鼓》《黄河/淮河全图》《完美四驱档案》

3件产品荣获美国金墨奖锡奖；《黄河/淮河全图》荣获2012年度绿色印品大奖；《周建生画集》等4件产品获得2012年度印刷出版物优等品奖；《中国国家地理》等174件产品获得2012年度印刷出版物一等奖。

（胡生宝）

北京东港参编起草3项数字印刷国家标准

年内，北京东港安全印刷有限公司参与制定《数字印刷品质量要求及检验方法》《数字硬打样样张质量要求及检验方法》《数字印刷机印刷要求及检验方法》3项国家标准，完成起草组草案稿。在立足传统印刷理念的基础上，根据数字印刷服务产业项目的特点，北京东港在国内同行业中率先进入数字印刷领域，将数字印刷与传统印刷进行有效结合并不断创新。数字印刷是数字技术催生的一种新的印刷技术，具有无版、实时、可变数据，更具有个性化等特点，尤其是喷墨数字印刷，采用无接触喷墨成像，可在任何材质上任意临面，多色组印刷，是当今世界公认的印刷技术。公司推行全流程数字化、印刷设备工艺数字化、网络化。

（李奎涛）

部分企业

北京华联印刷有限公司

北京华联印刷有限公司印后加工车间　　企业提供

北京华联印刷有限公司（简称华联印刷）2012年销售额近4亿元，为国家级定点书刊印刷企业。公司坚持以先进的理念、先进的管理、先进的设备和先进的技术为经营宗旨，坚持以客为尊、以质取胜的经营方针，为客户提供优质的精品印刷服务。公司围绕开业10周年，开展了多种形式的企业文化建设活动。2月23日，举办主题为“百行德为首”书法展览之我YING活动。4月至9月，举办公司第一届职业技能大赛，选出多名员工参加北京市第三届职业技能大赛，共有6名选手分别获得全国职业技能三等奖和北京市金奖。6月，举办多场艺术讲坛，聘请多位国内和国外艺术家讲授。8月，在颐和园举办“金十为开 共创未来”暨法国民间收藏绘画作品展览活动，新闻出版总署及市新闻出版局等有关领导及客户代表近600人参加。

（胡生宝）

北京华联印刷有限公司　董事长　文宏武
总经理　朱　敏

北京日邦印刷有限公司

北京日邦印刷有限公司（简称日邦印刷）2012年员工总数为196人，营业收入1.68亿元，纳税额797.41万元。

日邦印刷是第一家入驻开发区的印刷企业。引进北京市第一台八色商业轮转印刷机，在业内首先使用商业卷筒纸印刷机印刷彩色书刊。公司拥有具有国际先进技术水平的八色高速商业轮转印刷设备和全套电脑数字化制版系统，拥有一流的专业技术人员，能够为客户提供电脑制作、制版、数码打样、印刷，及印后加工等一条龙优质服务。日邦印刷在努力谋求发展的同时，也关注和积极参与社会公益事业，始终以回报社会为己任。每年投入20万~30万元，先后在贫困、边远地区捐款建造12所小学校；从1995-2012年，每年都会拿出大量的资金，开展爱心教育捐赠活动，捐赠教科书总量近30万册，价值累计超过300万元；多次为水灾、地震灾区捐款捐物；北京奥运会期间，被北京奥运会组委会指定为定点印刷单位。

（周洁）

北京日邦印刷有限公司　董事长 詹秀晴

总经理 浅田芳雄

北京新华印刷有限公司

北京新华印刷有限公司（简称新华印刷）2012年实现营业收入21130.16万元，比上年增长45.19%。实缴税金392.56万元，同比下降2.82%。有在职员工700余人。年内共有416种产品被评为印刷出版物优质产品，产品覆盖了多个出版社。其中《列宁选集》（1~4卷）被评为2012年度北人杯质量大奖。

新华印刷是隶属于中国印刷集团公司的大型综合印刷企业，拥有多台先进的印前、印刷和印后设备，可提供经典书籍、精美画册、期刊、广告、包装、证件的制版、印刷、装订一条龙服务。公司印刷装订工艺已经有60多年的历史，产品多次荣获中华印制奖、北人杯质量奖、三菱印刷机质量奖；有《苏加诺藏画集》《齐白石作品集》《中国传世人物名画》《中国美术全集》《中国人物画全集》《明清扇画书画集》等为代表的大批精美画册产品；《现代汉语词典》《新华大字典》《牛津高阶英汉双解词典》《牛津高阶英语词典》等工具书也成为新华公司的代表性产品，深受大众喜爱和客户好评。

（赵丹阳 郑东旭 刘磊磊）

北京新华印刷有限公司

董事长兼总经理 李　军

北京金辰西维科安全印务有限公司

北京金辰西维科安全印务有限公司生产车间　企业提供

北京金辰西维科安全印务有限公司（简称金西公司）2012年实现产值超过2亿元，拥有印刷专业执业资格的员工超过总员工数的三分之二，多名高级技术员工享受政府津贴。在提高企业经济效益的同时，从油墨等原材料、设备、工艺方面入手，不断加大研发投入，使公司逐步由传统印刷向绿色印刷迈进。年内，公司荣获由市新闻出版局主办、北京印刷协会承办的2012年北京印刷行业职业技能大赛优秀组织奖。印刷员工陈鹏获得2012年北京印刷行业职业技能大赛平版印刷工决赛金奖，直接晋升为高级技师。

金西公司是一家专业从事国家级出入境等高安全防伪证件印制企业，是中央国家机关定点印刷企业。金西公司取得中央国家机关涉密防伪票据、证书类国家秘密载体定点复制单位、中央国家机关印刷政府采购定点单位、北京市市级政府采购印刷定点单位、全国诚信印刷企业、印刷行业诚信企业、北京市重质量守信用企业、中华名特优产品指定供货单位等资质及荣誉。金西公司建立了严格的质量控制和数字控制体系并且具有一整套严密的安全保障系统，实行 24 小时全程电视监控、录像封闭管理。拥有世界防伪印刷的最高技术手段，并引进了国际最先进的安全生产和制版系统。

（程砚春）

北京金辰西维科安全印务有限公司

总经理 王永捷

北京东港安全印刷有限公司

北京东港安全印刷有限公司外景　　颜炳 摄

北京东港安全印刷有限公司（简称北京东港）2012 年销售收入突破 2 亿元，资产总额达到 3.29 亿元。

北京东港是由中国领先的印刷媒体服务供应商东港股份和外资企业欣泉有限公司共同投资设立，2004 年 8 月成立，位于开发区经海四路 139 号，项目总投资 3 亿元，建筑面积 3.5 万平方米。北京东港率先在国内同行业中采用全程数字化流程管理印刷各个环节，自主研发了 ERP 系统，销售、生产、仓储等环节全部实现计算机管理，包括产品在线查询、在线清点、高度自动化出入库、产品跟踪查询等信息化管理。北京东港生产能力强大，拥有国际先进的印刷设备。

历经近 10 年的发展，北京东港已成为集重控票据印刷、防伪票据印刷、数字印刷，数据处理、金融外包服务、科研开发等为一体的综合性企业。北京东港获得由国家保密局颁发的《国家秘密载体复制许可》，已先后被财政部、海关总署、市财政局、市国税局、市地税局、中国人民银行、中国银行、中国建设银行、中国农业银行、保险公司、国家保密局、中央国家机关政府采购中心等确定为定点印刷企业，为这些单位印制了大量的票据、单证。

北京东港一直奉行绿色印刷的经营理念，通过绿色印刷中国环境标志产品认证，获得绿色印刷企业、绿色印刷推动大奖。北京东港先后获得北京市印刷行业诚信企业、北京市品牌企业、北京市信用企业、十佳特种印刷企业、十佳标签印刷企业、新闻出版工作先进集体、北京市纳税信用 A 级企业、质量管理先进企业、首批中国印刷行业 AAA 级信用企业等资质荣誉。

公司注重科学化管理，率先在国内同业中通过 ISO 9001 质量管理体系、ISO 14001 环境管理体系、GB/T 28001 职业健康安全管理体系、ISO 27001 信息安全管理体系的认证，成为同行业首批拥有 4 项认证的企业之一。

2009-2012 年，北京东港被科技部、市科委认定为高新技术企业；“北京东港防伪票证”被评为北京市自主创新产品，是北京市印刷业内唯一一家获得该资质的企业；“票证防伪新技术”荣获全国印刷行业百佳科技创新成果奖。北京东港在消化吸收国外先进技术的基础上，依靠自主创新的技术能力，使票证印刷技术始终处于国内领先水平。

（李奎涛）

北京东港安全印刷有限公司　董事长　史建中

总经理　李　翔

北京时美时代科技发展有限公司

时美公司工作区 刘泰连 摄

北京时美时代科技发展有限公司（简称时美公司）2012 年营业收入首次超过亿元，达到 1.05 亿元；净利润超过 1000 万元；职工总数近 500 人。北京地区在职人数、营业面积、营业额及利润占 80% 以上。截至年底，时美公司在北京、上海、广州、深圳、成都 5 个城市建立了子公司，并在全国拥有 10 多家直营店面（合计 5000 多平方米）和 1 个线上电子商务平台及多个长版印刷支持中心，生产型数字印刷设备 20 多套（HP Indigo 5000、3000、3050，Canon C7000 VP、1075 VP、BH 1050e、VP2110 等）。在 IBM（中国）投资有限公司、联想（中国）有限公司、神州数码（中国）有限公司、中石油、国家电网等世界 500 强企业内部共建立了 20 多家现场文印中心。

时美公司 2006 年成立，在开发区汇龙森孵化园注册，是开发区 2011 年度“小巨人”重点培育企业，国家高新技术企业，北京市科技研发机构，中央国家机关印刷定点采购单位、北京市政府印刷定点采购单位。公司参与制定 2 项“国家技术标准”（《数字印刷品质量要求及检验方法》《数字硬打样样张质量要求及检验方法》）。公司创建的驻地文件管理外包服务为国内首创，是开展该项业务模式的代表企业。该模式可以通过驻扎在客户的所需地点提供人员、设备、技术、管理服务，针对客户的文件排版、审核、校对、设计、OCR 转换、格式转换、扫描、存档、整理、印刷、装订、分发等提供一条龙服务，并与客户的电子管理系统相结合进行各项管理工作。公司研发了针对自身业务特点又适用于行业的 ERP 管理系统，控制整个运营过程，取得了 8 项专利、20 多项计算机软件著作权。曾为北京奥运会组委会、广州亚运会组委会提供服务。

（刘泰连）

北京时美时代科技发展有限公司
董事长兼总经理 夏 青

支撑产业

生产性服务业

华北高速承办高速公路交通广播开播仪式

6 月 26 日 15 时 58 分，由交通运输部、中央人民广播电台联合打造的国家级交通广播——中国高速公路交通广播 FM99.6 开播仪式在华北高速公路股份有限公司举行。中国高速公路交通广播采用了先进的小功率同步调频广播技术，定向传播、带状覆盖，并具有数据推送功能，是可实现基于位置的智能差异化交通信息服务的专用广播，是对传统调频同步广播系统的创新应用。

（翟欣）

中外运敦豪启用北亚转运枢纽

7月，中外运－敦豪国际航空快件有限公司启用北亚转运枢纽。该枢纽投资1.75亿美元，占地8.8万平方米，其最大处理能力可达到每小时2万个包裹及2万份文件。该枢纽具备环保性能，使用T5节能灯照明，以及太阳能系统供应热水。

（王瑞青　周海鹰）

中外运敦豪新北京口岸投入试运营

中外运敦豪新北京口岸库区外景　　企业提供

12月，按照国际最先进的快件设施标准设计和建设的中外运－敦豪国际航空快件有限公司新北京口岸投入试运营。项目总投资约1.05亿元，总面积7867平方米，设计日吞吐能力为160吨，拥有11个卡车泊位，通过运输行业最高的科技产品安全标准TAPA认证。新北京口岸安装有先进的X光机和智能电话系统，可强化对海关的支持和配合，优化清关流程，提高清关效率。

（王瑞青　周海鹰）

生产性服务业产业园建设不断推进

年内，兴创三期、四期商业综合体正在施工，西红门商务服务业聚集区初见规模，建成后将成为北京南部区域最大的高端商业服务聚集区。建设中重点跟踪恒天财富、中金创新、国开金融、恒丰美林、望桥资本等多个金融类项目，促进新区产业金融发展，助推“政产金”合作。其中，恒天财富、中金创新项目已经在开发区设立了多个基金公司。

（何丽　罗斐）

新增8个生产性服务业项目

年内，开发区新增都乐二期、曼可顿二期、金地科创华盛科技园、施耐德物流中心4个扩建或新建项目，亚马逊物流中心、星网宇达、中铁十二局海外工程公司、恒天资本新入区项目4个。总投资约15亿元。

（何丽　朱珊珊）

部分企业

阿尔特汽车技术股份有限公司

阿尔特竹风电动汽车参展北京国际车展　　企业提供

阿尔特汽车技术股份有限公司（简称阿尔特汽车）2012年员工总数740人。其中国外专家77人、国内专家45人，有高级工程师70人、工程师243人，本科学历员工占94%。全年销售收入2.1亿元，净利润3100万元。共承接开发项目287个，合同金额超过15.7亿元，其中整车类项目有268项、发动机类项目19项。获授权专利22项，获中关村优秀留学人员企业、德勤中国高科技高成长50强、一汽－大众优秀技术供应商、未来之星——21家最具成长性的新兴企业等称号。

阿尔特汽车2002年成立，现已发展成为领先的全方位汽车设计开发与工程服务公司。服务范围包括汽车产品策划、造型设计、整车/发动机/变速器/零部件工程设计、CAE 分析、NVH 优化、新能源汽车开发、电控技术开发、样车试制、同步工程分析、模/夹具设计制造、展车制作、整车及部件试验评价与咨询等。具有深厚的行业积累和强大的技术服务能力。阿尔特汽车先后在长春、天津、上海、成都、宁波、武汉等地开设分公司，在海外开办阿尔特（日本）有限公司、北美技术中心和欧洲办事处，逐渐形成以北京为总部，跨越国内外重要汽车产业聚集区的设计、研发和销售中心。

（杨博）

阿尔特汽车技术股份有限公司　董事长　宣奇武

总经理　张立强

中节能（北京）节能环保工程有限公司

中节能（北京）节能环保工程有限公司（简称中节能公司）2012 年实现营业收入 1059 万元，其中主营业务收入 1012 万元、其他业务收入 47 万元。主营业务成本 921 万元，其他业务成本 184 万元；利润总额 6 万元。

中节能公司 2002 年 12 月成立，注册资本 3000 万元，股东包括中国环境保护公司、中节能科技投资有限公司和上海发电设备成套设计研究所。业务范围主要包括节能环保领域的工程总承包、工程建设管理、专利设备的研发和成套供应及技术咨询等。

（何珊）

中节能（北京）节能环保工程有限公司

董事长　魏民乐

总经理　王　堤

欧必翼门控科技（北京）有限公司

欧必翼门控科技（北京）有限公司（简称欧必翼门控）系中美合资公司，是旋转门、安全速通门、平衡门、特种门、平开门、保安门生产领域内，集研发、销售、生产、安装、售后于一体化的专业公司。销售网络遍及全国，市场占有率名列行业前三甲。公司在全国设有 17 个直销分支机构及海外办事处，年销售额在同行业中名列前茅。产品主要应用于政府办公楼、5A 写字楼、五星级酒店、金融机构、轨道交通、机场等项目中。欧必翼门控经过多年的研究与实验，发明了国内首例平衡门，产品技术性能和销量都名列全国前列。平衡门因为体量比较大，利用空气转移的原理借助于空气的力量，把门体推动重力转移到门体的合页上，虽然门体较大但推动很轻，且密封性较好。

（王娜）

欧必翼门控科技（北京）有限公司

董事长兼总经理　张建新

中外运－敦豪国际航空快件有限公司

中外运－敦豪国际航空快件有限公司（简称中外运敦豪）2012 年荣获开发区纳税 50 强企业的荣誉称号，并荣膺智联招聘和北京大学企业社会责任与雇主品牌传播中心共同评选的 2012 年“中国年度最佳雇主 30 强”。

中外运敦豪是中国成立最早的国际航空企业，创建于 1986 年，由德国邮政敦豪（DPDHL）和中国对外贸易运输集团总公司各注资 50% 成立，专注发展国际限时快递服务、全球范围的文件和包裹快递。中外运敦豪已建立了中国最大的国际快递服务网络，遍及中国 95% 的人口聚集区和经济中心城市，拥有超过 6000 名精通国际快递业务、熟悉本地情况的员工。公司的服务覆盖中国 400 个城市，并在各主要城市建立超过 100 家分公司和近 200 处办公设施。国际快递服务可直达其中 131 个主要城市，每周使用超过 500 架次商业航班和专机。

（王瑞青　周海鹰）

中外运－敦豪国际航空快件有限公司

总经理　吴东明

金鹰国际货运代理有限公司

金鹰国际货运代理有限公司（简称金鹰国际）2012 年拥有员工超过 2200 人，运营网络覆盖全国 29 个城市，拥有具备高标准的医药仓储条件和符合安全质量标准的冷链运输系统。营运站点增加至 105 个，仓储面积扩大到 70 万平方米。全年业务总收入 9.8 亿元，纳税 1532 万元。与美国霍尼维尔公司、苹果公司及沃尔沃等知名企业签约，为其提供全方位仓储、运输及保税物流服务。金鹰国际积极关注社会环境及公益事业的发展及保护，将每年的 9 月 16 日定为“志愿者日”，围绕绿色环保、支教和帮助的主题开展系列社会公益活动。6 月 20 日，公司携志愿者们到百年农民工子弟职业学校，举行“2011 年级的优秀学生 DHL 绿色奖学金颁奖仪式”，向 9 名思想健康、品行端正、学习成绩良好的学生颁发 DHL 绿色奖学金，激励他们更加勤奋学习、努力进取。7 月 21 日，特大暴雨侵袭北京，公司响应中国红十字会对运输的需求，完成近 200 吨包括帐篷、棉被、单衣等救灾物资的运输任务，为北京救灾作出贡献。9 月 7 日，公司的志愿者们在通州区七彩农民工子弟学校召开以绿色环保为主题的班会和利用废旧物品手工制作创意作品比赛活动，号召大家响应低碳生活，提高环境保护意识，加强学生在环境教育中的动手能力和创新能力。同时，向该校捐赠 200 个书包、200 套文具及 5 台笔记本电脑。9 月 12 日，公司在员工中发起向甘孜贫困地区捐赠物资活动，共捐赠衣服、鞋子、日常用品、书籍及文具用品共计 2200 余件。

金鹰国际 1996 年 9 月成立，隶属于 DHL 品牌，为德国邮政集团的全资子公司。2002 年，金鹰国际作为提供第三方物流服务和解决方案企业入驻开发区。

（王晓春）

金鹰国际货运代理有限公司

董事长兼总经理　莫志明

华北高速公路股份有限公司

华北高速公路股份有限公司外景　　张立昕　摄

华北高速公路股份有限公司（简称华北高速）2012 年总资产 42.52 亿元。全年营业收入 6.3 亿元，其中通行费收入 62259 万元。营业利润 2.4 亿元，其中净利润 2.02 亿元。公司在职员工 1031 名，其中非管理人员 770 名，管理人员 309 名，主要子公司在职员工 48 名。

华北高速 1999 年 7 月 20 日成立，主营业务为投资开发、建设、经营收费公路，注册资本10.9亿元。1999年9月，华北高速公司股票在深圳证券交易所挂牌交易。

（翟欣）

华北高速公路股份有限公司　董事长　郑海军

总经理　杨利军

中铁十九局集团有限公司

"神州第一路"——沈大八车道高速公路　企业提供

中铁十九局集团有限公司（简称中铁十九局）2012年新签合同144项、总额401亿元，其中集团母公司新签合同18项、总额119亿元；实现营业总收入267亿元，其中集团母公司101亿元；实现利润4.3亿元，其中集团母公司3.5亿元。质量分项工程一次检查合格率100%，单位工程合格率100%。企业获省部级科学技术奖9项，工法19项，科研立项2项，26项专利获得知识产权局授权。全年获国优工程2项，省部级优质工程13项。

中铁十九局归属国资委管理，2009年7月集团总部搬迁至开发区荣华南路19号。是具有铁路工程施工总承包特级，铁道行业工程设计甲二级，公路、矿山、市政公用、水利水电、房屋建筑工程施工总承包一级，公路路基、桥梁、隧道、铁路铺轨架梁工程专业承包一级，城市轨道交通工程专业承包资质和地质灾害治理工程施工甲级资质企业。具有承装（修、试）电力设施许可和爆破作业单位许可证（营业性）A级，同时拥有境外工程承包资质和对外经营权。中铁十九局前身系中国人民解放军铁道兵第九师，1984年1月1日集体转业并入铁道部，改编为铁道部第十九工程局；1999年12月改称中铁第十九工程局；2000年9月划归中央企业工委管理；2001年12月企业改制改称中铁十九局集团有限公司，归属国务院国资委管理。下辖第一、二、三、五、六、七工程有限公司，电务工程有限公司，轨道交通工程有限公司，矿业投资有限公司，房地产开发有限公司，国际建设分公司，物资总公司，计量测试中心，职工中心医院，辽阳基地；在东北、西北、东南、西南、华南、华东、华北、北京、新疆、中原10个区域设有指挥部，施工领域分布国内32个省市自治区和北非国家。集团公司通过国家级高新企业认定，被中国施工企业管理协会评为科技创新优秀企业，集团公司技术中心通过北京市认证。企业被授予全国优秀施工企业、全国先进建筑企业、全国质量管理先进单位、全国工程建设管理先进单位、全国守合同重信用企业、全国建设施工企业设备管理优秀单位、全国思想政治工作优秀企业、全国精神文明建设工作先进单位、全国企业文化建设优秀单位、全国文明单位等荣誉称号，所建工程荣获"古斯塔夫斯—林德恩斯"国际桥梁大奖1项、中国建筑工程鲁班奖10项、中国土木工程詹天佑奖10项、国家优质工程金奖7项、国家优质工程银奖25项、省部级优质工程156项。

（张莹）

中铁十九局集团有限公司　董事长、党委书记　葛永利

总经理　孙公新

龙创信恒（北京）科技有限公司

龙创信恒（北京）科技有限公司外景　　企业提供

龙创信恒（北京）科技有限公司（简称龙创科技）2012 年职工总人数 178 人，企业销售收入 1420 万元，同比增长 145.8%，纳税额 22.1 万元，同比增长 223.53%。1 月，公司获得建筑施工安全生产许可证以及由北京市住房和城乡建设委员会颁发的城市及道路照明工程专业承包资质。6 月，被市发展改革委推荐为重点能源审计机构。7 月，与承德信通首承矿业有限公司签订节能服务合同，11 月底即实施完毕，年节能量约为 360 万千瓦时。9 月，与中粮生物化学（安徽）股份有限公司签订节能服务合同，根据协议约定，工程实施完毕后，五年内将为中粮节省电量 1 亿千瓦时，约合 4100 万元。

龙创科技 2005 年 1 月成立，是一家集研发、生产、销售、技术服务于一体的专业从事电力节能、电网净化及能源管理高新技术企业，是发展改革委、财政部首批备案，工业和信息化部重点推荐的节能服务公司，现承担 1 项国家火炬计划项目（市政路灯节电器）。

（穆耀威）

龙创信恒（北京）科技有限公司
董事长　王成功
总经理　高向武

奥码拓（北京）科技有限公司

奥码拓（北京）科技有限公司（简称奥码拓）2012 年科研经费投入 100 万元，注册资本 100 万元，资产总额 500 万元，共有从业人员 12 人。公司产品入选开发区机场建设企业产品名录，1 人入选中组部第三批“外专千人计划”，1 人入选北京市“海聚工程”，2 人入选开发区“海外高层次人才”。

奥码拓 2010 年 5 月成立，位于开发区汇龙森科技园，是一家专业从事材料检测设备的研发、生产、销售、技术咨询和测试服务于一体的高新技术企业。技术咨询团队主要来自于德国 Innowep 公司、德国 Fraunhofer 研究所、欧洲中央银行、德国亚琛工业大学、英国 Plint 公司等；业务涉及航空航天、汽车、润滑油、材料、纸张、文物保护等行业；奥码拓与清华大学摩擦学国家重点实验室、中国石油化工科学研究院、中国水利水电科学研究院、兰州物理研究所、中石油大连润滑油研发中心、中石油兰州润滑油研发中心等著名科研院所建立了长期技术合作关系。

（李杰）

奥码拓（北京）科技有限公司
董事长　Wolfgang P. Weinhold
首席执行官　王杨

科技创新服务业

苍穹数码协办河北省数据库建设培训班

5 月 11~12 日，由河北省国土资源利用规划院组织，北京苍穹数码测绘有限公司协办并具体实施的“河北省基本农田数据库建设培训班”在石家庄市举办，参加此次培训的有来自全省 11 个市、174 个县国土资源局业务骨干及基本农田划定承担单位技术人员，共计 200 余人。主要针对基本农田划定工作部署及要求、河北省基本农田划定实施方案、基本农田划定（补划）技术规程，以及苍穹县级基本农田数据库管理系统的总体介绍、建库流程、建库软件操作等方面进行培训。

（周胜兵）

嘉捷美锦 3 个项目启动

5 月 16 日，BDA 企业汇三期综合楼项目正式开工，总建筑面积 1.87 万平方米。8 月，BOX 企业汇一期完成全部客户入驻，其中 37% 为新能源企业、48% 为节能环保类企业。年内，BOX 企业汇二期、嘉捷双子座会所装修 2 个项目启动，其中嘉捷科技园双子座项目完成签约企业 4 家，入驻企业 3 家，且 80% 为高新技术企业。全年 3 个项目开、施工面积共 6.4 万平方米。

（任彤）

苍穹数码亮相国际舞台

苍穹数码参加南美洲 MundoGEO 展会　　朱芮伶 摄

5 月 29~31 日，北京苍穹数码测绘有限公司在巴西参加了 MundoGEO 展会，这是苍穹数码首次亮相南美洲。展会中，公司将 GNSS 方面的研发及市场情况进行了推广。客户对苍穹数码高精度手持式 GNSS hRTK 系统 eFix R2 系列给予了高度评价。8 月 25 日至 9 月 1 日，北京苍穹数码测绘有限公司参加了在澳大利亚墨尔本举行的国际摄影测量与遥感大会；10 月 9~11 日，参加了在德国汉诺威市举行的 2012 年德国国际大地测量学和地球信息技术展。苍穹数码推出了第一批全英文化软件：苍穹数字测图系统，苍穹管道及设备信息管理系统和苍穹地籍信息管理系统。所推出的软件展示了苍穹数码 GIS 软件的高水平和强大的 GIS 数据处理能力。

（李怡明）

苍穹数码捐赠河南农大教育软件

6 月 29 日，北京苍穹数码测绘有限公司献礼农大百年校庆教学软件捐赠仪式在河南农业大学报告厅举行。苍穹数码此次向河南农业大学一次性捐赠 60 套 KQ GIS 平台和苍穹市县乡级规划修编及实施软件。双方将共建 GIS 实验室，专注精准农业与资源信息化领域的研究。

（袁振杰）

苍穹数码出席全国第五次 GIS 教育研讨会

9 月 22~23 日，全国第五次 GIS 教育研讨会暨首届全国 GIS 系主任联席会议在滁州学院隆重召开。来自全国各地的 70 余所高校的 GIS 教育专家、学者和参加首届全国大学生 GIS 技能大赛的师生代表参加了开幕式。苍穹数码作为滁州学院合作企业，应邀参加会议。会上，公司副总经理谭家宜宣读了滁州学院首届“苍穹数码”奖学金获奖名单。次日，首届全国 GIS 联席会议召开。

（谭家宜）

苍穹数码土地承包信息管理系统通过测评

10月16日，北京苍穹数码测绘有限公司参加了由农业部经管司委托，农业部规划设计研究院组织的县级土地承包管理信息系统软件测评。苍穹数码自主研发的苍穹土地承包管理信息系统通过测评，成为全国首批通过测评的6家企业软件之一。

（孙宁宁）

苍穹数码举办政府信息化产品与服务论坛

11月30日，北京苍穹数码测绘有限公司举办政府信息化产品与服务分论坛。论坛的主题为创造一流产品质量与服务品质，引领政府空间信息化潮流。来自全国地理信息行业的领导、专家及学生代表200余人参加。苍穹数码技术人员分别就《苍穹数码GIS基础五大平台》《资阳市国土资源"一张图"核心数据库及综合管理平台》《资阳市国土资源"一张图"核心数据库及综合管理平台》《苍穹国土系列数据处理软件特点及优势》《苍穹数码林业信息化系列软件产品》作了介绍。

（崔琳琳）

嘉捷美锦合作推出嘉捷互助担保基金贷款

年内，北京嘉捷美锦科技发展有限公司嘉捷企业汇服务平台与战略合作伙伴民生银行推出"民生银行·嘉捷互助担保基金贷款"。这一金融产品是集合50户以上的企业业主为启动数量，在每户缴纳一定保证金的前提下建立互助基金风险池，每家企业可以申请到最高额度为500万元的个人无抵押、无担保的信用贷款，贷款可用于企业正常生产经营，给中小企业融资提供了更为快捷、经济的金融解决方案。

（赵威）

嘉捷美锦首个客户管理系统上线

年内，北京嘉捷美锦科技发展有限公司嘉捷企业汇出资开发的CRM客户管理系统正式启用。CRM运行在Linux环境，稳定免费。程序用开源的PHP编写完成，开放源代码方便后期功能增加后程序代码的编写，能够更准确地为客户提供金融及其他政策服务，进而吸收优质客户到企业家俱乐部，为企业间的沟通交流提供平台；另外可以给予一定权限，客户可自行登录，相互进行交流沟通，寻找商机，促进企业发展。

（石岩）

部分企业

诺基亚西门子通信网络科技服务有限公司

诺基亚西门子通信网络科技服务有限公司（简称诺西公司）2012年职工总人数为832人，总资产17.96亿元，与上年基本持平；主营业务利润5.34亿元，同比增长30%；利润总额1.48亿元，同比增长300%；税后净利润1.39亿元，上缴所得税965万元。7月，由于业务需要，诺西公司迁出开发区，营业执照、税务财政等相关备案也陆续在8月底前完成迁出，新备案的营业地址为北京市东城区。

（田位）

诺基亚西门子通信网络科技服务有限公司

总经理 Markus Borchert

北京国富安电子商务安全认证有限公司

北京国富安电子商务安全认证有限公司（简称国富安）2012年企业证书发证量累计超过200万张。新建4个独立的事业部，将业务线重新梳理整合，以实现更大的发展目标。12月4日，公司荣获科技部、市科委颁发的“科技创新企业优秀奖”。

国富安是国家部委下属企业首家获得工业和信息化部颁发的电子认证服务许可资质的第三方电子认证服务机构，是具有国家涉密信息系统集成资质、安全工程类信息安全服务资质和ISO质量管理体系认证资质的高新技术企业，是中国领先的信息安全服务提供商和系统集成商。国富安拥有一批国内知名的信息安全专家和专业的安全服务团队，以“用心服务 共创价值”为信息安全服务核心理念，遵循以科学的质量管理、完善的产品结构、优质的售后服务、良好的市场信誉，造就领先的信息安全服务提供商的质量方针和服务目标，根据等级保护、分级保护要求，为客户构建整体安全体系架构，提供包括安全顾问、安全评估、安全集成、安全维护、安全培训和应急响应在内的全面、可信的信息安全服务。公司所有产品及核心技术均具有自主知识产权，形成了包括PKI安全基础类、应用安全支撑类和安全管理类在内的完善的产品体系，并为用户提供专业的电子政务和电子商务信息安全整体解决方案。国富安先后参与制定国家、行业标准与技术规范等30余项，并承接了56个国际、国内重大课题。作为泛亚电子商务联盟的创始人，国富安积极开展国际间的交流与合作，先后加入了亚洲PKI论坛、APEC电子商务工商联盟等国际组织。

（吕璐）

北京国富安电子商务安全认证有限公司

董事长 张大明

总经理 唐清文

汇龙森国际企业孵化（北京）有限公司

汇龙森科技园三园二期外景　　汪辉 摄

汇龙森国际企业孵化（北京）有限公司（简称汇龙森）2012年累计入驻科技型中小企业500多家，实现产值超过150亿元，纳税近7亿元，提供就业岗位2万余个，各类自主知识产权570余项。园区吸引留学人员创业企业80家，海外留学归国人员172人，其中博士后、访问学者及博士120人。园区共有中组部“千人计划”12人，北京市“海聚工程”26人，中关村“高聚工程”24人，开发区海外高层次人才51人。汇龙森是开发区内唯一的国家级科技企业孵化器、市级高新技术产业专业孵化基地，唯一的北京市留学人员创业园。年内，留学人员创业园被市委组织部、市人力社保局、市科委联合评为优秀留学人员创业园；汇龙森科技园被市科委认定为北京市战略性新兴产业孵育基地；汇龙森获市经济信息化委认定的首批北京市中小企业公共服务平台和北京市小企业创业基地；获开发区认定的科技企业孵化器，获首都文明办授予的2011年首都文明单位。

汇龙森2002年4月26日成立，注

册资金6000万元，是一家专业从事科技园区建设与管理、科技企业服务和科技投资业务的集团公司。

（汪辉）

汇龙森国际企业孵化（北京）有限公司

董事长 刘泳

北京嘉捷美锦科技发展有限公司

北京嘉捷美锦科技发展有限公司（简称嘉捷美锦）2012年在中小企业服务领域积极探索，与大兴区工商联形成战略合作，积极参与大兴区工商联中小企业调研工作，并撰写《调研报告》，提出“满足政府招商条件，以创新型企业为主要客户的企业园运营商”的业务发展新定位。加快自身转型升级的步伐，成立以“嘉捷企业汇”命名的房地产经纪公司、投资咨询公司并将物业公司更名，统一公司服务品牌。同时开始涉足职业教育、广告经营等领域。提出了转型期企业文化理念，即“专业、创新、真诚”。7月，注册成立北京嘉捷企业汇房地产经纪有限公司，先后承接天骥智谷、金蝶软件园等外部项目，并将业务范围拓展到天津市。9月，经市经济和信息化委认定，嘉捷企业汇获得中小企业公共服务平台、小企业创业基地称号。年内，嘉捷企业汇物业继续完善规范化管理，年度经营指标、园区物业满意度、工程节能降耗、车场电子管理系统、园区安全保障等重点工作均完成既定目标并顺利通过GB/T 28001-2001职业健康安全管理体系认证。同时，管理团队制订了《物业未来三年发展规划》和《后备干部培训计划》。

嘉捷美锦由北京嘉捷集团、山西美锦集团共同投资建立，是以科技园区建设和运营为主营业务的民营企业。开发及运营的项目包括嘉捷科技园、BDA企业汇、BOX企业汇等，统称为嘉捷企业汇。进驻的企业超过120家，包括中国移动、中航惠腾、中材集团设计院和包钢集团设计院等大型国有企业集团的分支机构，以同为时代生物、天申集团、伟奥软件及同属嘉捷集团旗下的嘉捷恒信和嘉捷博大等为代表的民营高新技术企业。

（任彤）

北京嘉捷美锦科技发展有限公司

董事长 李佰龙

总经理 任 彤

北京苍穹数码测绘有限公司

北京苍穹数码测绘有限公司（简称苍穹数码）2012年持续快速发展，员工超过800人，并在合肥建立技术中心，形成北京、武汉、合肥三大技术阵营，进一步实现了技术本地化，公司产品与技术受到多方肯定。8月，“基于面向服务的分布式国土资源数据中心建设”项目荣获2012中国地理信息科技进步奖二等奖；9月26日，“第二次全国土地调查成果国家级核查”项目被评为2012年全国优秀测绘工程银奖；12月，公司荣获“开发区企业创新中心”荣誉称号。

苍穹数码成立于2001年，是国内唯一集软硬件研发、测绘于一体的民营企业。苍穹数码是北京市企业技术中心和高新技术企业，是国家测绘地理信息局批准的甲级测绘资质单位，并取得了ISO 9001：2008质量管理体系认证、双软认证、计算机信息系统集成等资质。在中国31个省市（港澳台除外）设立了分支机构，并在海外建立了营销网点，产品面向国内外市场。公司专注于“3S”领域，固定资产超过 2 亿元，并与中国测绘科学研究院、武汉大学、中国农业大学等众多国内外重点科研机构开展战略、技术合作。苍穹数码是中国地理信息产业协会、中国测绘学会、中国软件行业协会等机构的会员单位。苍穹桌面 GIS 平台、苍穹服务 GIS 平台、苍穹移动 GIS 平台、苍穹图文一体化业务协作架构平台及应用产品多次在国产空间信息系统软件测评中获得表彰。在 GIS 应用最广的国土行业，苍穹数码是国土资源部第二次全国土地调查统一时点底图生产单位、第二次全国土地调查成果国家级外业核查单位、国土资源信息化领域最大的软件供应商。此外，苍穹数码还研发生产 GNSS 软硬件产品。苍穹数码的软硬件产品广泛应用于国土资源、水利、电力、测绘、农业、环境保护、林业、交通、通信、数字城市、导航、国防等领域。在开发区建造的“苍穹数码大厦”，共分为九层，可以容纳 600 人同时办公。

（崔琳琳）

北京苍穹数码测绘有限公司

董事长兼总经理　徐文中

北京集翔多维信息技术有限公司

北京集翔多维信息技术有限公司（简称集翔多维）2012 年有员工 10 人，其中研发人员 7 人。除承担国家课题研发以外，取得营业收入 65 万元。

集翔多维 2004 年 2 月成立，是一家专业从事医学图像引导手术导航系统研发的高新技术企业。公司利用自主开发的多项图像识别技术、实时图像处理技术，开发了 CTO 手术导航系统、GANZ 截骨导航系统、肝肿瘤手术导航系统、支气管镜下活检导航系统、光学相干断层成像图像分析系统、冠脉造影分析系统、血管内超声图像管理系统等产品，通过与山东大学齐鲁医院、北京阜外医院、北京安贞医院、上海交通大学附属上海市胸科医院等多家医院合作完成了上述医疗产品的测试，并投入临床试用。

（王玉珊）

北京集翔多维信息技术有限公司

董事长兼总经理　易　新

美德创新（北京）科技有限公司

美德创新（北京）科技有限公司（简称美德创新）2012 年有员工 12 人，设计团队有中国、美国、丹麦、葡萄牙的设计师，拥有强大的设计能力，保证融入本土元素与国际化。获得北京科技研究开发机构认证，同时被选为开发区企业创新中心，并获得由美国创业邦杂志颁发的中国创新企业 100 强的奖项。

美德创新 2010 年成立，总部位于开发区创新大厦，销售部位于海淀区。美德创新为客户提供全球领先的工业设计、结构设计、机械电气设计到样机制作、产品供应一站式服务。美德创新拥有自主研发的品牌口腔护理产品及生物医药设备。公司通过自主研发已经申请实用新型专利 7 项、外观专利 1 项。

（姜珊珊）

美德创新（北京）科技有限公司

总经理　张敬雷

都市产业

亨特建筑河北医大二院吊顶项目完工

2 月，亨特建筑产品（北京）有限

公司承接的河北医科大学第二医院乐思龙吊顶项目完工。医院新建的心脑血管综合楼在大厅、走廊、电梯间等8000平方米空间均采用乐思龙宽板吊顶产品，走廊的300C宽板吊顶采用边龙骨系统，直接搭装于两侧修边条上，安装简便、施工快捷，便于吊顶上方管道设备的检修维护。

（周小燕）

北京可口可乐开展市场和网络平台互动

北京可口可乐在三里屯开展品牌路演　企业提供

4月、6月，北京可口可乐饮料有限公司分别在大悦城和三里屯开展了品牌路演，旨在使可口可乐品牌与产品更加贴近并融入到消费者的生活当中，从而进一步体现出北京可口可乐用心服务消费者的宗旨。北京可口可乐活动微博“可口可乐爱北京”粉丝已突破20万人，更多的消费者在网络上分享到喜悦与快乐。

（赵宇）

百花公司被评为2011中国特许百强

5月9~10日，在第十四届中国特许加盟大会上，北京百花蜂业科技发展股份公司的“百花”品牌因管理规范、发展稳定、带动更多劳动力就业等业绩被评为2011中国特许百强。

（汪海鹰）

葆婴公司助力推广绿色环保理念

葆婴公司自行车低碳出行进校园　企业提供

5月18日，葆婴有限公司自行车低碳出行进校园活动在北京语言大学举行启动仪式。葆婴公司将精心制作的100辆自行车赠送给该校，用于支持该校志愿者总队推广绿色环保理念。来自世界各国的留学生表示，要把绿色出行的理念带到世界各地，共同关爱地球环境。

（韩燕）

亨特建筑举办建筑设计主题研讨会

9月20日，由亨特投资公司主办，亨特建筑产品（北京）有限公司和亨特建筑产品（沈阳）有限公司承办的“材料的表达”建筑设计主题研讨会在沈阳市举行，来自东北地区各大设计院所约120多位建筑师、设计师参会。会上展示了亨特集团全系建筑产品，与参会建筑师、设计师一起分享了亨特集团世博中国馆等部分重大项目案例。亨特全方位的建筑产品解决方案和精湛的工艺、优质的产品、生动的项目案例受到与会者好评。

（周小燕）

百花蜂蜜产品获中国农产品包装设计奖

9月28日，“新田园”杯首届中国农产品包装设计大赛成果发布会在农业展览馆举行。北京百花蜂业科技发展股份公司报送的“480克装系列挤出式蜂蜜”产品荣获三等奖。该包装的挤出孔采用了控流硅胶阀，挤出蜂蜜自如，不滴洒、不沾手，改变了蜂蜜传统倒和舀的取用方式，很大程度方便了消费者；在产品的装潢设计上采用透明包装，很好地体现出蜜体剔透的质感。

（钟一鸣）

加多宝荣获中国广告长城奖

10 月 28 日，在中国广告长城奖 2012 年度广告主奖颁奖盛典上，加多宝集团“加多宝中国好声音”荣获中国广告界年度评选最高级别奖项——中国广告长城奖广告主奖品牌奖 · 营销传播奖金奖。

（郑伟松）

亨特建筑北京日报采编中心吊顶项目完工

10 月，亨特建筑产品（北京）有限公司承接的北京日报报业集团新闻采编中心项目完工。中心内部大堂、电梯厅等公共区域采用乐思龙白色蜂窝板内墙板 2533 平方米，新研发的 NHIW 系统，不仅安装维护方便、耐久性强，同时也呼应、衬托了整个空间的宽敞和整洁。室内重点办公区域采用钛科丝玻纤吸音吊顶 2900 平方米，钛科丝卓越的宽频吸音性能最大限度降低办公区域的噪音，新颖别致的浮岛式设计增强了现代感，完美适应这一行业的环境需要。

（周小燕）

加多宝荣获中国人力资源管理学院奖

11 月 24 日，《加多宝集团：红色力量，我们在行动》的人力资源主题活动案例荣获“2012 年中国人力资源管理学院奖——中国人力资源管理十大最佳实践奖”；加多宝集团人力资源及行政总经理夏楠荣获“2012 年中国人力资源管理十大年度人物奖”。

（郑伟松）

亨特建筑康宁双模数夹芯墙体板项目完工

11 月，亨特建筑产品（北京）有限公司承接的位于开发区的康宁液晶显示科技（中国）有限公司项目完工。建筑物整个外立面应用了乐思龙 100 毫米厚双模数夹芯墙体板，约 3.5 万平方米，夹芯墙体板是集建筑外立面围护、装饰及保温隔热功能为一体产品，此项目中应用的双模数夹芯墙体板横向排列最大宽幅 1200 毫米，长度最大 11500 毫米，纵向排列板材宽幅为 1000 毫米，最长 10000 毫米，并且横向为错缝排列，大大增加了安装难度。板面采用 3 种不同灰色，平整大气中又富于变化，增强了外立面的表现力。

（周小燕）

加多宝获 CCTV 中国年度品牌

11 月，在中央电视台、央视网联合主办的第四届中国品牌年度发布会上，加多宝被评选为 2012 中国年度品牌。凭借自身条件和丰富的营销经验，历经 3 个月的品牌转换，加多宝实现了一次华丽转身，这与中国年度品牌评选的主题“转型 转变 转化”极其契合。此次成功入选，体现出社会各界对于加多宝凉茶事业的认可，将激励加多宝不断专注凉茶产业进步，推动凉茶文化发展，将中国的凉茶文化推广到全世界。

（郑伟松）

加多宝问鼎创新大奖

12 月，在由中国生产力学会主办的中国企业创新论坛 2012 年年会上，加多宝集团凭借营销、技术的卓越表现，荣获

2012 年度中国凉茶行业最佳自主创新企业。加多宝在第 6 次问鼎中国饮料第一罐后，其在营销、技术、文化、国际化方面的“创新四部曲”已成为媒体及行业关注的焦点，在各个方面的创新举动，更是丰富了加多宝凉茶品牌的文化内涵，推动整个凉茶行业的发展，为业界展示出一个又一个精彩的营销案例。

（郑伟松）

亨特建筑大连国际会议中心屋面项目完工

大连国际会议中心项目完工　　企业提供

12 月，亨特建筑产品（北京）有限公司承接的大连国际会议中心屋面项目完工。该项目的整体建筑被称为世界上最复杂、难度最大的建筑工程之一。建筑屋面采用亨特盒式蜂窝板配合直立锁边屋面系统进行安装，采用的 10 万多块盒式蜂窝板规格均不一样。亨特采用“零损耗”和“定制化”的供货模式，全部用板均由亨特上海生产基地定尺加工，在现场完成安装。亨特北京通过对材料和细节的精心雕琢为大连国际会议中心项目塑造出奇特的建筑外观。同时，大连国际会议中心项目荣获由亨特美国公司主办的 PROFILES 2012 年度最佳项目奖。

（周小燕）

百花蜂业参与制定蜂产品行业标准

年内，北京百花蜂业科技发展股份公司先后参与起草、审定《蜂蜜》和《蜂产品专卖店规范》全国供销合作总社行业标准的工作。《蜂蜜》行业标准审定组由中国蜂产品协会、农业部蜂产品质量监督检验中心（北京）等单位的专家组成。《蜂产品专卖店规范》行业标准由百花公司和中国蜂产品协会共同起草，审定组由市商务委、中国连锁经营协会、北京连锁经营协会、中国蜂产品协会等单位的专家和代表组成。

（杨寒冰）

葆婴公司助力西部母婴营养改善项目

葆婴公司捐赠中国西部母婴营养改善项目　　企业提供

年内，葆婴有限公司先后向世界卫生组织儿童卫生合作中心“中国西部母婴营养改善项目”捐赠了价值 238 万元的葆婴公司多维营养片（孕妇型）产品。该项目是为了改善中国中西部地区孕妇孕期营养，避免或减少孕期营养不良对新生儿和儿童生长发育的影响，降低孕妇的贫血患病率，保障母婴健康。

（韩燕）

葆婴公司发起母乳喂养系列活动

年内，葆婴有限公司携手中国妇幼保健协会、中华预防医学会儿童保健分会、中国儿科医师学会及各大媒体共同发起“橙丝带——母乳喂养”系列活动，倡议在公共场所建立母乳喂养室。葆婴公司率先在葆婴公司中心公共区域设立了母乳喂养室。

（韩燕）

部分企业

资生堂丽源化妆品有限公司

欧珀莱臻源新肌系列　　企业提供

资生堂丽源化妆品有限公司（简称资生堂丽源）2012 年推出了基于全新“干细胞护理”理念的欧珀莱臻源新肌系列。4 月，“欧珀莱”被工商总局认定为中国驰名商标。5 月，资生堂丽源在四川省蓬安县捐助的希望小学竣工。9 月，资生堂研究团队的研究成果荣获 2012 年度中国化妆品学术研讨会一、二、三等奖，该研究成果应用于欧珀莱臻源新肌浓萃霜中。10 月，欧珀莱俊士广告荣获中国广告长城奖优秀奖。12 月，欧珀莱产品荣获 COSMO 美容大奖。

资生堂丽源作为日本资生堂与北京丽源公司的合资企业，生产“AUPRES/ 欧珀莱”系列化妆产品。欧珀莱自 1994 年 1 月推向市场，已经在全国 1000 多家百货商场开设了形象专柜，并保持着高额的年销售增长率。资生堂丽源致力于生产和经营符合中国女性美肌需求的化妆品事业，于 2008 年对“AUPRES/ 欧珀莱”品牌进行了全面更新，2011 年向中国市场推出了欧珀莱全新美白产品系列和全新时光锁紧实弹润系列。

（张妍）

资生堂丽源化妆品有限公司

总经理 浅井俊行

加多宝集团

加多宝集团总部外景　　企业提供

加多宝集团（简称加多宝）2012 年顺利完成品牌转换，冠名《中国好声音》第一季，加多宝凉茶知晓率接近 100%，销量同比增长超过 50%。7 月至 12 月，品牌转换后加多宝占据罐装凉茶市场份额的 80%，被统计局中国行业企业信息发布中心评为 2012 年度全国罐装饮料市场销量第一名。

加多宝集团是一家集原材料种植、饮料生产及销售于一体的大型港资企业，旗下产品包括红色罐装、瓶装加多宝凉茶饮料和昆仑山天然雪山矿泉水。加多宝先后在广东东莞、浙江绍兴、福建石狮、北京、青海格尔木、湖北武汉、浙江杭州、广东清远等地设立生产基地，并有多处原材料生产基地。加多宝旗下的生产工厂先后通过了 ISO 9001 国际标准质量管理体系、GMP、HACCP、ISO 22000、国家出口食品卫生注册、CNAS 认可等多种质量管理体系认证，并通过持续的改进，使食品安全质量管理体系不断发展和完善，力争做到成品出厂批次合格率为 100%。2006

年，加多宝生产的红罐凉茶被选为国家级非物质文化遗产。2007 年，荣获人民大会堂宴会用凉茶饮品称号。2011 年，加多宝董事长陈鸿道获得非物质文化遗产凉茶项目代表性传承人的资格。

（郑伟松）

加多宝集团　董事长　陈鸿道

执行总裁　阳爱星

和路雪（中国）有限公司

和路雪（中国）有限公司（简称和路雪）2012 年 11 月通过针对于公司氨制冷系统相关生产操作、维修保养等诸多过程安全管理的 PSM 专项审计。和路雪工厂的制冷氨报警系统成功并入开发区物联网统一的报警监控平台，成为开发区内首批由企业和政府共同监督安全生产的企业。按照公司倡导的“可持续发展计划”要求，和路雪建立了污水站厌氧系统 UASB。该系统的应用，使工厂排水的 COD（化学需氧量）远远低于地方政府相关污水排放标准。

和路雪生产的冰激凌品牌有可爱多、梦龙、奇彩旋、奶昔杯等，销售范围遍及中国大陆、香港地区以及澳大利亚、南非、泰国、荷兰、法国等海外诸多国家。

（刘然）

和路雪（中国）有限公司

厂长　王　鹏

联合利华食品（中国）有限公司北京第二分公司

联合利华食品（中国）有限公司北京第二分公司（简称联合利华北京食品工厂）2012 年实现了全年零安全事故；工程部门改进蒸汽系统和空调制冷设备，比上年节约能源 44%；响应联合利华总公司提出的“飞扬梦想”项目，在 7 月和 10 月派出员工远赴青海和四川担任志愿者教师。联合利华北京食品工厂主要产品有家乐鸡精鸡粉、沙拉酱，主要客户是肯德基和必胜客等。

（刘然）

联合利华食品（中国）有限公司北京第二分公司

厂长　王永彪

宝健（中国）日用品有限公司

宝健（中国）日用品有限公司外景　　企业提供

宝健（中国）日用品有限公司（简称宝健）是一家专业从事健康理念传播及健康产品生产、销售的大型港资高科技企业。集研发、生产、配送、销售、服务于一体，通过提供营养保健、美容护肤、日化用品等多元化的产品与服务为国民提供全方位的健康保障，满足国人对健康的全面需求。秉承“诚信经营 稳健发展”之精神，在研发等方面精益求精，宝健现已拥有自主品牌、产品配方 3 大系列近百种产品。3 大系列包括：宝健营养保健系列、宝芙美容护肤系列、宝馨日用护理系列，专为中国人研发设计，深得广大消费者好评。宝健产品不断为社会大众提供健康关爱，获得北京市著名商标、北京知名品牌、高新技术企业、保健食品质量管理示范企业、全国用户满意产品、全国用户满意企业等荣誉。被选为2008-2016年奥运会中国国家击剑队指定产品合作伙伴。作为中国首都第一家直销企业，宝健已成为首都健康产业领跑者，并在中国率先推行“60天无因退货”“保质期质量问题换货”的满意保证。为了“让希望工程成为企业股东”，宝健创新性地提出3个1%公益理念，与中国青少年发展基金会共同成立“宝健自主基金”项目，持续以3个1%的固定捐赠汇入“宝健自主基金”，帮助10万名孩子获得希望。截至年底，宝健已累计捐建并资助了72所希望小学和农民工子弟学校，公益捐助超亿元。

（黄崧 秦楠）

宝健（中国）日用品有限公司

总裁 李 道

北京可口可乐饮料有限公司

北京可口可乐饮料有限公司（简称北京可口可乐）2012年取得了生产线技术性突破，实现了特包线技术改进，加强了生产效率并且节约了大量的能耗，被饮料协会评为节水先进企业和节能先进企业，先进单位称号。10月，北京公司援助四川省凉山希望小学，为贫困的学生带去了问候和温暖，为凉山的孩子们送去统一的校服和学习用品。

北京可口可乐是可口可乐在北京地区唯一授权装瓶厂，产品销售范围为北京市行政区域。其主要产品包括：可口可乐、雪碧、芬达、健怡可乐、醒目、美之源果汁系列、果粒奶优、果清新、酷儿、冰露矿物质水、原叶翠缕绿茶、原叶滇红茶、酷乐仕维他命水。作为中粮可口可乐系统下灌装厂之一，北京可口可乐秉承“言而有信、业绩至上、以人为本、共创多赢”的企业文化，为北京市场提供高品质的饮料产品，提升企业价值，维护员工利益，积极奉献社会，争做优秀企业公民。

（赵宇）

北京可口可乐饮料有限公司

总经理 庆立军

北京大宝化妆品有限公司

北京大宝化妆品有限公司（简称大宝化妆品公司）2012年投入了大量的资金和人力，对所有的厂房设施和生产设备进行了全面更新和改造，对与质量相关的记录和文件进行全面自查。通过多轮内部审核，全面确保大宝公司在质量管理体系和产品质量控制方面满足中国国内法规、国家标准和行业标准以及强生内控的要求。大宝公司陆续推出大宝SOD滋润霜、大宝清爽保湿洁面乳、大宝SOD滋养手霜和大宝清爽保湿防晒露等产品。

（周敏涛 杨树坚）

北京大宝化妆品有限公司

总经理 周敏涛

北京百花蜂业科技发展股份公司

北京百花蜂业科技发展股份公司（简称百花蜂业）2012年完成销售收入同比增长15%，实现利润增长20.3%。开拓电子商务营销模式，与京东商城、淘宝天猫签订战略合作协议；创新产品，开发出480克挤出式蜂蜜，“甘宁”花粉冲剂；“一种蜂蜜膏的配方及制备方法（老年蜂蜜膏）”“融蜜机”“破晶机”3项发明获得国家专利；参与制定《蜂蜜》和《蜂产品专卖店》行业标准；“百花蜂蜜传统加工技艺”通过区级非物质文化遗产审核，被列入大兴区非遗名录；开展“百花文化，百日推广”活动，举办了企业文化研讨会、百花文化案例故事征集、百花案例故事讲演、青年团员慰问老百花人等活动。

百花蜂业的前身是“万和”“至诚”“永丰”私营养蜂场，已有近百年的历史，是国内专门从事蜂产品科研开发、生产加工和经营销售，规模较大的国有控股企业之一，隶属于北京市供销合作总社，是开发区高新技术企业。经营范围包括蜂蜜、蜂王浆、蜂花粉、蜂胶等及其蜂产品制品，以及由蜂产品衍生的各种营养食品、保健食品。“百花”品牌先后获得1988年首届中国食品博览会银奖、1989年商业部优质产品奖、1990年第三十二届国际养蜂会议金奖、1991年北京市优质食品、1992年度国家级新产品、1995年北京市商办工业拳头产品、1996年全国供销合作总社名牌产品、1998年北京市商业知名品牌，1999-2012年连续14年被评为北京市著名商标和北京名牌产品，2004年被评为北京市优秀特许品牌和中国商业名牌企业，2006年被商务部确认为“中华老字号”，2008年被工商总局确定为中国驰名商标，并成为北京奥运会独家蜂蜜供应商。北京百花公司是中国蜂产品协会的常务理事单位和中国蜂产品协会蜂蜜专业委员会的主任单位，公司领导兼任中国蜂产品协会副会长、中国蜂产品协会蜂蜜专业委员会主任委员、中国蜂产品协会蜂胶专业委员会副主任委员、北京蜂产品协会会长。

（周立娟）

北京百花蜂业科技发展股份公司

董事长 胡晓勇

总经理 郭利军

乐天（中国）食品有限公司

乐天（中国）食品有限公司（简称乐天食品）2012年有员工近500人，产值2.34亿元，实现销售收入2.81亿元，上缴税收1212万元，税后利润115.2万元。

乐天食品是乐天集团成立最早也是最大的一家工厂，生产出中国第一瓶木糖醇口香糖。除了口香糖，公司还生产派、小熊饼干、巧克力棒等系列休闲食品，除在中国销售，还销往日本、韩国、中东及东南亚地区。

（李振领）

乐天（中国）食品有限公司

董事长 金龙洙

总经理 金容佑

章光101控股集团有限公司

章光101控股集团有限公司（简称章光101集团）5月，在2012年度“绿色北京 低碳生活”大型公益系列活动二，章光101集团荣获百姓心中绿色宜居品牌。6月5日，由章光101集团承办的世界环境日庆祝大会暨首届环境养生论坛举行，论坛倡导环境保护意识，探讨养生健康之道。7月19日，被评为2012年度北京市信用企业和北京诚信经营承诺企业。9月，获得了由北京企协信用评价中心颁发的信用AAA级企业等级证书。11月，在中国质量检验协会组织开展的“质量提升”活动中，获得全国质量检验稳定合格产品证书。其下属的北京章光101科技股份有限公司2012年总利润567万元，纳税总额1233万元。

章光101集团以赵章光发明的章光101生发、护肤系列产品为主导，涉及制药、房地产、园林工程等多种行业，是一家拥有10多亿元固定资产、14000余名员工，2000多家101生发专业连锁咨询服务机构的外向型经济实体。产品包括生发、养发、防脱发和护肤4个系列的20多个品种，除“章光101”系列之外，还开发了以养发为主的子品牌，满足了不同层次、不同类型头发亚健康人士的需求。“章光101”被认定为中国驰名商标，拥有北京、乐清、郑州3个生产基地，产品行销世界65个国家和地区，在海外设有16个分支机构。

（章芳　郑伟涛）

章光101控股集团有限公司

董事长　赵章光

总　裁　赵胜霞

亨特建筑产品（北京）有限公司

亨特建筑产品（北京）有限公司（简称亨特建筑）2012年职工总数26人，销售总额4388.33万元，纳税总额349.47万元。亨特北京完成了在沈阳成立亨特建筑产品（沈阳）有限公司（简称亨特沈阳）的前期筹备及注册工作。亨特沈阳是亨特建筑产品在中国东北区域的营销管理中心，业务范围为原亨特北京公司管辖的黑龙江、吉林、辽宁地区。沈阳公司的设立，不仅表现了亨特对东北区域市场的重视，也是亨特建筑产品在中国实施市场细分策略的重大举措。公司在中国东北地区参与了大量重大项目，包括大连快轨、大连机场、大连国际会议中心、哈尔滨机场、长春机场、长春一汽大众制造基地等。12月，亨特北京顺利通过了ISO 9001:2008质量管理体系认证审核和ISO 14001:2004环境管理体系认证审核换证工作。

亨特北京系荷兰亨特集团全资子公司。2011年亨特集团成立亨特道格拉斯(中国)投资有限公司，对中国区域7家子公司的市场推广、业务发展、生产研发、财务、销售和人事等方面实施统一运作管理。亨特北京是亨特集团重要的销售管理和技术服务中心，业务区域包括京、津、冀地区。依托集团全新平台的强大支持，主要业务包括金属外墙、建筑遮阳、金属吊顶、玻纤吊顶、建筑陶板等建筑产品的销售和业务区域的技术服务工作。

（周小燕）

亨特建筑产品（北京）有限公司

董事长　王文樑

总经理　钱自力

大族环球科技股份有限公司

大族环球科技股份有限公司（简称大族环球）2012年在开发区建设大族生产基地及大族科研办公项目，累计投入10亿元。拥有员工40人，实现资产总额14.44亿元，同比增长103%。大族科研办公项目位于开发区核心区，城市主干道荣华路与荣京东街交汇处。由6栋呈舰队式排列的5A甲级写字楼及6.5万平方米融合超市、餐饮、影院、百货零售、高档会所等为一体的Shopping Mall组成。8月，楼桩基础验槽通过。11月3日，通过北京市绿色文明安全样板工地验收。11月15日，±0.00以下结构施工完毕。11月11日，“北京市长城杯”（金杯）初验通过。大族生产基地位于博兴路与泰河路交汇处，总建筑面积22万平方米，由18栋9000~10800平方米的企业独栋及2栋配套公寓组成，年内完成了玻璃幕墙改造工程，室内土建工程，室内给排水、暖气工程，室外给排水、采暖、消防、弱电工程。

（孙平）

大族环球科技股份有限公司

董事长 高云峰

总经理 盛英泰

葆婴有限公司

葆婴有限公司生产车间　　企业提供

葆婴有限公司（简称葆婴公司）2012年实现营业收入2亿元。公司成立于1999年，从成立之初就确定了以母婴和家庭营养健康事业为发展方向。公司进入中国十几年来，在23个大型城市设立了分公司，在开发区拥有符合GMP规范的保健品生产厂，年度营收额逐年稳步上升，已有上百万个家庭受益。年内，获得食品安全示范单位称号，成为中国网球公开赛独家合作伙伴并获得杰出贡献奖，获得中国直销最具潜力企业荣誉，葆婴公司·葆苾康系列获最具价值产品奖；Sense护肤品获得了最具潜力产品奖。

2002年4月，公司在中国的成功业绩被哈佛大学选为哈佛商学院“成功进入中国的美资公司”案例。世界著名的七大商学院纷纷投资葆婴公司。2005年，被美国《商业周刊》杂志评为亚洲最快速增长的企业之一。2009年，获得直销许可证。2010年，美国上市公司USANA Health Sciences, Inc.注资葆婴公司海外母公司。

（韩燕）

葆婴有限公司　董事长兼总经理　伊荣基

北京金蓝人力资源服务有限公司

北京金蓝人力资源服务有限公司（简称金蓝人力）成立于2000年，是一家服务范围覆盖全国主要省市的人力资源机构，旗下直属分公司遍布中国10多个省份的100多个主要城市，为上千家客户提供全方位的人力资源服务。公司的主要业务包括劳务派遣、人事代理、业务外包、企业培训、技能培训、求职推荐、短工服务、招聘服务、家政保洁等。2012年10月，总部办公楼迁入开发区经海路。12月，金蓝人力公众微信服务平台启用，为就业人员提供就业职场资讯、工资社保查询、生活工具类服务等。年内，金蓝人力新增地市级分公司10家，服务人次、业务收入、企业利润均比上一年增长60%以上。金蓝人力在人力社保部和中国移动举办的“春风行动”务工信息服务活动中，为中国上亿人次提供信息服务，这是公司连续第3年参与此项活动，旨在帮助进城务工人员实现更好的就业愿望。

金蓝人力引入国际先进的标准职位体系、人力资源能力成熟度模型（PCMM）和服务外包管理模型，结合中国企业管理和劳动力资源的现状，建立起了一套行之有效的员工招聘测评体系、培训开发体系和绩效管理体系，为客户企业综合提升人力资源效益提供了坚实的保障。金蓝人力北京、西藏等分支机构多次获评为优秀劳务派遣单位、先进职业介绍单位等。

金蓝人力注重企业社会责任，在广大员工中积极贯彻“职业化、大家庭”的企业文化，得到了客户、员工和社会的肯定。2007 年春节期间，为留京过年的贫困大学生提供 300 个勤工俭学岗位，中央电视台《共同关注》节目为此作了现场采访报道。同年，金蓝人力作为唯一一家企业，参与亚洲银行和劳动部组织的“进城民工公共就业服务体系建设”项目。2008 年，金蓝人力组织上万名员工，为来自汶川地震灾区上百名受灾员工募捐善款。2009 年春节期间，受新华社、中国移动集团委托，就《金融危机下农民工返乡与就业专题》，开展了超过 10 万人次规模的调查，为政府和社会决策提供了重要的参考依据。

（屈丽娜）

北京金蓝人力资源服务有限公司

董事长兼总经理 兰 珍

北京 DOLE 食品有限公司

北京 DOLE 食品有限公司（简称北京 DOLE）2012 年拥有员工 180 余名，销售额 1.25 亿元，纳税额 530 万元。产品主要产自 DOLE 位于世界各地的农场和国内指定的合作农场，并独家代理了比利时 TRAVAL 啤梨。10 月，公司完成经营范围的变更及法人名称的变更，营业范围从水果加工、分装，储运食品，销售自行加工的产品，食品技术的开发，技术推广及技术咨询等拓展到蔬菜类农副产品的加工处理，原浆果汁、果仁、坚果批发、进出口等。11 月，获得年度北京市和开发区保增长奖金。公司于 2004 年在开发区投资设立。都乐食品有限公司是世界上较大规模的综合性水果蔬菜种植商和跨国销售商之一，拥有 160 多年历史，在全世界 90 多个国家建立了销售网络或子公司。都乐执行 ISO 9001:2000、HACCP、SA8000、ISO 14001、JAS 等质量和食品安全、社会责任等体系，确保产品的安全。都乐在全国 7 个主要城市建立了现代化的加工配送中心，市场覆盖 26 个省、市、自治区的近 1600 家超市。

（张军莉 范华薇）

北京 DOLE 食品有限公司

总经理 陈永康

北京爱生科技发展有限公司

北京爱生科技发展有限公司（简称爱生科技）有厂房和办公面积 1300 平方米，员工 36 人，资产规模 2100 万元。2012 年主营业务金额突破 2000 万元，实现净利润 100 万元。爱生科技 1998 年成立，是一家集研发、设计、生产、销售、安装大型直饮水系统、超纯水系统和斑马鱼及水生模式生物实验系统等专业设备为一体的高新技术企业，2002 年通过 ISO 9001 和 ISO 14001 认证，是首家获得市卫生局涉水产品卫生许可的企业。是市专利试点单位和市科学技术研发机构，市机电行业协会、中国城镇供水协会、市给水协会及市健康饮用水协会会员，建设部《直饮水系统技术规程》行业标准的起草单位之一。被市工商局评为2011年北京市著名商标，董事长张琼被评为 2012 年度北京市优秀女企业家。

（周菁楠）

北京爱生科技发展有限公司

董事长兼总经理 张 琼

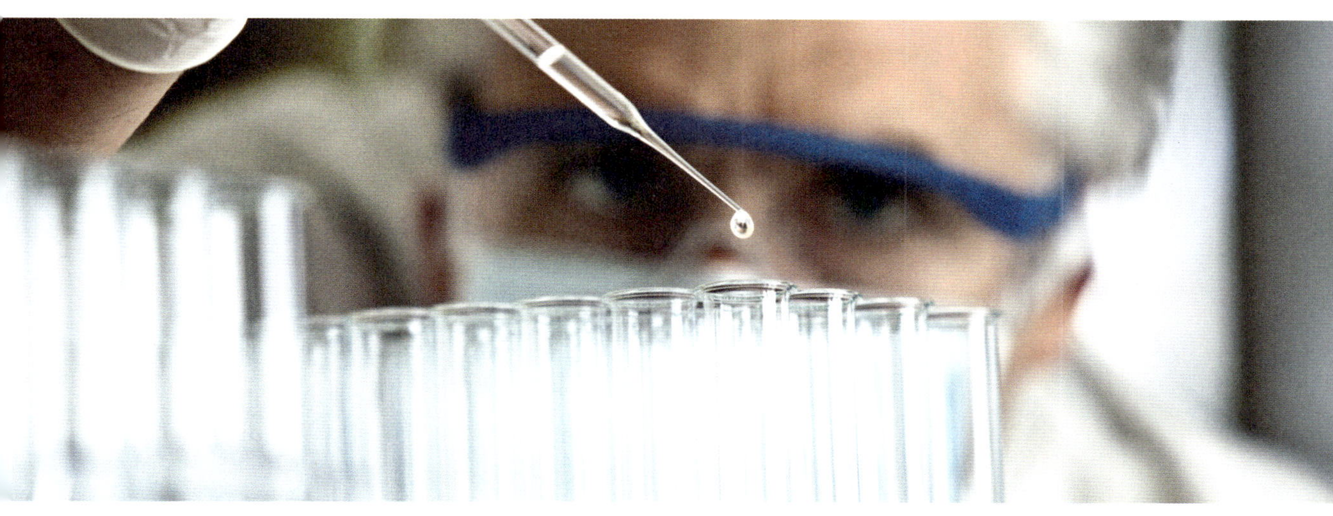

科技

综 述

2012年，开发区科技工作继续坚持为产业发展服务，推动“八大工程”全面实施，“北京·亦庄”创新模式的引领带动作用日益增强，在国内外影响力持续提升。年内，共有16家企业入选中关村国家自主创新示范区第三批“十百千工程”重点培育企业，获专项资金支持981万元。新增重点培育“小巨人”企业20家，培育总数超过60家，有8家跻身“小巨人”企业。开发区新认定科技企业孵化器3家，新区累计认定科技企业孵化器10家，其中国家级和市级孵化器各3家。

年内，开发区科技创新专项资金支持274个项目1.27亿元。重点支持有自主产权、填补国内空白、有望达到国际先进水平的32个自主研发类项目，支持金额1770万元；支持成果转化项目22个，支持金额1470万元；支持技术标准类项目49个，支持金额1115万元。累计争取国家、北京市各级资金支持总额超过28亿元。开发区内企业有2项科技成果分获市科学技术奖二等奖和三等奖。开发区新搭建公共技术服务平台5家，科技创新数据服务共享水平提升，积极支持自主培育企业承担国家五大重点技术服务平台之一的蛋白和抗体创新研发和技术服务平台建设。科技创新数据服务平台企业用户已发展到300余家，全年用户登录8万余次。全年新增市级各类研发机构32家，国家、市级研发机构总数达到140家。

加大知识产权保护力度，培育优势中小企业20家、北京市专利试点企业27家。与市知识产权局共同推进16项知识产权重点工作的展开。编制关于知识产权指导和风险管理的手册，为企业提供知识产权管理和保护的培训、指导和帮助。全年专利授权量1744件，同比增长37.3%，增长率是市同期增长率的1.6倍。

开展企业摸底调查，年内对区内30个工业园区、2028家企业的中小企业生存情况进行调查。成立中小企业服务中心暨北京亦庄科技创新服务中心和中小企业网络服务平台，聚集60家专业服务机构对区内中小企业开展高度集成的专业化服务。举办中小企业组织的金融、申报项目等培训活动8场，培训中小企业管理人员和财务人员400余人次。

（崔春雷）

综合管理

召开科技强区战略领导小组工作会议

1 月 11 日，开发区科技强区战略领导小组召开 2012 年工作会议。会议总结了 2011 年科技强区“八大工程”进展情况，部署了 2012 年科技强区重点工作。开发区领导张伯旭、高言杰、杜新安，相关部门负责人等 30 人出席会议。

（崔春雷）

召开科技创新专项资金项目落地大会

1 月 12 日，开发区管委会举行 2011 年度开发区科技创新专项资金项目落地大会暨首批公共技术服务平台和第二批“企业创新中心”授牌仪式。会上，对 2011 年度认定的首批 9 个公共技术服务平台和第二批 31 个企业技术中心的承担单位进行授牌，同时对 2011 年度科技创新专项资金项目的评审情况进行了汇报。经过评审，共有 132 家企业 238 个项目获得 1.24 亿元科技专项资金扶持。开发区领导张伯旭、赵昕昕、杜新安出席会议，获奖企业和各界代表 200 余人参加。

（崔春雷）

举办生物医药产业创新与发展论坛

2 月 28 日，战略推进北京 · 亦庄生物医药产业创新与发展论坛启动仪式在亦庄生物医药园举办。该论坛由开发区科技局主办，亦庄生物医药园承办，旨在为区内生物医药企业搭建高端交流和产学研充分融合的平台。论坛第 1 期邀请到医学病毒学专家、中国工程院院士侯云德作题为“中国生物医药产业的发展战略与对策”演讲。管委会巡视员杜新安出席并致辞。企业代表、各有关部门负责人 150 余人参加。该论坛每月举办 1 期，面向所有生物医药领域的专家和企业，邀请生物医药行业中的院士和教授进行主题演讲。

（崔春雷）

市政协科技委到开发区调研

3 月 13 日，市政协科技委调研组到开发区就优化企业自主创新环境进行专题调研。调研组一行首先听取了开发区优化企业自主创新发展环境的汇报及区内 3 家企业自主创新发展情况的介绍，随后到亦庄生物医药园进行了实地调研，了解亦庄生物医药公共服务平台建设情况。调研组充分肯定了开发区科技强区的成绩，对开发区实施的科技“一二三战略”和“八大工程”为企业创造良好创新环境的做法给予了高度评价。新区领导王新、杜新安等陪同调研。

（崔春雷）

电科院与亦庄生物医药园签署合作协议

3 月 29 日，北京电子科技职业学院与北京亦庄国际生物医药投资管理有限公司正式签署战略合作协议。双方将展开多领域、多层面、多形式的交流与合作，建立产学研一体化平台，以产教结合的方式，创新服务，共同为生物医药创新型企业和社会经济的发展作出贡献。开发区领导杜新安出席签字仪式。

（崔春雷）

签署推进2012年知识产权工作计划

4月20日，市知识产权局和开发区管委会在博大大厦签署《推进2012年度知识产权战略推进计划》。该工作计划涵盖16项具体措施，包括完善开发区专利资助政策、突出资助政策的专利质量和运用导向；研究完善开发区专利资助政策、明确专利资助资金重点使用、限制使用的范围，加大对高质量专利维持的资助；加大对开发区企业专利转化的支持力度等。副市长洪峰出席会议并讲话。

（崔春雷）

开发区企业获研究开发项目退税奖励

5月7日，北京市企业研究开发项目鉴定结果在市科委网站公示，开发区百泰生物、和利时等37个企业的288个项目榜上有名。根据相应的政策办法规定，通过鉴定的企业，允许其按当年实际发生的技术开发费用的150%抵扣当年应纳所得税额，企业可凭鉴定意见书到报税机关办理相关退税手续。

（崔春雷）

重大新药创制科技重大专项课题通过验收

5月15日，科技部专属实施管理办公室组织的“重大新药创制科技重大专项北京地区部分平台和孵化基地课题验收会”在亦庄生物医药园举行。由卫生部、科技部有关专家组成的验收组对北京生物医药创新孵化基地建设进行了现场验收。该项目由开发区管委会承担，2009年启动，共获得22个新药证书和生产批件，11个临床研究批件。取得了34项标志性成果。开发区领导赵昕昕、杜新安出席。

（崔春雷）

G20工程高级研讨班到开发区调研

6月19日，北京生物医药产业跨越发展工程（G20工程）高级研讨班学员到开发区调研，对区内高技术制造业的创新理念、创新方式、开拓高端人才思路等进行学习。先后参观了北京奔驰汽车有限公司、京东方显示技术有限公司生产线，并与相关单位座谈。开发区领导赵昕昕参加了座谈会。

（崔春雷）

召开生物医药产业创新与发展研讨会

7月18日，北京经济技术开发区建设20周年生物医药产业创新与发展研讨会暨生物医药产业顾问聘请仪式在亦庄生物医药园举行。包括中国工程院院士侯云德等5位两院院士在内的12位专家被聘为新区生物医药产业顾问，专家们将在生物医药产业的国际趋势、国家战略、行业方向等4个方面给予生物医药产业发展提供帮助。开发区领导张伯旭、绳立成出席仪式并致辞，会议由杜新安主持，开发区企业代表150余人参会。

（崔春雷）

市委主要领导到开发区调研

8月15日，市委常委陈刚就加快推进科技创新工作到开发区进行专题调研，听取科技创新工作汇报，并到亦庄生物医药园、安诺优达基因科技（北京）有限公司、中科晶电信息材料（北京）有限公司进行实地调研。市委副秘书长傅华，中关村管委会主任郭洪，开发区领导林克庆、张伯旭、赵昕昕、杜新安陪同调研。

（崔春雷）

携手市科协举办首都创新论坛系列活动

8月16日，开发区管委会携手市科协共同举办的第四届首都创新论坛在博大大厦召开。论坛以“推动科技创新服务业发展，支撑高技术产业升级”为主题。中国工程院院士李京文、侯云德、李幼平和科技部办公厅调研室副主任刘琦岩分别作题为《创新服务与服务创新》《生物制药产业生存与发展的关键——创新性技术平台》《浮云化雨：全球网转化为个人库》《抓住机遇 主动变革 做大做强科技创新服务》主题演讲。

（崔春雷）

3家“企业院士专家工作站”授牌

8月16日，开发区建设20周年高端活动“企业院士专家工作站授牌仪式暨第四届首都创新论坛”在博大大厦举办。开发区再增北京经开工大投资管理有限公司、北京亦庄国际生物医药投资管理有限公司和汇龙森国际企业孵化器3家院士专家工作站。市科协副主席周立军为企业授牌，开发区管委会主任张伯旭为进站院士侯云德、李京文、李幼平颁发聘书，杜新安主持仪式。

（崔春雷）

发布国家新药创制重大专项课题成果

8月30日，国家新药创制重大专项课题成果发布会暨义翘神州与美国Life Technologies全球战略合作签约仪式在开发区举行。中组部、卫生部、科技部等相关部门负责人，开发区领导张伯旭、贲勇、绳立成、杜新安出席签约仪式。开发区自主培育的企业北京义翘神州生物技术有限公司与国际知名生物技术企业Life Technologies缔结合作伙伴关系，建成全球第二大重组蛋白库。根据合作协议，义翘神州将通过Life Technologies的全球分销渠道销售其重组蛋白、抗体和ELISA试剂盒等产品。两家公司将汇聚双方的研发优势，快速推出创新产品。会上，义翘神州还公布了与神州细胞等单位共同承担的新药创制重大专项课题（课题号：2011ZX09506-003）在开发区建成全球第二大蛋白库建设进展情况。

（崔春雷）

知识产权局到开发区调研

10月11日，知识产权局专利复审委员会调研组就帮扶企业发展、解决企业难题到开发区调研。开发区科技局向调研组介绍了新区最新的知识产权政策，包括完善科技创新资助政策体系、开发区知识产权专利申报情况及公共技术平台搭建情况。随后调研组一行又到北京万创科技有限公司参观。调研组对开发区科技强区战略给予高度赞扬，并希望以后能够与开发区加强联系，帮助开发区企业更好发展。

（崔春雷）

科技部领导到开发区调研

11月29日，科技部办公厅主任吴远彬、国际合作司司长靳晓明带队就加快生物医药企业发展、建设生物医药国际创新园有关工作到开发区进行专题调研，市委常委陈刚，市科委主任闫傲霜，开发区领导张伯旭、杜新安陪同调研。调研组一行首先参观了同仁堂股份有限公司和亦庄生物医药园，了解企业税收情况和开发区服务和环境优势。调研会上，杜新安就目前开发区生物医药企业发展情况进行了汇报。

调研组成员与开发区企业代表共同探讨了人才引进、生物医药技术国际化等生物医药产业发展中的问题。

（崔春雷）

成立节能与新能源创新联盟

12 月 20 日，“北京经济技术开发区节能与新能源产业技术创新战略联盟”成立，开发区科技局、区内新能源产品领域 18 家联盟成员企业负责人等 30 人参加了揭牌仪式。该联盟由清华大学信息技术研究院、北京泰豪智能科技有限公司、北京和利时自动化驱动技术有限公司、北京泰豪智能工程有限公司、北京和利时机器控制技术有限公司、北京泰豪太阳能电源技术有限公司、北京泰百川节能技术有限公司、北京东联捷能能源技术服务有限公司等 8 家单位共同发起组建而成。联盟宗旨为坚持科学发展观，加强行业咨询服务，建立节能与新能源创新交流合作平台，促进信息共享，科技创新，成果转化，产业升级，提高联盟成员企业自主创新和市场竞争能力，推动中国新能源创新事业持续健康发展。

（崔春雷）

组建平台开展中小企业服务

年内，开发区挂牌成立北京经济技术开发区中小企业服务中心暨北京亦庄科技创新服务中心和中小企业网络服务平台，聚集了 60 家专业服务机构对区内中小企业开展高度集成的专业化服务。截至年底，中小企业服务中心已组织 12 家机构举办专门为中小企业开展的金融、申报项目等各类培训活动 8 场，参与企业 262 家次，培训中小企业中高层管理人员和财务人员 419 人次。

（崔春雷）

科技创新数据服务平台助力企业发展

年内，科技创新数据服务平台企业用户已发展到 300 余家，涵盖了开发区海外高层次人才所在企业、高新技术企业、“小巨人”重点培育企业、科技创新专项资金支持企业等区内重点创新型企业。全年用户登录 8 万余次，检索 32 万次，下载文献近 10 万篇，累计下载资料 70 万页。该平台为开发区部分中小型科技企业的研发创新提供了强大的数据支撑。

（崔春雷）

技术研发

微谷生物启动肠道病毒疫苗临床试验

微谷生物新药“肠道 71 型”临床试验启动　　企业提供

1 月 6 日，北京微谷生物医药有限公司自主研发的一类新药“肠道病毒 71 型（Vero 细胞）灭活疫苗”开始Ⅲ期临床试验现场接种工作。该产品用于预防由肠道病毒 71 型（EV71）引起的手足口病，适用于 6 月至 36 月龄儿童。

（李启明　张万欣）

安川首钢机器人定位装置获国家专利

1月，安川首钢机器人有限公司研发的“挡板式玻璃对中定位装置”获得国家实用新型专利。该装置主要由底座，X、Y向定位装置，升降吸盘，固定支架等组成。装置针对特殊形状玻璃，既能实现玻璃的双向对中，又能消除特种玻璃对挡柱位置的特定要求，解决了特殊形状玻璃涂胶生产中的位置对中问题。

（李彩云）

绿竹生物两项市级科技项目通过验收

2月17日，市科委组织专家对北京绿竹生物制药有限公司承担的市科技计划项目“A群C群脑膜炎球菌–b型流感嗜血杆菌多糖结合疫苗”和“b型流感嗜血杆菌结合疫苗”进行了结题验收。4月18日，正式下发了《课题完成确认书》。“A群C群脑膜炎球菌–b型流感嗜血杆菌多糖结合疫苗”属自主研发项目，拥有自主知识产权，产品可填补国内外空白，并部分替代现在市场上使用的A群C群流脑多糖、多糖结合疫苗和单价Hib疫苗，有着广泛的临床应用前景。“b型流感嗜血杆菌结合疫苗”是预防由b型流感嗜血杆菌引起的侵袭性感染，该产品是国内首批通过2010版GMP认证的疫苗。

（李楠楠）

京东方研发32英寸彩色透明液晶显示屏

2月，京东方科技集团股份有限公司成功开发32英寸彩色透明液晶显示屏。该显示屏采用京东方高世代线所生产的液晶面板，并应用了京东方独有的ADSDS宽视角技术，具有全高清、宽视角（上、下、左、右视角均达到178度）、高色域（72%）和高对比度（1200:1）等优势。

（任敏）

京运通承担国家科技攻关项目取得进展

3月31日，北京京运通科技股份有限公司承担的“国家02专项”重大科技攻关项目“国产大尺寸区熔炉研制”取得重大技术进展，首次成功利用国产设备拉制5英寸区熔单晶棒。此根区熔单晶棒全长1.4米，从引晶到收尾是利用一根完整的多晶原料棒一次拉制完成。7月27日，由京运通研制的国产大型区熔单晶硅炉连续成功拉制出6英寸区熔单晶硅棒。

（王琪）

京东方氧化物TFT背板技术取得突破

3月，京东方科技集团股份有限公司成功研发中国大陆首款氧化物TFT液晶屏（18.5英寸HD Oxide TFT–LCD）及首款氧化物AMOLED显示屏（4英寸WQVGA Oxide AMOLED），这标志着中国氧化物TFT背板技术研发已经达到业界先进水平，将进一步推进AMOLED等在新型显示领域的研发进程。

（任敏）

三箭和众鼎研发出机壳镀EMI技术

3月，北京三箭和众鼎电子有限公司成功研发机壳镀EMI技术。为顺利进行机壳的生产，采用多次破真空循环镀Cu技术，开发试做的两种不同结构的镀膜机壳制品，其常温百格测试、电阻测试、信赖性试验测试结果均合格。

（李青）

国药中生艾滋病疫苗完成临床试验

3月，由北京生物制品研究所有限责

任公司和中国疾病预防控制中心性病艾滋病预防控制中心共同研制的“重组痘苗病毒艾滋病疫苗（核酸与重组天坛痘苗联合使用）”顺利完成Ⅰa、Ⅰb期临床研究并获得Ⅰc+Ⅱa期临床试验批件。8月，启动Ⅰc+Ⅱa期临床研究。该疫苗用于预防艾滋病毒感染。

（李启明　张万欣）

赤那思研发防爆型无功就地补偿装置

年初，北京赤那思电气技术有限公司研发低压防爆补偿装置。此装置用于煤矿井下的防爆型无功就地补偿装置，解决了现有补偿装置仅适用于一般场合，对于有防爆要求的特殊场合，因设备工作环境中含有爆炸性气体均不能使用的问题。其特点是带有接线腔隔爆面的接线腔和带有主腔隔爆面的电容器主腔组合成防爆壳体，接线腔和电容器主腔之间安装接线端子，在电容器主腔内固定有散热片，在主腔内的立板上安装熔断器，在接线腔的侧壁上安装电缆引入装置，以达到防爆目的。

（战子英）

绿竹生物“863计划”项目通过验收

4月19日，北京绿竹生物制药有限公司承担的国家“863计划”项目“A群C群脑膜炎球菌-b型流感嗜血杆菌多糖结合疫苗”进行了结题答辩。10月24日，绿竹生物收到《课题验收结论书的函》。

（李楠楠）

卓越航空完成航空重油发动机前期设计

4月，北京卓越航空工业有限公司与北京航空航天大学签订了技术开发协议，在现有卧式汽油发动机的基础上进行立式航空重油发动机的设计开发，以适应和满足市场的需求。截至年底，产品前期设计已经初步完成，进入试制准备阶段。

立式航空重油发动机具有较强的生产交付能力　企业提供

（蒋彬）

长城测控多信号制抗干扰井下分站获专利

5月17日，北京瑞赛长城航空测控技术有限公司“一种16路多信号制抗干扰井下分站”获得由知识产权局授予的实用新型专利。该产品特点为可监测输入信号的数量多，可处理的输入信号类型广，拥有断电记忆和失电闭锁功能。产品已在大部分煤矿井下使用，对井下干扰信号有效地进行了滤波，避免了煤矿井下干扰产生的误断电等现象，保证煤矿井下工作的正常秩序和安全。

（潘博雯）

华北高速国家道路安全课题通过验收

7月19~20日，华北高速公路股份有限公司承担的“十一五”国家科技支撑计划课题——《国家高速公路安全和服务技术开发与工程应用示范》项目各专题技术通过验收。该课题针对高速公路的安全服务需求，建立为终端用户提供多模式、多层次服务的交通信息服务体系；研发一体化车载信息服务终端、区域同频交通广播系统、基于移动终端的动态交通信息服务系统以及安全信息服务走廊平台系统；依托京沪高速公路，在国内首次实现了覆盖100千米以上范围的安全信息服务走廊，集成了车载调频广播、专用终端设备、手机、路侧可变情报板、互联网等多种信息发布手段。

（翟欣）

光宝移动获计算机软件著作权登记证书

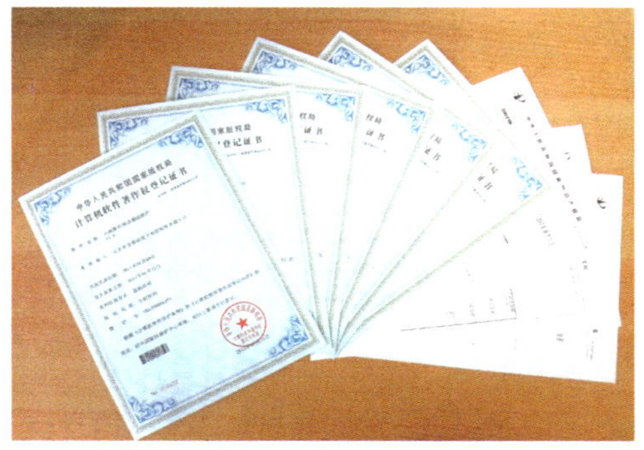

光宝移动获6项计算机软件著作权登记证书　果汝君　摄

7月，北京光宝移动电子电信部件有限公司自主研发生产的智能手机用模具塑料配件取得示波器控制及测试软件、Avaya UCM 会议系统、条形码标签打印系统、射频测试系统软件、光宝移动生产现场管控系统软件和电子请假系统6项计算机软件著作权登记证书。

（果汝君）

洲际资源研发氧化电位水生成器电解槽

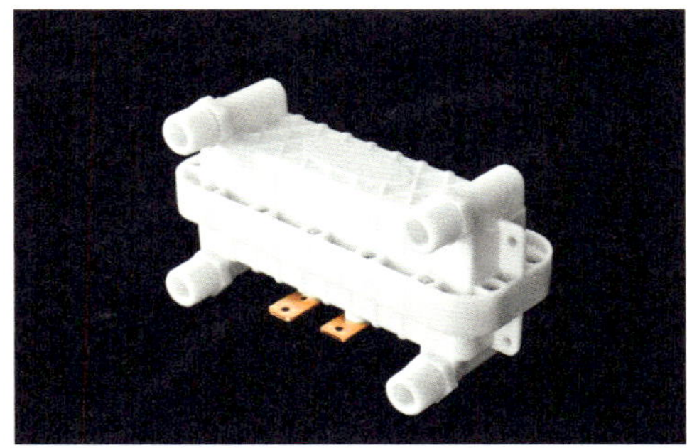

氧化电位水生成器电解槽　赵琳琳　摄

7月，北京洲际资源环保科技有限公司完成洲际资源氧化电位水生成器电解槽的研发，改变了国产电解槽使用寿命较短、氯离子浓度较高、电解效率较低的现状，在技术水平上达到了国内领先地位。项目研发期间，获得了开发区200万元的科技研发资助，申请了电解槽相关专利6项，其中发明专利1项、实用新型专利3项、外观设计专利2项。

（曹中华）

国药中生2项疫苗获得发明专利授权

7月，北京生物制品研究所有限责任公司获得“脑膜炎球菌疫苗”和“脊髓灰质炎疫苗”2项发明专利授权。这2项发明主要是发现一种用于增强脑膜炎球菌疫苗和脊髓灰质炎疫苗免疫效果的、具有潜在应用前景的新型人用疫苗佐剂。

（李启明　张万欣）

安川首钢机器人搬运及检测装置获专利

铁路弹条机器人自动搬运系统　刘剑盟　摄

7月，安川首钢机器人有限公司研发生产的“铁路弹条冲压机器人自动搬运及检测装置”获得国家实用新型专利。该装置通过机器人抓手，在视觉及温度检测设备的控制下，完成弹条生产过程中的搬运、自动温度检测、自动位置检测、自动尺寸检测以及产品最终数据的存储工作。

（姚鹏程）

集翔多维髓内钉远端锁定瞄准器等获专利

8月8日、9月19日，北京集翔多维信息技术有限公司“髓内钉远端锁定瞄准器”和“支气管镜电磁导航系统”获批实用新型专利。

（王玉珊）

绿竹生物研发产品迪森康申报临床获批

8月9日，北京绿竹生物制药有限公司自主研发产品福氏宋内氏痢疾双价结合疫苗（迪森康）的临床试验申请获得市食品药品监管局批准。该产品用于预防细菌性痢疾。细菌性痢疾属于高发传染病，其发病率每年均位于国内其他痢疾前列，研制此类疫苗意义深远。

（李楠楠）

诺基亚体验创新中心成立

诺基亚 NEIC 开发者沙龙　企业提供

9月18日，诺基亚（中国）投资有限公司在开发区成立诺基亚体验创新中心（NEIC）。诺基亚将本土化战略与企业社会责任深化融合，致力于实现在北京打造全球一流软件生态园，推动中国移动互联产业发展的愿景。诺基亚体验创新中心通过资源扶助、技术支持、培训服务、交流探讨等方式，扶持开发创业者成长，鼓励并孵化初级创业者成长向互联网公司迈进，创建企业与政府的双赢发展模式。

（王映）

百花蜂业3项发明获专利权

9月至10月，知识产权局对北京百花蜂业科技发展股份公司自主研发的“一种蜂蜜膏的配方及制备方法”及设计发明的“破晶机”和“融蜜箱”进行审查，并授予3项发明专利权。

（殷客卿）

安川首钢机器人炼钢化验室系统获专利

10月，安川首钢机器人有限公司研发的“炼钢化验室机器人自动搬运系统”获国家实用新型专利。该系统采用搬运机器人、智能控制及自动跟踪信息管理系统，在检测设备的监控下，利用机器人完成钢水样品的自动分配、各个设备之间的流转链接，实现了炼钢化验室钢水样品取样、工位流转分析的自动化，避免了人工大量的重复性工作，提高了样品分析速度。

（李彩云）

京东方推出大尺寸氧化物 OLED 显示屏

10月，京东方科技集团股份有限公司成功研发出全球首款融合了氧化物 TFT 背板技术和喷墨打印技术的17英寸

AMOLED 彩色显示屏和国内首款 17 英寸利用氧化物 TFT 和真空蒸镀技术制备的 AMOLED 显示屏。该技术的成功研发，标志着京东方在 AMOLED 新型半导体显示领域达到了国际领先水平，也标志着中国在大尺寸 AMOLED 制程技术上已经达到世界先进水平。

（任敏）

航天工程公司大型气化炉开车成功

10 月、12 月，航天长征化学工程股份有限公司在河南晋开和山东瑞星 2000 吨级大型气化炉项目相继一次投料开车成功。大型气化炉的成功研制是航天工程公司在大型粉煤加压气化技术研制和关键装备制造领域取得的又一重大成果，能够解决中国煤炭资源的洁净高效利用问题，填补了国内在大型先进煤气化粉煤气化炉技术上的空白，为中国能源结构的升级调整及能源安全战略提供了技术支持。

（全莉莉）

永瀚星港研发成功适配体技术

11 月，北京永瀚星港生物科技股份有限公司核心技术人员，中国协和医科大学、中国医学科学院肿瘤医院肿瘤研究所教授范振符研究出世界免疫分析领域新技术——适配体技术。该技术广泛应用在恶性肿瘤的早期诊断、疫苗制备和药物研发等领域，使疾病诊断的超微量分析成为可能，提高肿瘤诊断的准确率，提前预知肿瘤的发生和发展趋势。该技术采用了适配体技术的 Ma153-A 肿瘤特异性适配分析一次检查可以普查 10 种肿瘤，其检出效率和癌症总阳性率超过所有肿瘤检测试剂。

（范振符）

云电英纳 500kV 超导限流器样机研发

12 月 23 日，北京云电英纳超导电缆有限公司与广东电网公司电网规划研究中心正式签订了 500kV 超导限流器样机研制的研发合同。该合同的签订标志着云电英纳的超导限流器研发进程向超高压等级输电电网领域进军。

（漆素薇 任安林 李欢欢）

北方微电子承担 02 专项通过项目验收

12 月 26 日，02 专项实施管理办公室组织验收专家组对北京北方微电子基地设备工艺研究中心有限责任公司“65-45nm PVD 设备研发”项目进行了任务和财务验收。该项目是极大规模集成电路制造装备及成套工艺科技重大专项（02 专项）“十一五”期间布局的项目，由北方微电子公司牵头承担，目的是填补中国集成电路制造装备 PVD 设备的空白，实现中国 PVD 设备制造水平与国际先进水平的同步，使国内装备研制水平紧跟世界的发展潮流，增强中国集成电路装备业自主发展的创新能力。

北方微电子研发的 PVD 设备　　徐捷 摄

（冯康）

振国集团天仙液药理研究取得重大突破

12 月，振国集团海外总代理天仙液集团在美国、日本、印尼和中国台湾、香港地区开展的振国系列抗癌药天仙液药理研究取得突破性进展。参与台湾大学临床试验的乳腺癌患者经3年临床试用天仙液后完全治愈，总有效率86.6%。

（滕瑞群）

集翔多维研发成功血管介入手术导航系统

12月底，北京集翔多维信息技术有限公司成功研发“血管介入手术导航系统”。此项目从2010年8月启动，年内获得了开发区科技局80万元科技创新专项资金支持。先后共投入资金266万元，其间取得软件著作权1项，申请发明专利2项，已进入实质审查阶段。

（王玉珊）

国家康复医院取得科研学术成果

年内，国家康复医院取得多项科研学术成果。其中在研国家科技支撑计划项目2项、国家自然科学基金项目1项、国家康复辅具研究中心基本科研项目2项、申请发明专利2项。发表SCI论文1篇，国家核心期刊论文22篇。为《中华外科杂志》《中华骨科杂志》《医学与哲学》《中国矫形外科杂志》等杂志审稿12篇。

（高峰）

和利时研发第二代中药调剂设备

年内，和利时集团完成第二代中药调剂设备的研发和原理样机试制工作。和利时第二代中药调剂设备在继承一代调剂设备核心设计思想的基础上，以提高调剂时间效率、增加调剂过程药品可跟踪性和防止药品交叉污染为主要目的，推动中药调剂设备更好地现场应用，提高中药调剂设备的产业化程度，改善客户体验，提高客户满意度，改变了传统的中药服药习惯，经济社会效益显著。

（张蔚青）

同益中高性能防割手套专用纱线研发成功

年内，北京同益中特种纤维技术开发有限公司在国内研制开发了新一代高性能防割手套专用纱线，填补了该产品在国内的空白，使用该纱线制备的防割手套的柔软性和可操控性能良好，实现了Kevlar短纤维的替代。同时，同益中成功开发了后纺和前纺有色纤维，特别是通过前纺染色研制成功的超高分子量聚乙烯纤维，性能达到了国际高端有色纤维产品的水平。

（刘晓薇）

嘉纳尔研发数控模具系统设备交付验收

年内，嘉纳尔科技（北京）有限公司应北京市射线应用中心实验生产需求，成功研发制造了“用于泡沫材料生产的数控模具系统”设备，各项指标一次验收合格，采用该系统生产发泡材料时可以达到均匀布料、精确成型、快速出料和减少废料的目的，操作简便、可控性强、生产效率高。

（程胜）

宏达日新新型GIS获国家专利

年内，北京宏达日新电机有限公司自主研发的126千伏新型GIS获得国家6项实用新型专利。新型GIS具有新技术含量高、应用范围广泛、性能安全稳定等优点。产品研发设计在应用和性能的可靠性、技术的先进性、操作的方便性、户外土建布置的集约性、气室分割设计的有效性等方面进行了优化改进。

（许裕）

卓越航空完成部分发动机零部件国产化

年内，北京卓越航空工业有限公司完成活塞发动机主要零部件的国产化任务，主要零部件有43款，国产化率达到86%。公司开发国内合格供应商10家，国产化样品经美国卓越检测合格，部分产品已经开始批量出口。其他非主要零部件（即第二批次国产化部件）已经开始统计整理，并进入制订计划和寻找潜在供应商的阶段。

（赵国辉）

卓越航空ZY-265型发动机样件试制成功

ZY-265系列航空活塞发动机 张章 摄

年内，北京卓越航空工业有限公司与北京航空航天大学共同进行的ZY-265系列航空活塞发动机新产品研制成功。该产品不仅丰富公司的产品线系列，也填补国内航空活塞发动机在20~25马力功率领域内的空白。

（蒋彬）

同益中项目入选市创新能力提升计划

年内，北京同益中特种纤维技术开发有限公司开发的《凝胶纺超细旦（1.5D以下）高强高模聚乙烯纤维产业化工艺技术及装备研究》项目入选2012年度北京市“企业研发机构创新能力提升计划”源头性技术创新项目（A类）。该项目研发成功后将使中国的高强高模聚乙烯纤维的单线产能达到200吨，性能指标达到荷兰DSM公司中高端产品SK75和美国Honeywell公司高端产品spectra2000水平。

（刘晓薇）

集翔多维参与国家科技支撑计划课题

年内，北京集翔多维信息技术有限公司参与承担国家科技支撑计划课题《CT引导微波消融微创治疗设备的集成研发与示范》，课题编号：2012BAI15B08，投入2964.78万元，计划2012年1月1日至2015年12月31日完成。课题由首都医科大学附属北京佑安医院等5家单位共同参与，集翔多维承担其中“集成CT及术中导航设备建立基于CT引导微波消融治疗平台”子课题，投入136.48万元。

（王玉珊）

集翔多维参与承担“863计划”项目

年内，北京集翔多维信息技术有限公司参与承担国家高技术研究发展计划（“863计划”）项目“高端微创外科手术机器人系统”。该项目总投入869万元，由上海交通大学附属胸科医院等7家单位共同承担，集翔多维获专项资金支持115.4万元。

（王玉珊）

赛升药业取得4项专利授权

年内，北京赛升药业股份有限公司共取得“纤维蛋白封闭剂及其制备方法”“一种止血消毒剂及其制备方法”“巴曲酶冻干粉针制剂及其制备方法”“单唾液酸四己糖神经节苷脂的制备方法以及单唾液酸四己糖神经节苷脂钠注射液或冻干粉针”4项发明专利授权。6月1日，公司启动甲磺酸伊马替尼原料及其口服制剂、卡泊芬净及注射用醋酸卡泊芬净、门冬氨酸鸟氨酸注射液、利奈唑酮原料及其制剂4项科研项目，在研项目达到21项。7月1日，单唾液酸四己糖神经节苷脂钠注射液被认定为中关村国家自主创新示范区新技术新产品。

（宋梦薇）

成果转化

雷霆万钧 PK game 游戏平台上线

1月1日，北京雷霆万钧网络科技有限责任公司开发的PK Game游戏平台正式上线；3月1日，PK Game平台日活跃用户达10万人次；5月24日，精品游戏《捕鱼之星》正式接入PK Game平台；9月15日，PK Game日信息费首破4万元；11月8日，手机网游《一骑当千》正式接入PK Game平台。雷霆万钧主力发展第三方应用市场，开拓了上百个合作渠道，推出163款游戏，累计注册用户数达1500万个，累计活跃用户数达到1200万个。

（李苗）

泰德制药“凯时”销售额达到12亿元

1月，北京泰德制药股份有限公司“凯时”前列地尔注射剂（凯时）销售额达到12亿元，成为北京本地产品首个年销售额突破10亿元的品种。泰德制药生产的“凯时”和“凯纷”是首家获国家批准的靶向药物。其中，“凯时”曾7次被世界最权威的医药行业专业咨询公司艾美仕“IMS”评为中国内地十大畅销药品。

（崔春雷 富勇楠）

GE 医疗 ISS DOD16 CT 产品下线

ISS DOD16 CT 探测器产品下线　　俞航 摄

2月9日，通用电气医疗北京工业园中国Image Subsystem第一台DOD16 CT16排探测器正式下线，标志着DOD16项目正式进入批量生产阶段。DOD16探测器由中国和日本探测器研发团队共同参与研发，历时3年。该设备将模数转换模块由CT的一个系统集成到探测器中，最大程度上减少了探测器产生的模拟信号在向DAS传输过程中的衰减，大幅度降低了CT整机的成本。

（俞航）

诺基亚发布多款新技术手机产品

诺基亚 920T　　企业提供

3 月，诺基亚（中国）投资有限公司发布首款 Windows Phone 系列智能手机——诺基亚 800C，以及多款不同价位的 Lumia 系列产品。9 月 5 日，开发区企业诺基亚通信有限公司发布了两款采用 Windows Phone 8 系统的新手机——Lumia920 和 Lumia820。新手机在拍照和用户体验功能上都有了巨大突破。作为诺基亚的新一代智能手机，Lumia920 运用了很多创新的技术，其中最引人关注的是 PureView 相机技术，它支持光学防抖技术，在不使用闪光灯的情况下，比其他智能手机摄入多达 5 倍的光线，无论在室内还是在夜间，诺基亚 Lumia 920 都能捕捉到最清晰、明亮的视觉影像。另外，新手机采用了 PureMotion HD+ 高像素密度屏幕，使得屏幕密度高、亮度高、刷新速度更快。12 月 5 日，诺基亚首款 Windows Phone 8 系列智能手机诺基亚 920T 正式登陆中国市场，这是全球首款采用 TD—SCDMA 技术的 Windows Phone 产品。该产品拥有先进的 PureView 影像技术、4.5 英寸 PureMotion HD+ 高清屏幕、全新的地图位置服务，以及创新的无线充电功能。12 月 11 日，诺基亚 920、诺基亚 920T 和诺基亚 820 三款产品开始接受预订，随后又发布了 Windows Phone 8 系列智能手机诺基亚 620。该产品采用诺基亚独有的纯景 PureView 技术，持续引领手机领域尖端照相技术；而 PureMotion 则重新定义了手机屏幕，打造出最佳的显示效果；此外，诺基亚还首次将 Qi 标准无线充电技术引入移动终端设备。年内，诺基亚新趣系列 3110、3080、3090、2050、2060 相继上市。更智能化的操作系统，时尚、简洁的外观，配合本地化服务和内容、第三方应用，为用户提供了良好的使用体验。

（王昳　崔春雷）

悦康药业银杏叶提取物注射液首次亮相

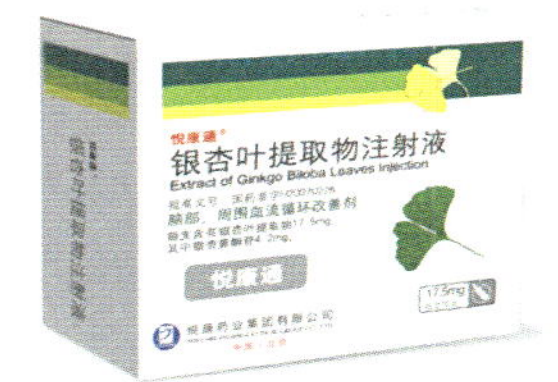

悦康药业“银杏叶提取物注射液”产品　　企业提供

4 月 23 日，悦康药业集团有限公司新产品银杏叶提取物注射液在第 54 届合肥药品保健品交易会 “用北京药，放心”品牌推介会上首次亮相。该产品为国内首研产品，使用意大利意迪那公司的欧盟专利原料生产，2010 年获得国家知识产权局专利，在重金属、银杏酸、农残和微生物限度等检项上具有更严格的限度标准，是临床心脑血管疾病重点用药。

（何铖）

金风科创 93/1500 超低风速机组问世

4 月，北京金风科创风电设备有限公司基于成熟的 1.5MW 直驱永磁机组的设计平台和系列化能力，率先推出最新研发成果 GW93/1500 系列超低风速直驱永磁机组。该机型将成为国内同类产品中发电效率最高的产品之一，并于 10 月获得北京鉴衡认证中心授予的设计认证证书。

（陈戈）

京东方 a-Si 工艺 5.0 英寸超高像素屏投产

4 月，京东方科技集团股份有限公司超高像素屏（HD720）成功点亮投产。该款液晶屏每英寸所拥有的像素数目均达到 294PPI，是目前业内基于 a-Si 工艺 5.0 英寸能达到最高 PPI 的液晶屏。

（任敏）

中金数据交通银行智能语音云上线

5 月 30 日，交通银行“e 办卡”2.0 智能终端正式上线，实现了产品在体验、安全、效率三方面的升级。中金数据系统有限公司为“e 办卡”2.0 提供后端云计算能力——中金数据智能语音云，是科技引领金融发展的成功案例。

（赵力 孙健）

GE 医疗 1 万台 X 光机暨首台血管机下线

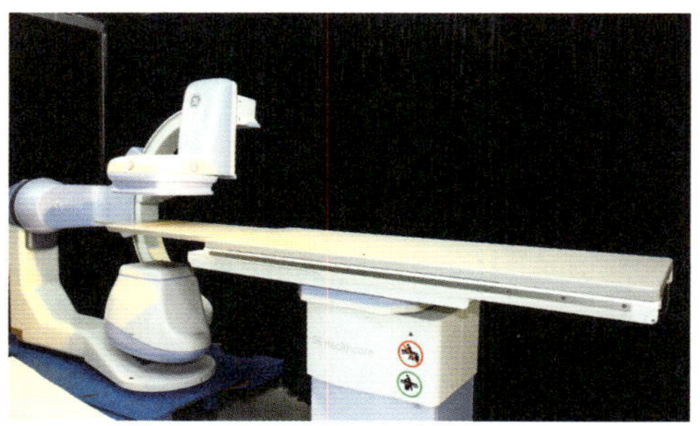

GE 医疗首台血管机下线　　企业提供

6 月 27 日，通用电气医疗北京工业园北京工厂第 1 万台 X 光机暨首台血管机下线仪式在开发区内工厂举行。市经济信息化委副主任王颖光、市商务委等相关部门领导，开发区管委会副主任赵昕昕、GE 医疗集团大中华区总裁兼首席执行官段小缨、GE 医疗集团亦庄工厂总经理陈和强出席活动。

（俞航）

雷霆万钧打造“流声机”项目

6 月，北京雷霆万钧网络科技有限责任公司推出的流声机作为热波音乐节战略合作方，音乐节官方指定网络票选、媒体发布平台，并独家颁奖，成功确立了流声机媒体属性及大型活动合作推广模式；7 月，流声机作为东方卫视合作伙伴，参与了《声动亚洲》歌手选秀活动，同步音频播出、新闻发布、联合中国邮政推出声动亚洲纪念明信片，提高了活动品牌影响力的同时试水 O2O 模式；8 月，随着流声机线上活动线下活动的带动，优化后的流声机推出 V3.0 版本，让相同喜好用户在一起，分享音乐，边听边聊，新推出粉丝大本赢明星活动、明星墙、明星主页及写真，注册用户及付费用户增长，营收模式建立成功。雷霆万钧推出流声机项目，旨在打造全新的粉丝与明星互动的音乐平台，推出一系列唱片公司的推广活动，成功开创了明星活动的新推广模式，确立以明星为吸引，粉丝经济为核心的业务方向，逐步建立起广告、活动、彩铃、媒体合作等全方位的商业模型。

（李苗）

中瑞蓝科首辆纯电动运钞车下线

国内首辆纯电动运钞车在中瑞蓝科下线　　于元节 摄

7月16日，由北京中瑞蓝科电动汽车技术有限公司研制生产的国内首辆纯电动运钞车在开发区下线。该车搭载了40千瓦的电机，采用磷酸铁锂电池，除拥有低能耗、低污染等优点外，还具有速度快（最高时速可达100千米/小时）、行驶距离长（一次充电最多可行驶不少于150千米）、充电时间短（快充1~2小时、正常充电6~8小时）3个特点，电机及整车控制器等核心相关技术已经获得国家专利。

（张保平）

中金数据为开发区提供电子政务云服务

7月，结合电子政务特点和云计算技术发展趋势，中金数据系统有限公司正式开始向开发区信息中心提供中金数据电子政务云服务。这标志中金数据云计算的技术支持能力取得突破性进展。

（赵力 孙健）

华德液压通轴式变量泵配套国防装备

华德液压 HD-VSO80 低噪音轴向柱塞变量泵　张丽丽 摄

7月，北京华德液压工业集团有限责任公司HD-VSO80通轴式变量泵新产品完成首个百台订单的批产任务，全部通过性能测试，标志着华德液压泵产品从弯轴向通轴的结构性调整取得进展。HD-VSO80通轴式变量泵是华德液压为船舶、军工、工程等领域研发的具有自主知识产权的新品，具有动态响应快、静态响应灵敏度高、噪声低、寿命长等特点。该产品通过国家军标船检验证，成为国内重大国防装备的配套元件之一。

（任春芳）

美德创新自动滚瓶清洗机进入市场

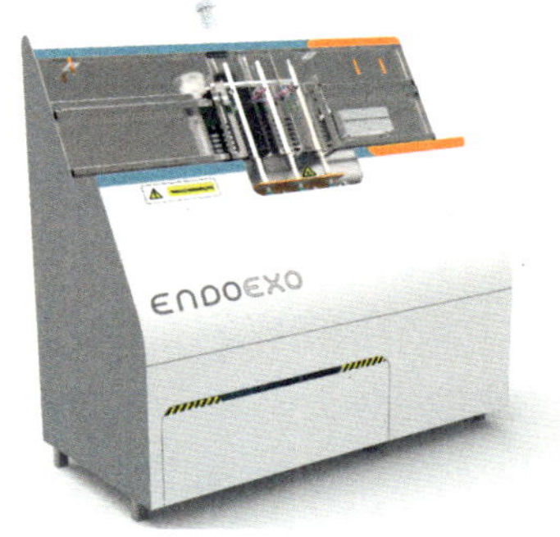

美德创新自动滚瓶清洗机　企业提供

7月，由美德创新（北京）科技有限公司自主研发生产的自动滚瓶清洗机进入市场。该机器采用不锈钢和铝合金型材制作，动力采用气动元件，安全可靠，电控用PLC和触摸屏控制，自动化程度高，操作方便。自动滚瓶清洗机主要针对实验室使用的各种型号的瓶子进行清洗工作，清洗过程使用自来水、离子水、超纯水3种水分别依次冲洗，干净快速，与市场上常见的超声波清洗机相比有非常大的优势。

（姜珊珊）

美德创新安图艾森家用冲牙器成功上市

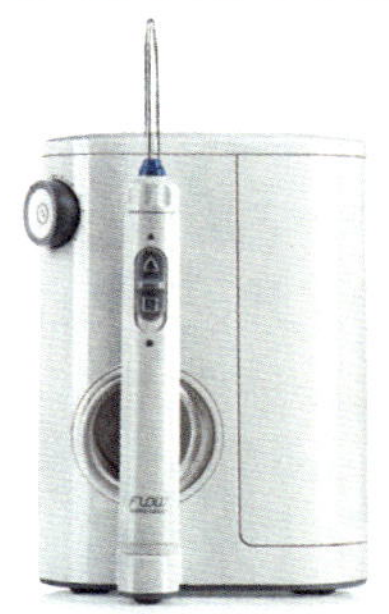

美德创新安图艾森家用冲牙器　企业提供

9月，由美德创新（北京）科技有限公司研发生产的安图艾森家用冲牙器成功上市。此项目从前期市场调研到研发和最终投产上市历时2年，美德创新团队各部门分工协作，配合外协供应商出色完成了产品研发。

（姜珊珊）

亨特建筑夹芯墙体C型板安装方案实施

9月，亨特建筑产品（北京）有限公司承接的梅江会展中心二期工程应用乐思龙双模数夹芯墙体板1.66万平方米，与干挂石材等多种幕墙结合，利用体块的组合、穿插形成丰富的建筑立面造型，与周边建筑产生共鸣。产品接缝的连接宽度横缝3毫米，竖缝15毫米，其现场的安装难度较高于其他夹芯墙体板系统。板形为C型，采取由工厂加工开槽再经现场二次加工处理方式，这种方式也是亨特建筑在外墙项目上首次采用，保证产品运输质量的同时保证产品的加工精度、减少损耗。

（周小燕）

云电英纳220kV超导限流器挂网运行

10月29日，由北京云电英纳超导电缆有限公司为主研制的世界上电压等级最高、容量最大的220kV超导限流器在天津电网成功挂网运行，保持了该公司在超导限流器研发领域的国际领先地位。云电英纳的技术人员基于自主知识产权的超导限流器速断直流设计、三相六铁心结构、交直流绕组松耦合结构、铁心不等截面设计等关键技术要点，建立了220kV超导限流器物理、数学模型，进行了限流器稳态阻抗、短路限流能力和故障电流的限制过程等相关的模拟仿真计算，设计研制了抽空减压开式低温系统等，通过不断地改进完善，完成了220kV超导限流器的研制并成功挂网运行。

（漆素薇 任安林 李欢欢）

安川首钢机器人冲压搬运系统投入使用

小家电机器人冲压搬运系统　　刘剑盟 摄

10月，安川首钢机器人有限公司开发生产的小家电机器人冲压搬运系统，在宁波方太小家电产品生产线投入使用。该项目由机器人、给料分张机构、双料检测系统、涂油对中机构等设备构成。机器人从给料分张平台抓取板料，经双料检测后将板料放到涂油对中机上涂油对中，然后将工件依次搬运到相应的机床冲压、切边，实时检测工件的位置和状态，成品由输送线输出。该系统的应用，实现了工件在冲压过程中自动定位、自动搬运和对工件的自动检测。原来5个人的工作量减少至1人完成，降低了工人劳动强度。

（池成甲）

京东方大尺寸超高清显示屏亮相

11月，京东方科技集团股份有限公司的全球首款110英寸ADSDS超高清显示屏及全球首款65英寸超高清氧化物TFT显示屏首度亮相第十四届中国国际高新技术交易会，以其4倍于FHD的UHD（Ultra HD）超高清显示效果，以及超大尺寸的逼真大视野，获得了观众的广泛关注。

（任敏）

美德创新手动高效移液工作站上市

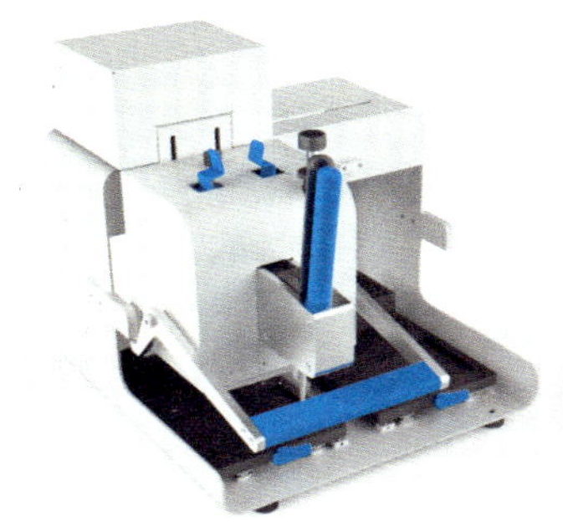

手动高效移液工作站　　企业提供

11月，美德创新（北京）科技有限公司手动高效移液工作站研发工作正式完成并进入市场。该产品是适合于所有实验室的功能强大的实验设备，准确和高效的高通量手动移液旨在最大限度地提升并简化移液工作流程，并应用于相关领域。

（姜珊珊）

中瑞蓝科国内首款双绕组驱动电机下线

12月28日，北京中瑞蓝科电动汽车技术有限公司国内首款具有自主知识产权的新能源汽车专用电机“100KW双绕组驱动电机”下线。与同类产品相比，本产品性能优势明显：一是电机具有高的功率密度，符合电动汽车电机体积小、重量轻、功率高的特点，使电动汽车本就有限的空间得到节约；二是效率高达93.6%，高效区域广，对纯电动汽车电池的有限电能的利用率有了极大的提升，保证了汽车具有足够的续航里程；三是恒功率调速范围广，适应最高车速以及超车的需求；四是电机峰值转矩大，适应了车辆的启动、加速、负荷爬坡、频繁起停等复杂工况；五是电机使用蛇形水道液体冷却方式，有效地降低了电机温升，提高了电机使用寿命；六是电机使用旋转编码器，抗干扰能力强；七是电机定子采用两套完全相同的绕组，如果其中一套绕组出现故障，另一套绕组还可以保证电机在一定时间内的运转，从而提高了电动汽车的安全可靠性。

（张保平）

中电华强多层多道焊接机器人系统研制成功

12月，“空间中厚板相贯线轨迹多层多道焊接机器人系统”研制成功。该项目是北京中电华强焊接工程技术有限公司联合安川首钢机器人有限公司和北京航空航天科技大学承接的市科委项目。该项目提高了作业的自动化程度，实现了相贯线轨迹的机器人多层多道自动焊接，提高了焊接效率和焊接精度，还有易操作、编程简单、可靠性高、适合离线编程等特点。

（姚鹏程）

和利时MACS V6.5.1软件平台发布

12月，和利时集团研发生产的HOLLiAS-MACS V6.5.1系统软件平台正式发布。该软件平台是为满足工业控制领域用户对DCS系统高可靠性、易用性和需求多样性而精心设计的。在系统结构、操作系统软件、核心硬件、下装和冗余等关键功能点、人机界面等方面作了重大创新与改进，具有稳定可靠、实时性好、扩展性强、易于使用和维护等特点。系统采用“基础平台＋二次开发”的开发模式，可以满足电力、石化、冶金、建材等不同行业对工业控制的各项需求。

（张蔚青）

金风科创 1.5MW 直驱永磁机组产业化

12 月，北京金风科创风电设备有限公司 1.5MW 直驱永磁风力发电机组产业化项目被市科委认定为北京市高新技术成果转化项目。金风 1.5MW 直驱永磁风电机组根据环境温度的不同开发了常温型、低温型以及高温型机组；根据海拔高度的不同变化开发了低海拔型和高海拔型机组；根据沿海风电发展的特点开发了沿海潮湿性机组，以应对沿海潮湿、盐雾等环境；同时根据国际市场的需求开发适用于国际市场的不同机型。

（陈戈）

嘉纳尔研发设备成功投标

年内，嘉纳尔科技（北京）有限公司研发设备“数控型工业微波设备”参与内蒙古科技大学重点实验室投标成功并履行供货合同。该微波炉气密结构可在真空结构下工作，具备失重分析功能，精度达到 0.1 克，可连接计算机实时读取重量数据。

（程胜）

卓越航空完成航空活塞发动机生产

卓越航空 XP 系列活塞发动机初步具备量产能力　张章 摄

年内，北京卓越航空工业有限公司完成符合国家噪声排放标准的地面开车试验台和试验间的建设，并完成 28 台合格 XP 系列活塞发动机的生产交付任务，初步具备了量产能力。

（王辉）

安川首钢机器人开发电动车自动换电装置

电动汽车机器人换电系统　刘剑盟 摄

年内，安川首钢机器人有限公司开发出“电动汽车机器人自动换电装置”并投入市场，解决了电动汽车蓄电池普遍较重、体积大、更换难的问题。该装置可识别多种车型程序，通过物联网自动进行车型识别，可实现多种电池、BMS、车型的换电需求。解决了电动汽车充电等候、电池保温充电、设备柔性等问题，具有安全可靠、快速高效、操作简单、兼容性强等特点，应用于环卫电动车换电站。

（黄坤）

表彰奖励

京东方获北京市千件专利企业荣誉称号

1 月，京东方科技集团股份有限公司获市知识产权局授予的“北京市千件专利企业”荣誉称号。公司自主研发能力的不断增长，奠定了企业可持续发展和参与国际化竞争的重要基础。

（任敏）

天坛生物获市科学技术奖一等奖

3月2日，北京天坛生物制品股份有限公司参与的“大流行流感疫苗、诊断试剂评价关键技术平台体系的建立和应用”课题获2010年度北京市科学技术奖一等奖，以此表彰公司在H1N1流感防控方面做出的贡献。这是公司成立以来首次获此殊荣。

（贾涛　于莉晶）

金风科创荣获非洲风能项目奖

3月28日，北京金风科创风电设备有限公司以其在埃塞俄比亚Adama的风电场项目，荣获了“非洲能源奖”之“2011年度非洲风能项目奖”。该项目是中国风电设备制造商在非洲大陆的首个项目。“非洲能源奖”是由全球领先的Terrapinn媒体公司发起并组织，旨在表彰为非洲电力供应和环境保护作出贡献的能源项目。

（崔春雷）

金风科创风电机组获市科学技术奖

金风科创2.5MW风电机组　企业提供

3月，北京金风科创风电设备有限公司直驱式变速恒频2.5MW风力发电机整机技术凭借良好的电网接入性能，低电压穿越、零电压穿越能力，优良的功率调节控制、频率及电压适应性，电网调度、风功率预测等优异性能，获2011年度市科学技术奖三等奖。

（陈戈）

北方微电子荣获最具投资价值企业称号

5月18日，北京北方微电子基地设备工艺研究中心有限责任公司在由高工产业研究院主办的2012中国新兴产业最具投资价值企业评选活动中，从300多家来自LED、锂电、物联网、新材料、新能源、高端装备等战略性新兴产业领域报名参选的企业中脱颖而出，获得最具投资价值非上市企业称号。

（冯康）

华联印刷获市绿色印刷标兵示范单位

5月21日，在第十届北京国际图书节主题活动之一的“绿色印刷在中国——北京市绿色印刷工程启动仪式”上，北京华联印刷有限公司被授予“北京市绿色印刷工程标兵示范单位”称号。绿色印刷是指印刷企业生产过程与最终产品达到绿色环保的要求。北京市绿色印刷工程由市新闻出版局组织实施，面向全国征集了100多个品种的优秀婴幼儿读物，授权使用中国环境标志和标注“北京市绿色印刷工程婴幼儿读物示范项目”字样。

（崔春雷）

北方微电子获国家战略性创新产品证书

5 月，北京北方微电子基地设备工艺研究中心有限责任公司的“NMC508B”与“ELEDE330”两大产品获得了科技部、环境保护部、商务部、质检总局 4 部委共同颁发的“国家战略性创新产品”证书。其中 NMC508B 8 英寸高密度等离子刻蚀机已经在国内知名生产线中芯国际、上海宏力半导体、上海华虹 NEC、中科院先导工艺研究中心等工厂成功产业化；ELEDE330 LED ICP 等离子刻蚀机，因其优良的性能和卓越的服务，已经成为国内 LED 生产线上的标配产品，2 年总销售量突破 40 台。

（冯康）

天坛生物 6 个产品获新技术新产品认定

7 月 19 日，北京天坛生物制品股份有限公司重组乙型肝炎疫苗（酿酒酵母）、麻疹风疹联合减毒活疫苗、麻疹风疹联合减毒活疫苗、甲型 H1N1 流感病毒裂解疫苗、冻干乙型脑炎灭活疫苗（Vero 细胞）、风疹减毒活疫苗（人二倍体细胞）获得市科委、市发展改革委等 5 部委联合认定的第一批中关村国家自主创新示范区新技术新产品。

（贾涛 于莉晶）

苍穹数码荣获中国地理信息科技进步奖

8 月，经国家测绘地理信息局、科技部、国家科学技术奖励工作办公室授权批准设立的地理信息科技进步奖 2012 年度评选结果揭晓，北京苍穹数码测绘有限公司自主研发的“基于面向服务的分布式国土资源数据中心建设”项目荣获 2012 中国地理信息科技进步奖二等奖。

（孙宁宁）

苍穹数码项目获全国优秀测绘工程奖

9 月 26 日，国家测绘地理信息局和中国测绘学会网站同时发布《中国测绘学会 2012 年全国优秀测绘工程奖评选结果公告》（2012 年第 2 号）。北京苍穹数码测绘有限公司徐文中、应金法、张晓峰等人完成的“第二次全国土地调查成果国家级核查”项目被评为 2012 年全国优秀测绘工程奖银奖。项目组在核查中运用了地理信息系统、遥感、全球定位技术等先进技术，利用数据库质量检查软件、成果核查系统软件，采用归纳整理、自动检查、人机交互检查、统计分析等多种方法逐图斑、逐地块地进行核查。

（崔春雷 孙宁宁）

悦康药业入选首批中关村商标示范单位

10 月 16 日，由市工商局、中关村管委会主办，中国技术交易所承办的中关村国家商标战略实施示范区商标推进大会举行。悦康药业集团有限公司入选首批中关村国家商标战略实施示范区商标示范单位，成为国内唯一一家医药企业入选单位。

（何铖）

京东方专利获中国专利金奖

11 月 30 日，京东方光电科技有限公司高文宝、殷新新、肖向春完成的“薄膜晶体管液晶显示器的驱动装置”专利在由知识产权局与世界知识产权组织联合举办的第十四届中国专利奖评选活动中，获得了中国专利奖的最高荣誉——中国专利金奖。这是本次颁发的中国专利金奖中唯一的显示技术相关专利。

（任敏）

爱生科技获技术装备示范项目认定

12月20日，经中关村管委会、市发展改革委、市科委、市经济信息化委和市财政局等联合发文，公布“2012年度中关村首台(套)重大技术装备试验、示范项目”。北京爱生科技发展有限公司最新开发的基于水生模式生物斑马鱼的生态—生物毒性试验系统通过认定。爱生“生态—生物毒性试验系统”是国内首次研发，旨在通过斑马鱼为代表的水生生物对水环境污染状况进行专门试验的新型实验平台，实现中国水生生物毒理学测试的标准化和国际化。该系统有助于加快水资源环境污染监测，提高水环境治理水平，为加强水资源环境的利用提供准确的研究数据。

（周菁楠）

国富安获党政密码科技进步奖一等奖

12月，北京国富安电子商务安全认证有限公司申报的“VPN设备密码检测分析平台项目”荣获2012年度党政密码科学技术进步奖一等奖。此奖项代表国内密码科技发展水平的最高荣誉。获奖的VPN设备密码检测分析平台项目包含SSL VPN检测平台、IPSec VPN检测平台2个独立的部分。

（吕璐）

苍穹数码荣获开发区企业创新中心称号

12月，北京苍穹数码测绘有限公司顺利通过开发区管委会组织的开发区第三批企业创新中心认定，荣获“北京市经济技术开发区企业创新中心”荣誉称号，为企业技术创新与发展注入了新的动力。此次通过北京市经济技术开发区企业创新中心认定，标志着公司科技创新水平和自主创新实力得到了政府主管部门的肯定。

（孙宁宁）

朗波尔课题获市科学技术奖一等奖

年内，由北京朗波尔光电股份有限公司作为第二完成单位完成的课题“高性能大功率LEDs外延、芯片及应用集成技术”获得2012年市科学技术奖一等奖。该成果以实现高性能、高可靠、大功率LEDs为目标，沿着结构—器件—性能—产品应用这一研究主线，建立了完善的技术发明创新体系，有效解决了从基础研究、前沿技术、应用技术到产业化示范半导体照明全产业链的关键技术，重点突破了核心器件发光效率和可靠性两大技术瓶颈。该成果推动了节能减排和拉动内需规划的实施，培育了新的增长点，形成具有国际竞争力的战略新兴产业。

（许春）

赛升药业获政府资金支持608.17万元

年内，北京赛升药业股份有限公司申报地方资金支持8项，获得政府资金资助608.17万元。2月2日，市科委拨付药品电子监管专项资金12万元。3月21日，知识产权局专利局北京办事处拨付专利资助资金1.095万元。4月，免疫亲和层析规模纯化纤溶酶等两个项目获得开发区科技创新专项资金101.2万元。8月2日，获得开发区纳税50强及税收增长50强奖励资金100万元。10月22日，获得市经济信息化委2011年保增长奖励资金20万元。11月21日，获得开发区2011年保增长奖励资金75万元。12月24日，获得市科委2012年北京市高新技术成果转化项目经费100万元。12月

24日，承担的北京市科学技术成果转化和产业化项目统筹资金（2012）项目下《G20工程重大通用名药物研发及产业化——利奈唑酮原料及其制剂研究》课题获市科委课题经费补助款198.875万元。

（王莉丽）

和利时获重大技术装备项目认定

年内，北京和利时系统工程有限公司3个项目被认定为“2012年度中关村首台（套）重大技术装备试验、示范项目”，分别是香港铁路有限公司—高速铁路—853合同—主控制系统“基于MACS-SCADA的主控制系统解决方案”、香港铁路有限公司—高速铁路—841A合同—信号系统—轨旁设备“基于CTCS-3级列控系统的高速铁路信号系统解决方案——车载信号系统解决方案（车载设备）”、香港铁路有限公司—高速铁路—841B合同—信号系统—车载设备“基于CTCS-3级列控系统的高速铁路信号系统解决方案——地面信号系统解决方案（轨旁设备）”。

（张蔚青）

通力盛达获自主创新产品证书

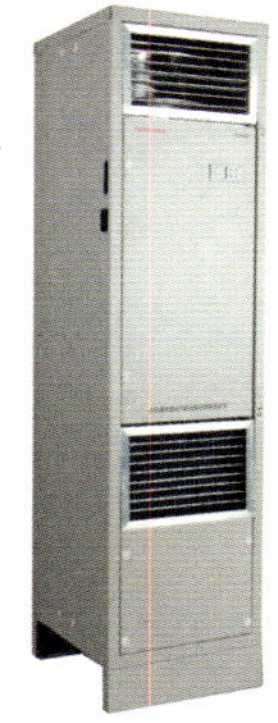

通力盛达公司生产的智能换热器　　企业提供

年内，北京通力盛达节能设备股份有限公司智能换热器产品销售取得重大突破，年内累计实现合同金额2000万元。该产品节能效果良好，产品获得市科委、市发展改革委等单位联合颁发的“北京市自主创新产品”证书。通力盛达希望该产品在未来几年能够在三大运营商中得到更多的应用，为社会节约更多的能源。

（陈国舫）

重点工程

16家企业入选中关村“十百千工程”

12月，北京同仁堂健康药业股份有限公司、中金数据系统有限公司等16家企业入选中关村国家自主创新示范区第三批“十百千工程”重点培育企业，入选数量排在中关村各园区第二，占入选总数的13.3%。第二批重点培育企业获得中关村“十百千工程”专项资金支持981.5万元。开发区入选“十百千工程”企业总数已经累计达43家，涵盖新区四大主导产业，龙头企业的带动效应日益显现。

（崔春雷）

公共技术服务平台日益增加

年内，开发区在新材料、生物医药的主导产业领域搭建公共技术服务平台5家，重点支持义翘神州承担国家五大重点技术服务平台之一的蛋白和抗体创新研发和技术服务平台建设。区内新增市级各类研发机构32家，国家、市级研发机构总数累计达到140家。区内企业的研发能力不断提高，技术创新主体地位日益提升。

（崔春雷）

实施知识产权战略推进工程

年内，开发区培育优势中小企业20家，累计达到40家，培育市专利试点企业27家，累计达到207家。与市知识产权局签订战略协议，16项知识产权重点工作有序开展，将开发区知识产权工作纳入北京市知识产权重点工作内容。编制完成《开发区知识产权指导手册（案例篇）》《企业知识产权风险管理实操手册》，为开发区企业的知识产权管理和保护提供行之有效的指导和帮助。

（崔春雷）

推动孵化器建设升级

年内，开发区重点引导孵化器开展增值服务，给予5家孵化器所开展的项目引进、创新专业服务、行业交流活动等奖励资金420万元。新认定生物医药园、云基地和大兴区的新媒体基地多维创业园等科技企业孵化器3家，积极推动华商孵化器、博大经开置业有限公司进入北京市科技企业孵化基地行列。新区累计认定科技企业孵化器10家，其中国家级孵化器3家、市级孵化器3家。

（崔春雷）

加大知识产权保护力度

年内，开发区开展多层面、多领域、多内容、高密度的知识产权系列培训，共计举办专题培训8期，累计培训300余人。在嘉捷科技园和北工大软件园成立了2个知识产权保护服务工作站，以“抓龙头带整体”的方式为企业提供了及时有效的维权、咨询、需求等知识产权保护服务。截至年底，开发区专利授权量1744件，同比增长37.3%，增长率是北京市同期增长率的1.6倍。

（崔春雷）

资质认证

长城测控公司取得传感器计量证

3月25日，北京瑞赛长城航空测控技术有限公司取得矿用一氧化碳传感器（KGA8）及甲烷传感器（GJC4）的制造计量器具许可证。此次制造计量器具许可证的成功申请，对提升长城测控公司矿用一氧化碳传感器（KGA8）及甲烷传感器（GJC4）的市场占有率有至关重要的作用，也标示着长城测控公司在制造水平、管理能力方面迈上了新台阶。

（张英）

协和建昊获得多项认证

3月，北京协和建昊医药技术开发有限责任公司获得了美国AAALAC国际认证证书；8月，成为北京环境诱变剂学会挂靠单位；10月，获得国家认可委员会化学品良好实验室规范符合性证书；11月，获得国家火炬计划重点高新技术企业称号；12月，通过了农业部良好实验室规范（GLP）认证，并被批准成为开发区药物安全性评价与成药性评估平台。

（靳洪涛）

悦康药业进入国家级制剂认证企业名单

4月23日，悦康药业集团有限公司以其优异的国际化业绩被选入由中国医药企业管理协会、中国医药保健品进出口商会共同发布的“中国医药国际化制剂认证企业第一批先导性企业”名单。此次认定旨在引导更多的企业投入到制剂国际化的队伍中，并呼吁各级政府为这些先导性企业在财税政策、定价政策、招标采购政策等各个方面提供更好的政策支持。

（崔春雷）

中科晶电通过俄罗斯 GOST 认证

5月3日，中科晶电信息材料（北京）有限公司的砷化镓衬底系列产品通过了俄罗斯 GOST 的认证，并获得了 OOO“ПромТест”颁发的“LED 芯片用砷化镓衬底系列产品 GOST-R 认证系统合格证书”。此次认证的通过，标志着中科晶电正式具备了全面进入以俄罗斯为代表的独联体国家相关市场的能力。

（张元璋）

龙源冷却通过美国 ASME 认证

北京龙源冷却技术有限公司厂区　　蒋澜 摄

5月28~29日，美国机械工程协会联检组到龙源冷却进行 ASME 认证联合审查工作。ASME 联检组分别从公司编制的 ASME 质量控制手册和规程文件入手，对公司有关规范文件、体系运转、焊材及材料供应情况、焊工操作、示范产品演示等方面进行规范符合性审查。联检组认为，龙源冷却各项工作符合 ASME 标准规范要求。6月5日，北京龙源冷却技术有限公司获得美国 ASME 总部颁发的证书。

（孙艳）

亚宝生物申报国家通用名化学药专项

5月，亚宝生物药业有限公司“口服固体制剂 ANDA 申报及美国 cGMP 国际化认证项目”申报国家通用名化学药发展专项项目，并通过审评。评审组主要从产品国内外市场需求情况，项目对产业和经济的带动示范作用，项目的技术基础（包括技术创新性和技术含量、技术成熟性、自主知识产权和自主品牌情况等），符合国际标准的生产设施建设情况，申请认证方案可行性，后续产品持续国际化能力，国际营销渠道建设情况，项目单位条件（包括技术开发能力、海外营销等经营管理能力、企业持续开发出口产品的能力和规划、资金筹措能力等）8个方面进行了考察。

（程洁）

金风科创产品通过认证

鉴衡认证

设计评估符合证明

（风力发电机组设计认证）

北京鉴衡认证中心

网址：www.cgc.org.cn

金风科创研制的93/1500机组获得鉴衡认证　　企业提供

6月，北京金风科创风电设备有限公司研制的87/1500机组获得 TÜV

NORD 颁发的设计评估证书，2.5MW 机组通过 CE 认证，表明金风机组各项设计符合国际标准。9 月，金风 93/1500 机组获得鉴衡认证颁发的设计评估证书，成为国内首个获得设计评估的低风速大叶轮机型。年内，金风 1.5MW 机组发电机通过 CE 认证。

（陈戈）

卓越航空通过民航局 PC 认证的现场审查

6 月，北京卓越航空工业有限公司通过了中国民航总局组织的 PC 认证第一次现场审查。这是在 2011 年取得中国民航总局颁发的型号认可证（VTC）之后，卓越航空通过不断的自我提高和积极努力所取得的又一重要的、具有历史意义的阶段性成果。

（王辉）

同仁堂科技集团通过国家新版 GMP 认证

6 月至 9 月，同仁堂科技发展集团片剂、散剂、胶囊剂、液体制剂、滴丸剂、饮片等 11 个剂型、14 条生产线，顺利通过国家新版 GMP 认证，成为北京市 2012 年度本行业通过剂型、生产线最多的企业。

（李毅英）

和利时 SIS 系统获德国安全认证

7 月 12 日，和利时集团新一代安全保护系统（HiaGuard）获德国 TÜV Rheinland 颁发的 SIL3 认证证书，标志着国内首套拥有完全自主知识产权的工业自动化领域 SIL3 安全保护系统在和利时诞生。和利时 HiaGuard 安全仪表系统的研发历时 2 年，是国内第一套符合 IEC 61508 和 IEC 61511 国际标准并取得 TÜV Rheinland SIL3 安全等级认证的安全仪表系统。

（张蔚青）

三箭和众鼎通过 4 项系统认证

7 月 15 日，北京三箭和众鼎电子有限公司通过 ISO 9001、ISO 14001、TS 16949 和 QC 080000 系统认证。此次认证由 SNQA 管理体系认证有限公司负责，经外审专家对系统文件和生产现场的审核查看，证明公司品质和环境管理系统持续有效。

（李青）

龙源冷却获得美国 IAS 管理认证

8 月 1 日，北京龙源冷却技术有限公司获得美国 IAS AC172 标准质量管理认证证书，标志着龙源冷却取得进入美国市场的资质。美国 IAS 认证是中国公司参与美国空冷项目的必备条件。自 2011 年 1 月开始，公司着手对认证开始筹备工作，提交了管理手册、管理程序文件和其他相关文件。公司两名人员取得 IAS 要求的焊接检查员（CWI）的考试认证，完成美国焊接工程师协会（AWS）的焊工认证考试和 WPS 和 PQR 的第三方考试和评定工作。

（孙艳）

悦康药业粉针剂生产线通过 GMP 认证

粉针剂生产线通过新版药品 GMP 认证　　企业提供

8 月，食品药品监管局药品认证中心通过对悦康药业集团有限公司粉针剂（头孢菌素类）生产线现场检查，宣布该生产线通过新版药品 GMP 认证。通过认证后，该生产线年生产能力可达 2.5 亿支，并为其他生产线认证提供范本。

（何铖）

和利时通过 IRIS 认证

11 月，和利时集团通过 IRIS 认证。IRIS 是针对铁路行业设定的标准，用来评估其管理体系，旨在通过改善整个供应链，提高产品质量和可靠性。为通过 IRIS 认证，和利时开展了标准内容宣贯、内审员培训、与公司现有流程的差异分析、贯标工作任务识别、贯标工作任务落实、内审、IRIS 标准预审核和正式审核等工作。

（张蔚青）

同益中获命名职工创新工作室

12 月，市总工会与市科委组织各行业专家组对申报单位进行了评审，最终评选认定 100 家 2012 年度市级职工创新工作室，并对其中 30 家工作室以其领军人物名字命名。北京同益中特种纤维技术开发有限公司的“高强高模聚乙烯纤维研发创新工作室”被命名为“冯向阳工作室”。

（刘晓薇）

综合经济管理

综述

2012 年，开发区在克服移动通信产业产值下降等不利因素，抓新项目落地投产的同时，以提高经济增长质量和效益为中心，帮扶现有企业“稳产值、保增长、增效益”，经济发展效益提升，后劲持续增强。

开发区全年实现地区生产总值 827.7 亿元，同比增长 5.8%。其中，完成工业增加值 516.2 亿元，同比增长 8.9%；全年完成地方财政收入 178.5 亿元，同比增长 42.4%；完成税收收入 268.1 亿元，同比增长 9.3%；完成全社会固定资产投资 339.9 亿元，同比增长 6.2%。全部规模以上单位实现营业收入 4328.5 亿元，规模以上工业企业实现工业总产值 2187.9 亿元，占北京市 14%，其中汽车制造、生物医药等主导产业产值增速分别为 11.4% 和 18.7%；高新技术企业产值贡献率稳步提升，占工业总产值比重保持 90% 以上。

开发区工商分局加强对消费者权益的保护，在产品质量、销售、售后服务及消费者投诉等方面展开工作。国税、地税部门完成市局地方级任务，税收收入稳定增长、各项任务稳步推进。财政局保障重点支出，确保民生改革、折子工程等各项任务的资金落实。审计局加强重点环节审计和重点时段审计监督，通过探索跟踪审计工作新方式方法，有效控制投资建设成本，节约项目投资。统计局完成统计年定报和各项专项调查工作，在统计基层基础建设、统计监测评价、统计服务等方面成效显著。安监局成立开发区安委会，开展“打非治违”行动，着力构建开发区安全生产防范体系。开发区海关、检验检疫局进一步加强指导，支持亦庄保税物流中心加快发展。药监分局开展“易制毒化学品专项整治”“利剑行动”等工作，保障辖区药械质量和群众用药安全。质监分局服务新兴战略产业和国际高端产业新区的发展，抓重点、抓安全、抓民生，创新工作机制，有效完成十八大保障、建区 20 周年等工作。

（蔡星月）

综合调控

概况

2012 年，新区全年实现地区生产总值 1219.4 亿元，同比增长 7.6%，其中开发区完成 827.7 亿元，同比增长 5.8%。新区工业增加值完成 638.8 亿元，同比增长 9.3%。新区税收收入 395.5 亿元，同比增长 11.8%，其中开发区完成 268.1 亿元，同比增长 9.3%；开发区地方财政收入 178.5 亿元，同比增长 42.4%。开发区完成营业收入 4328.5 亿元。新区规模以上工业总产值完成 2758.2 亿元，占北京市 17.7%，其中汽车制造、生物医药、装备制造等主导产业产值增长率分别为 15.3%、18.6% 和 3.9%。新区完成全社会固定资产投资 820.4 亿元，同比增长 4.4%，其中开发区完成 339.9 亿元，同比增长 6.2%。开发区高新技术企业产值贡献率稳步提升，占工业总产值比重保持 90% 以上。

（刘春赠）

加强重点用能单位管理

年初，开发区发改局根据市发展改革委关于要求每年对年综合能耗 5000 吨以上重点用能单位进行能源管理岗负责人备案及填写能源利用状况报告的要求，确定区内 29 家企业为重点用能单位。督促京东方、中芯国际、三洋能源等公司建立实行能源管理岗负责人备案制度，设立能源管理岗位，编制节能规划，制定节能减排制度，落实能源利用状况报告制度，制定能源计量器具、能源计量数据管理相关制度。开发区发改局组织区内重点用能企业参加节能培训班，深入解读国家和北京市节能减排的新形势、新政策。发改局监督企业进行自查，对重点用能单位逐一进行审核，于 7 月出具审核报告。

（彭春旺）

编制完成开发区固定资产投资计划

年初，开发区发改局编制完成并下达 2012 年固定资产投资计划。此次投资计划实现了新区大统筹、项目大统筹与新区投资计划大统筹。一是将开发区固定资产投资纳入新区的大统筹中安排投资项目：新区全社会固定资产投资计划完成 835 亿元，开发区部分是 360 亿元。二是统筹安排综配区项目：综配区列入开发区固定资产投资计划共 22 项，投资总额约 10 亿元。三是统筹安排政府、国有企业、社会投资项目：开发区管委会计划投资 35 亿元，开发区总公司计划投资 90 亿元，社会投资计划 230 亿元。此外，开发区将对全社会固定资产投资计划进行分解，加大对开发区总公司、社会投资项目的统筹计划。

（石雨）

中小企业服务中心成立

4 月 26 日，开发区管委会批准“北京经济技术开发区中小企业服务中心暨北京亦庄科技创新服务中心”成立。中心管理工作由开发区发改局牵头，科技局、产促局共同监管，北京博大万泰国际投资咨询有限公司负责日常运营。中心面向区域中小企业共性、紧迫和重要需求，采取“服务桥”模式，整合政府政策，聚合新区内外优质服务资源，为区域中小企业提供金融、科技、商务、政策类服务。中心实行主任负责制，下设中小企业服务部、服务机构管理部、政策研究部、活动组织部、行政事务部。中心通过实体窗口服务平台（生物医药园综合服务大厅、亦城国际开发区行政服务中心中小企业服务窗口）和实体服务平台（www.bdasme.org；服务热线：4008998960）构建服务渠道，并通过组织策划经常性的专题活动，加强企业与政府间、企业间、企业与机构间的交流互动。截至年底，中心聚集了80余家服务机构，为企业组织资金申报、培训、交流、撮合交易等多项服务，共获批国家及市级资金8家次4984万元，为两家企业取得银行贷款2250万元，开展金融系列培训、拟上市企业辅导、营改增培训等活动28场次，有800家企业1000余人参加。

（蔡星月）

获批建设国家循环化改造示范试点园区

5月22日，开发区获发展改革委、财政部批准成为2012年国家首批园区循环化改造示范试点单位。9月，开发区发改局开始组织编制《北京经济技术开发区循环化改造示范试点实施方案》，旨在进一步提升区循环经济发展水平，增强可持续发展能力。开发区鼓励企业加强对太阳能、地热等新能源和可再生能源的开发利用，积极开展节能减排技术改造，并对推进太阳能、风能等新能源利用、促进其产业发展的相关企业加大扶持力度。3月1日，开发区所属华北地区最大的5兆瓦太阳能光伏发电项目在北京京东方8.5代线建成并投入使用，年内完成太阳能光伏发电22.8兆瓦。

（彭春旺）

参展中国（北京）国际服务贸易交易会

5月28日至6月1日，由开发区发改局、大兴区商委整体策划，北京博大万泰国际投资咨询有限公司组织新区参展中国（北京）国际服务贸易交易会。参与以“创新为源，服务为本”为主题的电子商务板块活动、国家级电子商务示范基地授牌仪式、“电子商务促进产业融合”主题媒体采访、首届京交会签约仪式暨成果发布会、“国别主题日”“北京日”等重要活动，展示开发区、新区电子商务产业发展良好态势、成长潜能，宣传发展成就。

（张蕾）

开展燃气安全专项检查

8月6日至9月6日，开发区发改局牵头，联合安监局、质监局、工商分局等开展餐饮企业燃气使用专项检查，旨在消除燃气使用安全隐患。成立以王合生任组长的安全生产“护航”联合行动燃气使用安全专项检查领导小组，承担制订方案、组织联合检查、汇总收集信息等方面的任务。所有使用煤气罐企业及部分使用天然气企业均为此次联合专项检查自查对象，以营业面积500平方米以下的餐饮企业为重点。累计检查公服用户40家，其中使用天然气9家、存在问题的有4家；使用煤气罐企业31家、存在问题的有18家。对存在燃气使用安全隐患的餐饮企业，依据相关法规规定，责令整改；一时难以整改的，停产停业，挂账限期治理，消除安全隐患。

（张蕾）

召开北京·亦庄产业金融畅谈会

8月17日，北京·亦庄产业金融畅谈会在开发区举行。开发区管委会分别与中国农业银行股份有限公司北京市分行和国泰君安证券股份有限公司签署战略合作协议。北京市金融工作局党组书记、北京市金融服务工作领导小组办公室主任霍学文，开发区领导张伯旭、赵昕昕、王合生出席签字仪式。仪式上，赵昕昕、王合生分别与农行北京分行副行长张君儒和国泰君安公司副总裁阴秀生签署合作协议。根据两项协议，农行北京分行将整合自身战略性资源，为新区提供更加优质完善的金融服务，并授予开发区300亿元的整体意向授信额度，用于支持开发区经济建设，为产业发展提供资金保障。开发区管委会将与国泰君安公司在股权投资、债券投资、企业上市等6个领域深化合作，为开发区诸多高端优质企业提供全方位的定制化服务。

（蔡星月）

新区生物医药产业投资峰会举行

9月5日，以风险资本助力新区生物医药产业发展为主题的新区生物医药产业投资峰会在亦庄生物医药园举行。这是开发区生物医药企业家俱乐部2011年成立以来的第2次大型活动，旨在为区内企业和投资机构搭建起沟通的桥梁，促进新区生物医药企业快速平稳发展。赵昕昕、王合生、杜新安、程京出席会议，9家投资机构和40余家新区生物医药企业的60余名代表参加峰会。本次峰会是生物医药企业家俱乐部为新区生物医药产业搭建的投融资平台，旨在引进产业发展的血液——金融，助力生物医药企业创新发展，希望投资机构的代表建言献策，企业家拿出适合的项目，双方成功对接，推动新区生物医药产业取得更大发展。会上，罗诺强施医药技术研发中心有限公司、北京三元基因工程有限公司、北京宏元兴邦科技有限责任公司3家企业介绍了各自的特色项目。投资机构相关负责人还实地走访了脑泰科技、义翘神州和泰德制药3家公司，了解开发区生物医药企业发展现状。

（蔡星月）

开展重点用能单位节能目标分解

10月，开发区发改局制定了开发区“十二五”期间重点用能单位节能目标分解方案。截至年底，开发区发改局共对29家重点用能企业进行能源消耗情况调查，督促重点用能单位落实节能目标任务，确保开发区“十二五”节能目标的实现；统筹指导开发区所属5000吨标煤以上的29家用能单位进行节能指标分解。

（彭春旺）

参加中国银行业年度峰会

12月1日，第八届北京国际金融博览会“2012中国银行业年度峰会”举行，张伯旭出席并发表题为“北京·亦庄产业金融20年”的演讲，向大会重点推介北京亦庄未来产业金融规划。张伯旭指出，北京亦庄在产业高速增长的过程中，金融服务业也得到快速发展，初步形成以企业信贷为主，债券、股权投资、担保、基金、保险、上市服务等为补充的“6+1+N”金政园企产业金融服务体系：“6”是指六大金融要素，包括债权融资、产业投资、融资担保、科技保险、信用服务、上市服务；“1”是指政府要发挥桥梁和纽带作用，促成金融服务业与实体经济紧密合作；“N”是指受益于产业金融服务的区内5000多家优质企业。会后，张伯旭接受《北京新闻》栏目组采访，深化公众对开发区产业与金融的认识，扩大“北京·亦庄”品牌的知名度。

（蔡星月）

开发区参展第八届北京国际金融博览会

12月1~3日，开发区参展在北京展览馆举行的第八届北京国际金融博览会，荣获“最佳组织策划奖”和“战略合作伙伴奖”两个奖项。开发区展位面积192平方米，以“北京·亦庄产业金融20年”为主题，参与展厅展示、中国金融年度论坛、开幕仪式、联谊晚会和媒体宣传5个环节，集中展示开发区建区20年来产业与金融的建设成果，并提出打造“6+1+N”金政园企产业金融服务体系、全面创建产业金融创新示范区的构想。

（蔡星月）

新区出台加快企业上市政策

年内，为推进产业结构优化升级，提升区域综合经济实力，实现新区功能定位和产业发展目标，新区出台了《新区加快推进企业上市工作意见》，推动企业上市工作。该意见适用于所有在新区依法完成工商注册和税务登记的企业。企业经中国证监会发行审核委员会审核通过，并在证券交易所挂牌交易，新区会给予相应奖励，其中主板给予800万~1000万元支持资金，中小板给予600万~800万元支持资金，创业板给予400万~600万元支持资金。此外，相关部门将根据企业上市过程中的不同阶段给予相应支持。通过间接方式上市的企业，企业将注册地、纳税地迁入新区且形成税收的，按招商引资政策给予相应奖励。该意见在实施过程中如遇同类优惠政策或国家、北京市政策调整，在不违反新政策的前提下，按照从优原则执行，企业不重复享受优惠政策。

（蔡星月）

固定资产投资平稳上升

年内，新区全社会固定资产投资完成820.4亿元，同比增长4.4%，其中大兴区完成480.5亿元，同比增长3.2%；开发区完成339.9亿元，同比增长6.2%。工业投资完成220.2亿元，同比下降14.8%，占总投资的比重为26.8%，占北京市的比重为31.1%，其中大兴区完成36.1亿元，开发区完成184.2亿元。基础设施投资完成157.6亿元，其中大兴区完成123.5亿元，同比增长119.8%；开发区完成34.1亿元，同比增长6.3%。房地产开发投资完成393.8亿元，同比增长2.9%，其中大兴区完成288.1亿元，占总投资的59.9%，开发区完成105.8亿元，占总投资的31.1%。

（石雨）

进行进出口审批

年内，开发区进出口额219.49亿美元，同比下降14.47%，占5.37%。其中，出口额107.60亿美元，同比下降3.71%，占比18.04%；进口额111.89亿美元，同比下降22.77%，占3.20%。开发区发改局审批（转报）进口机电产品单证519张，总金额约37.9亿美元；外商投资企业进口设备已审81批次，总金额约8235万美元；加工贸易手册498份，进口总额13.7亿美元，出口总额20.2亿美元。

（张蕾）

万元 GDP 能耗小幅增长

年内，开发区总能耗 145.07 万吨标准煤，同比增长 13.44%，增幅比上年同期扩大 7.49%；万元 GDP 能耗 0.1762 吨标准煤，扣除价格因素影响，同比增长 6.11%，增幅比上年扩大 10.94%。第二产业能耗 122.09 万吨标准煤，同比增长 12.18%，其中工业能耗 108.12 万吨标准煤，同比增长 15.23%；建筑业能耗 13.97 万吨标准煤，同比下降 6.86%。第三产业能耗 20.11 万吨标准煤，同比增长 23%。居民生活能耗 2.87 万吨标准煤，同比增长 6.17%。第二产业、第三产业和居民生活用能占全区总能耗的比重分别为 84.16%、13.86% 和 1.98%。全区第二产业万元增加值能耗 0.2341 吨标准煤，扣除价格因素影响，同比增长 3.44%；第三产业万元增加值能耗 0.0667 吨标准煤，扣除价格因素的影响，同比增长 18.02%。

（彭春旺）

开展保增长工作

年内，开发区重点加强经济运行分析和调度。一是建立多层次全方位高效沟通协调机制。与市发展改革委、市经济信息化委、中关村管委会等部门每月召开经济分析会；与新区发改局、经信委、产促局、统计局、科技局、财政局等部门综合科室人员建立直通车联系；建立新区重点企业沟通协调交流机制。二是深入企业调研，针对性地解决企业遇到的各种困难和问题。把企业调研工作作为一项日常性工作，建立企业调研台账，并分解任务，逐一落实。三是利用京交会、科博会等大型活动平台，支持诺基亚等企业产品宣传与推广。

（刘春赠）

规范固定资产投资项目管理

年内，开发区项目管理更加规范化，对投资计划进行任务分解，逐一明确投资建设项目的责任部门和完成时限。坚持“稳中求进、有保有备、杠杆效应、社会优先”的原则，统筹推进财政、国企、社会投资项目建设。根据上半年投资建设项目进展和全年任务，结合项目轻重缓急程度，合理调整投资计划和任务分解表，明确分工和时限，紧盯责任单位和各时间节点，要求项目进度表每周更新一次，及时解决项目推进中面临的困难，确保项目按计划落实。加强项目前期评审，在项目立项前期，设立相应的评审程序，加强工程预算的审查，委托提高投资效益，完善项目审批程序。建立固定资产投资调度机制，对项目进展和投资完成情况、融资计划、项目推进中存在的问题和主要制约因素进行及时监督、统筹解决。

（石雨）

亦庄新城综配区建设投资达 6 亿元

年内，开发区投入 6 亿元对综配区的基础设施进行建设；对旧宫五福堂路，德贤路，凉水河河滨公园，南街市民公园进行绿化、建设，绿化总面积约 25 万平方米；完成瀛海镇瀛坤路雨污水、电力、电信管线施工和南海子公园旧忠路电力沟铺设。作为新区一体发展的一号工程，“三镇一园”综合服务配套区建设主要分为空间拓展、产业升级、交通畅通、能源保障、生态环境、公共服务提升 6 大工程。开发区基建办公室是综配区的具体实施建设单位，目标是大力提升综配区基础设施条件。

（石雨）

机关带头做好节能减排

年内，开发区管委会响应市政府公务用车服务的社会化要求，把班车线路外包，继续封存一定数量的公务用车，特别是油耗大的车辆。强化加油卡管理制度，一车一卡、限定油品，并聘请第三方作为监管方，对加油卡使用进行全程监管，有效控制燃油消耗。合理安排车辆调度，加快耗油量大的老旧车辆报废更新工作，尽可能使用油耗小的车辆，提高燃油利用率。实行机关办公大楼内人走灯灭，同时关闭计算机；下班后由工程部关闭各楼层饮水机和开水器，并进行楼内巡视；在 3 月至 10 月期间，关闭楼层洗手盆电热水器。通过采取节油、节电、节水等措施推进节约型机关建设。

（彭春旺）

制定项目入区评价标准及指标说明

年内，开发区发改局制定《项目入区评价标准及指标说明》，将万元 GDP 能耗、电、天然气及其他能源控制指标作为开发区项目入区标准。在项目碰头会、重点项目调度会上，逐个对项目的能源消耗和排放进行分析，对无污染、占地少、用能少的企业优先安排选址，努力实践节能环保招商。开发区发改局按照《北京市固定资产投资项目节能评估管理办法》的要求，做好相关项目的能评工作和节能登记，提高开发区入区项目质量，加强产业规划研究，调整产业结构，从源头分产业严格控制单位工业产值能耗指标。

（彭春旺）

深化“菜篮子”工程建设

年内，开发区管委会将便民商业服务体系列入“开发区为民为企办实事工程”，旨在加快推进与开发区功能定位相适应的便民商业服务体系建设，解决便民早餐店、便民连锁菜店（便利店）等基本问题，做好“菜篮子”工程。开发区发改局创新工作模式，加大财政资金投入，利用现有社区资源，因地制宜，探索移动式菜车、配送柜、便民菜店等多种方式，多渠道推进规范化便民菜店、便民菜车建设，布点分类解决，政策差异化，快速扩大网络规模，使便民商业形成布局合理、功能齐全、便捷安全的服务体系；协同大兴商委与瀛海镇接洽沟通，制订商业方案，并与大兴区长子营镇凤河现代农业示范区达成农超对接合作意向，保障位于“12 平方公里”回迁房社区内的商业配套顺利开业，初步形成回迁社区商业配套，建有物美超市、天兴居和便宜坊餐饮。

（张蕾）

推进“安心早餐”工程建设

年内，开发区发改局引入正规的流通餐饮企业，采取疏堵结合的方式，在治理非正规早餐聚集区的同时，引导非正规早餐经营者正规经营，形成正规化、社会化的早餐服务体系，提升早餐服务网络的连锁率。8 月 27 日，靓米家餐饮 13 辆可移动便民早餐车率先上路，在万源街地铁站 A、B 口及万源街十字路口，以整齐划一的外观、统一洁净的服装及热情周到的服务为行人提供早餐。10 月初，另两家餐饮企业餐车正式投入运营。截至年底，全区共 40 余辆便民移动餐车参与“安心早餐”工程建设，分布在地铁沿线、同仁医院、X17地块、电子科技学校以及上海沙龙社区，使便民商业连锁率、覆盖率得到提升，服务规范化与标准化得以完善，为建设宜居宜业和谐新区发挥重要作用。为此，开发区发改局获得北京市环境秩序整治工作先进集体称号。

（张蕾）

签署便民早餐车《安全承诺书》

年内，为更好地管理便民早餐车，餐饮企业需持有经开发区发改局签署、核准的《安全承诺书》后方可营业。《安全承诺书》包括早餐车内须有统一样式和标识，销售人员须具有有效的健康证，每天须对早餐车进行消毒，原材料统一配送并有台账等细则。同时为给区内居民提供物美价廉的服务，早餐价格须到商务主管部门备案，未经允许不得擅自改价；早餐车经营者须经过正规培训，原材料供应要有账可查，每辆车要配有灭火器、垃圾桶等装备，对早餐车的卫生、营养、加工等实施监管。

（张蕾）

制定商务行业安全工作“四项机制”

年内，开发区发改局制定商务行业安全工作“四项机制”。一是责任落实机制。各级领导明确分工，落实责任，工作人员分片负责，包干到人，确保行业监管责任落实，分管单位制度落实，单位主体责任落实；二是整改落实机制。要求工作人员对内以身作则，签订《安全生产承诺书》，落实开发区管委会要求，对外执法不徇私情，违规违法企业坚决处罚，不予提供资金支持，不准参加各项先进评比；三是疏堵结合机制。对无证无照的违法企业及违法建设坚决责令其自行停业或自行拆除，同时推进便民服务设施和再生资源回收市场的规范建设，挤压非法经营空间，鼓励合法经营行为；四是责任追究机制。对内制定工作人员安全生产专项整治期间徇私违法行为的责任追究办法，提高工作人员遵纪守法自觉性，对外加强对违法非法企业法人及主要责任人落实情况的督察督办，采取邀谈、警告等方式，确保企业主体责任落实。

（张蕾）

制订燃气公服用户专项检查方案

年内，开发区发改局制订《关于开展餐饮行业燃气公服用户专项检查的方案安全生产护航行动工作方案》，明确四项重点检查任务，即检查餐饮企业公服用户是否安装燃气浓度检测报警装置，督促公服用户依据《北京市消防条例》加装燃气浓度检测报警装置，提高自我防范和事故预警能力；检查餐饮企业等公服用户与非法气贩购气交易行为，督促公服用户依法与合法的燃气供应单位签订安全供气合同；检查违规使用瓶装液化石油气、压缩天然气行为，依法查封、扣押使用报废、超期未检、“三项”标记不符合规定的钢瓶；检查油气场所，依法取缔在地下室、高层建筑内违规使用瓶装液化石油气的行为，整治未按规定设置或设置不合格的液化石油气气瓶间、气化间行为。

（张蕾）

落实商务系统安全“三个不放松”

年内，开发区发改局建立商务系统安全工作专项整治小组，通过完善制度、落实措施、建立机制、监督整改等方法，加大企业安全生产监管和市场秩序整治力度，落实“三个不放松”。即抓检查不放松：共出动检查人员60余人次，检查规模以上商业、餐饮经营单位53家次，排查整治安全隐患 3 项，其中消除突出隐患 1 项、检查商场超市 9 家、发现安全隐患 1 项并监督企业立即整改；抓整改不放松：对检查中须限期整改的 2 项隐患，做到件件落实整改，件件落实复查，期限内整改的问题全部得到解决；抓宣传不放松：发放《开发区关于做好 2012 年度商务行业安全生产及预防煤气中毒工作的通知》210 余份，安全自查通知 150 份，做到商务行业宣传全覆盖。

（张蕾）

财 政

概况

2012 年，北京经济技术开发区财政局（简称开发区财政局）按照“稳中求快进，创新大发展”的工作总基调，发挥财政职能作用，增收节支，保障重点支出，合理安排各项财力，确保民生改革、折子工程等各项任务的资金落实，对所出资企业国有资产的保值增值进行监督。完成全口径属地收入 335.5 亿元，同比增长 24.67%，其中税收收入 263.27 亿元，同比增长 8.76%。地方收入实际完成 178.55 亿元，同比增加 53.15 亿元，增幅 42.38%，其中地方公共财政预算收入 111.19 亿元，同比增长 9.36%；政府性基金预算收入 69.56 亿元，同比增长 185.79%（土地收入为 67.36 亿元，同比增长 183.86%；新开征的地方教育费附加收入 1.5 亿元）。财政支出累计完成 129.24 亿元，同比增加 19.86 亿元，增幅 18.16%，完成年初预算的 143.39%，其中，基本支出 1.02 亿元，同比增长 5.22%，完成年初支出预算的 102.15%；项目支出 128.22 亿元，同比增长 18.27%，完成年初支出预算的 138.46%。

（迟旭锋）

举行中小企业发展财税法律政策宣传

12 月 5 日，由财政部主办，开发区财政局承办的“支持中小企业发展财税法律政策宣传活动”在开发区举行，财政部、司法部、市财政局、市司法局有关领导出席会议，开发区管委会副主任赵昕昕出席会议并介绍了开发区经济发展和中小企业情况。开发区中小企业代表介绍了财税政策对本企业的支持情况，并对财政扶持、制度建设、信用体系建设等方面提出了建议。财政部有关领导强调，现已形成了以税费优惠政策、资金支持、公共服务等为主要内容的促进中小企业发展的财税政策体系。扶持中小企业，继续进行税制改革是财政工作的重点，针对园区平台将加强统筹，分类指导，保持现有政策延续，并出台新的财税、金融政策，切实减轻中小企业的负担。

（迟旭锋）

加大对科技和产业扶持力度

年内，开发区财政局综合运用贴息、奖励等政策工具，从重点企业、科技创新等方面入手，共拨付各种扶持资金 14.09 亿元。其中，用于科技创新扶持资金 1.22 亿元，海外高层次资金 0.47 亿元，政策补贴 2.18 亿元，“九通一平”资金 0.36 亿元，节能减排专项资金 1.13 亿元，科技项目转移支付 4.11 亿元，2011 年保增长资金 0.85 亿元，产业扶持奖励资金 2.88 亿元，市级项目 0.17 亿元。重点支持企业科技创新，提高自主创新能力，促进创新成果向现实生产力转化。

（迟旭锋）

推进开发区行政事业单位资产清查

年内，开发区财政局组织召开动员大会，督促各行政事业单位对单位基本情况、财务、资产进行自查。年内，下达资产清查批复，包括会计差错 29 项、资产增加 75 万元，全部为固定资产。开发区财政局指导并监督各单位做好相关账务处理；做好行政事业单位资产动态库软件升级工作，将清查结果导入新软件，并将资产分类及新国标码输入计算机，完成行政事业单位资产管理系统的更新。

（迟旭锋）

实施基本建设项目决算清理

年内，开发区财政局推进开发区部分基建项目竣工财务决算工作，在开发区建发局、拆迁办、结算中心、开发区档案室等部门配合下，按照“尊重历史、实事求是、分步实施”的原则，分区域开展清理工作。核心区基建项目竣工决算工作成果与各成员单位达成一致意见后，经报开发区管委会同意，由开发区财政局批复核心区相关基建项目竣工财务决算。

（迟旭锋）

开展财政投资评审

年内，开发区财政局推行项目管理责任制，制定工程项目进度表，加强对造价咨询机构的管理；试点投资评审全程介入、跟踪评审，加强项目建设全过程的投资控制、确保投资效益。截至年底，财政评审累计审定项目 128 个，审减项目资金 38458 万元，审减率 9.26%。

（迟旭锋）

清理建设项目沉淀资金

年内，开发区财政局对区内部分建设项目存在资金沉淀的现象展开清理工作，在开发区拆迁办、发改局、基建办等部门配合下，完成地铁亦庄线拆迁资金、科创街 110 千伏输变电工程垫付资金的清理工作，共上缴国库项目资金 2.45 亿元，有效提高财政资金使用效率。

（迟旭锋）

推行国库集中支付改革

年内，开发区财政局做好国库集中支付制度改革、公务卡改革、预算执行动态监控工作。12 月中旬，开发区财政局与建行网关通网，并就国库集中支付和公务卡系统完成测试工作。截至年底，软件框架搭建完成，包括国库集中支付制度改革、公务卡改革、预算执行动态监控 3 个新模块及预算管理、拨款管理、总会计核算和合同管理 4 个升级模块。

（迟旭锋）

实施政府采购预算编制

年内，开发区财政局实施政府采购预算编制执行，要求各预算单位在编制 2012 年经费预算的同时编制政府采购预算。政府采购立项 48 个，对北京市 2012 年政府采购集中采购目录、标准、清单等通知进行转发布置。开发区管委会机关及所属 35 个事业单位分两个阶段对公务用车进行自查。加强临时性公务用车管理，全年批准租用大客车 60 辆、小客车 5 辆、城管执法皮卡车 7 辆。

（迟旭锋）

加强国有资产监管

年内，开发区财政局完善国有资产产权管理。3 月底前，开发区财政局完成企业产权登记年度检查工作，完成年检企业 46 户。完成 2011 年国有资产评估汇总上报工作，完成 2012 年资产评估核准备案 6 项。做好 2011 年度国有资产报表统计和决算工作，继续完善国资快报报送制度。推动国有资本经营预算试编试报，制定《开发区国有资本经营预算管理暂行办法》和《国有资本收益收缴管理暂行办法》。规范国有企业薪酬制度，明确对国有及国有控股企业工资总额实行预算管理，以及不同情况下企业职工平均工资增长幅度的确定方式。加强企业管理，做好绩效考核。支持企业拓宽融资渠道，使企业获得更多的资金用于新区建设和产业投资，为企业完善各种融资手续，完成融资后企业将获得资金 20 亿元。截至年底，开发区国有资产总额为 6579670 万元，其中流动资产 4177960 万元；负债总额 4947874 万元，其中流动负债 3480708 万元；所有者权益总额 1631796 万元。资产负债率为 75.20%。

（迟旭锋）

规范行政收费票据管理

年内，开发区财政局加强票据管理，规范收费行为。开发区财政局严格执行行政事业性收费票据管理规定和财政部印发的《行政事业性收费和政府性基金票据管理规定》；严格执行罚没票据领用登记制度，按号发放；严把收费票据源头，以票管收，从源头杜绝非税收入流失。

（迟旭锋）

改革非税收入管理机制

年内，开发区新增建设部门罚没收入、环保部门罚没收入等 8 个非税收入项目。开发区涉及非税收入的项目已基本纳入非税收入征管系统。截至年底，开发区财政局已上缴市局非税收入共计 6666.75 万元。

（迟旭锋）

开展会计考试与继续教育

年内，开发区财政局成立考试应急领导小组，制定考试应急预案，组织 2112 名考生顺利完成首次会计从业资格无纸化考试。完成北京市内控知识大赛组考工作，开发区参赛企业共计 120 家；完成 2012 年会计人员继续教育工作。

（迟旭锋）

税　务

国家税务

概况

2012 年，北京经济技术开发区国家税务局（简称开发区国税局），共有在职干部、职工 120 人（干部 112 人，工人 8 人），平均年龄 35 岁。其中，中共党员 81 名，占全局人数的 67.5%。干部全部为大专以上学历，其中研究生学历 17 人、本科学历 81 人，本科以上学历占全局人数的 81.7%。2012 年，开发区国税局累计组织各项税收收入 188.16 亿元，同比增收 7.9 亿元，增幅 4.38%；组织地方级收入 45.75 亿元，同比减收 3.91 亿元，减幅 7.87%，完成市局地方级任务（44.82 亿元）。开发区新增税源企业共 1878 户，其中有税户 757 户，累计纳税 3.89 亿元，同比增加 2.48 亿元。累计税务登记纳税人共 7021 户，其中开业纳税人 4784 户，非正常 171 户，注销 2013 户，清算及待注销 3 户，临时纳税人 46 户，税务机构及人员 4 户。

（李晓静）

改征增值税累计入库 8831 万元

9 月，营业税改征增值税以来，开发区国税局改征增值税累计入库 8831 万元，其中 9 月份代开发票预缴税款 12 万元、10 月份入库 2879 万元、11 月份入库 2882 万元、12 月份入库 3061 万元；试点一般纳税人累计入库 8503 万元，占 96.28%；小规模纳税人累计入库 182 万元，占 3.72%。改征增值税主要来源于研发和技术服务业，累计入库 5427 万元，占 61.45%，是改征增值税贡献最大的行业。信息技术服务业，累计入库 1964 万元，占 22.24%。其他行业纳税均不超过 1000 万元，合计 1440 万元，占 16.31%。

（李晓静）

办理营改增税种登记纳税人 1436 户

9 月，营业税改征增值税以来，开发区国税局共办理营改增税种登记试点纳税人 1436 户，其中从地税部门接收营改增纳税人 803 户，新办营改增税种登记纳税人 633 户。试点一般纳税人 649 户，占 45.2%，其中营改增新增一般纳税人 292 户；小规模纳税人 787 户，占 54.8%。

（李晓静）

组织各项税收收入 188.16 亿元

年内，开发区国税局累计组织各项税收收入 188.16 亿元，同比增收 7.9 亿元，增幅 4.38%。各税入库方面，增值税入库 88.97 亿元，同比增收 18.21 亿元，增幅 25.74%；消费税入库 30.78 亿元，同比增收 12.79 亿元，增幅 71.05%；企业所得税入库 63.17 亿元，同比减收 24.36 亿元，减幅 27.83%；车辆购置税入库 5.22 亿元，同比增收 1.27 亿元，增幅 32.15%；个人存款利息所得税入库 28 万元，同比减收 77 万元，减幅 73.33%。

（李晓静）

四大主导产业累计纳税 122.61 亿元

年内，开发区四大主导产业累计纳税 122.61 亿元，占全部税收比重的 65%，同比减收 10.39 亿元，减幅 7.81%。其中汽车制造业税收同比增长 55.50%、医药制造业同比增长 29.36%、电子信息业同比下降 71.30%、装备制造业同比下降 23%、重点税源企业税收同比减少 3.81%。

（李晓静）

重点税源企业税收累计入库 163.48 亿元

年内，开发区 160 户重点税源企业税收累计入库 163.48 亿元，同比减收 6.51 亿元，减幅 3.81%。其中增值税入库 77.87 亿元，同比增收 4.66 亿元，增幅 6.37%；消费税入库 30.77 亿元，同比增收 12.78 亿元，增幅 71.04%；企业所得税入库 46.07 亿元，同比减收 12.43 亿元，减幅 21.25%；代扣代缴预提所得税入库 8.77 亿元，同比减收 12.31 亿元，减幅 58.40%。

（李晓静）

办理新增企业登记 800 户

年内，开发区国税局登记新增企业 800 户，其中新办登记 698 户、外区迁入 102 户；登记减少企业 138 户，其中注销 95 户、注销迁出 43 户。非正常状态纳税人 171 户，占当期管户总数的 2.44%。1 月至 11 月非正常认定 126 户次，非正常解除 54 户次。

（李晓静）

修订目标管理考核办法

年内，开发区国税局修订《北京经济技术开发区国家税务局目标管理考核办法（试行）》，对考核方法、年度评比、工作要求做出规定，目标管理考核由日常考核、综合评议、一次性加分、一次性扣分和一票否决组成。

（李晓静）

办理出口退（免）税 37.76 亿元

年内，开发区国税局办理出口退（免）税认定的出口企业 425 户，审核办理出口退税 377644 万元，其中办理生产企业退税 346852 万元、外贸企业退税 30792 万元，办理免抵调库 13.5 亿元。

（李晓静）

受理一般纳税人认定申请 459 户次

年内，开发区国税局注重加强实地核查及后续管理，完成增值税一般纳税人认定工作。全年共受理增值税一般纳税人认定申请 459 户次，其中批准不认定一般纳税人 25 户次、认定一般纳税人 434 户次。

（李晓静）

完成上年企业所得税汇算清缴

年内，开发区国税局完成上年企业所得税汇算清缴。开发区应汇算企业 2602 户，实际汇算企业 2602 户，申报率 100%。其中盈利企业 2012 户，盈利面 77.32%，较上年提高 7.92%；亏损企业 589 户，较上年下降 7.74%；有税企业 1808 户，有税率 69.48%，较上年提高 8.42%。开发区国税局对零申报、亏损、无税申报企业实时查询、全面监控，审核期间共调整 262 户企业申报表，调增应纳税所得额 2114 万元。

（李晓静）

提高纳税申报率

年内，开发区国税局以提升五率考核为抓手，建立征期重点企业情况报告制度，全年平均申报率 99.52%，各类申报平均申报率 99.52%，其中受理增值税平均申报率 99.61%、消费税平均申报率 100%、所得税平均申报率 99.10%、入库率 100%。11 月、12 月连续两个月申报率达到 100%。

（李晓静）

落实中关村税收优惠政策

年内，开发区国税局共受理享受中关村政策申请 38 户次，其中享受研发费加计扣除 33 户次，加计扣除金额 24343 万元，同原政策相比加计扣除金额增加 2044 万元；享受职工教育经费扣除限额政策 5 户次，多扣除职工教育经费 853 万元。两项政策使纳税人享受到税收减免 434 万元。

（李晓静）

大力清理欠税

年内，开发区国税局大力清理欠税，

杜绝新欠，实时更新欠税清册，加强以票控欠，期初陈欠 428457.2 元，陈欠欠税增减率为零。全年共催缴入库欠税 412 万元，本年度无新欠。

（李晓静）

开具售付汇证明 606 份

年内，开发区国税局开具售付汇证明 606 份，涉及付汇金额 140 亿元，入库预提所得税 909 亿元。其中征税证明 358 份，不予征税证明 239 份，免税证明 9 份；核定零散税源 32 户次；审批享受税收协定待遇优惠税率 13 户次。纠正企业纳税错误 50 余户次，补缴预提所得税 600 余万元。

（李晓静）

清理入区企业 11 户

年内，开发区国税局按照市局及开发区管委会相关工作要求，通过职能部门联席会议、税源户沟通前置、绿色通道服务等创新方式加大清理力度，共清理入区企业 11 户，合计入库税款 1200 余万元。

（李晓静）

落实集成电路企业退税政策

年内，开发区国税局根据《财政部 国家税务总局关于退还集成电路企业采购设备增值税期末留抵税额的通知》的相关规定，完成对 2009 年 1 月至 2011 年 11 月所属期国内采购部分申请一次性退税 10492 万元，以及 2011 年 12 月属期申请退税 2821 万元，的审核工作，退税总金额 13313 万元。2012 年 3 月企业退税总额达 11.9 亿元。

（李晓静）

核查非居民所得税重点扣缴义务人

年内，开发区国税局对代扣、代缴企业所得税排名前 30 位的企业，开展首次对外支付特许权使用费、利息、租金费用计提和扣缴税款情况核查，发现 4 家疑点企业，补缴税款约 2500 万元、滞纳金 440 万元。

（李晓静）

做好营业税改征增值税前期准备工作

召开营业税改征增值税政策宣传辅导会　　单位提供

年内，开发区国税局确定营业税改征增值税试点企业为 1372 户，完成系统信息补录；完成 3000 余人次的内外培训，制作《纳税人办理营业税改征增值税工作流程指南》《营业税改征增值税有关国、地税发票票种衔接对照表》等 1 万余份材料向纳税人发放；对改征增值税税和登记、一般纳税人认定、发票审批、税控系统发行等业务进行实时跟踪监控，对改征户中的特殊企业、特殊行业深入调研，及时反馈。

（李晓静）

加强非居民企业税款扣缴管理

年内，开发区国税局对企业股息对外支付扣缴税款的问题进行跟踪处理，加强政策执行力度，在组收的同时清理企业政策盲点，全年共计追缴税款约 1600 万元。

（李晓静）

加强所得税减免税工作

年内，开发区国税局办理的享受所得

税减免税企业合计 870 户，其中享受审批类、事前备案类优惠政策企业 477 户，享受事后备案类税收优惠企业 393 户。减免所得税额合计 18.45 亿元；加计扣除金额 8.2 亿元；免税收入合计 18 亿元。共办理审批、备案类增值税减免税 234 户次，减免增值税额 2 亿元。

（李晓静）

开展税收宣传

领导带队走访企业　　单位提供

年内，在全国第 21 个税收宣传月期间，开发区国税局领导带队共走访 32 家企业，包括重点税源企业、新增税源企业、高新技术企业等多个行业及类型的企业；联合开发区海外学人中心召开海外高层次人才创业企业税收座谈会；联合开发区科技局面向区内 100 余户高新技术企业举办中关村科技创新政策宣讲会；面向辖区内 70 余户新办出口企业召开出口退税政策专题培训会；面向辖区内沃尔玛商圈的 200 余户中小企业和个体工商户召开税收政策宣讲会；邀请辖区 40 家纳税信用 A 级企业在国际企业文化园开展共植纳税林活动。

（李晓静）

安装办税窗口远程视频监控设备

年内，开发区国税局安装 16 台办税窗口远程视频监控设备，启用服务评价系统，在全部 23 个窗口设置服务评价器，制定《考核管理办法》，定期开展分析、评议，加强对窗口服务工作的监督、整改。

（李晓静）

加强税务干部业务素质培训

开展“每月一课”业务练兵　　单位提供

年内，开发区国税局制订《2012 年教育工作计划》，组织两期纳税评估和税务稽查业务培训班，强化“每月一课”培训力度。各类脱产培训累计培训人天数为 1664 人天，人均培训 14.86 天。

（李晓静）

督促企业补缴税款 6000 余万元

年内，开发区共有 42 户实行按月预缴企业，开发区国税局对重点税源企业、按月预缴企业的所得税预缴进行复核，逐户下发《税务事项通知书》，纠正企业申报错误 13 户次，补缴税款 6000 余万元。

（李晓静）

开展纳税评估

年内，开发区国税局重点开展以微亏企业、关联企业间的股权收购、餐饮业为关注点的专项评估。全年共评估企业 126 户次，发现问题企业 70 余户次，补税 1600 余万元；通过 ctais、涉税通、企业所得税管理系统三方数据进行案头分析，确定不征收收入、免税收入、业务招待费、利息支出等重点项目，筛选出 191 家企业进行疑点核查，共追缴入库税款和滞纳金合计843万元。

（李晓静）

非居民税收收入降低

年内，开发区国税局非居民税收收入95644万元，同比减少127032万元，减幅57.05%。其中，预提所得税收入93524万元，同比减少126553万元，减幅57.5%；零散税源收入2120万元，同比减少479万元，减幅18.43%。

（李晓静）

办理企业出口免抵退税

年内，开发区国税局审核完毕所属期2011年11月至2012年11月的221家生产企业出口免抵退税申报，审核免抵退税额累计473572万元，其中应退税额累计347801万元，同比下降50%；免抵税额累计125771万元，同比下降7%。审核完毕58家外贸企业出口免退税申报，应退增值税额累计38823万元，同比增长158%。

（李晓静）

办理发售发票业务

年内，开发区国税局接待领购发票纳税人11575户次，日平均55户次。共发售发票2470925份，同比增长27.50%。其中，发售增值税专用发票1412550份，同比增长41.86%；发售普通发票1019325份，同比增长12.05%；发售机动车销售统一发票39050份，同比增长19.95%；发售货物运输业发票660份。

（李晓静）

开展税务稽查

年内，开发区国税局开展税收专项检查、专案检查和协查等工作。全年共检查32户，查补税款总额为4481万元，其中完成检查16户，查补入库合计3511万元；完成自查5户，查补入库58万元；对1户举报案件通过稽查预缴方式追缴税款912万元。稽查干部人均查补税款640万元，居全市稽查系统领先水平。

（李晓静）

优化纳税服务

设置自助办税终端机　　单位提供

年内，开发区国税局推出“分组式”一窗通办业务新模式，设立“咨询辅导”“纳税申报”“文书受理”三类岗位，提升办税效率。设置自助办税终端机2台，自助售票机1台，综合办税终端机1台，电子申报率达到90%，网上认证比例超过80%。全年共受理纳税咨询3.6万户次。

（李晓静）

地方税务

概况

2012年，北京市地方税务局开发区分局（简称开发区地税分局）有干部职工95人，其中干部90名、职工5名。干部中具有研究生以上学历的占3.3%、大专及本科学历的占 96.7%。2012 年，开发区地税分局依法行政，加强管理，优化环境促发展，税收收入稳定增长，各项任务稳步推进，完成各项税费收入 79.83 亿元，同比增加 14.76 亿元，增长 22.69%。其中地方公共财政预算收入完成 63.24 亿元，同比增加 11.84 亿元，增长 23.03% 。

（王磊）

深入开展依法治税

年内，开发区地税分局通过党组集中学税法、干部日常普税法等多种形式，加大法治宣传教育，为全面提升分局依法行政意识和水平奠定基础；强化日常执法检查及税收专项执法监督；研究制定分局税收执法督查实施方案，通过对企业注销清算、普通发票管理情况等方面的执法督查，以及对查出问题的全面整改，强化税收执法严肃性，有效规范税收执法行为；配合市审计局、财政部专员执法检查工作。

（王磊）

提升纳税服务水平

年内，开发区地税分局以“2011 年纳税人综合满意度调查结果通报”为基础，制定整改措施、做好中国质量万里行促进会抽检的各项准备工作、加大督查检查和整改力度、通过开展税收宣传进社区、国税和地税联合税企共植“诚信纳税林”、发送手机宣传短信等多种形式，宣传税收政策，营造依法诚信纳税的氛围。按照国家税务总局关于“标准化纳税服务大厅”的规范要求，做好办税大厅的标准化建设工作；落实所长带班制度，提高纳税服务工作质量。

（王磊）

提高税收征管水平

年内，开发区地税分局加大税收征管质量分析力度，利用市局征管数据库，就相关数据进行对照，为征收管理工作奠定基础。配合好营改增工作，制定分局《营业税改征增值税试点工作实施方案》，完成 641 户营改增企业的典型调查和分局税改涉及的 167 户税源户的统计工作。开展纳税评估，对纳税人进行纳税评估及评估辅导，加大纳税评估案卷检查工作，通报检查结果，督促整改，提高分局纳税评估工作质量。开展税收专项检查、重点税源企业检查、打击发票违法犯罪活动和违法行为检举等工作。完成 12 万元纳税自行申报工作，完成市局任务量的 120%。开展地方教育附加费开征工作，一季度分局征收地方教育附加费 1956 万元。通过召开培训会的形式，向区内征缴单位进行工会经费代收相关法律、法规和代收流程的宣传。做好车船税代征征管工作，落实车船税减免政策，配合市局地方税处及市保监局、保险行业协会进行各类车辆应税凭证所载减免税信息的认定与分析、代收系统升级改造等工作，完善车船税代征系统。

（王磊）

开展政务流程梳理工作

年内，开发区地税分局成立领导小组，制定《分局优化政务流程完善管理制度工作实施方案》，召开动员会进行部署。对现行的各项政务流程和管理制度进行梳理，共梳理出政务流程 57 项，管理制度 144 项，其中废止类制度 23 项、修订类制度 30 项、制定类制度 55 项、保留类制度 36 项。

（王磊）

审 计

概况

2012年，北京市经济技术开发区审计局(简称开发区审计局)从部门履职情况、资金使用绩效和重点项目实施效果入手，延伸审计比例，实行审计结果公开工作；推进政府投资项目审计工作；以提高审计质量和效率为核心，加强审计项目管理，逐步实现审计项目实施过程和审计成果管理的规范化和系统化；推进开发区内审计工作的开展；着力提升审计队伍整体素质，提高依法监督、促进发展的履职能力。

（张玉英）

财政预算执行审计

年内，开发区审计局对上年度财政预算执行和其他财政收支重点审计预算批复、编制和调整，财政收支，预算收支平衡以及部门预算执行情况等执行审计，审计金额30亿元，从完善预算编制内容、及时清理闲置账户资金等方面提出审计建议。

（张玉英）

“12平方公里”土地一级开发跟踪审计

年内，开发区审计局对“12平方公里”土地一级开发项目跟踪审计，审核通过非住宅类56户和地上物类29户拆迁补偿，累计补偿金额6.07亿元；对7个安置房地块、18条市政道路、3所幼儿园、1所小学、1所中学及N5临时供热厂等项目开展跟踪审计；完成招标文件审核115份、合同文本审核241份，提出建议累计110余条；本年度工程进度款及调差款、子工程款送审金额56.67亿元，审定金额40.62亿元。

（张玉英）

京东方配套工程项目跟踪审计

年内，开发区审计局完成京东方8.5代线配套工程220kV变电站配套电力沟项目、蒸汽供热厂项目、再生水厂（一期）开办费和试运行费以及污水处理厂(二期)开办费和试运行费结算审核，审核11份结算书，结算送审金额3.97亿元，审减金额0.73亿元，出具5份结算审核报告。

（张玉英）

重点项目跟踪审计

年内，开发区审计局对开发区综合配套服务区、博兴十路规划范围内拆迁、平原造林和非公党建基地项目开展跟踪审计，总投资额22.43亿元。加强重点环节审计和重点时段审计监督，通过探索跟踪审计工作新方式方法，建立与被审计单位沟通联动协调机制，在促进制度健全与行为规范上齐抓并举，有效控制投资建设成本，节约项目投资资金。

（张玉英）

联动方式开展政府补贴专项资金绩效审计

年内，开发区审计局对上年度农村劳动力岗位就业补贴、职业技能培训补贴、劳务派遣补贴、就业班车专项资金进行绩效审计，重点审计专项资金的审批认定、资金拨付和使用效果等，并对接受专项资金补贴的24家单位进行延伸审计，审计金额共计670.50万元，延伸审计金额417.67万元，占审计金额的62.29%，发现问题金额9.60万元。从修订相关条款、细则和加大对就业班车补贴资金的监管力度等方面提出2条审计建议。

（张玉英）

开展市容环境卫生资金专项审计

年内，开发区审计局对市容环境卫生资金重点审计了内控制度的建立健全、预算和合同执行情况、市政环卫道路及市政设施的整洁程度，以及拉动周边劳动力就业情况等，跟随财政资金流向，对接受开发区直接委托而承担环卫保洁任务的3家企业进行延伸审计，审计金额8532.55万元。从建立健全管理制度、建立协调联动机制和引入竞争机制等方面提出4条审计建议。

（张玉英）

开展科技创新专项资金绩效审计

年内，开发区审计局开展科技创新专项资金绩效审计，以政策为依据，以专项资金的管理、分配和流向为主线，以资金使用绩效为重点，对实现成果转化项目的规模、科技资金拨款情况和项目使用科技资金所产生的效益情况等进行审计调查，并对17家企业进行延伸审计，审计金额18.09亿元，问题金额1.85亿元。从强化对项目单位使用科技资金的监管、完善项目验收的相关规定、适度加大对成果转化项目的扶持力度等方面提出6条审计建议。

（张玉英）

开展专项资金政策落实情况审计调查

年内，开发区审计局以北京市重大科技成果转化和产业统筹资金（简称市统筹资金）流向为重点，开展开发区内市统筹资金项目和产业扶持资金的专项审计调查，并对34家企业进行延伸审计，审计金额共计15.44亿元，问题金额共计7.25亿元。针对市统筹项目和产业扶持项目，分别提出9条和4条审计建议。

（张玉英）

推进领导干部经济责任审计

年内，开发区审计局对11位领导干部进行经济责任审计，审计金额68.70亿元，查出管理不规范金额4285万元，占审计金额的0.62%，提出审计建议26条。

（张玉英）

配合审计署和市审计局开展工作

年内，开发区审计局配合审计署开展社会保障资金及社会保障资金延伸审计等相关审计工作；配合市审计局开展对市重大科技成果转化和产业统筹项目以及亦庄线轻轨结算进行审计。开发区审计局积极协调相关单位和部门，如实高效地提供审计所需数据和资料，完成配合工作。

（张玉英）

试行审计结果公开

年内，开发区审计局制定《2012年度审计项目试行结果公开实施方案》。根据方案，对全年实施的6个专项审计和11个经济责任审计项目在一定范围内试行公布审计结果，内容包括被审计单位在工作中的好做法、审计发现的共性问题和重要问题、审计建议和被审计单位整改情况等。

（张玉英）

完善审计流程

年内，开发区审计局为全面把控审计项目实施，防范审计风险，规范审理工作，提高审计质量与效率，制定《审计业务工作流程》和《审计项目审理工作试行办法》，使审计工作系统化、标准化、流程化。

（张玉英）

工商行政管理

概况

2012年，北京市工商行政管理局经济技术开发区分局（简称开发区工商分局）设有4个科室，开发区有各类市场主体6631户，在开发区工商分局注册登记的6468户，其中内资非私营企业1373户（其中企业法人1122户），注册资本897.11亿元；私营企业3720户（其中企业法人3492户），注册资本183亿元；外资企业761户（其中法人主体591户），投资总额195.52亿美元、注册资本88.24亿美元、外方认缴72.83亿美元；个体工商户613户；农民专业合作社1户（为分支机构）。市局注册登记的共145户，其中外资企业9户，代表机构53户，外资企业的注册资本4.63亿美元；内资非私营企业50户，注册资本143.72亿元；私营企业33户，注册资本17.33亿元。国家总局注册登记的共18户，其中内资企业9户，注册资本153.60亿元；外资企业9户，注册资本5.57亿美元。

（陈增楷）

多种形式提高监管效能

年内，开发区工商分局强化市场监管工作。按照挂账制加强对无照经营的发现及快速处置力度；管理与宣传两手抓，最大限度降低预付费经营主体监管风险；落实风险点巡查制度，每季度对区内风险点进行风险评估；规范27家商务楼宇及工业园管理工作，启动汇龙森科技园和北工大软件园公共秘书区试点工作；完成开发区和大兴区交叉区域内市场主体情况排查，明确监管职责。建立11部电子台账，对数据进行适时核对，以台账管理督促工作完善；完成企业初检1173户，日常巡查5167户次，风险主体巡查472户次；办结案件41件，罚没款346600.3元。

（王贺年）

加强食品安全监管

年内，开发区工商分局严格食品监测，提升食品安全的监管水平，实验室抽检各类食品样品共计190个，涉及熟肉制品、水产品、酱腌菜等12类食品，监测项目为苯甲酸、日落黄、亚硝酸钠等12个项目，其中合格样品187件，不合格样品3件，合格率98.42%。

（王贺年）

探索创新社会化管理机制

年内，开发区工商分局探索创新社会化管理机制，建立多部门月工作通报会制度、联络人制度、工作会商制度、数据交换制度，组织联合执法，实现执法效能最大化；建立部门间问题移转机制，即一家发现，转告相关。年内，开发区工商分局组织或参与集中整治16次，责令整改27户、责令停业30户、移交开发区卫生部门16户、立案5户。

（王贺年）

加强工商年检

年内，开发区工商分局采取多项措施，推进上年年检进度。一是开展集中上门年检服务。分别在汇龙森科技园、朝林大厦、北工大软件园等10个园区内开展现场集中年检工作，共为500余户企业办理年检手续。二是电话催告结合实地核查。从网检系统导出未申报企业及代表机构名单，电话通知企业及时申报。三是做好未申报企业及代表机构的电话咨询和宣传工作，提高代表机构年报知晓率。全区企业上年年检申报户数为4745户，年检申报率为97.73%，年检通过户数为4699户，年检通过率为96.78%，同比提高0.88%。个体验照489户，应验603户，验照率为81.09%。

（王贺年）

完善社区工商工作站建设

年内，辖区9家社区工作站全部实现“一块牌匾、一块工商职能宣传板、一只投诉箱、一个宣传栏”统一设置。开发区工商分局通过每周对工作站的走访，参加社区共建会、进行法规宣传等活动，建立与社区的密切关系，参与社会管理，并通过社区工作站及时发现问题，组织对小区地下室的违法现象进行查处，对住宅出租办公进行清理，受到人民群众认可，减少风险因素，推动社会管理的创新。

（马志杨）

培育28家绿色通道成员单位

年内，开发区工商分局共培育、发展28家绿色通道成员单位，秉承“沟通顺畅、快速解决、减少纠纷、消费者满意”原则，按照重指导、控风险、强素质、搭桥梁的工作机制开展工作。指导电子商务行业的成员单位对物流配送、“三包”服务等服务条款内容进行补充完善，对企业重点时段大型促销活动宣传用语进行提前预审核，减少对相同及类似问题的重复投诉；对电子商务、汽车4S店、预付费服务行业主体网站纳入网络风险管理巡查，每季度组织成员单位投诉处理人员进行学习交流，通过典型案例的分析讲评，提高调解技巧；积极协调京东商城、海尔物流及诺基亚3家被投诉大户建立消费者权益保护协作机制，就产品质量、销售、售后服务及投诉的解决方式进行探索，互惠共赢。通过绿色通道建设，总体投诉量显著下降；自行调解能力提高，解决成功率达99.73%；绿色通道单位受理量占总受理量的比例逐渐增大，节约了行政成本。

（王晓峰）

动产抵押登记25件

年内，开发区工商分局办理动产抵押25件，被担保债权数额46.26亿元，抵押物总价值56.47亿元。办理注销登记7件，变更登记3件。在抵押登记过程中对涉及数额巨大的银团贷款抵押登记提前指导。截至年底，开发区未注销动产抵押登记69件，被担保债权数额合计161.64亿元，抵押物总价值206.99亿元。

（马志杨）

开展“走访听增”活动

年内，开发区工商分局开展“走基层、访企业、听民声、增效能”活动。通过访企业、走社区，了解企业和社区居民对工商工作的需求，结合职能，采取有效方式解决企业和社区居民的实际问题，为企业发展提供服务，为社区建设提供支持。开发区工商分局采取科室联动的方式，利用走访、座谈、日常检查等多种方式，对不同经营规模、不同行业、不同经营方式的企业进行广泛的意见及需求征集，结合工商职能深入企业送法律、送服务，引导和帮助企业解决困难和问题。年内，完成400家企业和20个开发区重大项目的走访，通过走访活动了解到工业园区企业对登记政策有集中指导的需求，生产型企业对打假和商标注册及驰著名商标申报有需求。开发区工商分局组织相关业务科室为北工大软件园、汇龙森工业园园区内企业集中综合讲授工商相关法规、政策，并对债权转股权、股权激励等政策进行现场答疑；针对“云计算”基地20多家企业对于商标注册及驰著名商标申报政策指导的强烈需求，分局组织集中和个性化指导，得到企业充分认可。开发区工商分局走访6个社区居委会和工商工作站，就工商部门的市场监管和服务工作征求意见，了解到社区希望工商部门继续加强食品安全监管工作。为此，开发区工商分局组织社区居民代表参与食品检测、与超市负责人进行对话交流，提高超市食品安全自律意识；每月更换食品安全信息公示栏，宣传法规及监管措施、公示北京市不合格食品下架信息；举办社区消费案例分析，提升社区居民的自我维权意识及群防群控能力。

（王颉）

统　计

概况

北京经济技术开发区统计局与北京经济技术开发区经济社会调查队合署办公（简称开发区统计局队），开发区统计局下设11个专业组。2012年，开发区统计局、调查队将服务发展作为统计调查工作的出发点和落脚点，完成统计年定报和各项专项调查工作，在统计基层基础建设、统计监测评价、统计服务等方面有所突破。年内，新增196家单位办理统计登记；完成1184家单位，涉及工业、固定资产投资、商业、服务业、劳动工资、能源、科技、中关村统计等47988张年定报报表的数据收审、评估、上报工作。实现统计信息公开化，全年撰写33篇统计分析资料，对外提供数据39827笔。

统计局开发的统计产品　　冯露 摄

（刘芳）

深入企业开展集中督导

2月，开发区统计局队领导带队走访20家重点企业和典型企业，对企业填报的重点指标和易错指标进行核查，询问统计人员填报口径和填报方法，强化基层单位统计人员对统计指标理解、统计口径方面的理解，针对原始记录保存、统计台账设立和统计人员持证上岗等基础统计工作向企业提出建议。

（刘芳　李昊东）

召开地方统计立法企业座谈会

3月7日，开发区统计局队邀请中航技进出口有限公司、中铁十九局集团有限公司、北京可口可乐饮料有限公司等20家驻区大型企业的统计负责人参与座谈，了解企业统计人员在统计工作中的难点，征求对政府统计系统管理与服务的意见与建议，为地方统计法规修改提供参考。

（刘芳 李昊东）

市局总队领导调研开发区统计工作

市局总队领导调研开发区统计工作　郭英华 摄

3 月 29 日，市统计局局长苏辉、国家统计局北京调查总队总队长李纲到开发区调研指导工作，考察京东方 8.5 代线，就进一步做好开发区统计服务工作与开发区领导进行座谈。北京市经济社会调查总队总队长刘亚平及新区领导林克庆、张伯旭、邵恒、赵昕昕陪同调研。

（刘芳）

商务部外资司领导到开发区调研

6 月 5 日，商务部外资司副司长邱丽新率队到开发区考察调研。开发区领导张伯旭、赵昕昕出席调研活动，并重点介绍开发区与大兴区行政资源整合以来在经济社会方面取得的成就。开发区管委办、统计局队、发改局等相关部门负责人陪同调研。

商务部外资司领导到开发区调研　郭英华 摄

（刘芳）

利用遥感技术强化固定资产投资统计

6 月，根据市统计局、国家统计局北京调查总队 2012 年上半年卫星遥感监测结果，开发区统计局队对区内新增地表动土项目逐一进行现场核查，明确项目单位和项目名称，共核查新增动土项目 38 处，其中道路工程 1 处、建筑物整理工程 6 处、其他工程 31 处，范围涵盖核心区、河西区及路东区，确保符合条件的开工项目及时、全部纳入固定资产投资统计。

（刘芳 郭英华）

召开资源产出率统计试点调查培训会

召开资源产出率统计试点调查培训会　胡蓉洁 摄

7 月 12 日，开发区统计局队组织全区 260 家规模以上工业企业召开资源产出率统计试点调查布置会。调查内容为 2010 年和 2011 年规模以上工业法人单位主要原材料消费，涉及金属材料、非金属材料、回收资源再生利用 3 个大类共 41 个指标。经调查，开发区金属材料消耗中主要是钢材，2011 年消费量为 12.6 万吨，同比增长 22%；非金属材料消耗主要是水泥，2011 年消费量为 1.4 万吨，同比减少 32.2%；回收资源再生利用主要是废钢铁，2011 年消费量为 0.48 万吨，同比减少 5.1%。

（刘芳 滕立民）

开展行政服务上门活动

开展行政服务上门活动　　王文勇　摄

7月，开发区统计局队集中开展“送行政服务上门、促企业入统登记”活动。在开发区产促局、安监局、总公司等部门的协助下，针对京东方数字电视产业园、奔驰汽车产业园、生物医药园等23个专业、工业园区是否办理统计登记进行系统排查。通过与企业主动对接，核实基本情况、上门收取相关资料、指导相关手续填报、送达统计登记证等系列工作，加大对开发区新注册企业的监控力度。

（刘芳　王文勇）

开展年度人口抽样调查

年内，按照国家统一调查方案，在市人口抽样调查工作联席会议办公室的领导下，开发区统计局队与社发局、公安分局等部门大力配合，完成2个调查小区，279户，共计783人的人口变动抽样调查工作。经市人口抽样调查办公室推算和评估，开发区2012年底常住人口8.32万人，其中外来人口6.25万人。

（刘芳）

加大固定资产投资统计监测力度

年内，开发区统计局队与产促局联合解决投资项目入统追踪难的问题，将企业统计登记审核及固定资产投资项目统计登记纳入项目审批环节，统计工作前置，确保固定资产投资项目及时入统。分别对分管领导、相关部门及总公司召开投资统计工作会，在遵循统计原则基础上，提出可操作措施，制作指导手册。对2010年前开工仍未竣工工业项目进行核查，逐一走访，形成《建设项目情况报告》。年内，开发区完成固定资产投资339.9亿元，超出全年目标值3个百分点。

（刘芳）

建立重点项目进展情况台账

年内，开发区统计局队与发改局、招商局、建设局、工商局、质监局和税务局等部门共享信息，建立重点项目进展情况台账，坚持每月例会制度，实时跟进统计登记。年内，开发区新开工项目51个，投产项目26个全部纳入统计范围。

（刘芳）

为建区20周年提供统计保障

年内，开发区统计局队利用在数据收集整理等领域的资源优势，不断扩大统计服务领域，开展建区20周年“50个第一”资料收集工作，总结建区以来在龙头引领、创新驱动、高效服务、领先示范、绿色低碳、民生保障等涉及开发区经济社会全面发展方面取得的成就。

（刘芳）

参与国家级开发区综合发展水平评价

年内，开发区统计局队承办商务部国家级经济技术开发区综合发展水平评价座谈会，并参与评价体系标准制定。立足数据质量和资料规范，完成各项资料报送和评审工作。2011 年开发区综合评价总指数排在 90 个国家级开发区第 7 位。

（刘芳）

海关

概况

2012 年，中华人民共和国北京经济技术开发区海关（简称开发区海关）设有 6 个业务科室，有警员 49 名，平均年龄 33 岁，男关警员 23 名，女关警员 26 名，党员 39 名，占全体关员的 79.6%。领导班子成员由 1 名正处级、2 名副处级和 11 名科级领导干部组成，科级以上领导干部占全体关员的 22.4%。截至年底，开发区海关征税入库 21.7 亿元，其中关税 1.4 亿元 、增值税 20.2 亿元、其他税款 204.4 万元。开发区海关被授予 2011 年度开发区文明单位、开发区创先争优标兵单位称号、2011 年度首都文明单位标兵称号。

（庄璐宁 吴彤）

获“全国文明单位”荣誉称号

3 月 9 日，开发区海关荣获 2011 年度“全国文明单位”荣誉称号。以此为契机，开发区海关向全体关警员发出倡议，号召全体关警员在工作中坚持高标准、严要求，实行阳光服务、微笑服务、规范服务，以争创精神为动力，不断提升窗口服务质量。

（庄璐宁 吴彤）

首票税费电子支付业务成功办理

6 月 1 日，开发区海关正式启用海关税费电子支付系统，促进电子支付业务推广，办结首票税费电子支付业务，首票上缴增值税 474.0 万元、增值税缓息 1.6 万元，电子支付业务的推广方便企业通关。年内，12 家企业在开发区海关开展电子支付业务，累计缴纳税款 2.06 亿元。

（庄璐宁 吴彤）

亦庄保税物流中心建设得到市领导批示

7 月 1 日，副市长程红对开发区海关工作作出批示，要求商委、海关、检验检疫局进一步加强指导，支持亦庄保税物流中心加快发展，以高效、集约的功能服务好开发区及周边区域外向型经济的发展。

（庄璐宁 吴彤）

实地监督加工贸易边角料拍卖

加工贸易边角料拍卖会　　朱飞泉 摄

7 月 3 日，开发区海关参与对 SMC（中国）有限公司、SMC（北京）制造有限公司和乐金化学显示器材料（北京）有限公司 3 家企业的加工贸易边角料拍卖工作。本次拍卖的期权时间均为 7 月 1 日至 12 月 31 日。其中 SMC（中国）有限公司和 SMC（北京）制造有限公司拍卖标的物的核定起拍价为 1836 万元，经过 95 次轮竞拍，最终以 1982 万元成交，溢价 146 万元；乐金化学本次拍卖的核定起拍价为 38 万元，经过 16 次轮竞拍，标的物最终以 40.5 万元成交，溢价 2.5 万元。

（庄璐宁 吴彤）

完成国庆期间预约验放服务

9月27日，保税物流中心正式开始7×24小时预约验放的试运行工作。对情况特殊且确有需求的企业，实行“预约办理”和“加急通关”，确保货物通关验放的时效性，满足生产型企业实际需求，丰富物流中心业务模式，提高通关效率，为物流中心实现跨越式发展提供有力保障。截至年底，企业夜间通关货物176.3吨，价值376.2万美元。国庆节期间卡口正常运行，为企业24小时生产物流需求提供便利。申报货物98件，毛重15.67吨，货值128万美元，为辖区生产型企业过节期间不间断生产提供支持。

（庄璐宁 吴彤）

建立企业自提货物转关模式

9月30日，开发区海关首批转关业务完成，共监管货物1660吨，征收税款2133万元。年内，开发区海关重视辖区企业使用特殊车辆运输特种设备的转关需求，派人员与天津东疆保税港区海关取得联系，共同制定配合转关流程，确定由企业自提运输的原则，采用“分批发货，集中报关”的通关模式，缩短企业通关时间。

（庄璐宁 吴彤）

亦庄保税物流中心税收突破亿元大关

9月底，北京亦庄保税物流中心累计共办理报关单2430票，监管进出口货物9744吨，货值3.9亿美元，实际征收税款1.24亿元，突破亿元大关。

（庄璐宁 吴彤）

保税物流中心审核报关单4161票

年内，开发区海关制定严密的监管方案及岗位操作规范，对辅助管理平台系统进行10次大型升级，完善视频监控与卡口管理的联动机制。保税物流中心全年共审核报关单4161票，监管进出口货物1.36万吨，货值7.36亿美元，征收税款2.39亿元，增长139%。中心现入驻企业有4家，京东方、乐金化学、康宁等20余家知名企业陆续与中心开展业务，企业多样性不断增加。

保税物流中心外景　　朱飞泉 摄

（庄璐宁 吴彤）

加强减免税审批工作

年内，开发区海关通过减免税审批有效帮助辖区企业用足用好减免税政策，减轻资金占压负担，规范申报工作，加强审核与核查力度。审批报关单共计23794份，同比增长59.5%，其中进口13279份、出口10515份。审批减免税证明7959份，同比增长33%；审批总货值7.2亿美元，其中减免关税2.9亿元、减免增值税3.2亿元，同比分别增长3.6%和18.5%。

（庄璐宁 吴彤）

推动加工贸易转型升级

年内，开发区海关结合区内企业特点，稳步推动加工贸易转型升级。支持京东方5代线及8.5代线液晶屏集约化生产基地建立，促进产业链便利化并向高端延伸，备案电子化手册666份，备案总金额64.6亿美元；手册结案760份；加工贸易企业实际进出口总额69.45亿美元；加工贸易料件内销征税8.9亿元，边角料内销征税312.4万元。

（庄璐宁 吴彤）

“国门之盾”行动取得突破性成果

年内，自“国门之盾”行动开展以来，开发区海关保持打私高压态势，加强对关区走私形势的分析调研，总结涉税走私活动规律，确定打私工作重点，提高打击针对性，继续推进关警融合，优化案件移交流程，提高整体效能，促进辖区经济平稳有序发展。开发区海关缉私科共受理案件线索16起，案值7663万元，核定漏缴税款1092.7万元，建议罚款891.08万元，执行罚款入库100万元。案件数量、案值规模、核定税款数额均超过历年数据之和。

（庄璐宁 吴彤）

强化稽查内部制度

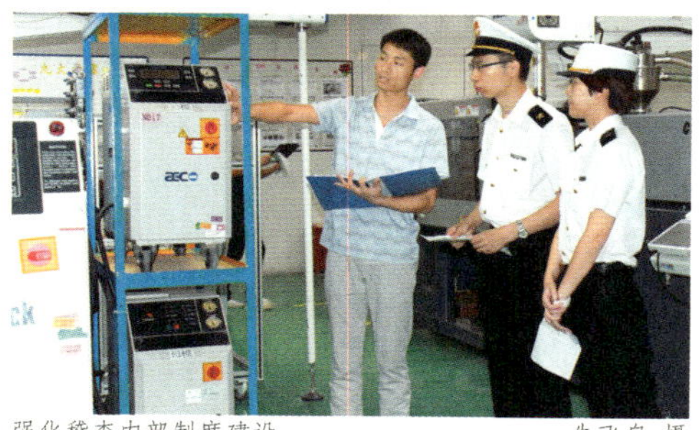

强化稽查内部制度建设　　朱飞泉 摄

年内，开发区海关强化稽查内部制度建设，推进“三查合一”工作，完善工作机制，探索稽核联动新模式，强化联合核查工作模式，发挥部门专业技能优势，为稽查疑难问题提供支持，掌控执法尺度和执法依据，促进辖区企业守法经营。截至年底，开展保税核查作业233次，发现违规线索9起，货值6462万元，涉税844.58万元；办结企业稽查作业23家，稽查征收税款631万元，完成各项稽查绩效指标。

（庄璐宁 吴彤）

开通便捷通关渠道

年内，开发区海关通过实地调研走访，倾听企业诉求，了解企业生产经营情况。开发区海关为享受“集成电路”免税政策的公司之间结转原材料、消耗品及设备配件提供“按月申报，集中办理海关手续”的便捷通关措施，允许其先安排货物出厂，后集中办理当月海关减免税货物后续结转手续及出口报关手续。全年共审批结转联系函29份，货值571.4万美元。

（庄璐宁 吴彤）

办理新企业注册备案498家

年内，开发区海关共办理新企业注册备案498家，累计注册备案企业5110家，其中AA类企业17家，包括诺基亚、京东方等大型企业，A类企业83家。根据总署及总关要求，开发区海关将AA类企业评定标准从年进出口值3000万美元下调为50万美元。在日常工作中，开发区海关帮助资信良好、进出口贸易量较大的企业管理升级。开发区共有6家企业由A类升为AA类，4家企业由B类升为A类。

（庄璐宁 吴彤）

全面推广集中内销手续

全面推广集中内销手续　　朱飞泉 摄

年内，按照海关总署促进外贸稳定增长16项措施的有关要求，开发区海关简化加工贸易内销征税手续，对B类及以上企业全面推广实施“内销集中办理纳税手续”措施。实行月度集中征税企业13家，实现加工贸易内销征税9亿元，其中月度集中征税8.4亿元，占征税总金额的90%。

（庄璐宁 吴彤）

拓宽亦庄保税物流中心招商渠道

年内，开发区海关通过与经营企业加强信息沟通，编制亦庄保税物流中心综合简报和宣传文章，借助报纸、网站等地方媒体扩大物流中心在辖区企业的影响力和知名度；采取预约企业上门咨询和大客户实地走访模式，与企业面对面宣传相关海关政策，为企业切实带来实惠与便利。

（庄璐宁 吴彤）

成立学习雷锋志愿者服务队

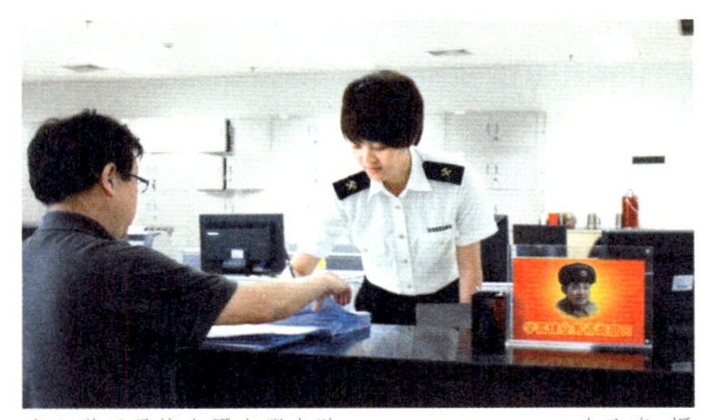

成立学习雷锋志愿者服务队　　朱飞泉 摄

年内，开发区海关学雷锋志愿服务队开展系列活动。一是加强报关厅“学雷锋业务咨询窗口”建设，在一层大厅重点工位摆放标识牌，每天安排专人为企业提供咨询服务，并放置外伤急救包和防暑药品，供报关人员使用；二是组织暑期慰问活动，为高温期间坚守在工作岗位上的保安、物业、协勤人员送去饮料和水果；三是继续开展扶贫助困工作，到文明创建互助对子单位采育镇北山东村进行走访交流，捐赠电脑和农林科技图书；四是加强与北京SOS国际儿童村的沟通联系，定期组织队员利用业余时间开展志愿活动，形成爱心服务的长期机制。

（庄璐宁 吴彤）

开展“12·4”全国法制宣传日宣传活动

年内，开发区海关开展“12·4”全国法制宣传日活动。一是注重将法制宣传与学习十八大精神结合，增强关警员宪法意识和法治观念。二是注重提高执法能力，要求各科室以法制宣传为契机，加强法律法规学习，提高综合执法水平。三是注重营造氛围，免费发放海关法律法规宣传手册。四是注重形成长效机制，选拔业务骨干担任普法宣传员，长期为企业提供海关法律法规咨询服务。

（庄璐宁 吴彤）

检验检疫

概况

中华人民共和国北京经济技术开发区出入境检验检疫局（简称开发区检验检疫局）2012年贯彻落实质检总局“坚定不移地抓质量、保安全、促发展、强质检”的工作方针，在加强检验监管工作、开展排查整治活动、服务地方发展、推动队伍建设等方面取得新进展。

（薛雷）

应用推广ERP检验检疫电子监管系统

年初，开发区检验检疫局开始在北京

ABB低压电器有限公司正式运行出口企业ERP检验检疫数据监管系统，检企双方互相配合、精心维护，系统一直运行良好。7月，开始启用ERP监管系统无纸化报检功能，既实现科学监管，又提高通关速度，为企业节省成本。

（薛雷）

实施出口食品分类管理新模式

年内，开发区检验检疫局对卡夫食品（北京）有限公司出口产品实施“过程控制＋企业自检＋追溯放行”的新检验监管模式，改变以往出口食品批批检验模式，对企业的促进作用比较明显。新模式简化检验检疫流程，出口食品检验检疫周期由2周缩短到1天，在保证有效监管的同时提高了通关效率。

（薛雷）

实施对双自主企业扶持计划

年内，开发区检验检疫局实施对辖区金风科技确立的“帮助企业走出去，扶植我国自主品牌”的工作方针和“初次出口企业分类管理＋ERP检验监管软件监控＋企业质量体系诊断＋出口企业分类升级＋出口免验”的中长期帮扶政策。10月底，对金风科创风电设备有限公司进行分类审核，根据审核结果将该企业评为二类企业。12月5日，与金风科创签署《出口风力发电设备质量发展战略规划合作备忘录》。

（薛雷）

推动辖区出口汽车质量安全示范区建设

年内，开发区检验检疫局完成《北京地区出口汽车产品质量安全示范区区内企业进口汽车零部件检验规范》和对北京奔驰汽车有限公司、北京汽车动力总成有限公司、北京汽车国际贸易有限公司、北京汽车新能源有限公司4家入区企业的检验监管及帮扶措施的文件，为示范区建设提供制度保障和操作基础。依据示范区考核规范和示范企业评定规范对4家企业进行摸底式检查，帮助企业整改发现的问题，规范企业自查行为。

（薛雷）

加强进出口危险化学品检验监管

国检人员对危险化学品进行检验　　单位提供

年内，开发区检验检疫局围绕落实新修订的《危险化学品安全管理条例》，发挥集中管理优势，通过规范工作流程、统一单证用语、更新检验标准、完善检验记录等措施，加强相关检验监管工作。

（薛雷）

排查质量安全风险

年内，按照北京检验检疫局关于开展质量安全风险排查整治和道德领域突出问题专项治理活动（简称“两个专项”活动）的方案和工作要求，开发区检验检疫局成立活动领导小组和专业工作组，制定工作方案进行任务分解，开展工作动员。选定重点企业进行走访，宣传“两个专项”活动要求，帮助企业开展质量安全风险排查。活动中，共排查检验检疫程序和工作风险18个，赴91家企业开展“进企业”活动。

（薛雷）

支持南部新区重点产业发展

年内，开发区检验检疫局与开发区产促局、大兴区商务局等部门联系，了解新区发展规划和重大项目落地情况，对区内京东方 8.5 代线、康宁、北京奔驰等建设项目给以重点支持。针对区内生物制品企业提出的特殊物品出入境通检需求，开发区检验检疫局在与北京检验检疫局卫生检疫监管处充分沟通基础上，草拟《北京经济技术开发区特殊物品卫生检疫管理办法》。配合北京检验检疫局对亦庄生物医药产业园进出口特殊物品业务进行调研，帮助运营企业完善项目规划，促进亦庄国际生物试剂物流中心发展。

（薛雷）

严把进口直通放行货物查验关

对不符合规定的进口产品监督销毁　　单位提供

年内，开发区检验检疫局针对辖区进口直通放行企业开展集中检查和定期监督检查。对检查中发现的场地条件、药械储存领用不符合规定的情况要求企业限期整改；针对企业协检人员流动性较大、培训不及时、记录不全的问题，监督企业加强对相关人员的培训和业务管理，提高进口直通放行查验工作的规范性。在进口直通放行查验环节，共查出不合格货物包装 11 批，其中 1 批实验室检出腐生线。针对北京奔驰进口直通放行货物批次多、数量大的问题，开发区检验检疫局以对其进口货物的风险分析为依据调整查验模式，对产品风险较低、多次大量重复进口的商品，采取在集中审单布控基础上，对重点产品进行抽查监控，对一般产品进行随机查验的模式，提高查验有效性和通关效率。

（薛雷）

推进检验检疫示范窗口达标工作

年内，开发区检验检疫局成立窗口标准化建设领导小组，对照国家质检总局窗口达标验收要求进行自查找差距。按照总局窗口建设标准执行，做到整齐划一、形象突出；倡导优质服务、文明服务，提高工作效率，为报检人提供优良服务环境。12 月，通过质检总局组织的检验检疫示范窗口达标验收。

（薛雷）

药品监督

概况

北京市药品监督管理局经济技术开发区分局（简称药监开发区分局）2012 年加大监管力度，开展“易制毒化学品专项整治”“利剑行动”等工作，保障辖区药械质量和群众用药安全，获首都精神文明单位、市药监系统先进集体、开发区文明单位、政务信息工作先进单位、创先争优机关先进集体等称号。

（杨天一　郑艳茹）

药品安全监管工作评价组到分局现场检查

1 月 10 日，市药监局药品安全监管工作评价组对药监开发区分局上年药品安全监管工作进行现场评价。检查组听取工作汇报，从基础工作、专项工作、经验创新、监管效果等4部分对分局工作进行评述，反馈市药监局的评价意见。

（毕元）

开展两会期间食品安全联合检查

2月29日，药监开发区分局联合区食品办公室、工商分局等有关部门开展保健食品安全专项检查，着重检查保健食品生产企业原料购进和使用情况，经营企业保健食品标签标识和说明书、购进渠道、索取资质等情况。检查结果表明，企业能够规范管理，经营市场稳定有序。

（刘施）

召开2012年药品经营企业监管工作会

3月1日，药监开发区分局召开药品经营企业监管工作会，辖区各药品经营企业负责人和质量负责人参加会议。会议部署《北京市药品生产流通领域集中整治行动工作实施方案》；对新修订的《北京市开办零售企业暂行规定》进行培训；并针对2012年开发区药品经营监管工作做详细部署。

（聂桂平）

召开2012年药品生产安全监管工作会

召开2012年药品生产安全监管工作会　　苑林 摄

3月2日，药监开发区分局召开2012年药品生产企业安监工作会，辖区30家企业质量和生产负责人参加会议。会议传达市药监局文件精神，总结2011年安监工作，部署2012年药品生产安监任务。

（苑林）

开展保健食品专项检查

3月14日，药监开发区分局开展以螺旋藻、鱼油为原料的保健食品专项检查。重点对原料购入使用、生产工艺流程、检验等环节进行检查，督促企业严格执行《保健食品良好生产规范》，落实产品出厂检验制度，加强铅、砷、汞指标检测。此次检查共派出执法人员56人次，检查保健食品生产企业10家，经营企业15家，并对相关产品进行抽验。

（苑林）

开展“3·15”安全用药主题宣传活动

3月15日，药监开发区分局在上海沙龙广场开展主题为“整顿药械市场，维护百姓权益”宣传活动，邀请社会监督网络成员、药品生产企业人员、居委会工作人员和药店执业药师参加，累计发放《三品一械法规汇编》200余本、《安全用药知识手册》2000余册、宣传环保袋300余个、腰围测量尺450个、测量血压200余人、解答问题60余个。

（曹海军）

深入企业检查帮扶

3月21日，药监开发区分局工作人员深入舒泰神（北京）生物制药股份有限公司验收企业新建厂房，对新建综合制剂楼进行检查；对企业药品生产和质量管理情况、药品储存和销售管理情况及委托（受托）生产、检验情况进行重点监督；并对企业新版GMP的实施工作进行指导。

（闫欢）

开展药品流通领域集中整治

3月23日，药监开发区分局开展药品流通领域集中整治行动，排查药品流通领域的质量风险和安全隐患，规范开发区药品流通秩序，打击制售假劣药品违法犯罪活动。累计检查药品批发企业2家、药品零售企业17家，派出监督检查人员46人次，执法车辆19台次。

（聂桂平）

开展资产清查工作

3月27日，药监开发区分局开展资产清查工作。分局成立资产清查领导小组，下设资产清查办公室，明确工作目标、内容、依据、工作步骤及时间安排，并提出具体要求，为有效保证资产清查工作的完成打下基础。

（郑艳茹）

开展查处假冒保健食品行动

4月1日，依据市药监局《关于查处康爱斯螺旋藻片等假冒保健食品的通知》要求，药监开发区分局立即通知辖区保健食品经营单位开展自查工作，同时组织人员对商场、超市和药店进行现场检查，累计派出车辆11台次、执法人员22人次，检查企业11家次，没有发现使用和销售文件中涉及的不合格产品情况。

（刘施）

市药监局评估药用胶囊铬超标事件

5月11日，市药监局一行3人到开发区就应对药用胶囊铬超标事件进行评估。此次评估围绕监测预警、应急决策、实际处置、社会反应等8个方面24个问题组织实施，采取座谈讨论、难题会诊、问题答疑等方式进行。药监开发区分局科级以上领导参加了座谈评估工作，就事件如何定性、实际工作与文件预案的匹配性等提出6条建设性建议。

（贾天忠）

联合公安分局取缔一家“黑作坊”

5月23日，药监开发区分局与开发区公安分局在一个小区住宅内发现涉嫌违法生产中药贴膏行为，经查，该租户将粉碎的中药粉末经醋浸泡后装入纱布袋中制作成中药贴膏，其不能提供药品或医疗器械生产资质，属于无证生产的“黑作坊”。执法人员当场对其予以取缔，并查封扣押现场的中药粉末、纱布等原料及制作的中药贴膏。

（刘云杰）

开展公众安全用药宣传

5月29日，药监开发区分局为有药品安全员配置的居委会配备药箱、药盒、环保袋、温度计、安全用药手册等宣传品及部分办公用品，开展针对不同人群、不同内容的培训工作，进一步提高辖区公众安全用药意识和居民自我防护能力。

（朱珠）

召开医疗器械生产质量管理工作推进会

6月5日，药监开发区分局召开《医疗器械生产质量管理规范》（以下简称《规范》）工作推进会，器检所及辖区9家无菌及植入类医疗器械生产企业有关负责人参加会议。会议要求，企业要加强质量体系建设，提高生产管理水平，明确《规范》的实施要求，确立工作重点。

（卢宇）

推进保健食品电子监管

6月12日，药监开发区分局大力推进

保健食品电子监管工作，利用信息化监管手段，动态掌握各企业实时数据。共有22家保健食品生产企业推行使用保健食品电子监管系统，实现保健食品生产企业电子监管上线使用率100%。

（刘施）

采取暴雨灾害应对措施

7月23日，药监开发区分局对“7·21”特大暴雨灾害采取应对措施。工作人员多次深入现场或电话询问有关企业受灾情况，要求企业加强自查消除隐患，严格按要求恢复生产，杜绝变质药品上市；与电信部门沟通抢修分局电话线路和网络，接通两部临时电话保证正常工作，对房屋和设备进行全面检查，及时消除隐患，严格落实值班制度，组织安全教育，提高大家应对灾害的安全技能。

（杨天一）

市药监局到开发区调研新版GMP改造情况

8月15日，市药监局工作组到开发区调研药品生产企业新版GMP改造推进情况，对3家药品生产企业进行调研，听取新版GMP改造情况汇报，解答企业提出的问题，要求企业充分认识实施新版药品GMP工作的重要性，按时保质地完成GMP改造工作。

（毕元）

召开“三品一械”市场安全保障工作会

8月29日，药监开发区分局召开迎接党的十八大开发区“三品一械”市场安全保障工作会。300余家“三品一械”生产、经营企业的法人代表人或质量负责人参加会议。

（郑艳茹）

开展药品安全“迅雷行动”应急演练

9月5日，药监开发区分局收到市药监局药品安全“迅雷行动”应急演练任务书后，在第一时间启动分局应对“三品一械”突发事件应急预案，成立应急指挥部、现场检查组和工作督查组，明确各组成员及工作任务。分局派出2个检查组对辖区内1家药品批发企业、2家医疗器械经营企业、3家药品零售企业进行突击检查，共出动人员36人次、车辆6台次，完成应急演练任务。

（郑艳茹）

开展药品生产环节“利剑行动”

9月12日，药监开发区分局开展党的十八大安全保障药品生产环节专项检查，代号“利剑行动”。主管领导和安监科人员分成2组，对辖区内5家药品生产企业进行突击检查，共出动人员20人次、车辆5台次，未发现违法违规行为。

（杨天一）

开展“平安行动”化妆品安全应急演练

9月19日，药监开发区分局收到市药监局代号为“平安行动”化妆品安全应急检查演练任务书后，启动应急预案，成立应急指挥部、现场检查组和工作协调组，派出2个现场检查组对辖区内6家重点地区的宾馆、饭店进行突击检查，共出动人员18人次、车辆6台次，抽验客用类化妆品6批次，未发现违法违规行为。

（杨天一）

规范病原微生物实验室生物安全管理

10月8日，药监开发区分局组织人员对开发区2家疫苗生产企业进行生物安全管理专项检查，发现2家企业均建立相关的管理和操作制度，领取实施双人管理，指派专人管理菌种档案，分局人员要求2家企业加强对病原微生物实验室生物安全管理，确保生物安全和信息的及时传递，如发生意外情况应及时上报。

（毕元）

开展服务满意度调查

10月8日，药监开发区分局组织开展监管服务满意度调查。此次问卷包括商业贿赂、服务态度、服务质量、党风廉政建设、整体形象等5个方面共计19小项，共发放问卷129份，收回94份，均采用无记名方式进行。结果显示，行政相对人服务满意度为100%，并建议分局加强对企业人员的专业知识培训，与企业开展多种形式的交流联谊。

（朱珠）

打响药品安全保卫战

10月22日，药监开发区分局进入保障党的十八大安全应急实战状态，开展一系列安全保障工作。实行领导带班、工作人员双人值班制，全局人员保持24小时通信畅通，业务科室加强市场巡查，4天累计派出检查人员92人次，检查单位34家次，出动车辆34台次，加大对不良反应监测和药品安全预警工作力度，每日将辖区情况上报市药监局。

（杨天一）

组织保健食品化妆品知识竞赛

11月11日，药监开发区分局通过发送电子邮件、手机短信等形式组织开发区300余名保健食品化妆品生产经营单位职工及三级社会监督网络成员参加全国“安全消费，健康人生”保健食品化妆品知识竞赛，并督促各单位按时寄送答题卡。

（刘施）

完成化妆品全年抽验任务

11月13日，药监开发区分局顺利完成2012年化妆品抽验任务。全年共完成化妆品生产企业抽验30批次，其中26批次送市疾控中心检验、4批次送市药检所检验，检测结果均为合格。

（范林）

通过质量管理体系现场监督审核

11月13日，方圆标志认证公司派出的审核小组通过现场检查、座谈、查阅记录等方法对分局ISO 9000质量管理体系进行了现场监督审核。通过检查，审核小组认为分局质量体系运行情况良好；质量管理体系文件适宜实际情况，具有良好的可操作性；质量方针、质量目标符合分局的性质及服务特点。

（郑艳茹）

完成药包材抽验任务

11月16日，药监开发区分局完成2012年药包材抽验工作。对13家企业60批次药包材品种进行抽验，其中评价性抽验30件、监督性抽验30件，送往市药包材检验所25批、送往市药检所35批，未出现检验不合格产品。

（李青）

开展定制式义齿专项检查

12月14日，药监开发区分局对辖区11家医疗机构开展一次定制式义齿专项检查。重点是医疗机构对采购的定制式义齿是否有验收记录、是否从已取得医疗器械生产企业许可证的企业购进，产品是否具有医疗器械产品注册证书等。检查结果未发现违法违规行为。

（刘云杰）

召开“百千万工程”工作总结暨培训会

召开“百千万工程”工作总结暨培训会　　朱珠 摄

12月20日，开发区药监分局召开开发区药品安全“百千万工程”2012年度工作总结暨培训会。会议通报2012年药监工作要点及“百千万工程”进展情况，企业专家为与会人员讲授了养生保健课，现场收回“百千万工程”建设征求意见表40余份。

（朱珠）

质量监督

概况

北京市质量技术监督局经济技术开发区分局（简称开发区质监分局）2012年围绕服务新兴战略产业和国际高端产业新区的发展开展工作，抓重点、抓安全、抓民生，创新工作机制，完成十八大保障、建区20周年庆祝活动等工作。

（董梦铎 王红军）

春节期间加强对重点单位的监督检查

春节期间，开发区质监分局分别对法美高新气体有限公司、普莱克斯（北京）半导体气体有限公司两家危险化学品生产企业、上海沙龙小区、博客雅居公寓楼居民住宅电梯安全运行情况，北京怡斯宝特面包工业有限公司、北京百花蜂业科技发展公司食品生产情况，以及车用加油站加油机计量检定情况等进行检查。要求各单位值班人员加强质量安全意识，做好事故隐患防范等工作。

（董梦铎 王红军）

对人员密集场所扶梯进行安全检查

2月7日，开发区质监分局召开亦庄创意生活购物广场、苏宁电器商场等18家扶梯使用单位（涉及自动扶梯132台）会议，布置加强自动扶梯安全运行管理工作，要求各使用单位对设备安全运行状况进行自查，及时消除事故隐患。同时在自动扶梯入口处增加醒目的警示提示标志。2月14~22日，开发区质监分局对亦庄地铁站和大雄商业购物中心等7家单位的隐患排查和警示提示标志设置情况进行检查，共抽查自动扶梯78台。对个别单位未按规定将检验合格标志粘贴在明显位置的要求及时改正。

（董梦铎 王红军）

完成居民住宅电梯联合检查

2月29日，开发区质监分局和安监局、房管局完成对12年以上及投诉较多的居民住宅电梯企业自查和联合检查。该项检查自2011年12月15日起开始，共出动人员66人次，检查重点单位22家，在用电梯86部。检查中发现个别企业主管人员法律意识淡薄，电梯不按规定进行定期检验，存在带病运行等问题。对上述问题检查人员责令企业改正，消除电梯安全隐患，确保百姓安全出行。对企业改正情况三部门根据职责分工分别跟踪检查。

（董梦铎 王红军）

召开化妆品质量安全研讨会

召开开发区化妆品质量安全研讨会　　王红军　摄

3月14日，开发区质监分局召开开发区化妆品质量安全研讨会。区内6家化妆品生产企业参加。北京大宝化妆品有限公司和资生堂丽源化妆品有限公司介绍了产品质量安全和企业质量控制管理工作。会议要求企业加强行业自律和诚信意识、产品质量和品牌意识，为消费者提供安全放心产品；提高企业管理人员素质，增强企业竞争力；把好产品原材料进货关、生产全程质量控制关、自检和第三方检验关、问题产品的追溯关，处理好投诉，切实保护消费者的权益。

（董梦铎　王红军）

开展特种设备安全进社区活动

3月15日，开发区质监分局在泰河园小区开展特种设备安全进社区宣传咨询活动。本次宣传活动采取展板展示、发放宣传资料和现场讲解的形式进行。通过宣传展示活动，使小区居民了解使用电梯应注意事项和基本安全常识，提高安全防范意识。6月7日，开发区质监分局在一品亦庄居民小区组织特种设备——电梯使用常识的宣传咨询活动。活动摆放展板12块，发放宣传资料100余份，并现场解答群众咨询。

（董梦铎　王红军）

召开食品安全管理人员培训会

3月21日，开发区质监分局组织召开区内食品生产企业食品安全管理工作人员培训会。19家食品生产企业均派食品安全管理员参加。会议分析开发区食品加工生产现状，就食品安全管理工作人员的职责等问题进行说明，以典型事例告诫各食品安全管理人员要尽职尽责，严把质量关，就如何做好落实企业主体责任的相关工作，特别是具体工作的开展进行指导。开发区食品办公室有关领导参加。

（董梦铎　王红军）

检查“12平方公里”安置楼电梯安装情况

4月13日，开发区质监分局对“12平方公里”安置楼电梯安装施工情况进行安全检查。按照特种设备安全监察条例的相关规定，检查施工单位的资格证书、开工告知书、作业人员持证等。

（董梦铎　王红军）

召开工业产品获证年度自查会

4月16日，开发区质监分局向区内24家获得工业产品生产许可证企业部署年度自查工作，明确自查工作的方法步骤，就应注意的事项进行说明和讲解。此项工作的开展减轻了企业的负担并缩短了往返时间，受到参会企业肯定。

（董梦铎　王红军）

节前开展食品安全监督检查

对区内食品生产企业产品抽样检验　　董梦泽　摄

4月25日，开发区质监分局组织对区内食品生产企业开展“五一”节前的监督检查和产品抽样检验工作。检查前，召开食品生产企业安全管理员会议，部署节前食品安全工作。安排检验机构对重点产品进行区级监督抽检，要求各企业加强节日期间的产品质量控制，加强企业出厂检验工作，防止发生食品质量事故，及时处理消费者投诉，保障节日期间食品安全。

（董梦铎 王红军）

开展“护航联合行动”第二战役检查

5月15~16日，开发区质监分局开展“护航联合行动”第二战役特种设备执法检查。分别对地铁同济南路站及联华林德气体有限公司等单位的电梯、压力容器、压力管道进行检查。检查发现地铁亦庄线同济南路站两部自动扶梯在进行大修但未办理开工告知书手续；联华林德气体有限公司未取得工业产品生产许可证，对外销售氮气。开发区质监分局对地铁亦庄线同济南路站发出监察指令书，限5月25日前补办电梯开工手续；责令联华林德气体有限公司在试运行期间，不得对外销售产品，如销售产品，必须取得有资质的产品质量检测机构出具的合格检测报告。

（董梦铎 王红军）

召开食品企业年度自查报告会

5月17日、23日，开发区质监分局召开食品和食品相关产品及化妆品生产企业年度自查报告工作会，启动2012年食品及食品相关产品生产企业生产许可证年审工作。生产许可证年审工作采取由企业自行提交自查报告，开发区质监分局书面审核和对重点企业进行实地核查的方式进行，区内30家获证企业参会。会议强调监督检查中如发现企业有提供虚假自查报告的，生产条件、工艺标准委托加工等方面发生变化而未按要求申请审查或办理相关手续的，按《工业产品许可证管理条例》及相关法律法规处理。

（董梦铎 王红军）

组织机构代码窗口新址业务启动

6月11日，组织机构代码窗口迁址到亦城国际大厦行政服务中心。迁址期间，为方便开发区企业组织机构代码的正常办理，开发区质监分局与市组织机构代码中心进行协调，得到市代码中心的支持，并由市代码中心给予办理，缓解了企业代码办理的急需。

（董梦铎 王红军）

召开自动扶梯新标准新检规宣贯培训

6月14日，开发区质监分局召开区内扶梯使用和维护保养单位的负责人培训会，到会30余人。会上主要就新版标准、新版检规进行学习和解读。会议要求，使用与维保单位要尽快对照新标准和新检规制定整改方案，并以书面报告形式报告开发区质监分局；依法规要求开展工作，提前办理开工告知书；落实企业主体责任及安全管理人员的岗位职责，主动排查隐患，处理各类问题。开发区质监分局将加强检查监督，对违法行为实施零容忍，并依法处理。7月31日，整改工作完成。

（董梦铎 王红军）

市组织机构代码办负责人到开发区检查

6月20日，市组织机构代码中心负责人率队到开发区就组织机构代码办理窗口迁址后工作情况进行检查和调研。由随行的专业技术人员对目前部分硬件和软件中存在的问题进行调整；对代码窗口工作如何更好地为新区服务提出要求；并查看了行政服务大厅的整体运行情况。

（董梦铎 王红军）

开展居民住宅电梯应急演练活动

6月21日，开发区质监分局在郁金香居民住宅小区组织开展电梯应急救援演练活动。居委会代表、电梯单位作业人员、物业公司人员及小区居民等参加。通过演练提高了物业管理部门和电梯维保单位一线人员应急处置能力，同时向小区居民宣传了自救常识，提高其安全应急意识。

（董梦铎 王红军）

召开食品添加剂专项检查部署会

7月5日，开发区质监分局组织区内食品添加剂生产企业质量安全管理人员召开食品添加剂质量安全风险排查专项检查部署会。会上，学习了质监总局和市质监局有关文件，部署专项检查的主要内容及要求。同时要求企业提高主体责任意识，认真自查，杜绝非法添加和滥用食品添加剂，全面提升开发区食品添加剂生产企业质量安全水平，切实保障首都食品安全。

（董梦铎 王红军）

召开质量安全管理负责人培训会

7月11日，开发区质监分局组织区内30家食品及食品相关产品、食品添加剂和化妆品获证生产企业进行专题培训会。会上学习《国务院关于加强食品安全工作的决定》；通报上半年区内食品质量安全情况，主要对产品抽检、风险监测和年度审核等情况做讲评；就获证生产企业体系认证情况排查做安排；现场解答企业提出的疑难问题；部署下半年重点工作；强调企业要自觉履行主体责任，提高企业产品质量。

（董梦铎 王红军）

召开老旧电梯专项检查工作部署会

8月1日，开发区质监分局组织使用年限较长、投诉较多的5家物业公司召开专题会议，就加强区内老旧电梯安全运行保障工作进行部署，要求各使用单位对电梯安全状况进行自查自纠，及时消除事故隐患。开发区质监分局会同开发区安监局、房地局、社发局对各单位自查自纠情况进行检查。

（董梦铎 王红军）

开展实验室资质认定专项监督检查工作

8月15日，为提升实验室资质认定管理水平及检测技术能力，促进检测市场的规范运行，开发区质监分局布置并启动专项检查工作。主要检查食品、室内空气、建材、纺织服装、家用电器、家具、玩具、油漆涂料、洗涤用品、汽车配件等关系民生的检测实验室。专项检查采取自查和抽查相结合的方式，被检查单位8月底前完成自查自纠工作，开发区质监分局9月组织抽查。

（董梦铎 王红军）

召开十八大食品安全保障工作部署会

召开十八大食品安全保障工作部署会　　田艳军 摄

8月23日，开发区质监分局组织区内食品、食品添加剂和相关产品生产企业，召开十八大食品安全保障专题部署会。会议传达市质监局食品安全工作的有关文件，对十八大期间食品安全工作提出机构落实、人员到位、措施有力、预防有案等要求。

（董梦铎 王红军）

召开 3C 认证产品生产企业部署会

9 月 6 日，开发区质监分局召开区内 36 家 3C 认证产品生产企业参加的建立健全企业质量档案工作会议。3C 认证产品事关人体健康和生命财产安全，建立健全质量档案，对于落实 3C 认证产品生产企业主体责任，推进企业诚信体系建设具有重要意义。会上，开发区质监分局就建立企业质量档案的意义、填报内容和填报要求进行说明和讲解，并对监管的重点行业、重点产品进行通报。会议强调，各企业要抓好产品质量的全程控制，做好售后服务等工作，为党的十八大召开创造良好的社会环境。

（董梦铎 王红军）

开展食品检验机构实地监督抽查

9 月 6 日，开发区质监分局对北京康扑尼检测技术有限公司等区内多家实验室进行监督抽查，重点检查各实验室管理体系能否有效运行，能否公正开展第三方检验和能否保证检验质量等。对实地检查中发现问题，要求及时整改。

（董梦铎 王红军）

进行流动式起重机安全专项整治联合检查

流动式起重机安全专项整治联合检查　　苏智啟 摄

9 月 11 日，开发区质监分局与建设局对区内大族激光科技园、世纪城乡商业城 2 个施工工地的流动式起重机使用情况进行监督检查，并现场张贴《流动式起重机专项整治通告》4 份。向区内 16 个在建工地发放《通告》，并对使用的 18 台流动式起重机进行检查。

（董梦铎 王红军）

对特种气体开展节前检查

9 月 21 日，开发区质监分局对特种设备重点使用单位联华林德气体（北京）有限公司、普莱克斯（北京）半导体气体有限公司、法美高新气体（北京）有限公司 3 家特种气企业的在用特种设备（压力管道、压力容器）开展节前检查。共检查压力容器 74 台、压力管道 3 条。现场检查人员要求各企业做好领导带班和人员值守，加强巡视维护工作，发现隐患迅速处理，有关信息及时上报。

（董梦铎 王红军）

开展“质量安全月”系列检查

9 月 26 日，开发区质监分局与市条码质量监督检验站、中国物品编码中心北京分中心专家组对区内几家大型超市商品使用条形码情况进行联合执法检查。重点检查是否有未经批准注册擅自使用他人注册的厂商识别代码，是否有企业名称已变更但未按规定及时办理商品条形码手续等行为。检查超市的计量器具、月饼预包装销售情况。该项检查是“质量安全月”系列检查之一。

（董梦铎 王红军）

召开“12 平方公里”回迁楼电梯工作会

10 月 10 日，开发区质监分局在“12 平方公里”工程指挥部召集 6 家电梯生产厂家和总包项目单位开会，就 7 个项目工段电梯的调试、竣工验收进展情况及交付使用后电梯的维修保养情况进行座谈，了解到有个别工段的电梯检验合格证未领取，大部分工段的电梯维修保养合同未签订。开发区质监分局要求，电梯质量要严格把关，使用单位在电梯正式投用前必须领取电梯检验合格证和签订电梯维修保养合同，总包项目单位应帮助各电梯安装单位做好相关的协调工作。

（董梦铎 王红军）

推进“12 平方公里”安置房相关项目

10 月 18 日，开发区质监分局参加开发区总公司在“12 平方公里”工程指挥部召开的锅炉和电梯生产厂家及安装、维保单位、各总包单位、物业管理公司调度会。会上就电梯、锅炉在交付使用衔接过程中存在的问题以及移交后有关工作进行了通报。要求锅炉、电梯的生产厂家及安装、维保单位做好衔接移交工作，明确移交时间，保证回迁居民能正常、安全使用电梯及锅炉供暖。瀛海尚志利民物业管理中心应尽快和电梯维保单位签订电梯维修保养合同。总包项目单位应帮助各电梯、锅炉安装单位做好相关的协调工作。10 月 25 日，开发区质监分局对第一批回迁居民入住楼房的电梯使用情况进行跟踪检查。经查，回迁楼使用的电梯总体运行情况正常，但也发现个别电梯存在问题。开发区质监分局要求物业管理单位、电梯维保公司、总包单位相互协调配合，做好整改工作，保障回迁居民安全用梯。

（董梦铎 王红军）

开展特种设备服务保障性检验工作

10 月 26 日、29 日、31 日，开发区质监分局配合市特检中心对北京新华印刷有限公司在用的特种设备进行服务保障性检验。市特检中心共出动专家和技术人员 25 人次。经现场检查发现，部分在用的特种设备相关技术资料不齐全，部分设备存在着未按规定办理注册登记手续，个别特种设备操作人员未取得相关的资格证等问题。开发区质监分局对该单位发出《特种设备安全监察指令书》，责令未办理注册登记的 8 台特种设备立即停止使用，并尽快办理相关手续。专家对该公司特种设备的使用和管理工作提出建议。年内，北京新华印刷有限公司向开发区质监分局赠送锦旗，对质监分局十八大特种设备安全服务保障工作表示感谢。

（董梦铎 王红军）

开展冬季供暖前锅炉专项检查

10 月 30 日，开发区质监分局开展冬季供暖前锅炉专项检查，主要对区内供暖的重点单位热力厂站、学校、居民住宅区锅炉定期安全检验情况开展检查。所检查的各主要供暖单位，供暖前准备工作较充分，锅炉安全状况良好。

（董梦铎 王红军）

开展食品生产企业专项监督检查

11 月 2 日，开发区质监分局对食品生产企业开展食品安全专项监督检查。重点对生产数大面广产品的北京可口可乐饮料有限公司、极睿咖啡（北京）有限公司、北京曼可顿食品科技有限公司、卡夫食品（北京）有限公司等企业进行检查。重点检查食品生产企业持续保持食品安全生产条件和落实质量安全主体责任和管理制度的情况，具体内容包括是否保持良好环境卫生，是否认真落实质量安全关键控制制度，原辅材料进货验证手续是否齐全，是否按规定实施批批检验制度，是否如实登记成品销售情况，标注标识是否规范等。同时要求企业要保持速报信息渠道畅通，坚持每日报送生产情况。

（董梦铎 王红军）

检查瀛海园 X82 回迁楼设施运行情况

11 月 12 日，开发区质监分局检查 X82 项目回迁楼的电梯、锅炉运行情况。经查，总体运行情况正常。但发现部分用户在使用电梯的过程中对电梯的功能不了解，阻止电梯门关闭、超载等造成电梯自动保护启动，电梯停止运行；电梯无运行记录；电梯使用单位未按规定与维保单位签订维保合同；锅炉房安全管理制度不健全；锅炉操作人员配置不合理等一系列问题。开发区质监分局要求物业管理单位做好锅炉房的安全管理工作，增配锅炉操作人员；与电梯维保公司签订维保合同，保证回迁居民电梯使用安全，出行便利。

（董梦铎 王红军）

召开标准化工作专题培训会

11 月 23 日，开发区质监分局召开创新驱动与标准创制暨企业标准化工作的专题培训会。市质量技术监督局有关人员围绕企业科技创新与标准创制、国内外标准化工作动态、国家和北京市对企业开展标准创制工作的鼓励政策等内容进行讲解，并就生产企业提出的有关问题进行解答。区内生产企业代表参加。

（董梦铎 王红军）

召开“两节”食品安全工作部署会

质监局检查食品企业原料库　　董梦铎 摄

12 月 25 日，开发区质监分局召开区内食品、食品相关产品和食品添加剂生产企业安全管理员会议。部署 2013 年“两节”食品安全工作，要求把好原料检验、添加剂使用、成品检验关口；加快投诉举报的处理时间并提高处理力度，确保“两节”的食品质量安全。会上讲评十八大期间食品质量安全零报送情况，通报第三、四季度市级食品生产企业产品抽样检验结果，对 2013 年上半年生产许可到期的企业进行延续提示，同时对生产许可申报的现场检查工作等进行培训。

（董梦铎 王红军）

开展十八大食品生产企业专项抽查

年内，开发区质监分局开展十八大食品生产企业专项风险监测抽查。涉及的食品有熟肉制品（含烤鸭、熏煮香肠火腿）、葡萄酒、茶饮料、含乳饮料、其他饮料（运动饮料、功能饮料）、冷冻饮品。涉及的食品生产企业有北京丰收葡萄酒有限公司、北京申嘉联和食品加工有限公司、和路雪（中国）有限公司、加多宝饮料有限公司等。

（董梦铎 王红军）

检查服务大厅装修使用的建材

年内，开发区质监分局对亦城国际大厦内正在装修的服务大厅使用建筑材料进行监督检查。现场查看主要建筑材料的使用情况，听取施工方对所用材料的进货和质量把关情况的汇报，对装修用的方钢、岩棉、轻钢龙骨、细木工板等产品的生产厂家的资质、执行的标准和出厂检验等情况进行核查。对承包方和施工方强调严把采购产品的质量关、施工中的环保关和今后使用的安全关，为大厅办公人员和办事人员提供良好环境。

（董梦铎 王红军）

受理业务办理事项614件

年内，开发区质监分局共受理业务办理事项614件。其中申请新办业务242件、变更业务356件、外省市迁入业务1件、遗失补办业务1件、注销业务12件、年审业务2件、发证498套、发卡417张，共办理小微型企业免征业务169件、年审业务16件。

（董梦铎 王红军）

安全生产

概况

2012年，北京经济技术开发区安全生产监督管理局（简称开发区安监局）围绕促进经济发展、保障生产安全主线，明确危险化学品管理、职业卫生安全健康管理、行政执法监管、生产安全应急救援和事故处理等工作方向。完成危险化学品情况摸底、职业危害因素量化调查、区域隐患排查治理、工业园危险化学品安全管理调研、企业安全员培训及危化岗位专业培训、分类分级监管、标准化达标等工作。坚持“突出防范重点，抓好日常工作，加大隐患排查，做好综合监管”的工作思路，加强安全管理和监督，突出重点行业领域，强化科技支撑作用，推进物联网信息建设，深化安全隐患排查治理，开展“打非治违”行动、安全生产专项整治、执法监察，做好重点时段、项目的安全保障工作，查处追究事故责任，加强安全生产标准化建设，增强事故应急救援能力，着力构建开发区安全生产防范体系。年内，共检查各类生产经营企业515家，查处各类安全隐患1029个，开具执法文书308份，实施行政处罚29起，行政处罚金额59.8万元。开发区全年实际发生生产安全责任事故3起，死亡3人。

（刘茜紫）

召开危险化学品生产经营工作部署会

1月11日，开发区安监局组织召开2012年危险化学品生产经营工作部署会。会议就危险化学品行政许可、日常监管等事项提出明确要求，强调各单位要做好烟花爆竹的禁放管控工作，保证无安全事故发生。18家企业24人参会。

（张润婕）

加强春节期间安全管理

春节前夕，开发区安监局与开发区管委会签订《安全生产责任状》，承诺做到春节期间严格监管，加强烟花爆竹安全燃放的管理工作，加大执法检查力度，保障开发区安全生产。1月18日，开发区安监局通过短信形式向全区所有生产经营单位的主要负责人、安全生产管理人员等近500人发出安全提示，要求各单位落实好安全生产管理工作，禁止在厂区内、外储存燃放烟花爆竹，24小时专人值班巡查，做好重点时段重点部位的安全管理工作。1月20日，召开全局工作会议，部署春节期间安全工作，要求重点抓好烟花爆竹的燃放安全管理，对加油站和危化品生产企业周边定期巡检，杜绝火灾事故；督促新区“12平方公里”开发项目做好节日期间安全工作部署，对节日期间继续施工的 X81 地块进行重点督查；针对冬季特点，做好煤气中毒预防工作；节日期间值班人员必须坚守工作岗位，进行安全执法检查。

（张润婕）

检查安全生产及公共安全工作

1 月 19 日，开发区领导张伯旭、赵昕昕、高言杰、王合生和绳立成分别带队，检查区内重点工业企业和建筑施工现场的安全生产工作以及商场超市、文化娱乐等人员密集场所的公共安全工作落实情况。开发区安监局、商务局、建发局、社发局、产促局等部门负责人参与检查，对检查中发现的有关问题当场责令企业进行整改并督促整改到位。

（王山）

召开春节后复工动员和安全培训会

2 月 14 日，开发区安监局组织召开春节后复工动员和安全培训会，对“12 平方公里”拆迁安置房项目节后施工进行安全生产教育和培训，项目建设单位、施工单位、监理单位的 500 余名参建人员参加会议。会议邀请有关专家就如何加强建设工地生产安全进行现场培训。

（刘茜紫）

春节后工地复工情况安全检查

3 月 5~14 日，开发区安监局针对春节过后建筑工地密集复工情况展开专项检查。抽取 24 家在建工地施工单位，重点检查工地人员的上岗前培训，特种作业持证上岗情况，确保严格落实持证上岗、培训上岗制度，保证上岗工人安全，对现场发现的问题下达执法文书并督促整改。

（肖怡宁）

召开工业园危化品安全管理启动会

3 月 7 日，开发区安监局组织康盛工业园、金田恒业工业园的产权、物业单位和入园企业，召开工业园危险化学品安全管理试点工作启动会。会议明确整体工作思路和具体做法，通过建立以工业园安全委员会为平台、全员参与为基础的一整套管理制度，完成产权、物业和入园企业三方明确安全责任、签订安全协议、相互交底、联合检查、预案衔接、联动演练等一系列试点工作。33 家单位负责人及安全管理人员等参会。

（张润婕）

两会期间检查消防与施工安全工作

两会期间各部门联合检查安全工作　　孙鹏 摄

3 月 7~8 日，开发区领导高言杰、王合生带队，与开发区安监局、人劳局、建发局、社发局、公安分局、消防支队等部门相关人员一起，对区内沃尔玛超市、可口可乐公司及“12 平方公里”回迁房施工工地进行消防安全与施工安全联合检查。检查组针对安全教育制度是否到位、特种作业证件是否齐全、消防安全设施是否缺失等方面做了检查。针对检查中发现的安全问题，检查组提出整改意见，要求被检查单位根据要求限期整改到位，排查安全隐患，做好机械操作、用火、用电等安全防范工作，落实好值班制度，严防各类事故的发生。

（孙鹏 刘茜紫）

组织召开2012年工作布置会

3月12~16日，开发区安监局分两批组织召开2012年工作布置会，区内240余家单位的安全负责人或安全管理人员参加会议。会议分析开发区当前安全生产工作面临的形势，对安全生产执法、工业企业安全生产标准化、危化品使用、职业健康教育培训、安全生产三同时等工作进行部署。要求企业做好生产安全隐患的排查和上报工作，重视生产过程中的停开机、维修阶段和员工的习惯性违章3个关键环节。

（王山）

组织安全管理·经验共享公开课

3月12~16日，开发区安监局分两批组织安全管理·经验共享大型公开课。邀请3家优秀企业向全区介绍好的安全生产管理经验和做法，受到众多企业好评。北京奔驰汽车有限公司就创建安全生产标准化一级企业的过程、体会和展望；拜耳医药保健公司就企业新建、改建、扩建项目的安全生产“三同时”管理；诺基亚公司就企业的职业健康管理，尤其是人文关怀“well-bing”项目与参会人员进行分享。区内240余家单位的安全负责人或安全管理人员参加公开课。

（王山）

开展仪器仪表行业企业执法检查

3月12日至4月6日，开发区安监局委托中介机构对区内仪器仪表行业的19家企业进行安全生产审计。5月8~15日，开发区安监局针对审计中发现的问题，对隐患整改情况进行现场核查，以执法方式促进企业整改，提高企业安全管理水平。

（肖怡宁）

为区内相关部门执法人员配备防护设备

3月，为保证开发区执法人员能够安全快速地处置危险化学品事故，开发区安监局首次为区交通、建设等部门的执法人员配备防护服、防护面罩及防护手套等危化品防护用品，并邀请专业人员进行现场培训，详细讲解如何在事故现场快速准确地使用防护用品。这批设备的投入使用，可保证执法人员在危化品事故现场的安全，开发区各部门的执法力度也可得到提升。

（刘茜紫）

开展涉危生产经营单位基本情况普查

3月至4月，开发区安监局对区内涉及危险化学品的生产经营单位开展基本情况普查。普查对象包括使用危险化学品作为原料、辅料等从事生产、开发、科研等活动的企业。参与此次普查的涉危企业195家，开发区安监局对结果进行详细整理和统计分析。

（张润婕）

开展电子行业职业卫生专项整治

3月至11月，开发区安监局对区内29家电子企业开展职业卫生专项整治。电子行业中在开发区共有3567人接触职业危害因素，职业危害因素年度检测率已达到100%。通过专项行动，督促企业建立健全职业健康管理制度，要求企业在带动合同中进行职业危害告知，在入职、在岗、离岗三阶段进行职业健康体检，推动电子行业职业卫生工作的开展。

（王山）

启动分类分级试评工作

4 月 5~16 日，开发区安监局对电子、机械行业中的 11 家企业进行分类分级评定的试评工作。依据《北京经济技术开发区分类分级评定标准》，聘请专家对 11 家企业从资质、安全生产基础管理、安全生产现场管理、职业健康管理 4 方面进行现场评分。开发区安监局执法人员作为试评工作的观察员，对本次分类分级现场评定工作进行情况摸底。

（张涛）

召开“12 平方公里”开发项目安全周会

4 月 20 日，由开发区安监局牵头组织的“12 平方公里”开发项目安全周会在亦城国际开发公司“12 平方公里”项目指挥部召开。会议通报安监局、建发局、消防支队对“12 平方公里”项目 X82 地块施工现场联合检查的情况，现场小库房和安全防护等问题隐患的查处，及对施工总包单位的处罚情况。会议要求各施工单位加强作业人员安全防护用品佩戴的监管工作，并做好防火、防雷、防汛工作，按照文明施工标准及时清理施工现场可燃杂物和生活垃圾。

（王雷）

五一节前检查工地安全生产工作

开发区领导带队检查工地安全工作　　褚巍 摄

4 月 25 日，开发区管委会副主任高言杰带队检查“12 平方公里”安置房项目建筑工地节前安全生产情况。听取项目建设单位安全生产汇报，要求加强企业安全主体责任的落实，细化各项工作方案。各监管部门要加强安全监督，强化安全意识，严格检查每个环节、每个部位、每道工序。加强安全检查监管力度，建立部门协调机制，遏制重特大事故的发生。做好服务工作，加强施工人员精神文明建设与食品安全治理，给施工人员提供良好的生活和工作环境。开发区安监局、建发局、社发局、质监分局、工商分局、消防支队，亦庄卫生监督站等部门负责人一同参加检查。

（王雷）

开展节前企业安全检查并约谈企业负责人

4 月 28 日，开发区管委会副主任王合生带队，与区安监局、质监分局、消防支队等部门一同对开发区企业进行节前安全检查，并与京东方 8.5 及 5 代线主要领导及安全负责人约谈。王合生要求相关公司深刻吸取事故教训，加强安全生产监管工作，做好节假日期间应急值守工作，加强员工培训，加强外协施工单位的管理，分清责任，落实安全协议，狠抓落实，杜绝安全生产事故的发生。

（褚巍）

举办提高依法行政意识讲座

5 月 7 日，开发区安监局执法队特聘请大兴区法院行政庭审判人员，为执法人员进行提高依法行政意识和相关法律知识讲座。讲座针对在行政案件中行政机关经常出现的事实认定和证据审查、执法程序、履行职责及其他问题，进行详细讲解，丰富执法人员法律专业知识，解决在行政执法过程中遇到的问题。

（张涛）

召开“护航联合行动”工作部署会

5 月 9 日，开发区安委会办公室召开“护航联合行动”第二战役第一次领导小组会议。开发区安监局、发改局、市政管理局、公安分局等15个部门主管领导参会。会上根据工作方案对各单位的工作内容进行统一部署，广泛征求各单位意见。会议要求各成员单位进一步明确本次行动分管领导、联系人并建立例会制度，各单位要充分给予工作保障。

（刘占超）

启动危险化学品安全生产专项整治

5月10日，开发区安监局组织召开危险化学品安全生产专项整治动员部署会。启动液氨、液氯、“两重点一重大”等危险化学品企业的专项整治工作。会议下发工作方案和规范文件，明确具体内容、时间安排和工作任务。会议要求企业重视整治工作，开展自查自纠，制订整改方案，确保取得成效；在施工改造期间，严格把关，保证日常安全生产的同时，做好施工改造的安全管理，杜绝出现任何生产安全事故。

（张润婕）

开展汽车维修行业联合检查

5月16~17日，开发区交通大队牵头，开发区安监局、运管局配合，对区内4家汽车维修企业（4S店）进行联合执法检查。主要检查危险化学品的安全管理情况。检查中发现，该行业在危化品储存和使用中普遍存在不符合相关规定的现象。联合检查组针对现场发现的问题开具执法文书，要求立即整改，同时将检查结果向其他相关单位通报。5月31日前，全部整改完毕。

（肖怡宁）

开展液氨、液氯危化品企业摸底整治

5月16~31日，开发区安监局组织专家到11家液氨、液氯重点企业进行现场摸底排查，帮助企业查找隐患。摸底后，安监局以书面形式将专家意见及时反馈，要求企业结合意见制订方案，进一步整改提升。6月12日，涉及专项整治的企业均上报整改自查方案，并开始实施改造，按时限、按要求完成。

（张润婕）

召开安全生产月活动工作部署会

开发区召开夏季安全生产工作会　王山 摄

5月17日，开发区安委会办公室召开安全生产月活动领导小组工作部署会。开发区安监局、发改局、建发局、消防支队等18个部门参会。会议明确各部门安全月活动的工作职责，针对安全月活动方案和咨询日工作安排征求各单位意见。会议强调，各单位要高度重视，紧密结合“护航联合行动”和“打非治违”工作，突出“展新区精神，弘安全文化，促安全发展”的安全月活动主题，确保宣传效果，夯实安全生产社会基础。

（刘占超）

开展在建施工工地专项联合执法检查

开展在建施工工地专项联合执法检查　王雷 摄

5 月 21~23 日，开发区安监局执法队配合开发区建发局开展针对在建施工工地的专项联合执法检查。开发区食品办、亦庄卫生监督站、消防支队等部门参与。检查共涉及 11 家总承包施工单位和 2 家分包单位。安监局执法队重点针对施工现场作业人员安全防护、安全管理制度、教育培训和应急救援预案等进行督查，发现的安全隐患问题，即开具责令限期整改指令书和现场处理措施决定书，督促施工企业立即排除安全隐患。随后开发区安监局执法队对所有发现问题进行复查，各受检单位均提交整改报告，并完成整改。

（王雷）

召开工业企业夏季安全生产工作会

5 月 22 日，开发区安监局组织召开 2012 年工业企业夏季安全生产工作会议，区内 286 家企业的 371 名主管安全负责人和安全管理人员参加会议。会议通报了开发区安全生产形势，消防、交通部门部署了相关工作。会议要求各单位要高度重视企业夏季危险化学品的使用、储存工作，重视员工职业健康工作，加紧推进安全生产标准化建设并以标准化为抓手，夯实安全生产的基础。各企业要根据实际组织安全生产宣传教育活动，提高员工安全素质。王合生出席会议并讲话。

（王山）

市局执法队开展执法信息系统调研

5 月 23 日，市执法总队队长王保树带队，到开发区安监局调研开发区执法系统建设情况。随行人员介绍了市执法总队正在搭建的执法系统，并与区安监局交流，探讨市、区两级信息系统对接的相关问题。

（冯丽颖）

开展京外特种作业证登记工作

5 月 25 日，开发区安监局联合开发区建发局组成联合检查组，联合发布《开发区关于开展京外特种作业证登记工作的通知》，发放给“12 平方公里”安置房项目工地，并举行宣贯会，现场演示登记系统操作流程，解答疑问。

（冯丽颖）

召开加强有限空间安全监管工作会议

6 月 1 日，开发区安委会办公室组织召开加强有限空间安全监管工作会议。开发区发改局、房土局、建发局、市政局、社发局等相关部门主管领导参加会议。会议就《开发区政府部门有限空间安全监管工作职责（初稿）》征求各相关行业主管部门的意见。会议通报了北京市发生的典型有限空间事故，要求各行业主管部门高度重视，未雨绸缪，加强监管，督促企业落实有限空间安全生产主体责任，确保开发区有限空间安全生产形势稳定。

（王山）

正式启动危险化学品安全管理试点工作

6 月 6 日，开发区安监局在前期工业园安全管理试点的基础上，在生物医药园召开园区产权、物业、入园企业三方会议，正式启动工业园危险化学品安全管理试点工作。会议列举了工业园发生的危险化学品事故案例，总结试点工作经验。会议要求园区三方成立安全委员会，开展危险化学品安全交底、联合检查、整体演练、联动应急等工作，逐步实现以园区三方联合自治为基础的安全生产协调管理。园区物业公司负责人代表生物医药园三方表示，将切实落实企业安全生产责任，以园区安委会为平台，开展协调统一的安全管理工作，完成试点任务。会上，化工协会专家对《开发区工业园危险化学品安全管理文件汇编》及危化联动管理体系做了解读，就危险化学品生产、使用、运输、储存等安全管理知识进行培训。

（张润婕）

组织职业健康管理员年度继续教育培训

6月7~8日，开发区安监局组织年度职业健康管理员继续教育培训，区内256名持有资格证书的职业健康管理员参加培训。培训邀请市安监局领导及安监总局职业卫生研究所专家，对《中华人民共和国职业病防治法（修订稿）》及安监总局新颁布的《工作场所职业卫生监督管理规定》等5个部门规章进行讲解。培训课上，安监局要求各企业做好职业危害申报及《职业健康档案》建立工作。

（王山）

开展夏季有限空间联合执法检查

6月7~21日，开发区安监局与开发区发改局等部门联合，对物业、水、电、气、热供应等13家单位的有限空间作业进行专项检查，对有限空间作业中持证上岗、应急设备设施、作业许可、防护用品、监护人员等进行检查并督促作业单位做好作业过程中的监督管理。

（肖怡宁）

举行“安全生产月”宣传咨询日活动

“安全生产月”宣传咨询日活动举办　冯丽颖 摄

6月10日，开发区举行“展新区精神、弘安全文化、促安全发展”为主题的“安全生产月”咨询日主题宣传活动。开发区领导高言杰、王合生出席，开发区发改局、人劳局、建发局、安监局等部门负责人参加。活动现场，各相关部门根据职责向群众宣传安全生产、消防、交通、食品、建筑施工、职业卫生等与企业职工生产、生活密切相关的法律法规及安全常识，设立宣传展板200余块，向企业职工发放安全常识小折页、安全生产宣传画、安全法律法规单行本等各类宣传资料2万余份。

（刘茜紫）

组织危险化学品事故应急救援预案演练

联华林德公司举行氢气泄漏事故应急演练　安阳 摄

6月15日，开发区安监局联合开发区应急办、消防支队、交通大队以及联华林德气体有限公司、东进世美肯有限公司共同举办2012年度危化品事故应急演练。演练遵循“企业主导、部门联动、注重实效、保证安全”的原则，共分为准备、事故发生、公司报告和先期处置、开展现场救援工作、善后处理、结束6个阶段。市安监局危化处、林德气体集团公司安全经理分别进行点评。高言杰带队现场观摩。

（薛小敏）

联合环保局召开工业园管理工作会

6月21日，开发区安监局联合环保局

召开2012年工业园安全环保管理工作会。安监局总结了在生物医药园、康盛、金田恒业3个工业园开展试点工作的经验和成效，明确在各工业园推行以园区安全委员会为平台、全员参与为基础的一整套管理制度。要求工业园产权、物业和入园企业3方相互交底、明确安全责任、签订安全协议，同时借助安委会完成联合检查、预案衔接、联动演练等一系列安全管理工作，实现工业园以危险化学品为重点的协调统一的安全管理模式。会上，环保局就工业园建立环保台账、排污申报、危废管理等工作进行部署。

（张润婕）

开展通信电子和设备制造业企业执法检查

6月25日至7月25日、8月6日至9月7日、8月20日至10月10日，开发区安监局委托中介机构分别对区内通信电子和设备制造行业的129家企业进行了分类分级和安全生产审计。9月3~28日、10月9日至11月8日、11月22日至12月27日，针对分级和审计中发现的问题，开发区安监局对每家企业的隐患整改情况进行现场核查，以执法方式促进企业落实整改，加大执法力度，提高企业整体安全管理水平。

（肖怡宁）

举办危险化学品安全管理专题培训

6月26~28日、9月4~6日，开发区安监局举办了6期危险化学品安全管理专题培训，区内204家企业944人参加培训。培训邀请北京化学工业协会专家对危险化学品辨识、分类、常用品种等专业知识及使用、储存、运输等日常安全管理要素进行授课。专家结合开发区实际，重点讲解企业危化品使用的特点及管理中存在的问题，并进行答疑和考试。

（张润婕）

组织安全生产标准化推进培训

6月29日，开发区安监局组织召开开发区安全生产标准化工作会暨内审人员培训会，聘请专业人员讲授安全生产标准化建设经验，298名区内企业安全管理人员参加培训会。为保证工作平稳有序开展，安监局按照动员部署、培训学习、整体推进、加快落实4个步骤推进标准化建设工作，要求企业内审员报送本单位安全标准化达标目标和启动时间，根据企业达标计划，安监局统筹各类咨询评审资源，为企业提供高质量高效率服务。

（王山）

召开危化品生产、经营单位安全工作会

7月5日，开发区安监局召开安全工作会。区内12家危化生产、经营企业参加会议。会议对外省市及北京市的几起危险化学品事故进行通报，要求企业结合危险化学品的生产、经营方式，加强对上下游环节的安全生产管理工作，做好危险化学品经营许可证的变更工作，尤其是地址变更涉及跨区取证等问题。会议要求危险化学品生产、经营单位对管控化学品，易制毒、易制爆化学品按照程序进行登记。

（薛小敏）

印刷企业安全生产标准化工作启动

7月18日，开发区安监局按照企业安全生产标准化工作行业分步推进的步骤，召开印刷行业安全生产标准化工作启动会，区内11家即将开展标准化工作的印刷企业安全负责人参加会议。会议要求企业领导要重视安全生产标准化工作，亲抓亲管；

要与安全生产隐患排查结合起来，把工作夯实做细；同时，以此为基础，迎接开发区的分级分类评定。

（王山）

开展安全生产大检查

7月25日，开发区安全委员会办公室将市安委会《关于开展安全生产大检查的紧急通知》转发至各安委会成员单位和区内企业，要求各单位做好交通运输、建筑施工、危险化学品和市政设施等7个行业领域的安全生产检查工作。通知还要求各单位要采取企业主体负责、行业指导、专家参与、联合检查的方式，落实应急预案，消除事故隐患，确保生产安全。

（刘占超）

进行工业企业燃气使用安全专项检查

8月1~29日，开发区安监局对区内72家使用燃气的工业企业进行专项检查。检查中对燃气安全管理制度、应急预案、人员培训、警示标志等情况进行现场核查，对发现的问题下达执法文书并督促企业整改。

（肖怡宁）

组织安全文化建设示范企业现场观摩会

8月2日，开发区安监局组织召开安全文化建设示范企业现场观摩会，区内部分企业安全管理人员赴通用航卫有限公司等4家企业现场观摩。观摩会采取企业主动介绍特点与随机问答、相互交流与点评说明、谈感受与找不足相结合的方式进行，促进企业完善自身安全文化建设工作。

（王山）

召开易制毒易制爆危化品安全管理工作会

8月30日，开发区安监局联合开发区公安分局召开易制毒、易制爆危险化学品安全管理工作会。开发区59家涉及易制毒、易制爆的重点单位负责人及安全管理人员参加会议。会议明确对三类危险化学品购买、销售的许可资质要求，强调对上下游单位的资质检查，对流向的严格管控，以及严禁向个人销售剧毒、易制爆化学品的各项规定，同时对各类危化品的专项整治和监管工作进行部署。会议要求各参会单位要重视危险化学品的安全管理工作，各级管理人员要做到“五个清楚”，各类专业人员要发挥技术骨干作用，做好危险化学品安全防范工作。

（张润婕）

开展危化品泄漏事故应急处置综合演练

9月11日，开发区组织危险化学品泄漏事故应急处置综合演练，开发区应急办、安监局、环保局、交通大队、消防支队及北京市999急救中心等部门参加演练。本次演练模拟氯气罐车发生交通事故导致泄漏的事故现场，救援工作分为事故发生报警阶段、先期处置阶段、现场救援处置阶段和事故处置阶段，演练达到预期效果。演练结束后，市交通管理局书记郭振川、开发区管委会副主任高言杰分别对此次演练进行讲评。

（安阳）

进行职业健康管理员取证培训

9月11~12日，开发区安监局对136人进行职业健康管理员取证培训，包括职业卫生管理知识、相关法律法规和职业卫生防治技术等，旨在提高企业职业卫生管理人员的专业素质，为落实企业职业卫生防治主体责任奠定基础。

（王山）

召开十八大安全生产保障工作会

9月19日，开发区安监局召开十八大

安全生产保障工作会，区内70家重点企业的100多名安全管理人员参加，会议对十八大安全生产保障的重点工作进行部署，要求增加安全检查频次，发现安全隐患及时通报决策层进行整改。参会的工业园产权方和物业方，要明确双方安全责任、签订安全协议，同时借助安委会完成联合检查、预案衔接、联动演练等一系列安全管理工作，实现工业园以危险化学品为重点的协调统一的安全管理模式；要求企业明确安全风险点，做好“一对一”的应急处置方案，实现应急队伍、应急资源、应急预案、应急演练4个内容落实；对在安全生产执法中出现的配电室安全、危险化学品安全、个人防护、标志标识4个方面问题向企业提出具体要求。

（薛小敏）

开展市区两级联合执法检查

9月20日，市安全监管局执法监察总队与开发区安监局执法队对3家危化品生产企业、2家餐饮企业和1家酒店进行联合执法检查，下达执法文书7份，对1家餐饮企业下达现场处理措施决定书，要求企业局部停业，立案处罚。

（肖怡宁）

检查餐饮企业燃气使用及储存情况

9月20~21日，开发区商务局联合开发区安监局、消防支队、质监局等部门，对区内40家小型餐饮企业的天然气使用及储存情况进行联合执法检查，对气瓶储存地点以及使用中的安全问题进行专项检查。各部门按照职责进行督促，并下达相应文书，要求企业整改。

（肖怡宁）

检查企业安全生产工作

9月27~28日，开发区领导张伯旭、赵昕昕、高言杰、王合生、绳立成和袁立洪分别带队，对区内重点项目、工业企业、在建工程、危化企业、能源单位、人员密集场所、工业园区、公共交通运营等单位的事故应急救援能力建设情况等安全管理工作及国庆节期间安全生产应急预案和应急值守工作准备情况进行检查。针对查出的安全隐患，相关部门下达限期整改指令书。开发区领导要求被检查单位负责人切实履行职责，落实企业主体责任，做好各项安全生产管理工作，落实好节日值班、领导带班制度，加强日常安全巡检和信息报送工作，确保“两节”和十八大期间的安全稳定。

（刘茜紫）

组建危险化学品应急救援专家组

10月10日，开发区安监局危险化学品应急救援专家组成立并召开座谈会。会上为聘请的9名危险化学品应急管理、现场事故处置及职业中毒等方面的专家颁发聘书。开发区危险化学品应急救援专家组成立，实现了危险化学品应急救援体系专家决策支持制度化、日常化。座谈会上，各位专家围绕着危险化学品应急整体架构、物资配备、队伍建设方面进行座谈交流，针对开发区危险化学品应急工作的实际情况，在危险化学品应急救援中采取行业协作体或联盟体和队伍建设依托消防专业队伍等方面提出建议。开发区应急办、安监局、危险化学品应急专家共16人参会。

（薛小敏）

领导带队检查安全工作

10月19日，开发区管委会副主任袁立洪带队检查中芯花园、临时农贸市场、X17号地块超市违章建筑、朗波尔光电股份有限公司，开发区建发局、社发局、安监局、城管分局、公安分局和消防支队相关人员参与检查。袁立洪要求各单位增强安全意识，明确安全责任，将各项安全监管工作落到实处。

（肖怡宁）

危化品安全生产保障工作

10月22~23日，开发区安监局组织区内危险化学品生产经营单位、重大危险源、涉氯涉氨等29家重点企业十八大期间危险化学品安全生产保障工作部署会。会议学习上级有关文件精神，部署具体工作要求，对安全管理人员进行培训教育，切实提高安全生产和反恐防范意识。会上要求企业将安全保障措施和值班表上报，全面检查储存、使用场所监控报警、应急处置设施设备，实行安全事故零报告制度，完善危险化学品台账，对剧毒、易制毒、易制爆、涉爆易制毒等重点品种升级管理，强化液氯、液氨等重点品种的安全监管。

（张润婕）

企业安全生产分类分级工作启动

10月26日，开发区安监局召开安全生产分类分级评定工作启动会。10月至11月，针对区内仪器仪表及汽车维修行业企业进行分类分级评定及审计工作。评定专家向企业人员介绍了评定流程，并对企业人员讲解分类分级评定标准和管理办法。

（蒋立涛）

市安监局领导检查指导安全生产工作

10月26日，市安监局局长张家明一行7人到开发区检查十八大期间危险化学品安全保障工作。检查组对京东方光电科技有限公司、京东方显示技术有限公司两家企业的危险化学品储存、使用情况，以及十八大期间的安全保障工作进行检查指导；重点检查液氯储存、使用场所的各项安全管理情况及应急保障措施，查看规章制度等一系列记录材料；要求做好十八大期间的安全生产工作，落实各项安全监管保障工作。

（张润婕）

开展危险化学品事故应急救援预案演练

10月30日，开发区安监局、应急办、宣传部、环保局、社发局、消防支队、交通大队和公安分局等部门联合开展2012年开发区危险化学品事故应急救援预案桌面推演。此次演练采用屏幕演示与现场指挥相结合、动态与静态相结合、室外与室内相结合、领导指挥与实际互动相结合的创新演练模式，对预案的企业先期处置、信息报告、响应处置、善后处置和调查评估等内容进行全面推演，高效完成演练任务。张伯旭、赵昕昕和王合生到场观摩。

（刘占超）

开展十八大期间安全保障执法检查

10月30日至11月16日，开发区安监局领导带队，全体人员每日三组，对区内涉氨涉氯、危化生产和重大危险源企业进行执法检查。重点检查企业领导值班情况、带班检查、安全教育培训、危化品管理和配电室安全等，要求区内涉氯、涉氨、危化品生产经营和重大危险源企业实行每日“零报告”制度，按时上报有关信息。

（刘茜紫）

获“神东神华杯”知识竞赛优秀组织奖

11月5日，由国家安全生产监督管理总局和中华全国总工会共同组织的“神东神华杯”《中华人民共和国职业病防治法》知识竞赛颁奖大会在京举行，开发区安监局组织辖区内多家企业竞赛，被授予“优秀组织奖”。

（刘国建）

召开安全生产工作会

11月27~28日，开发区安监局召开安全生产工作会暨企业安全管理人员培训，300多家企业400多名安全管理员参加。会议全面分析全年整体安全形势，对2012年工作进行总结，就2013年重点工作进行布置及说明。会上表彰2012年度安全生产月活动中优秀的企业及先进个人。培训讲解了企业安全用电、安全教育培训以及危化品安全管理等内容，组织企业对培训现状、三级教育和应急体系建设等问题进行座谈讨论。

（刘国建）

编纂出版《企业安全文化建设指南》

12月，开发区安监局组织专家针对开发区企业安全文化建设的特点进行归纳总结，编纂出版《企业安全文化建设指南》一书，印刷2000册。该书下发给区内生产经营单位，指导企业从安全管理层面向安全文化建设层面迈进。

（王山）

26家企业完成安全生产标准化达标工作

年内，开发区26家企业完成安全生产标准化达标工作。其中，3家企业通过国家安监总局组织的一级安全生产标准化企业复审，14家企业通过北京市安监局组织的二级安全生产标准化企业复审，9家企业通过开发区三级安全生产标准化企业核准。开发区达标企业不断增加，标准化工作稳步有序开展。

（孙鹏）

开展物联网监控

年内，开发区4家企业作为北京市安全生产监管系统物联网应用项目示范企业，进入一级物联网预警调度平台建设施工阶段。根据实际情况，开发区安监局开展第三方监管模式试点，委托第三方公司提供远程安全监管服务，逐步把重大危险源等企业纳入到监管范围中。

（孙鹏）

开展毒物防控计划试点工作

年内，开发区安监局在北京三箭和众鼎电子有限公司继续开展毒物防控计划试点工作，受限于企业产能不足的实际情况，在工程治理措施方面还有待研究。同时，增加诺兰特移动通信配件（北京）有限公司作为毒物防控试点单位，提出网格化管理的毒物防控方法。

（王山）

2家企业获市安全文化建设示范企业称号

年内，在安全文化建设示范企业评选活动中，北京经开投资开发股份有限公司和北京金佰利个人用品有限公司获北京市安全文化建设示范企业称号。其中北京经开股份投资有限公司被推荐参加全国安全文化建设示范企业评选。

（王山）

规划·建设

北京经济技术开发区年鉴 2013
BEIJING ECONOMIC-TECHNOLOGICAL DEVELOPMENT AREA YEARBOOK

综 述

2012年，开发区规划、建设工作围绕区域发展的主线和保障重大产业项目、重视民生工程、拓展产业空间等重点开展，完成相邻旧宫镇、瀛海镇、亦庄镇和南海子公园统筹发展的“三镇一园”规划研究工作，开展核心区、路东区等“老旧工业区”的提级改造和“腾笼换鸟”工作，为开发区产业转型升级提供支持。

开发区结合新城总体规划完成基础数据资料的收集整理，并对亦庄新城规划与实施影响的层面进行规划实施评估。完成老工业区产业转型、总规评估及中关村示范区亦庄园规划编研，促进奔驰汽车产业园、数字电视产业园、中航技研发展示中心和中航国际北京航空城等项目落地。开发区加快市政基础设施、生态环境建设，为近30家企业提供“九通一平”服务，“46.8平方公里”内市政道路建设完成，开通并优化公交线路10条。“12平方公里”功能拓展区基础设施建设加快。228万平方米的回迁安置房交付使用，4402户居民平稳回迁。

加快推进国家水资源综合利用示范区创建工作，东区再生水厂实现并网供水，两座污水处理厂改造工程开工。万亩新城滨河森林公园开园。推动和加快“无限亦庄”工程、同仁医院二期、十一学校亦庄分校等公共服务设施和机构的建设。开发区完成全社会固定资产投资额339.9亿元。

开发区荣获首届国土资源节约集约模范县（市）荣誉称号。

（杨国文 王婧）

规 划

概况

2012年，北京市规划委员会经济技术开发区分局（简称开发区规划分局）完成开发区折子工程、老工业区产业转型、总规评估及中关村示范区亦庄园规划编研工作。审批规划事项908件，其中规划意见书116件、复函111件、建设用地规划许可证33件、建设工程规划许可证220件、规划验收62件、名称核准8件、其他218件。接待信访10余次200余人。

（王婧）

开发区建设20周年纪念雕塑《绽放》落成

开发区建设20周年纪念雕塑　　葛瑶华　摄

8月20日，纪念开发区建设20周年的雕塑作品《绽放》举行落成典礼。开发区规划分局承担雕塑的选址和组织设计工作。方案征集历时两个半月，历经平面方案征稿、立体小稿制作、专家及领导评审、公众参与评审等多个环节。雕塑主题立意为“三个体现”，即“体现开发区20年发展成就，体现未来产业新区发展的前景，体现国际化、高端化、一体化的发展目标”。考虑雕塑立意、景观性、安全性和社会性等多种因素，确定选址为南环岛（荣华南路与荣昌东街、荣昌西街道路交叉口环岛绿地）。

（苏莉萍 葛瑶华）

配合重大项目基础设施建设

年内，开发区规划分局完成六环路路南污水处理厂选址和控规编制工作；启动瑞新110千伏变电站和消防站的规划研究工作；开展对原经开规划污水处理厂提级扩容研究；完成路东区再生水厂二期、路东区和核心区污水处理厂提级改造项目的地块控规编制，并报至市规划委。

（龙莹洁）

完成“16平方公里”扩区规划研究

年内，开发区规划分局完成对“16平方公里”扩区范围内的军民结合产业园的人口、土地、房屋等现状调研；完成《产业新区发展定位研究》《产业新区城乡统筹发展研究》《产业新区生态基础设施规划研究》《产业新区配套指标研究》等4个分项规划研究，为总体规划的编制提供依据；完成凤河和凤港减河的规划方案设计；结合市政、交通专项规划评估和大兴亦庄新城综合交通规划修编工作对拟扩区范围开展前置研究。

（张勇 赵安 孙雨）

完善区域交通体系

年内，开发区规划分局完成博大路、大羊坊桥出入口、康化桥、旧忠桥和京津塘高速东区入口改造方案；开展新增京津塘高速东区入口与荣昌康定组合立交桥规划相结合的方案研究，构建快速便捷路网体系；开展博兴西路由主干路提级至快速路、成寿寺路并入到博兴西路快速路的研究中，疏解开发区与市区的交通瓶颈问题。

（权文哲 马文骞）

开展相邻“三镇一园”规划研究

年内，开发区规划分局开展“三镇一园”统筹发展规划研究工作。提出“规划一张图、市政管线一张网、交通出行一体系”的规划理念，以及“三横两纵一环一桥，三片区两河一园”实施策略，对“三镇一园”进行分期、分步骤的一体化建设。提出综配区“一年有动静、两年出形象、三年大变样”的实施策略、实施计划及具体工作内容。完成旧宫南街产业园区基础设施配套工程雨水、污水等 10 项市政专项规划方案；对综配区交通通道及节点方案进行细化研究，开展博兴西路快速路、旧忠桥远期互通立交、黄亦路拓宽、104 国道拓宽等规划研究。4 月 1 日，五福堂路二号路、西毓顺路、五福堂路（南段）、西三路管网综合设计方案移交至开发区建发局。

（张勇 张丹）

促进重点项目落地开工

年内，开发区规划分局促进奔驰汽车产业园、数字电视产业园标准厂房及配套项目、中芯国际二期项目、同仁堂亦庄总部基地项目、瑞云云计算项目、保华国际教育园项目、中航技研发展示中心项目和中航国际北京航空城等项目落地。编制完成土地挂牌所需要的地块控规，并对上位街区深化方案进行更新调整。配合产业项目编制瑞云、中芯二期、同仁堂、中航技等项目的控规，累计用地约 5 平方千米。通过规划前期介入和服务，推动体育中心二期、科技中心等项目的规划工作。

（周千钧 唐施）

论证荣华路中心节点地区城市设计

年内，开发区规划分局开展新一轮荣华路中心节点地区的城市设计论证工作。通过对中心公建区的论证，实现城市空间优化，提高开发区城市的标志性和可识别性。设计论证方案经管委会领导审查后，结合 I-3 街区 27C4#、27C5# 地块控规一并报至市规划委审查。12 月，取得市规划委地块控规审查批复。

（张勇 赵安）

推进亦庄新城总体规划实施评估

年内，开发区规划分局结合新城总体规划实施评估工作，开展产业、人口、公共服务设施、土地集约利用、城乡统筹与协同发展、城市特色、市政和交通基础设施承载等 10 多项专题基础数据资料的收集整理。在开发区、大兴区行政资源整合，中关村自主创新示范区批复后对亦庄新城规划与实施影响的层面进行规划实施评估。

（张勇 赵安 孙雨）

开展土地集约利用研究

年内，开发区规划分局开展亦庄新城规划实施评估的用地规划实施评估及土地集约利用专题研究。重点对亦庄新城规划土地利用现状和集约程度进行评价，通过对开发区重点功能区土地利用程度的分析，推测开发区土地利用特征和潜力，借鉴国内外开发区集约利用土地和用地规划实施的经验，提出开发区用地规划建议。

（张勇 张丹）

开展开发区城市特色风貌专题研究

年内，开发区规划分局对开发区城市设计、色彩设计、广告设计、夜景照明设计等城市风貌相关规划，以及重点项目、产业园区规划的管理和实施情况进行总结、评价。借鉴国内外开发区城市特色风貌规划设计和实施经验，针对规划编制、规划管理提出完善城市风貌相关规划的策略和建议。

（张勇 张丹）

推进老工业区产业转型

年内，开发区规划分局以核心区的起步区、亦庄镇东工业小区和南工业小区等老工业区作为研究对象，分片区、分重点开展系列规划研究。完成东工业小区现状调研和梳理工作，提出南工业小区改造思路，提出“腾笼换鸟”的规划策略和建议。

（孙雨）

开展亦庄新城人口发展专题研究

年内，开发区规划分局委托市社科院和开发区规划中心共同开展亦庄新城规划实施评估的人口发展专题研究。针对在人口总体状况、社会结构、人口与产业发展的关系、人口与用地发展的关系等方面开展研究，提出开发区与周边区域在人口管理、居住空间等方面的统筹协调建议。

（张勇 赵安）

开展黄亦路等道路改造方案研究

年内，开发区规划分局提出综合服务配套区交通整合工作安排，开展黄亦路、104国道和旧忠桥节点改造方案的研究工作。此次道路改造将黄亦路（南中轴路—博兴八路）段由二级公路改造为城市主干路，104国道（五环路—六环路）段由二级公路改造为城市主干路，104国道（六环路—采廊路）段由二级公路改造为一级公路。

（权文哲 马文睿）

开展慢行系统规划工作

年内，开发区规划分局开展开发区及“三镇一园”相关区域约68平方千米的慢行系统规划。从慢行交通网络、立体过街设施、自行车租赁点布局、道路横断面及平面交叉口5个方面进行分析研究，提出优化解决方案，构建开发区完善的慢行交通体系。

（权文哲 马文睿）

开展轻轨交通出行行为与影响调研

年内，开发区规划分局开展轻轨开通前后交通出行行为与影响调研。轻轨亦庄线的开通缓解了亦庄城区的交通拥堵，此次轨道开通前后交通客流量的分析研究，为相关规划课题研究提供可靠且翔实的基础数据。

（权文哲 马文睿）

开展综配区市政基础设施整合规划

年内，开发区规划分局分析综配区市政基础设施承载能力的现状和问题后，制定综配区市政设施发展目标、主要任务及重大项目安排，统筹水源、能源供应协调均衡发展。

（龙莹洁）

开展路南区河道工程规划条件研究

年内，开发区规划分局为推进路南区建设，解决雨水排除问题，组织开展路南Ⅶ－1街区河道工程规划条件研究工作。主要针对路南区老凤河、凤港减河、红凤灌渠3条河道进行方案设计，为恢复河道防洪排涝功能作出规划指导。

（龙莹洁）

完成40条道路命名

年内，开发区规划分局完成路南区Ⅶ－1街区17条道路、河西Ⅱ－6街区11条道路、路东G区12条道路共40条道路的命名工作。其中路南Ⅶ－1街区道路命名以符合工业区简洁、路名好找好记的原则；河西Ⅱ－6街区道路命名为体现原居住的历史传承，使用原村庄名称进行命名；路东G区道路主要采用独立命名。

（龙莹洁 张大鹏）

完成规划审批908件

年内，开发区规划分局完成规划审批事项908件，审批量比上年略有减少。从数据分析看，近3年用地证、建筑工程证、复函等主要行政许可和规划服务事项的工作量基本持平，而市政方面的意见书和工程证则随着开发区的基础设施建设强度变化有较大起伏。

（王婧）

提高信息化服务效能

年内，开发区规划分局编制刊发《开发区规划建设用地月报》6期，以辅助规划管理和项目审批。完成开发区内城市用地和建设项目规划数据的收集整理。完善开发区城市三维仿真平台的搭建和维护，该平台的使用在京东商城企业总部项目、瑞云云计算项目、中航技研发展示中心项目和中心公建区城市设计等方案论证分析中起到了重要作用。

（江敏）

完善监督防范体系

年内，开发区规划分局推动“制止和查处违法用地违法建设联动工作机制”建设，完成4次卫星查违工作；核对62处图斑，其中28处图斑位于开发区。监督检查人员开展现场巡查60多次，拆除过期临建5000平方米。通过日间巡查和群众举报发现并处理违法建设57处。

（张大鹏）

支持民生项目建设

年内，开发区规划分局促进教育、卫生、医疗等涉及民生工程项目的建设。完成中芯国际学校扩建工程、X84R2地块48班小学扩建工程、X83C1地块2.7万平方米的社区卫生服务中心等项目的方案审批；完成“12平方公里”范围内4个安置房项目的规划验收。

（唐施 周千钧）

加大规划宣传工作力度

年内，开发区规划分局刊发15期《工作简报》共计174条，其中被市规划委的《一周情况通报》《情况反映》录用105条，录用量比上年翻三番。重大活动和重要工作均在《亦庄时讯》上刊登。

（江敏）

建　设

扩区与征地拆迁

概况

2012年，两区征地拆迁开发建设工作领导小组办公室（简称新区征拆建办）牵头负责的开发区管委会折子工程共3项，分别是落实“12平方公里”功能拓展区220万平方米占补平衡指标，加快土地拆迁首位和土地征用报批工作；加强与中关村管委会沟通联系，协调推进中关村政策区的总体规划审批工作，启动控规编制准备工作；启动“26平方公里”前期规划启动工作，抓紧完成军民结合产业园、生物医药基地、新能源产业园对外的扩区方案、规划编制和拆迁准备工作。

（王少英）

加快“46.8平方公里”拆迁收尾工作

1月15日，开发区征地拆迁办公室完成开发区路东区2户别墅及郑庄村1户公产的拆迁拆除工作。1月20日，完成开发区河西区保安公司腾退搬迁。2月11日，启动开发区河西区博兴十路路由范围内企业腾退。完成利嘉凯华弗尔、亦兴万达等企业的腾退，保证地下管线如期铺设。8月21日，启动X38搬迁安置房入住工作，涉及瀛海镇烧饼庄村132户、同义庄村60户、亦庄镇西五号村1户和红星供销社1户。截至年底，已完成入住136户，涉及楼房403套。

（王龙 王少英）

推进“12平方公里”拆迁收尾工作

4月7日，新区征拆建办牵头，组织开发区总公司青云店政府、中介服务公司启动青云店190000平方米土地腾退工作；8月29日，已完成地上物腾退10005平方米、瑞合二村居民19户以租代买宅基地腾退、同仁堂物流中心腾退；完成奔驰二工厂选址范围内的拆迁扫尾工作。截至年底，“12平方公里”拆迁剩余非住宅已拆未签37户，未拆未签9户。地上物未签补偿协议1133900平方米。其中，尚未腾退1000500平方米；鱼池、沙坑已拆未签28户，耕地内居住的无房户（住房困难户）6户。

（王少英）

落实对接扩区事宜

4月26日，开发区工委副书记李长友主持召开征拆建工作领导小组会议。会议明确开发区总公司为军民结合产业园土地一级开发主体，要求征拆建办与总公司相关部门主动对接，开发过程中所涉及村庄的人口、土地、房屋、企业等基本数据实现共享，为扩区实施做好准备。

（仲东阳 王少英）

调整空间规模和布局获国务院批复

10月13日，《国务院关于同意调整中关村国家自主创新示范区空间规模和布局的批复》（国函［2012］168号）正式下发。新媒体产业基地、采育新能源产业基地、大兴生物医药基地和开发区等在内的14块区域共98.27平方千米正式纳入中关村国家自主创新示范区，包括军民结合产业园、采育新能源基地南区、生物医药基地南扩区共约30平方千米的新增城市建设用地。

（仲东阳 王少英）

土地与房屋管理

概况

2012年，北京经济技术开发区房屋和土地管理局（简称开发区房地局）以“两保障、一平衡”为核心任务，提高土地集约利用水平，维护房地产市场良好秩序，营造和谐物业管理环境，服务企业和居民，完成土地管理、房屋管理和物业管理各项工作任务。

（刘伟）

配租公共租赁住房

1月，开发区房地局启动X17项目配租工作。截至年底，共完成5次配租。X17项目实际配租房屋623套、X31项目实际配租房屋1400套，涉及84家企业；永康公寓、E14项目和青年公寓项目累计配租房屋5192间。

（刘伟）

获全国国土资源节约集约模范县（市）称号

2月，开发区荣获首届全国国土资源节约集约模范县（市）荣誉称号，成为北京市首批获得此称号的3家单位之一。

（刘伟）

宣传第 43 个“世界地球日”

第 43 个“世界地球日”宣传活动现场　　刘伟 摄

4 月 22 日，开发区房地局开展第 43 个“世界地球日”宣传活动。向北京二中亦庄分校赠送有关地球日主题方面的图书资料；在博大公园广场设立宣传台，免费向游人和群众发放宣传材料；在开发区网站设立世界地球日宣传专栏，详细介绍地球日活动内容、历届地球日宣传主题、活动宣传海报。

（刘伟）

宣传第 22 个“全国土地日”

6 月 25 日，开发区房地局开展第 22 个“全国土地日”宣传活动。在博大大厦设立宣传台，张贴宣传材料，免费向群众发放“全国土地日”宣传材料；在开发区管委会及分局网站设立宣传专栏，详细介绍“全国土地日”活动的主题、由来、国家土地基本国策、耕地保护制度、基本农田保护法律制度等内容。

（刘伟）

完成“7 · 21”防汛应急工作

7 月 20 日，开发区房地局通过短信平台方式通知区内物业服务企业，做好防汛应急准备工作。21 日，各物业公司接到防汛通报后积极应对，配合应急办、供电公司等单位采取应急措施，提前做好应急处置，现场安排合理，人员到位及时，虽发生雨水倒灌、淹泡等问题，但因处置及时，未发生重大安全事故。

（刘伟）

完成物业接撤管工作

8 月 22 日，开发区房地局完成大雄城市花园小区的物业公司接撤管工作，物业交接工作保持平稳、有序，有效保障了业主的正常生活。此外，对一品亦庄小区物业公司撤管工作进行协调并提出工作建议。

（刘伟）

完成物业项目核查

9 月，开发区房地局完成开发区内所有物业项目的核查工作。在区内注册并取得物业管理资质的企业共 39 家，其中一级 2 家、二级 11 家、三级 26 家。在区内备案的企业有 27 家，纳入物业管理的总建筑面积 700 万平方米。在区内备案的项目共计 110 个，其中住宅 43 个、工业类 29 个、商业 6 个、综合 32 个。

（刘伟）

首次实现土地收入超过 100 亿元

年内，开发区房地局为平衡区内土地一级开发资金，按照“两保障、一平衡”核心任务，通过审时度势分析房地产市场发展状况，积极利用土地出让市场机制，把握住市场热度较高的机遇，全年土地出让合同地价款及入市交易地块收入首次超过 100 亿元。

（刘伟）

供应建设用地 220.69 公顷

年内，开发区房地局共出让 20 宗土地，总面积 220.69 公顷。其中工业用地 10 宗，面积 180.42 公顷；商服用地 6 宗，面积

25.55 公顷 ；市政用地 2 宗，面积 0.79 公顷；住宅用地 2 宗，面积 13.93 公顷。

（刘伟）

加强土地批后监管

年内，开发区房地局组织工作人员学习国土部新修订的《闲置土地处置办法》（国土资源部令第 53 号），对超过出让合同约定的开工时间满 1 年的企业进行闲置土地调查，约谈企业了解项目的进展情况，向相关未按合同约定期限开工的企业发出 19 个《违约通知》。

（刘伟）

盘活低效项目用地约 22 公顷

年内，开发区房地局建立产促局等部门协作机制，加强低效用地项目的调查摸底工作，加大产业空间内部挖潜及“腾笼换鸟”力度。共收回 X6-1M2 地块项目 4.64 公顷；盘活 80M6a-2 地块项目，X62M1 项目，67R1、M176 地块项目等 8 个低效项目用地约 17.47 公顷。

（刘伟）

完成耕地占补平衡指标落实工作

年内，开发区房地局争取市国土资源局、延庆县、密云县等相关单位在耕地占补平衡指标上的支持，共落实耕地占补平衡指标 200 公顷。完成全年征地所需占补平衡指标的落实工作，推动“12 平方公里”征地工作的开展，促进开发区重点招商项目的落地。

（刘伟）

办理各类土地登记业务 219 宗

年内，开发区房地局共办理土地初始登记 24 宗，登记面积 108.45 公顷。办理土地变更登记 22 宗，面积 73.17 公顷。办理土地注销登记 1 宗，面积 8.67 公顷。协助法院办理司法查封 164 件。办理抵押登记 172 宗，抵押土地面积 411.70 公顷，评估金额 474.33 亿元，贷款金额 156.73 亿元。其中商服用地 20 宗，面积 55.57 公顷，评估金额 172.48 亿元，贷款金额 57.91 亿元；工矿仓储用地 141 宗，面积 332.78 公顷，评估金额 283.64 亿元，贷款金额 88.44 亿元；住宅用地 3 宗，面积 11.26 公顷，评估金额 3.18 亿元，贷款金额 2.94 亿元；公用管理与公共服务用地 8 宗，面积 12.09 公顷，评估金额 15.03 亿元，贷款金额 7.44 亿元。

（刘伟）

各类房屋登记业务和咨询超过 2 万件

年内，开发区房地局共办理房屋初始登记 55 件，登记面积 241.92 万平方米。办理房屋转移登记 4166 件，登记面积 53.96 万平方米，交易金额 47.15 亿元。其中新建商品房 1950 件，登记面积 19.22 万平方米，交易金额 26.04 亿元；存量房 1443 件，登记面积 22.54 万平方米，交易金额 21.10 亿元；其他转移登记 773 件，登记面积 12.20 万平方米。办理房屋变更登记 155 件，登记面积 36.93 万平方米。办理房屋抵押登记 2629 件，登记面积 137.48 万平方米，抵押金额 25.61 亿元。办理房屋抵押注销登记 1285 件。办理房屋预告登记 134 件，登记面积 19.19 万平方米。办理房屋异议登记 5 件。协助法院执行 214 件。办理存量房网上签约 613 套。办理房地产经纪机构备案 61 家。接待房产查询、咨询共计 12350 次，其中出具书面查询结果 1055 个。

（刘伟）

化解物业服务纠纷

年内，开发区房地局对影响社区稳定

的物业服务纠纷进行集中化解。做好一栋洋房小区停限电协调工作，避免因停限电措施所产生的损失；化解听涛雅园 13 号楼产权纠纷，召开协调会 10 余次，接访 5 次。

（刘伟）

2 个物业项目获星级称号

年内，市住建委授予开发区林肯公园物业项目五星称号、开发区公安分局物业项目四星称号。金地格林小镇项目通过了由市住建委组织的国优示范项目复检。

（刘伟）

开展房地产市场专项检查

年内，开发区房地局针对房地产开发企业预售资金监管、商品房销售现场开展专项检查工作。对开发区内的房地产经纪机构进行筛查，将未取得经纪机构备案证明的经纪机构移送工商部门进行处理。全年针对房地产市场共进行执法检查 150 次，其中检查房地产开发企业和商品房销售项目 24 次、房地产经纪机构 1 次、分支机构 25 次、物业项目 76 次、地下空间 24 次。办结 2 起行政处罚案件，共收缴罚款 20.56 万元。

（刘伟）

政府投资建设项目

概况

2012 年，北京经济技术开发区建设发展局（简称开发区建发局）科室数由 5 个增加至 8 个，分别为办公室、工程建设管理科、建筑业管理科、施工安全质量管理科、建筑节能与建筑材料管理科、建筑市场管理科、劳务管理科、人民防空管理科。下设 4 个事业单位，分别为基建办公室、建设工程交易中心、安全质量技术中心、民防工程事务中心。开发区建发局加快区内市政基础设施建设，以及万亩新城滨河森林公园、综合服务配套区基础设施等重点工程的建设，提升开发区、综合服务配套区的市政基础设施配套、生态环境和城市形象。全年承担固定资产投资任务 73 项，占开发区管委会项目总数的 74.5%；完成投资 28.8 亿元，占管委会投资总量的 68.5%。

（杨国文）

非公党建活动中心工程竣工

非公党建活动中心外景　　魏建环　摄

6 月，开发区基建办公室承担的非公党建活动中心（后更名为党群活动中心）工程竣工。该工程位于开发区凉水河路 X6-2 地块，于 4 月 8 日开工，总投资 4000 万元，建筑面积 6000 平方米，由泛华建设集团有限公司承建。中心内设有报告厅、展览室、活动室等，可以同时容纳 800 人活动。

（魏建环）

五福堂一号路工程竣工

7 月，开发区基建办公室承担的五福堂一号路工程竣工。该工程位于旧宫镇，属于综合服务配套区基础设施建设工程的一部分，于 5 月 4 日开工，总投资 2084.4 万元，由北京城乡建设集团有限责任公司承建。

（蔡猛）

旧忠路电力沟工程竣工

7月，开发区基建办公室承担的旧忠路电力沟工程竣工。该工程位于南海子公园，属于综合服务配套区基础设施建设工程的一部分，于5月4日开工，总投资1500万元，变电站到公园南环路段总计450米。

（魏建环）

万亩新城滨河森林公园开园

11月30日，由开发区基建办公室承建的万亩新城滨河森林公园北岸绿化工程完工，公园开园。北岸绿化工程位于新凤河、凉水河流经开发区（博兴西路至经海九路）段，总投资1亿元，共栽植大乔木5万株，配套园路、广场、管理用房、公厕等休闲和服务工程，总面积140万平方米。亦庄新城滨河森林公园是北京11个新城滨河森林公园之一。

（李国庆）

完成5座桥梁建设

科创十三街桥梁建设工程　　魏建环　摄

年内，开发区基建办公室完成科创十一街、科创十三街、科创十四街、科创十七街（含两座桥梁）共5座桥梁建设。这几座跨河桥连接了流经开发区路东E、F、G区的通惠排干渠两岸交通。

（蔡猛）

“46.8平方公里”内市政道路建设完成

年内，开发区基建办公室完成经海路（科创一街至科创三街）、泰河路西延（博兴八路至博兴十路）、博兴路南延、42号区间路市政道路建设，总投资5135万元，由北京市建华公路工程有限公司、北京城建建设工程有限公司和北京市公路桥梁建设集团有限公司承建。至此，开发区“46.8平方公里”内市政道路建设基本完成。

（蔡猛）

提升滞洪区景观

滞洪区景观提升工程　　李国庆　摄

年内，开发区基建办公室承担了滞洪区景观提升工程。建设地点位于凉水河和通惠排干渠交汇处，由东西湖区和沿湖9个景点组成，与流经区域的通惠排干渠形成“一轴、两区、多节点”区域景观结构。工程总投资1.6亿元，地形整理已完成90%，临水结构物及园路施工完成60%，涉及面积27万平方米，种植乔木2100株。

（李国庆）

通惠排干渠改造河道治理绿化工程

年内，开发区基建办公室承担通惠排干渠改造工程（经海九路至凉水河一段）。沿河道全长3.5千米，总投资2.818亿元，涉及面积39万平方米。

（魏建环）

完成平原造林工程

年内，开发区基建办公室完成京沪高速开发区段东侧，北起科创一街、南至科创十七街的平原造林工程。地被种植包括国槐、白蜡、银杏、新疆杨等乔木品种4.8万株，全长5.8千米占地共10万平方米，扣除原生林地带，新增绿化面积77.80万平方米，共投资3900万元。

（李国庆）

为近30家企业提供“九通一平”服务

年内，开发区基建办公室免费为利德曼、美基、中天银河、华延星光、耐威时代、京运通、锋创、三盈联合、朗波尔、新立基、天安科创、瑞森等近30家入区企业完成自来水管道冲洗、开口审批、市政管网交底等“九通一平”服务工作。其中开发区基建办为满足泰德制药二期项目热力需求，70天内完成兴盛街及38号区间路500米热力管线改造，保证为其供气。

（魏建环）

建设市场管理

清理整治建设工程中的违规行为

6月至8月，开发区建发局针对2011年以来在开发区内领取施工许可证、投资额500万元以上的政府投资和使用国有资金建设的房屋建筑和市政基础设施工程项目进行全面排查。共排查66个项目，涉及施工总承包单位41家、监理单位24家、招标代理单位13家。经复查，未发现施工总承包单位、监理单位以及招标代理单位存在挂靠借用资质、违规出借资质问题。

（孙勇）

建设工程交易中心迁新址

9月，开发区建设工程交易中心由万源街4号迁至荣昌东街甲5号隆盛大厦A座3层。新址面积1000平方米，设开标室2个、评标室4个、办公室8个。此举旨在对区内招投标交易场所进行标准化建设与管理，完善服务功能，以满足建设工程电子化招标投标的需要。

（任纪刚）

做好为企业服务的促开工工作

年内，开发区建发局办理施工许可86项，同比下降27.7%，造价共计84.36亿元，同比下降57%。其中房屋建筑工程68项，同比下降24%，面积254.27万平方米，同比下降60%；市政工程11项，同比下降42%，造价3.88亿元，同比下降23%；装饰装修工程7项，同比下降36%，造价1.52亿元，同比下降42%。办理总包、监理招标95项，合同金额86.157亿元，同比下降36%。其中，政府及国有投资项目35项，合同额28.114亿元，占总合同额的32.63%；非国有投资60项，合同额58.044亿元，占总合同额的67.37%。与上年同期相比，政府及国有投资项目合同额下降64.35%，非国有投资项目合同额比例上升4.84%。

（刘志群 孙勇）

加强建筑业企业管理

年内，纳入开发区管理的房地产开发企业共40家，包括一级2家、二级6家、三级7家、四级10家、暂定资质15家；包括新增2家、升级6家、变更1家、暂定资质延期10家。建筑业企业共67家，包括特级1家、一级13家、二级14家、三级33家、其他6家；包括新增11家、升级2家、变更28家，涵盖房屋建筑、送变电工程、机电安装、建筑智能化及地基与基础工程等 27 个施工专业；包括具有施工总承包资质的 15 家、专业承包资质的 50 家、劳务分包资质的 2 家。完成二级建造师注册报送 97 人、发证 97 人，“三类人员”续期 114 人。

（刘志群）

254 项在建项目纳入合同履约监管范围

年内，共有 254 项在建项目纳入开发区合同履约监管范围。处理合同履约风险 187 项，其中涉及备案风险的 49 项、涉及价款支付风险的 105 项、涉及进度质量安全的 20 项、涉及重要履约风险的 13 项。

（孙勇）

规范劳务市场管理

年内，开发区建发局完成劳务交底 44 次、劳务检查记录 263 份，处理风险项目 187 起。处理劳务合同纠纷 55 起，涉及人员 1689 人、金额 925 万元。完善农民工劳动保障体系，在施项目全部建立农民工保证金账户。全年新开账户 77 户，资金 5118 万元； 脱离管理账户 68 户，脱离资金 4403 万元。

（刘毅）

7 项目获绿色建筑设计二星级认证

年内，开发区建发局监管范围内，共有“12 平方公里”X76 地块安置房等 7 个项目获得绿色建筑设计认证二星标识，总建筑面积 155 万平方米。

（贺秉强）

完成两项基金收缴

年内，开发区建发局完成新型墙体材料专项基金和散装水泥专项资金两项基金收缴，其中新型墙体材料专项基金征收 81 笔，金额 2380.83 万元，面积 238.08 万平方米；散装水泥专项资金征收 81 笔，金额 135.56 万元，面积 238.08 万平方米。

（贺秉强）

完成建筑节能 78 个备案项目

年内，开发区建发局完成建筑节能设计备案项目 78 个，面积 73.51 万平方米，其中住宅 22.55 万平方米、甲类公建 34.75 万平方米、乙类公建 16.21 万平方米；节能竣工验收备案项目 378 个，面积 320.24 万平方米，其中住宅 257.07 万平方米、甲类公建 23.44 万平方米、乙类公建 39.73 万平方米。

（贺秉强）

施工现场质量安全管理

概况

2012 年，开发区在建房屋建筑工程 100 项， 开复工面积 1102 万平方米；在建市政工程 25 项，工程造价 9.5 亿元。完成竣工验收 96 项。其中房屋建筑工程 74 项，总面积 396 万平方米；市政工程 15 项，形成固定资产 100 亿元。全年累计出动执法检查人员逾 1300 人次，发现各类质量安全隐患 4600 余项，对施工、监理企业的违法、违规行为实施行政处理 44 项次，行政处罚 50 起（其中简易程序处罚 32 起、一般程序处罚 18 起），累计罚款金额 45.9 万元。颁布《关于开发区建设工程围挡喷涂项目标识的暂行规定》。

（徐存柱 邢亚）

开展安全生产专项检查

1 月，开发区建发局组织执法人员对在建工程进行为期 3 周的专项执法检查。累计发现并督导整改各类安全生产隐患 61 项次，对 12 家存在严重违法行为的企业及从业人员进行了批评教育和行政处罚。

（邢亚）

建设系统安全大会召开

3月21日，开发区建发局组织召开了全区建设系统质量安全工作会议。管委会副主任高言杰参会并讲话。开发区建发局、安监局、食品办、消防支队分别就相关领域的安全管理情况进行通报，对工地下一阶段相关工作提出具体要求。开发区建发局与全区建设工程的各参建单位签署《建设项目质量安全责任书》。

（徐存柱 邢亚）

组织建筑项目管理人员观摩康宁工地

3月22日，开发区建发局组织全区在建工程企业负责人对康宁二期工程施工现场进行观摩学习。Flour（中国）工程建设有限公司亚太区健康安全环境总监就康宁项目在安全管理及职业健康方面的管理理念、操作流程、风险防范、劳保防护、预案制定，以及奖惩制度等问题向各施工企业负责人进行介绍。

（门京春 邢亚）

开展安全生产月系列活动

6月，开发区建发局在全区建设工地开展“安全生产月”主题活动。活动内容涵盖安全生产意识宣传、安全技能培训、突发事故应急处置演练等。共发放宣传材料2600余份，培训相关人员1000余人次，组织观摩规范化管理工地2次、工地火灾事故应急处置演练1次。

（徐存柱 邢亚）

确保建筑工地平安度汛

7月中旬，北京市普降中到大雨，为确保全区施工现场的平安度汛，开发区建发局监管人员对存在深基坑的工程实施逐一排查，共排除险情2起，调配防汛物资12批次，调配排险救援志愿人员79人次。

（徐存柱 邢亚）

建设工程获质量大检查北京市第一名

7月，京东方宿舍楼建设项目施工质量在全国建设工程质量执法大检查中获北京市第一名。该项目由开发区总公司开发建设并由其下属开发区博大建设公司负责施工。

（徐存柱 邢亚）

抽查建筑起重机械设备安全

9月至11月，开发区建发局随机选取区内7个在施项目的起重机械设备进行抽查，并委托国家建筑城建机械质量监督检验中心进行检测。检测塔式起重机14台，发现问题41项；检测施工升降机17台，发现问题91项，下发《责令（限期）改正通知书》要求立即停止使用有问题设备。

（门京春）

保障十八大期间施工安全

10月中旬，开发区建发局布置十八大期间的服务保障工作，制定服务保障工作突发事件的应急处置预案。重点加强对土方、明火、深基坑等重大危险性分部分项工程的稽查和隐患治理，并与区内在建工程的施工企业签订《开发区建设系统十八大服务保障工作责任状》。

（徐存柱 邢亚）

抽查检测65个在施工程施工质量

年内，开发区建设工程安全质量技术中心借助工程质量第三方专业检测机构，对全区65个在施工程的施工质量进行抽查检测。检测内容主要涉及混凝土强度、钢筋保护层厚度等关系到结构安全性但无法通过常规检查发现问题的子项工程，以及钢筋、门窗、防水材料等涉及房屋使用性能的子项。

（徐存柱　邢亚）

民防工作开展

组织民防工程建设专业培训

11 月 1 日，开发区建发局组织参与民防工程建设的建设、总包、监理等单位工作人员进行专业培训，内容主要为竣工验收流程及施工过程中建筑、结构、水暖、通风等专业质量通病的防治。培训前，北京市民防工程质量监督站向开发区建发局及民防工程各参建单位赠送《民防工程质量控制百问百答》。

（杨新宇　陈霞）

验收竣工民防工程 31 项

年内，开发区建发局压缩企业验收时间，民防工程竣工认可与市民防质监部门的现场验收合二为一、同步进行。全年完成民防工程竣工验收 31 项，总计约 38 万平方米。为保障“12 平方公里”220 万平方米回迁安置房的顺利入住，开发区建发局协同北京市民防工程质量技术监督站，对该项目近 27 万平方米的民防工程集中竣工验收。

（杨新宇　陈霞）

完善民防工程管理制度

年内，开发区建发局草拟区内民防工程使用管理暂行办法，加强建成民防工程的管理。在住宅小区的民防工程使用中，尝试引入社区居委会的管理模式，加强社会力量对民防工程使用的管理、监督。

（杨新宇　陈霞）

市容环境整治

概况

2012 年，北京市城市管理综合行政执法局开发区分局（简称开发区城管分局）以“明确服务理念、加强宣传引导、注重源头监管、善用执法手段”为工作思路，扎实推进各项工作稳步开展，全力打造开发区整洁、美观、和谐、有序的城市环境秩序。共出动 18174 人次、执法车辆 7443 车次；组织开展综合执法活动 23 次，各类专项执法活动 187 次；完成上级领导考察调研、重大节日、各类大型活动环境保障任务 21 次；劝离无照商贩 2700 余起，处罚 427 起；登记保存机动三轮车 331 辆、售货面包车 9 辆、重型卡车 58 辆；处罚黑车 4 起，查扣黑摩的 236 辆；拆除违规牌匾标识 174 块；施工工地立案处罚 80 起；新生违法建设立案 41 起；拆除小区内违法建设 27 处，面积 1067.2 平方米；拆除公共区域私搭乱建 165 处，面积 5700 余平方米；恢复公共用地 12285 平方米；责令粉刷、更换围挡 2.7 万余延长米；清除闲置地块垃圾 14 万平方米、2500 余立方米。共办理行政处罚案件 493 件，罚款 89.15 万元。受理群众热线电话举报 2145 件，同比下降 16%。其中，无照经营 1099 件，同比下降 37%；违法建设 76 件，同比下降 54%。群众回访满意率 63%。

（韩开雷）

开展无照经营整治工作

1 月 13 日，按照市城管局《关于开展农用机动车及马车非法上路、无照经营专项整治工作的通知》要求，开发区城管分局联合开发区公安分局等相关人员对青年公寓、上海沙龙商业中心、永康公寓等重点地区开展整治，集中力量解决无照游商等问题。截至年底，共劝离无照商贩2700余起，处罚427起，登记保存机动三轮车331辆、售货面包车9辆，有效地遏制了区内无照游商蔓延的势头。

（王磊）

聘请社会监督员

1月31日，开发区城管分局在亦庄生活网设置“群众投诉公示”专栏，公布群众投诉举报电话。定期对群众投诉及调查处理情况予以公示，接受群众监督。年内，招聘4名社会监督员，“走近城管、了解城管、监督城管、宣传城管”的工作要求，以明察暗访、跟随执法、座谈讨论、监督考核、调查研究为主要工作内容。社会监督员充分发挥参政议政、社会监督和建言献策的作用，促进城管执法工作水平、队伍形象、环境秩序。

（韩开雷）

开展“双护工程”行动

2月8日，开发区城管分局在全区范围内启动“双护工程”专项行动。“双护工程”以净化校园周边环境、畅通生命救治通道为主要内容，全年共发放宣传册1000余份，出动772人次、361车次，规范、查处违法行为1.3万起，核录违法相对人1058人，学校和医院周边群众举报同比下降20%以上。

（王含含）

拆除违法建设

3月，开发区城管分局展开违法建设拆除工作，对新生违法建设零容忍，对已建成私搭乱建房屋引导其自行拆除或强制拆除。共拆除在建和已建私搭乱建房屋138处，其中102处为自行拆除或放弃建设、36处为强制拆除，拆除总面积达5886平方米，还原公共用地1万余平方米。8月，重点清理存在火灾和食品安全隐患的私搭乱建违法商亭，共拆除违法商亭9处，整改废品收购点5处，还原城市道路绿地150平方米。

（王磊）

开展宣传活动

5月10日，开发区城管分局执法人员到永康公寓社区青年节活动现场，对该区域多发食品安全、无照运营等违法现象的危害性进行讲解并发放宣传册，使青年朋友们了解各种违法现象的危害后果及防范办法。5月30日，在上海沙龙商业中心开展了中高考服务保障主题城管开放日活动，重点向群众介绍城管执法机关治理影响考生学习生活突出环境秩序问题的工作措施和成效，并将近期接受群众举报夜间施工处理情况及中高考期间的工作部署向群众进行公布，同时，发放各类宣传册1000余份。

（王磊）

保障十八大期间环境秩序

5月18日，开发区城管分局制定并启动实施《开发区城管分局迎接十八大环境秩序百日集中整治行动方案》。该项整治工作共出动执法人员1800余人次、执法车辆370余台次，开展各类联合执法行动11次，规范门前三包213家，劝离无照商贩427起，检查工地112个，拆除非法广告牌13块，拆除非法设置各类条幅47条，发放各类宣传材料4000余份。

（韩开雷）

应对雪天恶劣环境影响

12月13日，北京市普降中雪，开发区城管分局迅速启动扫雪铲冰应急预案，发动市民和各责任单位参与扫雪铲冰。共出动执法人员78人、执法车辆20台，检查门前三包173处，检查社区物业12个，发动参与扫雪铲冰群众460人次。

（王磊）

完成专项服务保障工作

年内，开发区城管分局完成法定节日环境秩序保障工作；会同相关部门开展烟花爆竹、燃气安全、扫黄打非、非法运营、非法一日游等专项执法检查行动。贯彻落实市城管局下发的“100处环境脏乱重点地区综合整治的工作方案”，联合开发区公安分局、交通大队和辖区派出所对上海沙龙等地开展整治，集中力量解决无照游商和黑车占道经营等问题。全年共出动77人次，16车次，查处无照经营12件，先行登记保存车辆10辆，暂扣轻型货车1辆。

（韩开雷）

开展户外广告整治

年内，开发区城管分局对主要大街、重点地区的牌匾标识进行一一排查，建立基础工作台账，消除安全隐患，针对户外广告断亮、牌匾标识陈旧、破损等不符合标准等违法形态，采取查处与引导相结合、处罚与教育相结合、取缔与规范相结合的原则。截至年底，共拆除违规牌匾标识174余处。

（王磊）

开展施工工地专项执法检查

年内，开发区城管分局落实“北京市清洁空气行动计划2011—2015年大气污染控制措施”文件精神，全面排查施工工地，对土方未覆盖、建筑垃圾不及时清运且未存放在密闭式垃圾站内的施工单位进行重点督促、定期复查。引导土方运输单位规范作业，做好苫盖和清扫工作，防止随意倾倒渣土和道路遗撒。加强对扬尘污染案件的处罚力度，累犯单位一律实施高限处罚。截至年底，共出动1180人次，对全区施工工地检查480次，立案30起；共处罚施工工地违章80起，重型卡车58辆，处罚16万元。责令粉刷、更换，推动PM2.5污染物治理工作；拆除非法广告牌13块，拆除非法设置各类条幅47条。

（王磊）

治理便民市场环境秩序

年内，开发区城管分局联合开发区公安分局等部门对博兴七路便民市场周边开展综合整治。提前约见便民市场负责人，责令其严格落实“门前三包”责任，协调市场内摊位及停车场；采取劝说、教育为主的执法方式，有重点、有顺序地对占路商贩进行疏导，规范车辆停放秩序，及时清理绿化带、道路及卫生死角，同时发动群众协助疏导；在便民市场营业时段增加巡控力量，加强人盯车巡，敦促市场管理方逐步完善市场内外环境秩序。截至年底，共疏导便民市场非法占路商贩22起，劝离严重破坏市容环境商贩4起。

（王舍舍）

开展打黑行动

年内，按照开发区综合整治办公室的统一安排和部署，开发区城管分局协同开发区公安、交通部门，采取“捆绑”执法的工作模式，针对上海沙龙商业区、同仁医院、永康公寓以及轻轨沿线等重点区域周边黑车趴活占道、无照游商聚集等扰乱街面秩序的问题进行综合整治。截至年底，共处罚黑车 4 起，联合查扣黑摩的 236 辆。

（王磊）

人机结合保障 550 多万平方米道路清洁

年内，开发区环卫保洁道路面积增至 550 多万平方米。白天采用人工和机械相结合的作业方式，全天保洁；夜间重点路段采用机扫作业方式，非重点路段定期冲刷。

（王佳欣）

8 个试点小区开展垃圾分类

年内，开发区市政局在 8 个试点小区开展垃圾分类工作。在全区范围内推广“三方协议”工作模式，由开发区市政局、社区居委会、物业公司三方共同签订协议。市政局负责开发区垃圾分类系统建设、资金保障、体系管理运行等工作，社区居委会对物业公司日常工作进行监督指导，物业公司负责指导员队伍的组建和管理及垃圾清运等具体工作。

（王佳欣）

实施街面便民餐饮工程

年内，开发区城管分局协同开发区发改局、市政局、工商分局等部门，采取疏堵结合、源头管控模式，吸纳辖区 80% 的无照游商，采用公开招标形式，实行企业化运作模式，设立便民餐点 5 处、餐车 38 辆，群众回访满意率 100%。

（韩开雷）

加大设施投入

年内，开发区市政局购入 2 辆清运车、3 辆进口机扫车、1 辆清掏车，更换 72# 地垃圾楼的整套垃圾挤压设备。新建二类固定公厕 10 座。

（王佳欣）

环境保护

概况

2012 年，北京经济技术开发区环境保护局（简称开发区环保局）做好大气污染防治、污染减排、环境安全监管等重点工作，推进开发区生态文明建设，实现大气中二氧化氮浓度同比下降 9.2%，PM10 下降 2.3%，遏制了二氧化氮大幅上升的趋势，空气质量改善取得一定成果。5 月 8 日，经市环保局核定确认开发区完成 2011 年本市下达的总量控制指标，4 项主要污染物排放量分别为：化学需氧量 1316 吨、氨氮 220 吨、二氧化硫 327 吨、氮氧化物 390 吨。5 月 31 日，编制完成《开发区 2011 年度环境质量报告书》。11 月 15 日，完成《区县建成区区域环境噪声监测数据报表》的年报工作。年内，新建建成区区域环境噪声网格点 6 个；为 67 家公司进行环保核查；完成开发区声环境功能区区划调整工作的前期资料收集和准备工作；开展开发区“十二五”规划环评的前期准备工作。全年未发生环境污染事故。

（林琳　邢永霞 梁超）

完成排污收费工作

1 月 30 日，开发区环保局完成 2011 年第 4 季度的排污收费工作，2011 年共收取排污费 9 万余元。完成 2012 年 1 至 3 季度排污费收费，收费入库额为 10.29 万元。

（杜洁）

403 家单位排污申报合格

2 月 15 日，开发区环保局完成 2012

年排污申报年报审核上报工作。403 家单位排污申报合格，其中 216 家为新增申报企业，对未按要求开展排污申报工作的 36 家单位下达限期整改通知书。

（杜洁）

编制 2011 年污染源监测年报

3 月 31 日，开发区环保局完成 2011 年开发区污染源监测年报编制工作，年报对 3 家国控企业的污染源监测数据和在线自动监测系统数据进行统计、对比和分析。对污染源的废水、废气的产生和排放情况，以及辖区内环境污染趋势等内容进行详细说明。

（邢永霞）

ISO14001 环境管理体系建设

3 月 31 日，开发区环保局举办开发区 ISO14001 环境管理体系知识培训。4 月 19 ~ 20 日，对体系覆盖范围内的各职能部门进行内部审核。5 月 14 ~ 15 日，完成第 2 次年度监督审核，ISO 14001 环境管理体系认证资格予以保持。年内，开发区环保局协助 14 家企业完成 ISO 14001 环境管理体系认证经费补贴申报材料的审核和上报工作，涉及补贴金额 88215 元。

（廖觅仰）

完成环境统计报表

4 月 19 日，完成 2011 年环境统计综合年报和专业年报，综合年报共涉及 68 家单位，其中污水处理厂 2 家，再生水厂 1 家。年内完成 2012 年度第 1 ~ 3 季度环境统计季报，开发区共涉及国控和市控重点污染源单位 23 家。

（王君丽）

开展清洁空气行动

4 月 29 日，《北京经济技术开发区 2012 年清洁空气行动计划及任务分解表》正式发布。 年内，开发区环保局制定《开发区 2012-2020 年大气污染治理措施》《开发区空气重污染日应急方案》；通过入户、路检、夜查、遥测等方式，检查车辆 14.59 万辆，处罚违法排放车辆 290 辆；开展春节期间大货车专项执法及十八大保障等专项行动；出动检查人员 96 人次，检查加油站 48 家次，监测 24 家次，确保油气回收装置正常运行；对区内施工工地开展环保执法检查、量化考评和区域 PM10 控制监测布点工作，通过使用《清洁空气行动计划成员单位检查情况移交单》，加强部门联动，提高检查效率；督促重点企业通过更换低挥发性原材料、安装末端处理设施、提高废气处理效率等减排方式，实现 VOCs 减排 428 吨，超额完成市局下达的 350 吨 VOCs 减排任务。

（王猛）

开展环保宣传工作

开发区居民参观华联印刷厂　　廖觅仰　摄

5 月 13 日，开发区环保局组织实验学校学生参加第十六届“我爱地球妈妈”演讲比赛。6 月 5 日，举办以“绿色消费、我在行动”为主题的绿色出行健步走竞赛、学生环保演讲、环保摄影作品及环保产品展示、参观华联印刷有限公司等宣传活动，并在《亦庄时讯》刊登“绿色消费”环保有奖知识问答。

（廖觅仰）

举办生态工业建设发展论坛

8 月 20 日，“聚焦高端产业，建设生态文明”——北京经济技术开发区建设 20 周年系列研讨会之生态工业示范园建设发展论坛在开发区举行。环保部等部委、市环保局等市级单位、中国工程院等科研机构、清华大学等高校、苏州工业园区等 12 个开发区，以及开发区和大兴区相关部门的近百名代表参加论坛。

（林琳）

开展环保专项行动

9 月 11 日，开发区危化品运输车交通事故应急处置演练举行。9 月 22 日，开发区环保局协同市环保局和重点风险企业联合开展应急演练。年内，开发区环保局先后开展核技术利用和放射性物品运输辐射安全综合检查专项检查、百日环境安全隐患排查与整治专项检查，以及餐饮、印刷、4S 店、涉氨、涉氯、危险化学品生产等多项专项行动，排查区内环境安全隐患，确保区内环境安全。全年共妥善处置环境突发事件 1 起，未造成环境污染。

（赵苹苹）

审批项目 232 件

年内，开发区环保局完成审批项目 232 件、验收 95 件、试生产 63 件、辐射类审批项目 8 件、辐射安全许可证 7 件。完成京东商城总部基地等“四个一”重点项目的审批，协助环保部完成中芯国际二期项目环评审批，配合市环保局和市评估中心对京东方 8.5 代线、康宁二期等重点项目进行跟踪检查，推进污水处理厂提级事宜，参与完成对中国电子科技集团第十三所等 5 个项目的实地考察。完成北京京东方光电科技有限公司、威讯联合半导体（北京）有限公司、诺基亚移动通信有限公司、普莱克斯（北京）半导体气体有限公司 4 家单位清洁生产审核报告的初审工作。

（梁超 王君丽）

开展环境执法监察执法 706 家次

开发区环保局环境监察执法　　康立庚 摄

年内，开发区环保局共出动监察人员 1455 人次，检查企业 706 家次。对检查中存在问题的 81 家企业下达限期整改通知书；处罚大气违法超标企业 2 家，处罚金额 6 万元。

（赵苹苹）

信访回复处理率 100%

年内，开发区环保局共接到信访举报 129 起，其中异味问题投诉 70 起、工业企业排放废气投诉 30 起、噪声问题投诉 21 起、固体废物投诉 4 起、其他问题投诉 4 起。开发区环保局监察队信访回复处理率为 100%。

（赵苹苹）

建设项目环境风险排查

年内，开发区环保局开展建设项目环境风险排查工作，对 2008 年以来审批的 1065 个项目和验收的 329 个项目进行排查，排查出涉及重金属使用的项目 2 个。

（梁超）

开展规划环评

年内，开发区环保局开展开发区“十二五”规划环评的前期准备工作，确定以“一区六园”为评价范围的工作方案，并委托北京环科院开展此项工作。

（梁超）

环境质量监测

年内，开发区环保局完成开发区环境质量监测工作。在凉水河、新凤河、大羊坊沟、通惠北干渠共设置7个地表水监测断面，设置4个地下水监测井位，设置25个噪声监测点位，复测6个土壤监测点。

（邢永霞）

污染源监督性监测

年内，开发区环保局开展两次污染源调查工作，共监测区内企业170家，其中以排放有机物废气为重点的企业67家、排放废水企业103家。全年完成12次针对国控和市控重点污染源企业的采样监测月检工作，包括15家废水排放单位和2家污水处理厂。

（赵荦荦 邢永霞）

建设污染源在线监控平台

年内，开发区污染源在线监测平台建设进展顺利。利乐包装等7家单位完成排污口标准化改造工作和站房地基建设及监测站房的配水、配电工作，其中6家单位已完成站房的搭建；中芯国际和京东方2家单位完成烟囱的打孔和站房地基的建设以及对站房的配电工作。

（龙庆华）

完成污染源统计上报工作

年内，开发区环保局监测站完成3家国控、13家市控重点企业《重点废水污染源和污水处理厂（站）监督性监测报表》、6家工业企业《重点工艺废气监督性监测报表》、4家企业《典型行业挥发性有机物监督性监测报表》、1家企业《废气汞污染专项监测数据报表》统计上报工作。对中芯国际、京东方和金源经开污水处理厂3家国控污染源企业进行了在线监测比对监测，并将《污染源自动监控系统比对监测数据报表》及相关结果按要求上报市环保局。

（邢永霞）

建设新区环境保护监测站

年内，开发区与大兴区决定建立新区环保监测站，完成了新区环保监测站的重新选址工作，地址在大兴区生物医药园内，面积为5880平方米。实验室改造及装修工程正在进行。

（林琳）

全区绿化养护总面积达601万平方米

年内，开发区市政局新增亦庄镇工业区市政绿地养护11万平方米，全区绿化养护总面积达到601万平方米。

（陈婉莹）

信息化

概况

2012年，北京经济技术开发区信息化工作办公室（简称开发区信息办）坚持智慧发展、统筹规划、服务保障、整合共享，推进基础设施建设和服务保障。深化网站管理与服务，完善基础公共数据库和公共支撑平台建设，推动市级信息化政策在开发区的落实，强化年度信息化重点项目组织管理，为新区建设、产业发展、城市管理、社会服务等提供高效便捷、安全稳定的信息化支撑与服务，完成各项任务指标。

（高卿）

物联网应用需求与产业对接大会召开

5月25日，“2012中国物联网应用需求与产业对接大会高峰论坛”在开发区举行。大会为政府和企业搭建项目对接信息互动平台，为物联网新产品提供更多的启动试点，为物联网产业提供更为规范的市场环境。

（高卿）

网上综合展示厅建成上线

10月，为配合建区20周年综合成果展和重点企业产品展，开发区信息办加强对开发区发展成果、区域优势、政策环境宣传介绍和对知名企业、重点产业、重点园区的展示推介。建成网上综合展示厅，并在开发区门户网站上线。

（王飞程）

承办创建两化融合示范企业培训会

11月2日，由市经济和信息化委主办、开发区管委会承办的北京市创建两化融合示范企业培训会在开发区举办。41家与会企业代表中有京东方、北京奔驰、同仁堂、GE、SMC等16家来自开发区。

（高卿）

实施政务网络优化升级

年内，开发区信息办完成现有政务双环网、驻区职能局接入管委会政务网络建设的前期调研及管委会骨干网双核心、网络汇聚层实施方案的制定。完成电子政务互联网双百兆链路接入的实施、调试、试运行工作。

（张澎涛 周超）

完成服务大厅等单位网络搬迁

年内，开发区信息办完成服务大厅与人劳局等相关单位政务网络搬迁工作，为服务大厅各窗口、开发区人劳局及其下属事业单位（社保中心、人才中心、劳动能力鉴定中心）工作及时展开提供网络支撑和安全保障。

（张澎涛）

加快推进“无限亦庄”工程

年内，开发区信息办加快推进“无限亦庄”工程。完成亦城国际行政综合服务大厅及亦庄实验学校等公共区域WiFi覆盖，实现该区域免费无线上网服务；与其他运营商合作，开展具有开发区特色的“无线城市”研究工作。

（高卿）

建成信息化远程智能监测系统

年内，开发区信息办实现对开发区政务网络运行情况、网络设备性能参数、各机房动力环境的实时动态监测、视频监控和异常预警告警，并基于该平台开展统一的IT运维综合管理体系工作，实现对开发区机房信息系统、网络、设备的规范化、精细化、智能化管理。

（王砚海）

开展政务信息应用系统托管试点

年内，开发区信息办完成博大大厦至中金数据的网络互联链路铺设，试点开展政务信息应用系统托管工作，完成托管系统12个；完成管委会自建虚拟化平台资源池建设，搭建虚拟机28台并全部投入运行。

（周超）

更新门户网站信息2.66万条

年内，开发区门户网站年度信息更新量2.66万条，有效页面浏览量为413万次，比上年增长27.3%。其中境外访问量22.8万次，比上年增长42%。

（冯若娇）

优化调整服务窗口网站整体架构

年内，开发区信息办结合服务大厅搬迁，进行网上行政服务审批事项总体布局与展现内容调整优化，完成服务窗口网站布局导航和办事流程、服务的信息更新。

（杨扬）

深化企业法人数据整合共享

年内，开发区信息办与开发区工商分局、地税分局开展企业法人信息比对，扩展企业法人库信息，实现与驻区职能局信息互补，形成数据定期比对、共享机制。为开发区药监分局专项检查提供企业基本信息服务，分别为产促局土地资源利用效益分析调研工作和房地局土地集约利用调研工作提供企业法人数据支撑。截至年底，开发区法人基础数据库已积累6727条法人数据，其中企业法人6612条，已为开发区13个部门提供16652条数据比对、数据支撑服务。

（郑超）

完善内网办公系统功能

年内，开发区信息办改进、优化、整合开发区党政办公平台各项功能，完成网上督查督办管理、网上政务信息管理的方案设计，完成工委系统电子公文及会议通知功能上线。内网办公系统覆盖工委、管委27个部门，发送会议通知28期604次，上报电子公文1314个，占上报公文总数的80%，公文流转共14712次，基本实现办文、办会、办事的网上办理。

（王飞程　冯若娇）

改造升级视频图像信息管理平台

年内，开发区信息办开展视频图像信息管理平台设备安装、软件开发、现场部署、初步验收等工作，完成新旧平台的平滑迁移过渡，实现基于空间地理信息平台的视频调用和对前端监控设备的分级授权、远程智能检测和视频质量分析。

（王飞程）

推进城市监控系统建设

年内，开发区信息办开展城管无线监控点位、博大公园新增监控点位、公交场站监控点位建设前期调研工作。

（张澎涛）

搭建移动视频监控平台

年内，开发区信息办采取有线与无线相结合的方式，为城市早餐工程快速搭建视频监控。通过多种技术手段，为应急管理、公共安全、城管执法、安全保密等综合管理工作的开展提供信息化支持与保障。

（张澎涛）

保障十八大期间信息网络运行安全

年内，开发区信息办成立十八大信息办安全保障工作小组与信息化安全服务保障和应急处置队伍，制定十八大信息化安全服务保障、应急处置工作方案和相关工作制度。针对十八大保障，接入各级监控点位近1400路，组织各部门开展终端安全状态自查，梳理比对开发区政务网络的1200余个终端IP地址，关闭60余个闲置的网络端口，漏洞扫描网络设备和服务器设备143台，安全加固服务器46台，对应用系统进行渗透测试。

（周超　杨超）

加大企业信息化扶持力度

年内，开发区信息办组织、协调推动开发区企业进行北京市2012年信息化基础设施提升计划支持项目和“2011-2012

年度国家规划布局内重点软件企业和集成电路设计企业”认定申报工作，承担北京市创建两化融合示范企业培训会承办工作。

（高卿）

制定“智慧亦庄”实施方案

年内，按照北京市“十二五”信息化工作纲领“智慧北京”的整体部署，开发区信息办开展“智慧亦庄”顶层设计和实施方案制订工作。

（高卿）

细化信息化部门内部项目管理流程

年内，开发区信息办制定《开发区电子政务专项资金项目信息化部门内部管理规范》和内部审核管理流程框架，完善信息化部门内部项目管理，对每个电子政务资金项目采取专人负责、提前介入、主动服务、全程督办等方式，加强技术咨询指导。

（高卿）

督办电子政务项目评审控制与进程

年内，开发区信息办立项审批项目25个，召开专家评审会7次，评审新建及升级改造类项目8个，核减金额35.8万元。43个项目纳入中小型项目集中式监理，涉及资金1350万元，2个项目纳入重大项目监理，涉及资金550万元。

（张澎涛 高卿）

开展城市社会管理网格化建设研究

年内，开发区信息办走访大兴区、天津市滨海新区，调研城市管理网格化建设情况，研究学习北京市其他区县和其他省市在城市社会管理网格化方面的经验、做法、模式，提出开发区城市社会管理网格化建设工作建议。

（张澎涛）

区属国有资产经营

北京经济技术开发区年鉴 2013
BEIJING ECONOMIC-TECHNOLOGICAL DEVELOPMENT AREA YEARBOOK

综 述

2012年，北京经济技术投资开发总公司紧紧围绕新区深度融合的中心和大局，按照“围绕一个中心，抓好三个保障，实现五个新突破”的工作思路，努力克服各种困难和挑战，在促进新区一体化发展、服务新区产业发展、优化区域产业发展环境、提升经营管理水平、推进开发区总公司企业文化建设等方面取得了新的突破，加大推进重点建设项目力度，圆满完成年初确定的各项任务目标，进一步推进了开发区总公司做强做大步伐。开发区总公司通过银行信贷发行短期融资券、信托贷款、委托债权等方式，系统新增融资额130亿元，保障了重点项目推进。全年实现营业收入81亿元，完成年初计划的116%，同比增长35%；实现利润5.2亿元，完成年初计划的433%，同比增长6%；实现开复工面积466万平方米；全年完成固定资产投资90亿元；总资产规模550亿元，同比增长28%；净资产规模112亿元，同比增长18%，国有资产保值增值率为103%，继续保持了健康快速发展的良好势头。

北京亦庄国际投资发展有限公司通过开展股权投资、金融服务、园区运营、项目评审等业务，积极参与开发区经济建设，为开发区产业发展提供强大的金融支持。亦庄国投拥有控股子公司6家，涉及融资担保、小额贷款、境外投资、基金投资与管理、园区开发等领域，注册资本49.11亿元，总资产达88.6亿元，同比增长17%；净资产达50.6亿元，同比增长12.5%；实现收入1.9亿元，同比增长245%；投资收益1.36亿元，同比增长74%；净利润1.13亿元，同比增长74%。截至年底，亦庄国投完成各类投资项目24个，投资额20.5亿元。累计投资项目46个，累计投资额85.2亿元，同比增长30%。与此同时，亦庄国投各类投资项目带动新区社会资本投资430亿元以上，产业投资拉动杠杆达到1:5，投资拉动效应显著。

北京新航城控股有限公司于10月23日获得法人营业执照。

（何焱 李刚）

北京经济技术投资开发总公司

概况

2012年，北京经济技术投资开发总公司（简称开发区总公司）立足于为新区建设和公司发展提供资金保障，做好土地储备和项目储备工作；完成亦城财富中心、亦城科技中心等11个项目的前期工作；完成系统财务决算和预算编制工作；继续加强财务管理，完善系统会计集中核算工作；推进资金集中管理、预算集中管理系统上线；加强和子公司财务部门沟通与调研；做好融资保障，合理统筹调配资金，降低财务风险，提高资金使用效率；确保“12平方公里”开发、“一区六园”对接等重点项目建设。

（宋健 宋晓梅 蒙乐）

召开2012年安全生产工作会

1月18日，开发区总公司召开2012年安全生产工作会。会上，开发区总公司与下属21个单位签订《安全生产责任书》，对2011年安全生产工作的6个先进集体和16个先进基层单位进行表彰。

（伏社宏）

组织召开建设工程项目管理研讨会

2月7日，开发区总公司工程管理部组织召开第四届建设工程管理研讨会，旨在进一步全面提升开发区总公司建设工程项目管理水平和核心竞争力。开发区总公司下属21个单位共计70余人参加，会议规模和研讨深度均创历年新高。会议重点介绍当前建筑信息模型（BIM）在房地产项目管理中的实际应用，研讨内容涵盖整个项目建设周期。

（李婧）

召开2012年度工作会

2月9日，开发区总公司召开2012年度工作会。会上，开发区总公司党委书记、总经理赵广义从促进新区一体化发展、全力做好资金保障、着力促进新区产业发展、不断优化区域发展环境、进一步提升经营管理水平、加快开发区总公司做强做大步伐、创新推进党群工作、积极推进企业文化建设8个方面，对开发区总公司2012年工作进行了部署。

（何焱 孙辉）

组织竞聘上岗

2月至4月，开发区总公司人力资源部完成中层副职以上领导干部竞聘上岗面试、组织谈话及办理入职手续等一系列工作。为进一步深化干部人事制度改革，完善开发区总公司中层领导干部队伍建设，加大竞争性选拔干部工作力度，开发区总公司于上年末在工委、管委会及开发区总公司系统内开展中层副职以上领导干部竞争上岗工作。通过竞聘上岗的14位中层领导干部于4月全部走上工作岗位。

（王曼）

工资总额预算管理体系正式建立

3月，工资总额预算管理培训及2012年一季度工资总额预算报表填报工作全面完成。自此，以预算、清算和季度数据实时报送为手段的动态工资总额预算管理体系正式建立，工资总额预算管理进入制度化、规范化运行阶段。开发区总公司于2011年把实行“工效挂钩”方案调整为在系统内实行工资总额预算制，以切实履行开发区总公司国有出资人职责，充分做好人工成本管控，促进管理精细化提升，有效实现国有资产保值增值。

（王曼）

做好退出政府融资平台工作

3月，开发区总公司被银监会重新调回融资平台，开发区总公司计划财务部就退出平台进行全面细致测算，为领导下一步决策提供有力依据。6月21日，开发区总公司计划财务部组织召开开发区总公司债权银行联席会议，会上向各债权银行介绍现阶段融资情况及平台规范工作，同时就下阶段力争退出平台工作听取各债权银行和政府部门的意见和建议。参会银行及政府部门领导表示全力配合开发区总公司退出政府融资平台工作。

（宋健）

完成年度财务分析工作

3月，开发区总公司计划财务部组织编写并汇报2011年度开发区总公司本部及系统财务分析。本次分析侧重于历年财务情况发展趋势分析和各项指标与同行业水平比较的立体分析，体现出开发区总公司迅速发展的特点以及现阶段行业水平；内容新增股权投资与回报比较分析以及对各个板块的经营业务特点和盈亏原因分析。

（宋健）

完成国资登记年检和国有产权变动工作

年初，开发区总公司经营管理部完成开发区总公司系统内40家企业的年检工作，其中新占登记2家，变动登记14家，注销登记3家。根据《总公司国有资产管理办法》，开发区总公司经营管理部还先后完成了再生水厂资产评估、永康公寓底商（17号、18号）资产评估、再生水厂设备无偿划转、网信股权收购资产评估、经开股份增资扩股资产评估等项目的申报工作，及时取得国资委批复文件，协助博大世通办理增资。

（颜敏）

开展纪念总公司成立20周年系列活动

4月，开发区总公司成立纪念总公司成立20周年领导小组。8月，由该小组牵头组织完成开发区总公司20年发展大型画册《博高志远，大气天成》和企业宣传片的拍摄制作，并开展开发区总公司20年成就展览等系列活动。活动展现开发区总公司20年发展历程，诠释“博大”品牌内涵，展现经营理念、企业文化、建设成果等。

（何焱 孙辉）

加强薪酬管理

4月，开发区总公司人力资源部联合相关部门对所属各子公司自2008年3月开发区总公司规范薪酬以来薪酬整体运行情况进行专项调研，形成薪酬调研报告和相关整改意见。11月，开发区总公司人力资源部对所属各子公司进行薪酬管理指标考核大检查，完成年度薪酬管理考核工作。同时，依据考核结果，完成年度考核奖励兑现工作。

（王曼）

发行短期融资券6.2亿元

4月，开发区总公司投融资部为稳固既有融资渠道、扩大融资额度，在银行间市场成功注册发行短期融资券6.2亿元，期限1年，年利率4.78%，综合财务成本5.02%/年，比同期贷款利率下浮23.5%。

（宋晓梅）

参加北京市财务人员知识竞赛并取得佳绩

4月，开发区总公司计划财务部组织系统内财务人员参加北京市“首届企业内部控制知识大赛”，并最终获得“优秀组织奖”。8月，在全国财政“六五”普法法规知识竞赛上，开发区总公司代表队取得良好成绩。

（宋健）

领导班子现场调研重点项目

7月，开发区总公司领导班子成员分3组，到“12平方公里”安置房项目，再生水源水处理工程，亦城财富中心、亦城科技中心等重点项目现场办公，广泛开展调查研究，听取子公司经营指标完成情况，了解经营工作进展情况，解决子公司工作中存在的问题，提出下一步工作要求。

（何焱 孙辉）

应对“7·21”特大暴雨挑战

7月，防汛期间，开发区总公司安全生产办公室积极预警部署，值守应急，热力、建设、网信、水务公司投入车辆设备92台套345人次，减少了因灾害带来的安全隐患，确保了开发区供热、供水、通信及生产安全。

（伏社宏）

开发区20周年纪念雕塑项目竣工验收

8月5日，开发区20周年纪念雕塑项目完成四方验收。该项目于5月17日启动。同月，开发区总公司项目管理部完成现场绿化迁移、测绘钉桩、地质勘查、围挡搭设及项目立项等工作。6月6日，完成周边管线摸排、供电局强电隧道区域施工方案审定、施工图设计及强审等工作。6月8日，开始基础及底座施工。

（王翠）

完成博大大厦电梯改造项目

8月10日，博大大厦电梯改造工程竣工并交付使用。本次改造工程历时10个月。博大大厦增加电梯工程是利用大厦东侧的开水间（净尺寸为2.1m×3.2m）位置，贯穿B2层至21层的楼板，打通楼板后形成B3层至21层的电梯井道，新增加1台上海三菱公司生产的MAXIEZ-CZ型号电梯。此电梯为小机房永磁同步客梯，载重1050KG，速度2.5m/s，停层为B2层至19层，21层改造为机房。

（刘彬）

博大大厦服务大厅改造项目竣工验收

博大大厦服务大厅改造项目竣工　　金波 摄

8月15日，博大大厦1号、2号服务大厅改造项目完成四方验收。开发区总公司项目管理部自4月21日获得项目建议书批复后，于6月15日组织召开工程启动会，根据工委宣传部方案，完成施工图设计、申报消防建审、施工图强审等工作，7月1日正式开始改造施工。

（王翠）

开发区总公司主要领导职务调整

8月18日，经开发区工委研究决定赵广义不再担任开发区总公司经理职务，白文任开发区总公司经理。

（何焱 孙辉）

获批企业债券6.5亿元

8月29日，开发区总公司正式获得发展改革委关于公司发行企业债券的批复。获批企业债券额度为6.5亿元，期限为5年。开发区总公司投融资部将根据开发区总公司的资金需求状况并依据资金财务费用最小化原则，择机发行此笔企业债券。企业债券的成功获批，意味着开发区总公司在交易商协会和发展改革委两条直接债权融资渠道上全面畅通。

（宋晓梅）

成立北京博大芯开发建设有限公司

8月，开发区总公司投融资部为保障中芯国际二期项目的厂房代建和基础设施建设工作的开展，牵头完成北京博大芯开发建设有限公司的成立工作，注册资本500万元，开发区总公司持股100%。

（宋晓梅）

信用等级提升至AAA级

9月13日，为进一步在资本市场提升开发区总公司的形象，降低融资成本，开发区总公司投融资部主动出击，结合“12平方公里”产业园开发、“26平方公里”扩区及新航城建设的外部利好，以及开发区总公司运营规模壮大、业务范围拓展及开发经验成熟的内因利好的双重机遇，多次与评级机构进行商谈和沟通，最终开发区总公司的主体信用级别提升至AAA级。至此开发区总公司成为北京市属企业中7家AAA级企业之一。

（宋晓梅）

成功融资2.4亿元

9月，开发区总公司投融资部成功通过金融租赁的方式盘活供热设备，为公司融资2.4亿元，期限为5年，票面利率与同期银行贷款利率持平。金融租赁的成功是开发区总公司提高自身融资能力和水平的一次有益探索，为后续水务资产、通信资产的盘活融资探寻出一条可行之路。

（宋晓梅）

博大大厦首层报告厅完成升级改造

10月17日，开发区总公司工程管理部组织实施的博大大厦首层报告厅升级改造项目进场施工，于11月15日竣工，历时30天，保质保量按时完成本次改造任务。本次升级改造旨在更好地解决博大大厦首层报告厅原有音视频系统和灯光系统中灯光不足、声音不清晰及投影仪亮度不足等问题。

（刘彬）

资金集中管理系统正式上线

10月17日，开发区总公司资金集中管理系统正式上线运行，实现对系统内资金业务统一规划和业务处理，逐步实现“看得见、摸得着、上得来、下得去”的资金管理目标。5 月至 8 月，开发区总公司计划财务部组织完成工商银行等 8 家银企直连银行的银企直联协议签署及系统上线工作。11 月，《资金集中管理暂行办法》等 10 项规章经开发区总公司总经理办公会审议通过，《总公司资金集中管理系统操作手册》编制完成。

（宋健）

“12 平方公里”安置房回迁入住

“12 平方公里”安置房回迁入住　　总公司提供

10 月 25 日，“12 平方公里”安置房开始回迁入住。“12 平方公里”安置房工程是两区行政资源整合的“一号工程”，是政府为群众办实事的安心工程，由开发区总公司承担建设，是开发区建区以来工期最集中、施工面积最大、员工总量最多的一个项目。开发区总公司实现了保安置房回迁、保项目落地的“两保”目标，奔驰、云计算等项目顺利落地。年内，225 万平方米、160 栋高层回迁安置房建设全部完成。

（何焱 孙辉）

成立北京蓝鲸园投资管理有限公司

10 月，开发区总公司投融资部为落实新区政府关于“蓝鲸园”项目的部署，推进“蓝鲸园”项目建设，牵头完成北京蓝鲸园投资管理有限公司的成立工作。北京蓝鲸园投资管理有限公司注册资本金 100 万元，开发区总公司持股 100%。

（宋晓梅）

组织危险化学品事故应急演练

11 月 20 日，由开发区总公司安全生产办公室牵头，北京亦庄国际生物医药投资管理有限公司和北京博大经开置业有限公司承办，举行了开发区总公司 2012 年危险化学品事故应急救援演练。开发区总公司领导、相关单位 200 多人参加应急演练。开发区应急办、安监局、消防支队领导进行现场指导并给予肯定。此次演练是按照 11 月 15 日下发的《总公司安全生产事故应急救援预案》流程进行的，全面检验管理公司、置业公司、园区客户联动应急体系和工作机制。

（伏社玄）

总公司系统电梯普查工作完成

12 月 11 日，开发区总公司工程管理部组织开展开发区总公司系统最大规模的电梯普查工作，发现开发区总公司系统电梯呈现出数量多、品牌多、类型多的特点。此次普查不仅使开发区总公司系统的电梯在数量上和产权上给予确认，还进一步多角度、深入地分析了开发区总公司系统电梯使用存在的问题。开发区总公司工程管理部邀请开发区质监局针对电梯存在的各类问题进行座谈，并汇总相关方面的意见和建议，形成了《关于总公司系统电梯维保情况的统计报告》。

（李婧）

电子信息工业产业园项目完成竣工备案

电子信息工业产业园竣工　　潘皓 摄

12 月 13 日，开发区总公司项目管理部完成电子信息产业园工程竣工备案工作，年内已有部分企业入驻使用。该项目位于路东区 D6 地块，由 8 座研发办公楼和 6 座轻型生产楼组成，面向符合开发区产业发展要求的国内外企业发售，是集企业总部、研发、商务办公、商业配套服务以及企业定制为一体的国际化园区。

（王翠）

公司经营性资产面积突破 120 万平方米

12 月 31 日，开发区总公司所属经营性资产面积达到 121.69 万平方米，资产原值达到 53.7 亿元，涉及工业厂房、写字楼、住宅、公寓、酒店、高端产业园等多种业态，年经营收入 2.6 亿元，初步形成资产经营多元化格局。

（颜敏）

加快新区一体化进程

年内，由开发区总公司建设的大兴区长子营 31.06 万平方米工业用地一级开发、土地上市工作和临时大市政工作全面完成；开发区总公司承建的大兴区北臧村幸福湾住宅项目 42 栋 27 万平方米住宅楼实现竣工备案，幸福湾回迁房 9 月底完成交付，商品房 12 月底开始交付；参与建设的蓝鲸园军民融合创新平台项目完成代建公司的注册、组建工作。

（何焱 孙辉）

重点工程建设实现既定目标

年内，开发区总公司正在施工项目 25 个，其中新开工项目 9 个、续建项目 16 个，实现开复工面积 466 万平方米。新区对接项目 4 个，完成施工项目 6 个。各项重点建设工程实现稳步推进，进一步优化区域发展环境。

（何焱 孙辉）

服务高端产业取得新业绩

年内，由开发区总公司投资建设的亦庄国际生物医药园，以专业技术服务和条件支撑服务为核心的五大服务体系初步成型，进一步完善生物医药园公共服务平台功能；数字电视产业园平板显示基地和整机生产基地已初具规模；移动硅谷园创新中心开工建设前的各项筹备工作有序进行。

（何焱 孙辉）

做好开发区扩区工作

年内，在完善“12 平方公里”基础设施和公共服务设施，满足重大项目落地需求的同时，开发区总公司配合新区政府职能部门积极推进“26 平方公里”扩区的规划制定、拆迁准备等工作。及时做好扩区后土地开发的跟进，提升土地规模开发的能力，为新区产业调整升级创造空间。

（何焱 孙辉）

推进亦庄新城综合服务配套区开发建设

年内，开发区总公司积极推进旧宫城市道路和园区基础设施建设。已完成产业园区周边市政道路方案设计，共涉及7条道路，总长度约11千米。旧宫镇南街工业大院改造整治工作，对促进新区城乡一体化发展作出有益的尝试，是北京市的试点工程。

（何焱 孙辉）

实施万源公寓热水改造工程

年内，开发区总公司工程管理部牵头组织实施万源公寓热水改造工程。项目从策划到实施完毕未超过1个月的时间，对比原方案节约投资成本86%，完全符合开发区总公司领导要求，确保酒店正常运营。

（李婧）

完成固定资产投资任务指标

年内，开发区总公司工程管理部作为协调、监督部门，通过落实精细化管理，建立月例会、季度会、半年会长效机制，逐项分析、监督协调，在开发区总公司资金压力大、新建项目少的环境下，完成开发区下达的90亿元固定资产投资目标。

（刘彬）

博大水务通过安全生产标准企业评定

年内，北京博大水务有限公司开展安全标准化企业创建工作。共投入资金约50万元左右，进行车间隐患、起重设备维修和可视化整改工作，分别对3个厂的管道、车间的工作区域、道路进行标识，各项整改得到落实，顺利通过安全生产标准企业评定。

（伏社宏）

信托贷款融资17亿元

年内，开发区总公司投融资部与银行积极磋商，设计将综合授信转化为无担保信托贷款和金融产权交易所委托债权融资的方式，共融得资金17亿元。信托融资的灵活运用在很大程度上满足了开发区总公司资金周转和续接使用的预期目标。

（宋晓梅）

完成京东方股权回购项目

年内，开发区总公司投融资部作为京东方股权回购工作的实施部门，设计以北京博大科技投资开发有限公司作为回购主体的工作方案，实施股票大宗交易、终结信托计划、京东方信息披露、国资及市政府重大事项汇报等重点工作，完成6亿股京东方股份的回购，化解公司的违约风险。

（宋晓梅）

亦城科技中心项目进展顺利

年内，开发区总公司项目管理部完成亦城科技中心正负零施工；主体结构8月24日封顶；二次结构砌筑11月底完成。该项目位于核心区49C1地块，总建筑面积10.57万平方米，由A、B、C、D4栋主楼和地下车库组成。

（王翠）

路东区公租房二期项目有序推进

年内，开发区总公司项目管理部完成路东区公租房二期项目11~18号楼主体结构封顶；11~17号楼外墙外保温及外窗框安装，楼内二次结构砌筑及地面垫层施工，楼内地埋水管、立管、消防水干管安装；地下车库顶板回填土施工。该项目建筑面积15.6万平方米，由2栋27层方塔、5栋27层点塔、1栋5层综合服务楼和地下车库组成。

（王翠）

全面处理“12平方公里”项目法务工作

年内，开发区总公司法律事务部继续配合北京亦庄国际开发建设有限公司推进“12平方公里”项目。全年共审查项目合同307份、招标文件70余份，处理诉讼案件16件，协助法院处理强制执行案件5件。

（霍晓蕊）

为重点项目提供法律服务

年内，开发区总公司法律事务部配合开发区总公司经营管理部推进康宁二期项目及“北京·亦庄”品牌商标注册申请工作；配合开发区总公司项目管理部推进中芯国际二期代建项目；配合开发区总公司前期策划部推进保华国际教育项目等。

（霍晓蕊）

亦城财富中心项目进展顺利

亦城财富中心项目效果图　　总公司提供

年内，开发区总公司前期策划部完成亦城财富中心项目初步设计审核，提出修改建议，并配合相关单位推进项目施工图设计工作。开发区总公司项目管理部完成亦城财富中心地基基础施工，幕墙方案启动设计工作等。亦城财富中心位于荣华中路东侧，紧邻丰大国际酒店和工商分局，建筑面积约为15.7万平方米，由2座塔楼、共享大厅及裙房组成，其中A座地上32层，高度140米，B座地上24层，高度110米。该项目建筑功能主要为高端商务、企业办公、商业服务及其他配套设施，建成后将成为荣华中路地标性建筑。

（蒙乐 王翠）

人力资源管理制度化建设迈上新台阶

年内，开发区总公司人力资源部完成了《员工行为规范》《员工岗位规范》《员工手册》等制度文件的编纂工作，并颁布施行《实习生考核管理办法》《统一接收毕业生管理办法》，为相关工作的开展提供制度保障，使人力资源管理制度化建设迈上新台阶，同时为开发区总公司企业文化建设提供了良好平台和窗口。

（王曼）

完成毕业生招聘工作

年内，开发区总公司人力资源部深入各重点高校开展校园宣讲会，参加各类双选会8场、市级专场招聘会7场；与开发区工委组织部、人劳局等单位赴北京大学等5所重点院校开展联合招聘，完成简历筛选万余份，组织笔试、面试上千人次，共接收 39 名应届毕业生到开发区总公司工作。毕业生专业背景涉及 11 个领域，其中具有硕士研究生学历及以上人员 19 人，海外留学归国人员 6 人。自 2005 年开展统一接收应届毕业生工作以来，开发区总公司已累计接收 300 余名毕业生。2012 年，开发区总公司荣获北京市教委颁发的“北京高校毕业生就业百佳用人单位”称号。

（王曼）

人力资源信息化建设初具成果

年内，开发区总公司人力资源部组织开发的人力资源信息数据库正式起用，为实现员工关系动态化管理和人才使用高效化调配提供技术支持，标志着开发区总公司人力资源信息系统初期阶段的建设工作全面完成。

（王曼）

亦城科技中心项目规划方案报审

亦城科技中心项目效果图　　总公司提供

年内，开发区总公司前期策划部重新申报亦城科技中心项目规划方案并取得复函，同时完成建筑面积图测，为申领房屋预售许可证提前做好准备。确定夜景照明概念方案及景观设计公司。销售方面，完成周边竞争性项目调研，广告全案策划、售楼处包装方案、销控方案、销售价格体系制定、市场情况监测，起草项目销售相关合同文本等。

（蒙乐）

亦城国际中心二期项目概念方案报审

年内，开发区总公司前期策划部对亦城国际中心二期项目规模和建设范围及交通改善措施进行研究，并将项目概念方案设计报管委会审核。该项目将与亦城国际中心一期项目紧密结合。

（蒙乐）

完成各项培训计划

年内，开发区总公司人力资源部开展各类培训 17 项，包括中层以上领导干部培训、新员工入职培训、专业技能培训等三个层次。中层以上领导干部培训，主要通过组织赴北京华联零售创新学习中心参观、“领导干部心理健康”主题培训等活动，进一步提高精细化管理水平，有效调适领导干部的身心状态；在新员工入职培训方面，探索职业化塑造与户外拓展、考察展示相结合的培训模式，取得较好效果；通过劳动合同法、公文写作、工资总额预算制等专业技能培训，进一步强化员工的专业知识，提高工作效能。

（王曼）

修改创业园改造项目方案

年内，开发区总公司前期策划部对创业园 C 座改造项目的整体概念规划和方案设计进行多次讨论及修改。项目方案经办公会批准，同意进行整体规划分期实施，先行改造 C 座的方案建议。并启动项目的概念规划设计招标工作。

（蒙乐）

E8、E18 项目取得立项批复

年内，开发区总公司前期策划部完成 E8、E18 两个项目的土地手续办理，并取得立项批复。同时，配合博大新元公司进行项目的前期研究工作。项目建设分为开发区企业蓝领员工公寓和白领员工公寓建筑，以及相配套生活服务设施。

（蒙乐）

完成中芯国际二期项目相关协议起草

年内，开发区总公司前期策划部完成中芯国际二期项目相关协议的起草工作，并配合亦庄国际投资公司、博大芯公司与中芯国际就中芯国际二期项目定制事宜进行谈判。整个项目建设内容包括生产调度及研发厂房、FAB 厂房（B2、B3）、动力厂房、危险品库、化学品库、硅烷站、连廊等。

（蒙乐）

保华国际教育园项目方案工作取得进展

年内，开发区总公司前期策划部获得北京亦庄保华国际教育园项目方案的审定意见及项目规划设计方案批复意见。本项目的建设，将形成多元化教育服务体系，提升城市公共服务功能，促进开发区向综合型新城转型。

（蒙乐）

提出综配区开发建设工作原则建议

年内，在开发区总公司与旧宫合作开发工作中，开发区总公司前期策划部提出关于开发区总公司参与新城综合服务配套区（旧宫镇域）开发建设工作原则建议，上报开发区总公司领导。在明确亦庄国际开发建设公司作为主体负责旧宫镇域一级土地开发工作后，配合该公司进一步明确项目定位及开发思路。

（蒙乐）

规范资产运营标准

年内，开发区总公司经营管理部对开发区总公司所属资产委托管理模式进行详细梳理，统一整理各资产租金收缴方式、资产维修方式、租赁合同签订方式以及自营资产运营方式，统一整理各资产物业管理模式、物业与能源费收缴模式、供暖模式。根据不同业态，初步建立起规范的运营管理标准和手续办理程序。开发区总公司经营管理部还研究制定了《经营性资产租赁台账》，集中反映整个项目资产经营、物业管理、能源供应等信息，在总部和各单位之间实现资产经营信息对称。

（颜敏）

加速推进资产保障能力建设

年内，开发区总公司经营管理部研究出台《关于进一步提升资产运营保障能力工作方案》《实施意见》，建立三级资产管理体制，分级保障落实，采取定期巡查方式，强化设备维保，制定奖惩措施，加强考核评价，督促各单位落实责任、改进工作。

（颜敏）

推进财务预算集中管理系统实施工作

年内，开发区总公司计划财务部按照实施方案积极推进预算集中管理系统实施工作。1月，确定预算集中管理系统预算表样及《预算实施解决方案》。2月10日，组织开发区总公司系统内所有单位的预算集中管理系统操作培训。3月，完成系统各公司2012年度预算收集和集团预算汇总。9月，组织编制《总公司财务预算集中管理系统业务指导手册》。10月，组织召开总公司预算集中管理系统工作总结验收会，布置2013年预算预编报工作。同时启动两个试点公司博大水务公司及联港置业公司的全面预算工作。截至年底，开发区总公司财务预算集中管理系统已经基本达到预定目标，实现了所有单位预算上线编制、执行分析按月进行、预算数据实时查询。

（宋健）

完成全年融资工作

年内，开发区总公司新增融资109.1亿元，还款21亿元，支付利息16亿元。重点保证开发区总公司“12平方公里”重大项目落地、安置房顺利回迁、京东方股权回购、重点项目建设、还本付息、公司正常运转等资金需求。开发区总公司计划财务部与投融资部共同完成北京银行7亿元信托融资，民生银行5亿元信托融资、5亿元理财融资工作。

（宋健）

配合投融资部办理回购资金筹集

年内，开发区总公司计划财务部配合投融资部办理回购资金筹集，包括委贷资金反担保措施测算、回购资金的到位及符合资金监管要求的运作、回购事项相关文件资料及工作流程梳理补充等；梳理京东方股票回购业务会计处理流程，并对博大科技公司实际付款流程进行会计处理业务指导和后续跟踪。

（宋健）

办理开拓热力2.4亿元融资租赁工作

年内，开发区总公司计划财务部配合投融资部办理开拓热力2.4亿元融资租赁工作，协助和指导开拓热力融资事项的会计处理，由开拓热力向开发区总公司提供借款，缓解开发区总公司资金压力。

（宋健）

完善开发区总公司财务集中核算系统

年内，开发区总公司计划财务部按照集中核算系统管控要求审核、添加各公司申请的档案；为开发区总公司食堂、资金管理中心及E8、E18项目建立账套；为博大网通科技有限公司、北京蓝鲸园投资管理有限公司、博大芯开发建设有限公司及内蒙古经开置业有限公司建账，并分别组织操作培训；按照财政要求增加营改增业务相关科目并将科目使用通知下发各单位。对财务集中核算系统自2010年以来的科目、基本档案、报表及相关制度方面的变化，编写了《财务集中核算系统修订手册》。

（宋健）

完成年度财务统计工作

年内，开发区总公司计划财务部组织部门按时向开发区统计局报送统计定报、年报。组织二级公司按月填报财政快报并汇总数据、编写分析，按时向开发区国资办报送快报报表。充分利用总公司会计集中核算NC系统，在报表系统中设计国资快报和新财政快报的表样，编制表样取数公式，使各级公司可以通过自动方式取得快报数据，提高工作效率和数据准确性、报送及时性。

（宋健）

完成2012年度纳税申报及税款缴纳

年内，开发区总公司计划财务部严格按照征期要求，按期完成重点税源户报表报送、纳税申报和税款缴纳工作。开发区总公司全年缴纳各种税费共计9100万元。完成2011年度重点户税收调查表格填报工作、企业所得税免税收入相关资料地税备案和汇算清缴工作、个人所得税手续费返还申请工作、公司年所得额12万元以上人员个税申报工作。为开发区总公司（博大大厦食堂）申购发票税控器，满足发票开具，同时对纳税管理及发票管理工作提出具体要求。

（宋健）

完成建设项目财务管理工作

年内，开发区总公司计划财务部做好开发区总公司各建设项目和资产运营项目的财务管理工作，包括项目的会议研讨、投资测算、工程评标、合同会签、付款审核、财务决算等。完成路东区公租房一期项目财务决算；完成管网一期工程（含监控系统工程）和管网二期工程的基建工程决算；推进X17公租房项目财务决算工作。参加开发区总公司工程管理例会，汇报项目资金支出情况，并就项目前期策划立项、项目结算等工作提出部门建议。

（宋健）

完成2011年度国有资产收益上缴

年内，开发区总公司计划财务部组织对区财政局下发的《北京经济技术开发区国有资本经营预算管理暂行办法》和《北京经济技术开发区国有资本收益收缴暂行办法》进行研究，提出开发区总公司国有资本预算管理实施意见和国有资本收益上缴管理实施意见。完成2011年度国有资本收益申报上缴1521万元。向开发区财政局报送《2013年国有资本经营预算支出报表》。

（宋健）

北京经济技术投资开发总公司

经理 赵广义（8月免）

白　文（8月任）

全资（控股）子公司

博大网信创新企业精细化管理模式

1月1日，博大网信OA协同办公系统运行，在降低行政成本、规范经营管理、提升工作效率方面作用显著。博大网信与中科院高能所合作，研发完成《通信管道管理软件》（一期），运行后将对通信管道监控由井盖延伸到光纤链路全程，进一步提高管孔维护管理水平。建立NOC网络监控平台，对整网进行实时监控，有助于事故预判、加快应急反应速度，提高网络信息管理和安全管理水平。

（侯鹭）

亦庄人力开展“智客汇”HR沙龙活动

1月10日，亦庄人力举行“智客汇”HR沙龙系列活动启动仪式，为区内企业搭建人力资源沟通平台。亦庄国际人力资源公司于3月起，为驻区企业提供送政策进园区服务，分别在汇龙森工业园、嘉捷科技园、云基地举办面向园区人力资源从业人员的社保知识培训；6月举办“智客汇”半年峰会，邀请人力资源行业资深专家分析《HR在企业战略管理中的影响力和执行力》，80家企业110人参加。

“智客汇” HR沙龙系列活动启动仪式　　周扬 摄

（李文君）

博大网信成立2个新公司

1月20日，博大网信历经2年，经过调研论证、商务公关、投资及运营模式研讨、合法合规设计等工作，主导成立北京博大数通科技发展有限公司，主要对“12平方公里”安置房项目红线内电信机房、管孔、路由等进行管理和维护。8月13日，博大网信作为控股单位，主导成立北京博大网通科技发展有限公司，并获得ISP资质，对博大网通先后进行业务切分转入、资源授权、增加注册资本金等工作，使专线接入、综合电信增值业务走上更加市场化、规范化和专业化发展轨道。

（侯鹭）

博大置业公司接管数字工场项目物业

1月，博大置业公司承接路东区数字工场项目的物业管理工作。该项目是北京亦庄数字显示产业管理有限公司产权，地处开发区路东区E12M1地块，占地面积6.6万平方米，总建筑面积为11.5万平方米。于2011年5月开始动工，2012年6月完成一期工程竣工验收，11月完成二期竣工验收。地上建筑共10栋，建筑面积9.7万平方米，其中6栋建筑为高层厂房、4栋为生产厂房，地下建筑面积1.8万平方米，设备间、能源中心设置在地下建筑内，以扩大地面使用面积。园区规划遵循自然环保理念，容积率低、绿化面积大，生产车间与研发用房同区域的设计，适应不同规模企业的需求。截至年底，已有北京日伸电子精密部件有限公司、易美芯光（北京）科技有限公司、北京中航智科技有限公司及格拉默汽车内饰部件（北京）有限公司等4家企业入驻。

（黄秀敏）

北京经开收购天津博海缘置业投资有限公司

2月24日，北京经开与北京九州绿源投资顾问有限公司签署《天津博海缘置业投资有限公司股东内部股权收购框架协议》。8月17日，北京经开年度董事会、股东会通过收购天津渤海缘公司的议案，天津渤海缘公司成为北京经开全资子公司。

（姜昧茗）

博大置业公司保税物流项目签约

2月，博大置业公司与博大世通国际物流（北京）有限公司正式签署物业管理委托合同。博大置业公司工业物业管理中心于2011年6月24日成立保税物流项目部，并承担该公司北京亦庄保税物流中心物业管理与服务项目。

（黄秀敏）

开发建设公司出资133万元建立合资公司

3月9日，开发建设公司召开董事会，

同意认缴北京博大数通科技发展有限公司 10% 出资额，即开发建设公司出资 133 万元与北京博大网信科技发展有限公司、世达智博（北京）文化传媒有限公司及北京树立通科技有限责任公司共同组建合资公司。

（巨德慧）

联港置业公司为联港嘉园项目成功融资

3 月 27 日，联港置业公司取得北京市保障性住房建设投资中心委托贷款 4 亿元；5 月 28 日，联港置业公司取得北京银行股份有限公司贷款 3 亿元。在国家金融政策对房地产行业收紧的情况下，联港置业公司获得的 7 亿元融资，满足了联港置业公司建设需要。

（展晓鲁 刘福生）

博大坤元产业园项目启动

3 月，博大坤元开发建设的天和城项目启动现代服务业产业园策划工作。产业园规划建设用地面积 166.67 万平方米，定位为现代服务业产业园，天和城将成为集休闲旅游度假、商业商务办公、生态养生居住、体育竞技娱乐、科技创新园区等功能于一体的世界级生态田园智慧城市。南湖现代服务业产业园设计工作正在实施，该产业园一期包括产业园起步区展示中心和企业独栋会所 8 栋，其中起步区展示中心建筑面积约 2000 平方米，企业独栋会所建筑总面积约 1.2 万平方米。

（芦佳音）

开发建设公司推行人员内部竞争上岗

3 月，开发建设公司组织中层管理人员内部竞争上岗，共有 21 名员工报名，经过资格审查、笔试评估、演讲和现场答辩、综合民主测评等层层筛选，最终有 6 名员工走上中层管理岗位。

（马兰兴）

博大兴长子营土地一级开发积极推进

年初，通过领导专题会议决定，并与长子营镇政府充分协商后，北京博大兴投资开发有限公司着手开展 31.08 万平方米土地临时大市政建设，由施工图纸设计到工程竣工，历时 3 个月时间。6 月 27 日，博大兴与长子营镇政府签署临时市政设置移交协议，将道路使用权、管理权全部移交至长子营镇政府。同时，公司陆续完成办理地块规划意见书、一级开发成本报告、地价评估报告、一级开发成本审定等多项工作，顺利完成 31.08 万平方米土地上市工作。与此同时，博大兴开展一级土地开发资金成本确认及返还工作，一级开发成本审定工作已全部完成，资金部分返还，其余款项根据土地出让情况逐步返还。

（周会丽）

博大网信打造公司品牌

4 月 1 日、7 月 3 日，博大网信分别获得建筑智能化工程专业承包二级资质和 ICP 资质，此外又先后获得《高新企业资格证书》与 SP 资质，为做强做大“一体两翼”发展格局注入强劲动力，完善资质基础。

（侯鹭）

博大置业公司变更章程

4 月 9 日，根据博大置业公司第一届第 1 次股东会决议，公司变更董事，同时变更章程。免去王占清董事职务，同意郭广庆、张志祥、朱彦恒、韩勇、董岩担任董事，通过了《章程修正案》。4 月 10 日，博大置业公司一届 3 次董事会审议通过了变更董事长的决议，同意选举郭广庆为董事长，免去王占清董事长职务。

（黄秀敏）

博大万泰开展固定资产投资项目评审

4 月 26 日，开发区管委会第 5 次主任办公会决议对开发区政府投资的固定资产建设项目由发改局委托社会中介咨询机构对项目的可行性研究报告（或项目建议书代可行性研究报告）进行评估审核。博大万泰受托开展项目评审组织工作。截至年底，博大万泰共受托组织 17 个项目，已完成 14 个项目的评审，为政府节约投资约 1.2 亿元。

（吴妍 孙继伟）

北京经开屡获奖励荣誉

北京经开荣获首都劳动奖状　　企业提供

4 月 26 日，在开发区庆祝“五一”国际劳动节暨先进模范表彰大会上，北京经开荣获由市总工会颁发的首都劳动奖状；周世义荣获开发区“爱职工的好经理”荣誉称号。5 月 23 日，北京经开在第十五届中国北京国际科技产业博览会·中关村创新论坛中，荣获“中国自主创新园区创新奖”。11 月 7 日，北京经开荣获由市安监局颁发的“北京市安全文化建设示范企业”称号。11 月 26 日，北京经开在国家会议中心举办的第七届中国中小企业家年会上，荣获由组委会颁发的“中国 2012 年全国服务中小企业先进单位”奖项。12 月 23 日，在中国产学研合作促进会与江苏省政府联合主办的“第六届中国产学研合作创新大会”上，北京经开荣获由大会组委会颁发的“中国产学研合作创新奖”。

（姜昧茗）

博大科技公司完成龙文博达公司债务清偿

4 月，经博大科技公司股东会议决定，用现有资产对北京龙文博达新型建材有限公司内部债务进行清偿，对北京龙文博达新型建材有限公司的留存资金按股东债权比例进行第二次债务清偿，并预留少量资金作为注销公司时的准备金。北京龙文博达新型建材有限公司是北京博大科技投资开发有限公司对外投资的实际控股企业，因资金困难不能进行正常生产经营活动，企业已处于停产状态。鉴于该公司已经被工商部门吊销营业执照以及公司股东清算决议无法形成的特殊情况，对该公司进行清算，此项工作已基本结束。

（秦连荣）

中小企业服务中心正式入驻生物医药园

5月2日，博大万泰负责运营的北京经济技术开发区中小企业服务中心和北京亦庄科技创新服务中心正式进驻生物医药园的办公场所和服务大厅，并开通服务热线:4008998960。

（吴妍 孙继伟）

博大万泰参与首届京交会活动

5月28日至6月1日，首届京交会举办期间，博大万泰咨询公司受开发区管委会、大兴区商务局委托，全面参与新区参加京交会的项目策划、方案设计、统筹协调、宣传推广以及会议后勤保障等工作，确保新区参加京交会工作顺利进行。

（吴妍 孙继伟）

博大坤元景观建设取得进展

5月30日，博大坤元开发建设的天和城项目对已建道路实施绿化，完成绿化面积42.7万平方米，提升天和城区域景观效果。8月20日，博大坤元完成道路两侧路灯、交通信号灯、交通标示和指路牌安装等工程。

（芦佳音）

博大数文制作《发现亦庄》等专题片

5月至8月，博大数文拍摄制作以“创新·聚力·强基·跨越”为主题的《发现亦庄》《印象亦庄》专题片，以动态新闻专题形式反映开发区建设20周年来的发展历程，宣传新区新机遇、新优势、新成就。《发现亦庄》共10期，《印象亦庄》共2期。

（靳洋）

博大坤元博客雅居项目招租率超过85%

5月至9月，博客雅居项目加大绿化投入，改善道路和停车系统，小区整体环境得到改善。在招商方面，借助亦庄生活网、亦庄人手册进行广告宣传，通过亦庄社区网在博客雅居现场组织周末跳蚤市场来汇聚商业人气，同时努力打造“亦庄酒吧一条街”，并广泛听取采纳商户意见建议。通过以上举措，强化招商管理措施，博客雅居商业氛围提升明显，商户非常满意。商业招租迅速达到85%以上。

（芦佳音）

博大万泰中小企业服务中心网站试运行

6月10日，北京经济技术开发区中小企业服务中心和北京亦庄科技创新服务中心网站（www.bdasme.org）上线试运行。网站主要板块包括：中心介绍、政策服务、金融服务、商务服务、科技服务、企业之家。

（吴妍 孙继伟）

联港置业公司销售限价房5.44万平方米

6月10日，联港置业公司取得第一批限价房的预售许可，当月组织签约5.44万平方米。11月19日开始进行第一批限价房交付业主。第二批限价房于12月11日进行摇号。年内累计交付647套，合计面积5.44万平方米。

（刘福生 李雷）

博大网信加入移动硅谷物联网产业联盟

6月14日，博大网信与北京云基地企业管理有限公司签署《战略合作框架协议》，并加入移动硅谷物联网产业联盟，为公司未来在云计算、物联网等战略性新兴产业领域多元化全面发展奠定合作基础，有助于双方共同协助开发区提升信息化水平，打造智慧亦庄示范区。

（侯鹭）

数显公司 E12M1、C8M2 项目竣工

6 月底，在北京数字电视产业园中 E12M1 地块上，数显公司专为北京日伸电子精密部件有限公司等京东方配套企业定制租赁，以及自持的数字工场项目完成四方竣工验收。数显公司的数字工场项目低层区建筑面积共 3.3 万平方米，共有 5 家企业入驻，招商完成 100%；高层区建筑面积共 6.3 万平方米，联合开发区产促局等部门全面启动招商。9 月底，C8M2 地块上由数显公司子公司翰博高科（北京）电子有限公司为京东方配套企业盛宇光（北京）电子有限公司代建 1# 厂房等 8 项工程完成四方竣工验收。

（高飞）

博大科技公司完成京东方股票回购

6 月，依据开发区总公司经理办公会决定及双方签订的协议书，由博大科技公司作为京东方股票回购的实施主体，回购资金由总公司以无息借款的形式提供，共计 17.2 亿元，顺利完成京东方 6 亿股股票回购事宜。回购后由开发区总公司对该标的股票进行管理和代为处置。这也是公司本年资产增长较快的主要原因。

（秦连荣）

开发建设公司推进公司安全文化建设

“安全生产月”安全咨询日活动　　企业提供

6 月，开发建设公司为全面贯彻落实全国“安全生产月”活动相关要求，通过广泛开展安全宣传教育、深化政企合力监管模式，全面保障“12 平方公里”安全建设为主题的安全月活动。组织开展安全咨询日、安全培训和安全知识竞赛等贴近农民工的系列活动，营造安全生产氛围，提高工人安全生产意识。

（管仲）

联港置业公司销售商品房 3.49 万平方米

7 月 15 日，联港置业公司的商品房预售开盘。推出 269 套房源，239 套被认购，实现认购额超 2 亿元。11 月 19 日，第一批商品房开始交付。年内，签订预售合同 440 份，占全部可售商品房房源的 84%；累计交付商品房 389 套，合计 3.49 万平方米。

（展晓鲁 刘福生）

北京经开完成组织机构调整

8 月 3 日，根据北京经开第四届第 16 次董事会决议，对公司部分内设机构进行调整：增设信息技术部和园区增值服务中心，资产管理部更名为资产管理中心，营销策划部更名为营销管理中心，撤销汇展中心。

（刘洋波）

博大置业公司通过 3 项管理体系认证

8 月 14 日，博大置业公司经过专家审核团认证，通过公司质量管理体系、环境管理体系和职业健康安全管理体系的复审，确保博大置业公司体系认证工作的连续性。

（黄秀敏）

博大数文制作《感动新区人物》专题片

8月15日，博大数文承接《感动新区人物》系列专题片拍摄制作工作。该专题片采用一起畅谈的形式，把有突出表现的广大干部和群众聚在一起，畅所欲言，记录各行各业“感动新区人物”，宣传新区先进事迹。该专题片共20期，已于年底拍摄完成。

（靳洋）

博大万泰承办北京·亦庄产业金融畅谈会

8月17日，由大兴区政府、开发区管委会联合主办，大兴区金融办、开发区发改局、中小企业服务中心承办的北京·亦庄产业金融畅谈会举行，市金融局党组书记霍学文、开发区管委会主任张伯旭等领导出席，59家企业139人参会。会上，开发区管委会分别与中国农业银行股份有限公司北京市分行和国泰君安证券股份有限公司签署战略合作协议，与会政府主管领导及专家学者、企业精英同时围绕“产业金融在亦庄”这一主题畅所欲言，建言献策，为新区创新发展，助力实体经济腾飞打下基础。

（吴妍　孙继伟）

博大数文承接北京·亦庄产业金融畅谈会

8月17日，博大数文承接“北京·亦庄产业金融畅谈会”活动。博大数文完成了活动前期策划与创意设计、会议现场布置、会议物料设计与制作等工作。

（靳洋）

博大置业公司取得食品流通许可证

8月17日，博大置业公司获市工商局颁发的食品流通许可证，许可范围为零售预包装食品，许可证有效期为2012年8月17日至2015年8月16日。

（黄秀敏）

博大置业公司变更经营范围

8月20日，博大置业公司第一届第2次股东会决议变更企业经营范围，同意将企业经营范围变更为：一般经营项目，房地产开发，房地产经纪业务，投资，投资管理，物业管理，出租写字间，园林绿化服务，机动车公共停车场服务，提供劳务服务（中介除外），家用电器、机械设备维修（不含行政许可项目）、社会经济咨询（不含行政许可项目），销售文化用品，票务代理，花卉租摆业务，零售预包装食品。8月24日完成公司营业执照的增项工作。

（黄秀敏）

博大坤元土地指标取得新突破

8月26日，博大坤元在天津武清下朱庄东片区开发建设的天和城项目再获86.71万平方米建设用地指标，加上之前获取的建设用地300.15万平方米，天和城项目累计获取建设用地指标386.86万平方米，为项目的可持续发展提供坚实保障。

（芦佳音）

博大世通公司实现7×24小时预约通关

亦庄保税物流中心夜间运营　　新闻中心提供

8月29日，亦庄保税物流中心正式启动7×24小时预约通关验放试运行工作。

正式运行当天夜间迎来冠捷显示科技（中国）有限公司的 3 辆集装箱货车共计 34 吨货物。该项业务丰富了亦庄保税物流中心的业务模式，有效满足辖区加工贸易企业 24 小时运作的生产供货需求，提高企业货物流转速度；大型集装箱货车在夜间行驶不受白天车辆限行的限制，道路运输更加顺畅，降低企业物流成本。

（张一凡）

博大数文制作总公司画册与宣传片

完成总公司成立 20 周年画册制作　　徐浪 摄

8 月，博大数文完成开发区总公司成立 20 周年画册和宣传片的制作。围绕总公司成立 20 年来不断致力于建设开发区的发展历程，博大数文精心策划制作以“博高志远 大气天成”命名的开发区总公司成立 20 周年大型画册、宣传册和宣传片，提升了开发区总公司品牌形象。

（靳洋）

开发建设公司土地上市取得重大进展

9 月 20 日，开发建设公司代开发区总公司开发管理的“12 平方公里”项目 X83、X86 两个地块上市，有万科、城建等 6 家单位参与竞拍，最终北京城建兴华地产有限公司以 16.27 亿元竞得 X83 地块，北京万科企业有限公司、北京金第房地产开发有限责任公司联合体以 14.43 亿元竞得 X86 地块。这两个地块成功上市，使“12 平方公里”土地上市取得开门红，为将来的地块上市奠定基础。

（程刚）

联港置业公司回迁房交付使用

9 月 20~30 日，联港置业公司将 1034 套合计 9.59 万平方米回迁房顺利交付回迁居民，比同项目中商品房和限价房早交付 2 个月。

（刘福生）

博大数文拍摄应急救援桌面推演资料

9 月，博大数文承接开发区安监局危险化学品应急救援桌面推演视频拍摄工作。相关工作有视频制作、现场导播及解说、后期剪辑包装、PPT 制作等。此次推演是安监局 2012 年的一项重要安全活动演练，旨在提高全区对危险化学品安全的重视程度。

（靳洋）

博大数文承办开发区年鉴设计制作

9 月，博大数文开始承办开发区第一本年鉴——《北京经济技术开发区年鉴（2012 卷）》的设计制作。截至年底，博大数文与开发区年鉴编辑部共同组织召开设计方案讨论会 4 次；制作全书插图 300 余张；完成 84 万余字文字的录入排版。承办年鉴集中审稿会，参与全书校对，全程协助开发区政策研究室年鉴编纂出版相关工作。

（靳洋）

博大网信三网融合示范项目启动运营

10 月 18 日，博大网信主导成立的“博大数通”公司所创建的“三网融合”运营模式，被市经济信息化委列为北京市 2012 年信息化基础设施提升计划，获得 124 万元政府资金补助，进一步扩大了博大网信作为开发区电信基础设施运营商的市场影响力。10 月 25 日，该业务启动运营。

（侯鹭）

开发建设公司成立回迁安置房维保中心

10 月 23 日，回迁安置房维保中心成立，由开发建设公司、各总包单位和瀛海尚志益民物业中心相关人员组成。主要负责交房入住期间，对房屋保修数量、维修进度、维修完成及业主复验情况进行调度，解答拆迁政策，确保百姓顺利回迁。

（张会敏）

开发建设公司回迁房交房率达 99.2%

“12 平方公里”回迁房交房中心　　企业提供

10 月 25 日，“12 平方公里”回迁安置房 X80 地块率先启动回迁入住工作。X82、 X79、X76、X81、X75、 X77 依次组织回迁入住。截至年底，开发建设公司组织 4395 户完成 13703 套房屋回迁入住，安置房交房套数完成率达 99.2%。

（张会敏）

北京经开张家湾产业园项目奠基

10 月 30 日，北京经开·张家湾产业园项目在通州经济开发区举行奠基仪式。该项目总占地面积约 13 万平方米，建筑规模近 30 万平方米，将开发成为以产业研发、企业总部、商业办公为主体的新型生态高端产业园，园区产业定位为新兴产业和高端服务业。

北京经开·张家湾产业园区项目奠基　　企业提供

（刘洋波）

创新大厦被批准为高科技孵化基地

10 月，博大置业公司创新大厦在通过专家考察、实地调研、反复论证后，被市科委正式批准为高科技孵化基地。同时，获得市科委科技企业孵化机构建设专项资金支持。

（黄秀敏）

博大置业公司举办首届物业管理知识竞赛

11 月 8 日，博大置业公司工会组织开展公司首届物业管理知识竞赛活动。此次知识竞赛由公司一线职工及中层干部 24 人组成 6 支代表队参赛，比赛围绕一系列物业法规、实务、管理知识进行。

（黄秀敏）

新元公司 2 个项目通过 2A 级住宅终审

11 月，X17 亦城茗苑、X31 博客雅苑项目进行住宅性能 A 级评审终评工作，住建部由6名专家组成评审组，对2个项目进行实地评审。评审组听取2个项目设计方案及建设情况汇报，并对住宅实体进行实地检查，最终确认X17亦城茗苑、X31博客雅苑项目住宅性能为AA级。

（谷守宇　韩志学）

博大数文协办2012云世界大会

12月12日，博大数文协办的2012云世界大会在亦庄召开。博大数文对会场相关物料进行设计和制作。会议围绕全球云计算应用与实践、云计算最新技术突破、云产业投资与创业等核心问题进行探讨。

（靳洋）

低碳高端智慧园区战略联盟成立

低碳高端智慧园区战略联盟获得授牌　　企业提供

12月23日，在中国产学研合作促进会与江苏省政府联合主办的第六届中国产学研合作创新大会上，“中国低碳高端智慧园区产业技术创新战略联盟”获得正式授牌。该联盟由北京经开作为主发起人，首批联盟成员包括用友集团、北京工业大学、北京银行等32家单位。

（姜昧茗）

博大数文获媒体服务类二级广告企业资质

12月28日，经中国广告协会企业资质认定委员会评定，博大数文被中国广告协会评定为媒体服务类中国二级广告企业。该资质的取得，标志着博大数文在行业信誉度和企业竞争力方面进一步提高。

中国广告业企业资质等级证书

Certificate of Class-qualified Advertising Agency of China

北京博大数文广告有限公司

经中国广告协会企业资质认定委员会认定，你公司获得“中国二级广告企业（媒体服务类）”资质，有效期为2013年1月1日至2015年12月31日。

This is hereby to certify that your company is conferred on a second-class advertising agency of China (media service) by the CAA Certificate Committee for Class-qualified Advertising Agencies of China. It is valid from Jan. 1, 2013 to Dec. 31, 2015.

贰级　中国广告业企业资质认定之

中国广告协会

二〇一二年十二月二十八日

媒体服务类中国二级广告企业资质证书　　企业提供

（靳洋）

博大数文策划联港幸福湾住宅地产项目

12月底，博大数文完成联港幸福湾住宅项目的全案策划和设计推广工作。服务内容包括全案策划、文案撰写、售楼处包装、楼书设计、户外及网络广告画面设计、媒体发布等。

（靳洋）

博大兴东区工业园项目实现结构封顶

年底，东区工业园项目工程结构封顶。该项目在北京博大兴投资开发有限公司明确市场定位、产品定位和客户群定位的基础上，确定企业独栋的建设方案，先后完成立项延期、建筑设计任务交底、规划方案设计、市政条件征询、绿化审定、施工图初设、人防报批等开发前期多项准备性工作，于9月开工建设。

（周会丽）

亦庄人力新增服务产品

年内，亦庄国际人力资源公司新增商务服务业务，具体包括外国人入境就业许可证、就业证、工作居住证、留学归国人员落户等。业务拓展方面，亦庄国际人力资源公司新增加GE外包项目、诺基亚外包项目，并根据项目不同情况，分别进行管理方法改善。2012 年外包项目带来收入 973 万元，占整体收入的 49.74%。

（李文君）

亦庄人力吸收社会劳动力就业

年内，亦庄国际人力资源公司安置新区籍劳动力情况良好，共计提供就业岗位 2187 个，涉及企业 31 家；推荐大兴籍劳动力就业 1381 人，新招用大兴籍劳动力 674 人。截至年底，在职大兴籍劳动力达 1209 人。

（李文君）

数显公司通过多项评审认定

年内，数显公司以北京数字电视产业园为主体的中关村科技园区亦庄科技园数字电视和数字内容产业集群项目被列入国家创新型产业集群首批试点。数显公司申报的由市科委组织的北京市战略性新兴产业科技成果转化基地，通过市科委评审认定，基地名称为北京经济技术开发区数字电视产业园。数显公司申报的数字电视和数字内容产业集群公共服务平台、数字显示成果转化信息服务平台及经工业和信息化部申报的国家新型工业化产业示范基地通过相关政府职能部门评审认定。

（高飞）

数显公司参与重大会议

年内，数显公司参与第三届中国产业地产高层峰会、2012 年度彩电行业研究发布会、第十五届中国北京国际科技产业博览会等大型行业峰会论坛 10 余次。与众多业内专家、技术精英和行业代表建立沟通机制。在展会上通过园区整体沙盘演示、展板宣传等形式，介绍园区整体概况及数字工场项目，进一步提升园区影响力和项目知名度，更好推进园区产业发展。

（高飞）

博大世通公司完成增资及股权变更

年内，为更好发挥保税物流中心功能，北京市政府统筹资金下拨到亦庄国际，并由亦庄国际对博大世通公司进行增资，共增资 1.95 亿元。至此，开发区总公司股权比例为 58.78%，亦庄国际为 41.22%。与此同时，博大世通公司完成相应股权变更，目前公司注册资本已增至 3.4 亿元。

（张一凡）

中小企业服务中心服务区内企业

开发区中小企业服务中心大厅　　企业提供

年内，开发区中小企业服务中心和北京亦庄科技创新服务中心围绕国家及北京市相关政策、围绕开发区管委会要求、围绕中小企业共性紧迫需求，建立中小企业公共服务平台，聚集 80 余家服务机构，开展上级资金申报、培训、交流、撮合交易等多项服务工作。8 家企业获批国家及市级资金 4984 万元支持，2 家企业取得银行贷款 2250 万元。开展培训、交流活动共计 28 场次 853 家次，1480 人次，其中的金融系列培训、国家及北京市资金申报政策及路径宣讲、拟上市企业辅导、营改增培训等深受企业好评。

（吴妍 孙继伟）

联港置业公司加强内部管理做到科学决策

年内，联港置业公司召开44次公司例会、28次总经理办公会、6次董事会、5次（临时）股东会，做到按照程序决策、科学决策。对于股东会、董事会、总经理办公会决策的事项，定期进行督办、汇报、整改，加强落实力度。

（刘福生）

联港置业公司文化建设起步

年内，联港置业公司贯彻“阳光管理，快乐工作”的理念，鼓励大家在繁忙的工作中放松心情、加强体育锻炼；面向全体员工征集确定“累积点滴改进，追求卓越品质”的公司精神；反复研究确定公司标识，并实现公司网站 www.lgzy.cn 上线运行。

（刘福生）

博大兴悦廷项目按期推进

年内，悦廷项目进入收尾阶段，北京博大兴投资开发有限公司在开展交付各项善后遗留工程和尾房销售的同时，做好小区物业管理监管工作，把握综合楼LOFT产品的市场运作，有序推进悦廷商业业态组合、商户储备和幼儿园机构衔接、硬装施工和办公楼硬装工作。

（周会丽）

博大酒店公司明确市场定位

年内，博大酒店公司每月召开销售月度工作计划会议，布置销售工作及督促检查销售进度完成情况，并提出各阶段工作重点。销售部每月定期走访客户，收集客户反馈并调研竞争酒店经营状况，对各项数据进行科学分析，为扩展销售新思路，进一步挖掘酒店客源市场，提高销售收入奠定基础。

（张玉力）

博大酒店公司倡导精细化管理

年内，博大酒店公司要求将精细化管理贯彻到每名员工及各个工作环节，为此组织4次研讨推进会，广泛征求意见建议，统一思想，确定精细化管理的长效机制和各项规章制度。同时，在细节上下工夫，用制度保障团队执行力的开展，进一步加强在工作流程和工作标准执行力度方面的监督检查。

（张三力）

博大酒店公司树立博大酒店品牌

博大永康商务酒店外景　　企业提供

年内，博大酒店公司为保证全年经营指标的顺利完成及树立博大酒店品牌，充分利用互联网制定微博营销，扩大网络订房中心的数量，分别在报纸、杂志及店内闭路电视等传统媒介上发布广告，进一步提高博大酒店的品牌知名度。

（张玉力）

博大酒店公司强化培训学习提高服务质量

年内，博大酒店公司每月通过对员工采取集中培训、专项培训等方式让每位员工明确意识到优质服务在提高自身素质及在酒店运营过程中的重要性，培养员工爱学习，重钻研的精神风貌，提高对顾客的服务质量，得到顾客好评，树立酒店品牌，体现酒店全新企业文化。

（张玉力）

博大酒店公司提高设备设施维保水平

年内，两家酒店工程部的维修班组定期对设备设施进行检查，并每月进行互检，发现隐患及时排除，确保设备设施的正常安全运行。每2个月组织业务提高研讨会，使员工增加多项维修技能和经验，鼓励员工参加国家认证的专项考试，全年共有6人在本专业级别上上升一级，5人有2项专业上岗证，2人有3项专业上岗证。酒店综合维保水平大幅提升。

（张玉力）

博大酒店公司节能降耗降低营业成本

年内，博大酒店公司组织2次降低营业成本研讨会，对成本控制提出严格要求并制定奖惩制度。采购部对各部门所填报的单子进行细化分类，集中采购并每月到市场中进行价格调研，努力做到节约开支，降低成本，做好预算费用开支，控制采购费用支出。在成本费用控制上比上年节约30%。

（张玉力）

博大兴青年公寓完成园区经营业态布局

年内，北京博大兴投资开发有限公司抓住园区住户结构调整变动的契机，对青年公寓内部建筑形式、建筑体量以及使用功能进行重新规划定位，推动项目转型升级，初步完成园区多元化经营业态布局工作。公寓1号楼作为酒店式公寓及白领公寓投入使用，2号楼作为白领公寓对外招商，6号楼进行整体出租，其余楼宇在适当保留蓝领配套功能基础上，逐步向白领公寓转变，最终将高中低端户型比例分别稳定在50%、25%、25%的水平线上。对公建区域进行重新规划设计和整体包装。

（周会丽）

博大置业公司新增代租赁业务

年内，博大置业公司统一招租形象，加大资产宣传力度，开展多元化经营，新增代租赁业务，全年共签署业主委托合同5份，已代理租赁面积765.67平方米，实现代理服务收入11.39万元。

（黄秀敏）

博大置业公司E14项目进展顺利

年内，博大置业公司E14项目迎来北京亦庄国际生物医药投资管理有限公司等10余家新客户。E14项目全年共接报修2600余次，开展“安全生产月”活动3次，组织应急演练1次，园区日常巡视次数达1000余次，发现并纠正异常情况100余次。7月份发出满意度调查表5份，满意度89.86%；12月份发出满意度调查表7份，满意度达到100%，进一步提升项目物业管理水平。

（黄秀敏）

博大置业公司物业中心满意度超90%

年内，博大置业公司分别于7月、12月两次开展外部满意度调查工作，调查范围涉及所辖21个物业项目的客户服务、工程维修、秩序维护、环境管理等内容。第一次满意度调查结果显示，外部客户平均满意率为93.26%，超过公司制定的客户总体满意率90%目标；第二次满意度调查共涉及27个物业项目，外部满意度调查结果为客户平均满意率96.60%。

（黄秀敏）

博大建设公司承建工程竣工交付使用

博大建设公司承建 N5 供热厂工程　企业提供

年内，博大建设公司完成北臧村和 X75R1 回迁房竣工入住工作；N5 供热厂点火运行成功；数字电视产业园、D6 项目实现竣工验收，按期投入使用；完成博大大厦展厅及电梯改造工程和建区 20 年纪念活动绽放雕塑工程；完成隆盛大厦改造、行政服务中心及总公司部分资产修缮工作。

（刘欢）

博大建设公司全力推进在建工程

年内，博大建设承建的亦城财富中心施工至 7 层；亦城科技中心粗装修和幕墙工作完成 70%；中芯国际二期桩基施工陆续完成；东区配套宿舍二期二次结构基本完成；博大兴路东工业园实现结构封顶；X84R2 小学新增项目完成外墙保温施工；北工大配套楼和光机电工程实现进度目标。此外，博兴十路、新凤河路、南区一街和南区三街、长子营市政路等陆续建成。

（刘欢）

博大建设工程建设佳绩不断

年内，博大建设承建的亦庄生物医药园和亦城国际中心工程获得北京市建筑竣工长城杯金质奖，还分别获得全国建筑业优秀样板工程、全国建筑业优质金奖工程。保税物流中心、数字电视产业园和 D6 电子信息产业园工程分别获得北京市结构长城杯金奖。保税物流中心工程获得北京市钢结构金奖。亦城科技中心工程荣获 2012 年度国家质量安全双优工程，并被评为北京市绿色施工文明安样板工地。东区配套宿舍、南区一街和北工大软件园工程获得“北京市绿色施工文明安全工地”称号。

（刘欢）

博大坤元实施市政基础设施及配套建设

年内，博大坤元开发建设的天和城项目实施“一站、二桥、三路”的基础设施建设。起步区雨水泵站工程主体建设已完工，其中 1 台设备已具备使用条件。完成天湖路跨天和城水系两座桥。完成五间房道剩余工程、天湖路中段工程和支路二十二工程。热力、燃气、网信、自来水、绿化灌溉管网、交通信号，及照明等主干综合管网建设同步完成。至此，天和城项目累计铺设雨污水管道 48262 米，完工道路总长 10700 米，道路面积 29200 平方米，对外通道 3 条，“两纵四横”的路网布局基本形成。

（芦佳音）

博大坤元土地征转供进展顺利

天和城项目全景　企业提供

年内，博大坤元开发建设的天和城项目完成土地征转 27.48 万平方米，其中结合 14-05-11 单元控规调整补征住宅用地 14.27 万平方米，天湖路等道路用地征转

13.01万平方米。截至年底，天和城项目累计完成土地征转236.13万平方米。经过控规调整、规划条件重新审批、土地补征等手续的办理，达到供地条件的可出让土地共9宗55.89万平方米。

（芦佳音）

博大坤元天和城项目启动景观改造工程

南湖景观提升改造工程　　企业提供

年内，博大坤元开发建设的天和城项目启动南湖景观提升改造工程，完成新筑堤680米、新筑景观岛11座，土方开挖总量455万立方米。同时，南湖景观设计工作已全面展开，堤顶路建设及南湖附属的泵站、闸涵等水利设施均已开工建设。

（芦佳音）

博大坤元天和林溪项目竣工交付

年内，博大坤元在天津武清开发建设的二级房地产天和林溪住宅项目实现竣工备案并开始办理入住手续。天和林溪项目销售上半年面临严峻形势，博大坤元采取多项措施，包括更换代理公司，加大推广力度，取得明显效果。截至年底，已销售1090套，销售金额为5.497亿元，销售率已达79.7%。

（芦佳音）

新元公司完成X17、X31项目入住工作

年内，X17亦城茗苑、X31博客雅苑项目按照管委会配租政策完成房屋交付入住工作。博客雅苑项目累计交付房屋1400套，配租开发区内74家企业，累计配租面积12.6万平方米。亦城茗苑项目累计交付房屋614套，分三批完成开发区工委、管委、驻区职能局、总公司、高层次人才房屋交付工作，累计配租面积5.6万平方米。

（谷守宇　韩志学）

新元公司承接E8、E18人才公租房项目

年内，受开发区总公司委托，新元公司承接路东区E8、E18产业配套人才公租房项目开发建设工作。E8项目占地面积3.2万平方米，规划建筑面积8.28万平方米，规划套数820套，均为70平方米左右一居室。E18项目占地面积7.66万平方米，规划建筑面积22. 45万平方米，规划套数1926套，为70平方米左右一居室和90平方米左右两居室。E8、E18项目建设可以完善路东区产业配套，为产业园区内中高层管理人员、技术人才提供生活配套服务设施。

（谷守宇　韩志学）

博大坤元天和城项目规划设计持续推进

年内，博大坤元开发建设的天和城项目完成了14-05-11单元控规调整修编工作，并于9月10日获得正式批复。依据调整后的14-05-11单元控规，完成10个规划条件审批，为地块上市创造条件。此后，又启动14-05-08、14-05-10单元控规编制工作。年内，博大坤元已完成天湖路设计、14-05-09单元支路设计、南湖土方设计和筑堤筑岛、降堤设计、高铁湖挖方设计、已建道路绿化设计、综合

管线设计、起步区雨水泵站设计及南部雨污水泵站工艺和结构设计等工作。上述工作开展保证了2011年底提出的进一步优化和调整天和城城市总体规划，启动“调整以往控规和编制新单元控规”的工作任务，可增加经营性用地60.03万平方米；同时结合产业规划，对片区功能定位进行局部调整及优化。

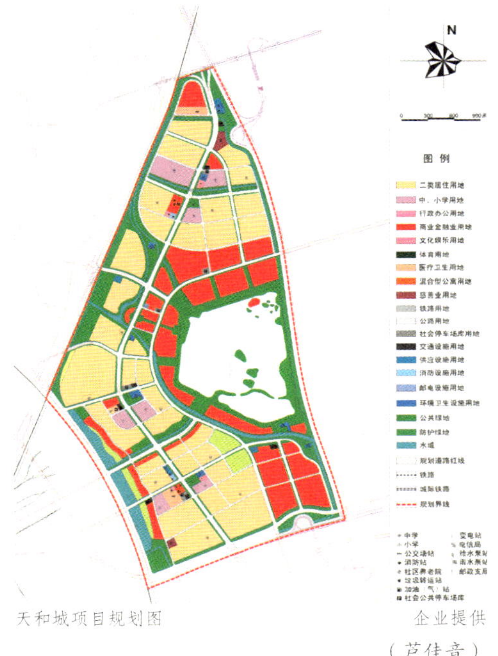

天和城项目规划图　　企业提供

（芦佳音）

开发建设公司完成征地419.88万平方米

年内，开发建设公司本着“市政基础建设用地在前，产业项目用地紧跟其后，经营性用地适时启动”的方针，代总公司取得“12平方公里”项目征地批复12个，完成征地419.88万平方米，占整个项目红线范围内土地的30.5%。

（郭丽薇）

开发建设公司10个地块完成项目结案

年内，开发建设公司代开发区总公司办理完成N27、N31、N37地块项目，N39、N40、N45、N46地块项目，N41、N42、N43地块项目的结案工作，并取得上述项目的《国家建设征收土地结案表》。

（郭丽薇）

开发建设公司5个地块获得用地批准

年内，开发建设公司代开发区总公司取得了瀛海镇六环路北区X76、X82地块产业园区配套建设项目和瀛海镇六环路北区X85、X87、X88地块产业园区配套建设项目的《建设用地批准书》，为土地上市和资金回流工作做好前期准备。

（郭丽薇）

开发建设公司10个地块完成农转用手续

年内，依据产业落地要求，开发建设公司办理完成N27、N31、N37地块项目，N39、N40、N45、N46地块项目和N41、N42、N43地块项目的农转用手续，取得农用地转为建设用地批复3个，比上年新增加国有建设用地11.42万平方米。

（郭丽薇）

开发建设公司拆迁扫尾工作有序进行

年内，依据安置房建设需求以及产业落地需求对安置房周边道路，以及奔驰二工厂用地范围尚未拆除的障碍物进行排查、腾退、清理、场地平整，通过内部审核非住宅类66户，地上物类32户，接待各类咨询200余次。

（郭丽薇）

开发建设公司完成招投标工作303次

年内，开发建设公司继续将“公平、公正、公开、诚实信用”贯穿于招投标工作的每个环节中，招投标工作取得新的进展。7个地块安置房项目工程、N5临时供热厂工程、X82U1 开闭站工程的招投标工作全部完成，3 个幼儿园、1 个小学以及市政道路的招投标工作稳步推进。截至年底，累计完成“12 平方公里”项目招投标工作 303 次。

（裴培）

开发建设公司协助完成签订 438 份合同

年内，为确保“12 平方公里”项目拆迁安置房如期交付、配套及市政基础设施等项目顺利施工，开发建设公司在工期短、任务急的情况下，协同合同执行部门共完成 438 份合同的签订。

（裴培）

开发建设公司形成安全管理高压态势

年内，开发建设公司代开发区总公司开发管理的安置房项目，在施工高峰期时，施工现场共有 339 家总分包单位、19173 人同时作业。开发建设公司在日常管理的基础上，加大安全管理力度，先后开展生活区、食品卫生、施工用电、消防、大型机械和吊篮等专项整治行动。对检查中发现的问题，要求监理单位督促总包限期整改，对发现的重大安全隐患责令停工，对反复出现的安全问题给予高限经济处罚。多项隐患治理措施的实施，在参建企业中形成安全管理的高压态势，有效遏制了安全事故发生。

（管仲）

开发建设公司完善防汛应急体系

年内，开发建设公司根据工程实际进展情况，修订防汛应急预案，补充防汛物资，并增加了博兴十路等临时退水设施，同时上报开发区应急办和市政局，将“12 平方公里”开发项目纳入开发区应急体系内。“12 平方公里”在建工程项目在“7·21”特大暴雨中没有重大损失，为工程最终如期竣工做出保障。

（管仲）

开发建设公司回迁安置房竣工交付使用

年内，开发建设公司代开发区总公司开发管理的回迁安置房 X75、X76、X77、X79、X80、X81、X82 等 7 个项目完成竣工验收备案。X75、X77、X82 等 3 个幼儿园完工，其中 X77 幼儿园已经移交大兴区教委，X75 幼儿园作为交房中心临时使用，X82 幼儿园作为家居产品对接中心临时使用。

（周宁）

“12 平方公里”市政路网已基本建成

年内，开发建设公司承建的“12 平方公里”市政路网水、电、气、信、热、雨、污等所有市政功能已全部实现，南区 6 条、北区 7 条市政道路工程完工并投入使用，满足了安置房通行入住需求，确保安置房百姓的顺利入住和区域招商引资项目的落地及投产的正常进行。N5 供热厂及相应热力管网已于 11 月 14 日正式移交，确保企业用热需求。

（李红艳）

生物医药管理公司接待人数超 2000 人

年内，生物医药园通过参加中国生物产业大会、北京科技博览会等产业及科技峰会积极进行对外宣传和展示。生物医药园全年共接待各类参观访问 80 余次，接待总人数 2000 人次以上。

（贾妍）

生物医药管理公司举办生物医药产业论坛

年内，由生物医药园承办、开发区科

生物医药产业论坛　　企业提供

技局主办的生物医药产业论坛定期面向开发区内所有生物医药企业开放，通过邀请国内外知名专家学者进行主题演讲，促进各种科技和政策信息传递，加强企业间交流与合作。全年共举办论坛 8 次，参与人数 1000 人以上。

（贾妍）

生物医药管理公司提供成果转化服务

年内，除在生物医药园引入代理代办机构为入区企业提供服务外，生物医药管理公司还提供多项成果转化服务，举办项目对接会，邀请启明创投、维梧生技创投和清科创投等 10 余家投资机构到生物医药园，与企业进行项目对接，为园区企业解决融资问题；联系开发区产促局、环保局、税务局和工商局等部门，协助入园企业解决项目立项、环评审批、税务申报和工商注册等过程中遇到的问题；在商务中心二层建设中小企业创新服务中心，为企业提供多种创新服务。

（贾妍）

生物医药管理公司加大招商力度

年内，生物医药园共吸引 50 家中小型生物医药企业入驻，出租率达 30%。入驻企业覆盖生物药、小分子药、诊断试剂、医疗器械、临检机构和技术服务等诸多领域，初步形成创新药、诊断试剂和医疗器械等创新企业集群。华昊中天公司的埃博霉素项目、百奥赛图公司的基因敲除小鼠项目和博奥生物的分子诊断项目具有很好的发展前景。

（贾妍）

生物医药管理公司开展政策支持服务

年内，生物医药管理公司成功协助两家企业申请项目资金各 100 万元，2 家企业办理博士后流动工作站，3 家企业获批留学人员开办费资助，2 家企业正在进行中关村高聚人才申报评定。以上政策支持服务旨在协助生物医药园企业开展项目资金申报、资质认定、人才评定和扶持政策申请等。

（贾妍）

生物医药管理公司完善条件支撑服务

年内，生物医药管理公司与旷博生物公司、金豪制药公司共同投资成立北京亦庄国际生物试剂物流中心有限公司，依托新建成的亦庄保税物流中心，建立海关监管下的北京国际生物试剂物流中心。专业制水和高压洗消已面向园区企业开展服务，蒸汽锅炉房建设已完工。

（贾妍）

生物医药管理公司加强专业技术服务

年内，生物医药园重点建设公共仪器测试和中试生产两大技术服务平台。公共仪器测试平台可为企业提供研发过程中所需的大型仪器租用、专业测试、技术培训及技术支持服务。该平台全年为 33 家企业提供 1200 余次服务。中试生产平台位于生物医药园中试中心楼，计划建设病毒载体 / 疫苗、微生物表达重组蛋白、生物大分子制剂、诊断试剂 4 条中试线。生物医药管理公司已同北京电子科技职业学院签订共建病毒载体 / 疫苗中试线协议，由对方提供 700 万元仪器设备，还同凯因科技公司和金豪制药公司分别合作投资成立北京亦庄国际蛋白药物技术有限公司和北京亦庄国际诊断试剂技术有限公司两家中试平台公司。

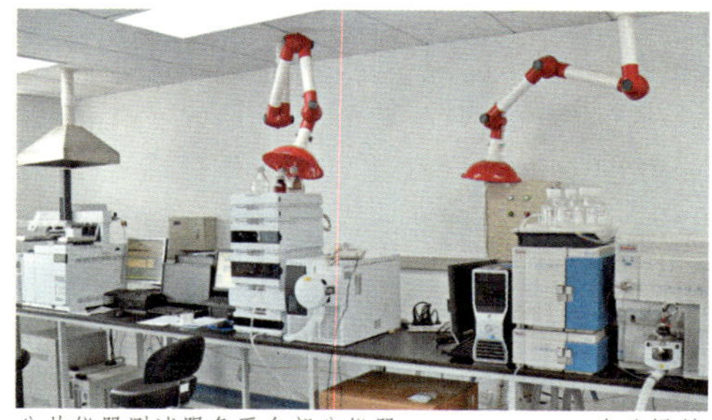

公共仪器测试服务平台部分仪器　　企业提供

（贾妍）

生物医药管理公司申请扶持资金

年内，生物医药园公共仪器测试服务平台落实扶持资金 4555 万元，包括开发区科技创新资金 500 万元、市统筹资金 4000 万元和科技成果转化基地项目资金 55 万元。中试平台项目正在积极申请中关村现代服务业项目，以新成立的两个中试平台公司为主体，申请股权扶持资金 1260 万元。

（贾妍）

生物医药管理公司开展资质认定

年内，生物医药园被成功认定为开发区孵化器、北京市战略性新兴产业科技成果转化基地，并挂牌“院士专家工作站”。这些资质与称号的获得使生物医药园的无形资产得到提升。

（贾妍）

所属企业

北京经开投资开发股份有限公司

北京经开投资开发股份有限公司（简称北京经开）2012 年实现主营业务收入 12.8 亿元，同比增长 13.47%；利润总额 2.03 亿元，同比增长 1.5%。公司完成房屋开发投资 11.12 亿元，同比增长 39%。当年开复工总面积 45 万平方米，同比增长 6.2%；项目总竣工面积 18 万平方米。实现全年安全生产零事故，荣获“北京市安全文化建设示范企业”称号。

（姜昧茗）

北京经开投资开发股份有限公司　董事长　白　文

总经理　周世义

北京博大经开置业有限公司

北京博大经开置业有限公司（简称博大置业公司）2012 年实现经营收入 1.35 亿元，超过年初预计指标 341 万元，回款率为 93%，代管资产全年累计实现经营收入 2.03 亿元，超过年初预计指标 1522 万元，回款率为 92.05%。博大置业开展安全教育培训，物业服务质量评比，举办首届物业管理知识竞赛，完善公司规章，整合发展效应进一步凸显，发展后劲持续增强。

（黄秀敏）

北京博大经开置业有限公司

董事长　郭广庆（4 月任）

王占清（4 月免）

总经理　张志祥

北京博大经开建设有限公司

北京博大经开建设有限公司（简称博大建设）2012 年实现营业收入 20.1

亿元，实现利润6023.68万元，全年纳税5955万元，融资贷款综合授信11.45亿元，实际利用贷款4.84亿元，国有资产保值增值率为117.55%，企业资产达到23.45亿元。博大建设主要在建工程22项，竣工工程11项，全年实现开复工面积160万平方米，新开工程面积41万平方米，竣工面积达到60余万平方米，完成市政道路建设3000米。获得了“全国工程建设质量管理优秀企业”“纳税A类企业”“全国安全生产先进单位”和“总公司2012年度安全生产先进集体”等称号。

（刘欢）

北京博大经开建设有限公司

董事长兼总经理 魏 钢

北京博大数文广告有限公司

北京博大数文广告有限公司（简称博大数文）2012年营业收入2883万元，同比增长33%；利润总额371万元，超额完成开发区总公司年初下达的各项经营指标任务。年内，博大数文荣获开发区精神文明单位称号。博大数文业务类型已涵盖区域户外媒体经营、区域有线电视网络经营、区域新闻及专题片拍摄制作、宣传片策划与制作、品牌形象策划与设计、活动策划与执行、导视系统设计与制作等。

（新洋）

北京博大数文广告有限公司

董事长兼总经理 罗伯明

北京博大坤元房地产开发有限公司

北京博大坤元房地产开发有限公司（简称博大坤元）2012年着力发展天和城项目，围绕“完善起步区功能、打造区域景观、推进产业均衡发展”目标展开各项工作，在土地指标获取、规划设计、土地征转供、景观建设、市政设施建设、产业园启动等方面取得进展。武清天和林溪二级开发项目按期竣工并顺利交付使用；亦庄博客雅居项目商业环境进行提升改善。博大坤元主要围绕天津武清下朱庄东片区“天和城项目”土地一级开发整理项目和二级房地产住宅项目的经营目标，完成推动异地开发、多项目、多业态发展。

（芦佳音）

北京博大坤元房地产开发有限公司

董事长 白 文

总经理 张洪东

北京博大兴投资开发有限公司

北京博大兴投资开发有限公司（简称博大兴）2012年把握“稳中求进，创新发展”的工作基调，全力推动各项工作取得快速进展，在前期策划准备（亦城国际二期）、中期开发建设（悦廷项目）、后期经营管理（青年公寓）的产业链条上，形成多点突出、以点带线、全面推进的工作局面，完成各项工作任务和经营指标，经营收入实现6.83亿元，利润完成1.64亿元。实现全年零事故目标。

（周会丽）

北京博大兴投资开发有限公司

董事长 白 文

总经理 黄 强

北京博大科技投资开发有限公司

北京博大科技投资开发有限公司（简称博大科技公司）2012年总资产14.79亿元，同比增加13.7亿元，同比增长

1359%；主营业务收入512.28万元，业务收入同比增长22%；利润总额630.92万元，同比增长284%。公司仓储占地面积7494平方米，仓储面积4140平方米。可出租楼房2栋，建筑面积3076.26平方米。公司员工15人，注册资本由4000万元增至1.4亿元。

（秦连荣）

北京博大科技投资开发有限公司

董事长兼总经理 郭广庆

北京博大酒店管理有限公司

北京博大酒店管理有限公司（简称博大酒店公司）2012年实现营业收入1872万元，营业毛利率比全年指标超额33%。安全工作以防为先，要求每月组织两次安全培训，每半年组织一次消防演练，全年未发生安全事故。全年接待各驻区企事业单位宾客近10万人次。

（张玉力）

北京博大酒店管理有限公司

董事长 郭广庆

总经理 常万龙

北京博大网信科技发展有限公司

北京博大网信科技发展有限公司（简称博大网信）2012年主导成立北京博大数通科技发展有限公司和北京博大网通科技发展有限公司，使公司的“三网融合”园区智能化业务和综合电信增值业务走上更为专业化和市场化的发展轨道，初步构建“一体两翼”发展格局。全年实现营业收入4209万元，同比增长72.29%；实现利润总额356万元，比计划增长54.78%；资本保值增值率达到113.49%。博大网信由开发区总公司与北京博大科技投资开发有限公司共同出资成立，注册资金2000万元。

（侯鹭）

北京博大网信科技发展有限公司

董事长 罗伯明

总经理 栾志海

北京亦庄国际人力资源有限责任公司

北京亦庄国际人力资源有限责任公司（简称亦庄人力）注册资本1000万元，2012年营业收入1956万元，利润总额80.1万元。公司服务客户横跨汽车、电子、通信、物流、制药、印刷、消费品等众多行业。5月9日，公司迁址亦城国际中心大厦B座16层。

（李文君）

北京亦庄国际人力资源有限责任公司

董事长 郭广庆

总经理 郑 洁

北京亦庄数字显示产业管理有限公司

数字工场外景 企业提供

北京亦庄数字显示产业管理有限公司（简称数显公司）2012年资产总额为8.82亿元，负债总额为3.75亿元，净资产总额为5.07亿元，国有资本保值增值率为101.22%。全年实现营业收入2114万元，净利润615万元，完成全年经营指标。增设营销策划部及财务部，使数显公司组织构架进一步完善。公司年末从业人数28人，其中数显公司职工人数16人，子公司翰博高科（北京）电子有限公司职工人数 12 人。

（高飞）

北京亦庄数字显示产业管理有限公司

董事长 赵广义

总经理 王晓波

北京亦庄国际开发建设有限公司

北京亦庄国际开发建设有限公司（简称开发建设公司）2012 年取得土地开发管理费 8.82 亿元，完成年初计划的 187%；营业收入指标数 2.24 亿元，完成年初计划的 189%；利润总额 1.72 亿元，完成年初计划的 244%，超额完成开发区总公司下达的经营考核指标。截至年底，员工总人数达 126 人；具备研究生学历员工比去年增加 3 人，达到 11%；本科及以上学历人员所占比例较去年略有增长，达到 87%；具备专业职称或执业资格人员较去年上升 10%，达到总人数的 75%。年内，开发建设公司提出打造精细化、专业化管理团队目标，下大力气推动公司精细化管理水平提升。全年共完成 16 个主要业务点 21 个流程梳理工作。

（巨德慧 马兰兴）

北京亦庄国际开发建设有限公司

董事长 罗伯明

总经理 王晓军

北京联港置业有限公司

北京联港置业有限公司（简称联港置业公司）2012 年紧紧围绕大兴区北臧村镇居住及配套用地项目（联港嘉园项目）开展工作。联港嘉园项目总开复工面积 33.35 万平方米，实现 32.9 万平方米竣工备案。全年实现固定资产投资 6.7 亿元，实现营业收入 9.94 亿元。截至年底，公司总资产 15.41 亿元，在岗职工 36 人。

（刘福生 石磊）

北京联港置业有限公司 董事长 杨志高（7 月免）

田德祥（7 月任）

总经理 禹 洋

北京亦庄国际生物医药投资管理有限公司

北京亦庄国际生物医药投资管理有限公司（简称生物医药管理公司）2012 年进一步推进生物医药园招商运营和服务体系建设，以整合创新资源为支撑，以打造创新服务体系为重点，着力建设“设施一流、服务一流、运营一流、效益一流”的高端生物医药产业园。截至年底，生物医药园共吸引 50 家中小型生物医药企业入驻，初步形成创新药、诊断试剂和医疗器械等创新企业集群。大量企业、人才、资源的汇聚，催生各类信息相互流动，生物医药园产业集聚效应正逐步显现。年内，生物医药园职工餐厅、商务公寓、银行（农业银行）和健身房等设施均已先后投入使用。

（贾妍）

北京亦庄国际生物医药投资管理有限公司

董事长兼总经理 郭广庆

北京博大万泰国际投资咨询有限公司

北京博大万泰国际投资咨询有限公司（简称博大万泰）2012 年迅速发展，员工人数由 2011 年底的 16 人增长至 32 人，经营业绩翻倍。4 月 26 日开发区管委会决定设立开发区中小企业服务中心和北京亦庄科技创新服务中心，并委托博大万泰咨询公司运营管理，服务中心管理工作由开发区发改局牵头，开发区科技局和产促局共同监管。博大万泰咨询公司在新的使命下，围绕服务中心的任务目标开展大量公益服务，在为中小企业服务方面取得初步成效。

（吴妍 孙继伟）

北京博大万泰国际投资咨询有限公司

董事长 罗伯明

总经理 龚秋平

博大世通国际物流（北京）有限公司

博大世通国际物流（北京）有限公司（简称博大世通公司）及北京亦庄保税物流中心（简称保税物流中心）2012 年围绕保税物流中心管理运营工作，使保税物流中心平稳、顺畅、高效运行，服务开发区重点企业数量稳步增长。截至年底，保税物流中心服务开发区重点企业 60 家，累计进入中心车辆 2004 辆次；保税库房已出租面积约 1.75 万平方米，占保税物流中心可出租库房面积的 42.49%，入驻企业各项经营活动开展顺利。

（张一凡）

北京博大世通国际物流（北京）有限公司

董事长 黄建华

北京博大水务有限公司

北京博大水务有限公司（简称博大水务）由开发区总公司独资设立，位于开发区西环南路 5 号。公司秉承“诚信、敬业、持续、高效”的企业理念，专注于再生水生产、城市污水处理等环保领域投资及运行管理。基于清晰的战略规划和灵活的经营理念，对区域内再生水生产和输送、污水处理等业务进行重组，实现水务产业一体化的经营模式。2012 年营业收入 6715 万元，同比增长 135%，利润总额 3121 万元，回款率 90%。公司职工总数 117 人，其中生产专业技术岗位人员占 65% 以上。

（石晔 刘莹）

北京博大水务有限公司

董事长 蒋玉明

北京博大新元房地产开发有限公司

北京博大新元房地产开发有限公司（简称新元公司）2012 年总资产 16.1 亿元，资产负债率 92.89%。营业收入 3752 万元，同比增长 187.73%，利润总额 160 万元，上缴各项税金 321 万元，共有员工 57 人。

（谷守宇 韩志学）

北京博大新元房地产开发有限公司

董事长 白 文

总经理 卢自锋

北京亦庄国际投资发展有限公司

概况

2012 年，北京亦庄国际投资发展有限公司（简称亦庄国投）作为开发区工委和管委领导下的产业金融控股公司，肩负着引领南部新区产业金融服务体系建设与推进南部新区产业发展、促进产业聚集、吸引资本流入的重要使命，是完成南部新区“十二五”规划经济发展目标的重要战略支撑点。亦庄国投助力第八届北京国际金博会成功举办；中芯国际二期、奔驰二期、太平洋汽车等重大项目顺利推进，产业促进卓有成效；融资能力稳步提升，金融服务体系逐步健全，担保、小贷公司经营实现高速增长；移动硅谷、数字电视产业园区建设进展顺利，产业聚集初见成效。积极推进耐世特上市，资产管理逐步规范。

亦庄国投办公大楼外景　　陈小艳 摄

（冯加武　李刚　乔瑞利）

开展项目评审

8月，开发区管委会引入项目准入第三方专业评估机制，亦庄国投成为开发区管委会授权委托的唯一一家对开发区入区项目开展全方位评估的机构。截至年底，亦庄国投共完成38个项目评审，召开28次专家评审会，为新区优质项目引进、用地审批决策提供参考，在助力新区产业发展方面发挥了独特作用。

（冯加武　李刚　乔瑞利）

承办第八届“金博会”

第八届北京国际金融博览会现场　　乔瑞利 摄

年底，亦庄国投承办第八届北京国际金融博览会，宣传开发区发展成就。“金博会”相关新闻和领导访谈专题在BTV财经等重要媒体上播出，不仅向全市人民展现开发区产业金融发展成果，同时也很好地宣传了亦庄国投品牌。

（冯加武　李刚　乔瑞利）

培育推进新业务

亦庄国投与国泰君安签署战略合作协议　　陈小艳 摄

年内，亦庄国投就融资租赁公司设立的可行性和实施方案进行调研论证。完成科技保险公司设立初步方案，并与重夫财信、经开股份、人保集团进行意向性合作洽谈。与大公国际资信评估公司等信用评级公司进行多轮沟通，探索新区特色信用服务体系建设新途径。与国泰君安创新投资有限公司签署战略合作协议，推进健康产业基金筹备工作。

（冯加武　李刚　乔瑞利）

重大项目投资进展

年内，亦庄国投完成统筹项目投资18个，投资额达8.5亿元。包括：亦庄国投出资2亿元，成功与优质央企中航工业集团合作设立中航动科公司，再次实现央地资源有效融合，促进区内高端装备制造业发展。在2011年为北方微电子项目投资1.2亿元基础上，亦庄国投通过统筹资金新增投资 1.3 亿元，为其产品研发及产业化提供资金保障。亦庄国投完成博大世通 B 型库项目投资 1.9 亿元，增强其对区内企业服务能力。年内，统筹代持工作机制和管理制度逐渐成熟规范，市联席会和管委会交办的各项工作顺利完成，亦庄国投作为市统筹项目投资促进平台的地位进一步加强。

（冯加武 李刚 乔瑞利）

基金投资取得新进展

年内，亦庄国投新发起设立 3 支基金，包括：中关村国盛创投基金，基金规模达 30 亿元，已募集资金 1.6 亿元。亦庄互联云计算基金，由亦庄国投旗下普丰创投负责管理，基金规模 3.6 亿元，其中发展改革委和市发展改革委各出资 5000 万元，成为亦庄国投首个获得政府创投资金支持的基金。北京创造壹基金，与北京工业投资、光大资本签订合作框架协议，基金规模达 20 亿元，管理公司已成立，基金正在筹备中。年内，航天产业投资基金新引进泰康人寿，成为保监会批准的第一支保险资金参与投资的私募股权基金。该基金成立两年多来已募集资金 40 亿元，累计投资项目 13 个，投资额达 18 亿元。

（冯加武 李刚 乔瑞利）

团队实力壮大

年内，亦庄国投引进各类人才 30 名。截至年底，本部在职员工共计 70 名，博士学历 4 人、硕士学历 38 人，海外留学人员 9 人，正高级职称 3 人，法律及相关专业背景 9 人、金融、工商管理及相关专业背景 46 人，5 年以上工作经验 43 人。

（冯加武 李刚 乔瑞利）

重点园区建设进展

年内，亦庄国投旗下致力于移动通讯产业园区运营的移动硅谷公司顺利获得 G9 和 G4-1 地块并启动建设。移动硅谷公司通过国际合作方式推进软环境建设，与美国硅谷中国无线科技协会合作成立创新天使孵化器，与芬兰 BIF 公司积极筹建中欧创新基金，与法国创新基金会签订合作备忘录。入驻物联网产业联盟的企业数量已扩展到 55 家。

（冯加武 李刚 乔瑞利）

多样化融资方式助推企业发展

年内，亦庄国投以内保外贷方式，协助北京太平洋世纪获得 4.79 亿美元贷款。以基金投资加厂房定制方式，承担中芯国际二期厂房代建融资工作，协助组建博大芯公司推进项目建设。通过信托融资方式，完成奔驰二工厂建设所需 10 亿元资金融资工作。通过银信合作方式获得融资 5.5 亿元，及时解决移动硅谷地价款缺口问题。通过融资融券方式盘活股票资产，解决公司短期流动资金短缺问题。

（冯加武 李刚 乔瑞利）

北京亦庄国际投资发展有限公司

董事长 白 文

总经理 王晓波

亦庄国投控股公司

移动硅谷创新中心项目进展顺利

3 月，移动硅谷与开发区房地局正式签署创新中心项目 G9 与 G4-1 地块的土地合同，缴付土地款 6.1 亿元。10 月，创新中心项目方案设计通过专家评审会。12月，创新中心项目方案设计通过开发区主任专题会。

（冯加武 李刚 乔瑞利）

移动硅谷产业联盟多次亮相各类博览会

5月23~27日，北京国际科技产业博览会在中国国际展览中心召开，移动硅谷带领移动硅谷产业联盟会员参展。5月28日至6月1日，中国（北京）国际服务贸易交易会在国家会议中心召开，对移动硅谷及创新中心项目进行宣传推广。6月5日，中国国际物联网博览会在北京展览馆召开，移动硅谷带领移动硅谷物联网产业联盟参加，在博览会上对创新中心项目进行宣传推广。9月8日，第二届中国（宁波）智慧城市技术与应用产品博览会召开，移动硅谷带领联盟成员参加，宣传联盟的同时推介移动硅谷园区与创新中心项目。

（冯加武 李刚 乔瑞利）

召开中国物联网应用需求与产业对接会

5月25日，移动硅谷在开发区丰大国际酒店召开中国物联网应用需求与产业对接大会。会议旨在推进移动硅谷与产业相关的百余家企业进行产业对接与招商合作。

（冯加武 李刚 乔瑞利）

普丰创投云计算基金成立

6月1日，发展改革委和财政部批准同意设立北京市云计算基金。6月15日，云计算基金正式设立，普丰创投是云计算基金的管理人，基金规模为36470万元。该基金通过亦庄国投出资1亿元，吸引其他资本投资开发区达2.6亿元，其中世纪互联出资1.01亿元、发展改革委和市发展改革委各出资5000万元、其余两家民营企业出资6000万元。截至10月26日，云计算基金一期资金全部到位。

（冯加武 李刚 乔瑞利）

移动硅谷获科技园区设计奖

12月，在第三届中国物联网产业与智慧城市发展年会上，移动硅谷获得中国通信工业协会颁发的“2012年度中国物联网产业最佳科技园区设计奖”。移动硅谷正式加入中国通信工业协会物联网行业分会。

（冯加武 李刚 乔瑞利）

普丰创投投资业务全面展开

年内，普丰创投积极开拓市场，通过政府渠道、协会渠道、中介机构渠道以及其他投资机构渠道获取优质项目源，对50多家早中期、高成长的新兴产业领域企业进行深入调研和投资沟通。截至年底，普丰创投管理的基金已经完成对阿尔特汽车技术股份有限公司、北京太时芯光科技有限公司、奥达国际生物技术（北京）有限公司、北京博锐尚格节能技术有限公司、北京希恩视通科技有限公司、北京云族科技有限公司等高科技企业的投资。

（冯加武 李刚 乔瑞利）

普丰创投成为“金种子工程”评委单位

年内，中关村管委会推出针对初创期企业的“金种子工程”。作为入选的创业投资机构之一，普丰创投参与每期金种子工程项目路演活动。普丰创投获得中关村管委会颁发的“中关村创业投资合作伙伴”证书，并被中关村管委会邀请为“金种子工程”评委单位，参加第2期“金种子工程”评选活动。

（冯加武 李刚 乔瑞利）

普丰创投积极开展对外合作与宣传

年内，普丰创投多次参与发改委组织的论坛、培训及沙龙活动，与各基金同行、主管部门和其他相关机构交流、学习。公司参与北京市投资促进局驻京中外知名企业“北京行”活动。通过对外宣传与合作，不仅宣传和推广公司，而且接触大量相关投资领域的优质项目，充实公司项目库。

（冯加武 李刚 乔瑞利）

移动硅谷法国中心项目签订合作备忘录

年内，移动硅谷与法国巴黎工商会、法国创新基金会、中国银行巴黎分行建立联系，就合作创建“法国中心”（暂定名）进行沟通，并起草合作方案，与法国创新基金会签订合作备忘录。法国创新基金会将成为移动硅谷新的招商渠道，推荐法国企业到移动硅谷投资创业。

（冯加武 李刚 乔瑞利）

松辽科技业绩良好

年内，北京松辽科技发展有限公司（简称松辽科技）已有中铁建设集团有限公司、中国建筑第八工程局有限公司、厦门乐麦电子商务有限公司等多家稳定客户。松辽科技成立于2011年9月，注册资本1000万元，是松辽汽车股份有限公司的全资子公司，经营范围为技术推广、货物进出口、销售针纺织品、服装、日用品、文化用品、体育用品、矿产品、建筑材料、化工产品、机械设备、五金交电、电子产品等。

（冯加武 李刚 乔瑞利）

松辽汽车成功“摘帽”

年内，在亦庄国投和松辽汽车等多方努力之下，上海证券交易所批准自8月30日起撤销“ST松辽”其他风险警示，股票简称变更为“松辽汽车”，股票交易的日涨跌幅限制恢复为10%。

（冯加武 李刚 乔瑞利）

小贷公司向国开行融资5000万元

年内，小贷公司依托北京市小贷协会信用星计划，在亦庄国际与国家开发银行整体授信的基础上，向国家开发银行融资5000万元，期限2年。小贷公司完成向国家开发银行的融资后，有效增加了公司运营资金和盈利能力。

（冯加武 李刚 乔瑞利）

小贷公司加强风险防范体系建设

年内，小贷公司完善并制定公司信贷管理制度、贷款业务流程内部控制制度、资产分类制度、财务审批制度、财务核对制度、档案管理制度和内部稽核制度，加强公司内部控制和风险防范制度建设。对新发放贷款增加抵押和担保公司担保贷款的份额及比例，并增加办理强执公证等风险防范措施，有效提高贷款安全度。

（冯加武 李刚 乔瑞利）

亦庄担保开展小微企业绿色通道业务

年内，亦庄担保开展小微企业绿色通道业务，13家小微企业通过“绿色通道”总计获得担保金额2800万元，另有6家企业的900万元贷款申请通过审贷会，已在各家银行等待审批放款。小微企业信贷放款较上年放量增长。截至年底，亦庄担保服务科技型小微企业2家，担保额

1300万元，占业务额5%。取得市科委风险补偿及业务补助金6万元。

（冯加武　李刚　乔瑞利）

亦庄担保与北京再担保公司加强合作

年内，亦庄担保与北京市再担保公司签订《再担保合同》，给予期限1年、额度5亿元的再担保授信，再担保比例由上年的20%提高到40%。申请将1月至12月共计27笔、担保额共计2.25亿元的担保项目纳入再担保授信额度内，再担保责任金额8070万元。

（冯加武　李刚　乔瑞利）

亦庄担保加强对外交流与业务拓展

年内，亦庄担保通过多种方式，与北京首创投资担保有限责任公司、北京中小企业信用再担保有限公司等政府出资的同行业担保机构积极沟通交流，吸取经验，建立业务合作关系。并同相关证券公司、公证处、律师事务所、信用管理公司等涉及各类相关业务的专业机构建立战略合作模式，成为北京信用担保业协会理事单位，被担保协会认定的评级机构评为A+级单位。为加强银企合作，拓宽银行合作空间，公司积极进行银行授信工作，取得授信的合作银行达14家，总授信额度达49亿元，涵盖中行、建行、交行、招行、北京银行等。除此之外，农行、平安银行、民生银行等6家银行处于报送授信过程中。

（冯加武　李刚　乔瑞利）

亦庄担保加强内部管理和人才培养

年内，亦庄担保制定《车辆管理制度》等4项行政制度，共招聘13名员工，并为员工组织如何撰写项目报告（再担保）等近10项培训，全面提升员工综合素质和专业水平，加强团队协作能力、企业凝聚力和向心力。

（冯加武　李刚　乔瑞利）

所属企业

北京亦庄国际小额贷款有限公司

北京亦庄国际小额贷款有限公司（简称小贷公司）2012年累计发放贷款100笔，总计金额2.26亿元，累计收回贷款85笔，总计1.78亿元。实现利润总额1677.72万元，同比增长51%；实现净利润1257.49万元，同比增长51%。6月，小贷公司迁至开发区文化园西路8号院27号楼。

（冯加武　李刚　乔瑞利）

北京亦庄国际小额贷款有限公司　董事长　张家伦

总经理　吕东志

北京亦庄普丰国际创业投资管理有限公司

北京亦庄普丰国际创业投资管理有限公司（简称普丰创投）资产总额1070万元，2012年实现收入443万元，实现利润总额78万元，缴纳利税42万元。普丰创投成立以来，已在开发区发起设立并管理4支创投基金，管理基金资金总规模6亿元，其中亦庄互联创投基金于2012年设立，是发展改革委和市发展改革委参股的专注于云计算领域投资的创投基金，承担着通过投资带动北京市、开发区云计算产业发展的使命。

（冯加武　李刚　乔瑞利）

北京亦庄普丰国际创业投资管理有限公司

董事长　白　文

总经理　刘朝阳

北京亦庄移动硅谷有限公司

北京亦庄移动硅谷有限公司（简称移动硅谷）是亦庄国投的全资子公司。2012年10月，公司注册资本增资至6亿元。移动硅谷定位于移动通讯的总部、研发、交易和服务型园区，将建设包括研发基地、企业办公、交易平台等在内的配套设施，重点引进核心芯片的研发设计企业、软件及操作系统终端解决方案的企业，发展核心芯片技术和操作系统与软件；吸引电信运营商、多媒体应用内容服务商，建立与运营商广泛合作的应用内容及增值服务综合平台；集聚移动终端的渠道销售商、品牌商，培育终端品牌，建设大规模渠道交易平台和分销网络。该园区预计在5年内形成300亿元投资规模，实现并带动周边产业达到每年1000亿元左右的销售规模。为推进园区建设，开发区出台了鼓励建设移动硅谷产业园试行办法，对入园区企业给予产业扶持、科技创新支持、高管及高级人才支持、金融鼓励等多方面政策支持。

（冯加武　李刚　乔瑞利）

北京亦庄移动硅谷有限公司

董事长　王晓波

总经理　师　伟

北京亦庄国际融资担保有限公司

北京亦庄国际融资担保有限公司（简称亦庄担保）2012年共接触近200多家企业，经过筛选，累计有52家企业通过评审，金额5.6亿元，其中37家企业已通过银行放款（其中支持大兴区企业13家），金额4.01亿元。全年新增企业31家，同比增长82%，续保企业5家。全年实现担保费收入807.6万元，同比增长115.4%。亦庄担保是首批获得北京市金融局五年期经营许可的大型担保公司之一，具备工程履约担保资质。亦庄担保成立以来，按照政策性资金、市场化运作的运行模式，致力于建设北京市一流的中小企业金融服务平台，通过不断完善具有北京特色和中小企业特点的担保运行体系，形成担保主业（融资性担保和工程履约担保为主）、投融资及担保配套服务三大板块的业务体系，初步形成创业投资与担保业务配套的担保产业链公司。

（冯加武　李刚　乔瑞利）

北京亦庄国际融资担保有限公司　董事长　王晓波

总经理　韩　冰

亦庄国际控股（香港）有限公司

亦庄国际控股（香港）有限公司（简称亦庄国际投资）2012年未涉及投资项目。作为亦庄国投的全资子公司，主要致力于打造开发区境外资本运作平台，建立开发区与境外企业、投资机构的交流与合作渠道。亦庄国际控股已投资两个境外项目：UT斯达康项目和云计算服务器项目，其中UT斯达康项目投资2303.35万美元、持股7.8%，云计算服务器项目投资75万美元、持股15%。

（冯加武、李刚、乔瑞利）

亦庄国际控股（香港）有限公司

董事长　白　文

松辽汽车股份有限公司

松辽汽车股份有限公司（简称松辽汽车）2012年由亦庄国投持有24.89%股份，是松辽汽车的第一大股东。松辽汽车主要从事汽车整车、零部件制造和销售，主营业务为轻型客车、越野车及轻卡制造、销售、汽车改装及修理、汽车零部件生产等。

（冯加武 李刚 乔瑞利）

松辽汽车股份有限公司 董事长 李小平

总经理 崔屾岩

北京新航城控股有限公司

举办新航城发展论坛

3月2日，新区机场办在龙熙宾馆举办新航城发展论坛。市政府副秘书长徐波，新区领导邵恒、谢冠超、罗伯明出席。来自中航院、北航、清华等科研院所的专家，海航、南航、联航等航空公司的代表共约100人参加论坛。与会专家、企业代表围绕新航城战略定位、总体规划、分项规划、基础设施建设、运营管理等方面进行了充分研讨，达成多项共识。

（王伦茂）

配合开展新机场前期调研工作

年初，开发区产促局配合相关部门开展新机场前期调研工作。组织新区领导赴上海、韩国、新加坡及香港调研；进行临空产业研究，完成韩国仁川机场、新加坡樟宜机场、新加坡实里达机场、香港国际机场、上海浦东机场、虹桥机场等调研材料的搜集整理；配合区机场办与中航院、民航院合作开展商业、物流、环保、交通等10个专题的规划研究工作，为新航城控规编制做好准备。

（孙鋕男）

新区批准成立新航城控股有限公司

7月30日，开发区管委会批示同意开发区总公司成立北京新航城控股有限公司。7月31日，大兴区批示大兴区国有资产监督管理委员会和大兴区北京新机场建设前期工作领导小组办公室，同意成立北京新航程控股有限公司。8月16日，开发区国有资产管理办公室同意开发区总公司拟出资成立北京新航城控股有限公司。8月24日，开发区总公司确认拟出资4800万元设立北京新航城控股有限公司，承担北京新航城的开发建设与运营管理各项任务。10月，开发区总公司投融资部牵头完成公司的前期筹备和设立工作，公司注册资本8000万元，开发区总公司持股60%。北京新航城控股有限公司的成立，旨在更好借助北京市新机场、新航城建设的历史契机，实现新机场建设与新航城建设及临空产业发展同步。

（曾湘念 宋晓梅）

办理工商税务登记

8月31日，大兴区北京新机场建设工作领导小组办公室向市工商局申请成立北京新航城控股有限公司。10月23日，北京新航城控股有限公司取得法人营业执照。11月1日，北京新航城控股有限公司向北京市地方税务局和国家税务局大兴分局办理了税务登记。

（曾湘念）

首次股东会召开

9月1日，北京新航城控股有限公司

召开首次股东会。会议确认股东开发区总公司出资 4800 万元，持股 60%；股东北京市大兴区国有资产监督管理委员会出资 3200 万元，持股 40%。会议通过了公司章程，选举了公司董事会、监事会。同日召开公司第一届董事会第 1 次会议和第一届监事会第 1 次会议。

（曾湘念）

新机场项目获批复建设

11 月 28 日，新机场项目获国务院批复建设。新机场确定选址为大兴区榆垡镇、礼贤镇以及河北廊坊广阳区之间的地块，建设主体是民航部门，北京负责市政配套。一条从中心城区至北京新机场的轨道交通快线将投入建设，线路长 37 千米，全程半小时到达。

（王伦茂）

北京新航城控股有限公司

董事长兼总经理 罗伯明

金融

综 述

2012年，开发区加大金融创新力度，金融服务业快速发展，初步形成以企业信贷为主，债券、股权投资、担保、基金、保险、上市服务等为补充的“6+1+N”金政园企产业金融服务体系。融资能力稳步提升，金融服务体系逐步健全，担保、小额贷款公司经营实现高速增长。

开发区成立中小企业服务中心和北京亦庄科技创新服务中心，建立中小企业公共服务平台，聚集80余家服务机构，开展上级资金申报、培训、交流、撮合交易等多项服务工作，获批国家及市级资金近5000万元。全年开展金融政策、企业上市、税改等系列培训、交流活动28场次，开展新区中小企业融资对接服务活动，为中小企业与金融机构搭建起信息交流平台。

大兴区人民政府、开发区管委会发布《新区加快推进企业上市工作意见》，并成立新区推进企业上市工作领导小组，为争取创建上市发行通道、通过政府专项资金、促进优质企业上市提供引导，为已上市企业募集资金投向新区，为已上市企业提供新区优先准入条件。

鼓励企业利用资本市场直接融资，发起设立中关村国盛创业投资基金、北京亦庄互联云计算基金，总募集资金达33.6亿元。新区3家企业成功上市，分别是北京利德曼生化股份有限公司、北京威卡威汽车零部件股份有限公司、北京首航艾启威节能技术股份有限公司；两家企业在全国中小企业股份转让系统（新三板）挂牌，分别是北京了望投资顾问股份有限公司、北京合创三众能源科技股份有限公司。

截至年底，新区已开业小额贷款公司6家，注册资本总计5.15亿元。6家公司累计发放贷款613笔11.05亿元，贷款余额5.66亿元；总营业收入9778.55万元，总营业利润7263.52万元，实现净利润5435.05万元。

在第八届北京国际金融博览会上，开发区重点推介北京·亦庄未来产业金融规划。开发区获得“最佳组织策划奖”和“战略合作伙伴奖”。

（蔡星月）

银行

中国工商银行开发区支行

概况

中国工商银行股份有限公司北京经济技术开发区支行（简称工商银行开发区支行）2012年开拓优质市场，稳步推进经营转型，业务创新取得突破，信贷结构调整成效显著。开展股权信托融资及经营收益权信托融资，成为区内第一家开展此业务的金融机构，投放资金13.5亿元。截至年底，本外币总资产规模达到145亿元，拨备前利润4.7亿元，开办内保外贷等特色业务，金融资产服务收入突破1.2亿元，同比增长43%，占中间业务收入比重60%。配置自助机具累计135台，营业网点9个。

（方园　朱静）

完善个人金融服务业务

年初，工商银行开发区支行成立个人信贷业务部，发展个人信贷业务。通过合理调配人员、组织员工培训等方式提升服务质量和服务效率，客户办理业务的等候时间大幅缩减。截至年底，个人客户总数达到26万户。

（方园　朱静）

为中小企业融资

年内，工商银行开发区支行推广北京分行创新品牌——“科技通”信用贷款业务，为园区发展前景良好但缺乏抵押物的5家高新技术企业提供信用形式的近千万元融资支持；与开发区管委会、区中小企业服务中心共同举办中小企业金融服务推介会，为10家企业提供近1亿元融资支持；联合开发区管委会为大型产业园区提供一对一的金融支持，为生物医药、高端装备制造等企业提供全方位的金融服务。

（方园　王强　朱静）

做好安全保卫工作

工商银行开发区支行防范电信诈骗获好评　　企业提供

年内，工商银行开发区支行堵截电信诈骗案件66起，堵截金额298万元，安全保卫工作获得北京市公安局多项集体嘉奖。党的十八大期间，组织区内各网点保卫干部牵头值班，安排保安员夜间巡查，每隔2小时对区内重点区域巡视一遍，保证十八大期间的安全。

（方园　孙卿　朱静）

加强金融服务渠道建设

工商银行开发区支行荣华中路网点开业庆典　　企业提供

年内，工商银行开发区支行共开设网

点 9 个，其中新建荣华中路、北环西路 2 个营业网点，新建景盛街自助银行和泰和园五里自助银行。新增自助机具 60 台，累计 135 台。其中 ATM 机 51 台，存取款一体机 30 台，自助缴费机具 43 台（含转账汇款机和查询缴费机），补登折机 7 台，自助发票打印机 4 台。

（方园 张正 朱静）

中国工商银行股份有限公司北京经济技术开发区支行

行长　吴迎春

中国银行开发区支行

概况

中国银行股份有限公司北京经济技术开发区支行（简称中国银行开发区支行）2012 年加大创新力度，推进网点转型。本外币存款余额为 708886 万元，同比增长 9.72%；实现利润 26622 万元，实现中间业务收入 5277 万元。全年未发生严重违规、违纪事件，业务差错率逐年降低。

（马晶）

开展“一分钟”工程系列活动

年内，按照中国银行北京市分行部署，中国银行开发区支行开展“一分钟”工程，即让客户少等一分钟，让员工早一分钟回家系列活动，促进金融服务效率全面提升。系列活动包括：支行领导班子带头深入网点调研，找出问题、解决问题；上年实施的综合柜员、综合窗口全部开立；录制《柜台操作注意事项》视频，制作大堂人员服务流程，聘任支行技能小教员，实施网点计时服务等；细化考核，加大检查，加强分析；开展微笑服务客户、开心柜台内外专题活动，引导快乐服务。系列活动让客户等候时间逐步缩短，提升了客户满意度。中国银行开发区支行获 2011 年度“首都文明单位”称号。

（马晶）

授信业务健康发展

中国银行开发区支行理财经理向客户介绍产品　　张新超 摄

年内，中国银行开发区支行以调整客户结构、扩大基础客户为基本思路，对存量客户、目标客户进行精细化梳理，挖掘客户需求，实现放款 14.8 亿元，人民币公司贷款余额为 532965 万元，同比增加 127757 万元。

（马晶）

中国银行股份有限公司北京经济技术开发区支行

行长　杨青梅

中国农业银行开发区支行

概况

中国农业银行股份有限公司北京经济技术开发区支行（简称农行开发区支行）2012 年坚持市场入主流、同业创一流的发展目标，各项工作继续保持良好的发展态势。本外币各项存款比上年增加 25.39 亿元；国际业务结算量 35.7 亿美元，完成全年任务的 107.57%；跨境人民币结算 5.56

亿元，完成全年任务的111.2%；中间业务收入8827万元，实现拨备后利润3.7亿元。正常、关注类法人贷款到期现金收回率达到100%；法人类贷款余额81.06亿元，年内新投放31.6亿元。年内未发生重大案件和违规事件，内部控制评价连续多年处于一级行之列。5月，农行开发区支行获"第五届全国金融系统职工职业道德建设十佳单位"称号。7月18日，农行开发区支行经海路分理处开业。

（陈丛丛）

首次与同业开展国际业务

6月，农行开发区支行成功营销宁波银行，主要办理代理开立涉外信用证业务。这是农行开发区支行首次与金融同业开展国际业务，也是农行北京分行第一个签署同业代理国际业务合同的支行。

（陈丛丛）

签署战略合作协议

8月，农行开发区支行与开发区管委会签署300亿元意向性信用支持战略合作协议，主要用于开发区内企业的融资需求。此项协议的签署，支持了区内企业的业务发展，带动了农行开发区支行对公业务的发展，同时强化了与区内企业的业务合作。

（陈丛丛）

启动岗位体系落地工作

9月，农行开发区支行正式启动岗位体系落地工作，组织经理及高级专员岗位竞聘、组织专员及以下人员进岗，全面推进人力资源综合改革。这次改革使农行开发区支行进一步优化人力资源配置，实现全行员工从身份管理向岗位管理转变。

（陈丛丛）

与京东方公司合作

年内，农行开发区支行与京东方公司合作，跟进产业配套企业，累计投放贷款14.3亿元。通过与京东方公司合作共获得中间业务收入497.38万元，实现国际业务结算量达26515.03万美元。

（陈丛丛）

中国农业银行股份有限公司北京经济技术开发区支行

行长 张晓东

中国建设银行开发区支行

概况

中国建设银行股份有限公司北京经济技术开发区支行（简称建行开发区支行）2012年全面实施赶超战略，取得较好的经营成果。存款客户金融资产余额148.4亿元，本外币各项贷款余额43.88亿元；中间业务净收入9803万元。建行开发区支行在职员工171人，下设4个部室、4个营业网点。

建行开发区支行外景　　张帆 摄

（张帆）

优化管理机制

年内，建行开发区支行强化人力资源管理体系，调整组织架构，整合业务资源，充实客户经理队伍，客户管理的精细化水平提高；完善竞争机制，将客户经理划分为战略业务与现代制造业两个任务型团队，全面激发客户经理的营销潜能。

（张帆）

增加对公存款客户

年内，建行开发区支行开展“开户总动员”和“金龙腾飞赢在新春”旺季营销活动。新增对公存款户约 700 户，其中包括一批注册资金在 1 亿元以上、具有较强实力的优质客户。同时，通过精细化管理，提升客户服务能力，对存款的稳定和增长起到推动作用。

（张帆）

支持重点企业和项目建设

年内，建行开发区支行通过多种渠道支持中芯国际、博大经开建设、开发区总公司等区内重点企业和项目。建行开发区支行对公贷款余额为 39.9 亿元，较上年增加 12.6 亿元。通过海外代付、信托贷款、委托贷款等途径，为客户融资约 3.26 亿元。

（张帆）

拓展个人客户

年内，建行开发区支行转变客户服务方式，实现从销售产品到经营客户的转变。各营业网点开展走进社区、走进企业的营销宣传活动，拓展个人客户。个人客户人民币金融资产新增 158282 万元，日均存款、基金、贵金属销售等主要业务全部超额完成全年计划。

（张帆）

加强内控管理

年内，建行开发区支行发挥案件防控联席会议及纪委例会的作用，指导各部门及网点对照检查、举一反三，消除案件风险隐患。继续落实案件防控“每周一讲”制度，将案件防控培训常态化、制度化。

（张帆）

中国建设银行股份有限公司北京经济技术开发区支行

行长 张亚纲

交通银行开发区支行

概况

交通银行股份有限公司北京经济技术开发区支行（简称交行开发区支行）2012 年贯彻总行“两化一行”战略（即走国际化、综合化道路，建设以财富管理为特色的一流公众持股银行集团），落实“二次改革”精神，进一步推进体制机制改革，促进管理效能稳步提升。有在职员工 127 人，下设 2 家经营网点。

（张敏）

为重点项目贷款 10 亿元

年内，交行开发区支行累计提供贷款超过 10 亿元，用于开发区路东区、大兴区生物医药基地、大兴区瀛海镇等区域重点项目的建设。成立 15 年来，交行开发区支行为区域基础设施建设累计融资超过 100 亿元。

（张敏）

与四大国有资产管理公司合作

年内，交行开发区支行与华融、东方、信达、长城四大资产管理公司下属企业建立合作关系，成为北京市分行系统内首家与国有大型资产管理公司多元化合作的机构。支行与各企业在股权投资、债权投资等方面为新区企业提供多渠道、多品种的合作资源及通道。

（张敏）

强化风险管理

年内，交行开发区支行进一步强化风险控制，不断优化考核指标，完善考核机制，开展不规范经营清理整顿、员工失范行为风险排查、重点现金业务风险排查、总行巡视问题自查等专项检查，实现全年运营安全无事故。

（张敏）

对员工进行风险培训

开展员工训练　　高莎娜 摄

年内，交行开发区支行开展“警钟天天敲”等活动，通过案例分析、现场模拟、技能训练，对员工进行职业道德操守及员工行为规范、会计人员“十三不准十三必须”管理规定、反洗钱基础知识培训，使员工增强对风险的认识，掌握风险识别手段和技巧，提高员工专业技能。

（张敏）

交通银行股份有限公司北京经济技术开发区支行
行长 张 魄

华夏银行亦庄支行

概况

华夏银行股份有限公司北京亦庄支行（简称华夏银行亦庄支行）2012年按照“服务强行、客户立行、风控保行、创利兴行”的经营思路，贯彻“精准营销、平台对接、链式开发”的营销策略，推动各项业务的发展。个人储蓄存款余额完成率114%，储蓄存款日均完成率103%，个人金融资产总量完成率125%，个人有效户完成率500%，个人贵宾客户完成率152%，对公有效户完成率100%，信用卡完成率243%，速通卡完成率173%，个人网银完成率296%。

（吴迪）

开展“优质服务到家年”活动

年内，华夏银行亦庄支行开展“优质服务到家年”活动。自年初开始，华夏银行亦庄支行每月向全体员工通报上月服务工作，反思服务工作中出现的问题，讨论日常工作中遇到的投诉及意见，商讨解决方案。2月，华夏银行亦庄支行开展两期“提高服务质量，增强业务专业度”培训，每期一周时间，利用下班时间集中演练。华夏银行亦庄支行不断提高全员专业素养和服务水平，努力用专业的服务赢得客户，用贴心的服务留住客户、用温馨的服务发展客户。

（吴迪）

办理速通卡9631张

年内，华夏银行亦庄支行作为开发区内首家速通卡一站式服务网点，吸引近至方庄、大兴，远至河北廊坊的客户。新增速通卡9631张，签约率达82%，位居华夏银行北京分行及开发区内同业之首。

（吴迪）

推出品牌理财产品

年内，华夏银行亦庄支行推出“龙泽华夏·享盈财富”品牌理财产品，利用日常宣传、大堂营销、柜台联动、发放传单等多种手段，推动理财业务发展。截至年底，理财余额增长率达285%。

（吴迪）

开展国际业务营销活动

年内，华夏银行亦庄支行开展“拓市

场、赢客户”国际业务营销活动，国际结算有效户计划完成率 120%，国际结算量计划完成率 334%，新增结算量超 10 亿美元的大客户 1 户。华夏银行亦庄支行被华夏银行总行评选为“国际业务明星经营单位”，1 名客户经理获得“国际业务明星客户经理”称号。

（吴迪）

增设“四进”活动

年内，华夏银行亦庄支行按月开展“四进”活动并确定为固定营销内容，即为工厂、社区、商圈、园区客户介绍金融知识及金融产品。全年共开展“四进”活动 13 次，走访社区 5 个、商圈 2 个、园区 2 个，为近千人讲解防范金融诈骗、银行产品和操作方法等内容。

（吴迪）

推广支付密码器

年内，华夏银行亦庄支行支付密码器的推广使用率达到 97.73%，其中新增账户支付密码器推广使用率达到 100%，存量重点客户使用率达到 94.44%，综合签约率达到 95%，完成年度计划指标并位居北京分行前列。

（吴迪）

实现安全保卫“零案件”

年内，华夏银行亦庄支行每季度组织防抢劫、防诈骗、防火灾，确保人身和资金安全的“三防一保”演练。加强员工日常案防培训工作，提高一线员工风险敏感度，强化特殊时期的安全保卫工作，全年未发生刑事案件和安全事故，实现“零案件”目标。

（吴迪）

华夏银行股份有限公司北京亦庄支行　行长　孙国威

中国邮政储蓄银行开发区支行

概况

2012 年，中国邮政储蓄银行有限责任公司北京经济技术开发区支行（简称邮储银行开发区支行）落实分行网点经营转型的要求，拓展新业务，服务个金业务客户，发展信贷业务，托管 2 支基金，规模约为 2.5 亿元。邮储银行开发区支行为北京分行南区支行下辖二级支行，为南区支行全功能网点之一。

（张成）

2 家企业获“创富大赛”奖项

11 月 9 日，邮储银行开发区支行推荐 2 家开发区科技类企业参加 2012 年中国邮政储蓄银行北京分行创富大赛。2 家企业均获得南部赛区决赛晋级大奖，并在北京分行创富大赛项目评比中分获最佳项目奖和优秀奖。

（张成）

开展财政公务卡业务

年内，中国邮政储蓄银行获得财政公务卡业务准入，邮储银行开发区支行开展相关工作，走访事业单位，宣传公务卡业务。支行与 1 家中央级单位和 1 家市级预算单位签署公务卡服务协议。

（张成）

中国邮政储蓄银行有限责任公司
北京经济技术开发区支行　行长　付宏磊

北京银行开发区支行

概况

北京银行股份有限公司经济技术开

发区支行（简称北京银行开发区支行）2012年在打造特色品牌、民生金融、消费金融、农村金融、公益捐赠等方面业绩突出，本外币各项存款余额达27亿元，本外币贷款总额达10亿元。北京银行开发区支行是北京银行设立的分支机构，成立于2001年12月21日，主要服务开发区内公司及个人客户群体，主营商业银行业务，是社会医疗保险基金承办行。

（王菁）

举办金融宣传活动

5月26日至6月30日，北京银行开发区支行开展现金服务贴心宣传月活动，通过多种形式向群众普及假币识别、残损币兑换等知识，让百姓了解现金服务工作。11月1~30日，开展反洗钱宣传月活动，通过多种宣传方式进一步普及反洗钱知识，提升社会公众反洗钱意识，切实履行好反洗钱义务，维护国家的经济金融安全。通过金融宣传活动普及了金融知识，增强了市民的金融安全意识。

北京银行开发区支行举办金融宣传活动　　刘月　摄

（王菁）

北银消费金融公司亦庄业务受理处成立

11月26日，北银消费金融公司在北京银行开发区支行开设亦庄业务受理处，开发有单笔授信额度小、审批速度快、无需抵押担保、服务方式灵活、贷款周期短等特点的消费金融产品。北银消费金融公司成立于2010年3月1日，经中国银监会首批获准筹建、首家批准开业，由北京银行独立注资设立，注册资金3亿元，是向中国境内居民个人提供以消费为目的贷款的非银行金融机构，是中国第一家消费金融公司。

北银消费金融公司亦庄业务受理处挂牌营业　　迟光宇　摄

（王菁）

服务中小企业

年内，北京银行开发区支行为中小企业客户服务，结合总、分行相关中小企业特色服务活动，挖掘中小企业客户资源，拓展业务渠道，营销表外业务。截至年底，支行共有中小企业贷款客户50户，占存量贷款客户的98%，贷款余额5.7亿元。

（王菁）

开展个人贷款特色业务

年内，依托北京银行“短贷宝”产品（主要面向广大中小企业主，为中小企业主乃至农户开辟银行融资的新渠道），北京银行开发区支行开展系列个贷特色营销。支行“短贷宝”客户全年累计实现放款187笔，累计放款金额18618万元。

（王菁）

发展中间业务

年内，北京银行开发区支行把提高中

间业务收入作为实现支行利润的重要途径。通过开展多项表外业务，成功发行第 2 期中小企业集合票据，累计实现中间业务收入 555 万元。

（王菁）

开展“赢在网点”项目

年内，北京银行开发区支行开展“赢在网点”项目，旨在提高零售网点的整体营销能力，把金融产品销售过程嵌入营业大厅日常运营流程中，以提升服务质量、提高营销业绩。支行服务质量及服务效率得到提升，缩短了客户平均排队时间，增加了客户办理业务的舒适度、满意度，扩大了客户群体。

（王菁）

北京银行股份有限公司经济技术开发区支行

行长 贾 梅

北京农商银行开发区支行

概况

农商银行开发区支行营业部外景　　张屹 摄

北京农村商业银行股份有限公司经济技术开发区支行（简称农商银行开发区支行）2012 年各项存款余额为 76.39 亿元，各项贷款余额为 16.30 亿元，实现利润 4106.44 万元。

（冷月侨）

为四大主导产业提供资金

年内，农商银行开发区支行持续强化对开发区电子信息、生物医药、装备制造、汽车制造四大主导产业的信贷支持，为开发区重点项目建设及重点企业发展提供资金保障。

（冷月侨）

为中小企业服务

年内，农商银行开发区支行拓展开发区“一区六园”优质客户资源，多次到各工业园区进行金融知识宣讲及产品宣传，赞助开发区中小企业服务中心举办 2012 年新区中小企业 CEO 峰会，为区内优质中小企业提供全方位金融服务。

（冷月侨）

为个人提供金融服务

年内，农商银行开发区支行加大金融产品创新及金融知识普及工作力度，为区内多家企业员工提供代发工资服务，为瀛海镇拆迁农民提供 6 期金融理财知识宣讲服务，为高端客户举办专项理财沙龙活动，与区内超市联合举办“凤凰卡感恩回馈，分享百万中秋好礼”刷卡活动，为居民提供便利。

（冷月侨）

提高外汇业务服务水平

年内，农商银行开发区支行丰富外汇业务服务种类，提高营业部外汇服务窗口服务水平，为企业提供专业的外汇咨询服务及外汇预约服务；针对不同客户制定不同的服务流程，最大限度的减少客户等候时间。

（冷月侪）

防范4起电信诈骗案

年内，农商银行开发区支行加强电信诈骗防范工作，加大员工防范电信诈骗技能培训力度，严格规范操作程序，最大限度发现和制止各类电信诈骗犯罪活动，成功堵截电信诈骗案件4起，挽回经济损失52.5万元。

（冷月侪）

制定网点布局战略规划

年内，农商银行开发区支行以南海家园地区网点建设工作为重点，以做足做实区域金融服务方案、打造农商银行金融服务示范点为目标，完成支行网点布局战略规划制定，力争让开发区居民离家不出500米即可享受全方位的金融服务。

（冷月侪）

完成分支机构改革

年内，农商银行开发区支行完成分支机构改革工作，由原有的“管辖支行—非管辖支行—分理处”三级架构体系重构为“管辖支行—经营网点”二级架构体系，把网点支行和分理处转化成平行、独立的市场单元，提高各经营网点的市场竞争力。

（冷月侪）

完成3家经营网点升级改造

年内，农商银行开发区支行完成支行营业部、贵园分理处、东区分理处3个网点的升级改造工作。辖内8家经营网点累计4家完成网点升级改造工作。

（冷月侪）

北京农村商业银行股份有限公司经济技术开发区支行

行长 金保珍

上海浦东发展银行北京开发区支行

概况

上海浦东发展银行股份有限公司北京经济技术开发区支行（简称浦发银行开发区支行）2012年存款31.5亿元，贷款10亿元，实现利润4938万元。

（李华）

为政府融资

年内，浦发银行开发区支行为开发区政府融资平台提供5亿元低成本信托，配合亦庄新城建设，并探索新的融资品种和融资方式，配合新区开发扩建工作。

（李华）

为企业融资

年内，为配合区内产业结构优化升级，浦发银行开发区支行对电子信息、生物医药、装备制造、汽车制造四大产业的授信比例由30%提高到60%；加大对生物医药产业园、新媒体产业园、新能源汽车产业园、军民结合产业园、新航城产业园的固定资产贷款投入；为中小企业办理开户300个，为35个企业提供授信业务。

（李华）

推出新产品

年内，浦发银行开发区支行推出资金结算、现金管理等产品，开发4家多银行资金管理客户，推广网上银行、及时语、手机银行、银关通、离岸账户等结算类产品，方便客户结算。

（李华）

新推二手房资金监管业务

年内，浦发银行开发区支行推出二手房资金监管业务，服务客户200人，涉及区内5个二手房中介机构，交易金额1亿元。

（李华）

开发小额快速支付系统

年内，浦发银行开发区支行与移动通信公司共同开发小额快速支付系统，客户在进行消费、移动业务等支付时可免密码非接触式消费，免去企业小额现金收款及客户刷磁条卡的麻烦。

（李华）

增设自动柜员机

年内，浦发银行开发区支行在开发区内增设5台自动柜员机，缓解居民取款难问题；在博大经开物业布设POS机，解决“12平方公里”搬迁居民的缴费问题，惠及居民5000人。

（李华）

上海浦东发展银行股份有限公司
北京经济技术开发区支行 行长 王 宁

兴业银行开发区支行

概况

兴业银行股份有限公司北京国贸支行（简称兴业银行开发区支行）2012年继续坚持与客户“同发展、共成长”和“服务源自真诚”的经营理念。各项存款余额107.05亿元。其中对公存款77.78亿元，较上年增加67.66亿元；储蓄存款17.11亿元，日均16.07亿元。各项贷款余额57.86亿元，其中对公贷款51.28亿元、个人贷款6.58亿元。完成有效基础客户145户，较上年增加65户。实现利润1.58亿元，整体存贷比为54.05%。年内，兴业银行开发区支行晋升为零售高级支行。

（张雪平）

推进对公业务

年内，兴业银行开发区支行对公业务以“调整结构、创新金融产品工作方法”为指导，以常规贷款业务为基础，以“结构化融资”业务为突破口，抓住重点客户大力推进，完成开发区基建办应收账款证券化70亿元定向资产管理计划和开发区总公司30亿元结构化融资的落地。支行全年累计投放资金785643万元，支持开发区园区基础建设，支持区内企业的成长发展。

（张雪平）

开展居民金融宣传服务工作

兴业银行贵宾客户体验启动仪式　张伟 摄

年内，兴业银行开发区支行继续做好拆迁居民的服务和营销工作。5月，举办兴业银行贵宾客户体检启动仪式暨财富增值、夏季养生健康主题讲座；组织黑金、白金客户体检，共计1800余人次参加。7月，协助瀛海镇政府为11个自然村回迁居民发放农转非补助款，累计发放2300户；开展普及金融知识万里行活动，推出“金融知识在您身边服务月”“助推小微、三农金融服务月”“特殊群体客户关爱服务月”活动，走进社区、农户及特殊群体，普及金融知识。

（张雪平）

拓展对公业务渠道

年内，兴业银行开发区支行与开发区管委会、发改局、财政局、基建办、税务局、开发区总公司等部门及企业建立合作关系。在与开发区总公司合作的基础上，落实总公司企金改革提出的“链条化、楼宇化、园区化”营销方针，向总公司申请特别授权，探索具有兴业特色的园区业务发展道路。通过供应链金融推动，企业上下游客户营销，支行对公团队被评为总行系统优秀营销团队。

（张雪平）

提升服务质量和管理水平

年内，按照兴业银行北京分行统一部署，兴业银行开发区支行不断提升服务质量。利用晨会、夕会时间进行柜员业务培训，制定《柜员考核办法》，实现全年零投诉；开展自助机具内控自查，提高自助机具的管理水平；开展支付密码器推广工作，降低结算风险。被兴业银行北京分行评为服务明星支行。

（张雪平）

加强金融安全防范

年内，兴业银行开发区支行与支行员工签订安全责任书，把平安建设和安全防范措施逐条分解、逐级落实，形成“层层有人抓，处处有人管”的工作格局；坚持以加强内控风险防范和技防保障为工作重点，确保全年无事故、无隐患、无违规操作；加强教育培训，提高员工和护卫人员的防范意识和应急处置能力。

（张雪平）

兴业银行股份有限公司北京国贸支行

行长　张春明

东亚银行开发区支行

概况

东亚银行（中国）有限公司北京经济技术开发区支行（简称东亚银行开发区支行）2012年总存款额18.32亿元，总贷款额2.41亿元。

（王嘉彬）

开展业务推广活动

年内，东亚银行开发区支行与多家单位开展业务推广活动。1月13~15日，在Spar超市开展路演；1月，与燕宝汽车开展个人业务合作；3月8日，与亚宝药业开展活动；6月10日，在格林小镇开展路演；8月16~17日，与DHL公司开展活动；11月19~23日，与桑德集团开展活动。

（王嘉彬）

开展对公业务

年内，东亚银行开发区支行对公账户38个，开通企业网银24个；公司存款17.44亿元，日均存款14.9亿元，发放贷款2.41亿元，含委托贷款1笔（800万元）；开立银行承兑汇票202.76万元；发放1笔股权质押贷款，金额2000万元；成功操作1笔海外代付业务，金额9600万元。

（王嘉彬）

拓展对私业务

年内，东亚银行开发区支行个人账户288个，开通个人网银214个，个人存款8800万元，日均存款7200万元。推出“开心游”“留学通”和“两地一本通”等金融产品。

（王嘉彬）

东亚银行（中国）有限公司北京经济技术开发区支行

行长　郑文鑫

证 券

国泰君安证券北京亦庄营业部

概况

国泰君安亦庄营业部　　姜昆 摄

国泰君安证券股份有限公司北京亦庄宏达北路证券营业部（简称国泰君安北京亦庄营业部）2012 年促进客户财富管理转型，加强机构客户业务服务，助力开发区企业融资、投资业务。

（姜昆）

举办财富管理培训

5 月 5 日，国泰君安北京亦庄营业部举办“财富管理”培训，邀请中国金融行业私人银行财富管理专家、博得世纪培训辅导老师，分别从全球财富管理发展状况和客户服务理念等方面，对营业部工作人员进行培训。

（姜昆）

签署《战略合作协议》

8 月 17 日，国泰君安北京亦庄营业部参加北京·亦庄产业金融畅谈会，与开发区管委会签署《战略合作协议》，双方在股权融资、债券融资、海外融资及产业投资等领域进行合作，促进开发区整体经济发展。

举行《战略合作协议》签约仪式　　姜昆 摄

（姜昆）

出版 6 期电子杂志《亦境》

年内，国泰君安北京亦庄营业部电子杂志《亦境》出版 6 期，累计出版 12 期。《亦境》于 2011 年创刊，为双月刊，作为营业部客户的创新增值服务，主要反映国内外财经动态、公司创新金融产品、营业部活动及顶级奢侈品鉴赏等。

（姜昆）

开展君弘财富俱乐部活动

国泰君安亦庄营业部活动现场　　姜昆 摄

年内，国泰君安北京亦庄营业部君弘财富俱乐部为营业部高端客户举办 3 次会员活动，即樱町三味“品味日料 共悦君弘”、安君州农业观光园“休闲生活 快乐烧烤”、北京玉清茶社“雅致品茶 感受文化”。活动使客户对营业部的业务有了进一步了解，促进了营业部财富管理业务的发展。

（姜昆）

国泰君安证券股份有限公司北京亦庄宏达北路证券营业部 总经理 王志军

社会保障与社会发展

综 述

2012年，开发区在社会保障和社会发展方面开展了卓有成效的工作，提供了热情优质的服务，围绕“人人享有社会保障”的目标，注重落实惠民政策，协调解决落实过程中的历史遗留问题，加快落实社会保险“人群全覆盖”和城乡一体化，推进区域补充医疗保险经办模式改革。开发区社会保险基金总收入34.650亿元，同比增加31.3%；基金累计支付5.512亿元，同比增加33.6%，共有57.5万人次享受各项保险待遇；基金结余29.138亿元，结余率达84.1%。

开发区人力社保部门注重新区劳动力就业，注重解决企业用工需求，加强公共就业服务机构建设，畅通供需交流对接渠道，完善促进就业政策体系，发挥人力资源中介服务作用，落实培训企业职工和新区劳动力超过2万人次。加快劳动争议调解－仲裁体系建设，加强对劳动用工信息及劳动监察“两网”管理。在新区经济结构转型与调整的背景下，帮助8000多名大兴区劳动力在开发区实现就业，推荐2000多名本市其他区县劳动力、近2万名外省市劳动力进入开发区工作。

开发区的文、教、体、卫等公益事业以新区一体化、高端化、国际化的发展目标为导向，注重完善社会事业服务功能，加强教育、医疗、卫生基础设施建设。全年新开办2所幼儿园，新建的2所幼儿园、1所小学如期结构封顶。新建1所社区卫生服务站，促进同仁医院二期项目建设。优化医疗服务流程，完善健康档案建立、两癌筛查、预防免疫接种等项服务。加强社区建设，完成第八届社区居委会换届选举工作，召开2012年度和谐社区建设大会，开发区文体活动基地正式挂牌，同时出台了文体队伍的扶持奖励办法。举办开发区第五届文化艺术节、开发区建设20周年等一系列文化活动，举办第六届开发区和谐杯乒乓球比赛、第九届全年健身体育节等体育活动，继续完善“15分钟”体育健身便民服务网络。

（郭嘉 刘世奇）

社会保障

社会保险

概况

2012年，开发区人力社保部门围绕“人人享有社会保障”的目标，整体把握各项惠民政策落实进度，协调解决政策落实过程中的历史遗留问题，加快落实社会保险“人群全覆盖”和城乡一体化。稳妥推进区域补充医疗保险经办模式改革，实现了2011、2012年度政策平稳过渡，参保人数保持稳定，保障方案更加适应个性化需求。加强社保经办机构的规范化、标准化、精细化和信息化建设，经办服务大厅软、硬件水平得到提升，开通网上办理的企业数量达到缴费企业数量的98%。构建信息系统监督、现场检查监督、专项审计监督三位一体的基金监督体系，完善社保经办机构内控机制、规范审核结算流程、提升基金监管能力。开发区社会保险基金全年总收入346498万元，同比增长31.3%，超额14%完成市政府下达的扩面征缴指标任务；基金累计支付55118万元，同期增幅为33.6%。57.5万人次享受各项保险待遇；基金结余291380万元，基金结余率达84.1%。

（郭嘉）

将外埠、外籍职工等纳入生育保险范围

1月1日起，开发区人劳局根据市人力社保局《关于调整本市职工生育保险政策有关问题的通知》规定，将外埠职工、财政部门核拨经费的用人单位人员、外国籍职工纳入生育保险范围，受益人数达94746人，进一步扩大了生育保险覆盖范围。同时，调整产假天数、部分生育医疗费用支付标准和支付范围，提高了生育保障待遇标准。

（陈学海）

推进区域补充医疗保险改革

2月，开发区人劳局根据2011年管委会第19次主任办公会议决议，启动区域补充医疗保险改革工作。进行2011年开发区补充医疗保险政策追溯，为166家

2012年度社会保险基金收、支、余情况统计表

单位：万元

险　种	收缴金额	同比增幅	支付金额	同比增幅	结余金额	同比增幅
养老保险	220984.10	28.85%	19921.59	30.03%	201062.51	28.73%
失业保险	8996.33	31.79%	260.31	−62.96%	8736.02	42.67%
工伤保险	5574.23	20.46%	1956.59	71.47%	3617.64	3.77%
生育保险	6686.18	131.06%	6142.87	95.61%	543.31	−320.32%
医疗保险	104257.10	33.46%	26836.40	28.00%	77420.7	35.46%
合　计	346497.94	31.26%	55117.76	33.55%	291380.18	30.84%

单位14853人办理参保缴费手续，人均缴费554元，人均享受补贴184元。待遇标准为门（急）诊起付线450元，报销90%；住院起付线0元，报销90%；报销120元健康体检费。共收缴2011年补充医疗保险费822.86万元；参保单位享受缴费补贴267.28万元；享受待遇14000人次（体检10000人、医疗费3961人），支付报销待遇760.49万元。同时，制定出台2012年补充医疗保险政策，在以往单一保险方案的基础上，提供了人均缴费为520元/年、690元/年、770元/年，保障标准分别为门（急）诊起付线450元、200元、0元，报销90%；住院起付线0元，报销90%的3个保障方案供参保单位选择，人均补贴120元/年。对跨省市的集团单位和有特殊情况、特殊要求的单位，量身制定个性保险方案，满足不同层次参保单位的多种需求，同时增加职工子女医疗保险，扩大保障范围。为204家单位13562人办理了参保手续。

（陈学海）

开展社会保险基金扩面征缴工作

3月，开发区社会保险经办部门根据市政府下达的2012年度养老、医疗、失业、工伤、生育5项社会保险参保人数扩面指标和社会保险基金收缴指标精神，采取扩大社会保险宣传面、征缴窗口前移、加大事前稽核力度等措施，确保社保基金应收尽收。加大各险种待遇申领的审核力度，确保社保基金安全平稳运行。截至年底，除工伤保险参保人数指标完成99.65%外，其余9项指标均大幅超额完成。

（陈学海）

调整企业退休人员基本养老金待遇

7月，开发区调整企业退休人员的基本养老保险待遇。调整后，开发区人均基本养老保险金待遇达到2448.73元/月，较调整前人均增长244.51元，增幅达到11.1%，受益退休人员6604人。

（陈学海）

2家管理中心搬入隆盛大厦新址办公

11月，开发区社会保险基金管理中心、医疗保险事务管理中心搬入隆盛大厦新址办公。办公场地由600平方米增加为3000平方米，业务大厅面积由300平方米增加为1500平方米，办公条件得到改善。根据区内参保企业特点，中心将新办

2012年度社会保险基金扩面征缴完成情况

单位：万人/万元

项目	险种	养老保险		医疗保险		失业保险	工伤保险	生育保险	合计
		合计	其中农民工缴费数	合计	其中农民工缴费数				
参保人数	指标任务	23.80	5.20	26.27	5.20	21.31	25.41	14	—
	参保人数	28.84	6.60	28.72	6.71	27.11	25.32	22.70	—
	完成率	121.18%	126.92%	109.33%	129.04%	127.22%	99.65%	162.14%	—
基金收缴额	指标任务	192549		92680		7249	4600	5609	302687
	基金收入	220984		104257		8996	5574	6686	346497
	完成率	114.77%		112.49%		124.10%	121.18%	119.20%	114.47%

公场所划分业务区域，设立便民台，实现办公场地绿化、亮化、净化、美化，创造了便捷化、人性化的服务环境。

2家管理中心搬入隆盛大厦新址办公　单位提供

（楚同军）

提高区域内城镇居民医疗保险待遇

12月，开发区人劳局根据市人力社保局《关于城镇居民基本医疗保险有关问题的通知》，将城镇居民医疗保险住院费用报销上限由15万元调至17万元，住院报销比例由60%调至70%，进一步提高了居民医疗保障水平。

（陈学海）

被评为优质服务窗口单位

12月，开发区社会保险基金管理中心在市人力社保局根据“北京市人力资源和社会保障系统优质服务窗口实施办法”，开展的首批市级优质服务窗口的评选认定工作中，以“四个一流”（一流团队、一流管理、一流服务、一流环境）服务参保职工、服务企业发展、服务首都高端产业新区崛起的服务理念和成效，被评为北京市人力资源和社会保障系统2010-2012年度优质服务窗口单位。

（楚同军）

继续推进社会保险网上申报工作

年内，开发区社会保险基金管理中心在2011年率先启动全市社会保险网上申报业务试点工作基础上，积极联系数字证书服务公司，于每周四到中心大厅集中办理数字证书开通及更新等业务，为参保单位提供一站式服务；在服务大厅设立安装有五险合一企业版的电脑，方便企业补充完善材料。截至年底，开发区正常缴费单位2531家，开通网上申报2481家，开通率超过98%，网上申报开通率、推广率处于全市领先地位。

（楚同军）

社保基金管理中心通过社保档案达标验收

社保基金管理中心档案室通过验收　单位提供

年内，开发区社会保险基金管理中心按照市社保中心、市档案局的统一要求，高标准建成2个80余平方米的规范化档案室，配备了先进的档案存放、保管设备，并引进先进的档案管理经验，逐步实现纸质档案影像化、电子化。通过计算机信息系统的管理，使保存、查询档案更加便利，实现了档案管理的信息化，顺利通过了市社保中心、市档案局组织的业务档案管理达标验收工作。

（楚同军）

调整农民工医疗保险缴费及待遇标准

年内，开发区人劳局按照市人力社保局《关于本市职工基本医疗保险有关问题的通知》（京人社医发［2012］48号）文件精神，积极落实农民工和城镇居民基本医疗保险待遇的调整工作。区域内参加医疗保险的农民工，统一按照城镇职工缴费标准缴费，与城镇职工享受同样基本医疗保险待遇，受益人数达2.1万人。

（陈学海）

劳动就业

概况

2012年，开发区人劳局把吸纳新区劳动力就业、对接企业用工需求列为首要责任，紧密围绕新区一体化发展的战略部署，制定了乡镇和企业对接、个人和岗位对接的“两对接”和促进转变就业观念、促进提高职业技能、促进改变就业环境的“三促进”就业工作思路。开发区人劳局与大兴区人力社保局认真分析人力资源市场供需形势，加强公共就业服务机构建设，沟通镇企、校企供需交流对接渠道，整合完善促进就业政策体系，释放人力资源中介服务机构活力。发挥第三届职业技能大赛示范带动作用，深化与电科院的培训战略合作，共培训企业职工和新区劳动力超过2万人次。加快劳动争议调解——仲裁体系建设。推广劳动用工管理信息系统应用，推进劳动监察“两网化”管理，强化企业工资分配宏观指导，努力构建区域新型劳动关系。在新区经济结构转型与调整、岗位需求与劳动力供给总量双下降的背景下，帮助8321名大兴区劳动力在开发区实现就业，推荐2496名本市其他区县劳动力、17849名外省市劳动力进入开发区工作，确保了开发区劳动关系的和谐稳定。

（郭嘉）

启动“春风行动”系列招聘活动

2月2日，开发区人劳局针对企业年后快速增加的用工需求，在开发区人才市场召开首场年度“春风行动”专场招聘会。21家单位参加，提供2727个岗位，范围包括操作工、质检、维修等一线生产岗位和研发、管理等中高端岗位。招聘活动当天1100多名求职者赴现场应聘，其中新区各镇劳动力300余人。200余人现场与企业达成初步录取意向。

（王宁）

开展“春风行动”整顿人力资源市场秩序

3月，开发区劳动监察大队在全区范围内组织开展清理整顿人力资源市场秩序的专项检查——“春风行动”。该行动采取深入摸底，现场检查的形式，针对开发区可能出现非法职介活动的场所以及人员活动比较集中的公共场所（如上海沙龙、大雄公寓、创新大厦、东区经海路、青年公寓、永康公寓、大型公共汽车站等生活商业区）进行摸底排查。走访社区服务站，查找非法职介活动动向、虚假招聘信息和广告。现场检查在区内经营的7家人力资源中介机构的营业执照、许可证和经营场所。检查386家企业的招工情况。专项行动的开展，进一步清理整顿了人力资源市场秩序，减少了职业中介活动中的违法违规行为，保障了求职者的权益，规范了企业招用工行为，改善了人力资源市场秩序。

（裴晓峰）

承办市第三届职业技能大赛分区竞赛

北京市第三届职业技能大赛　单位提供

3月至12月，市人力社保局等14个部门举办了北京市第三届职业技能大赛。开发区人劳局、总工会、企业党委承办开发区分赛区的赛事组织工作。区内52家企业50余工种3486人报名参赛。其中液晶显示器制作工、数控车工、加工中心操作工、工具钳工、电焊工等工种在开发区独立展开竞赛。开发区备案成立竞赛组委会11家，独立展开初赛21场、复赛8场、决赛2场。通过竞赛，开发区逾900人晋级复赛，逾200人晋级决赛，约650名参赛选手通过竞赛取得国家职业资格等级证书。京东方科技集团股份有限公司参赛选手白海涛获液晶显示器件制造工北京市决赛第一名，并获“北京市技术能手”称号。航天长征火箭技术有限公司张程、北京泰德制药股份有限公司刘利波等10名选手获得北京市决赛前十名。开发区大赛组委会获得“优秀组织奖”，北京北开电气股份有限公司王燕懿等3名工作人员被评为“竞赛先进工作者”。

（李素馨）

开展“春暖行动”检查农民工劳动合同

4月5日至6月10日，开发区劳动监察大队开展农民工劳动合同签订宣传、执法、检查的“春暖行动”。该行动以提高用人单位与农民工劳动合同签订率为主线，以建筑业、服务业、加工制造业为重点，深入密集型劳动用工企业和建筑工地宣传普法，要求企业张贴劳动保障权益告示牌，公布劳动保障部门投诉举报电话，督促企业规范依法用工行为；面向农民工发放劳动用工手册，提高农民工依法维权意识；举办企业劳动用工管理培训班，以及劳动合同法、社会保险法专场咨询会，规范企业劳动用工行为。活动注重宣传，加强培训。利用“开发区网站”、《亦庄时讯》报刊开设《中华人民共和国劳动合同法》（以下简称《劳动合同法》）和《中华人民共和国社会保险法》（以下简称《社会保险法》）专题栏目，宣传、扩大贯彻实施《劳动合同法》的影响和辐射力。举办学习班4次，参加培训人员600余人，设立3个宣传点，开展劳动保障政策宣传咨询，发放《劳动合同法》等劳动保障法律、法规和规章政策宣传资料8000余份，接待劳动保障相关政策咨询达1800多人次，检查覆盖区内78家单位，涉及农民工16438人。通过检查，区内企业劳动合同签订率达到95%，社会保险参保率达到85%以上。

（裴晓峰）

开展劳动用工规范一条街工程

4月至9月，开发区劳动监察大队开展劳动用工规范一条街工程。该工作坚持做到“六个结合”，即与“无拖欠工资”检查活动相结合；与排查劳资矛盾相结合；与劳动关系和谐园区、和谐单位的创建活动相结合；与年度工时制度检查相结合；与查处举报、投诉案件相结合；与建立企业信息档案相结合。检查涉及开发区东部、西部、南部等地区50人以上用人单位90

家，包括东区金田恒业工业园，检查单位数量同比增加36%，涉及职工2.25万人，实行劳动合同的单位有90家，劳动合同签订率达99.8%；参加社会保险登记的单位有90家，参保率达100%；90家单位都参加了劳动用工备案的申报工作。通过对企业劳动合同签订情况、社会保险缴纳情况、工资发放情况、工时执行情况、持证上岗情况等的检查，提高企业依法进行劳动管理的意识，堵住企业管理漏洞，有效保护企业和员工的合法权益。

（裴晓峰）

开展劳动用工和社会保险情况专项检查

5月15日至6月30日，开发区劳动监察大队开展用人单位遵守劳动用工和社会保险法律法规情况专项检查。该检查围绕《社会保险法》实施过程中的重点、难点和焦点问题，与4月至9月开展的“劳动用工规范一条街工程”相结合实施检查。准确把握不同类型、不同行业、不同规模用人单位在遵守《社会保险法》方面的特点和规律，在检查内容和事项上有所侧重，做到重点突出，针对性强。共检查劳务派遣企业、招用农民工较多的建筑施工企业、宾馆饭店及中小型餐饮以及个体经济组织62家，涉及劳动者人数36613人。

（裴晓峰）

劳动能力鉴定中心参照《公务员法》管理

8月，根据市人力社保局《关于批准区县劳动能力鉴定机构列入参照公务员法管理范围的通知》（京人社录发〔2012〕189号）精神，开发区劳动能力鉴定中心列入参照《中华人民共和国公务员法》管理范围机构。经核定，开发区劳动能力鉴定中心有参照公务员管理事业编制4人，实际在编1人。

（张丹）

组织开展年度校园招聘活动

8月，开发区2012年校园招聘季正式启动。截至年底，累计组织300余家企业到东北、陕西、天津、北京等地的20余所全国重点高校进行招聘。人劳局与工委组织部合作，首次进入北京大学、人民大学、清华大学等顶尖学府招聘应届毕业生，进一步扩大开发区吸引高端人才的范围。参加招聘活动的毕业生达到8250人次，其中2999人与区内企业达成招聘意向，有效提升了区域人才工作的影响力。

（肖永生）

发布工资指导价位及人工成本指导手册

11月27日，开发区人劳局发布《开发区部分职位工资指导价位及企业人工成本状况指导手册》。该手册以高位数、中位数、低位数和平均数4种形式，发布企业管理层至一线生产工人5大职业类别189个典型职位的薪酬信息，旨在指导企业科学调整薪酬标准、合理制定薪酬分配方案，并为企业赴开发区投资提供参考。这是开发区人劳局自2002年以来，连续第11年发布相关数据。为保证各项数据的科学性与实用性，2012年在区内企业的支持下，利用劳动用工管理信息系统进行薪酬数据备案，首次将信息系统实现数据统计分析制作成手册。首印1000册面向区内重点用工企业发放。手册中收集区内1552家典型企业的175723条相关信息，并分析了不同行业和投资类型企业的人工成本构成状况。

（汪佳音）

修订开发区4项促进就业政策

12月，开发区人劳局完成《开发区

招用征地拆迁农村劳动力享受岗位补贴办法》《开发区职业技能培训补贴办法》《开发区关于补贴劳务派遣单位招用大兴区劳动力的办法》《开发区劳动力就业班车补贴办法》4项促进就业政策修订工作。考虑到开发区未来扩区发展需要，修订后的《开发区招用征地拆迁农村劳动力享受岗位补贴办法》覆盖在开发区规划范围内的建设用地中涉及的大兴区和通州区台湖镇、马驹桥镇的征地拆迁农村劳动力。为进一步促进职业技能培训工作，职业技能培训补贴标准由原来按照取证等级补贴“初级200元、中级500元、高级800元、技师1000元、高级技师1200元每人”上调为“初级300元、中级600元、高级1000元、技师2000元、高级技师3000元每人”。同时，修订后的劳动力就业班车补贴标准根据就业班车实际运行距离分为每月每辆补贴1万元、1.4万元、1.8万元3个档次。

（李素馨）

开发完善劳动用工管理信息系统功能

年内，根据系统实际运行情况，开发区人力社保部门在3个方面进一步完善系统功能。一是应企业经办人员的要求，在系统中增加了劳动合同批量解除、批量终止、批量续签等新功能，帮助区内用工人数较多或流动率较大的企业便捷实现批量处理，方便经办人员提高备案效率。二是开发了政府版系统，实现数据集中汇总、统计，并运用可视化技术直观显示统计分析数据，做到用工监管网格化、人力资源市场预测准确化。三是为了确保系统运行稳定，数据传输安全，正式将用工信息系统的后台服务器移至开发区管委会信息中心云计算平台运行，并顺利通过安全测试。截至年底，全区已有1400余家企业在系统中进行劳动用工备案，近17万名职工的劳动用工情况纳入系统，信息系统各模块及功能运行基本稳定。

（汪佳音）

推荐28666名劳动力实现就业

年内，开发区职介中心紧抓就业市场供需两旺的有利时机，开展密集招聘。在每周4场定期招聘会的基础上，保证每周到2个镇街举办乡镇招聘会。经统计，平均每个工作日组织1.5场，招聘会密集程度达历史最高水平。同时，针对各镇街的不同特点，有针对性的组织企业深入乡镇开展招聘活动，与乡镇进行深度服务与合作。全年通过开发区职介中心进入企业工作的人员达28666人，是历年最高值。

（肖永生）

仲裁委获评市调解仲裁工作先进单位

年内，开发区劳动争议仲裁委员会被评为2012年度调解仲裁综合工作先进单位。开发区劳动争议仲裁委员会按照“依法、公正、高效”的要求，加强调解仲裁工作能力建设，积极开展“庭审三规范”活动。截至年底，共立案1216件，其中裁决结案591件、调解结案614件、以其他方式结案5件，结案率为99.51%，调解率为50.75%，立案数与结案率均创历史新高，圆满完成了市人力社保局提出的结案率90%，调解率35%的工作要求。

（孔繁秀）

社会发展

教 育

概况

2012 年，开发区教育工作紧紧围绕服务新区经济社会发展大局，把握社会发展中各级各类人群入学需求特点，立足开发区教育资源现实，认真研究区内入学需求情况，搞好开发区教育工作。全年新开办 2 所幼儿园；1 所新建幼儿园完成装修；2 所新建幼儿园、1 所新建小学如期结构封顶；保华国际教育园项目奠基；与十一学校签署入区办学协议。基本满足各种入学、入园需求，进一步改善了开发区教育环境。

（齐亚丽）

电科职院为企业培训员工

电科职院为区内企业培训员工　　彭艳　摄

2 月 13 日至 12 月 7 日，北京电子科技职业学院人才培训中心为北京奔驰汽车、京东方茶谷电子、现代汽车、一轻控股集团、北京红星酿酒、中核东方、北开电气、蓝星化工等 80 多家企业培训员工 8200 人次。协助开发区妥善安置拆迁村农转非劳动力的就业，为大兴区瀛海镇、旧宫镇、亦庄镇、青云店镇等失地农民进行就业观念及物业管理培训 2712 人次。

（陈晓文）

调研 2012 年度入学需求

2 月 28 日至 3 月 9 日，开发区社发局开展 2012 年亦庄地区入学需求调研。通过网上发布、短信平台通知、现场发放问卷等形式共向亦庄地区学校、幼儿园、社区、企业发放调查问卷 1300 份，收回有效问卷 1104 份，符合北京市第二中学亦庄学校义务教育条件的学生 240 人，比上年增加 24 人。

（齐亚丽）

二中亦庄学校开展践行雷锋精神活动

3 月 5 日，北京市第二中学亦庄学校以“弘扬雷锋精神、做全面发展一代新人”为主题，组织教育实践系列活动。该校团委开展志愿者义务交通劝导活动和以弘扬雷锋精神为主题的征文比赛。学校少先队组织开展传承雷锋精神，做有厚德之人主题活动，通过开班会、写心得感受等学习雷锋精神。学校通过校园电视台、红领巾广播站、宣传栏、电子屏等方式，大力弘扬雷锋精神。

（侯萱）

亦庄二小进行白板备授课系统培训

3 月 16 日，北京市大兴区亦庄镇第二中心小学 56 名教师参加白板备授课系统平台的培训。白板备授课系统为教师提供了简洁且功能非常强大的备授课工具，教师通过平台可以方便地进行备课、授课。培训后教师们在使用中体验到白板备授课系统简单实用，助推了课堂教学的实效性。

（常亮）

二十一世纪幼儿园开展师德月活动

3月19日，北京市大兴区二十一世纪实验幼儿园举办师德月启动仪式。园长组织大家重温了《教师职业道德规范》，并以爱岗敬业，从平凡做起为主题，结合实际从微观、中观、宏观方面分析了幼儿园的现状，要求教职工抓住这一契机，认真反思、剖析，进一步明白幼教人肩负的神圣职责。教师代表向全体教职工做出廉洁自律的8项承诺。全园194名教师参加并签字宣誓。

（王琳）

二中亦庄学校启动全员育人导师制活动

3月20日，北京市第二中学亦庄学校举行全员育人导师制活动启动仪式。全员育人导师制以师生结对方式实施，高一年级16名教师成为首批德育导师，高一年级69名学生分别与自己的德育导师现场签署《德育导师制师生协议书》。全员育人导师制采取"四导"策略，即思想上引导、学业上辅导、心理上疏导、生活上指导。该方案首先在该校高一年级试行，在试行过程中，更加突显任课教师在新课程中的指导和教育作用，营造出全员育人的教育氛围。

（侯萱）

二中亦庄学校承办大兴区学科教研活动

二中亦庄学校承办大兴区语文教研活动　侯萱 摄

3月20日、4月10日、5月2日、10月12日，北京市第二中学亦庄学校先后承办大兴区中学语文、历史、英语、化学4个学科教学交流研讨活动。4个学科的教研活动均由大兴区教师进修学校主办，推出18节教学研究课，其中15位授课教师来自北京二中亦庄学校，有效地促进了学校的教学研究。大兴区教师进修学校中教研主任和7位教研员莅临指导，大兴区250余名教师参加。

（侯萱）

开展"水卫士行动"和"节水主题活动"

中芯学校水卫士行动启动仪式　单位提供

3月21日，北京市中芯学校举办"水卫士行动"启动仪式，全体师生参加活动。"水卫士行动"发起人全国政协常委、联合国首任环保艺术大师袁熙坤与联合国人居署驻华代表张振山，大兴区政协副主席郭耕，世界自然基金会北京代表处合作发展高级顾问姚志君与同学们分享了各自的爱水经验。"水卫士行动"致力于推动为瓶装水做个记号，一桶水洗一辆车活动。仪式上，中芯学校学生谢喆惠用自己积攒的1000元捐助一口"母亲水窖"，这是她连续第12次为"母亲水窖”捐款。

（马苗苗　赵扬扬）

二中亦庄学校获科技创新大赛多项奖励

3月25日，北京市第二中学亦庄学校参加第三十二届北京青少年科技创新大赛，在科学幻想画比赛中，获得1个一等奖，2个二等奖，1个三等奖；在科技创新项目中，获得1个二等奖，3个三等奖。

（侯萱）

中芯幼儿园开展节水主题活动

3月27日，北京中芯幼儿园开展“节约用水，我有好办法”主题活动，旨在从小培养幼儿的节水意识，知道水是生命之源，水资源是有限的。幼儿园请来从中芯幼儿园毕业，现在北京市中芯学校读书的谢喆惠来幼儿园给小朋友介绍节约用水的常识及分享自己连续12次捐助“母亲水窖”的经历。谢喆惠的讲座极大地提高了幼儿园小朋友的节水意识。

（蔡素凤）

电科职院服务亦庄生物医药园

3月29日，北京电子科技职业学院与北京亦庄国际生物医药投资管理有限公司举行战略合作签约仪式。开发区管委会巡视员杜新安及相关部门领导出席会议。电科职院将利用学校教育、科研及培训等方面的优势，与公司规划、管理及政策平台等方面的硬件结合，开展多领域、多层面、多形式的交流与合作，在亦庄生物医药园内共同搭建“产、学、研、用”相结合的多功能、模块化的生物医药中试技术平台，探索校企合作新机制和高技能人才培养的新途径，推动高等职业教育与区域经济发展的有效融合，共同为北京地区生物医药产业发展作出贡献。

（陈晓文）

中芯学校组织风力发电讲座

3月30日，北京市中芯学校组织三至六年级185名学生参加风力发电的知识讲座。该讲座涉及风力发电的简史、现代风机的发展及其风机的结构安装等知识。活动旨在让学生了解风力发电的原理，鼓励学生将所学知识运用到实际生活中。

（吴海燕）

二中亦庄学校设立美国高考（ACT）考点

3月，北京地区第一个美国高考课程授权中心授权的美国高考（ACT）考点在北京市第二中学亦庄学校正式设立。学校美国国际高中部就读的学生，在学习美国高中本土课程和美国高考课程后，可在校内报名直接参加美国高考。

（侯萱）

电科职院承担市职业技能大赛初赛

3月至6月14日，受北京市第三届职业技能大赛委员会委托，北京电子科技职业学院承担亦庄开发区赛区初赛的组织工作。组织60名专业教师通过培训取得13个工种的裁判和高级裁判的职业资格，组织SMC等41家区内企业556名参赛选手参加赛前培训。6月2~14日，外派7批次21名裁判员到航天火箭等5家区内企业担任6个工种初赛的现场执裁。6月6~10日，承办开发区赛区电焊工、数控车工、维修电工、工具钳工、机修钳工、化学检验工6个工种229人的初赛。

（陈晓文）

二中亦庄学校承办市级交流课活动

4月9日，北京市中学数学市级骨干

教师高研班在北京市第二中学亦庄学校开展以课标引领、同伴交流、专家点拨为主题的教学交流研讨活动。活动对2位市级学科带头人和1位市级骨干讲解的3节交流课进行评课互动。北京首都师范大学教授张景斌做点评，特别就课堂教学中的开放与聚焦、新课标理念如何在教学中有效渗透等方面提出宝贵意见与建议。来自通州区、房山区、平谷区、大兴区的市级骨干教师，大兴区数学骨干教师研修班的学员等40余人参加活动。

承办市级骨干教师高研班交流课活动　　侯萱 摄

（侯萱）

北京八中亦庄分校参加市级定向越野赛获奖

4月14日，北京市第八中学亦庄分校3名学生参加2012年度北京高校学生定向越野锦标赛，获M12组第五名。4月22日，该校3名学生参加2012北京首届点众杯定向越野锦标赛，获得第十名。8月22~25日，参加在奥林匹克公园举行的比赛，该校学生高分获M12组中距离比赛第七名，W12组短距离比赛第四名、中距离第六名。

（张文芮）

电科职院校园设施投入使用

4月14~15日，北京电子科技职业学院3282名学生由校外租住的青年公寓搬至校内新建的大学生公寓。大学生公寓建筑面积为7.5万平方米，投入经费23616万元。建筑结构是剪力墙，共7栋建筑，其中两栋为高层建筑。8月21日，学校行政楼、图书馆、学生活动中心竣工。行政楼建筑面积1.78万平方米，高为59米，框架、框剪结构。图书馆建筑面积2.28万平方米，框架、框剪结构。学生活动中心建筑面积6059平方米，框架结构。行政楼、图书馆、学生活动中心于2009年12月14日开工。

电科职院大学生公寓落成并投入使用　　陈晓文 摄

（陈晓文）

杂技学校承办全国文化课程建设专题会议

4月19~20日，北京市杂技学校承办全国中等艺术职业教育文化课程建设现场推进会。来自全国各地50余所艺术职业院校的领导和文化教师150多人参加会议。该会议是中国艺术职业教育学会成立26年以来首次主办的文化课程建设专题会议。杂技学校以科研引领、改革创新，不断探索文化课程的有效教学为题，介绍文化课教学经验。代表们观摩了学校的文化课教学，并与教师们进行文化课程建设方面的交流。

（孙盛雄）

亦庄二小举办第一届跳蚤市场喜卖会

4月20日，亦庄镇第二中心小学举办第一届“你我都是环保小能手跳蚤市场喜卖会”。跳蚤市场设在操场，“摊主们”以班级为单位想出很多优惠措施销售文具用品、小玩具、看过的课外书籍等，使学生在跳蚤市场得到了生活体验。

举办第一届跳蚤市场喜卖会　　张超 摄

（常亮）

二中亦庄学校成立10个学科工作室

4月25日，北京市第二中学亦庄学校召开学科工作室成立大会。学校以特级教师、市学科带头人等学科骨干为核心成立高中语文学科工作室、初中语文学科工作室、高中数学学科工作室、初中数学学科工作室、中学英语学科工作室、中学物理学科工作室、中学化生学科工作室、高中史地政学科工作室、初中史地政学科工作室、中学音体美学科工作室等10个学科工作室，近100名教师加入，旨在更好地发挥学科骨干教师的作用，有效分配教师的培养任务，帮助更多的青年老师成长为学科骨干教师。

二中亦庄学校成立学科工作室　　侯萱 摄

（侯萱）

开发区校企联合成立药品食品研发中心

药品食品研发中心成立　　王秀婷 摄

5月8日，北京电子科技职业学院与北京悦康科技集团联合举行药品食品研发中心成立暨揭牌仪式。双方将在科研开发方面采用互补资源的合作模式，充分利用药品食品研发中心的科研条件，不断挖掘、整合能够迅速转化的医药项目，建立起大医药平台，积极联合争取国家及北京市的科技资金的支持，并为学校的学生提供实际工作技能的锻炼及实习岗位，为优秀毕业生提供工作机会。

（陈晓文）

保华国际教育园项目正式奠基

5月9日，保华国际教育园项目在开发区奠基。新区领导张伯旭、赵昕昕、王合生、王荣彬、罗伯明出席奠基仪式。项目位于凉水河畔，一期建设面积6万平方米，占地面积11.87万平方米，可服务3200名学生。该教育园包含招收中国学生的耀华国际教育学校、招收外籍学生的耀中国际学校和作为国际学术及文化交流平台的学而国际会议中心3个项目。教育园将构建覆盖从幼儿园至大学前的全过程一体化国际教育体系。开发区教育配套服务功能全面升级，在满足区内基本教育需求的同时，开始打造国际化、高端化的教育环境，满足高端产业以及高端人才聚集的需求。

（齐亚丽）

电科职院承办市高等职业院校技能大赛

北京市高等职业院校技能大赛开幕式　　王秀婷 摄

5月11日，2012年北京市高等职业院校技能大赛开幕式在北京电子科技职业学院举行。大赛由市教委主办，共设23个项目，电科职院承办服装设计、汽车检测与维修、风光互补发电系统安装与调试、物联网技术应用、数控机床装调、维修与升级改造、水环境监测与治理技术等7个项目的竞赛。

（陈晓文）

中芯学校组织水长城露营活动

5月18~19日，中芯学校70多名高年级学生在14名教师带领下，到怀柔区黄花城水长城参加露营活动。活动围绕实地环境设计了“同心锁”“空中水球”“盲人找鞋”“吃饼干”“生日线”等一系列拓展项目，旨在通过活动锻炼学生动手动脑能力，培养学生的团队精神，为学校课程设置提供新的思考。该活动是学校校本重点课程之一。

（刘永利）

大地幼儿园参加少儿足球比赛获优胜奖

5月27日，北京市大兴区大地双语幼儿园幼儿足球队参加方庄地区第四届昂立杯幼儿足球赛。12家幼儿园代表队参加比赛。北京国安足球俱乐部领导和新老球员代表参加活动，为幼儿加油助威。幼儿通过比赛锻炼了身体、增强了体质。大地幼儿园获得比赛优胜奖。

（吴海燕）

发布2012年入、升学方案

5月28日，开发区社发局发布《关于亦庄地区2012年小学入学工作方案》《关于亦庄地区2012年小学升入初中工作方案》。两方案规定了2012年亦庄地区小学和初中划片范围、入学方式、入学时间以及外地来京务工人员子女借读证明办理方式，明确了对区内重点企业重点引进人才子女入学的优惠条件标准。

（齐亚丽）

二中亦庄学校举行红五月合唱比赛

二中亦庄学校举行红五月合唱比赛　　田雁林 摄

5月31日，北京市第二中学亦庄学校举行了红五月合唱比赛。小学部以唱红歌旋律，颂北京精神，做阳光少年为主题，38个班级用歌声赞颂了伟大祖国、弘扬北京精神，展现了新时代少年儿童的良好精神风貌；中学部以唱响青春为主题，18个班级用歌声唱响他们多彩的青春岁月。小学部11个班级、中学部6个班级获奖，部分学生和班级分获“十佳小指挥家奖”“创意合唱团奖”。全校2000名学生参加活动。

（侯莹）

美格幼儿园建构完整的双语课程体系

5月，北京市大兴区美格双语幼儿园开发区园建构完整的双语课程体系。主题双语课程以幼儿整合性地学习家庭、自然、社会和人类为主；中英文两种语言为交流背景，提供全语言下的整合课程。美格双语课程中文教材确定采用《快乐与发展》，英文引进《澳大利亚幼儿英文教材》，全方面推展双语课程。

（杨健美）

中芯幼儿园举办爱心义卖活动

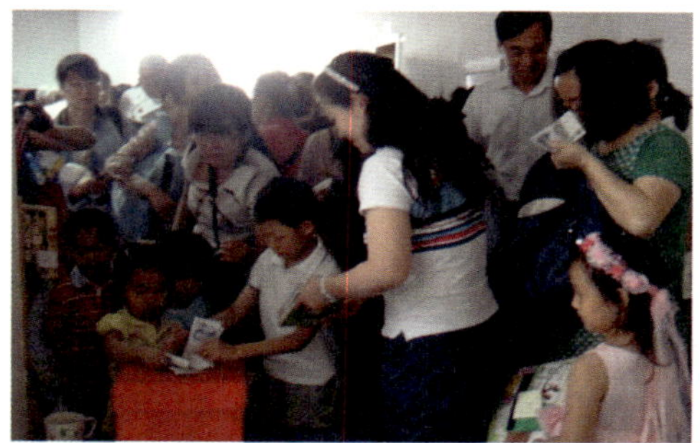

举办“六一”儿童节暨爱心义卖活动　　单位提供

6月1日，北京中芯幼儿园约600人参加“六一”儿童节亲子爱心义卖活动。爱心义卖由幼儿将从家里带来的玩具、图书等标价义卖，义卖所得善款6201.86元，分别捐助给顺义蓝天孤儿院和大兴希望之家的儿童。游戏区设艺术、体能等10个亲子活动。孩子们度过了一个愉快而有意义的节日。

（蔡素凤）

中芯学校举办“国际日”活动

中芯学校举办“国际日”活动　　单位提供

6月1日，北京市中芯学校举办“国际日”活动。该活动展出16个国家的风土人情、节目、音乐。每个班级分别有2~3名教师和家长协助学生按照认领国家的历史、艺术、风俗习惯、运动、名人等装饰班级，准备演出服装、展板、游戏、知识问答、表演、音乐、食物等。各班根据划分好的区域设立美食摊位，每位学生、教师可以凭借制作的20元代金券，观看“各国”“各民族”的节目，参加游戏、知识问答，品尝由家长和各班教师准备的独具特色的美食。活动旨在开阔学生的眼界，培养学生胸怀世界的品格。全校555名学生及学生家长参加。

（赵扬扬）

中芯学校举办首届“校长杯”游泳比赛

第一届“校长杯”游泳比赛　　单位提供

6月8日，北京市中芯学校在东高地游泳馆举办第一届“校长杯”游泳比赛，70名学生参加比赛。参赛人员为三年级以上并具有游泳技术基础的学生，比赛项目为50米自由泳、蛙泳和100米自由泳、蛙泳，共计19项。比赛决出19个第一名：其中三年级组6个、四年级组6个，五、六年级组7个。

（刘永利　张强）

电科职院与开发区共建“文化传媒实训基地”

6月15日，共建“文化传媒实训基地”签约揭牌仪式举行。该基地由北京电子科技职业学院与开发区新闻信息中心共建，拟将学校图书馆、体育中心等资源纳入到开发区的文化基地建设中，共享图书馆、体育设施等资源，以整合开发区现有文化设施，服务开发区人民，提高开发区文化服务功能，对开发区管委会宣传工作在人才和技术力量上给予保障和支持。

（陈晓文）

亦庄一小开展心理健康讲座

6月21日，北京市大兴区亦庄镇第一中心小学举办以阳光心态快乐生活为主题的心理健康讲座。讲座过程中，孩子们在轻松愉快的游戏中懂得一次的输赢并不代表最后的结果，努力和坚持同样重要的道理。学校希望学生在今后的学习和生活中能够正确面对挫折和困难，提高自己抗挫折能力，拥有阳光心态，快乐的生活。学校1200人倾听讲座。

（张文雪）

二中亦庄学校开展赴美暑期语言课程培训

6月25日，北京市第二中学亦庄学校国际部组织师生赴美暑期语言课程培训活动。该语言课程培训为期3周，32名师生在加利福尼亚州的费尔蒙特高中学习期间，学生们学习英语语言课程，参加美国高中文体活动，体验社区服务，参观著名学府，并入住美国寄宿家庭，了解美国普通家庭的生活。暑期语言课程学习是该校国际部的校本课程之一，课程设计紧凑、新颖，突出了以学习为主的原则。

（侯萱）

中芯学校举办书香校园活动颁奖仪式

6月29日，北京市中芯学校举办第5次书香校园活动颁奖仪式。38名学生获“书香人”称号，31名学生获“书香学士”称号、8名学生获“书香硕士”称号。评奖标准为：“书香人”按年级不等每人每学期读20~30本书，包含5本推荐书；“书香学士”累积读书达到100本，提交2篇读书报告；“书香硕士”累积读书达到200本，提交3篇读书报告且通过书香硕士答辩。该活动是对本学期书香校园活动的总结，表扬和鼓励评上“书香”称号的学生，进一步提高了学生们的读书热情。

（张丽娜）

二十一世纪幼儿园开展英文童话剧表演活动

7月3~4日，北京市大兴区二十一世纪实验幼儿园开展大、中班英语童话剧表演活动。活动由幼儿园保教部组织，旨在让孩子们亲身体验经典英语童话剧。全体大、中班25个班级幼儿参加，用英文演绎了精彩的童话故事《三只蝴蝶》《美人鱼》等。教师40人、幼儿及家长1000余人观看表演。

（王建平）

中芯学校举办外教英语夏令营

外教英语夏令营　　单位提供

7月9日至8月3日，北京市中芯学校举办外教英语夏令营。学校学生及社会适龄学生323人参加。夏令营开设21个班，配有美国外教25名，24名大学生助教，6名大学生志愿者。在正规教学基础上，穿插了戏剧、音乐、游戏、体育等活动，旨在让学生学习纯正美式英语，培养良好品格、沟通能力、合作能力、动手能力和领导能力等。

（赵扬扬）

二中亦庄学校建设录课室和演播室

二中亦庄学校建设录课室　迟天宇 摄

7月15日至9月16日，北京市第二中学亦庄学校建成录课室和演播室。工程总投资90万元，录课室面积为120平方米，演播室面积120平方米。录课室具有标清自动录播和全高清手动精品课程录播功能，并可直播课堂教学实况。全自动录播系统不仅可以保证高质量的录制效果，而且录像资料也可实时存储在服务器，供师生后期点播调用。演播室具有虚拟和实景演播功能，为学生电视台和社团活动搭建了高质量的平台。

（侯萱）

二中亦庄学校参加全国青少年竞赛

8月3~5日，北京市第二中学亦庄学校在第十三届“我爱祖国海疆”全国青少年航海模型教育竞赛总决赛中创佳绩。该项比赛由国家体育总局、教育部、中国科协、共青团中央、全国妇联和厦门市人民政府联合主办。总决赛在厦门举行，来自祖国两岸三地32个省、市、自治区的2072名优秀中小学生和大学生参赛。北京二中亦庄学校选拔出3名学生参加“北京市大兴区代表队”，并在总决赛中获得2枚金牌。

（侯萱）

中芯学校二期教学楼破土动工

8月28日，北京市中芯学校二期校舍工程破土动工。二期工程与一期工程配套，建筑面积1.04万平方米，教室、办公室、实验室等共60间。建成后将扩大中小学招生，满足开发区适龄儿童入学。

（李雅荣）

二中亦庄学校创建学生成长平台

9月1日，北京市第二中学亦庄学校创建的学生成长平台正式启用，旨在充分利用现代化的手段，加强家校沟通。该平台为每位学生设立一个账户，共有妙影聆听、随笔、团队、日常安排、成绩分析等8个板块，面向学生、家长与教师开放。学生通过平台，可以看到自己成长进步的足迹；教师通过平台可以录入学生在校期间的学习成绩、获奖信息、活动表现以及教师寄语，有助于将评价与教育教学相融合；家长通过平台，看到孩子学习成长的过程、教师对学生的评价，以及学生之间的相互评价。全校2300余名学生参加。

（侯萱）

二中亦庄学校开办美国国际高中部

二中亦庄学校开办美国国际高中部　侯萱 摄

9月1日，北京市第二中学亦庄学校美国国际高中部首个教学班正式开课。3月，经美国西北学术委员会、美国中部州立高中教育局认证，获得美国远程教学委员会海外高中教学资质，与美国肯斯顿高级中学共同在中国提供美国海外高中教育。学生进入美国高中部后即注册美国高中学籍，学习美国高中本土课程和美国高考课程，毕业成绩合格获得美国高中毕业证，毕业考试成绩被美国所有大学承认。学习成绩优秀的学生即可选读美国大学先修课程，使学生有条件升入“常青藤”大学。这是学校继加拿大国际高中部后又一国际合作办学项目。

（侯莹）

亦庄第四幼儿园开园

9月1日，北京市大兴区亦庄第四幼儿园正式开园。该园占地面积3200平方米，建筑面积2157平方米，办园规模8个班，是开发区内第一所公办幼儿园。作为公租房配套园，面向X17和X31公租房社区的企业员工子女招生，年内招收新生70人。

（齐亚丽）

慧才苑林肯公园幼儿园开园

9月1日，林肯公园小区配建幼儿园北京市大兴区慧才苑林肯公园社区实验幼儿园正式开园。该园占地面积3000平方米，建筑面积2324平方米，办园规模9个班。面向林肯公园社区居民子女招生，招收新生108名。

（齐亚丽）

亦庄第三幼儿园正式开园

9月3日，北京市大兴区亦庄第三幼儿园正式开园。幼儿园占地面积4196.31平方米，校舍建筑面积3348.13平方米。有多功能专用教室1个，普通教室12个。教室内设有电脑和白板等教学设施。开设3个教学班，年内招生89人。

（王秀红）

中芯幼儿园启动书香家园阅读活动

书香家园阅读计划——故事大王讲故事活动　　单位提供

9月3日，北京中芯幼儿园启动书香家园阅读活动。活动分借阅、分享和复述故事3部分，每位幼儿建立阅读卡，每周至少借1本书回家进行亲子共读。小朋友可以和同伴分享看过的故事，家长也可以在借书卡上分享亲子阅读感受。在学期末开展讲故事比赛。

（蔡素凤）

二中亦庄学校开设教师英语口语培训课程

9月28日，北京市第二中学亦庄学校为教师开设英语口语培训课程。该课程由北京二中亦庄学校教师发展中心联合该校美国国际高中部共同举办，特邀美国国际高中部的美籍教师授课，采用全美式授课模式，安排每周1小时的培训，旨在通过美国教师的引导和帮助，使该校中小学部的英语教师和有较好英语基础的其他学科教师在听说方面有较大的提高，增强教师国际交流的实际能力；同时，通过亲身感受美国课堂的氛围，美国教师的教学风格，让教师在课堂教学方法上有所感悟，从而吸收到美国教师的先进教学经验。全校近30名教师参加培训。

（侯莹）

美格幼儿园加强国际化教师队伍建设

9月，北京市大兴区美格双语幼儿园为每班配备一名全天候外籍教师。聘请的外教全部为本科以上学历，或者是有幼儿教育经验并且母语为英语的外籍教师，配备国际化的教育师资，为幼儿园实施国际化的双语教学课程奠定了基础。

（杨健美）

二中亦庄学校开设学生幸福成长校本课程

构建学生幸福成长课程文化——科技制作课　　刘超　摄

9月，北京市第二中学亦庄学校构建学生幸福成长的课程文化。学校以幸福教育为主线，立足学校师资及地域特点，弥补课堂教学不足，开设20门校本课程，每门校本课程一周1课时。中学部以“套餐＋自助餐”形式在初一、初二年级开设外教口语课、论语诵读课、书法课、茶艺课、中草药课、电子钢琴课、跆拳道课、科技小制作课、舞蹈课、时装表演课、健美操课、合唱课等12门校本课程，其中必修课5门，自选课7门。小学部在一至六年级开设国学、写字、剪纸、校本英语剧、科技模型制作、探索中草药的神奇、经典阅读、传统节日等8门校本课程。全校学生1600人参加。

（侯萱）

实施骨干教师、专业教师引领计划

9月至12月，北京市大兴区二十一世纪实验幼儿园实施骨干教师、专业教师引领计划，旨在进一步发挥幼儿园骨干教师和学科带头人的辐射作用，形成一支职业道德高尚、勤于教学又注重研究的高素质骨干教师队伍。骨干教师引领计划针对青年教师开展分科教学、常规培养、专业技能、班级管理、家长工作等细致指导，每月进行业务反馈活动。专业教师引领计划借助园本资源树立领域学科带头人的管理机制。制定领域研究计划，组织学习活动，指导被引领成员把握领域教学目标策略，解决实际教学困难。每个领域有2名带头人负责，1人负责本领域的每月“亮课”，1人负责本领域的理论学习，并结合每月“亮课”、组织反思、讨论，将理论与实际相结合。其中数学领域、语言领域、艺术领域（美术、音乐）引领人共8人。

（王琳）

二十一世纪幼儿园开展生态化环境研究活动

开展生态化环境研究活动　　王琳　摄

9月至12月，北京市大兴区二十一世纪实验幼儿园以现有的自然生态大环境为依托开展园本生态教研活动。活动重视幼儿对环境的内外需求，重视环境与课程的联系，将园所大环境、班级小环境与生态优化结合。教研的第一阶段组织教师学习理论文献，以理论作为支撑。第二阶段结合各年龄段幼儿的年龄特点，开展有针对性的研究活动，小、中、大班分别以动物、植物、环保为主题。通过多次的教研实践活动与反复学习，让教师明确教研目的，开阔教研思路，由过去的空谈教研、一人教研，变成教师主动参与、积极实践，主动请战，一课“三研”（即研究课程形式、研究活动内容，研究幼儿主动发展）。教师们还编写了《教师个人研究手册》，主要收集每次教研活动后的问题、困惑，以便在下次教研活动中有效解决。

（王琳）

亦庄二幼举办首届拜师活动

10月9日，北京市大兴区亦庄镇第二中心幼儿园举办首届拜师活动。针对年轻教师较多，教师经验不足的情况，学校分别对师傅和徒弟提出要求，充分利用好幼儿园搭建的平台，履行好自己的职责。全园33人参加活动。

（赵新）

中芯学校帮助2名贫困生在校试读

10月10日，北京市中芯学校继2011年义卖捐助光爱学校活动后，接收2名来自儿童之家的学生就读于七、八年级，并为2名同学提供10800元的生活费用。北京光爱儿童之家校长代表“中国少年儿童文化艺术基金会”为学校颁发了荣誉证书。

（马苗苗）

二中亦庄学校获市十佳红领巾编辑部

荣获北京市十佳红领巾编辑部　　陶景琳 摄

10月12日，北京市第二中学亦庄学校《红领巾小记者报》编辑部在北京市“红通社杯”校园传媒大赛中被评为“北京市十佳红领巾编辑部”。由团市委、市少工委、北京电视台卡酷少儿卫视、北京电台文艺广播、北京少年报、比如世界共同主办的“红通社杯”校园传媒大赛4月正式启动，80多所学校参加红领巾队报队刊项目的比赛。学校《红领巾小记者报》自2011年3月出版首刊，每月1期，每期4版，主要报道校园新闻、好人好事、班级风采等。编辑部有4名小编辑，均是校园红通社的小记者。

（侯萱）

二中亦庄学校成立年级学生自主管委会

10月18日，北京市第二中学亦庄学校在初一至高三年级成立年级学生自主管理委员会。该管委会由学校学生处监督、年级主任直接领导下的学生自我管理组织，有51名学生参加，采用竞选轮换制，下设专门的纪律部考核、监督和评价各位自管委员的工作，发现有不良行为立即取消委员资格；自管委员必须每天佩戴自管会胸卡，以督促本人争做其他同学的榜样。

（侯萱）

北京现代制造业职业教育集团正式成立

10月19日，北京现代制造业职业教育集团成立大会暨首届理事大会在开发区召开。市委常委、市委秘书长、教工委书记赵凤桐，教育部职业教育与成人教育司司长葛道凯，市委副秘书长傅华，市教委主任姜沛民、新区领导林克庆、张伯旭、王合生、王荣彬等出席。该集团由北京电子科技职业学院作为牵头学校，下设理事会、常务理事会、秘书处和5个专业协作组。集团成员单位74个，其中企业40家，行业协会 5 家，学校 24 家，科研及其他单位 5 家。集团的成立是北京职业教育发展模式和企业发展模式的创新，顺应北京市现代制造业和高端制造业的大力发展需要一大批高技能人才的诉求，院校、企业结合推进学术交流、人才培养，特别是订单式培养模式。将开展集团内校企之间、学校之间的交流与合作，实现校、企资源信息整合、融通、共享，促进校、企共同受益、共赢发展。通过集团探索实现中高职衔接的有效途径，促进职业教育结构调整，发挥各自特长特色，共同推动技术攻关创新，产品创新及成果转化。

（齐亚丽 陈晓文）

二中亦庄学校举办第四届科技节

二中亦庄学校举办第四届科技节　侯萱 摄

10 月 29 日至 12 月 3 日，北京市第二中学亦庄学校举办第四届科技节。科技节以体验、创造、成长为主题，开展 17 项科技活动。其中小学部开展科技小制作、科幻画、中草药知识和天文学知识竞赛等 8 项活动，共 221 人获奖；中学部开展纸折科技模型创意竞赛、自然科学知识竞赛、天文知识竞赛等 9 项活动，共 141 人获奖。13 个班级被评为“优秀班集体”，32 位教师获得“优秀辅导教师”称号。全校 2300 名师生参加。

（侯萱）

中芯学校举办首届科技创新能力展示活动

举办首届科技创新能力展示活动　郝玉龙 摄

10 月至 12 月，北京市中芯学校举办第一届科技创新能力展示活动。一至九年级 200 名学生参加，制作出 200 多件作品，其中包括小发明、小制作、创意展示、机器人创意、科学研究论文、科技实践活动、科幻绘画、科技奇思妙想描述等。评出 24 件最佳创新作品和 41 件优秀作品。12 月 14 日，学校表彰第一届科技创新能力展示活动获奖学生，校长为获奖学生颁发奖状和奖品，并鼓励学生树立“学科学、爱科学、用科学”观念，继续弘扬科学精神，提高科学素养。

（吴海燕）

北京十一学校入区办学

11 月 1 日，新区教育主管部门、海淀区教委和北京十一学校正式签署联合办学协议。十一学校将在开发区“12 平方公里”内开办小学和中学。小学为北京亦庄实验小学，48 个教学班；中学（完全中学）84 个教学班。十一学校亦庄校区将与十一学校实现优质资源融通共享，同步开展课程改革实验项目，执行统一管理机制。市委教工委委员、市教委副主任罗洁，新区领导王合生、王荣彬等出席签约仪式。

（齐亚丽 边淑清）

中芯幼儿园开展早期阅读讲座活动

11 月 7 日，北京中芯幼儿园对全体教师和家长进行开启孩童的缤纷想象讲座。讲座主要针对如何开展早期阅读、如何为孩子选择图画书等问题进行分享交流，丰富了家长和教师们的视野。

（蔡素凤）

二中亦庄学校开展走进百姓身边的学校活动

开展走进百姓身边的学校活动　　刘超　摄

11 月 9 日，“走进百姓身边的学校活动”在北京市第二中学亦庄学校举行。该活动旨在展示新区义务教育发展成就，让社会和公众进一步了解、感受新区义务教育的变化。学校从硬件建设、校园文化建设、教师队伍建设、办学特色等方面进行展示。学校邀请学生家长、学校周边社区居民和开发区社发局、大兴教委、大兴体育局领导近 50 余人参加活动。

（侯萱）

电科职院与亦庄生物医药园进行研讨

11 月 9 日，北京电子科技职业学院与区内 10 多家企业负责人就亦庄生物医药园订单班暨生产性实训等问题展开研讨。园区内企业根据不同业务类别，为学生提供生物药物生产实训和顶岗实习岗位，园内优秀企业家担任学生的企业导师，与学校教师一起共同组成导师团队。企业导师参与设计相关课程、学习项目等，把企业生产、研发过程转变成学习实践教程，从企业真正的实际需要出发，培养企业真正用得上的技能型人才。与会者一致认为，学生在园区企业实践，能提升自身职业道德规范，以及岗位技能的外延和内涵。学校对符合条件的企业导师进行遴选、聘任，建立校企长效工作机制，将推动生物医药产业集聚发展。

（陈晓文）

中芯学校举办亲职讲座

11 月 17 日、12 月 8 日，北京市中芯学校分别举办亲职系列公益大讲座，让爸爸们可以“持证上岗”。讲座由中芯学校副校长主讲，每堂课 90 钟，包括 60 分钟讲座，30 分钟互动分享。讲解父亲如何跟孩子相处、孩子的深层需要、父亲给予孩子真爱是什么等 3 个方面内容，呼唤爸爸们在打拼事业的同时，也要珍惜跟孩子相处的机会，用家长和孩子之间的爱去关注孩子，了解孩子，从而影响孩子。550 名小学和幼儿园家长参加讲座。

（史丽霞）

亦庄一小、二小学生开展社会实践活动

11 月，北京市大兴区亦庄镇第一中心小学、北京市大兴区亦庄镇第二中心小学分别与北京曼可顿食品科技有限公司联合开展漫游曼克顿面包世界主题社会实践活动。通过参观面包生产线和面包 DIY 制作，激发学生珍惜粮食，珍惜劳动的情感，培养动手能力。

（陈晶　常亮）

二中亦庄学校在市青少年科技竞赛中获奖

12 月 1 日，北京市第二中学亦庄学校在 2012 年北京市青少年动手做科技制作竞赛中获“灵巧手”称号。该竞赛由北京

青少年科技活动中心主办，是一项倡导学生主动参与、乐于探究、勤于动手的科技竞赛。参赛学生在制作比赛中获 2 个一等奖、1 个二等奖；在“快乐搭建”动手技能测试中获得 2 个一等奖。

（侯萱）

二中亦庄学校举办教师教育思想交流周

12 月 6~18 日，北京市第二中学亦庄学校举办“中美加三国教师教育思想交流周”活动。该活动以“分享教育思想，激发智慧火花”为主题，旨在将美国、加拿大先进的教育理念与中国优秀的传统教育相融合，激发教育智慧的火花，从而促进学校教育的大发展。其间，举办了茶文化讲座；加拿大国际高中部教师、美国国际高中部教师、中方教师课堂展示；小学部瑞思学科英语交流和闭幕论坛等 6 项主要活动，活动整合校园内的所有教育资源，为中外教师交流搭建平台，共有中美加教师 100 多人次听课和参加课后交流活动。

二中亦庄学校举办教师教育思想交流周　侯萱 摄

（侯萱）

二中亦庄学校承办全国校长教育思想论坛

12 月 10 日，北京市第二中学亦庄学校承办全国中小学校长（园长）“文化领导与学校改进”高峰论坛暨北京市大兴区第十一届校长教育思想论坛分论坛活动。该论坛由大兴区教育委员会与中小学管理杂志社联合主办，围绕论坛主题“学校文化的构建与校长文化领导力的提升”进行研讨。来自全国各地 70 多位校长参加论坛。

承办全国中小学校长高峰论坛活动　刘超 摄

（侯萱）

二中亦庄学校学生获银帆奖

12 月 12 日，在由北京市教育委员会主办的 2012 年北京市校外教育表彰大会暨第 26 届中小学生金银帆奖颁奖典礼上，6 名北京市第二中学亦庄学校学生在“2012 年中国中学生跆拳道联赛总决赛”中获冠军，均被授予银帆奖。

（侯萱）

电科职院 GE 智能平台实验室揭牌

12 月 12 日，北京电子科技职业学院举行 GE 智能平台实验室揭牌仪式。GE 智能平台实验室使 GE 自动控制系统与汽车装配技术相结合，将实现教学、科研、开发一体化，成为学生实践、师资培养和创新开拓的平台，体现了学校科研、人才优势和企业技术资源优势的融合，为学校的校企合作开拓了新的领域和模式。

（陈晓文）

中芯学校和幼儿园举办慈善义卖活动

12 月 14~22 日，北京市中芯学校暨

“感恩最美·助人最乐”慈善义卖活动　单位提供

北京中芯幼儿园举办 2012 年度“感恩最美·助人最乐”慈善义卖活动。活动到中芯国际集成电路制造（北京）有限公司、经开北工大软件园、北京亦庄生物医药园、嘉捷美锦企业汇、北京汇龙森科技园 5 家企业定点义卖。21 日晚和 22 日全天在沃尔玛亦庄山姆店现场开展才艺表演和爱心义卖。中芯学校和幼儿园 900 人参与活动，其中学生自制 2391 件作品，卖出近 1500 份，中文部六一班家长带领全班学生制作和售出艺术气球 500 多份。义卖活动募得 8.86 万元善款捐助给北京光爱儿童之家。

（费章娟）

电科职院与开发区共建开发区资讯中心

北京经济技术开发区资讯中心成立　刘朗　摄

12 月 18 日，北京经济技术开发区资讯中心正式启动。该中心的成立实现了学校与大兴区、开发区共建共管共享共用的功能，发挥了学院图书馆在文献信息资源、环境资源和人力资源方面的优势，更好的服务开发区经济建设，实现学校建设与开发区发展的融合，为打造开发区经济、科技、市场信息资讯中心，促进区域经济发展和文化繁荣，提供了一个可靠的途径。

（陈晓文）

二十一世纪幼儿园开展今日我点餐活动

12 月 19 日，北京市大兴区二十一世纪实验幼儿园开展“今天我来做食谱活动”，食堂员工共 16 人参加食材搭配比赛。比赛由小朋友们根据所提供的食材搭配早中晚餐，并说出搭配的理由，由保健师当场对菜谱进行点评，适用的菜谱将作为今后幼儿食谱征用。活动有 8 个菜谱参加评选，有 4 个菜谱被选出，全园 100 名幼儿参加。

（王琳）

亦庄二幼举办防暴力安全演练活动

开展防暴力安全演练活动　赵新　摄

12 月 20 日，北京市大兴区亦庄镇第二中心幼儿园举办全园师幼防暴力应急演练活动。在演练活动之前，幼儿园制定了《防暴演练方案》，明确职责，严密部署，确保本次演练活动的顺利进行。全园 426 名师生参与活动。

（赵新）

亦庄二幼开展教职工系列技能比赛

食堂人员刀工比赛　　赵新 摄

年内，北京市大兴区亦庄镇第二中心幼儿园开展教职工系列技能比赛。幼儿园举办教师讲故事、古诗文朗读、教师操、保育员清洗幼儿水杯技能、食堂人员刀工技能、食堂炊事人员面食、保育员整理幼儿床铺的岗位等多项技能比赛，为教职工搭建了一个锻炼自我、展示风采的平台，提高了教职工的业务综合素质和教育实践能力。

（刘岩 赵新）

美格幼儿园开展教研活动

年内，北京市大兴区美格双语幼儿园立足幼儿园教学实际开展教研活动。设立《如何有效的促进中英文融合》教研课题。在幼儿园的显性环境和隐性环境加强英文力度，让环境说话。规范中英文教学模式，促进双语课程的融合。加强中文教师英文培训，为创设幼儿园浓郁的英文氛围提供保障。根据本园实际、确立研究内容和研究重点，旨在解决实际教学问题和教学难点，提升教学质量。

（杨健美）

亦庄地区教育扶持奖励办法出台

年内，开发区社发局与专业机构合作，聘请教育专家，调研区内学校、幼儿园，制定《北京经济技术开发区教育扶持奖励办法》和《北京经济技术开发区教育扶持奖励办法实施细则》。组织专家组对北京市第二中学亦庄学校、北京八中亦庄分校、亦庄中学、亦庄第一中心小学、亦庄第二中心小学、亦庄镇第一中心幼儿园等 6 所学校、幼儿园申报的 10 个项目进行评审，其中有 8 个项目通过审核，发放教育发展扶植资金 200 余万元。

（齐亚丽）

二中亦庄学校跆拳道队获 63 枚金牌

二中亦庄学校参加跆拳道比赛　　周小明 摄

年内，北京市第二中学亦庄学校跆拳道队参加全国、市级 6 项跆拳道比赛获得 63 枚金牌。4 月 7~8 日，该队在 2012 年北京市体育传统项目学校跆拳道比赛中获金牌 22 枚。6 月 9~10 日，该队在 2012 年北京市青少年业余体校跆拳道锦标赛中获金牌 5 枚。7 月 24~25 日，该队在 2012 年北京市青少年锦标赛中获金牌 5 枚。7 月 24~29 日，该队在 2012 年全国中学生跆拳道联赛总决赛中获竞技比赛金牌 7 枚。8 月 22~28 日，该队在 2012 年全国青年跆拳道锦标赛中获金牌 4 枚。12 月 15~16 日，该队在 2012 年北京市第六届中小学生跆拳道比赛中获专业组竞技金牌 20 枚。

（侯萱）

举办教育科研和教改交流活动 20 余次

年内，开发区社发局邀请特级教师进

行现场观摩课教学示范培训交流 20 余次，先后共有亦庄地区校长、园长、班主任和教师 600 余名参加。开发区社发局为中、小学校、幼儿园选配教师用书、学生课外读物 4800 余册，并配备了校园安全教育光盘。

（齐亚丽）

部分教育单位

北京市大兴区二十一世纪实验幼儿园

北京市大兴区二十一世纪实验幼儿园（简称二十一世纪幼儿园）为日托制民办幼儿园，占地面积 2.5 万平方米、校舍建筑面积 1.57 万平方米，固定资产 268 万元，自筹经费 100 万元。拥有风雨操场、艺术宫各 1 个，琴房 6 个，圆弧教室 9 个，普通教室 46 个。教职工 194 人，其中教师 93 人，专科以上学历 76 人、中级以上职称 12 人；保健员 5 人，专科以上学历 4 人、中级以上职称 4 人。开设 45 个教学班，其中托班 7 个、小班 13 个、中班 14 个、大班 11 个。2012 年幼儿入园 284 人、离园 246 人、在园 893 人。

（王琳）

北京市大兴区二十一世纪实验幼儿园　园长 崔立新

北京市大兴区美格双语幼儿园

北京市大兴区美格双语幼儿园（简称美格幼儿园）位于亦庄开发区天华园三里一栋洋房小区东门。幼儿园倡导中西方教育理论和实践的融合，追求“开放式、发展式”教育模式，强调“玩中学、学中玩”的教学理念。在课程设置上，中英文课程各占 50% 的双语教育是美格品牌上的亮点。该园于 2008 年成为有聘请外教资质的幼儿园之一。美格双语教育将中文和英文工具性语言应用到孩子日常生活中，倡导音乐、美术、运动、认知、社会、品德等知识融入到在主题活动中，让孩子们在生活中获取成长需要的一切经验。孩子们在幼儿园里参加教师们精心设计的各种各样的活动，每一个活动都是促进孩子的发展，真正做到了生活和教育的融合。7 月 21 日，美格幼儿园举行建园 10 年庆典活动。

（杨建美）

北京市大兴区美格双语幼儿园　园长 贾晓歌

北京市大兴区大地双语幼儿园

北京市大兴区大地双语幼儿园（简称大地幼儿园）为日托制民办幼儿园，2012 年幼儿园占地面积 797 平方米、校舍建筑面积 2512 平方米，固定资产 54 万元，全年自筹教育经费投入 14 万元。幼儿园拥有游戏室、形体室、陶艺室、电脑室专用教室 4 个，普通教室 9 个。教室内设有电视、DVD 播放机、录音机、电子琴等教学设施。教职工 50 人，其中教师 19 人、专科以上学历 17 人、中级以上职称 3 人、保健医 1 人。幼儿园设 9 个教学班，其中托班 3 个、小班 2 个、中班 2 个、大班 2 个。入园 60 人、毕业 24 人。本园的特色课程有全脑数学、奇乐数学、情景阅读、大地美语、创意美术、软陶制作等。幼儿园每年“六一”举办画展，全园小朋友的作品编辑成《童画童趣》画册及印制成背心，作为礼物发给幼儿。每年一度的新年同乐会，被家长们称赞为“小迪尼斯乐园”。7 月 20 日，幼儿园举办第九届大班毕业典礼暨幼儿园建园 10 周年庆典。年内，大地双语幼儿园荣获 2009-2011 年度“民办教育先进单位”。

（吴海燕）

北京市大兴区大地双语幼儿园　园长 刘桂玲

北京中芯幼儿园

北京中芯幼儿园（简称中芯幼儿园）为全日制民办幼儿园，以品格第一、勇敢自信、健康活泼、快乐成长为教育理念，以蒙特梭利教育与主题教育相结合进行教学。重视品德教育，开展每日英语活动，力求创设最适时、最符合孩子年龄特点的成长环境。2012 年幼儿园占地面积 3000 平方米，校舍建筑面积 4479 平方米，固定资产 113.08 万元。全年教育经费投入 638.28 万元，其中国家拨款 15 万元、自筹经费 623.28 万元。幼儿园拥有音乐、美术和英语等专用教室 5 个，普通教室 13 个。教室内设有电钢琴、电脑和图书等设备设施。图书馆藏书 8800 多册，信息化投入 10.06 万元，教职工 60 人。其中教师 34 人，全为专科以上学历；保育员 13 人，专科以上学历 2 人。开设 13 个混龄教学班。入园 130 人，离园 56 人，在园 348 人。

（蔡素凤）

北京中芯幼儿园　园长 李雅荣

北京市大兴区亦庄镇第二中心幼儿园

北京市大兴区亦庄镇第二中心幼儿园（简称亦庄二幼）位于亦庄博兴八路，幼儿园坚持以“服务亦庄，和谐发展，创优质学前教育”为办园宗旨，秉承“以人为本，让每个生命绽放光彩”办园理念，本着“健康、快乐、自信”的培养目标，促进幼儿身心健康和谐发展。2012 年占地面积 7899 平方米，建筑面积 5663 平方米，固定资产 392.22 万元。全年教育经费投入 662.3 万元，其中国家拨款 652.3 万元。拥有 1 个多功能厅，1 个大会议室、1 个小会议室和 2 个专用教室，共配有 2 套多媒体设备；普通教室 20 个，每个教室内配有 1 台电脑、1 台电视、1 架钢琴、1 台录音机、1 台 DVD、1 台照相机等教学设施。教职工 56 人。其中小学高级教师 4 人、中学高级教师 1 人，教师 24 人中有 22 人具有专科以上学历，保育员 12 人中 5 人具有专科以上学历，区级学科带头人 2 人，保健医 2 人中有中级职称 1 人，大专学历 2 人。开设 12 个教学班，其中小班 4 个、中班 5 个、大班 3 个。入园 140 人、离园 102 人、在园 385 人。1 月 18 日晋级为北京市一级二类全日制幼儿园。2 月 29 日，亦庄二幼与大兴七幼建立“手拉手”姐妹园。该园获新区“2011 年园所管理规范奖”。

（刘岩）

北京市大兴区亦庄镇第二中心幼儿园　园长 王丽

北京市大兴区亦庄第三幼儿园

北京市大兴区亦庄第三幼儿园（简称亦庄三幼）是一级二类幼儿园。亦庄三幼坚持贯彻落实《幼儿园教育指导纲要》精神，树立热爱幼儿、尊重家长、服务社会的意识，把幼儿向往、家长满意、社会信赖作为发展的方向。从幼儿的身心发展出发，尊重幼儿的身心发展规律和特点，实行保教并重，立足幼儿全面发展。2012 年幼儿园占地面积 4196.31 平方米、校舍建筑面积 3348.13 平方米，固定资产 102.6 万元。全年教育经费投入 147.97 万元。拥有多功能专用教室 1 个，普通教室 12 个。教室内设有电脑和白板等教学设施。教职工 21 人。其中教师 10 人中有专科以上学历 9 人、中级以上职称 1 人，保健员 1 人。年内开设 3 个教学班，均为小班。入园 89 人、在园 89 人。

（王秀红）

北京市大兴区亦庄第三幼儿园　园长 孙娜

北京市大兴区亦庄第四幼儿园

北京市大兴区亦庄第四幼儿园（简称亦庄四幼）是隶属于大兴区教委与开发区社发局的一所公立幼儿园，位于开发区博客雅苑小区内，为博客雅苑和亦城茗苑2个公租房小区的租户提供服务。幼儿园以为幼儿的成长提供环境，为幼儿的发展提供支持为办园理念。引进瑞吉欧项目教学法，通过开放的、真实的、可操作的环境来帮助幼儿建构经验，激发幼儿对学习的兴趣，促进幼儿的全面发展。幼儿园开展了蒙台梭利、脱稿剪纸等特色课程，从不同的角度来培养幼儿的习惯，开发幼儿的智力，促进幼儿创造性思维的发展，使得幼儿园班班有特色，幼儿有发展。2012年幼儿园占地面积3162平方米，建筑面积2157平方米，有8个教学班，最多可提供240个学位。9月，幼儿园首次开园招生，开设托班、小班和混龄班3个班级，招入幼儿70人。

（谭亚静）

北京市大兴区亦庄第四幼儿园　园长　谭亚静

北京市大兴区亦庄第五幼儿园

北京市大兴区亦庄第五幼儿园（简称亦庄五幼）成立于2012年，是“12平方公里”回迁社区公立幼儿园，园所位于南海家园七里小区内，占地面积9067平方米，建筑面积7118平方米，规模为24个教学班，教师编制120人，能容纳儿童720余名。幼儿园环境幽雅有序、富于童趣、设计独特、配套设施齐全，各班有宽敞明亮的活动室、睡眠室、盥洗室、班内配有电脑、墙挂液晶电视、中央空调、直饮机、钢琴、玩具等现代设施，另外园内设舞蹈教室、多功能厅、绘本馆等各种专业教室，为幼儿的生活、游戏提供了温馨舒适的环境。宽敞的户外场地为幼儿提供了各种大、小型体育器械，充分满足幼儿身心健康、和谐发展的需要，极大地解决了当地回迁居民子女入园难的问题。亦庄五幼以“汇德绘智，阅知悦心”为办园目标，以“用心关注孩子，用情接纳孩子，用爱感受孩子”为办园宗旨，秉承着“有心用心·有情注情·有爱会爱”的理念，让每位幼儿健康快乐地成长。幼儿园以独特的视角，以绘本故事为依托，通过楼道文化及班级文化的不同展现形式，使幼儿身处在绘本缔造的童话世界中，让幼儿在阅读中学习知识，在阅读中感受快乐，幼儿园以《幼儿园指导纲要》为教育方针，将语言、科学、健康、社会、艺术5大领域融会贯通为一体，重视培养幼儿的综合能力，以培养幼儿的学习兴趣和良好的行为习惯为基础，为幼儿提供充分表现、表达和发展的空间。

亦庄第五幼儿园内景　　单位提供

（何学清）

北京市大兴区亦庄第五幼儿园　园长　何学清

北京市大兴区慧才苑林肯公园社区实验幼儿园

北京市大兴区慧才苑林肯公园社区实验幼儿园（简称慧才苑幼儿园）2012年9月成立，位于开发区林肯公园社区。由美、中教育界人士共同创办，采用美国加州创新思维课程标准和多元智能理论课程，同步美国诺贝尔教育集团的教学和管理体系，遵照中国《幼儿园教育指导纲要》，定位于为居住在中国的高素质家庭提供高品质的全童教育。幼儿园占地面积3000平方米，建筑面积2324平方米，活动场地面积1500平方米，绿化面积300平方米，音体教室等幼儿公共活动室面积300平方米，额定班级9个，幼儿152名，教职工43名，其中配备园长1名、业务园长1名，均为大专学历毕业并获得园长资格证书和高级教师职称人员；教师19人，其中本科5人，大专学历10人，中专学历4人，均获得教师资格证；保育员8人，均获得保育员资格。慧才苑幼儿园开设有双语班和国际班，双语班配备中文教师2名、保育员1名、助教1名、英语课程外教1名，国际班配备带班外教1名、中文教师2名、保育员1名、外教助理1名。年内，慧才苑幼儿园开展了新生入园适应日、迎中秋户外亲子、家长讲座、万圣节狂欢之夜、参观中国科技馆、圣诞节Party等活动。

（张清芬）

北京市大兴区慧才苑林肯公园社区实验幼儿园 园长 张清芬

北京市大兴区亦庄镇第一中心小学

北京市大兴区亦庄镇第一中心小学（简称亦庄一小）围绕探索实施阳光教育理念，探索启发——主动教学模式，提高育人质量，抓住机遇，认真、全面分析解决影响学校发展的关键因素，促进学校的健康全面发展。2012年学校占地面积2.21万平方米、建筑面积1.52万平方米，体育场（馆）面积2560平方米。图书馆（室）藏书5.98万册，订阅杂志、报刊26种。学校固定资产总值4407.20万元。全年教育经费投入1950.92万元，其中国家拨款1950.92万元。学校信息化经费投入104.9万元，拥有计算机408台，多媒体教室座位2255个，校园网出口总带宽440Mbps，数字资源量105GB，信息技术课程为1课时/周。普通教室50个、专用教室17个。亦庄一小（以下数字含附属分校三羊完小）教职工116人，专任教师94人，其中中级职称58人、本科以上学历76人。开设教学班45个。毕业257人、招生285人、在校生1536人。年内，教师获得国家级奖励44项、市级奖励86项、区级奖励176项；获得集体奖励国家级5项、市级16项、区级30项；学生获奖励国家级3项、市级4项、区级5项。学校在大兴区中小学生乒乓球锦标赛和篮球比赛中分别获小学男子组、女子组比赛冠军。被评为中华优秀传统文化教育全国优秀示范学校。

（王德友）

北京市大兴区亦庄镇第一中心小学 校长 孙旭

北京市大兴区亦庄镇第二中心小学

北京市大兴区亦庄镇第二中心小学(简称亦庄二小）以建设“资源节约、环境友好”型校园，打造适合每个学生个性化发展的优质学校为办学理念。2012年学校占地面积16320平方米、建筑面积8760平方米，体育场（馆）面积5450平方米。图书室藏书4.9万册，订阅杂志、报刊17种。学校固定资产总值949.18万元。全年教育经费投入1061.36万元，全部为国家拨款。学校信息化经费投入9.93万元，拥有计算机237台，多媒体教室座位860个，校园网出口总带宽100Mbps，数字资源500GB，“信息技术”课程7课时/周。普通教室24个、专用教室10个。教职工59人，其中专任教师43人、中级职称35人、本科以上学历30人。开设教学班23个。毕业106人、招生135人、在校生694人。学校在北京市第十五届学生艺术节中荣获戏剧表演一等奖；获得大兴区先进少年军校称号。

（常亮）

北京市大兴区亦庄镇第二中心小学　校长　李广义

北京亦庄实验小学

北京亦庄实验小学（简称亦庄实验小学）于2012年11月1日成立，是新区教育主管部门、海淀区教委和北京十一学校在亦庄新城“12平方公里”内开办的小学。学校占地3.74万平方米，现有教师9名。计划招生48个教学班。学校倡导“全课程”理念，推行“全课程”教育实验。“全课程”教育是指以培养“全人”为目标，推动学科全面融合，面向与教学相关全部要素（包括教与学的内容与方式、评价方式、教学组织形式、行政管理体制、学校管理环境等），覆盖学校全部生活的综合性教育改革实践。学校是中国目前第一所探索“全课程”教育实验的学校。该校的建立是北京市政府2012年30件实事工程之一。

（边淑清）

北京亦庄实验小学　校长　李振村

北京市中芯学校

北京市中芯学校（简称中芯学校）2012年占地面积2.68万平方米，建筑面积1.04万平方米，体育场面积1.4万平方米。图书馆藏书2.3万册，订阅杂志、报刊62种。学校固定资产总值409.19万元，全年教

北京市中芯学校外景　　单位提供

育经费投入1550.89万元。学校信息化经费投入176.61万元，拥有计算机90台，多媒体教室座位420个，校园网出口总带宽10Mbps，“信息技术”课程1课时/周。普通教室32个，专用教室16个。教职工102人，专任教师88人，其中本科学历62人，硕士研究生及以上学历26人。开设教学班32个。6年级毕业49人，初中毕业7人，在校生734人。年内，中芯学校5名学生参加北京市统一中考考试，平均分495分，分别被北师大附中、北京第55中、北师大二附中、海淀外国语学校、康福外国语学校录取。

（李雅荣）

北京市中芯学校　校长　李雅荣

北京市第二中学亦庄学校

二中亦庄学校外景　　侯萱　摄

北京市第二中学亦庄学校（简称二中亦庄学校）肩负着北京亦庄国际高端产业新城基础教育配套功能的重要责任，以为

师生终身发展和幸福生活奠基的“幸福教育”作为学校发展的灵魂，以“德育、教学、服务”三位一体的“质量求发展”为教育教学管理模式，立体化推动教学改革，全方位构建“幸福教育”体系，着力促进教师专业发展，坚持内涵发展、优质发展、特色发展，努力建成高质量、有特色、国际化、现代化的北京南城名校。2012年学校占地6.86万平方米，建筑面积5.49万平方米，其中产权建筑面积5.49万平方米。体育场占地面积1.1万平方米，主要由300米田径跑道、足球场、篮排球场组成。图书馆藏书3.5万册。固定资产总值1721.37万元。全年教育经费投入2891万元，全部由国家拨款。学校信息化经费投入230万元，拥有用计算机530台，多媒体教室95个，信息化设备资产500万元，网络信息点数722个，校园网出口总带宽20Mbps，数字资源量300GB，“信息技术”课程30课时/周。有普通教室108个、专用教室19个、实验室8个。教职工292人，其中高级教师35人、中级教师72人、专任教师248人，包括特级教师5人、北京市学科教学带头人2人、本科以上223人。开设教学班85个，其中小学班43个、初中班16个、高中班11个、国际高中部15个。毕业503人，其中小学145人、初中159人、高中180人、国际高中19人。招生710人，其中小学324人、初中170人、高中92人、国际高中124人。在校生2361人，其中小学1356人、初中429人、高中283人、国际高中293人、寄宿生483人。高中录取分数线447分，应届高考本科上线率48%。年内，教师虎占智、焦艳玲获新区优秀青年人才称号，被评为开发区文明单位、大兴区科技教育先进校、大兴区艺术教育先进校、大兴区教育系统信息宣传工作先进单位。

（侯萱）

北京市第二中学亦庄学校　校长　王群会

北京市大兴区亦庄中学

北京市大兴区亦庄中学（简称亦庄中学）在“和谐愉悦、积极向上，求真务实、创新发展”的育人氛围引导下，坚持“更新教育理念、提高教学效率、享受成长过程、追求幸福人生”的教育理念，坚持以科研为引领，加快教师专业化发展，坚持求真务实、开拓创新的德育教育，坚持“聚焦课堂，向45分钟要效益”的教学思想。2012年学校占地面积2.88万平方米、建筑面积1.65万平方米，体育场（馆）面积1.33万平方米。图书馆（室）藏书4.71万册，订阅杂志、报刊11种。学校固定资产总值4211.76万元。全年教育经费投入1894.44万元，国家拨款1894.44万元。学校信息化经费投入2.1万元，拥有计算机180台，多媒体教室座位32个，校园网出口总宽带100Mbps，数字资源量100GB，“信息技术”课程1课时/周。普通教室24个、专用教室6个、实验室7个。教职工102人，其中专任教师97人、北京市骨干教师1人、高级职称22人、中级职称40人、本科以上学历94人。开设教学班12个。毕业102人，招生121人，在校生416人。11月10日，学校获开发区公共财政扶持奖励教育资金。12月14日，亦庄中学举办大兴区中学实验教学现场会。年内，学校获得新区教育系统校园安全先进集体，大兴区2012年度教育教学工作一等奖，获得大兴区文体活动先进单位、老龄工作先进单位、后勤管理先进集体、优秀中学生社团等称号。

（刘秋华）

北京市大兴区亦庄中学　校长 王春彦

北京市第八中学亦庄分校

北京市第八中学亦庄分校（简称北京八中亦庄分校）遵循“着眼于未来，着力于素质”的指导思想，秉承“勤奋、进取、和谐、致美”的校训，坚持培养“志向高远，素质全面，基础扎实，特长明显”的一代新人的培养目标。2012 年学校占地面积 2.35 万平方米、建筑面积 1.48 万平方米，绿化面积 9415 平方米，体育场面积 4890.9 平方米。图书馆藏书 7618 册，订阅杂志 30 种、报刊 13 种。固定资产总值 645.38 万元。全年教育经费投入 312.13 万元，全部为国家拨款。学校信息化经费投入 277.68 万元，拥有计算机 137 台，多媒体教室座位 80 个，校园网出口总宽带 400Mbps，数字资源量 300GB，信息技术课程 2 课时 / 周。有普通教室 28 个，音乐、美术、书法、史地、劳技、计算机、舞蹈形体、心育中心、图书室、卫生保健室和体育器材室专用教室 18 个、理化生实验室 8 个。教职工 74 人，其中大兴区编制 47 人、高级职称 3 人、中级职称 12 人，专任教师 47 人，研究生学历 15 人，本科以上学历 31 人。北京八中本部教师 25 人，其中高级职称 8 人、中级职称 5 人、专任教师 14 人中包括特级教师 2 人、北京市骨干教师 1 人，本科以上学历 17 人。开设初中教学班 10 个。学校为全国少年电子技师北京地区认定单位。

（刘沙）

北京市第八中学亦庄分校　校长 梁亿川

北京市杂技学校（北京市国际艺术学校）

北京市杂技学校又称北京市国际艺术学校（简称杂技学校）1998 年经市教委批准成立，1999 年增挂北京市国际艺术学校校牌。2000 年面向全国招生。2009 年被评为北京市重点中等职业学校。2010 年被授予全国教育科研先进单位及杂技紧缺人才培训基地。学校是北京市最旦具有国际交流职能的艺术类国办中等专业学校，是北京市重要的艺术人才培养基地。学校办学宗旨和培养目标是培养中专学历人才，促进杂技艺术事业发展；为高等艺术院校输送高质量的生源，为专业艺术院团、企事业单位输送实用的专业人才。学校具有面向全国和国际招生的资格，并可以按政策为外地非农户口学生办理北京市临时城市集体户口，学生毕业时可作为北京生源参加高考。2012 年学校现有占地面积 5.1 万多平方米，总投资 9500 多万元，有练功厅，语音室、电脑室、美术天光教室及多媒体文化课教室、学生公寓及食堂等。学校设有 7 个专业，分别为杂技与魔术表演专业、美术绘画专业、戏剧表演专业、杂技与魔术表演专业（滑稽表演方向）、舞蹈表演专业、运动训练专业（武术）、美术设计与制作（舞台美术设计）专业；设有 9 个管理部门，分别为学校办公室（招生办）、综合管理办公室、教务处、学生处、艺教办、科研督导处、留学生办、人事处、财务处。学校为全日制住宿学校，对学生实行 24 小时管理。拥有在校生近 700 人，其中包括来自俄罗斯、越南、缅甸、柬埔寨、韩国、日本、欧美等 30 多个国家的留学生。3 月 29 日，学校四期工程奠基。年内被授予北京市非物质文化遗产传承教学基地。申报的科研课题被评为北京市中等职业教育教学成果二等奖。杂技专业作为该校龙头骨干专业，在国际、国内杂技赛事中表现突出，独立获金奖 16 枚，与中国杂技团有限公司合作获得金奖 12 枚。武术专业有 6 名学生先后获得国家一级运动员称号。

（刘晓霞）

北京市杂技学校、北京市国际艺术学校 校长 张 红

北京电子科技职业学院

北京电子科技职业学院（简称电科职院）是北京市属公办高等职业院校，位于开发区北京职教园。学校坚持以服务为宗旨、以就业为导向的办学方针，确立了“立足开发区，面向首都经济，融入京津冀，走出环渤海，与区域经济联动互动、融合发展，培养适应国际化大型企业和现代高端产业集群需要的高技能人才”的办学定位。搭建了“政校企行”共享资源、共育人才、共谋发展、互惠互赢的合作机制平台。1999 年，成为国家首批独立设置的高职学院，是“十一五”期间国家重点建设的百所示范性高职院校之一，是国家级高等职业教育综合改革试验区建设单位之一，是北京市职业教育分级制改革试验学校。建校以来，学校已累计为北京现代制造业、高新技术产业和现代服务业培养了 10 万余名高素质技能型人才。学校有国家级教学团队 1 个，市级优秀教学团队 11 个，北京市教学名师 8 人，国家级教学成果二等奖 1 项、北京市教育教学成果一等奖 7 项、二等奖 6 项，北京市高校青年教师基本功比赛一等奖 2 项， 国家级精品课程 4 门、北京市级精品课程 11 门、国家规划教材 14 部、北京市精品教材 10 部。学校构建了“专业基本技能、专业综合技能和专业生产技能”3 层级实训体系。学校有中央财政支持的实训基地 3 个，省市级实训基地 3 个，校外实训基地 268 个，实训（实验）室 318 个，生产性实训基地 18 个。学校获批 4 个国家级职业技能鉴定机构，57 个鉴定工种。被批准为机械行业特有工种职业技能鉴定点，承担鉴定的职业（工种）达 15 个。学校试行开放办学，与 26 个国家和地区的教育主管部门及 100 多所学校、企业和机构开展多形式的交流与合作。2004 年，学校在全国高职高专院校人才培养工作水平评估中获得优秀。2005 年获全国职业教育先进单位。多次获北京市职业教育先进单位。2012 年学校设有 7 个二级学院，开设 48 个高职专业，所设专业覆盖了北京市重点发展的各个支柱产业。学校全日制在校生 10059 人，教职工 1094 人，其中专任教师 569 人中包括教授及教授级高级工程师 13 人、副教授及高级工程师以上 209 人、博士 24 人、硕士 222 人、“双师型”教师 377 人。 12 月 20 日，荣获“2012 全国职业院校魅力校园”称号。

（陈晓文）

北京电子科技职业学院 党委书记 赵 文

院 长 王海平

卫 生

概况

2012 年，开发区卫生工作以加强企业公共卫生网络建设为基础，提升为企业卫生服务范围和质量；加强医疗卫生基础建设，新建 1 所社区卫生服务站，完成河西区社区卫生服务中心建设规划设计，促

进同仁医院二期项目建设；优化为民服务医疗流程，完善健康档案建立、两癌筛查、预防免疫接种等基础服务工作；完成“12平方公里”等重点工程项目的卫生保障任务。9月，组织区内企业239人献血，献血量48000毫升，上海沙龙街头采血点无偿采血144人，采血47800毫升。

（陈秋明）

国家康复医院打造医院特色

1月，国家康复医院将康复辅具工程技术应用于临床治疗，首推矫形康复、神经康复和公益事业特色。特别引进了在国内、国际医学界具有很高威望的矫形骨科专家秦泗河教授和康复医学专家、教授赵文汝担任名誉院长，充分发挥其学科带头人作用。

（高峰）

加强社区卫生服务建设

年初，开发区社发局通过广泛收集社区居民意见，针对社区卫生服务站医生人员不足，不能24小时开诊的现实情况，采取公布医生电话的方式，提供8小时外的服务。新建林肯社区卫生服务站，完成设备采购安装及人员培训，于9月正式对外开诊运行。

（陈秋明）

国家康复医院举行开业典礼

5月19日，国家康复医院开业典礼及公益项目启动仪式举行。民政部、卫生部、科技部、北京市、开发区相关领导出席。典礼上，民政部决定正式启动“福康工程”，使用部本级福利彩票公益金，资助西部地区残障人配置康复辅具，开展康复训练，增强生活自理能力。其中“肢体残障畸形手术矫治项目”由国家康复医院具体负责实施。

国家康复医院开业典礼　赵晓明 摄

（高峰）

培训新改选卫生、计划生育专员

6月底，开发区社发局对社区新当选卫生和计划生育专管员进行培训，明确岗位职责和工作要求。根据要求明确卫生专管员为各社区食品卫生监督员，参与社区食品安全的社会监督，在社区开展集中宣传2次，举办饮茶安全讲座2次。

（陈秋明）

国家康复医院顺利通过等级评审

医院等级评审专家领导合影　赵晓明 摄

8月21日，国家康复医院接受二级康复医院等级核定。中华医学会北京分会评审专家组实地查看门诊楼、病房、康复室、重症监护室的格局和就诊流程，肯定医院的建设，对医院今后的工作提出了宝贵的建设性意见。10月31日，市卫生局正式批复同意国家康复医院核定为二级康复医院。

（高峰）

振国集团免费为新区居民进行健康义诊

北京振国医院在鹿海园三里社区义诊　　闫秀婷　摄

8 月至 12 月，北京振国集团走进旧宫清逸园、鹿海园三里、富源里、天宝家园、鹿海园一里等多个社区，为社区居民免费量血压、测血糖和讲授健康知识，让广大社区居民更加了解自己的身体状况，科学合理用药，发现问题及时就医。

（孟凡辉）

振国集团中朝合作项目启动

12 月，振国集团北京振国肿瘤研究中心、长白山药物研究所与朝鲜保健省肿瘤治疗与科研合作项目启动。首批 13 个品种将在朝鲜完成生产和临床，标志着朝鲜患者首次使用中医药治疗肿瘤，实现历史性突破。

（杨春旭）

完善企业公共卫生管理人员网络建设

年内，开发区社发局继续加强开发区百人以上企业公共卫生管理员网络建设，及时补充更新企业公共卫生管理员，举办公共卫生管理人员系列专业培训，聘请多位专家分别就传染病防治、心理健康、献血政策、食品安全事故预防、应急急救等知识进行讲解和培训。截至年底，有 205 家百人以上企业确定了公共卫生管理员。

（陈秋明）

保障“12 平方公里”建设工地卫生安全

年内，开发区社发局针对“12 平方公里”建设工地开工面积大、工期短、工人聚集、预防传染病和食物中毒任务艰巨实际情况，多次协调卫生监督所，加强该建设工地项目的监督和指导力量，请专业人员对春、夏季灭鼠、灭蚊蝇工作进行培训和技能指导，并发放灭鼠、灭蚊、灭蝇药品。组织现场安全咨询，讲解突发事件的医疗急救知识及技能。截至年底，建设工地项目未发生传染病疫情及食品安全卫生事故。

（陈秋明）

加强公共卫生管理

年内，开发区社发局组织开发区社区和工地开展灭四害等活动。在广泛宣传基础上，根据社区需求统一发放药具，并组织社区参加全市灭蚊活动。积极配合属地做好区域传染病的管理，社区完成了儿童强化免疫查漏补种等基础计划免疫工作，协助大兴区疾控中心组织部分企业参加艾滋病同伴教育活动，组织预防结核志愿者培训。

（陈秋明）

同仁医院南区开展多项研究

年内，首都医科大学附属北京同仁医院经济技术开发区院区急诊科与北京朝阳医院急诊科联合完成了首都医学发展基金项目“猝死患者流行病学调查”的研究，并进行“脂肪酸结合蛋白在心肌梗死早期诊断中的临床意义”研究。在“院前急救在创伤患者干预前后效果”的研究方面与市 2~3 家三级、一级医院联合申请了首都医学发展基金项目。参与阜外心血管病医院急诊科“北京地区急性心衰治疗现状及预后临床研究”首都医学发展基金联合攻关项目的申报工作。与首都医科大学病生理实验室合作，在糖尿病患者血浆尾加压素Ⅱ变化的研究和缺血预处理、缺血后处理对心肌细胞缺血再灌注的影响方面开展科研课题2项。同仁医院南区肿瘤中心多中心、单组开放研究评估重组人血小板合成素（特比奥）治疗化疗后血小板减少患者的安全性及疗效（Ⅳ期）项目进展顺利。儿科申报自然基金、首发基金及卫生局基金课题8项，获得基金资助1项。在核心期刊发表论文62篇。急诊及综合内科编写教材《老年医学》《急诊医学教程》，在杂志《中国临床医生》“专家专论”栏目连载。康复中心专著《临床神经训导康复治疗学》出版。

（月梅兰）

同仁医院南区3种神经训导设备研制成功

康复专科医师培训基地评审通过　　单位提供

年内，同仁医院南区康复中心研制出3种神经训导专用设备，完成6项临床对照研究、16项专利申报资料。其中《神经训导康复治疗技术与配套设备》获得市卫生局科技成果和适宜技术重点推广项目立项。《高分子纤维矫形支具及其成型器转化实施》获市教委科技成果转化及产业化项目立项。神经训导康复技术和设备研究正式纳入国家“十二五”科技发展规划纲要。

（月梅兰）

同仁医院南区开展多种形式科普宣传

举行爱耳日科普讲座和咨询活动　　单位提供

年内，同仁医院南区开展多种形式的科普宣传活动，共举办公益讲座35次，神经外科主任带队多次到山东开展义诊。3月3日，举行爱耳日科普讲座和咨询活动。3月22日，透析中心举办肾病知识讲座、义诊、医患互动等活动。10月28日，泌尿外科举办健康讲座、查体，对经医生确认需要的患者进行免费泌尿系统超声检查。

（月梅兰）

国家康复医院开展公益事业

公益项目患者与医院领导、专家合影　　赵晓明　摄

年内，国家康复辅具研究中心附属康复医院成立了由名誉院长秦泗河、公益骨科主任陈建文、胡新永组成的公益项目专家组，开展“福康工程”的肢体残障畸形手术矫治项目。专家组对公益患者的适应症筛查、诊疗方案、手术流程等各环节进行了精心策划和周密部署。全年共收治公益项目患者

157 人次，成功实施手术 198 例次。

（高峰）

部分卫生单位

首都医科大学附属北京同仁医院经济技术开发区院区

首都医科大学附属北京同仁医院经济技术开发区院区（简称同仁医院南区）2004 年 5 月 18 日开业。一期占地 5 万平方米，有 4 层门诊楼和 9 层病房楼，开设 560 张住院床位。二期规划面积 5 万平方米。同仁医院南区共有临床科室 31 个，眼科门诊、耳鼻喉科门诊、内科门诊、心血管门诊、普外科门诊、骨科门诊、肿瘤门诊、妇产科门诊、儿科门诊、发热门诊等特色专科，全方面满足患者综合治疗和保健。2012 年，120 急救站、社区医疗站、大兴区孕产妇救治中心相继成立，机构功能更加完善，同时实施设备升级，购进核磁共振机、碎石机及乳腺机等硬件设施投入使用，同时对急诊室、病理科、检验科、手术室、耳鼻喉治疗室等区域实施改造，且医生工作站投入运行，就医系统全面升级。在人禽流感病毒流行期间，同仁医院南区承担着北京东南区域基础医疗保障的重任，加大门、急诊医师力量，开设发热门诊，保障百姓的医疗安全。为应对一年一度的暑期就诊高峰，门、急诊采取应急措施，优化导诊服务流程，探索新的服务模式，优化预约挂号模式和流程，优化就诊环境和就诊流程。在院内外组织开展多种健康宣教活动。

（月梅兰）

首都医科大学附属北京同仁医院
经济技术开发区院区　院长助理 吴明营

国家康复辅具研究中心附属康复医院

国家康复医院外景　　赵晓明 摄

国家康复辅具研究中心附属康复医院（简称国家康复医院）位于开发区荣华中路 1 号。2011 年 11 月注册成立，开办资金 9500 万元。隶属于民政部国家康复辅具研究中心，是一所专门为残障人提供服务的新型科研和医疗康复机构，是市卫生局评定的二级康复医院，承担着周边社区医疗保障、康复辅具临床应用、民政对象服务保障、老年养护研究及公益项目实施等多项职能。有床位 150 张，职工 140 人。医院设有办公室、人事处、医务部、护政部、财务部、全科医疗科、内科、外科（包括矫形外科和公益骨科）、康复医学科、运动医学科、麻醉科、医学检验科、医学影像科。2012 年，医院在国家康复辅具研究中心的统一领导下，以“占领康复辅具临床应用的制高点”为目标，以“体现社会公益和民政服务民生”为宗旨，深入开展康复辅具临床应用研究，努力探讨“医工结合”的残障人康复新路子，着力打造神经康复、肢体矫形康复、康复辅具应用、康复辅具配置 4 大特色领域，积极开展残障人医疗康复工作。截至年底，收治住院患者 1239 人次，完成手术 512 例。

（高峰）

国家康复辅具研究中心附属康复医院　院长 王喜太

北京振国集团

北京振国集团贯彻以医疗为中心，以医院为重点的发展战略，注重医院管理和员工企业文化建设，医疗专家队伍建设和整体医疗服务水平逐步提升；加大新产品开发和市场营销投入，市场营销与管理机制运行良好，抗癌药市场销售稳步增长；各地彩丝带志愿者工作站积极组织彩丝带志愿者参加各项社会公益活动，彩丝带志愿者品牌和影响进一步扩大；细胞治疗取得突破性进展，通化、江苏生产基地生产能力和产品质量完全满足市场发展需求，振国长白山养生谷健康产业项目如期启动，市场前景良好。集团基本完成医疗与健康产业架构，为集团快速发展奠定良好基础。2012 年 4 月 10 日，北京振国中西医结合肿瘤医院参加“彩丝带志愿者走进全国百家村健康教育行工程”，对全国 300 多个癌症高发村进行肿瘤防治知识普及和肿瘤预防常识教育。12 月，北京振国中西医结合肿瘤医院获 2012 新浪健康年度盛典“最受网友信赖专科医院”，大兴区“光彩公益之星”，院长王振国获“北京市大兴区优秀中国特色社会主义事业建设者”“2012 年度改革创新优秀企业家”称号，王振国牌系列抗癌药入选 2012 年度影响世界的中国力量品牌 500 强。年内，振国集团向社区及敬老院免费发放由振国集团与社区生活报社联合出版的《社区生活报》5 万份，《社区生活报》贴近普通百姓生活，日常保健和防病知识内容丰富，深受广大群众喜爱。

（滕瑞群）

北京振国集团　董事长 王振国

体 育

概况

2012 年，开发区体育工作以《北京市全民健身实施计划（2011–2015）》和《北京经济技术开发区全民健身实施计划（2011–2015）》为指导，紧密围绕“科学推动区域全民健身体系建设”的中心工作，进一步完善全民健身体育设施网络，完成了开发区内健身路径设施更新、举办全民健身体育节等管委会年度“为民办实事”项目，为群众开展健身活动提供了有力的保障。开发区社发局获评“2010–2011 年度北京市救生工作优秀组织奖”，锦江富园大酒店游泳馆获评“2010–2011 年度北京市优秀场馆”。开发区体育中心承办北京第二实验小学怡海分校 2012 年体育节、赛特集团 2012 年职工运动会、奥腾思格玛科技发展有限公司趣味运动会、北京建工集团第五届职工运动会等多项运动赛事。

（郑浩）

开展体育数据统计工作

2 月 24 日，开发区社发局按照市体育局年度体育统计工作的总体要求，安排专人参加市体育局统计培训工作，全面整理和统计了区内体育事业 2011 年度工作经费、活动组织、人才培养等方面情况，形成了开发区 2011 年度体育工作统计报告，为下一年度工作计划的制定提供了科学的依据。

（郑浩）

加强场馆安全管理

年初，开发区体育中心认真贯彻管委会加强春节安全工作的部署，采取“定点布岗，定时巡查，全面防控，确保无险”的措施，做好春节期间的防火工作，杜绝火灾事故的发生。节前提前召开安全工作动员会，对节日期间各项工作进行安排部署，对全体工作人员进行了消防安全教育，做到“有所准备，防患于未然”。除夕当夜，中心领导亲自值班，带领中心义务消防队及时扑救因燃放烟花爆竹而引起的院外干树枯草火险2起，将火险苗头扑灭在初起阶段。

（张文海）

承办北京海关第十二届春季长跑比赛

4月13日，开发区体育中心承办的北京海关第十二届春季长跑比赛开幕式上，来自北京海关各处室、分关的80名员工表演了第九套广播体操，将开幕式推向高潮。此次比赛以“爱国、创新、奉献、诚信、厚德”为主旨，来自北京海关所属38个基层单位的1585名运动员参加了7项比赛。

（张文海）

中冶京诚举办第八届员工田径运动会

中冶京诚举办第八届员工运动会　　企业提供

4月20日，中冶京诚工程技术有限公司第八届员工田径运动会举行，中冶京诚公司所属20支联队3500余人参加。运动会除设置了田径项目外，还设立了动感颠球、同舟共济、摸石头过河等团体项目，1534名运动员参加87个项目比赛。该运动会由开发区体育中心承办。

（程芳）

举办开发区第八届职工足球友谊赛

5月3日，开发区第八届职工足球友谊赛开幕，有16个企业、单位的近340名队员参加开幕式，市足协、开发区总工会、开发区社发局领导出席。本次足球联赛共进行了32场比赛，松下电工队获得冠军，管委会机关队获亚军，航卫通用、德尔福分获三、四名。该比赛由开发区体育中心承办。

（张文海）

开发区运动会彩排暨誓师大会举行

5月16日，开发区参加中关村国家自主创新示范区第三届运动会彩排暨誓师大会。来自开发区11家企业、机关的450人组成11个展示方队和100名核心队员参加彩排。开发区管委会副主任、参赛组委会主任赵昕昕和组委会相关领导出席彩排活动。

（张文海）

组队参加中关村第三届示范区运动会

5月20日，开发区社发局组队参加由中关村管委会组织举办的中关村第三届示范区运动会。开发区派出160名运动员参赛，112人获奖，获得前8名的100人，占运动会所设项目奖项数量的27%。

（郑浩）

举办第六届和谐杯暨第九届全民健身节

5月26日，由社发局主办的“开发区第五届和谐杯乒乓球比赛暨第九届全民健身体育节开幕式活动”在中芯体育馆举行，开发区工委委员、管委会副主任王合生出席活动并宣布大赛开幕，31家单位代表队近200名男女运动员参加了区级比赛。

（郑浩）

举办开发区体质测试日活动

6月8日，开发区社发局主办的2012

年国民体质测试日活动在永康公寓举行。活动依托永康公寓社区体育健身俱乐部国民体质测试站开展工作，来自区内部分企业的文体专干和职工等 210 人，参加了体质测定和趣味拓展等活动项目。工作人员随机抽取 100 人进行体质情况分析，抽样合格率达 95%。

（郑浩）

承办北京奔驰第二届员工运动会

6 月 9 日，开发区北京奔驰汽车有限公司第二届员工运动会举行。北京奔驰、北汽集团、市国资委、市经济信息化委、市总工会和开发区管委会领导参加开幕式。北汽集团公司董事长徐和谊与北京奔驰总裁兼 CEO 戴斯分别致辞，北汽集团副总经理、北京奔驰高级执行副总裁蔡速平宣布运动会开幕。入场式上，来自北京奔驰汽车有限公司所属各部门、车间组成的 19 支代表队 8000 余名员工依次通过主席台，各代表队通过异彩纷呈的表演展示了北京奔驰人的风采。开幕式上，600 名职工表演的第九套广播体操将开幕式推向高潮。近 1000 名运动员参加本届运动会 47 个项目比赛。除田径项目外，运动会专设“同舟共济”“众志成城”等 8 个创意趣味项目，增加了职工的参与度。运动会上，中德员工表演足球比赛，成为运动会的亮点。该运动会由开发区体育中心承办。

（张文海）

组队参加北京市首届拔河比赛

7 月 13 日，开发区社发局组队参加由市体育局、市社会体育管理中心举办的北京市首届拔河比赛。来自开发区华联印刷、富士康、诺兰特等单位代表开发区与其他区县近 30 支队伍参加了男子 600 公斤比赛。华联印刷代表队获得大赛第七名。

（郑浩）

开展夏季游泳场馆减溺联查活动

7 月 26 日，开发区社发局联合大兴卫生监督所对区内营业的锦江富园大酒店游泳馆等区内游泳场馆开展联合检查工作。针对暑期“学生多、游泳人群增多”的特点，检查组对救生人员和游泳教练员配备、水质管理等方面做了重点检查，确保为群众提供安全、卫生、舒适的健身环境。

（郑浩）

举办全民健身日活动

8 月 7 日，由开发区社发局主办、体育中心承办开发区第九届全民健身体育节“全民健身日”健身项目展示活动举行。该项目活动以“我参与，我运动，我健康，我快乐”为主题，来自区内社区、公园、体育场地等晨晚练点 11 支健身队伍近 400 人展示了健身腰鼓、太极拳、健身气功、柔力球、太极扇、健身操、第九套广播体操等多个健身项目。

（郑浩）

承办三洋能源有限公司首届职工运动会

8 月 19 日，三洋能源（北京）有限公司第一届职工运动会举行。比赛有 300 余名运动员参加 17 个项目的比赛，除田径项目外，还设置了“慢骑自行车”“袋鼠跳”“摸石头过河”等趣味项目。三洋公司 2000 余名职工参加运动会。该运动会由开发区体育中心承办。

（张文海）

开展体育产业重点领域专项调查工作

8 月 24 日，开发区社发局组织召开 2012 年体育产业重点领域专项调查培训工作会。来自区内游泳馆、健身俱乐部等 20 余家经营单位负责人参加会议。会议部署了 8 月至 11 月期间的各项工作要求和内容，并对参会人员进行了统计报表填报培训。

（郑浩）

组队参加北京市健身气功比赛

8 月 28 日，郁金香社区博大公园健身气功站点和开发区体育中心健身气功站点代表开发区参加全国百城千村健身气功展示活动（北京会场）暨第四届北京市体育大会健身气功项目比赛。郁金香社区博大公园健身气功站点获健身气功大赛项目二等奖和导引养生功十二法三等奖，开发区体育中心健身气功站点获健身气功马王堆导引术三等奖，开发区社发局获市级优秀组织奖。

（郑浩）

组队参加北京市健身路径交流大会

8 月 29 日，开发区社发局组织区内 8 个社区近 40 位居民参加 2012 年北京市全民健身路径交流大会。3 支队伍获比赛三等奖。截至 7 月底，由开发区社发局在区内社区、公园、职工公寓区、厂区等投资建设的健身路径设施已达 25 处。

（郑浩）

举办市民篮球联赛

9 月 6 日，由开发区社发局主办北京市民篮球联赛开发区分赛区比赛在金风科技二期篮球馆开赛。本届比赛分男子青年组、男子中年组，区内 26 家企事业单位报名参赛。开发区管委会篮球队获得男子青年组冠军，天华园二里社区篮球队获得男子中年组冠军。

举办市民篮球联赛　　郑浩 摄

（郑浩）

举办第六届趣味运动会家庭趣味项目比赛

9 月 8 日，由开发区社发局主办的开发区第六届趣味运动会家庭趣味项目比赛在金风科技二期金风大学体育馆举行。来自区内 12 个社区和企业代表队 83 个家庭参加比赛。

举办第六届趣味运动会家庭趣味项目比赛　　郑浩 摄

（郑浩）

举办竞技拔河比赛

9 月 18 日，开发区首届竞技拔河比赛在金风科技一期总装车间举行。来自区内开拓热力、博大经开建设、安迅（北京）、富士康、博大经开置业、揖斐电、昭衍新药、博大世通物流等 9 家企业 110 名运动员参加了比赛。华联印刷夺得冠军。

（郑浩）

举办广播体操培训班

9月21日，开发区社发局主办的2012年度第九套广播体操培训班在开发区党群活动服务中心举行。来自区内社区、企业等35家单位80名文体骨干参加学习培训。

举办广播体操培训班 郑浩 摄

（郑浩）

开展游泳场馆安全管理能力综合评估工作

10月24~25日，开发区社发局组织开展开发区2012年度游泳场馆安全管理能力综合评估工作。相关专家就救生员救生能力和场馆安全生产管理能力进行了指导和评估。

（郑浩）

调研回龙观地区群众体育组织体系建设

10月26日，由开发区社发局、金风大学组成的工作组，对昌平区回龙观群众体育组织体系建设进行了调研。昌平区体育局、回龙观镇文体中心和回龙观超级足球联赛等部门相关领导参加座谈，并对开发区北京亦庄文化体育活动基地创建工作提出了宝贵的建议。

（郑浩）

体育中心进行一期改造工程

12月5日，体育中心一期改造工程开工。本次改造包括田径场、足球场翻新，增加足球场地照明等。在施工期间现有场所及周边活动场地将暂停对外开放。

（张文海）

召开安全生产培训工作会暨工作总结会

12月28日，开发区社发局召开2012年度体育文化广电项目经营单位安全生产培训工作会暨全年工作总结会。区内40余家体育、文化、广电项目经营单位负责人参会。参会单位与社会发展局签订了2013年度安全生产责任书。

（郑浩）

完善“15分钟”体育健身便民服务网络

年内，开发区社发局在社区、体育场、职工公寓区内更新全民健身工程10处117件；申报建设市级全民健身专项球类场地8片，累计投入资金80万元，其中E14数电园篮球场和乒乓球长廊等项目于年底建成。开发区社发局联合宣传部研究、出台了全市首个区域级的社会文体资源扶持管理办法，并经过严格评审，首家“北京亦庄文体活动基地”在金风科技公司金风大学体育馆挂牌成立。金风大学体育馆纳入开发区公共体育设施服务网络后，极大地拓展了开发区室内公共体育资源，新增了4200平方米的室内场地，涵盖游泳、篮球等6个室内体育项目。自10月起，金风大学文体活动基地每周定时段、定内容，免费向社会提供体育培训和体育场地服务，先后成功承办了2012年度开发区篮球联赛和开发区羽毛球联赛等两项区级赛事，累计参赛单位80余家，参赛人数近2000人。同时，以金风大学为依托，筹办了开发区篮球和羽毛球协会并定期开展活动。

（郑浩）

文 化

概况

2012 年，开发区社发局深入贯彻落实十八大精神，以开发区建设 20 周年为契机，以阵地建设、品牌活动、载体创新为核心，以开发区第五届文化艺术节为载体，积极推进公共文化大格局建设，在不断实践中努力打造亦庄文化品牌。全年开展卡拉 OK 大赛、舞蹈大赛、曲艺大赛、消夏广场演出等各类活动 14 项，落实送电影、送讲座、送演出进工地、进企业、进社区、进校园、进部队“三送五进”文化工程 378 场。其中送电影 280 场，送周末演出 12 场，开展健康、心理、礼仪等系列讲座 86 场，累计服务群众 6 万人次。

（王娜）

举办第十一届社会事业单位新春联谊会

1 月 6 日，开发区社发局举行以“创新服务筑和谐，深度融合促发展”为主旨的开发区第十一届社会事业单位新春联谊会。来自社区和企事业单位社会事业负责人 600 余人参加活动。

（王娜）

开展开发区建设 20 周年系列文化活动

6 月 25 日至 8 月 25 日，开发区社发局组织开展“庆祝北京经济技术开发区建设 20 周年系列文化活动”。系列文化活动包括舞蹈展演、曲艺大赛、书画摄影作品展等多项内容，活动历时 2 个月，有 400 多幅作品相继展出。5000 余人参与文化艺术节活动。

（王娜）

开发区文体活动基地挂牌

6 月 28 日，开发区社发局与开发区宣传部联合在高校创意总部基地、北京金风科创风电设备有限公司 2 家单位设立北京 · 亦庄文化（体育）活动基地。活动基地定期免费向群众开放场馆，为群众提供活动场地，实现文化阵地多元化形式。

（王娜）

举办开发区第五届文化艺术节

7 月 10 日，开发区社发局、宣传部、党群工作部、总工会 4 部门联手，在高校创意总部基地举办开发区第五届文化艺术节开幕式暨凝文化神韵建和谐新区合唱展演活动，来自企事业单位及社区的 15 支队伍展示了合唱节目。现场观众 800 余人。

（王娜）

举办卡拉 OK 比赛

7 月 20 日，开发区社发局在高校创意总部基地开展卡拉 OK 大赛总决赛。卡拉 OK 大赛有来自企事业单位的 1000 余名选手报名参赛。设一等奖 1 名，二等奖 2 名，三等奖 3 名。该活动从组织规模及参赛人员均为历届之首。

（王娜）

加大文体队伍扶持力度

7 月，开发区社发局与开发区宣传部制定《北京经济技术开发区群众性文化团队管理与扶持办法（暂行）》和《北京 · 亦庄文化（体育）活动基地管理办法（暂行）》。经评审，全年有 12 支文体队伍、2 个文体基地获批扶持资金 34 万元。

（王娜）

举办夏季文化演出

8月9日，开发区社发局邀请中国评剧院专业演员在“12平方公里”建筑工地现场，为建筑工人送去了一场消夏文化演出。吸引工地5000余人到现场观看。

（王娜）

社　区

概况

2012年，社区建设工作按照稳中求快进，创新大发展的工作要求，紧紧围绕和谐、奉献、创新、发展的服务理念，以抓好社区党支部和社区居委会换届选举工作为重点，以创建领导班子好、党员队伍好、工作机制好、工作业绩好、群众反映好的“五个好”社区党组织为龙头，以推进“干净、规范、服务、安全、健康、文化”六型社区建设为基础，以服务居民群众为目的，深化和创新社会管理模式，不断夯实基础，提升整体水平，奋力求进，促进了社区各项事业健康有序的发展。年内开展残疾人联谊和慰问活动。开展创建“五个好”社区党组织活动。

（王小会）

完成社区党支部和社区居委会换届工作

2月至6月，开发区社发局组织开展的开发区第八届社区党支部和社区居委会换届选举工作完成。6月8日，开发区7个社区党支部、8个社区居委会全部完成换届选举工作。选举产生基层党支部委员33名，党支部书记7名，选举产生居委会委员48名。

（王小会）

召开2012年社区建设大会

4月6~7日，开发区社发局召开2012年度社区建设工作会。开发区工委副书记贲勇，管委会副主任王合生出席会议并讲话。和谐社区创建领导小组各成员单位代表、社区共建单位代表、社区民警和全体专兼职社区工作者130余人参加会议。

（王小会）

召开建党91周年暨创先争优表彰大会

7月3日，开发区社区党总支召开庆祝建党91周年暨“创先争优”表彰大会。会议授予天宝园上海沙龙社区党支部、天宝园卡尔百丽社区党支部先进基层党组织荣誉称号；授予苏建玲等36人开发区社区“创先争优”优秀共产党员荣誉称号并颁发荣誉证书。先进基层党支部和优秀共产党员代表作典型发言，会议要求各社区党支部利用“七一”专刊，在社区宣传优秀党员和“党员示范岗”的先进事迹，把创先争优活动不断引向深入。开发区各社区党支部委员、居委会干部和部分党员代表共200多人参加了会议。

（王小会）

召开社区工作者培训会

8月7日，开发区社发局在博大大厦召开社区专兼职工作者培训会，8个社区和1个公寓社区服务站的70多名社区专兼职工作者参加了培训会。会议根据各社区实际的工作需求，邀请党群工作部、亦庄司法所和社发局卫生口负责人就党务基础知识、人民调解工作、公共卫生等内容做了专题培训。

（王小会）

2个社区设立联合党支部

8月20日，中芯花园及公寓社区服务

站联合党支部正式成立。中芯花园社区、永康公寓社区服务站的党员代表投票选举吴晓慧为党支部书记。该联合党支部的成立，实现了开发区社区党组织的全覆盖。开发区社发局、社区党总支、中芯国际党支部的有关负责人出席成立大会，中芯花园社区、永康公寓社区服务站的党员代表、积极分子30人参加会议。

（王小会）

林肯公园社区居委会筹备组成立

9月11日，林肯公园社区居委会筹备组成立并进驻林肯社区，为社区1092户居民提供服务。筹备组先后开展居民基本信息登记工作，组织社区志愿者治安巡逻，重阳节、春节慰问等，不断推进社区工作的深入开展。

（王小会）

公开招考社区工作者及社区工作志愿者

11月5日，开发区社发局会同社区工作者队伍建设领导小组成员单位，面向社会公开招考社区工作者和社区工作志愿者，121人报名参加社区工作者和社区工作志愿者。11月24日，组织符合条件的47人笔试。12月8日，社区工作者队伍建设领导小组各成员组成考官组，面试30名笔试成绩合格者。经过体检、考察和公示等程序，分别录用2名社区工作者和6名社区工作志愿者。

（王小会）

开展和谐社区创建和评估验收工作

年内，开发区社发局在认真总结历年开展和谐社区创建工作的基础上，以创建干净、规范、服务、安全、健康、文化的“六型”社区作为推动基层社会管理创新的重要内容，纳入开发区社区建设的总体计划。4月初，修订和下发了《北京经济技术开发区2012年度和谐社区创建工作方案》等文件，并启动2012年和谐社区创建活动。11月，和谐社区创建工作领导小组创新工作机制，成立了由社发局社区办干部、社区党总支成员、各社区居委会主任、公寓社区服务站负责人等共同组成的现场联查交流小组，形成承上启下、上下联动的三级评估体系。年底，开发区社区评选出五星级和谐社区2家，四星级和谐社区5家，三星级和谐社区1家。

（王小会）

公用事业

北京经济技术开发区年鉴 2013

BEIJING ECONOMIC-TECHNOLOGICAL DEVELOPMENT AREA YEARBOOK

综 述

2012年，开发区公用事业的各专业公司坚持为发展、创新服务，在能源供应、水务环保、公共交通、生存环境等方面作出了贡献。

亦庄供电公司全年完成售电量34.36亿千瓦时，同比增长19.60%。华润协鑫热电公司完成发电量6.96亿千瓦时，供蒸汽39.65万吨，供热水11.24万吉焦，供冷水3.04万吉焦。开拓热力公司供热面积达到1041万平方米，同比增长14%；蒸汽总销售量127万吨；高温热水产热量77.26万吉焦。

开发区水务系统推进污水处理厂提级改造和亦庄水厂建设，安全度过强降雨灾害天气。全年自来水用量2446.93万立方米，再生水量947.8598万立方米，污水处理量3456.6641万立方米。开发区水务局完成亦庄水厂建设模式调研分析报告，编制完成开发区东区水土保持规划，完成对污水处理和再生水生产监管等各项工作。

开发区新开通2条双向公交线路，全长共20千米。建设完成路东区F6S地块临时公交场站。开发区环卫保洁道路面积550多万平方米，人机结合的作业方式使整体环境清洁度有较大提升。开展了8个试点小区的垃圾分类工作，购置、更换部分保洁车辆和设备。完成企业文化园路灯改造，以及夜景亮丽项目一期工程。

亦庄电话局与各地同步启用中国联通185号段，客户可用于3G业务；基本完成光纤入户改造，光纤覆盖率达到95%以上；北京联通可为客户提供移动办公、政府执法、汽车信息化、检测监控等应用业务，提升信息化服务水平。华开有线电视网有限公司建设的HFC有线电视传输网络已覆盖开发区40多个居民小区、20多个工业园区，为3万多户居民和100多家企业提供有线电视节目信号，网络覆盖范围超过40平方千米；歌华有线开发区分公司继续推进数字化试点，在亦庄地区网络覆盖超过4.7万户。发放高清数字电视机顶盒5320台。

（王佳欣）

天然气

北京市燃气集团有限责任公司第四分公司

概况

2012年，北京市燃气集团有限责任公司第四分公司（简称燃气第四分公司）设有14个职能部门、9个下属机构，共有职工1019人，其中具有中高级职称的38人。管辖范围860平方千米，跨石景山区、海淀区、丰台区、西城区、通州区、大兴区、房山区、门头沟区。发展天然气用户153485户，公服用户1028户，采暖锅炉2448.31蒸吨，夏季负荷153.92蒸吨。辖区内共有天然气管线4202.18千米，调压站184座，调压箱3930座，闸井3706座，家庭用户140.03万户，公服用户5776户，采暖制冷用户1555户，生产用户127户，发电用户2户。10月，职工臧天威获2012年全国燃气行业职工岗位安全“五小”创新优秀成果二等奖。燃气第四分公司党委获北控集团先进基层党组织称号。

（董凤荣）

燃气第四分公司培训基地落成

5月22日，燃气第四分公司培训基地落成并举行揭牌仪式。培训基地占地面积432平方米，教室面积65平方米，实训场地面积180平方米。培训基地采用带压实际教学，承办北京市第三届职工技能大赛户检工、调压工初赛，参加人数190人；举办8次集中脱产培训和2次赛前封闭式培训；开展2012年管线工技术比武竞赛；举办第二届内训师培训班，邀请燃气学院专业师资对内训师队伍进行授课培训。

燃气第四分公司培训基地落成　企业提供

（董凤荣）

燃气集团成立首家社区服务中心

7月5日，北京燃气集团首家社区服务中心（5S店）——亦庄旗舰店举行落成启动仪式。社区服务中心定位于打造有形服务平台和建设具有综合服务窗口的基层班站，发挥搭建与政府社区的联络渠道、宣传企业形象打造燃气品牌、实现燃气综合服务功能、展示燃气行业高端引领的四个功能，推进“前店后站”的社区服务中心建设，延展服务领域的深度和广度，为市民提供燃气缴费报修等业务办理一站式服务。

首家社区服务中心（5S店）剪彩　王镝 摄

（董凤荣）

2个管理创新项目获奖

10月，燃气第四分公司推出的管理创

新项目《地下燃气管网泄漏抢修工作一体化管理》和《闸井智能监控系统的管理与应用》分获北京市第 27 届企业管理创新成果二等奖和三等奖。获奖项目是针对燃气管网泄漏抢修处置中缺乏有效的信息共享平台、管理环节梗阻、技术力量参差不齐、管网科技手段认知不够、抢修工作程序细节易丢项等诸多问题，提出修复意见及快速抢险处置优化方法，实行管网泄漏抢修工作一体化管理。

（董凤荣）

荣获全国行业模范班组荣誉

10 月 22 日，在 2012 年全国燃气行业安全班组评比中，燃气第四分公司运行维护四所大兴一班被评为全国 50 个燃气行业安全生产模范班组之一。燃气第四分公司荣获“集团级安全班组示范单位”称号。

（董凤荣）

北京市燃气集团有限责任公司第四分公司

总经理 宋景祥

北京华油联合燃气开发有限公司

概况

华油联合办公楼　　企业提供

2012 年，北京华油联合燃气开发有限公司（简称华油联合）总资产 3.4 亿元，有分公司 3 个（马驹桥分公司、门头沟分公司、昌平分公司）、全资子公司 1 个（齐河中石油昆仑燃气有限公司）、控股公司 1 个（绥中中石油昆仑燃气公司）；拥有场站 9 座，天然气管网 600 余千米，各类用户 10 万余户；年供气能力 17 亿立方米，年销气量 3.56 亿立方米；实现全年销售收入 7.47 亿元，税费总额 4212 万元；有员工 294 名，其中具有大专以上学历的占员工总数的 67%，具有中、高级以上职称的占员工总数的 18%。马驹桥分公司位于开发区，成立于 2003 年 3 月 19 日，负责开发区、大兴孙村开发区、通州马驹桥镇等地区的天然气供应任务。有员工 67 人，有用户 23000 余户，年供气能力达 15 亿立方米。

（侯明明）

北京华油联合燃气开发有限公司 总经理 房伟

北京北燃港华燃气有限公司

概况

2012 年，北京北燃港华燃气有限公司（简称北燃港华）围绕“抓安全、促服务、稳增长”的目标，以“一个窗口、两个规范、三个方针、四个保障”（一个窗口：客服中心；两个规范：制度规范、行为规范；三个方针：抓安全、促服务、稳增长；四个保障：人才、例会、考核、文化保障）为工作主线，天然气销售、利润总额等主要经营指标均超额完成年度计划，连续两年实现扭亏为盈。11 月 7 日，北燃港华首家客户中心在定海园小区正式开业，可为开发区 3600 余户居民提供 IC 卡充值、客户业务受理、销售紫荆燃具等服务项目。

（袁卫中）

北燃港华开展安全主题活动

北燃港华开展安全主题活动　　企业提供

4月25日至11月，北燃港华开展针对工商业客户的“燃气安全进企业”和针对民用户的“燃气安全进我家”等主题宣传培训活动，对33家工商业客户和2个居民小区住户进行培训。

（袁卫中）

组织管网泄漏抢修抢险应急演练

管网泄漏抢修抢险应急演练活动　　企业提供

8月30日，北燃港华组织管网泄漏抢修抢险应急演练活动。演练内容是燃气管线破裂后的应急抢修工作，以检验和提升应对突发事件的能力，为十八大安保工作奠定基础。北燃港华、消防支队、交通大队、北燃集团抢险大队70多人参加演练，共出动各类应急抢险车辆12辆、抢修抢险设备100余套。此项活动在开发区安监局、发改局、应急办指导下取得成功，锻炼了队伍，提高了防范技能。

（袁卫中）

确保燃气运营安全

年内，北燃港华继续优化调整管网运行结构，加大管网运行监控力度。参照QEO认证体系（质量、环境、职业健康安全目标）和HSE管理体系（环境及职业健康安全体系），编制和梳理公司运营服务管理体系。强化一线人员操作技能培训。加强班组建设，加大对一线班组建设管理的力度。完成全部管网泄漏检测和附属设施的维保工作；采取设立标识桩、标识牌、加大管网巡查密度等措施，全年施工配合项目共53个，没有发生任何损坏管网的事件。

（袁卫中）

提升客户服务质量

北燃港华“一站式”服务启动仪式　　企业提供

年内，北燃港华以“一个窗口”（客户中心）建设为着力点，采取召开客户服务会、成立客户中心、开展燃气安全知识宣传培训活动、启动报装工作“一站式”服务、组织工商业客户与民用户安检工作等5项措施，提升客户服务质量。针对特殊工商业客户加大安检密度，安检周期由每年1次改为每年2~3次，对工商业客户的安检率达到100%；完成民用户安检入户率87.7%，实现3年安检入户覆盖率100%；一级隐患整改率100%；天然气抢修、安检综合效益指数达到100%的目标，确保居民用气安全。

（袁卫中）

确保燃气工程质量

年内，北燃港华对材料准备、进场前安全教育、施工过程管理、第三方配合、整改、验收等环节进行严格控制，确保工程质量。启动报装工作“一站式”管理，客户只需到公司进行报装，公司全程管理，减轻客户前期的工作负担，降低工程费用。加强施工期间的安全监督检查，加强对施工现场质量、安全、环保及职业健康的控制，对现场材料码放、机具使用、人员劳保等进行重点监控，保证工程质量。加强施工监理工作，要求所有的燃气工程均聘请专业监理公司对施工现场进行全面管理，以保证施工质量。

（袁卫中）

培育企业文化

年内，北燃港华开展以“创新敬业、感恩有为、以诚相待”为核心内容的特色企业文化培育工作。继续开展“每月一本好书”推荐活动，成立读书会，组织员工每月阅读一本内容健康向上的图书。开展以体现公司企业文化、完善制度体系、强化执行力为主要内容的大讲堂活动。开展优质服务计划（SQS），成立6个SQS项目研究小组，员工参与率达到60%，有效推动服务质量的提升。开展团队拓展活动，强化员工的团队意识，培养奉献社会的公益心。

（袁卫中）

北京北燃港华燃气有限公司 总经理 刘晓刚

电 力

概况

2012年，国网北京市电力公司亦庄供电公司（简称亦庄供电公司）拥有职工103人。其中专科及以上学历89人，占86.4%；初级及以上职称79人，占76.7%；高级工及以上资格61人，占59.2%。地区所辖110千伏用户5户，1千伏至10千伏用户14223户，低压用户55243户；最大负荷达57.98万千瓦。地区售电量达34.36亿千瓦时，完成售电量分解指标的106.49%，同比增长19.67%；完成应收电费28.70亿元，电费回收率100%。供电可靠率累计99.9877%。实现全年无事故目标，累计安全生产长周期3076天。年内，亦庄供电公司获得首都文明单位、开发区文明单位、国家电网公司文明单位、北京市电力公司文明单位标兵、北京市电力公司先进基层党组织等称号。

（冯玉良）

开展营销业务

2月至9月，亦庄供电公司开始对开发区居民预付费大电量用户进行现场用电及表计核实，共查处50余户存在改变用电类别等问题。2月16日，正式启动全自动抄表核算。6月1日，配合应对国家发改委阶梯电价政策的实施，制定《卡表用户抢购电应急预案》《阶梯电价实施关键期值班工作方案》等制度，增开售电窗口。9月1日，预付电费账户及后付费电费账户整体上线一级账户。

（徐健泓）

“7·21”应急抢修

7月21~22日，亦庄供电公司完成北京特大暴雨应急抢修处置工作。抢修暴雨造成的10千伏线路掉闸故障4起，受理卡表报修10件。区内110千伏电网设备未发生电网故障，电网主网运行稳定。

（孙特）

开发区第一座智能化变电站建成

开发区第一座智能化变电站竣工发电　　孙特 摄

9月11日，亦庄供电公司完成开发区第一座智能化变电站泰河智能110千伏输变电工程。完成配网自动化主站、配网自动化厂站建设。完成配网自动化通道建设工程进度的81%。

（孙特）

回迁房项目配套电力设施建设工程竣工

“12平方公里”回迁房开闭站发电　　冯辉 摄

12月20日，亦庄供电公司实施的“12平方公里”回迁房项目配套电力设施建设工程竣工，包括3座开闭站、33座10千伏小区配电室、770面低压开关柜及近80千米电缆等设施。

（徐健弘）

亦庄供电公司加大电网建设

年内，亦庄供电公司加大电网建设力度。截至年底，亦庄辖区内有220千伏变电站3座，公司管辖的110千伏变电站9座，总容量1156兆伏安；10千伏开闭站25座，配电室92座，站室配变容量161300千伏安；10千伏电缆线路515路，全长878.79千米；10千伏架空线路14路，全长95.01千米；380伏低压电缆911路，全长176.67千米。

（孙特）

做好报修服务工作

亦庄供电公司服务队为残疾孤寡老人换灯　　冯辉 摄

年内，亦庄供电公司开展国家电网首都共产党员服务队“六进三送”（进社区、进机关、进企业、进学校、进医院、进乡村，送亲情服务、送阳光服务、送增值服务）系列活动，在6个社区开展用电咨询服务，在贵园南里小区等地设立9个共产党员服务站，免费为残疾人家庭和孤寡老人家庭进行低压电路和节能灯具改造。全年受理新装增容报装139户，容量30.4万千伏安；完成接电82户，接电容量33万千伏安；办理报修1212次，修改卡1177件；开展现场抢修845次，更换故障表406具，夜间应急送电卡17次。对区内卡表用户进行现场核抄32171户次，为居民安装智能电表2.8万具。在卡表服务工作中，日均办理业务100件，做到零超时、零投诉，连续7年“零责任”投诉。

（徐健弘）

国网北京市电力公司亦庄供电公司　经理 阎游

热力

概况

2012 年，北京博大开拓热力有限公司（简称开拓热力）开展为民服务达标创优活动，推进企业文化、安全文化建设，开展 CIS 企业形象建设、现场 7S 管理，梳理、优化管理结构，以提升管理水平。截至年底，开拓热力供热面积达到 1041 万平方米，比上年增长 14%；蒸汽总产量 153.466 万吨，总销售量 127 万吨；高温热水产热量 77.26 万吉焦；居民收费率 90%、工业收费率 98%；营业收入 33208.27 万元，完成年计划的 100.63%，比上年增长 23%。全年完成 82 项检修工作。开拓热力员工总数达到 437 人，其中具有初、中、高级职称人数达到 32 人，注册安全工程师 5 人。开拓热力获“北京市 2009-2012 年度供热优秀单位”“首都文明单位”称号，获大兴区“创先争优先进基层党组织”称号，成为北京市安全生产协会会员单位和中国特种设备安全与节能促进会会员单位。

（董迪）

全面启动内部审计

1 月，开拓热力全面启动内部审计工作。制定了内部审计管理办法、确定了内部审计流程及2012年内部审计工作重点，制定了公司年度审计计划。全年共开展年度专项审计 3 项，跟踪审计 23 项，提出 6 项审计建议。未发现违法违规问题。

（王宁）

一号热源厂完成煤改气工程

一号热源厂正式并网运行　　王宁 摄

1 月，一号热源厂完成煤改气工程，正式并网运行。包括 4 台 35 吨锅炉、2 台 10 吨锅炉、生活热水、采暖、制冷、水处理设备。一号热源厂全年共产出蒸汽 62881 吨。

（王宁）

完成冬季供热供汽

1 月至 3 月，开拓热力冬运产汽 90.68 万吨；产热 71.66 万吉焦，比上年增长 31.59%。10 月至 12 月冬运产汽 62.79 万吨，高温热水 20.69 万吉焦。区域锅炉房的单位面积耗气量控制指标为 9 立方米 / 平方米，远高于北京市的最好水平。

（王宁）

开展换热站开放日活动

2 月 28 日，开拓热力开展换热站开放日活动。邀请开发区小区办有关领导、天华园居委会主任和 12 名小区居民代表到博客雅居和天宝家园换热站参观，了解换热站的运行情况；解答居民代表提出的问题。

（王宁）

推进客户服务年活动

3 月，开拓热力对用户的用热情况进行摸底调查。针对问题用户、关键部位提前预防，并建立电子台账，维修、销售人员制定应急预案，缩短解决问题的时间，提升用户服务水平；制作供热小常识的宣传漫画，张贴到各个小区，普及供热知识；将收费系统、客户呼叫系统、调度派单系统集合在一起，搭建信息平台；加强对客户的回访工作，公司客服人员遵守回访的“一个避免、三个必保”规范，即避免在客户休息时打扰客户、必须保证重点客户的100%的回访、必须保证回访信息的完整记录、必须保证在两天内回访。公司保证用户回访率达到100%，全年满意率达到99.1%。

（王宁）

召开首届董事会

开拓热力首届董事会召开　　企业提供

6月21日，开拓热力召开公司改制后的首次董事会。会议研究并选举出董事长、任命了总经理，通过了2012年度工作计划等文件。

（王宁）

应对“7·21”特大暴雨灾害

“7·21”抢险　　李斌 摄

7月21日，北京遭遇特大暴雨灾害，开拓热力提前部署，仅用16个小时就完成排险，基本恢复了区内用户的正常用热，没有造成任何生产事故、人员伤亡和机器设备故障。

（王宁）

无人值守换热站改造试点

9月至10月，开拓热力把金泰公寓作为汽—水无人值守换热站改造试点。通过改造，提高专业工程师的技术能力，使其掌握了换热站安全节能的控制逻辑，控制器的选择、数据传输及视频传输等的设置问题，服务器端组态软件的程序编写等，在一定程度上实现了热能按需分配，减少能源浪费。改变了传统的靠人管理和操作的热力系统管理模式，实现了换热站管理现代化。

（王宁）

接收南部区N5锅炉房

接收南部N5锅炉房　　徐丽霞 摄

11月，开拓热力正式接收南部区N5地块锅炉房，为包括北汽李尔、长春汽车等知名企业在内的开发区“12平方公里”地区企业用户提供热源，供热面积33590平方米，采用供热计量模式，按照用热量收费。

（王宁）

五号热源厂获市标杆锅炉房称号

12月，在由市质监局、北京特检中心、

北京特设协会联合组织的安全与节能管理标杆锅炉房评选中，开拓热力五号热源厂获北京市安全与节能管理标杆锅炉房称号。至此，开拓热力有二号、三号、五号 3 个厂获此殊荣。

（王宁）

修订内控手册

年内，开拓热力对公司内控手册进行全面修订，梳理并规范业务流程 67 项，涉及 10 个专业，重新评估了管理风险控制点，公司的经营管理水平得到提高。

（王宁）

控制生产成本

年内，开拓热力细化预算指标，定期跟踪分析，严格控制生产单位能耗，蒸汽综合生产能耗控制在 113 千克标煤/吨汽，同比下降 1%；蒸汽输送管网热损失率为 22%，同比下降 1%；变电室外包，节约并降低人工成本；加装节能设施，降低能源消耗；控制物资储备量，提高存货周转率，减少资金浪费；加强设备检修，延长设备使用寿命，提高资产利用率。

（王宁）

推进 CIS 系统建设

CIS 设计吉祥物　　企业提供

年内，开拓热力开展 CIS 体系建设。这标志着开拓热力在规范生产和服务行为，树立品牌服务形象，提升公司公众知名度方面向前迈进了一大步，使年初提出的外抓服务树形象工作得到进一步落实。

（王宁）

推进安全文化建设

年内，开拓热力推进安全文化建设工作。开展了现场安全管理可视化，对作业现场危险因素进行辨识，以视觉信号为手段，使员工直接就可获取现场安全信息，简化安全管理过程，避免发生安全生产事故。同时通过健康饮食安全月、健康长走等活动，把保护员工身心健康和生命安全的工作延伸到 8 小时以外。组织编制《8 小时以外安全》手册，进而更好地维护员工的生命健康。实现了零事故工作目标，形成以人为本、安全发展的核心理念，营造出良好的安全文化建设氛围，推进北京市安全文化示范企业申报工作。

（王宁）

班组推行 7S 管理

年内，开拓热力在公司各班组全面推行 7S 管理，即整理、整顿、清洁、清扫、素养、安全、节约，提高班组管理水平。7S 管理有效促进了公司在生产经营活动中的现场管理，既减少了浪费、保障了安全，又提高了工作效率，培养了一批管理型一线员工。

（王宁）

完成热计量改造准备工作

年内，开拓热力对开发区内卡尔生活馆、上海沙龙、听涛雅苑、一品亦庄、东晶国际、大雄花园、鹿鸣苑、博客雅居等 15 个小区进行实地调研，编写出《推进热计量改造综合工作思路》。组织技术人员到顺义区、通州区已经进行热计量改造的部分小区现场参观学习，了解相关技术及部分表商的产品质量，为稳步推进热计量改造作准备。

（王宁）

数据远传系统升级改造

年内，开拓热力对数据远传系统进行升级改造，完成生物医药产业园、数码产业园、朝林大厦A、朝林大厦B、锋创、凯恩帝数控、长春汽车、国家电网、京东方8.5代线等27个用户通讯装置的安装工作，提高了系统运行的稳定性、可靠性，保证了前端采集设备的稳定可靠运行，方便了公司的日常运行管理及数据分析等。

（王宁）

开拓外部市场

年内，开拓热力在开发区总公司系统外新签订合同17项。其中，高温热水新用户4户，新增供热面积12.78万平方米；蒸汽新用户13户，新增供热面积41.7万平方米；为公司增加营业收入312.98万元。对外承接用户仪表安装业务，创收270万元；对外承接用户安装供热设施改造、管道系统改造等业务，增收7万元；合计创收277万元。

（王宁）

北京博大开拓热力有限公司　董事长　白　文
总经理　李树栋

热　电

概况

2012年，华润协鑫（北京）热电有限公司（简称华润协鑫）采取检修运行一体化管理体系，推进安全生产标准化达标创建工作。全年完成发电量6.96亿千瓦时，供蒸汽39.65万吨，供热水11.24万吉焦，供冷水3.04万吉焦。有员工61人。公司获得市发展改革委颁发的“十八大电力保障先进单位”称号。

华润协鑫是2001年经国家发展计划委员会批准建设的，属清洁能源领域，总装机容量为15万千瓦。2010年，项目通过技改实现发电、蒸汽、热水、制冷“四联供”，成为典型的分布式能源项目，为开发区核心工业区提供综合能源配套服务。项目年供电量为8亿~10亿千瓦时，年供蒸汽量为50万吨以上，具有每小时300吨热水和3000冷吨冷水的供应能力。

（蔡红健）

“四联供”模式向全国推广

财政部和能源局领导现场调研　谭艳　摄

6月6日，由财政部组织的全国分布式能源的发展及示范项目现场调研会在华润协鑫召开。会议确定向全国分布式能源协会推荐以华润协鑫电力、蒸汽、热水、制冷“四联供”为模型的分布式能源项目建设。能源局有关专家参加调研会。

（蔡红健）

开展环保宣传活动

6月11日，在第22个全国节能宣传

周之际，华润协鑫开展以“节能低碳，绿色发展”为主题的环保宣传活动。全体员工参加了“节能低碳、人人参与、绿色发展、人人有责”环保签名活动。

（蔡红健）

通过安全性评价达标复查

8月12~19日，华润协鑫的安全性评价达标工作通过华润电力控股有限公司组织的专家复查，评价得分率达到85.87%。在上年完成安全性评价达标检查的基础上，华润协鑫根据安全性评价工作标准及整改要求，结合年度检修计划及技改技措计划，推进安全性评价达标整改工作，提高了安全生产水平。

（蔡红健）

接待美国州政府议长代表团参观考察

美国州政府议长代表团参观考察　谭艳 摄

11月12日，美国州政府议长代表团一行7人到华润协鑫参观考察。代表团一行高度评价了华润协鑫“四联供”的运营模式，并表示愿意进一步推动中美在清洁能源项目上的合作，尤其是新能源技术方面的交流。

（蔡红健）

华润协鑫（北京）热电有限公司 总经理 王东

水　务

概况

2012年，开发区水务局2012年推进污水处理厂提级改造、亦庄水厂建设等重点工作，平稳安全度过“6·9”“7·21”等强降雨天气。全年自来水用量2446.93万立方米，再生水量947.8598万立方米，污水处理量3456.6641万立方米。完成亦庄水厂建设模式调研分析报告；完成康宁二期项目水资源论证；解决通州物流基地接入东区污水处理厂的问题；对开发区污水处理厂和再生水厂进行监管；协助开发区发改局编制完成再生水价格综合配套改革初步方案；配合完成2012年度开发区污水处理费绩效评估等。

（蔡needs）

组织防汛工作

7月，开发区水务局出动抢险人员876人次，抢险车辆90车次，抽水泵86台次，发电机30台次和相应防汛物资，经受了“7·21”特大暴雨的考验，全区无重大事故发生。

（蔡雳）

完成河道养护

年内，开发区水务局完成凉水河、新凤河、大羊坊沟的养护工作。针对“7·21”暴雨的情况，加强河道闸坝管理，保障极端气候下设备正常运行。截至年底，凉水河养护费用仍在和市水务局协商，新凤河上半年养护费已支付，大羊坊沟全年养护费已支付。

（蔡雳）

组织污水监测

年内，开发区水务局委托市排水监测总站开展的开发区污水监测项目。完成并通过验收。该项目主要对污水管网、水环境、重点排水大户、污水处理厂和再生水厂进行监测，建立污水数据数字化系统，对重点排水企业进行监控，形成点面结合的监测体系。

（蔡雳）

开展水务普查和污水来源调查

年内，开发区水务局配合大兴区水务普查办公室。完成开发区内工业用户水务普查工作，在上年工作的基础上补充工业总产值等数据。通过市自来水集团和亦庄镇，完成开发区及三羊居住区、亦庄工业园等区域2011–2012年各月用水量调查。针对开发区污水处理厂水量接近满负荷运行状况，开展了污水处理厂的污水来源及水量调研工作。

（蔡雳）

水务工程建设

年内，开发区水务局配合开发区发改局完成经开路东两座污水处理厂提级改造先行试点，各项招投标工作，8 月，该工程已经开始施工。提级工程完工后，排水主要指标将达到四类水体的要求，大大提高排水水质，改善凉水河的水环境。配合建发局完成亦庄水厂主体工程及配套管线的建设调研。

（蔡雳）

自来水

概况

2012 年，北京市自来水集团禹通市政工程有限公司亦庄管理所（简称自来水公司亦庄管理所）有在册职工 25 人。为完成节假日供水保障任务，全年共出动人员 260 人次、车辆 208 辆次。自来水公司亦庄管理所隶属于北京市自来水集团禹通市政工程有限公司，其前身是组建于 1992 年的开发区水气热公司，主要负责应对自来水管网突发事故及供水管网维修抢修，确保供水管网的安全稳定运行。1996 年，北京市自来水集团亦庄管理所成立。2001 年，北京市自来水集团禹通市政工程有限公司亦庄管理所成立。

（张然）

加强安全生产管理

1 月，自来水公司亦庄管理所全体职工签订《交通安全责任书》。13 人考取地下有限空间作业特种作业操作证。购置由英国 GMI 公司生产的四合一泵吸式气体检测仪 6 台，用于检测有限空间可能存在的危害因素，同时根据检测结果对作业环境危害状态进行评估，有效防止和控制中毒窒息等生产安全事故的发生。12 月 31 日，与天华路派出所签署《北京经济技术开发区消防安全重点单位可燃物清理工作责任状》《2013 年度北京市消防安全重点单位烟花爆竹安全管理责任状》。

（张然）

三羊五期东室外低压给水工程竣工

3月31日，自来水公司亦庄管理所承建的开发区三羊居住区五期东室外低压给水工程竣工。工程于2010年9月10日开工，共安装球墨铸铁管DN200×716米、DN150×482.5米、DN100×48.5米，新安装水表DN40×68块（其中高压表17块）、DN15×4块，砌筑小水表井55座（其中5座为一井双表）。新安装消火栓16个，砌筑消火栓井7座。新安装闸门DN150×2个、DN100×2个，砌筑闸门井4座。2011年11月24日，该工程的固定资产移交给北京市自来水集团管网管理分公司统一维护管理。

（张然）

完成博兴南路DN600上水工程

8月10日，自来水公司亦庄管理所承建的开发区博兴南路DN600上水工程（南区三街起至南区北街止）竣工。工程于2011年2月20日开工建设，共安装球墨铸铁管DN600×1211米、DN400×215米、DN300×100米、DN200×398米、DN150×6米。新安装蝶阀DN600×3个、DN400×4个。新安装消火栓11个。新安装闸门DN300×2个、DN200×12个、DN150×1个。新安装排气门DN80×7个。砌筑蝶阀井19座、消火栓井11座、闸门井3座、测压测流井4座、排气门井7座。11月5日，该工程的固定资产移交给北京市自来水集团管网管理分公司统一维护管理。

（张然）

开展十八大涉会企业应急保障

8月29日，自来水公司亦庄管理所开展十八大涉会企业内部火灾防控工作。9月12日，组织了十八大保障安全隐患排查整治专项行动。10月29日，到涉会企业检查外部管网、内部管线，并制定《供水保驾预案》。11月1~18日，对涉会企业进行了重点时段的巡视工作。

（张然）

君安国际项目室外低压给水工程竣工

11月2日，自来水公司亦庄管理所承建的开发区君安国际项目室外低压给水工程竣工。工程于2011年11月25日开工，共安装球墨铸铁管DN200×966米、DN100×97米，新安装水表DN150×1块、DN100×1块、DN75×3块、DN50×1块、DN25×4块、DN40×52块（其中二级表46块），砌筑大表井5座小水表井11座。新安装消火栓6个，砌筑消火栓井6座。新安装闸门DN200×5个、DN100×2个、DN75×1个，砌筑闸门井8座。12月17日，该工程的固定资产移交给北京市自来水集团管网管理分公司统一维护管理。

（张然）

完成回迁房室外低压给水工程

11月5日，自来水公司亦庄管理所承建的开发区“12平方公里”回迁房项目室外低压给水工程竣工并交付使用。回迁房项目总建筑面积220万平方米、160栋住宅楼，解决18个自然村、5000多户村民的回迁住房。工程于7月25日开工，共安装球墨铸铁管DN200×6734米、DN150×2968米、DN100×8043米，砌筑井室882座。

（张然）

开展报装工作

年内，自来水公司亦庄管理所接待

入区企业用水咨询40户，代用户报装35户，完成安装35户，管线完成长度为：DN15×108米、DN20×108米、DN25×72米、DN40×1096米、DN75×89米、DN100×2170米、DN150×1005米、DN200×2813米、DN300×84米、DN400×370米、DN600×1330米。

（张然）

做好维修工作

年内，自来水公司亦庄管理所零活修理完成122处；更换DN100以下阀门104座；更换水表45只；修漏11处，其中DN75以下7处、DN100×2处、DN150×1处、DN600×1处；更换井圈井盖16套、井盖13个；装砌井9座；处理水压、水质等用水问题53起；共出勤159人次，车辆53辆次。

（张然）

北京市自来水集团禹通市政工程有限公司
亦庄管理所 负责人 李巍

污水处理和回用

概况

2012年，北京博大水务有限公司（简称博大水务）专注于再生水生产、城市污水处理等环保领域投资及运行管理。对开发区区域内污水处理、再生水生产、再生水推广和利用、源水输送等业务进行重组，实现水务产业一体化的经营模式。公司控股、参股和运行的水务项目包括经开再生水厂、经开污水处理厂、东区污水处理厂、东区再生水厂、碧水源博大水务科技有限公司、核心区再生水管网、东区再生水管网，共拥有10万吨/日的污水处理能力，6万吨/日的再生水生产能力和10万吨的输配能力，市政设施服务面积覆盖开发区。

（石晔）

通过高新技术企业认证

12月，博大水务通过市科委、财政局、国税局、地税局高新技术企业认证，获得《高新技术企业证书》；被中关村科技园区管理委员会确认为中关村高新技术企业。博大水务一直致力于推进科技创新工作，建设“产学研”联盟，在污水处理和再生技术方面形成了企业核心自主知识产权。

（石晔）

生产再生水948万吨

年内，博大水务运营的2座再生水厂采用双膜法（微滤＋反渗透）工艺，对污水进行深度处理，生产高品质工业用再生水。全年共生产再生水948万吨，是上年的2倍；再生水约占开发区总供水量的37%，比上年提高17%，已经成为开发区工业企业的“第二水源”。

（石晔）

污水处理3547万吨

开发区东区污水处理厂 宋雪苍 摄

年内，博大水务直接运营的东区污水处理厂负责处理开发区东区的全部工业废水和生活污水以及河西区部分污水，全年共处理污水1658万吨。博大水务参股运营的经开污水处理厂，负责处理核心区全部工业废水、生活污水和河西区部分污水，全年共处理污水1889万吨。两座污水处理厂全年共处理污水3547万吨，开发区污水处理率达到100%。

（石晔）

为京东方8.5代线稳定供水

年内，东区再生水厂为京东方科技集团股份有限公司8.5代薄膜晶体管液晶显示器项目提供高品质再生水631万吨，日均1.7万吨，比上年增加0.4万吨。京东方8.5代线项目是北京市投资最大的电子工业项目，生产用水全部使用再生水，在国内尚属首例。

（石晔）

市政交通建设

开通2条公交双向线路

12月30日，开发区新开通两条双向公交线路。开通523路公交线路，从科创十六街至宏达中路，线路长度10.5千米；运营时间：科创十六街5:30~22:30，宏达中路6:00~23:00；执行单一票制，无人售票，方便了开发区路东区经海路、核心区荣京东街沿线居民、公司员工的交通出行。开通580路公交线路，从泰河一街西口至开发区交通服务中心，线路长度10千米；运营时间：泰河一街西口5:30~22:30，开发区交通服务中心6:00~23:00；执行单一票制，无人售票，方便了开发区核心区宏达南路、河西区博兴三路、凉水河二街沿线工厂员工、“12平方公里”搬迁房回迁居民、学生客流的交通出行。

（高新伟）

F6S地块临时公交场站建成

12月，开发区市政局完成开发区路东区F6S地块临时公交场站建设，建设面积5000平方米，建筑面积100平方米。

（高新伟）

完善夜景亮丽工程

年内，开发区市政局完成企业文化园路灯改造和夜景亮丽项目一期工程建设并正式运行，研究制定开发区夜景亮丽设施保养维护方案。

（王佳欣）

市政设施改善

年内，开发区市政局完成公租自行车项目一期工程验收；启动13号、20号区间路中修工程，完成起点段东侧两个路口之间的步道拆除、步道新建、路缘石砌筑工作；完成河西区“12平方公里”周边市政设施养护移交准备工作。

（王佳欣）

邮　政

概况

开发区邮电支局服务大厅　　蔡申　摄

2012年，北京经济技术开发区邮电支局（简称开发区邮电支局）开展了数据库商函、形象期刊、邮政贺卡、个性化邮票、定向邮册、缴费一站通、国际小包、航空客票等8项特色业务。该局设有营业部等4个部门，1个邮电所（天宝园邮电所），共有职工36名。

（蔡申）

开展专项营销

年内，开发区邮电支局营销团队成功开发同仁堂健康药业股份有限公司数据库商函项目、无限讯奇公司邮资封片卡项目、亦庄镇政府个性化邮票、定向邮册项目等。

（蔡申）

提升服务质量

开发区邮电支局开展业务练兵　蔡申　摄

年内，开发区邮电支局推行“4+1”管理模块，即对支局的营业部、营销部、后勤部、综合部4个部门和1个邮电所，明确管理责任，完善管理制度，加强对日常工作流程的现场监控，按照管理模块要求做好工作记录。南区邮电局继续开展“为民服务，创先争优”活动，坚持“用户是亲人”的服务理念，通过窗口优质服务，为确保邮件时限提供有力保障，营造出人人参与的活动氛围。

（蔡申）

开展主题实践活动

年内，开发区邮电支局开展“立足开发区，贯彻转方式、调结构、增效益方针，促优质高效业务发展”的主题实践活动。通过主题实践活动的开展，支局全体党员全部实现自己的承诺，完成了各项任务。

（蔡申）

北京经济技术开发区邮电支局　支局长　桑柏青

电　信

概况

2012年，中国联合网络通信有限公司北京市七区分公司亦庄分局（简称亦庄电话局）提供电信全业务经营，固定电话包括普通直拨、可视电话、ISDN（2B+D，30B+D）、小交换机中继线、虚拟网、DID等，移动电话（GSM、3G），小灵通，宽带上网（有线、无线），神眼（视频监控），互联网专线，基础数据，网元出租，IDC（互联网数据中心），ICT，电话会议，广告传媒，卡类产品（充值卡、IP卡、201卡），同城移机不改号、话费详单查询等业务。9月21日，亦庄电话局与中国联通各地营业厅同步启用185号段，客户可以使用本号段用于中国联通3G业务。12月14日，亦庄电话局与各地同步发售Iphone5合约终端，并启用185~3G号段。

（于翔）

提供6项行业应用业务

3月，北京联通为客户提供移动办公（指

客户通过移动终端，访问内部办公信息化应用系统）、政府执法（指政府客户通过移动终端访问各类内部执法系统，实现移动执法、高效执法、阳光执法，提高政务工作水平）、汽车信息化（指中国联通汽车信息化应用，以及客运、物流等车队管理）、检测监控（指通过中国联通实现相关场所和设施的监测监控）、专用上网卡（无线 POS、3G 路由器、掌上物流、移动媒体、保险查勘等）、统一通信（可利用现有固定电话通过联网电脑实现短信发送、接收功能，方便实用）等 6 项行业应用业务，以提升为企、事业单位信息化服务水平。

（于翔）

基本完成光纤入户改造

4 月，亦庄电话局实施光纤入户改造。改造后的住宅客户可以享受 2M（兆）免费升至 10M、4M 免费升到 20M、宽带包年可获得减免固话月租费、赠送通话时长等优惠。截至年底，完成 3200 户光纤入户改造。至此，北京联通亦庄电话局基本完成光纤入小区的整体布局，共计 55 个小区，光纤覆盖率达到 95% 以上。

（于翔）

推出 3G 极速上网卡

6 月，针对北京本地无线上网卡用户在本地使用较多、漫游使用较少的状况，中国联通推出 3G 极速上网卡产品，开放上网和短信功能，开放 HSPA+ 功能，下行峰值速率最高可达 21Mbps.50 元 / 月，含 2GB 本地流量和 600MB 全国流量（不含台港澳）。中国联通已有两种 3G 上网卡产品：21M 无线上网卡与 3G 极速上网卡。

（于翔）

为企业提供超级热线服务

12 月，北京联通为企业客户提供综合性语音增值服务，以满足其在营销、服务过程中管理呼入、呼出电话的需求。企业客户只需在其原固话号码上申请开通超级热线功能，即可实现 IVR 语音导航、通话录音、座席弹屏、CRM、统计分析等多种增值功能，从而使企业客户使用的北京联通固话升级为呼叫中心。超级热线包括“电话版”和“座席版”2 种版本。

（于翔）

中国联合通信网络有限公司北京市七区分公司

亦庄分局 局长 张运森

有线电视

概况

2012 年，北京华开有线电视网有限公司（简称华开有线）负责开发区范围内建设、运营有线电视传输网络。建设的 HFC 有线电视传输网络已覆盖开发区 40 多个居民小区、20 多个工业园区，全网线缆铺设里程上千千米、接收端口总数量近 10 万个；为 3 万多户居民和 100 多家驻区企业提供有线电视节目信号，网络覆盖范围超过 40 平方千米。年内，华开有线公司为开发区居民户免费发放高清交互机顶盒 2000 余台；传输多套高清电视节目，并提供 40 套电视节目的时移互动服务。截至年底，累计向开发区居民、企业用户发放标清、高清数字电视机顶盒合计 2.2 万余台，同时在网传输 100 多套电视节目信号。

2012年，北京歌华有线电视网络股份有限公司经济技术开发区分公司（简称歌华有线开发区分公司）继续推进开发区有线电视用户数字化试点工作，发放高清数字电视机顶盒5320台，开发区新增歌华有线用户超过4000户。截至年底，歌华有线开发区分公司在亦庄地区网络覆盖超过4.7万户，覆盖范围包括核心区、核心西区、开发区东区、鹿海园地区4大区域，与朝阳区、丰台区、通州区、大兴区有线网络实现了无缝对接、资源共享。作为北京市三网融合（即视频、数据、语音业务三网融合）的唯一广电试点企业，歌华公司以有线、无线、移动应用领域为拓展空间，不断创新面向政府、行业、企业、家庭、个人的跨平台、跨网络、跨终端新业态，实现由单一有线电视传输商向全业务综合服务提供商、由传统媒介向新型媒体战略转型。视频（高/标清）点播、时移回看、网络教育、在线支付、可视交互、时讯浏览等互动功能，使用户享受到从标清到高清、从单向到双向、从看电视到用电视的新体验。在“7·21”特大自然灾害中，歌华有线参与灾区有线电视设施重建恢复工作，短时间内恢复有线电视信号。多名员工被评为市抗击“7·21”特大自然灾害先进个人。11月，歌华有线完成党的十八大期间安全传输保障工作。

（侯雪辉　席志斌）

华开有线推广有线宽带

年内，华开有线在开发区的7个居民小区继续开展CABLE宽带上网业务，为居民提供2M、4M、10M新增速率的宽带接入服务，发展个人宽带用户3000多户，有效降低了宽带资费价格。7个居民小区的平均宽带入户接入率超过20%。

（席志斌　王超）

华开有线开通公益广告

年内，华开有线继续为驻区企业、政府部门、学校、幼儿园等减免有线电视收视费用。为开发区消防支队开通有线电视网络端口100余个，免收服务费用。免费为公安分局、消防支队等单位播放机顶盒开机公益广告，广告内容推送覆盖全区，全年持续免费播放时间达到1个月以上。

（席志斌　王超）

华开有线探索三网融合

年内，华开有线在开发区有线电视传输网内与博大网信公司、北京电信南区分公司、中国联通公司亦庄分公司等单位进行了多种传输试验。先后开展了单根CABLE同轴电缆承载话音、20M数据和电视信号的共缆传输，单光纤入户后采用波分复用承载数据网、电视网业务两种入户承载类型试验；与Home Plug Powerline Alliance(家庭电力线网络联盟）共同在开发区有线电视网络内进行Homeplug AV短距离传输技术试验，在家庭内部的短距离电力线上构筑高质量、传输多路媒体流、面向大数据的网络，用于传输视音频数据，满足家庭数字多媒体传输的需要。针对国内三网融合业务新的发展趋势，华开有线正在进行商务模式探索和技术方案的储备。

（席志斌　王超）

歌华有线提升服务质量

年内，歌华有线开展服务质量建设年活动。歌华有线开发区营业厅作为公司的窗口形象，执行总公司的《营业厅服务管理体系（V3.0）》要求，落实值班经理制、首问负责制等制度，得到市、区两级纠风办督导组成员和民主评议员的充分肯定。

（侯雪辉）

歌华有线完成回迁房有线电视网络建设

年内，歌华有线开发区分公司完成六环路以北亦庄新城Ⅱ-6街区（3.86项目）1.8万户回迁户双向有线电视网络建设工作，实现高清交互数字化一步到位。同时，在小区内设立便民服务站，为用户提供一站式服务。

（侯雪辉）

歌华有线推进多种合作

年内，歌华有线全面推进跨媒体、跨行业、跨地域合作。与北京移动签署《飞视业务合作协议》，实现与北京移动WLAN网络技术对接，与百视通签订《互联网电视框架合作协议》，与广东省广电公司、河北广电网络集团等签署战略合作框架协议，北京电信、广东广电、湖南广电、乐视网等多家运营商就飞视合作进行了交流。高清交互平台应用不断丰富，《北京数字学校》《北广高清》《电视银行》《新闻纵览》《电视图书馆》《综艺荟萃》《电视教育》《电视银行》等一批新栏目陆续上线，用户点击量不断攀升，歌华有线正在实现由单一有线电视传输商向全业务综合服务提供商、由传统媒介向新型媒体的战略转变。

（侯雪辉）

歌华有线推出免费无线 WiFi

歌华有线高清交互数字电视推广现场　　侯雪辉 摄

年内，在高清交互机顶盒推广项目中，歌华有线承担每个家庭用户费用150元，在全市累计承担资金4.65亿元。承担开发区1.5万台机顶盒用户资金225万余元。在无线亦庄项目中，歌华有线投资近千万元，实现开发区核心区无线WiFi全覆盖，为区内公共场所、商用设施提供免费上网服务。

（侯雪辉）

北京华开有线电视网有限公司 董事长 罗伯明

总经理 蒋振伟

北京歌华有线电视网络股份有限公司 董事长 郭章鹏

总经理 卢东涛

党建事务

综 述

2012年，开发区工委围绕新区发展大局，强化思想、组织、作风、党风廉政和制度建设，高水平推动新区一体发展。深入学习宣传党的十八大精神，把广大党员干部群众的思想统一到中央和市委的决策部署上来，统一到工委确定的目标任务上来。引导干部解决好政治忠诚问题、工作价值问题、思想方法问题和作风建设问题，不断提高领导班子和干部队伍的凝聚力和战斗力。以深入开展创先争优活动为主线，坚持党群工作一体化格局，创新工作机制，发挥工会、共青团的桥梁纽带作用，构建具有开发区特色的党群工作新平台。

加强思想文化宣传工作。以庆祝开发区建设20周年为契机，坚持日常新闻宣传、重大活动集中宣传和系列主题接续宣传的有机统一，在重要媒体重点报道、深度报道、主题宣传和"北京·亦庄"品牌建设等四个方面实现新突破。大力开展文化建设，出台实施一批文化惠民政策，挂牌建设一批文化、体育等公共活动阵地，举办感动新区人物评选等一系列文化活动。

全面推进干部和人才队伍建设。加强处级班子能力建设，提高处级一把手抓班子、带队伍、解难题、促发展的能力。认真做好竞争上岗、公开选拔、交流挂职等工作，规范后备干部选拔培养锻炼机制，加强后备干部队伍建设。大力打造优质的人才发展环境，新增中央"千人计划"10人，北京市"海聚工程"32人。完成"一线创新人才培养"项目。

推进基层党建工作。认真落实基层组织建设年各项任务，建成党群活动服务中心，着力推动非公企业按照"六有"标准开展活动场所规范化建设试点工作，非公企业党建工作进一步加强。加大工作和组织覆盖力度，工会和共青团工作蓬勃开展。

重视党风廉政建设和反腐败工作。认真落实党风廉政建设责任制，推进惩防体系建设，强化监督检查。对基础设施建设工程、政府采购、财政资金运行等重点项目、重要领域进行严格监督。强化反腐倡廉宣传教育，开展廉政警示教育活动，提高党员干部的廉洁自律意识，营造风清气正的政治环境。

（温晋平）

综合事务

概况

2012年，开发区工委办公室在工委的领导下，围绕新区中心工作，充分发挥统筹协调和参谋助手作用，服务大局，开拓创新，深入推进新区一体发展，较好地完成了“服务领导、服务部门、服务基层”的各项工作。

（黄文剑）

启用电子公文系统

11月初，开发区工委办公室积极与信息中心沟通协调，广泛征求意见，多次修改完善，建成电子公文系统并投入使用。电子公文系统启用后，规范了各部门电子公文系统使用操作流程，保证各单位网上办公工作顺利开展和深入推进，增强了各单位之间的工作协同和交流，工作效率显著提高。

（孙立峰）

组织会议及大型活动

年内，开发区工委办公室组织工委会13次，讨论议题61个，主要涉及产业发展、人才、重大项目推进、党建、重要人事任免等重大决策事项，形成工委会议纪要13期。组织专题会33次，重点研究学习贯彻落实党的十八大精神、推进开发区创新发展大会筹备、综合服务配套区建设、重大项目推进、维稳等重点工作。牵头或参与筹备推进开发区创新发展大会、开发区年度工作会、新区领导干部大会、新区领导干部廉政警示教育大会、领导班子务虚会、理论中心组学习扩大会、经济形势分析会等重要会议28次。参与组织第二一四届北京大兴西瓜节开幕式、“爱在新区我们在行动”大型慈善活动、开发区第五届文化艺术节开幕式暨合唱展演等大型活动12次。围绕全面总结开发区建设20周年，进一步推动开发区做大做强，加快建设南部高技术制造业和战略性新兴产业聚集区建设主题，牵头协调组织系列研讨会、座谈会10次，并牵头编辑了《北京经济技术开发区建设20周年系列研讨会座谈会集萃》。

（孙立峰）

制发文稿75件

年内，开发区工委办公室围绕新区中心工作，扎实做好文稿制发工作，编制各类文稿75件。其中涉及重要工作安排、学习贯彻十八大精神、表彰奖励、请示报告等内容，制发京开党文号文件31件；涉及干部人事变动等内容制发京开干文号文件12件；涉及领导讲话、相关规定、任务部署、活动开展等内容制发京开党办发和京开党办通文件32件。

（孙晓伟）

《北京信息》刊登新区信息30余条

年内，开发区工委办公室与大兴区委办公室围绕新区的重点工作，就招商引资、项目进展、人才和劳动就业、两区融合发展等内容，共享、互通信息。全年向《北京信息》报送信息40余条。在《北京信息》中刊发30余条，含长篇信息4条。

（孙晓伟）

管理机要文件1278份

年内，开发区工委办公室认真完成机要文件的管理和阅办工作，为工委、管委会领导及各相关部门落实上级有关批示精神提供了支持和保障。接收传达中发、中办发、中办通报、厅字（县团级）、京发、京办发、京办通报等机要文件1278份。

（刘红美）

做好保密技术防范和管理工作

年内，在北京市国家保密局的支持和帮助下，开发区保密工作领导小组办公室完成对工委、管委会机关重要涉密部门电脑保密防护系统的安装工作。举办保密工作培训班，完成对52名保密员的上岗和培训工作。利用各种时机，开展全方位、多层次的保密法制宣传教育，宣传党和国家关于保密工作的方针政策；宣传保密法律法规，不断增强领导干部、涉密人员和国家公务人员的保密意识和保密法制观念，提高保密员做好保密工作的能力和水平。切实管好要害部门、重点部位，管好涉密人员、涉密文件、涉密U盘等各类涉密载体。加强网站信息发布、留言评论、博客信息等方面的保密管理，指定专门人员负责对开发区网站及其他公共信息网络发布信息前进行保密审查，建立审查记录档案。组织工委、管委会及总公司机关开展网络、计算机和存储介质全面核查分类工作，严格区分涉密与非涉密，准确确定密级，做到不漏一网、一机、一盘。进一步明确各单位中专网保密要害岗位的职责，建立和完善人防、物防、技防的综合防范体系。

（黄文剑）

做好领导调研组织服务工作

年内，开发区工委办公室牵头或配合组织了中央、中纪委、市委、市政府、市政协及开发区工委、管委会领导先后40余次到北京奔驰、诺基亚、中芯国际、京东方、亦庄生物医药产业园等重点企业调研，重点协调解决企业在发展、用工、人才引进等方面的困难。

（孙立峰）

规范会议组织、文件发放等工作机制

年内，开发区工委办公室主动与大兴区委办、政府办，开发区管委办、总公司办加强沟通协调，建立并固化了会议活动组织、文件材料发放等一批分工协作机制，确保各项工作分工明确，各单位之间互相查漏补缺，明显提高了工作效率和工作质量。

（孙立峰）

编撰《领导参阅资料》10期

年内，开发区工委办公室围绕开发区的中心工作及重点任务，结合国际、国内形势，组织编撰10期《领导参阅资料》，涉及宏观经济形势、各地开发区发展情况、新航城建设、创新驱动、开发区转型等方面，为领导决策提供了丰富的产业和宏观经济等方面的信息资料。

（孙晓伟）

一体发展

概况

市委、市政府对新区发展高度重视并给予大力支持，在新区召开了加快推进开发区创新发展大会，出台了《关于进一步加快推进北京经济技术开发区发展的意见》。两区行政资源整合以来，共吸引投资总额约174.1亿美元，共引进13家世界500强企业的20个项目，使区内500强项目总数达到110个，500强企业个数达到78家。以中关村国家自主创新示范区政策区扩展为契机，积极推动“26平方公里”扩区，扩区方案已初步确定，前期规划研究、征地拆迁等工作已经展开。“12平方公里”功能拓展区开发建设取得新进展，奔驰发动机、奔驰二期、百度云计算等重大项目已经启动。推进国家级、市级研发机构建设，成立云计算等5个知识产权创新联盟、中小企业服务中心、科技创新服务中心，强化科技金融服务，积极培育“北京创造”品牌，打造首都科技成果产业化的主阵地，开发区高新技术产业产值占工业总产值的比重连续9年达到80%以上，科技成果转化率超过80%。完善领导机制共同建立、发展规划共同制定、高端人才共同开发、专项资金共同使用、优惠政策共同享受、服务平台共同创建、舆论阵地共同打造的人才“七共同”服务机制，区内人才入选中央“千人计划”10人（累计达到36人）、市“海聚工程”32人（累计达到69人），成为名副其实的科技人才高地。以深入开展乡镇和企业对接、个人和岗位对接“两对接”和促进转变就业观念、促进提高职业技能、促进改变就业环境“三促进”活动为抓手，年内有8000余名新区劳动力在开发区就业。创新社会管理和公共服务机制，促进亦庄地区公共服务环境不断完善。综合服务配套区建设力度加大，列入开发区固定资产投资计划项目22项，安排投资10亿元。积极推进干部交流与培训，加大后备干部培养力度。北京大兴国际机场项目获得国家正式批复。一体发展步伐不断加快，发展合力日益增大。

（张书强）

新区就业工作大会召开

2月17日，新区就业工作大会召开。会议部署新区就业工作，表彰了为新区就业工作做出贡献的单位、个人和镇、街道。京东方、康特荣宝、宏大研究院等14家开发区企业获得吸纳新区劳动就业先进单位称号。

（张书强）

制定推进新区一体发展工作意见

4月18日，新区融合办制定下发《2012年关于进一步推进新区一体发展的工作意见》。意见包括指导思想、工作思路、重点工作和工作要求四部分，突出了“四个明确”要求。一是明确工作重点，将工作重点归纳为16项内容；二是明确工作主体，确保责任落实到人；三是明确工作标准，量化每项工作主要内容；四是明确工作时限。融合办每两个月进行一次定期督办，跟踪、了解和督促16项重点工作进度，并在《深度融合》刊发工作进展。截至年底，16项一体发展重点工作全部完成。

（张书强）

“三镇一园”综合服务配套建设启动

4月20日，“三镇一园”（亦庄镇、旧宫镇、瀛海镇和南海子公园）综合服务配套建设启动。该综合服务配套区建设中的22个项目已正式列入开发区固定资产投资计划，安排投资10亿元，占开发区全年政府投资总额的24%。其中5个项目已完成立项审批。

（张书强）

召开创先争优表彰暨基层组织建设推进会

6月20日，新区召开创先争优活动表彰暨基层组织建设工作推进会。纪念中国共产党成立91周年，表彰在创先争优活动中表现突出的西红门镇大生庄村党支部、北京康特荣宝电子有限公司党支部等116个基层党组织，李书国、胡越秋等133名共产党员，并就加强基层组织建设工作进行全面部署。

（张书强）

大兴区政协召开开发区委员座谈会

6月26日，大兴区政协在开发区召开开发区委员座谈会。会议通报政协2012年工作思路和工作重点，委员们结合个人工作实际，围绕助推新区科学发展进行座谈，畅谈担任政协委员的感受，就如何利用自身优势，借助政协大平台，为新区发展献计出力提出了意见和建议。大兴区政协主席王新在讲话中指出，2012年是政协北京市大兴区第四届委员会的开局之年，首次吸收了开发区的委员，是真正意义上的新区政协。该会议是与开发区委员的首次座谈会，是大兴区政协落实新区一体化目标的具体行动。

（张书强）

新区召开干部交流工作座谈会

7月11日，新区召开干部交流工作座谈会。会议总结新区融合以来的干部交流工作。全年两区交流干部6人，其中大兴交流至开发区1人（正处级1人），开发区交流至大兴5人（副处级1人、正科级4人）。融合以来，两区共交流干部28人。林克庆讲话强调，要坚定不移地进行新区干部交流，进一步加大力度，推进新区一体化发展。

（张书强）

“12平方公里”新扩区回迁工作进展顺利

10月25日，“12平方公里”新扩区回迁工作正式开始，第一批“12平方公里”回迁居民领到新居钥匙。“12平方公里”安置房总面积228万平方米，共160栋住宅楼，总套数18387套，是北京最大的超大型住宅群体工程。

（张书强）

做好劳动就业工作

截至11月底，新区以深入开展“两对接、三促进”活动为抓手，采取措施促进企业和乡镇对接、岗位和劳动力对接，促进搬迁农民和农村富余劳动力向产业工人转型。吸纳新区劳动力就业7523人，吸纳本市其他区县劳动力就业2479人，通过开发区公共职业介绍机构推荐17730名外省市劳动力进入开发区企业工作。

（张书强）

《北京信息》刊文介绍一体发展

12月4日，新区融合办在《北京信息》（工作交流）第143期发表题为《创新机制，一体发展，推动南部高技术制造业和战略性新兴产业聚集区建设》的文章，介绍新区加快体制机制创新，推动一体发展的工作思路，即：创新产业促进机制，产业发展创历史最高水平；创新区域开发建设机制，产业空间拓展取得新突破；创新劳动就业机制，实现满足开发区企业需求与促进农村劳动力就业的双赢；创新社会管理和公共服务机制，促进亦庄地区公共服务环境不断完善；创新要素集聚机制，为创新驱动发展提供有力支撑；创新环境优化机制，打造宜居宜业国际高端产业新城。提出大力推进重大项目建设，在发展实体经济上取得新突破；大力推进科技和机制体制创新，在创新驱动上取得新突破；大力推进高水平一体发展，在促进功能区和行政区统筹协调发展上取得新突破；大力推进城乡建设和民生改善，在推动城乡一体、宜居宜业发展上取得新突破；大力推进国际化发展，在扩大对外开放上取得新突破。

（张书强）

出台推进北京经济技术开发区发展意见

12 月 31 日，市委、市政府出台《关于进一步加快推进北京经济技术开发区发展的意见》。该意见进一步明确了加快推进开发区发展的意义，提出推进开发区发展的主要目标是打造实体经济主阵地、创新驱动示范区、对外开放重要窗口、城乡一体宜居宜业发展典范，实现“三个倍增”，即地区生产总值、人均地区生产总值增长 1 倍以上，工业总产值增长 2 倍以上；建成 3 个以上千亿级和 6 个以上五百亿级产业集群的“九大集群”产业发展目标。在拓展产业发展空间、下放行政审批权限、用足用好中关村政策、加大市级政府支持力度、加大金融创新力度、深入推进人才和干部管理工作创新等 6 个方面鼓励和支持开发区改革创新。

（张书强）

举办干部培训班

年内，大兴区、开发区组织部门根据两区社会经济发展形势、干部工作特点和需求，加大干部联合培训力度，全面整合新区干部教育资源，共同举办干部主题培训班、专题培训班、周末大讲堂等活动，进一步提高培训的针对性和实效性。全年共有 898 人次参加培训，其中大兴区 786 人次、开发区 112 人次。

（张书强）

编发《深度融合》14 期

年内，新区融合办编发《深度融合》14 期。主要刊登了与新区一体发展重点工作有关的领导活动、工作思路、工作进展、机制创新，以及工作中遇到的困难和问题等信息，发挥汇报工作、沟通情况、交流经验、挖掘亮点、宣传总结的作用，在更大范围、更深层次、更高水平上助推新区一体发展。

（张书强）

北京大兴国际机场建设进展顺利

年内，北京大兴国际机场项目获得国家正式批复。大兴国际机场建设前期工作领导小组办公室与首都机场集团建立了联席会制度和日常工作对接机制。出台《大兴区集体土地非住宅房屋拆迁补偿办法》和《大兴区集体土地住宅拆迁补偿标准意见》等政策。成立指挥部，进行征地拆迁安置实际操作模拟推演，提前进行安置房选址和安置房规划设计。开展北京大兴国际机场与大兴国际新航城一体化发展战略与概念性总体规划等 11 个专题规划研究。搭建临空产业招商引资平台，与南航、东航、海航等密切联系，储备项目 20 余个，投资总额 800 亿元。组建北京新航城控股有限公司，注册资金 8000 万元。

（张书强）

开展 11 项专题调研

年内，新区融合办与开发区发改局、开发区规划分局、机场办、联合招商办等 9 个部门，共同开展“三镇一园”综配区建设管理机制创新，规划工作机制创新，新航城开发建设体制机制创新，“一区六园”一体发展机制创新等 11 项专题调研，旨在通过调查研究，总结经验、查找不足，提高各部门、各单位对推动一体发展机制创新研究的认识。

（张书强）

组织人事

概况

2012年，开发区组织工作围绕中心、服务大局，以加强领导班子和干部队伍建设，深化干部人事制度改革，落实人才强区战略、建设人才高地，加强党的基层组织建设为重点，进一步提高组织人事工作科学化水平，做好“三个服务”，建设“三个之家”，调动一切积极因素为推进新区一体化、高端化、国际化发展提供组织保障。年内，开发区干部在线学习参学人员通过率100%，开发区组织部获得北京市干部在线学习组织奖。

（田培利）

深化干部人事制度改革

4月10日，开发区工委出台《关于在处级单位配备专职书记的意见》《关于在处级单位设置专业技术职务的意见》《关于在处级单位设立内设科室的意见》3个文件。文件下发后，按照干部任用选拔程序，共配备2名专业技术职务干部、配备3名专职书记。

（李佳）

推行任命干部票决制

4月10日，开发区工委出台《关于工委会讨论决定任免干部实行票决制的实施办法（试行）》，全年票决正处级干部4批共15人、开发区党代表人选55名。

（李佳）

开发区领导职务任免情况

4月23日，免去宋卫民北京经济技术投资开发总公司总会计师职务。5月23日，市委决定，贲勇的级别为正局级；袁立洪任中共北京市委经济技术开发区工作委员会委员；赵雅娟任中共北京市委经济技术开发区工作委员会委员（副局级）。5月29日，袁立洪任北京经济技术开发区管理委员会副主任。5月30日，市委决定，张凤民的级别为副局级。8月18日，赵广义不再担任北京经济技术投资开发总公司经理职务；白文任北京经济技术投资开发总公司经理。

（李佳）

选举产生市党代会代表

4月，中国共产党北京市大兴区、北京经济技术开发区代表会议选举产生22名市第十一次党代会代表，其中开发区5名。开发区同步推选出55名党员代表，参加区党代表会议。

（卢科）

举办领导干部大讲堂

5月4日开始，举办以“讲融合、讲工作、讲发展”为主题的领导干部大讲堂活动，全年共举办20期。大讲堂邀请开发区工委、管委会各部门、驻区各职能局负责人共20人作为主讲嘉宾，围绕本部门的职能和承担的工作任务进行讲解。开发区工委、管委会副处级以上干部，工委、管委会事业单位负责人，总公司中层以上领导干部，六园区领导班子成员累计2000人次参加大讲堂。

（田培利）

副处级后备干部集中调整

6月15日至7月16日，通过“三推”（公开推荐、定向推荐、考察推荐）、“两测”（两次民主测评）、“两考”（统一考试、组织考察）干部任用方式产生71名开发区副处级后备干部。7月30日至8月3日，开发区工委组织部在大兴区区委党校为其举办开发区副处级后备干部培训班。

（李佳）

产生市人大代表、市政协委员

9月，开发区正式启动北京市第十四届人大代表候选人和北京市第十二届政协委员初步人选的推荐工作。11月23日，大兴区第四届人民代表大会第二次会议选举产生了36名北京市第十四届人大代表，其中开发区5名。12月底，大兴区、开发区推荐北京市第十二届政协委员人选15名，其中开发区3名。

（卢科）

出台《领导干部谈心谈话制度》

10月31日，开发区工委出台《领导干部谈心谈话制度》，旨在进一步加强干部队伍思想政治工作，建立关心关爱干部成长，及时掌握干部的思想、工作、生活等方面情况的长效机制 。

（李佳）

出台加强干部交流工作暂行办法

10月31日，开发区工委出台《关于加强干部交流工作暂行办法（试行）》。全年开发区正职岗位交流11人，副职岗位交流9人；新区间交流任职处级干部6名。

（李佳）

集中开展学习贯彻党的十八大精神轮训

11月30日至12月7日，按照分批分类、及时集中、全员覆盖的要求，开发区工委组织部开展4期学习党的十八精神轮训， 105名工委管委处级干部和近400余名科级及以下干部、40余名老干部参加培训。培训坚持“五个一”工作法，即“人手一册十八大报告、人手一册学习辅导、人手一份讨论提纲、人人参加一次认真讨论、人人撰写一份深刻体会”，取得良好效果。

（田培利）

深化创先争优活动

11月，开发区工委以基层组织建设年活动为载体，深化创先争优活动，推进基层党组织分类定级和整改提高晋位升级，与大兴区委共同开展书记讲党课、创先争优专项评比表彰、创先争优总结及交流大会等活动。开发区有30个党组织被授予区级创先争优先进基层党组织、51名党员获创先争优优秀共产党员荣誉称号。

（田培利）

加强处级领导班子建设

年内，通过提拔任职、交流任职等方式，先后调整处级干部9批34人，涉及18个处级班子，占班子总数的三分之二，处级班子建设进一步加强。

（李佳）

做好人事调配工作

年内，开发区工委做好机关及所属单位干部调配和日常人事管理工作。共调入干部16人（公务员9人、事业单位7人）；调出干部17人（其中公务员13人，事业单位4人），办理退休7人。

（刘斌）

完成基层组织换届

年内，开发区工委指导开发区公安分

局党委和 7 个社区党支部等基层党组织完成换届选举。社区党支部换届选举直选比例达到 100%。通过居委会换届，实现了“一降三升”（平均年龄下降，文化程度提升、一肩挑比例提升、大学生社工比例提升）。

（田培利）

开展双向培养双向发展党员试点工程

年内，开发区工委开展“双向培养双向发展党员”试点工程，探索开发区企业党组织与大兴区榆垡镇、长子营镇的镇村党组织双向培养双向发展党员的“三三二一”工作机制（即：三方接收入党申请、三方联合认定培养、两地联手考察公示、一方发展入党）。

（卢科）

人才工作

概况

2012 年，开发区积极创新人才工作机制，统筹推进人才队伍建设，努力满足新区经济社会发展需求。整合职称评审、补充医疗保险、外国专家服务等各项先行先试政策优势，加大对重点产业项目和重点发展领域所需人才的引进和支持力度，通过办理北京市工作居住证、人才引进、接收非京毕业生进京等渠道审批引进人才 2087 人。健全“产学研用一体化”培养平台，推进博士后科研工作站、青年英才创新实践基地建设，一线创新人才培养计划结题验收。与新区人才工作领导小组各成员单位共同整合资源，加强各类人才的选拔、培养和资助力度，完善人才服务体系，开展引进海外智力工作。以产业领军人才为代表的各支人才队伍建设均取得了突破，开发区人才效能达到 102 万元 / 人 / 年。全年新增中央“千人计划”入选者 10 人，累计达到 36 人；新增北京市“海聚工程”入选者 32 人，累计达到 69 人；新认定海外高层次人才 29 人，累计达到 185 人。百泰生物的古巴籍专家罗兰多入选国家外专“千人计划”，成为北京市唯一的入选者。

（郭嘉）

市人力社保局领导到开发区慰问

1 月 16 日，市人力社保局副局长陈蓓带队，代表市人力社保局、市外国专家局到北京北方微电子基地设备工艺研究中心有限责任公司和康龙化成（北京）新药技术有限公司，看望楼柏良、丁培军等 4 名“千人计划”入选者及其研发团队。问候和感谢为首都科技创新和产业升级作出贡献的 4 名高端人才。开发区赵昕昕、王宗刚，工委、管委会相关部门负责人等参加慰问活动。

（郭嘉）

举办新区海外高层次人才联谊会

新区海外高层次人才联谊会　　刘蕾 摄

3 月 15 日，开发区海外学人中心举办新区高层次人才联谊会。50 多名海外学人聚集一堂畅谈创业心得，分享工作生活感受，探讨归国创业和工作的感想和心路历程。联谊会为海外学人搭建了相互沟通了解的平台，帮助海外学人找到业务合作伙伴。

（刘蕾）

召开企业投融资项目推介会

3月22日，开发区第二期新区高层次人才创办企业投融资项目推介会召开。开发区海外学人中心邀请由新区高层次人才创办的7家企业及15家投融资机构参加推介会。参会企业掌握国际前沿技术，拥有自主知识产权，其科研成果已经在新区产业化并形成一定规模，他们具体介绍各自创办企业的创新技术成果、产业化前景、投融资需求等。参会投融资机构代表对高层次人才创办企业表示了投融资合作意向。

（郭明宇）

举办中高级人才和生物医药人才招聘会

3月31日，开发区人劳局在北京人才大厦举办第九届中高级人才招聘会暨首届生物医药人才专场招聘会。该招聘会主要呈现三个特点：一是开发区公共人才服务机构首次举办行业高端专场招聘活动。从新区主导产业发展需求出发，分类提供精细化人才招聘服务。二是参会的企业覆盖面广。既有百泰生物、凯因科技等大型医药企业，也有来自北京亦庄生物医药园内新入园的高新技术企业，以及拥有自主知识产权从事研发服务的中小企业。三是招聘职位呈现高端化、专业化。职位包括研发人员、实验人员、生产技术主管、质量主管等技术及管理职位，同时也有项目负责人、财务总监、博士后研究人员等职位，岗位需求达600个。招聘会当日，1500多名求职者进场应聘，多为具备基因工程、生物工程、医药化工等专业背景和工作经验的人员。199人与企业现场达成就业意向。

（郭嘉）

编印《新区海外学人媒体报道选编》

3月，由开发区海外学人中心编辑整理的《新区海外学人媒体报道选编（2008.12-2011.12）》一书内部发行。该书汇编了开发区海外高层次人才系列政策颁布实施3年来，在落实人才政策、吸引人才、服务人才，打造人才工作舆论阵地方面的工作情况，透过媒体视野呈现一个客观、动态、全景的开发区海外高层次人才工作实录。全书收集整理《人民日报》《经济日报》《科技日报》《亦庄时讯》等20多家重点媒体上百余篇文章，总结过去工作，提高海外学人服务质量和水平，吸引更多海外学人来开发区创新创业。

（刘蕾）

组织企业参加2012年外籍人才招聘会

4月7日，开发区海外学人中心组织北京云电英纳超导电缆有限公司等4家企业，参加由国家外国专家局国外人才信息研究中心主办、中国国际人才网承办的2012年外籍人才招聘会。本次招聘会，参会企业接受招聘意向30余份，通过企业现场面试7人。招聘会旨在进一步为高层次人才创办企业提供招聘服务，帮助企业招贤纳士、引进人才。

（郝健强）

组织相关企业参加北京市博士后引荐会

4月22日，开发区人劳局组织SMC（中国）有限公司、北京经纬纺机新技术有限公司、百泰生物药业有限公司、北京赛升药业股份有限公司、中国纺织科学技术有限公司5家设立博士后科研工作站的企业参加2012年北京市博士后引荐会。

（杨琦）

举办首届开发区校企座谈会

4月，开发区人劳局组织召开开发区第一届校企座谈会。邀请吉林大学、武汉大学、南开大学等17所国内相关专业领域知名高校的就业部门负责人与北京奔驰、中芯国际、金风科创等60余家开发区企业的人力资源经理共同研究建立优秀毕业生供需对接渠道事宜，并就高校的教学方法、就业指导如何与开发区产业特点和用人需求相适应进行研讨。该活动扩大了开发区人才品牌的影响力，为企业与高校间深度合作搭建了平台。

（李大业）

14名青年英才获市博士后科研资助

5月9日，经市人力社保局批准，北京利德曼生化股份有限公司等7家设站企业的14名博士后（青年英才）获得北京市博士后科研资助56万元。该资金将用于资助在站博士后（青年英才）开展科研活动。

（杨琦）

组织海外高层次人才参加长走活动

5月12日，开发区海外学人中心组织新区海外高层次人才30余人参加了北京海外学人中心主办的2012北京海外学人奥林匹克森林公园长走活动。海外学人在舒适的环境中相互沟通，体验健康生活理念，展现海外学人昂扬向上的精神风貌。

（周伟）

6人获市留学人员创新创业特别贡献奖

5月24日，新区6位海外高层次人才获第四届北京市留学人员创新创业特别贡献奖。他们是北京爱普益生物科技有限公司董事长周骋、海信（北京）电器有限公司董事长周小天、北京耐威时代科技有限公司董事长杨云春、北京泰德制药股份有限公司总经理刘红星、北京协和制药二厂厂长赵立敏、北京金菩嘉医疗科技有限公司首席技术官陈忠。

（郭明宇）

编印海外学人创新创业服务指南

5月，由开发区海外学人中心编辑整理的《大兴区、北京经济技术开发区海外学人创新创业服务指南》正式发行。全书由入区指南、政策指南、创业指南、服务指南4个部分构成。其中入区指南介绍了新区工作、生活软硬件环境以及未来产业发展前景；政策指南覆盖了从中央“千人计划”、北京市“海聚工程”到开发区涉及产业、科技、人才的多项政策，对政策进行简明扼要、准确生动的解读；创业指南重点介绍了开发区留学人员创业平台和企业注册等一系列流程；服务指南以流程图的形式展示了人才服务“专项十条”，让使用者能便捷地了解开发区创新创业渠道和流程。

（刘蕾）

新区高层次人才座谈会召开

7月25日，开发区召开主题为“凝聚力量，引领发展，共创未来”的座谈会。市委组织部副部长闫成，市人力社保局副局长宋丰景，新区领导林克庆、张伯旭、张晓林、王新、赵广义、贲勇等出席。来自生物医药、软件开发、云计算、新材料等行业的21家企业高层次人才参加座谈。张伯旭分析了新区人才工作发展面临的机遇和挑战，对进一步做好新区工作提出了希望和要求。座谈会是庆祝开发区建设20周年系列活动之一，是新区深入学习贯彻十一次党代会精神、喜迎十八大的一项具体措施。

（郭明宇）

6人获市优秀人才培养资助40万元

7月30日，经中共北京市委组织部批准，开发区北京汇智泰康医药技术有限公司高卫民、北京航天拓扑高科技有限责任公司史翔、北京中电科电子装备有限公司唐亮、中冶赛迪电气技术有限公司绳伟辉、北京开元科创科技发展有限公司段润润和北京京东方显示技术有限公司廖燕平等6人获2012年北京市优秀人才培养资助40万元，其中段润润和廖燕平获重点资助。开发区管委会根据《关于鼓励高层次人才来大兴区、北京经济技术开发区创新创业的意见》精神，按照1:1的比例给予40万元资金匹配。

（杨琦）

认定29名海外高层次人才及12家创办企业

8月13日，开发区工委会研究决定，认定中芯国际集成电路制造（北京）有限公司赵海军等29名海外学人为第七批开发区海外高层次人才；认定新博医疗技术有限公司等12家企业为开发区海外高层次人才创办企业。兑现海外高层次人才扶持与奖励资金2721万元，其中包括扶持企业发展的创业资助、项目资助和对引进海外高层次人才方面贡献突出企业的奖励。

（郭明宇）

组织新区高层次人才体检

9月15日、26日，开发区海外学人中心分两批组织144位新区高层次人才进行健康体检。本次体检针对不同高层次人才的需求，定制个性化的体检项目，尽量满足高层次人才多样化的选择，充分体现为人才服务的精细化、针对性、个性化。作为新区高层次人才专项服务的举措之一，体检活动已连续开展3年，获得新区高层次人才的一致好评。

（刘蕾）

新增2家创新实践基地工作站

9月25日，经市人力社保局批准，在北京海威磐石生物医药科技有限公司和北京百奥赛图基因生物技术有限公司2家企业设立博士后（青年英才）创新实践基地工作站。截至年底，开发区博士后（青年英才）创新实践基地工作站企业分站已累计达到5家。

（杨琦）

海外人才访问团到开发区参观

9月27~28日，在京参加2012北京海外人才交流大会的70余位海外人才到新区参观访问。访问团成员来自美国、加拿大、澳大利亚、英国、德国、日本和新加坡等10多个国家，涉及生物医药、电子信息、材料能源和金融投资文化等领域。访问团分别参观了北京亦庄生物医药园、大兴生物医药产业基地、北工大留创园、高校创意总部、京东方8.5代线、云基地、富龙康泰等园区和企业。

（郭明宇）

新增3家博士后科研工作站企业分站

10月31日，经全国博士后管理委员会批准，在北京泰德制药股份有限公司、北京北方微电子基地设备工艺研究中心有限责任公司和北京云基地控股有限公司 3 家企业设立博士后科研工作站分站。开发区博士后科研工作站分站累计达到 21 家。

（杨琦）

1 人入选国家外专“千人计划”

10 月，百泰生物药业有限公司的古巴籍专家罗兰多入选国家外专“千人计划”，成为北京市首名入选的外籍专家；11 月入选北京市“海聚工程”。罗兰多是百泰药业于 2011 年底引进的外籍高层次人才，原就职于古巴分子免疫学研究中心，任高级研究员，主要致力于肿瘤分子生物学、肿瘤治疗性抗体和肿瘤治疗性疫苗的研究工作。

（杨琦）

10 名新招收博士后获市级多项资助

11 月 9 日，经市人力社保局批准，给予开发区 10 名新招收博士后（青年英才）招收资助 30 万元、产学研合作资助 5 万元。其中招收资助费用于博士后（青年英才）的生活费用和日常公用支出，产学研合作费用于支持企业与高等学校、科研院所开展产学研合作。

（杨琦）

15 人获得教授级高级工程师资格

11 月 22 日，开发区人劳局、大兴区人力社保局连续第 2 年在中关村亦庄园开展高端领军人才职称评审工作。开发区、大兴区 47 家企业 86 人参与评审推荐。经过初筛，37 家企业 63 人作为拟推荐人选上报市人力社保局。最终 15 人获得教授级高级工程师资格。

（李大业）

推荐和引进高层次人才入选者

年内，开发区推荐入选和引进 9 位中央“千人计划”入选者；推荐入选和引进 19 位北京市“海聚工程”入选者。开发区累计推荐和引进中央“千人计划”入选者 36 人、北京市“海聚工程”入选者 56 人。

（郭明宇）

为高层次人才开设保健门诊

年内，开发区社发局和海外学人中心为新区海外高层次人才在同仁医院南区开辟“绿色通道”。截至年底，为 220 名海外高层次人才及其配偶、子女制作了用于身份识别的就诊卡。该举措完善了为新区海外高层次人才提供个性化服务的机制。

（刘彬）

57 位高层次人才入住公租房

年内，开发区出台了《北京经济技术开发区高层次人才公租房实施细则》。有 57 位高层次人才入住新区高层次人才公租房。

（孙宁）

宣传思想和精神文明建设

概况

2012 年，北京经济技术开发区宣传思想工作围绕服务新区发展这一中心大局，紧抓学习宣传贯彻党的十八大精神和开发区建设 20 周年两大契机，扎实开展理论武装、新闻宣传、精神文明建设和文化活动，为开发区当好推动首都科学发展的排头兵提供了强有力的思想保证、精神动力和舆论支持。

（张宁 姚静）

开发区政务微博上线北京微博发布厅

3月1日，开发区政务微博“北京亦庄”正式上线北京微博发布厅。制定《北京经济技术开发区关于建立“北京亦庄”政务微博的工作方案》《“北京亦庄”政务微博信息报送制度》《“北京亦庄”政务微博工作机制》，成立开发区互联网宣传管理领导小组，由工委副书记牵头，成员单位有工委、管委会各部门，总公司办公室以及驻区职能局，全力保障政务微博有效运行。博文发布开设了投资亦庄、亦庄发布、亦庄名企、亦庄人才、就业明星等常设话题栏目和学习宣传贯彻十八大精神、加快推进北京经济技术开发区创新发展等专题性话题栏目，对相关消息进行分类集中发布取得较好效果。12月底，“北京亦庄”政务微博已发布微博近2000条，微博粉丝量达到3万多个。

（隋国勇 姚静）

组织纪念开发区建设20周年系列活动

3月20日，开发区工委下发《庆祝北京经济技术开发区建设20周年系列活动方案》，启动纪念开发区建设20周年系列活动。该活动围绕“创新·聚力·强基·跨越”的主题，坚持隆重热烈、喜庆祥和、节俭安全的组织原则，通过内容丰富、形式新颖的集中和分散活动，为首都南部新区建设凝心聚力。

（姚静）

建成新区2个展厅

4月至8月，开发区工委宣传部按照“宣传展示的平台、对外交流的窗口、选商揽才的载体、学习参观的基地”总体定位，牵头建设新区综合规划展厅和企业新技术、新产品展厅。展览利用声光电手段，通过现代化数字影视制作，以实物和全息投影（虚拟成像）相结合的方式，立体展示首都深化改革、扩大开放和发展实体经济、建设生态文明的成果，展示首都推动行政区、功能区行政资源整合的成果，立体展示首都南部高技术制造业和战略性新兴产业聚集区建设的美好前景等。特别是与国内顶尖科技公司合作，在全国首次制作了四折幕的展示影片。9月18日，中共中央政治局常委、中央纪委书记贺国强到开发区调研参观，标志着新区综合规划展厅和企业新技术、新产品两个展厅正式对外开放，中央及北京市委、市政府领导对展厅给予高度评价。

（刘维娜 姚静）

制作纪念开发区建设20周年宣传品

5月至10月，开发区工委宣传部设计制作北京·亦庄新一套宣传品，包括《北京·亦庄——在北京链接世界》《献给北京经济技术开发区建设20周年》2部宣传片和《北京·亦庄——国际高端产业新区》宣传册。《献给北京经济技术开发区建设20周年》共5分14秒，以1992-2012年为时间坐标，以“一区六园”（一区：北京经济技术开发区，六园：生物医药产业园、新媒体产业园、新能源汽车、军民结合产业园、生产性服务业、新空港产业园）为地理坐标，以企业高管、海外学人、幸福家庭、就业明星为人物坐标，选取年度代表性事件，以历史画面和现实镜头相映衬，人物访谈和旁白、字幕相叠加的方式回顾开发区建设历程、畅想开发区美好未来，具有很强的现实意义和史料价值。《北京·亦庄——在北京链接世界》，共6分2秒，立体展示新区产业高端、名企云集、人才荟萃、环境优美、服务高效、宜居宜业的综合优势，充分体现新区的一体化、高端化、国际化。《北京·亦庄——国际高端产业新区》宣传册中英文对照，共有产业篇、科技人才篇、服务篇、环境篇和未来篇5个篇章，以文学化的描述、杂志式设计，传达了企业获得的是财富、人才创造的是事业、居民拥有的是幸福、政府专注的是服务这一核心理念。

（张宁 姚静）

发布纪念开发区建设20周年标识

开发区建设20周年标识 单位提供

5月31日，纪念开发区建设20周年工作小组办公室正式发布纪念北京经济技术开发区建设20周年标识。该标识由工委宣传部设计，形如一条飞龙，颜色取喜庆的红黄色，将数字“20”和E-Town首字母“e”演化为翱翔天宇的飞龙。标识的设计理念是通过龙图腾呈现东方思想和民族气韵；传递着南部新区建设者所独具的人文特质和豪迈品格。借助龙的德行和精神，彩带的喜庆、飘逸，将开发区人对纪念北京经济技术开发区建设20周年的千万种表达浓缩于简洁的图形中。飞龙遨游天宇的形象将“创新、聚力、强基、跨越”这一主题艺术地解析和升华，更突显了新区服务首都实体经济的龙头地位，表达开发区人用“天行健，君子以自强不息”精神走过的20年历程，展现开发区人要用这种开拓者精神，继续在建设首都南部高技术制造业和战略性新兴产业聚集区的道路上凝心聚力、再铸辉煌的决心。20周年标识还进行了延展设计，统一应用于宣传路旗、户外广告、纪念徽章、会议等各项活动中。

（姚静）

组织高层次人才游新区活动

6月1日，由大兴区委组织部、开发区工委组织部、开发区海外学人中心、大兴区旅游委共同举办的以“迎区庆、过瓜节、游新区”为主题的活动，组织新区高层次人才到南海子公园参观大型新区成果展、观看西瓜节“星火工程”文艺演出，参观安定镇御林古桑园。新区近百位高层次人才更直接、全面地了解和感受到新区建设发展成果。

（姚静）

组织开展20周年系列宣传报道

6月至12月，开发区工委宣传部组织中央电视台、人民日报、新华社内参、北京日报、北京电视台及前线杂志等中央和市属重点媒体，对开发区建设20周年开展系列深度报道，旨在系统展示开发区20年来的创新发展成就。6月13日，人民日报刊发《北京亦庄：高端产业新突破》。8月3日，中央电视台《新闻联播》播出《北京：创新驱动实体经济加速转型》。10月28~30日，北京电视台《首都经济》3集系列报道开发区。10月，《前线》杂志刊发《靠思想行走的亦庄》。11月24日，新华社内参《北京经济技术开发区20年打造三位一体创新体系》，对开发区建设20年来探索走出的高端产业龙头项目带动和产业链条驱动的创新发展模式进行了深度报道。12月7日，新京报推出16个版面的开发区特刊——《亦庄路书》，围绕产业集群、创新动力、身边亦庄、低碳绿色、政务服务、一体发展8个方面，对开发区20年来创新发展成果进行了全面报道。12月7~10日，北京电视台《北京新闻》4集系列报道开发区。12月8~12日，北京日报推出"北京经济技术开发区创新发展记者行"5篇系列报道。

（隋国勇　姚静）

成立2个基地1个资讯中心

7月10日，北京·亦庄文化活动基地、北京·亦庄文化体育活动基地和北京经济技术开发区资讯中心挂牌成立。这是社会资源参与公共文化服务的举措之一。同时出台《开发区群众性文化团队管理与扶持办法》《北京·亦庄文化（体育）活动基地暂行管理办法》等文化惠民政策，并向区内12支文化活动队伍发放文化活动扶持资金2.4万元，引导鼓励群众在文化建设中自我表现、自我教育、自我服务。北京·亦庄文化活动基地位于金风大学体育馆，在固定时段对开发区广大企业职工和社区居民免费开放。北京·亦庄文化体育活动基地设在高校创意总部。高校创意总部是中国教育电视台数字化新媒体建设的重点项目，是集合国内外高校创意力量和企业市场需求的文化创意产业高地。北京经济技术开发区开发区资讯中心是以北京电子科技职业学院图书馆为依托，与开发区管委会合作共建的信息服务机构，面向开发区政府、企业和居民，提供经济、科技、市场、文化等方面的资讯服务。

（姚静）

文明创建工作继续深化

精神文明建设工作座谈会　刘朗　摄

8月15日，开发区工委宣传部首次以现场会形式，在京东方8.5代线召开精神文明建设工作座谈会，组织64家文明单位参观交流，实地感受精神文明建设工作对企业发展的促进作用。完成开发区推荐的第三批全国文明单位——北京市工商局经济技术开发区分局的信息采集上报工作。

（刘维娜　姚静）

组织7次理论中心组学习

中心组理论学习（扩大）会　刘柳　摄

年内，开发区工委宣传部会同大兴区委宣传部组织理论中心组学习7次，深入学习宣传贯彻党的十八大精神和市第十一次党代会精神。1月30日，中国航空规划建设发展有限公司首席专家、总规划师、规划院院长李守旭作"服务新机场，建设新航城，打造区域发展新引擎”专题报告；机场办主任左东明汇报赴上海虹桥机场调研考察情况；新区 7 套领导班子成员和有关部门负责人赴北京华联学习创新中心实地考察学习；北京华联集团执行总裁彭小海、国际知名培训师托尼讲解现代服务业和全球零售业发展现状和挑战。4 月 26 日，组织学习《毫不松懈地严肃换届纪律为十八大召开营造风清气正良好环境》《充分履职严肃纪律以更加有力的措施营造风清气正换届环境》《严肃换届纪律深化整洁工作不断提高选人用人公信度》。7 月 10 日，深入贯彻落实市第十一次党代会精神，中国经济体制改革研究会副会长、北京改革和发展研究会会长、北京社会主义学院副院长陈剑作《站在历史新起点上的北京新一轮发展与改革》专题报告。7 月 26 日，北京同济医院院长、中国保健协会副理事长、著名中医专家吴大真讲解健康和防病养生知识。8 月 14 日，中央党校党建部教授、博士生导师张希贤从政党政治纲领先行、党的执政新纲领、党的建设 3 个方面详细解读胡锦涛总书记“7 · 23”重要讲话；清华大学自动化系教授、博士生导师柴跃廷以“如何利用电子商务、现代服务业等推进新区经济又好又快发展”为题介绍电子商务服务产业相关知识。11 月 23 日，组织参加市委市政府、理论学习中心组举行的学习（扩大）电视电话会，中央文献研究室主任、十八大报告起草人之一冷溶系统讲解党的十八大报告。11 月 27 日，环保部环境与经济政策研究中心主任、研究员夏光作题为“建设生态文明，实现美丽中国”的报告。

（张真芳　姚静）

完成党的十八大精神系列宣传教育工作

十八大精神学习座谈　　刘朗　摄

年内，开发区工委宣传部充分发挥宣传思想工作统一思想、引领行动、凝聚力量的作用，利用各种手段和载体做好宣传教育，切实把干部群众的思想行动统一到党的十八大精神上来。编制《北京经济技术开发区的改革与发展》学习简本；组织 9 场报告会和座谈会；组织网络知识竞答活动；开展爱国电影展映月活动；指导各单位、部门及基层党工团组织开展专题轮训等一系列活动。9 月 14 日，组织迎接党的十八大“党在百姓心中”百姓宣讲活动。11 月 23 日，为领导干部作“深入学习宣传贯彻党的十八大精神”专题辅导。11 月 28 日，组织召开企业高管、海外学人报告座谈会。12 月 4 ~ 17 日，组织 3 场企业党工团组织负责人学习培训会。12 月 20 日和 12 月 28 日，为社区居民分别送上“迈上新起点，争当正能量”主题报告会和北京市百姓宣讲团宣讲报告会。12 月 21 日，组织“办人民满意的教育”主题报告会。以“开发区学习宣传贯彻党的十八大精神优秀爱国电影展映月”为主题，向企业、社区送 10 场爱国电影，截至年底已送出 6 场。12 月 28 日，启动“贯彻落实党的十八大精神，加快推进开发区创新发展”网络知识竞答活动。全年向基层党委和党组织发放《中心组参考信息》

《党委中心组学习》理论光盘 50 张，理论读物 13500 册。

（张真芳 张宁 姚静）

新闻宣传工作取得新突破

年内，开发区新闻宣传工作紧紧抓住学习宣传贯彻党的十八大精神和开发区建设 20 周年两大主题，以开发区建设经验和新区一体发展成就为主要内容，充分利用北京奔驰、中芯国际等重点项目签约、首届京交会、第十五届科博会等重大活动，北京市加快推进开发区创新发展大会等重要会议的有利契机，策划宣传主题，组织新闻发布，新闻宣传亮点不断呈现。全年共组织策划集体采访和新闻发布会 20 场；在各级各类媒体共发稿 1240 篇，境外媒体转载 420 次。其中《人民日报》13 篇，《经济日报》15 篇，《科技日报》31 篇，《光明日报》7 篇，《北京日报》110 篇，中央电视台、北京电视台等电视新闻报道 37 条。

（隋国勇）

全面宣传开发区发展成就

年内，开发区工委宣传部主动联系重点媒体，突出宣传开发区自党的十六大以来 10 年间科技创新、产业发展、人才建设、低碳发展等方面成就。9 月 24 日，《北京日报》“喜迎十八大，科学发展北京行”系列《飞向智慧北京的“云”》《从互联网到云计算》2 篇大篇幅文章对开发区云计算产业进行专题报道。11 月 4 日，中央电视台《焦点访谈》栏目在喜迎十八大专题系列报道中，以《发展之路：科技创新的力量》为题，整期节目以开发区创新驱动发展为典型案例，展现十六大以来我国在科技创新方面取得的辉煌成就，这是开发区首次在《焦点访谈》中全面展示自身创新发展形象。11 月 7 日，北京电视台《身边》栏目喜迎十八大系列报道以“亦庄里的金子”为题，报道了开发区海归高端人才的创业发展状况。

（隋国勇）

做好十八大学习宣传工作

年内，开发区围绕党的十八大报告中的“发展实体经济”“建设创新型国家”“建设美丽中国”“尊重知识、尊重人才、尊重创造”“加快完善城乡一体化体制机制”等相关论述，紧密结合开发区经济社会建设发展特点，迅速组织新闻线索，邀请十八大走转改采访团第四分团深入开发区企业一线采访，形成《学习十八大精神，外籍高管主动报名》《北京·亦庄——人才“高地”孕育创新沃土》等一批反映开发区贯彻十八大精神的报道文章。

（隋国勇）

加强对内宣传

年内，开发区工委宣传部按照提升质量、形成合力、打造品牌的发展思路，加强对开发区报纸、网站、电视栏目的联动策划，增强开发区舆论引导的主动性。全年出刊《亦庄时讯》49 期，策划了多个稿件质量高、影响力大的专题。《激情跨越开局年》用小视角大视野的方式，总结“十二五”开局之年，开发区各项工作的变化，其中《通过招商花名册看招商发展》一文成为 2012 年度开发区网站有效点击率最高的作品之一。《寻找身边的雷锋》通过敬业爱岗的一个个典型，反映新时期雷锋精神的内涵。以开发区建设 20 周年为契机，推出了《喜迎 20 年》动态报道，以《发现亦庄》《印象亦庄》《记忆亦庄》为三部曲，作开发区建设 20 年全景式成就报道。《聚集"12 平方公里"回迁》《喜迎十八大身边看发展》等栏目紧抓热点，通过独家视角，用生动的故事展现了主题宣传的效果。全年制作《亦庄新闻》61 期，策划录制《局长访谈》对话节目 7 期，制作专题节目《发现亦庄》《印象亦庄》12 期、《党旗飘飘》15 期、《感动新区人物》20 期，制作领导干部大讲堂等实况录像 76 期。年度网络新闻最高点击量达到 7058 次，年度网络新闻发布量 6275 篇。年度网络新闻发布及新闻专题发布居工委、管委会发布总量之首。在专题策划、制作方面占 BDA 网络专题总发布量的 80% 以上。专题内容涉及新区发展、社会民生、创新驱动等多个方面。

（吕鹏宇　杨琳娜　姚静）

策划组织评选感动新区人物等模范先进

年内，开发区举办感动新区人物评选活动。300 多名个人或组合参与评选，2.1 万余人次参与网络投票，最终评选出家国情怀赤子之心、创新典范行业标兵、平凡坚守绿叶红花、和谐发展学习楷模四个类型共 20 名个人或组合，并授予感动新区人物称号。感动新区人物评选网站专题荣获中国电子政务理事会颁发的 2012 年政府网站政民互动精品栏目奖。按照首都文明办评选条件及名额配置，完成"身边雷锋"和"身边雷锋团队"的申报推荐、图片音频资料采集等工作。

（刘维娜　姚静）

开展精神文明主题宣教活动

年内，开发区工委宣传部组织社会发展局、市政管理局，完成北京市"垃圾分类、垃圾减量，从我做起"知识竞赛活动的参赛家庭遴选、知识技能培训工作，并带领开发区代表队中芯花园张永胜一家在最终竞赛中获得优秀奖。面向北京二中亦庄分校、中芯学校、国际艺术学校等开展"做文明有礼北京人、垃圾减量、垃圾分类文学作品、绘画作品、标语口号征集"活动，征集到包括作文、绘画、书法、标语口号等在内的各类作品近 200 件。组织开展"争当文明出行达人 网上承诺签名"活动，687 人参与活动。开展网络文明传播志愿服务，全年共发布博客 30 条，微博 300 余条。

（刘维娜　姚静）

建成 20 家亦庄书屋

年内，开发区工委宣传部以高度的文化自觉，推动开发区文化建设，将开发区亦庄书屋建设项目纳入北京市益民书屋建设，并在北京朗波尔光电股份有限公司、北京四达时代通讯网络技术有限公司等单位新建 20 家亦庄书屋，为获得市级资金、政策和活动支持打开了渠道。至此，开发区累计建成 100 家亦庄书屋。围绕纪念开发区建设 20 周年，在全区开展读书征文活动，共收到征文 200 余篇，精选优秀作品 80 余篇，并编印《记忆 20 年》一书。

（姚静）

城乡共建工作稳步推进

年内，开发区 44 家文明单位与大兴区 13 个镇，分别在就业、教育、文化、技能培训、党建、环保等领域开展各类活动 49 项，直接投入资金 94 万元，间接投入资金 1890 万元，实现劳动就业 1865 人，技能培训 2913 人。举办参观座谈、文体联谊、咨询慰问等各类交流活动 200 多次，取得良好社会效应。

（刘维娜）

荣华路入选百条首都文明示范街

年内，按照首都文明办在北京市打造百条首都文明示范街的工作部署，由工委宣传部牵头，召集开发区工商分局、交通大队、市政管理局等文明委成员单位组成的创建文明示范街工作组，多次召开专题会议研究，明确相关部门工作职责，确定创建工作重点，在公共宣传、街区美化、交通秩序、商业经营、安全生产等方面综合管理，形成各职能部门和执法机关各负其责、齐抓共管的工作机制，有效维护了荣华路良好的公共秩序和诚信经营环境。经过材料整理、社会公示、图片采集等程序，成功推荐全长 4.5 千米的荣华路为北京市百条首都文明示范街之一。

（刘维娜）

企业党建

概况

2012 年，中共北京经济技术开发区企业委员会（简称开发区企业党委）以迎接和学习贯彻党的十八大精神为主线，全面贯彻落实科学发展观，大力践行北京精神，以落实市第十一次党代会精神为重点，以推进基层党组织建设年为契机，强化组织覆盖、工作覆盖和服务覆盖，进一步推动开发区非公党建工作的科学化建设，为新区一体化发展提供坚强的组织保障。

（李凯）

召开基层党团工作会

3 月 10 日，开发区企业党委召开年度企业基层党团组织负责人工作会。会议总结 2011 年各项重点工作，提出 2012 年加强非公有制企业党团组织建设的主要工作任务。会议要求各基层党团组织要围绕开发区经济社会的中心工作，稳中求进，创新发展，不断夯实组织基础，以蓬勃向上的精神面貌迎接开发区建设 20 周年，迎接党的十八大召开。

（李凯）

部署创先争优活动和基层组织建设年活动

3 月 27 日，开发区企业党委召开“深化推进创先争优活动、开展基层组织建设年工作部署会”。会议根据市委、开发区工委统一部署和要求，决定在区内各企业基层党组织和党员中开展深化推进创先争优活动、开展基层组织建设年工作活动，深入实施支部书记“领航工程”、基层党组织“聚力工程”和共产党员“先锋工程”，着力增强基层党组织的创造力、凝聚力和战斗力，全面提升基层党组织建设水平。开发区企业党委对“我身边的先锋”推选活动、基层党组织分类定级、评选党建工作创新项目 3 项重点工作任务制定了实施方案和时间进度表，要求基层党组织高度重视、加强组织领导、严格督促检查、保证工作效果，确保工作全覆盖，切实做到党建工作服务企业建设、服务新区发展。

（李凯）

开展主题警示教育活动

开展主题警示教育活动　　王瑾 摄

3月，开发区企业党委在各企业基层党团组织中开展“廉洁从业、助推企业发展”的主题警示教育活动，旨在使企业各级党团组织的书记和党团员在思想上有触动，心灵上有震撼，进一步加强党性修养和作风建设，进一步增强廉洁自律意识和遵纪守法自觉性，为企业健康发展提供坚实的思想保障。活动组织各企业基层党团组织书记参观北京市反腐倡廉警示教育基地、邀请中央党校教授为基层党团组织负责人上主题党课等。来自区内近 100 家企业的 300 余人参加活动。

（李凯）

举办加强党员党性修养报告会

加强党员党性修养报告会　王瑾 摄

5月10日，开发区企业党委举办加强党员党性修养报告会。报告会邀请中央党校教授围绕加强党员党性修养，从强化思想理论的纯洁性、干部队伍的纯洁性、作风建设的纯洁性 3 个方面为基层党员坚持马克思主义的立场、观点和方法，密切联系群众，加强作风建设，树立科学发展观，助推企业健康发展提供指导。64 个基层党支部的 500 名基层党员参加报告会。

（李凯）

召开创先争优表彰大会

7月2日，开发区企业党委召开庆祝建党 91 周年暨创先争优表彰大会。25 个先进基层党组织和 106 名优秀共产党员受到表彰。200 个基层党支部的 300 余名基层党员参加表彰大会。

（李凯）

双向培养双向发展党员工作试点启动

7月12日，新区村企党组织双向培养双向发展党员试点工作启动。工作试点启动会上，开发区党群工作部分别与榆垡镇、长子营镇签订《村企党组织“双向培养双向发展党员”试点工作合作协议》，并对大兴区榆垡镇外出就业人员党支部、大兴区长子营镇外出就业人员党支部进行揭牌。市委组织部副部长刘宇辉、新区领导林克庆出席启动会。

（李凯）

举办非公企业党建工作座谈会

8月8日，开发区企业党委举办以巩固成绩、总结经验、促进发展为主题的非公企业党建工作座谈会。座谈会总结了开发区非公企业党建工作在推动经济社会建设方面取得的成绩，倾听了 14 家驻区非公企业的党组织负责人开展非公党建工作的经验和体会。通过党组织先后从驻区非公企业中推选出 4 名区人大代表，13 名区政协委员，3 名北京市中国特色社会主义建设者；有 110 家非公有制企业获评开发区文明单位荣誉称号。此次会议为开发区建设 20 周年系列研讨会之一。

（李凯）

举办入党积极分子培训班

入党积极分子培训　宁玉凤 摄

9月14日，开发区企业党委举办2012年度入党积极分子培训班，来自区内企业的234名入党积极分子参加学习。

（李凯）

党群活动服务中心正式启用

9月27日，新区党群活动服务中心正式启用。其日常管理由开发区党群工作部负责，开发区工委副书记贲勇主持启用仪式。中组部组织二局副局长徐彦军、市委副秘书长张建明为党群活动服务中心揭牌。活动中心以“立足非公企业，面向党员群众，服务党团组织，促进科学发展”为宗旨，以打造成非公党组织的活动场所、交流平台、教育园地、展示舞台、精神家园为目标，通过活动阵地建设，进一步加强非公企业党员教育和管理，丰富非公企业党员精神文化生活、提升非公企业党员队伍的整体素质，促进党员之间、企业之间、企业与政府之间的交流，不断增强非公企业党的建设的凝聚力和影响力，进一步推进开发区非公党建工作的科学发展。

（李凯）

市非公有制企业党建工作现场推进会召开

9月27日，北京市非公有制企业党建工作现场推进会在新区党群活动服务中心召开。会议传达市委《关于进一步加强和改进非公有制企业党的建设工作的意见》精神；对落实《意见》提出要求。中组部领导徐彦军，市委领导张建明、刘宇辉、陈建领，新区领导贲勇、王有国、王宗刚及市委、市政府相关单位主管领导，各区县委常委、组织部部长300余人出席会议。

（李凯）

召开双向培养双向发展党员工作座谈会

双向培养双向发展党员工作推进座谈会　　宁玉凤 摄

10月16日，开发区企业党委召开“双向培养双向发展党员”工作推进座谈会。长子营镇和榆垡镇组织部相关负责人分别通报试点工作进展情况；北京奔驰、SMC、资生堂、德尔福、开拓热力5家企业党组织与13名村镇党组织培养对象进行对接。大兴区委组织部、开发区工委组织部、开发区企业党委、长子营镇和榆垡镇组织部及相关村党组织负责人、企业党组织负责人、入党积极分子代表共40余人参加座谈会。

（李凯）

举办非公有制企业基层党建工作展示

非公有制企业基层党的建设工作展示　　宁玉凤 摄

10月，开发区企业党委举办非公有制企业基层党的建设工作展示。此次工作展示通过图文并茂的形式，展示开发区非公有制企业党组织“争科学发展之先、创和谐社会之优”，深入推进“领航工程”“聚力工程”和“先锋工程”建设取得的成效，为企业基层党组织之间相互交流、相互借鉴、相互了解搭建平台。

（李凯）

举办企业基层党组织书记培训班

12月8日，开发区企业党委举办学习宣传贯彻党的十八大精神暨开发区企业党支部书记培训班。企业党委部署开展学习宣传贯彻党的十八大精神活动，向企业基层党组织书记传达北京市加快推进北京经济技术开发区创新发展大会精神，并以分组讨论的方式，围绕企业党建工作基本情况、经验做法、工作亮点、问题困难，以及意见建议和如何围绕十八大精神加强开发区非公有制企业党的建设等内容进行座谈讨论。来自区内企业的140名企业基层党组织书记参加培训及座谈讨论。

（李凯）

开展学习宣传贯彻党的十八大精神活动

12月，开发区企业党委根据开发区工委的统一部署，在区内企业基层党组织中深入开展学习宣传贯彻党的十八大精神活动。开发区企业党委制定下发开展学习宣传贯彻党的十八大精神活动的实施方案，方案包括开展“十个一”活动（制定一个工作方案、下发一套书、开展一系列报告会、组织一系列宣传活动、组织一次学习考试、汇编一本学习心得、组织一系列座谈会、撰写一篇学习体会、开展一系列宣传工作、开展一次主题实践活动）、组织专题学习、发放学习材料、参与知识竞答、组织3场学习宣传贯彻党的十八大精神企业专场报告会等。来自区内300多家企业的3100名党员参加活动。

（李凯）

北燃港华开展党建工作

年内，北燃港华以创先争优活动为牵引，以学习党的十八大精神系列活动为载体，有效提升公司领导班子的科学化领导水平，强化广大党员的先进性意识。建立健全公司纪检监察工作的10项制度，确保公司廉洁高效地运转。公司领导班子被北京市燃气集团党委评为“四好班子”（政治素质好、经营业绩好、团结协作好、作风形象好）；公司党支部开展的“星火燎原计划”党员带群众互帮互促共提高教育活动被北京市燃气集团党委评为党建创新（甲类）三等奖。

（袁卫中）

总公司党建

概况

2012年，开发区总公司党委做好十八大精神学习宣传和贯彻落实，开展创先争优及党风廉政建设基础年建设系列活动。组建了专兼职结合的纪检监察队伍，建立了签订“四书”制度（党风廉政建设责任书、建设工程廉政建设协议书、新任职领导干部廉政承诺书、新入职员工廉政保证书制度），组织开展了“六个一”（完善一个廉政书架、建设一套廉政片库、组织一次反腐倡廉教育参观、组织一次支部书记讲廉政党课、召开一次廉政风险防控经验交流、组织一次主题廉政文化活动）系列警示教育活动。党组织的战斗堡垒作用和党员的先锋模范作用进一步发挥。新建团组织3个，完成2个团组织换届选举工作，夯实了团的组织基础；举办了永康公寓第二届青年文化节等实践活动，拓展了团员青年形象展示舞台。总公司工会为员工办理“互助卡”“互助保险”等，做好员工关爱和保障工作；以活动开展为载体，组织开展了第一届“司庆杯”“五羽轮比”羽毛球追逐赛，带动了各基层工会活动开展，增强了工会组织活力；代表开发区参加中关村国家自主创新示范区第三届运动会，获得特别贡献奖。

党风廉政建设专题报告会　总公司办公室提供

（何焱 孙辉）

召开总公司党群工作会

3月20日，开发区总公司召开党群工作会，安排和部署2012年党群工作。会议下发《总公司2012年党群工作实施意见》等4个文件。总公司党委书记、总经理赵广义与各部门、各单位代表签订了党风廉政建设责任书。开发区工委副书记贲勇出席会议并讲话。

总公司召开党群工作会　总公司办公室提供

（何焱 孙辉）

召开达标创优五四表彰大会

5月2日，总公司团委召开2011年度达标创优五四表彰暨纪念建团90周年大会。总公司团委推进以永康公寓团委为代表的非公团建“两新”（即新经济组织和新社会组织）团组织建设工作；组织引导青年积极参与志愿服务活动，组织广大团员青年参与无偿献血、新区青年林植树、清理白色垃圾，组织200人参加新区“一区六园”运动会啦啦队等活动。总公司团委被开发区授予五四红旗团委称号。3个团（总）支部获得开发区五四红旗团支部称号。

（何焱 孙辉）

新成立3个党总支部

5月31日，总公司党委批准成立北京经开投资开发股份有限公司党总支部、北京博大经开建设有限公司党总支部、北京亦庄国际开发建设有限公司党总支部。

（何焱 孙辉）

机关党建

概况

2012年，开发区机关党委围绕开发区中心工作，在深化创先争优活动中认真开展基层组织建设年活动，把服务大局、建设队伍、关心党员贯穿活动始终。通过支部组织生活、讲党课、党员活动日、发展党员大会等活动，共同研究并落实加强党支部组织建设和作风建设；在创先争优评选表彰活动中，开展了评选先进基层党组织、优秀共产党员、党建创新项目奖活动，并组织学习宣传先进典型；在共产党员献爱心捐款活动中，机关564人参加捐款，共捐款74900元，其中党员489人，捐款68300元。结合新形势，开展党课教育活动，举办入党积极分子培训班。党的十八大闭幕后，认真学习宣传贯彻党的十八大精神，紧密结合新区一体化发展实际，将创建学习型机关和学习型党组织活动作为一项经常性的重要工作落到实处。开发区国税分局党组织关系转入机关党委。

（郭佳丽）

举办入党积极分子培训班

5月9~11日，开发区机关68名入党积极分子参加为期3天的学习培训。培训形式包括集中授课、参观学习、互动交流和开卷测试。入党积极分子平均年龄30.2岁，其中少数民族6人。近半数入党积极分子是首次参加培训。

（郭佳丽）

开展创先争优评选表彰活动

6月上旬，经过民主推荐、征求广大党员群众意见、机关党委会议研究和公示，开发区机关党委评选出8个先进基层党组织、14名优秀共产党员、4个党建创新项目奖。评选表彰活动旨在树立创先争优和基层组织建设年活动典型，通过典型示范作用，达到鼓舞干劲、促进工作的目的。

（郭佳丽）

加强党组织建设

年内，开发区机关党委发展党员22人。积极分子总数为114人，其中35岁及以下的98人，占积极分子总数的86%；本科及以上学历的94人，占积极分子总数的82.5%。截至年底，开发区机关党委有党总支2个、党支部37个。党员总数700人。其中，女党员313人，占党员总数的44.7%；少数民族党员35人，占党员总数的5%；研究生及以上学历党员151人，占党员总数的21.6%；本科学历党员468人，占党员总数的66.8%；35岁及以下的党员359人，占党员总数的51.3%。

（郭佳丽）

加强财政党风廉政建设

党风廉政建设座谈　　开发区财政局提供

年内，开发区财政局党支部根据“解决突出问题、落实各项工作”的总体要求，全面实施支部的思想建设、组织建设、作风建设，有序开展创先争优和干部作风建设年各项活动。加强党风廉政建设和反腐败教育；开展财政廉政警示教育学习月活动；创办《财政廉政建设期刊》，每个科室每月出1期廉政刊物，培养廉政意识；强化廉政作风，结合财政业务开展局领导廉政教育讲党课活动。

（迟旭锋）

加强地税干部队伍建设

年内，开发区地税分局加强处级领导班子建设。加大对税收工作和提高管理效能的研究力度，破解阻碍分局发展的难题。注重发挥中坚力量，明确工作职责，强化履职能力，切实提高中层干部解决实际问题的能力。制定《2012 年分局党员干部理论学习计划》及支部学习计划，力求每名党员理论学习和理论水平上台阶。开展党员评议工作和多种形式的党团工会活动，分局连续第 14 年组织对河北阳原的捐资助学活动，被评为“市局机关 2011–2012 年度优秀党建项目”。组织班子成员和中层干部集中学习党风廉政建设工作会议精神，定期开展领导干部廉洁从政教育。组织学习《北京市地方税务局党风廉政建设责任制实施办法》，强化分局领导班子和各级领导干部的责任意识。以优化政务流程为契机，对分局各项管理制度进行梳理，完善廉政风险防控措施。开展“做廉洁自律表率，为新区发展做贡献”主题演讲活动，选拔 2 名干部参加开发区比赛，并获得优秀组织奖。

（王磊）

纪检监察

概况

北京经济技术开发区纪工委（简称开发区纪工委）、监察局为市纪委、市监察局派驻开发区监督管理部门。2012，年开发区纪工委、监察局重点加强对开发区各级领导班子的监督；结合开发区在经济、社会发展方面的中心工作，围绕高端产业发展，建设高技术制造业和战略性新兴产业聚集区的区域定位，协助工委抓好反腐倡廉各项工作，为开发区实现超常规、高水平、跨越式发展保驾护航。

（王莹艳）

开发区干部参观反腐倡廉影像展

1 月 5 日，开发区纪工委组织副处级以上领导干部参观“风清气正扬宗旨”反腐倡廉教育影像展览。通过参观，领导干部们表示对腐败现象的危害性和反腐倡廉工作重要性有了更深刻的认识，要在工作中严格把牢思想关，高度重视，切实将反腐倡廉工作作为重点工作来抓，要求本部门、本单位工作人员严格遵守各项规章制度，按程序办事，做到清白从政、踏实干事。

（王莹艳）

召开新区领导干部廉政警示教育大会

1 月 10 日，新区领导干部廉政警示教育大会召开。会议宣读《关于集中开展廉政警示教育活动的实施方案》；解释说明并印发了《大兴区关于进一步加强重大工程和政府投资项目监督管理暂行办法》《关于对非法违法生产经营建设行为的责任追究办法》等 5 项制度规定；部署下一阶段新区廉政警示教育工作。市纪委常委张同生出席并讲话。

（王莹艳）

召开开发区党风廉政建设大会

2 月 16 日，开发区 2012 年党风廉政建设大会召开。会议学习贯彻十七届中央纪委七次会议和市纪委十届八次全会精神，部署 2012 年开发区党风廉政建设工作。开发区工委委员、纪工委书记王敬东作纪检监察工作报告。

（王莹艳）

开展新任领导干部集体廉政谈话

3 月 31 日，开发区纪工委监察局组织 2012 年度开发区第 1 次集体廉政谈话会。会议要求各级领导干部必须做到以下四点：一要常明权力之源，树立正确的权力观，真正做到立党为公、执政为民。二要常思贪欲之害，树立正确的财富观，要明白知足常乐的道理，不能有过高的欲望。三要常怀律己之心，树立正确的廉政观，恪守以廉为荣，以贪为耻的准则，为人做事要与自己的身份相符合，不失之于轻浮、流俗，注意维护自己的形象，经得起社会公论。四要常念为政之要，树立正确的政绩观，要把心思和精力用在干事创业上，用在为群众谋利益上。

（王莹艳）

举行廉政主题演讲

6 月 6 日，开发区“做廉政自律表率，为新区发展作贡献”主题演讲决赛暨颁奖典礼举行。来自各职能局及企业的 11 名选手，倾情讲述了新区建设者们为建设新区顽强拼搏、勇于奉献的工作精神和廉洁自律的工作实际，使观众了解到了真心换真心的服务风采、恪尽职守的工作态度、廉政自律奉献本职的崇高精神，为开发区营造了廉洁自律、敬业奉献的工作氛围。开发区国税局、公安分局选手获一等奖。开发区管委办、科技局等 10 家单位获优秀组织奖。6 月 14 日，开发区举行“做廉洁自律表率，为新区发展作贡献”主题演讲汇演。8 名演讲者用朴素的心声、真挚的感情，颂扬了开发区涌现出的勤政廉政典范，他们用一个个感人至深的故事，深情讲述了基层党员干部的优秀事迹，多角度地展示了优秀党员的良好形象，充分展现出开发区广大党员干部学廉、知廉、守廉的清政之风。

（王莹艳）

召开新区廉政警示教育活动总结大会

7 月 18 日，新区廉政警示教育活动总结大会召开。市纪委副书记、秘书长、市预防腐败局局长李振奇对新区近年来党风廉政建设方面的整体情况予以充分肯定。大兴区青云店镇、开发区人劳局等 4 家单位作典型发言。会上，播放了廉政警示教育活动总结短片《护航》，集中展示了“十一五”规划实施以来新区发展的整体态势，重点突出了为期半年的廉政警示教育活动成果。

（王莹艳）

召开特邀督察员座谈会

11 月 6 日，开发区纪工委监察局召开开发区特邀督察员座谈会并组织参观开发区行政服务大厅。SMC 等 10 家公司的督察代表参加座谈。会议要求各公司督察员从 2013 年起开始对开发区行政服务大厅就信息公开、依法办事、服务态度、工作效率、清正廉洁等方面进行明察暗访，根据督察情况，每人每季度填写一份开发区行政服务大厅评议表，本人签名后，于每季度最后 1 个月 25 日前反馈到监察局。监察局对各位督察员反馈的评议表进行分析、汇总，纳入被评议单位年度绩效考核。在综合各方面的意见建议后，监察局及时向行政服务大厅及有关部门和职能局通报评议情况，督促制定整改方案，提出改进意见，反馈整改效果。

（王莹艳）

召开党风廉政建设责任制汇报会

11月28~29日，开发区召开党风廉政建设责任制汇报会，开发区领导分别听取28个部门落实党风廉政建设责任制和推进惩防体系任务完成情况的专项检查报告。会议明确党风廉政建设是一个与时俱进的系统工程，是常态化的战略性工作，各部门领导干部要在制度建设、风险点排查、监督体系建设等方面不断完善体制机制，严格履行好相应的工作职责。

（王莹艳）

工 会

概况

2012年北京经济技术开发区总工会（简称开发区总工会）围绕新区提出的稳中求进、创新发展、推动新区建设实现新跨越的指导思想和主要目标，确立筑牢工作基础、维护和谐稳定、突出区域特色、惠及广大职工的工作思路，重点落实“五个一”工作机制（一种机制保障，建立完善工会组织体系内的信息沟通机制，形成信息交流网络；一份资金支持，加大对基层工会的资金支持力度，激发基层工会工作活力；一个宣传到位，加大对基层工会工作的宣传报道力度，搭建相互学习、相互促进的平台；一项工程延伸，拓展企业开展员工职业技能培训工程的外延，充实内涵，为职工搭建学习技术和交流技能的平台；一张京卡优惠，增加开发区特有的优惠服务项目，打造开发区总工会“京卡”服务品牌），实现维权到位、服务做实的工作目标。开发区总工会被全国中华总工会授予全国工会职工法律援助等维权服务示范单位称号。总工会党支部被大兴区委、开发区工委授予创先争优先进党支部称号。推荐2012年度首都劳动奖状1个，首都劳动奖章6名、北京市工人先锋号2个、北京市“三八”先进集体1个、北京市“三八”红旗奖章1人，评选开发区爱企业的好职工638名、爱职工的好经理13名（其中外籍经理2名）。

（李静 陈京生）

启动工会经费税务代收工作

1月1日，开发区作为北京市工会经费（筹备金）税务代收全面推广区，正式启动税务代收工作。开发区总工会与开发区地税局共同实施工会经费委托税务代收工作。截至12月28日，上缴工会经费企业208家，4个征期工会经费缴款率分别为92.59%、93.57%、95.58%、98.99%，工会经费实现稳步增长。

（李静 陈京生）

开展女职工工作

召开女职工委员会一届2次（扩大）会议　孔跃进 摄

2月7日，开发区总工会召开女职工委员会一届2次会议，增补女工委员，改选了女工委员会主任。设立女职工特殊关爱保险。3月7日，为开发区100多名女职工进行心脑血管疾病和肿瘤早期筛选共14个项目的免费体检。3月至4月，举办7期女工健康知识系列讲座，488名女职工参加学习。5月30日，组织参加北京市总工会举办的弘扬北京精神、展首都女职工风采——首都女职工庆“三八”书画、摄影、手工艺作品大赛，报送参赛的46幅（件）作品，获手工艺作品二等奖1件、优秀奖1件，摄影作品三等奖2幅。8月24日，组织100名女工委员学习《女职工劳动保护特别规定》，促进女工提高自我保护意识，有效维护女职工特殊权益。

（李静 陈京生）

召开二届委员会议

3月17日，开发区总工会召开二届11次委员（扩大）会议。市总工会党组副书记、副主席王北平，开发区工委副书记贲勇出席会议并讲话。会议总结2011年工会各项工作取得的新进展；提出2012年工作思路和重点任务；审议通过2011年开发区工会经费审查审计和监督情况的报告；补选12名开发区总工会二届委员会委员、2名经审委员会委员。区总工会二届委员会委员、经审委员会委员、基层工会主席等近290人参加会议。5月23日，开发区总工会召开第二届委员会第12次全体会议。会议宣读《关于提名张凤民同志为北京经济技术开发区总工会主席人选的决定》；审议通过《关于张凤民同志增补为北京经济技术开发区总工会第二届委员会委员和张东明同志不再担任北京经济技术开发区总工会第二届委员会委员、主席职务的决定》；投票选举张凤民为北京经济技术开发区二届委员会主席。

（李静 陈京生）

开展职工文体活动

3月至4月，开发区总工会举办开发区第四届职工保龄球比赛、第八届足球友谊赛。5月20日，组织900名职工参加中关村国家自主创新示范区第三届运动会，103个项目取得前8名的成绩。6月至7月，组织参加北京市拔河、群众健身跑健身走、职工第三届羽毛球赛、第三届足球比赛等活动，并取得了优异成绩。全年累计397家企业、18810人参与了各项职工体育活动。工会服务站借阅图书373人次，播放电影70场次2000人观看、职业培训10场600人参加。开展舞会、职工趣味赛等系列文体活动。9月25日，举办第二届“我们在一起”青年联谊会，为40家企业200名单身青年提供交友、婚恋平台。11月28日，举办第三届餐饮业职工才艺大赛，51名选手展示了口巾花、雕刻、拼盘、刀工等职业技能。

（李静 陈京生）

召开庆“五一”暨先进模范表彰会

召开先进模范表彰大会　　冯宝运 摄

4月27日，开发区总工会召开庆祝“五一”国际劳动节暨先进模范表彰大会。贲勇主持会议。张伯旭出席会议并讲话。

大会表彰获得首都劳动奖章、首都劳动奖状、北京市工人先锋号、“三八”红旗集体、“三八”红旗奖章、爱企业的好职工、爱职工的好经理等荣誉称号的先进集体和先进个人。开发区总工会、组织部，相关单位负责人和获得表彰的先进模范人物共600余人参加会议。

（李静　陈京生）

市总工会领导到开发区调研

7月20日，市总工会党组成员贾炯协等领导到开发区总工会调研，听取工会经费税务代收进展情况的汇报。贾炯协指出，开发区工会工作扎实，做到了区内企业底数清、组织结构清、隶属关系清、建会情况清；做到统筹兼顾，整体推进，站在全局的高度，以税务代收为契机，带动了工会组建、服务、维权等整体工作的深入开展。8月2日，中华全国总工会国际部涉外维权处处长王雪梅等领导到开发区调研跨国公司工会工作。听取了区内涉外企业和职工情况、工会组建和会员发展、劳动争议调解和处理等方面的汇报，并到北京三箭和众鼎电子有限公司等企业调研工会工作。8月8日，市总工会副主席王玉英等领导到开发区调研指导工会工作。8月22日，市总工会党组副书记、副主席王北平带队到开发区工会调研检查工资集体协商工作，与开发区、大兴区总工会相关领导及工资集体协商指导员进行座谈交流。

（李静　陈京生）

举办基层工会主席培训班

11月24日，开发区总工会举办基层工会主席培训班。来自区内诺基亚、金风科创、富士康等136家企业的工会主席、工会委员共150多人参加培训。开发区工委副书记责勇作开班动员。市总工会党组副书记、副主席王北平讲授了“中国工会工作的发展和变化”。市工会干部管理学院理论研究所教授郭庆、副研究员范丽娜分别作了“怎样当好工会主席”“促进企业发展，维护职工权益”的专题讲座。

（李静　陈京生）

维护职工权益

职工帮扶中心工作人员讨论工作进展　　孔庆进　摄

年内，开发区总工会构建社会化维权格局，在处理突发性群体事件中，与开发区人劳局、公安分局、政法工作部等7部门通力协作。劳动争议调解接待总量首次突破1万人次，达10046人次；受理劳动争议调解申请1500件，同比增长42%。其中劳动争议调解结案1450件，同比增长50.5%；总结案率97%，同比提高5%；调成1349件，同比增长86.5%；调解成功率93%，同比提高22%。履行金额共计564万元。调解集体劳动争议案件34起，涉及职工1777人，调解成功和分流解决1628人，总解决率为92%，涉及金额532万元。开发区总工会职工帮扶（调解）中心被全国总工会授予全国工会职工法律援助维权服务示范单位称号。

（李静　陈京生）

协调劳动关系

年内，开发区创建平等协商集体合同机制。成立工会生物医药产业工作部，与企业协会协商合作，重点在生物医药产业开展行业性工资集体协商，覆盖行业内330家企业。同时，与富士康、开发区总公司等27家企业签订了集体合同。开发区总工会《创新争议调解方法，构建和谐劳动关系》文章获全国经济特区开发区第25次工作会（西安论坛）优秀论文二等奖。

（李静 陈京生）

加强工会组织建设

年内，开发区总工会对全国总工会提供的2241家企业情况进行逐个核实，做到区内企业地点清、组织结构清、隶属关系清、建会情况清；确定区内136家百人以上未建会企业为建会重点。新建工会组织46家（其中500强企业4家），覆盖117个法人单位；新增会员1万余人，比上年增长63%。58家企业工会完成换届选举、增补委员、增选工会主席等工作；150家企业完成工会法人变更及工会法人资格证书审核办理登记工作。组织450名基层工会干部参加培训。推荐全国优秀工会工作者1名、北京市优秀工会工作者3名、北京市优秀工会积极分子2名、北京市优秀职工之友2名。

（李静 陈京生）

实施职工素质建设工程

年内，开发区总工会、人劳局、党群工作部联合下发《关于在北京经济技术开发区开展北京市第三届职业技能大赛的通知》，共同组织北京市第三届职业技能大赛开发区分赛区比赛。大赛共有高低压开关板（柜）装配配线工、无线电装接工等41个工种，39家企业、660多名选手参加。开展“安康杯”知识竞赛，区总工会被评为全国“安康杯”竞赛活动先进单位。实施企业职工参加技能培训计划，有18家企业确立98个项目，6136名职工参加各种取证和岗位技能培训。安川首钢机器人有限公司工会、北京金风科创风电设备有限公司工会获北京市模范职工之家称号，北京三箭和众鼎电子有限公司品管部PQC工会小组、华北高速公路股份有限公司大羊坊收费站工会小组获北京市模范职工小家称号。

（李静 陈京生）

职工服务热线解答咨询2158人次

年内，开发区总工会制定“五个一接待法”（即一张笑脸相迎、一声礼貌问候、一把椅子让座、一杯热茶暖心、一席话语顺气）为职工提供政策咨询、法律援助、互助保障、困难帮扶、职业介绍、技能培训、信息查询等方便快捷服务。开发区总工会12351职工服务热线接待咨询2158人次，接待和解答职工的满意率为100%。

（李静 陈京生）

做好工会财务审计工作

年内，开发区总工会举办工会财务电算化管理培训班，92名财务委员、经审委员参加学习。制定下发《北京经济技术开发区基层工会经费审查工作规范化标准建议（试行）的通知》，完成区内103家基层工会的审计工作，评选出10家达标单位，促进了工会经济活动的规范运作。

（李静 陈京生）

做好职工互助保险工作

年内，开发区总工会做好职工互助保险工作。职工互助保险累计投保13845人，住院医疗、意外伤害、女工特殊疾病等6项投保总金额40万元，理赔金额为4.8万元。积极开展暖·春风互助——在职职工互助保险计划，投保145万元，1175名职工享受互助金10.6万元。

（李静 陈京生）

帮扶困难职工

开发区领导到诺基亚慰问困难职工　　孔跃进 摄

年内，开发区总工会开展元旦、春节“两节”送温暖活动，累计投入资金113.53万元。其中慰问企业22家，困难职工353人，发放慰问金35.3万元；对世元达公司166名职工一次性发放救济金36.67万元；北京“7·21”特大自然灾害发生后，及时为133名受灾职工家庭筹集37万元救灾款，并随京卡发放到职工手中。农民工返乡补贴4.56万元。发放庙会门票396张，赠送法律书籍3550余册。信息采集18363人，累计71657人，采集率108%；办理京卡·互助服务卡15696张，累计43753人。拓展就业帮扶新路，组织现场招聘会，发放就业指导材料900多份，就业推荐961人。

（李静 陈京生）

加强工会宣传报道

年内，开发区总工会创新工会通讯出版模式，依托《劳动午报》，开设《北京经济技术开发区特刊》，完成12期的编辑出版工作，刊登稿件62篇。《北京工会信息》登载8篇，《北京市总工会网站》登载1篇。开发区总工会网站累计访问量16878人次，综合浏览量247116人次，有效提升了开发区总工会形象，扩大了影响力。

（李静 陈京生）

青年工作

概况

2012年，共青团北京市委经济技术开发区委员会（简称开发区团工委）以总书记胡锦涛五四讲话精神和第十三次团代会精神为指导，以践行北京精神、履行青年责任、促进新区发展为主线，以服务大局、服务青年、服务基层为重点，密切联系、服务团员青年，加强团干部队伍建设，团结带领广大团员青年为促进新区一体化发展贡献力量。

（宁玉凤）

新区青年志愿服务行动月活动启动

新区青年志愿服务行动月活动启动　　田艳君 摄

3月4日，由开发区团工委发起的学习雷锋好榜样——新区青年志愿服务行动月活动在永康公寓举行，来自富士康、京东方、北京奔驰等多家企业及工委管委会机关的 200 余名志愿者参加。志愿者开展了乘车礼仪倡导、环境保护和无偿献血等活动。

（宁玉凤）

开展主题倾听活动

3 月 29 日，开发区团工委组织开展以弘扬雷锋精神、促进新区志愿服务为主题的倾听活动。团工委负责人与开发区内企业基层团组织书记、属地联系单位团组织负责人以及青年志愿者代表，就新时代如何继承和弘扬雷锋精神、如何在企业中组织开展志愿服务活动以及区域青年志愿者组织建设、项目管理等内容进行交流。来自开发区总公司、华联印刷等 8 家单位的 15 位代表参加。活动听取了企业青年代表对青年志愿服务工作的意见和建议，为更好推动工作提供重要依据。

（宁玉凤）

开发区青年志愿服务基地正式挂牌

开发区青年志愿服务基地正式挂牌　田艳君 摄

3 月 30 日，开发区团工委在长子营镇温馨家园举行开发区青年志愿服务基地揭牌仪式。开发区团工委负责人和嘉捷集团负责人分别向长子营镇敬老院和温馨家园福利院授牌。这标志着首批开发区青年志愿服务基地正式建立，嘉捷企业汇的青年志愿者将长期为长子营镇敬老院和温馨家园福利院提供定点志愿服务。

（宁玉凤）

参与建设“新区青年林”

4 月 8 日、12 日，开发区团工委响应市委开展植树造林活动的号召，加快绿色新区建设，增强开发区团员青年的生态环保意识，结合企业青年的实际需求，分别组织所属基层团组织的近 400 名绿色青年志愿者前往大兴区开展“新区青年林”建设暨联谊交友活动。活动共植柳树 400 余棵，平整土地 13333.4 平方米。

（宁玉凤）

召开共青团成立 90 周年暨五四表彰大会

5 月 3 日，开发区纪念中国共青团成立 90 周年暨五四表彰大会召开。大会表彰 28 个基层团组织、29 个青年集体和 118 名先进个人。会议回顾和展示了开发区各级共青团组织在新区建设中组织青年、引导青年和服务青年等方面开展的工作和取得的成绩，并与大兴区团委共同发布了“新区青年牵手行动”。

（宁玉凤）

开展新生代农民工发展状况调研

6 月 12 日，开发区团工委召开北京市新生代农民工发展状况调研工作部署会，对开发区新生代农民工发展状况调研工作进行了动员、培训和部署。本次调研共分问卷调研和深度访谈 2 个步骤，针对非京籍青年人才和非京籍务工人员两类群体，发放调查问卷 600 份，涉及 60 余家单位。

（宁玉凤）

学习落实市第十三次团代会精神

9 月 7~8 日，开发区团工委在党群活动服务中心举办学习贯彻市第十三次团代会精神暨2012年开发区团干部培训班。基层团组织和属地联系企业的近100名学员参加。基层团干部通过素质拓展训练，加深了相互了解；明确了未来5年团市委工作的主要内容和共青团的工作导向；通过分组讨论，相互交流了区内企业之间共青团工作的开展情况。

（宁玉风）

召开新区发展与青年责任座谈会

9月28日，开发区团工委在党群活动服务中心组织召开新区发展与青年责任座谈会。开发区工委委员、组织部部长王宗刚与企业基层团干部一起座谈。20余位团员青年代表结合自身的工作经历，畅谈本单位共青团工作情况，并对开发区共青团工作提出许多意见和建议。

（宁玉风）

节日期间看望一线青年

10月3日，开发区团工委负责人到开发区“12平方公里”建设工地，慰问节日期间依然坚守岗位的青年职工，为他们带去节日祝福，并对青年突击队在建设中的良好表现给予了充分肯定。

（宁玉风）

举办开发区第五届羽毛球比赛

开发区第五届羽毛球比赛　　宁玉风 摄

10月13~14日，由开发区党群工作部、总工会、社发局主办，开发区团工委承办的开发区第五届羽毛球比赛在金风大学体育馆举办。来自富士康、资生堂等38家企业450多名员工和天华园一里、二里等4个社区50多名居民参加了团体比赛。开发区管委会、金风科技、施耐德、京东方光电、总公司、京东方显示、颇尔过滤器、楼氏电子分别获得企业组前八名，天华园二里获得社区组第一名。

（宁玉风）

金风·社区青年汇成立

金风·社区青年汇成立　　宁玉风 摄

10月13日，开发区第一个社区青年汇——金风·社区青年汇正式挂牌成立。金风·社区青年汇以“汇青年、汇组织、汇服务”为宗旨，以凝聚服务青年群体、促进新区企业发展为目的建立。现有可用场馆近4200平方米，包括羽毛球、篮球等各类文体设施，可为周边100余家企业、3万余名团员青年提供体育活动场所。

（宁玉风）

“暖冬行动”为日喀则地区送温暖

“暖冬行动”向西藏日喀则地区捐献棉衣　　田艳君 摄

11 月 26 日，开发区机关团委携手北京京东方显示有限公司团委发起 2012“暖冬行动”，共同为西藏日喀则地区困难群众捐献棉衣裤等御寒衣物。活动先后收到机关和企业团员青年捐献的干净棉衣裤约 800 公斤。经开发区团工委与西藏日喀则地区昂仁县民政局联系，首批衣物已于当日通过邮局寄往该地，由当地民政局将捐赠衣物及时送到群众手中。

（宁玉风）

参加十八大精神中央宣讲团首场报告会

参加中央宣讲团十八大精神首场报告会　　王也 摄

11 月 27 日，开发区团工委组织所属基层团组织负责人参加了由中宣部、中直机关工委、教育部、北京市委等 6 家单位联合主办的中央宣讲团党的十八大精神首场报告会。中央党史研究室主任欧阳淞做报告。与会基层团组织负责人与中央宣讲团成员、在京党政军机关干部和高校师生等 3000 余人参加报告会。

（宁玉风）

组织学习宣传党的十八大精神

组织学习宣传党的十八大精神　　宁玉风 摄

12 月 15 日，开发区共青团学习宣传贯彻党的十八大精神培训班在新区党群活动服务中心举办，来自 64 家基层团组织 140 余位团干部参加培训。团工委邀请来自中国青年政治学院教授陆仕祯和中国社会科学院研究员肖炼，结合企业青年的特点，就企业共青团工作的开展和十八大后国际经济新形势、中国宏观经济走势和中国经济发展面临的机遇等内容进行讲解。

（宁玉风）

综合行政事务

综 述

2012年，开发区政务及政法工作围绕“稳中求快进、创新大发展”的目标，履行综合协调、参谋决策、督查落实、服务保障等各项主要职责。向国务院办公厅上报舆情动态信息，起草“北京经济技术开发区建设20年取得丰硕成果”专题信息，通过政务信息手段及时向市委、市政府反映开发区发展成果。突出重要会议议定事项、领导批示交办事项督办落实的时效性，建立督查督办工作台账，随时更新，及时转办、督办、汇总反馈，确保政令畅通。抓好人大代表建议、政协委员提案的督办落实，开展政府信息公开工作，强化服务，完善流程。妥善处置各类信访问题，维护开发区社会和谐稳定。

开发区公安分局成立第一家驻区制涉外警务工作室，开展“12平方公里”清理整治专项行动、“三大秩序整顿专项行动”，提升社会治安掌控能力，及时侦破各类刑事、治安案件，提高群众的安全感和满意度。开发区交通大队加强秩序管理、事故预防和交通安全宣传，提升全区群众交通安全意识、文明意识、法制意识，道路交通环境改善，交通管控能力和水平提高。开发区消防支队成功处置“6·11”大巴追尾货车、“7·21”特大暴雨、“11·4”强降雪天气抢险救援、“11·19”天然气泄漏等灾害事故抢险救援，实现全年火灾形势和队伍内部安全双稳定。开发区检察处围绕服务新区深度融合及经济社会发展大局，发挥检察职能作用，维护人民合法权益和公平正义，维护社会和谐稳定，促进开发区经济社会发展。开发区法庭坚持“靠前服务、能动有为”，开展“当服务开发区发展的法律参谋、做保障开发区发展的司法卫士”活动，为开发区发展营造良好法治环境。

（毛癸卜）

重要会议

新区召开领导干部大会

1月20日，新区召开领导干部大会。区委副书记、副区长、开发区工委副书记、管委会主任张伯旭传达北京市区（县）委书记会议精神。大会由区委副书记、区长、开发区工委副书记李长友主持，王新、赵广义、谈绪祥、贲勇等新区领导班子成员及处级以上领导干部参加会议。

（毛癸卜）

开发区召开2012年度工作会

2月3日，开发区召开2012年度工作会，贯彻落实中央经济工作会、市委市政府指示精神，回顾2011年工作，明确2012年发展目标和任务。张伯旭以“奋力求进、勇于创新、全面提升高技术制造业和战略性新兴产业聚集区建设水平”为题作工作报告，总结2011年开发区经济社会发展情况，分析工作形势，部署2012年工作任务。区委书记、开发区工委书记林克庆出席会议并讲话。李长友主持会议，张晓林、王新、赵广义、贲勇等新区领导出席。

（毛癸卜）

新区召开区级领导班子会议

7月4日，新区召开区级领导班子会议。会议由林克庆主持。李长友传达市第十一次党代会和十一届市委一次全会精神。

（毛癸卜）

新区召开上半年经济形势分析会

7月24日，新区召开上半年经济形势分析会暨区委四届三次全会（扩大）。会议由林克庆主持。李长友围绕产业发展、投融资、改善民生、生态建设等方面，提出十大重点任务；张伯旭围绕开发区高端产业发展、创新驱动、亦庄新城建设等方面，提出五大重点工作；区委副书记、政法委书记谈绪祥就做好党的十八大安保工作，提出强化“一个基础”、实施“三项机制”、狠抓“六项重点工作”。

（毛癸卜）

开发区召开建设20周年系列研讨会

7月至8月，为迎接开发区建设20周年，由开发区各职能局牵头，开展了开发区战略性新兴产业座谈会、开发区非公企业党建工作座谈会、北京亦庄产业金融畅谈会等十大系列研讨座谈活动。

（毛癸卜）

新区召开区级领导班子会

8月3日，新区召开区级领导班子会。李长友、张伯旭分别传达市委书记郭金龙和市委副书记、代市长、市政协主席王安顺在市2012年上半年经济形势分析会上的重要讲话精神和所作的工作报告。林克庆出席会议并讲话。

（毛癸卜）

开发区座谈土地资源节约集约新途径

8月3日，开发区土地资源节约集约利用座谈会召开。座谈会进一步探讨土地资源节约集约利用的新途径。国土资源部土地利用管理司巡视员兼副司长黄鹤图及相关专家出席座谈会。此次会议是开发区建设20周年系列研讨活动之一。

（毛癸卜）

开发区举办生态工业园建设发展论坛

8 月 20 日，开发区建设 20 周年暨生态工业园建设发展论坛举行。论坛主题为“聚焦高端产业，建设生态文明”。论坛邀请了中国工程院等专家院士，商务部外资司、环保部科技标准司、发展改革委资源节约和环境保护司等国家部委及市属、开发区属部门的领导，同时邀请了中国开发区协会和来自苏州工业园区等 12 个开发区代表，共同交流和探讨生态工业园区的建设经验和做法，为开发区在生态工业园方面的建设建言献策。论坛由开发区管委会副主任袁立洪主持，张伯旭出席并致辞。此次论坛是开发区建设 20 周年系列研讨活动之一。

（毛癸卜）

新区召开领导班子务虚会

10 月 24 日，新区召开领导班子务虚会。听取区级领导班子成员 2013 年工作思路和工作重点汇报。林克庆出席会议并讲话。

（毛癸卜）

市委召开加快推进开发区创新发展大会

12 月 7 日，市委、市政府在博大大厦召开“加快推进北京经济技术开发区创新发展大会”。市委书记郭金龙讲话，市委副书记、代市长王安顺主持。副市长苟仲文就《关于进一步加快推进北京经济技术开发区发展的意见》要点作说明；开发区汇报了建设发展情况；康宁显示、义翘神州公司负责人作大会发言。郭金龙讲话指出，当前北京正处在转型发展的关键时期，作为北京唯一的国家级经济技术开发区，开发区在推动首都科学发展、加快转变经济发展方式、促进产业结构深度调整、推进科技产业化和发展实体经济等方面，要当仁不让地承担起责任，当好推动首都科学发展的排头兵。商务部副部长王超讲话，国家有关部委、央企和市领导杨学山、胡存智、郭允冲、胡玉敏、马兴瑞、吉林、李士祥、赵凤桐、陈刚、陈刚、刘新成、赵文芝等出席。

（张书强）

政务信息

概况

2012 年，开发区管委会围绕全市中心工作提供了大量有价值的信息，发挥了参谋助手作用。《北京经济技术开发区政务信息》共出刊 160 期，编发信息 1154 条。全年共向市政府报送信息 66 条，被采用 58 条，采用率达 87.9%。据统计，被《昨日市情》采用的普刊信息主要集中在项目落地、服务企业、经济指标、招商引资、科技创新、人才引进、就业问题等方面。开发区被市政府办公厅评为 2012 年“全市信息嘉奖单位”。

（毛癸卜）

上报舆情动态信息

年内，开发区的“近日北京日资企业生产经营情况”信息首次被国务院办公厅采用。

（毛癸卜）

发挥信息作用为建区20年献礼

年内，开发区管委办起草的“北京经济技术开发区建设20年取得丰硕成果”专题信息，被市政府《政务交流》采用。

（毛癸卜）

政策研究

概况

2012年，开发区研究室（法制办）围绕新区一体化、跨越式发展的工作主线，抓好队伍建设、发挥职能作用，推动研究、法制、区志等各项工作取得新进展。

（王玉婵）

首部开发区年鉴启动编纂工作

5月初，《北京经济技术开发区年鉴》编纂工作启动后，开发区志编委会办公室通过举办培训会、试写、交流指导、推进会等多种方式，督促200余家参编部门尽快熟悉业务，加快基础资料收集整理工作，共收集文字稿件约65万字。11月，开发区年鉴编纂委员会成立。同时开发区志编委会办公室将年鉴基本框架报年鉴编委会成员审读，根据审读意见调整完善。12月，完成全书定稿，包括文字总纂，彩图、随文图编辑，索引编制，正文排版、校对等工作。

（栾菲）

组织实施创新发展大会文稿起草工作

6月，根据北京市加快推进开发区创新发展大会工作安排，研究室承担市领导讲话（代拟稿）、商务部领导讲话（代拟稿）、题为“发扬开拓创新、拼搏奉献的开发区精神，加快建设高技术制造业和战略性新兴产业聚集区”的区领导工作报告等会议材料的起草工作。8月，将讲话（代拟稿）提交市委研究室征求意见。10月，结合党的十八大精神和市第十一次党代会精神，对所有材料进行重新调整，并报上级部门审定，完成起草任务。

（王玉婵）

完成2项课题研究

8月17日，研究室组织召开“开发区发展研讨会暨建设20周年重点课题结题会”，《开发区20年发展研究》顺利结题，《新区生产性服务业发展研究》报告形成初稿。《开发区20年发展研究》课题旨在回顾开发区20年来的建设成果和发展经验，展望未来的战略方向和建设目标；《新区生产性服务业发展研究》课题旨在探讨开发区如何发展生产性服务业。市经济和社会发展研究所所长杨开忠等专家为开发区20年发展建言献策。开发区管委会主任张伯旭出席会议并讲话。此次会议为开发区建设20周年系列研讨会之一。

（王玉婵）

编辑出版开发区大事记

8月，《北京经济技术开发区大事记（1990-2011）》出版。该书内容涵盖开发区20年间发生的大事要事。全书于7月定稿，总字数10万字，正文200页，前有彩页24页，随文图160多幅。

（王玉婵）

区志资料收集工作有序推进

年内，区志办有序推进区志编纂工作。根据市地方志办的志书编写要求和编写大纲，完成146家参编单位资料收集工作，第一稿资料总计220万字。编辑部对资料进行初审返回各单位修改后形成第二稿资料。在资料收集的基础上，完成开发区志资料长编，总字数106万字。同时，启动第二轮口述史人物专访工作。

（王玉婵）

牵头起草开发区发展的意见

年内，研究室（法制办）接到《关于进一步加快推进开发区发展的意见》（讨论稿）的起草任务后，会同发改局、产促局、规划局等部门进行政策措施征集和论证工作。在起草过程中，广泛征求意见。12月初，《意见》通过市委、市政府审议。

（王玉婵）

发布理论研究成果

年内，研究室配合建区20周年庆祝活动，与有关单位合作，在《中国开发区》《北京工作》《北京调研》等全国及北京市重要期刊上发表纪念开发区建区20周年的系列理论成果，宣传开发区20年来的建设成就。

（王玉婵）

做好各级调研组织工作

年内，研究室发挥组织保障调查研究的职能作用，为各级各类调研活动提供服务和便利。根据市政府研究室调研要求，就新区体制机制创新、如何发挥辐射带动作用、加强与中关村自主创新示范区对接、新机场建设等作专题汇报；根据管委会领导开展大走访、大调研活动安排，负责7家企业的调研组织工作，完成调研报告的撰写工作；配合市政府研究室调研园区污水处理设施建设情况；配合市委研究室报送政研信息等。

（王玉婵）

法治建设

加强法治调研和工作统筹

年初，研究室（法制办）组织依法行政系列座谈会，开展法治工作调查研究，与管委会各执法部门逐一进行交流，在规范性文件制定、开展行政执法、法制宣传等方面，了解需求、查找难点、捋清思路，为全年工作找准方向。

（王玉婵）

组织依法行政培训

9月19~20日，研究室（法制办）组织召开法制培训会，开发区管委会全体执法人员参加。由市法制办有关部门领导重点讲解国家、北京市对加强依法行政工作的要求；以推进两区执法交流为目标，邀请大兴区法制办负责人讲解大兴区依法行政工作的基本情况和做法；丰富依法行政培训形式，采取个人自学与网上在线学习相结合的方式，学习与日常行政管理工作密切相关的许可法、处罚法、强制法。通过现场讲座和网上学习的方式，学习在日常工作中运用法治理念解决问题的方式方法，提高公务员依法行政能力。

（王玉婵）

制定《全面推进依法行政工作要点》

年内，研究室（法制办）召开专题会，审议通过《北京经济技术开发区管理委员会2012年全面推进依法行政工作要点》，明确依法行政工作重点和要求。组织行政执法工作会，向各执法部门传达市法制办关于行政执法工作的新要求，并推动落实。建立法制信息员制度，定期收集管委会各执法部门的动态和信息，择优向市法制办报送，拓宽报送信息渠道。

（王玉婵）

加强对规范性文件的管理

年内，研究室（法制办）履行规范性文件合法性审查职责，围绕新区重点工作推动规范性文件制定，对于非工作急需、条件不够成熟的文件，做好起草调研工作。本年度有3个部门共送审5个文件，包括夜景照明、商务旅行卡管理、促进股权投资、支持企业上市、促进产业发展等内容。

（王玉婵）

履行执法监督职责

年内，研究室（法制办）做好行政执法资格管理工作，区分彻底离岗、暂时不在岗、在岗执法人员等情况，对执法人员基本信息进行重新摸底、分类管理，重点做好管委会第二批行政处罚执法人员资格管理工作，共为52人办理市级执法资格证。

（王玉婵）

开展行政处罚案卷内部评查

年内，研究室（法制办）组织各部门一线执法人员对2011年7月至2012年6月期间结案的一般程序行政处罚案卷进行交叉互评，邀请相关领域专家进行指导，点评、讲解案卷存在的问题和日常执法工作中的疑点难点。

（王玉婵）

档案

概况

2012年，档案室共接收各门类档案29432卷（件），完成2006年至2011年形成的各类重大事项、重大活动的5523张纸质照片档案及本年度文书、会计、审批等约2万卷（件）档案的加工整理工作，对外借阅、查阅利用各类档案共计8387卷（件），复印资料106605页。对文书、会计、审批三大类纸质档案进行数字化扫描，形成机读电子目录约40万条，促使档案管理向信息化、数字化方式迈进。

（孙建伟）

完成上两年文书档案的数字化工作

年内，档案室继续做好纸质档案数字化扫描工作。完成档案室室存文书档案2010-2011年约4000件7万页档案的数字化扫描工作，在数字化项目进行中指定专人负责，进行日常监管、指导和验收，抽检准确率达99%。

（孙建伟）

完成纸质照片档案整理工作

年内，档案室完成2006年至2011年纸质照片档案整理工作。挑选出1426张存档并编册保存，共完成纸质照片档案编目插册27本，20余万字，编写照片题名目录约400条。整理人员走访照片的摄制者、区内退休老干部、照片内容的当事人，查阅开发区《开拓者通讯》《BDA 时讯》《开发区大记事》等资料，确保了编写照片说明的准确度。

（孙建伟）

提供档案查询（利用）8387 卷（件）

年内，档案室共接待查询（利用）档案人员 809 人次，查阅利用档案 8387 卷（件）。其中，修志、编写大事记利用文书档案 523 件，做开发区大事记及开拓者刊物利用照片档案 931 张，开发区建设局做土地系统整理利用审批开工资料 368 件，开发区审计局进行干部离任审计利用会计档案 1216 件，开发区做建区以来财务结算利用各类档案 1882 件，信息公开解决村民拆迁遗留问题利用拆迁档案 333 件。复印相关资料 1893 页。

（孙建伟）

对口支援与经济合作

与承德高新区等开展交流对接

6 月 7 日，开发区与北京和田工业园区对口交流合作的框架协议签署。7 月 26 日至 8 月 3 日，组团赴新疆参加自治区承接国家级开发区对口支援新疆产业聚集园区工作会，并对和田地区进行实地调研。年内，开发区与承德高新区、赤峰（松山）信息产业园、新疆和田地区商务局等开展交流对接。

（刘春赠）

推进中加节能环保产业园建设

年内，开发区协助商务部组织企业赴加拿大参加中加节能环保工作组第三次会议和全球节能环保展会，并组织中加节能环保产业园论坛。开发区组织商务部、开发区和加拿大埃德蒙顿市举行座谈会，推进中加节能环保产业园挂牌和建设；组织有意向与加拿大合作企业参加中关村管委会联合加拿大国贸部投资司、加拿大 11 城市联盟及渥太华投资署召开的项目合作交流会，为企业提供更多海外合作机会。开发区与商务部外资司及部分国家级开发区共同发起国家级经济技术开发区生态园国际合作联席会机制。

（刘春赠）

调研考察

市委主要领导出席亦庄项目签约仪式

1 月 30 日，刘淇、郭金龙围绕“坚持稳中求进，提升经济发展质量，推动重大项目落地”主题到新区调研，并出席北京亦庄项目签约暨北京奔驰汽车零部件配套产业园启动仪式。

（毛癸卜）

市政协领导调研优化企业自主创新环境

2 月 14 日， 市政协副主席熊大新、傅惠民带队来到开发区，就优化企业自主创新环境进行专题调研。新区领导林克庆、张伯旭、王新等陪同。

（毛癸卜）

中央主要领导调研新区生态文明建设

2 月 15 日，中共中央政治局常委、

全国政协主席贾庆林围绕“加快推进生态文明建设、大力发展战略性新兴产业”主题到新区视察。视察南海子公园建设布局和自然环境、珍稀保护动物景观，了解南海子的历史与文化及公园建设情况，听取林克庆关于新区“十二五”发展总体思路、经济社会发展、产业发展、生态建设、森林建设工程等方面工作情况的汇报；视察北京亦庄生物医药园建设运行、园区企业生产研发情况，公共仪器测试服务平台DNA测序室和北京五加和分子医学研究所科技工作开展情况，听取张伯旭有关工作情况的汇报，对新区工作给予肯定。

（毛癸卜）

市委领导调研党风廉政建设情况

3月8日，市委常委、纪委书记叶青纯就党风廉政建设、经济建设等方面工作到新区调研。详细了解开发区整体建设情况；视察亦庄生物医药园及代表性企业北京五加和分子医学研究所、北京华昊中天生物技术有限公司和南海子郊野公园。

（毛癸卜）

市领导到生物医药园调研

8月15日，市委常委陈刚就加快推进科技创新工作到新区进行专题调研，并到北京亦庄生物医药园进行实地考察。市委副秘书长傅华，中关村管委会主任郭洪，新区领导林克庆、张伯旭、赵昕昕、杜新安陪同调研。调研期间，陈刚听取了新区生物医药产业发展概况和园区科技创新服务体系介绍，参观园区公共仪器测试服务平台、孵化中心及企业独栋等设施。

（黄秀敏）

中央主要领导到新区调研

9月18日，中共中央政治局常委、中央纪律检查委员会书记贺国强到新区调研。在新区综合展厅，详细了解新区整体情况和“十二五”发展规划，听取大兴区、开发区行政资源整合，提升区域核心竞争力，打造南部高技术制造业和战略性新兴产业聚集区和开发区廉政风险防范机制运行情况的汇报。到生物医药园调研，听取园区建设和发展情况介绍。

（毛癸卜 黄秀敏）

市政府主要领导到新区调研

11月17日，王安顺到新区调研。听取榆垡镇新机场规划区管控、“12平方公里”扩区建设，南海家园搬迁村村民回迁等情况。

（毛癸卜）

对台事务

概况

2012年，开发区台办从加强对台基础调研、加强对台服务和加强对台宣传入手，开展惠台、利台工作，增进与驻区台企联系、增进与台胞的感情、增强对台工作在台胞中的影响。通过为企业办实事拉近政府与企业、台办与员工的距离。了解了台企动态、台企员工思想状况，掌握金融危机后台企的运营情况、人员变动、思想动态等多方面的综合情况。

（朱红兵）

组织联谊慰问活动

春节前夕，开发区台办组织开发区

台商春节联谊会，市台办主任马玉萍、开发区工委书记林克庆，区内台胞及家属共计40多人参加。春节期间，开发区台办组织慰问在京过节的60余名台湾同胞，为台胞送去节日的问候和祝福。9月21日，召开开发区2012年台胞中秋联谊慰问会，市台办、开发区管委会相关领导和80余名台湾同胞参加联谊慰问会。

（朱红兵）

开展为台资企业送文艺演出活动

年内，开发区台办加强对台宣传工作，把对台工作与体育、文艺相结合，尝试为台资企业直接送文艺演出，解决企业员工业余生活单调、工作紧张等问题，同时扩大台办工作在企业和员工中的影响。台办联合相关部门分别组织艺术水平高、格调高雅、时尚现代的文艺综合性节目，为中芯国际公司送去文艺演出，获得台胞和员工的一致好评。

（朱红兵）

组织台胞参加各类交流活动

年内，开发区台办鼓励台胞参加6月22日市体育局组织的端午节龙舟比赛，并为台胞参赛创造条件。开发区富士康公司10余名台胞组队参赛，展示了台资企业员工的风采。10月27日，组织中芯国际公司、富士康公司、台办机关3个代表队参加北京市第七届“台商杯”球类比赛。

（朱红兵）

做好为台资企业服务工作

年内，开发区台办接待台胞各类咨询、投诉20余件次，内容涉及台胞证补办、房屋购买政策、台胞子女入学、入托、在京台胞就业、商品房租赁纠纷等。为2名台胞子女协调办理上学手续。

（朱红兵）

完善大陆人员赴台交流程序

年内，开发区共接办赴台申请72批，计200余人，接赴台咨询120余次。开发区赴台情况呈现出数量增多、时间紧迫、情况多样的特点。开发区台办为保证合乎规定的人员能按期成行，再次压减经办时限，对特急的人员开行绿色通道，使全部赴台人员都按期赴台，保证开发区企业与台湾企业的经济交流正常进行。

（朱红兵）

外　事

概况

2012年，开发区外事办公室服务于新区一体化、高端化、国际化发展，服务于开发区招商引资和产业发展，以及建区20周年等中心工作、重点工作，在因公出访、涉外管理、对外接待、会议服务等方面开展工作。北京市公安局出入境管理总队于2010年在开发区设立的出入境证件受理站2012年得到保留，业务量居北京市四站之首。开发区外事办公室共完成接待任务141批，4930人次。共安排机关会议服务2959次，78418人次。

（刘颖）

接待法国政商代表团

9月，开发区产促局接待法国前总理拉法兰及法国企业家20多人来访，重点介绍开发区投资环境和产业发展优势，并着重对移动硅谷项目进行了推介。

（朱蕾）

接待德国企业家代表团

11月，开发区产促局接待德国企业家20多人访问，介绍开发区整体发展环境，推介开发区重点发展产业与项目，组织该代表团与区内移动硅谷等企业进行了互动交流。

（朱蕾）

受理因公出访团组42批117人次

年内，开发区外事办公室共受理全区因公出访团组42批117人次，其中工委、管委机关及所属事业单位29批61人次，占用出访指标57个，未超出市外办规定的额度范围。因公证照收缴率达到100%。

（刘颖）

为区内企业办理来华邀请函595人次

年内，开发区外事办公室为区内企业共办理90天以内一次或两次来华邀请函申请541人次，初审90天以上多次来华及工作类邀请函申请54人次，总量同比上升超过51%。全年协助企业外方高管拜会北京市领导8次。为企业申报专业技术类国际会议4次，为民营企业申办APEC商务旅行卡8张。

（刘颖）

完成全年141批4930人次的接待任务

年内，开发区外事办公室共完成接待任务141批4930人次，其中外宾14批430人次，内宾127批4500人次，部级以上的重要接待占接待总量的20%。

（刘颖）

信访

概况

2012年，开发区信访办公室健全工作制度，解决群众合理诉求，化解矛盾纠纷，维护社会和谐稳定，为促进开发区经济社会发展作出贡献。

（王珲）

接信接访256批3228人次

年内，开发区信访办共受理、接待上访群众256批3228人次、信件110封、电话1000余个。从上访的特点看，市信访办转办、批办信访件增多；批评建议类投诉请求增多；重复投诉、缠访反映问题处理难度增大。从上访反映的问题看，农民工讨薪问题仍然比较突出，约占信访总量的70%；城市管理方面的问题反映强烈，主要是小区物业管理、路边车辆乱停放和黑车猖獗等问题；因规划、建设方面引发的居民上访增多；因征地、拆迁遗留的个别问题仍有村民上访。

（王珲）

应急

概况

2012年，开发区应急系统以构建符合世界城市特点的应急体系为目标，强化风险管控和应急救援能力建设，打造新区公共安全文化，完成“7·21”强降雨及十八大等各项应急服务保障工作，维护新区人民群众的生命财产安全和社会和谐稳定，为加快南部新区建设提供保障。

（吴振坤）

打造新区公共安全文化

年内，在全国第4个“5·12”防灾减灾日期间，围绕全市“弘扬公共安全文化、倡导应急志愿精神、建设安全和谐首都”活动主题，开发区成立活动筹备小组，加强统筹管理和综合协调，制定活动方案，推进应急管理工作“进企业、进社区、进工地、进学校”，开展形式多样、内容丰富、实效性强的宣教活动，营造全社会共同关心、支持、参与防灾减灾和应急管理工作的氛围。

（吴振坤）

提升应急实战保障能力

年内，按照突出重点、避免重复、提高质量、控制数量、注重实效的原则，开发区应急办对全区演练工作进行统筹规划，给予专项资金支持。开发区危化品泄漏事故桌面演练、危化品运输交通事故实战演练、供电、供热、燃气事故等演练有序开展。会同市卫生局、市急救中心开展市重大交通事故应急医疗救援演练，完善市级机构与属地政府的应急联动机制。

（吴振坤）

提升突发事件应对能力

年内，开发区应急办把强化值守应急作为有效预防和快速处置突发事件的基础性工作抓好、抓实，强化值守力量部署，优化值班制度。在做好春节、国庆等重大节假日服务保障工作的基础上，完成党的十八大和市十一次党代会等重大活动期间的安保应急工作，积极应对“7·21”强降雨等众多极端天气对城市运行所造成的影响，维护社会和谐稳定，促使城市安全有序运行。

（吴振坤）

信息公开

概况

2012年，依法申请公开信息工作力度持续加大，对企业、居民生活的服务作用得到提升。开发区主动公开信息37条，累计共812条，接待公众咨询查阅553人次，受理信息公开申请1022件、1041项，其中1015件、1034项按期答复。

（王海凤）

主动公开信息37条

年内，开发区主动公开信息37条。其中法规文件类信息1条，占2.7%；规划计划类信息2条，占5.4%；业务动态类信息34条，占91.9%。

（王海凤）

受理信息公开申请1022件1041项

年内，开发区受理信息公开1022件1041项，其中当面申请1013件，占总数的99.12%；通过互联网申请1件，占0.1%；以信函形式申请8件，占总数的0.78%。开发区答复申请信息1015件、1034项，答复情况为“同意公开”996项，占96.32%；“同意部分公开”1项，占0.09%；“不予公开”3项，占0.29%；“信息不存在”21项，占2.03%；“非本机关掌握”5项，占0.48%；“非政府信息”1项，占0.09%；“申请内容不明确”1项，占0.09%；“已主动公开”6项，占0.58%。

（王海凤）

政 法

概况

2012年，开发区政法工作部贯彻落实中央及市委关于维护社会稳定和社会管理综合治理的方针、政策并完成相关的工作任务；分析研究社会管理综合治理的形势并提出对策；协调、指导开发区社会管理综合治理工作；督促社会管理综合治理各项措施的落实；支持和监督开发区驻区政法部门依法行使职权。完成推进新区政法工作一体发展工作，加强社会管理综合治理基层工作，化解社会矛盾和不稳定因素，完成十八大安保、建区20周年系列活动安保等工作，确保辖区和谐稳定。

（吕昊 丑荣华）

规范人民调解委员会工作

1月至6月，大兴区司法局联合开发区社发局加强辖区内社区人民调解委员会工作。规范调委会档案，专门制作调解卷宗和调解咨询登记本，确保调解程序规范化。规范大雄郁金香舍人民调解委员会，封闭开放式调解室，更有利于保护当事人隐私。增选调解员15名，织密调解组织网络。

（丑荣华）

创新社会管理

3月，经工委、管委会领导审定，开发区政法工作部制定、印发《2012年开发区社会管理综合治理工作主要任务分解》。包括：确保开发区社会安定有序；深化综合试点，打造社会服务管理模式；加强源头治理，破解影响社会和谐稳定的突出问题；强化基层基础，夯实首都社会管理综合治理根基等方面内容。明确13项重点工作，确定主责单位、协办单位和完成时限，旨在整合开发区各部门力量，推动开发区社会管理综合治理工作有序开展。

（吕昊）

开展企业青年普法“四季行”活动

开展企业青年普法“四季行”活动　　丑荣华 摄

3月至12月，大兴区司法局联合开发区社发局在永康公寓开展青年普法“四季行”活动，即春季青年节普法专席、夏季维权宣传月、秋季自创普法文艺展演、冬季青年普法宣传。以小品、诗歌朗诵等企业青年喜闻乐见的形式将常见的法律问题融入其中进行宣传，旨在为企业青年营造良好的学法守法氛围，助力开发区企业健康发展。

（丑荣华）

培训人民调解员

4月11日，大兴区司法局组织社区调委会人员参观市级规范化调委会林校路街道铁路社区人民调解委员会，与铁路社区的调解员座谈，实地了解规范化调解室的建设情况，学习先进的调解经验和技巧。7月5日，就区内易发的相邻关系、物业管理等纠纷类型开展培训，讲解法律规范、调解方向、法律后果等，促使调解员依法调解纠纷。8月，为新任调解员、社区志愿者开展《中华人民共和国人民调解法》（以下简称《人民调解法》）及调解卷宗制作的专题培训，规范调解员工作，确保调解协议的真实性、合法性。开发区现有调解员168名，信息员286名。全年组织调解员集中培训3次，分社区培训调解员、楼门长9次，受训人员810人次。

（丑荣华）

法制讲座进京东方厂区

5月17日，开发区社发局和大兴区司法局共同举办法律讲座进企业活动，将一堂生动的法制课送进京东方科技集团股份有限公司厂区。北京市坤宇律师事务所律师肖焕坤就《中华人民共和国婚姻法》和《婚姻法解释（三）》为京东方的年轻员工释疑解惑。课后解答相关法律问题16个，受到了企业员工的欢迎。

（丑荣华）

组织专题调研

6月，开发区政法工作部组织法庭、检察处主要负责人赴大连开发区法院、检察院进行实地调研，借鉴其它开发区的先进经验，更好地服务开发区的企业和社区，推动新区一体发展。调研成果《关于创新开发区政法工作机制服务开发区发展的思考与实践》被首都综治办评为年度调研课题优秀奖。

（吕昊）

公益律师进社区

公益律师进社区　　丑荣华 摄

7月，大兴区司法局联合开发区社发局每周安排1名执业律师走进开发区的1个社区，为居民提供免费法律咨询、免费代书服务；参与社区普法宣传、社区调解员、楼门长培训及重大疑难纠纷化解工作；解决社区管理中纠纷；给予社区管理高质量法律支撑，促进开发区社区整体稳定。

（丑荣华）

首建人民调解员书库

8月1日，大兴区司法局联合开发区社发局建立8个社区人民调解委员会调解书库，书库有640册图书。书籍采买本着通俗易懂、贴近调解工作实际、贴近开发区社区实际的原则，内容涉及语言、心理、社交、法律、人民调解等方面，便于调解员随时查阅，指导调解员开展工作。

（丑荣华）

普法宣传进工地

8月9日，大兴区司法局在开发区“12平方公里”工地举行普法宣传进工地活动。公益律师现场为农民工提供免费的法律咨询服务。活动专门印制普法凉扇，将涉及农民工权益的《人民调解法》和《北京市法律援助条例》中的相关内容印在扇子上，让农民工在解暑的同时，学习正确维权的知识。2000多名农民工参与宣传活动。

（丑荣华）

建立普法宣传阵地

11月，大兴区司法局联合开发区社发局依托上海沙龙商业区围墙建起了一排长50米的法制宣传专栏，建成开发区内首个法制宣传阵地。一期宣传内容为《人民调解法》《中华人民共和国物权法》《中华人民共和国侵权责任法》等法律知识。宣传内容与开发区居民在日常生活中可能遇到的法律问题紧密相关，并根据社区实际定期更换。通过宣传引导社区居民知法、遵法、守法，为开发区的建设营造和谐稳定的法制环境。

（丑荣华）

开展“12·4”普法宣传日活动

“12·4”普法宣传日活动　　唐硕　摄

12月4日，大兴区司法局联合开发区社发局在开发区8个社区同步开展全国法制宣传日活动，各社区悬挂“弘扬法治精神 服务科学发展”普法宣传标语，发放法制宣传资料2000份，发放以《人民调解法》为主题的普法年历3000册。

（丑荣华）

开展综合治理工作

年内，开发区政法工作部沟通协调各政法机关，共同维护安全稳定与社会秩序。治安秩序方面，刑事类警情同比分别下降16%、17%和13%，通过巡逻防控查获一级临控人员11人，查控各类违法犯罪嫌疑人78人；交通秩序方面，共查处各类交通违法行为113241起，其中酒后驾车369起、21人被追究刑事责任、开展道路交通隐患排查10次、增补及调整交通设施170处、排查整改道路隐患9处；消防秩序方面，全年共发生火灾14起，同比下降47.37%，共出动消防车124次261辆，出动官兵1818人次，解救被困人员42人，疏散群众81人，无人员伤亡。

（吕昊）

完成十八大安保维稳任务

年内，开发区政法工作部制发“2012年开发区社会管理综合治理工作主要任务分解”等5个专项工作方案。6月27日和9月12日，开发区工委召开十八大维稳工作会议，梳理出4大类17项安全稳定重点工作，确定牵头领导、牵头部门、配合单位与责任人，形成全区上下贯通、责任明确、目标一致的工作体系。由政法工作部牵头，协调各部门通力合作，加强矛盾排查化解工作，加大值班值守力度，确保突发事件发生后各职能部门第一时间到现场，迅速化解处置。十八大期间，共核录13400余人，查获一级临控人员7人，破获各类案件13起，打击处理违法犯罪人员9人，妥善处置不安定问题6起。每日投入社会面治安志愿者900人，保证各社区每天有40至50人执行巡逻任务。同时加强居委会与物业公司的沟通互动，在社区形成物业公司保安与社区志愿巡逻队相结合、群防群治的工作格局，在社区安全稳定方面发挥作用。

（吕昊）

公　安

概况

北京市公安局经济技术开发区分局(简称开发区公安分局)2012年以党的十八大安保为主线，强化打防管控工作，破获公安部交办的互联网重大非法买卖枪支案、楼氏公司系列盗窃案等重大案件，完成涉日维稳、十八大等安全保卫任务，维护开发区内治安秩序和谐稳定。年内，强化社会面巡逻防控力度，查控各类违法犯罪嫌疑人；开展反恐处突、重点人控制、群体访处置、要害部位看护等桌面推演6次，警力拉动3次，召开十八大安保各种推进会7次；对区内水、电、气、热等基础设施要害单位安全检查70家次，会同相关单位开展专项拉网式隐患大排查6次。化解社会矛盾，妥善处置因征地、劳资纠纷等问题引发的群体性事件143起，涉及人员4300余人。强化企业安保，解决企业内部矛盾纠纷118起，查获在逃人员1人；完成各种警卫任务25次；完成"两会""上合峰会""中非论坛"等安保支援任务。加强中小学校及幼儿园安全防范，化解校园矛盾纠纷18起，组织校园安全演习3次，开展校园安全检查20次。完成犬类年检851只，年检登记率101%，查处违规养犬5起，收犬23只。开展预防煤气中毒、安全燃放烟花、养犬等各种宣传活动7次，发放宣传材料5.9万余份，解答群众咨询1400余人次。年内，分局1个集体荣立集体二等功，2个集体荣立集体三等功，1名民警荣立个人二等功，14名民警荣立个人三等功，52名民警受到嘉奖。

（王海英）

开展110宣传活动

1月10日，开发区公安分局以"110开门评警，解民忧保平安"为主题，分别在富士康公司、上海沙龙社区、丰大国际酒店及青年公寓设立宣传点，向群众宣传介绍110接处警工作范围、接处警程序、报警要素、处置要求等，并围绕电信诈骗、砸撬机动车盗窃等侵财案件及防火、防煤气中毒、安全燃放烟花爆竹等消防安全知识共发放《110报警知识介绍》《防范电信诈骗致居民群众的一封信》等宣传材料2000余份，解答群众咨询500余人次。

（王海英）

成立上海沙龙涉外警务工作室

1月19日，开发区公安分局在外籍人员聚集的上海沙龙小区成立第一家驻区制涉外警务工作室，主要负责驻区内的住宿登记管理、情报信息搜集、治安防控、法律宣传服务等涉外警务工作。年内，警务工作室向外籍人员发放警民联系卡及境外人员生活手册等材料820份，办理临时住宿登记102人次，居留时限提醒21次，上门服务22次，解决外籍人员纠纷1起。

（王海英）

完成外交官经济论坛会安保任务

2月8日，外交官经济论坛会在开发区举行，出席论坛的代表共300余人，其中部级首长6人、外宾50余人、驻外使节100余人、企业代表100余人、记者30余人。开发区公安分局出动警力完成安保任务。

（王海英）

开展打击黑电游专项行动

2月15日，开发区公安分局开展打击黑电游专项行动，对区内电子游艺场所进行集中检查。查处无照经营电子游艺机场所1家，依法收缴电子游艺赌博机29台。

（王海英）

入校普法

2月24日，开发区公安分局内保中队到北京二中亦庄学校进行《学法、懂法、守法，做阳光少年》的法制讲座，结合具体案例为学校700余名师生进行法制教育和安全防范教育，提高师生法制意识和防范处置能力。

（王海英）

完成“两会”安保支援任务

3月2~14日，开发区公安分局抽调18名警力支援东城分局隆福寺派出所和天坛公园派出所执行“两会”安保任务，共解答人民群众各种询问100余件，排除各种危险隐患17处。

（王海英）

开展“安保之星”评选

3月至10月，开发区公安分局在全体民警中开展“安保之星”评选活动，共评选出“安保之星”22人。

（王海英）

开展警营开放日活动

为群众发放宣传材料　　朱琳　摄

4月13日，开发区公安分局组织开展警营开放日活动，在开发区创意生活广场前设置中心宣传点，分业务咨询区、警务装备展示区、警犬展示区和媒体播放区4个区域。内保、派出所等单位分别在重点企业、繁华场所设置宣传点，刑侦、巡警、治安等基层单位结合实际全部面向社会开放。活动中共接受群众咨询800余人次，发放宣传材料2000余份。

（王海英）

分局警犬参加市局比赛取得好成绩

4月26日，开发区公安分局警犬参加市公安局巡警系统首届警犬技术比赛，在160多个参赛选手中获得科目单项第2名。

分局警犬训导员在训练警犬　　朱琳　摄

（王海英）

开展学校应急疏散演习

5月11日，为提高在校师生的防灾减灾意识和应急避险技能，开发区公安分局内保中队在北京二中亦庄学校组织开展突发事件应急疏散演习，在校师生2000余人参加演习，达到预期效果。

（王海英）

启动“院警制”

5月21日，开发区公安分局博兴路派出所在同仁医院开发区院区举行院警制启动暨医院警务工作室揭牌仪式。年内，同仁医院警务工作室处理医院警情138起，咨询97起，解决医患纠纷16起，解决群众困难28起。

（王海英）

举办保卫干部安保经验交流会

5月24日，开发区公安分局内保中队借助开发区企业安防协会平台，召集153家会员单位160余名保卫干部参加安保工作经验交流会。华夏银行亦庄支行、英资莱尔德、三洋、富士康、上海沙龙物业5家单位就安全防范工作进行经验介绍和交流，共同提高开发区企业内部安全防范。

（王海英）

开展社区防火演练

7月5日，开发区公安分局博兴路派出所联合消防支队在博客雅苑社区开展火灾应急疏散演练和消防宣传教育培训活动，“警情”为博客雅苑高层住宅楼10层突发火灾，楼内居民被困，公安、消防部门出警灭火，组织引导群众安全逃生。20余名居民参与演练，提高居民防火意识。

（王海英）

调解首起涉外民事纠纷

7月18日，开发区公安分局接美籍人员Martin报警称因房租问题与房东产生矛盾纠纷，分局内保中队、天华路派出所对矛盾纠纷双方进行调解，于7月23日达成和解。此次矛盾化解是分局受理的首起涉外民事纠纷。

（王海英）

举办内保人员培训班

7月31日至8月3日，开发区公安分局内保中队举办2012年度机关企事业单位内部保卫人员培训班，围绕企事业单位内部治安保卫条例、公安机关监督检查企业事业单位内部治安保卫工作规定、单位内部日常安全检查的方法和要求、群体性事件的预防与处置、多发性侵财案件的预防与处置、反恐防暴等突发事件处置基础知识、安全技术防范基础知识等7个方面进行培训。开发区200余家重点企事业单位内部保卫人员参加了培训。

（王海英）

开展入学前校园安全检查

8月23~24日，开发区公安分局联合开发区社发局、交通大队、消防支队、卫生监督站对辖区内北京二中亦庄学校、21世纪幼儿园、中芯学校等7所学校、幼儿园开展校园安全联合检查，全面落实中小学幼儿园开学前安全防范工作。

（王海英）

开展涉外旅店外事培训

8月30日，开发区公安分局内保中队组织召开区内涉外旅店住宿登记及相关外事工作培训会，市局出入境管理总队专业人员受邀到会讲课，局属派出所主管民警、17家宾馆旅店前厅经理及接待人员共110余人参加培训。

（王海英）

开展十八大安保执法保障培训

9月6日，开发区公安分局举办十八大安保执法保障专题培训，办公室指挥中心、刑侦预审部门的3名人员就110接处警、行政案件办理和刑事案件办理中存在的执法问题及执法规范，为全局民警进行专题培训。分局领导班子成员、各单位警探长以上领导及非值班民警100余人参加。

（王海英）

开展集中打击无证经营黑开旅店行动

9月6日21时至7日9时，开发区

公安分局按照市公安局打击无证经营黑开旅店工作方案要求，在辖区内开展集中打击无证经营黑开旅店行动，查处黑开旅店2家，抓获违法人员2名。

（王海英）

举办交通安全讲座

9月11日，开发区公安分局举办百日交通安全无事故活动专项工作会，邀请市局交通安委会办公室负责人进行交通安全专题讲课。分局班子成员、各单位领导及全体民警、文职、辅警、巡防队员及分局司机班等持有驾驶证人员100余人参加。

（王海英）

召开传帮带工作启动仪式

开发区公安分局举行传帮带仪式　　王冬 摄

9月21日，开发区公安分局召开传帮带工作启动仪式。7对传帮带民警与青年民警签订传帮带责任书，并重温入警誓词。市公安局团委负责人、分局党委班子成员、局属各单位政工领导及传帮带民警、青年民警参加启动仪式。

（王海英）

开展“12平方公里”清理整治专项行动

10月22日，开发区公安分局会同新区各执法单位分成11组对区内“12平方公里”回迁房小区及周边地带开展集中清理整治专项行动，发现上访人员2名，抓获在逃人员1名，拆除违章建筑2处，清理无照商贩8个，查扣违法车辆15辆，治安环境得到净化。

（王海英）

博兴路派出所开展户籍业务

10月30日，开发区公安分局博兴路派出所开始独立办理辖区户政、流动人口等相关业务。截至年底，办理常住人口增加47人，其中市外迁入46人，出生1人；办理身份证60个。

（王海英）

完成十八大涉会企业安保任务

对十八大选票印制单位进行现场警卫　　单位提供

11月8~15日，党的十八大召开期间，开发区公安分局抽调警力对十八大选票印制单位北京新华印刷有限公司进行现场警卫，对印刷重点时段和车辆进出区路线实时管控，完成十八大涉会企业安保任务。

（王海英）

举行“三大秩序”整治行动启动仪式

12月19日，由开发区公安分局、开发区交通、城管部门联合推进的“三大秩序”（交通秩序、治安秩序、环境秩序）整治行动启动仪式举行。当日共清理黑车20余辆，当场警告黑车6辆6人（移交城管处理1辆），查扣黑摩的9辆，区内“三大秩序”得到改善。

（王海英）

开展执法办案平台应用技能考试

12月22日，开发区公安分局组织民

警参加 2012 年执法办案平台应用技能考试。共 30 名民警参加中级、基本级执法资格考试，都取得较好成绩。

执法办案平台应用技能考试　　管昭 摄

（王海英）

强化社会面治安整治

年内，开发区公安分局联合开发区城管、交通等部门，在区内商业区及地铁车站沿线周边等人员密集区域开展联合执法 80 余次，累计清理黑车 700 余辆，清理无照商贩 50 余家次，当场警告黑车司机 149 人，行政拘留 2 人。

（王海英）

加强行业场所管理

年内，开发区公安分局加强对区内行业场所管理，检查机修业 230 余家次，旅店业 500 余家次，歌厅业 24 家次，印章业 29 家次，典当业 23 家次，查处违反相关管理规定旅店 7 家、机修 2 家，共处罚金 1.03 万元；打掉黑开旅店 2 个、黑电游 4 个，查处违规施工人员 2 名，擅自经营酒店人员 1 名，累计收缴赌博机 80 台。

（王海英）

加强涉危单位管理

年内，开发区公安分局加强危险物品管理，实现市局危险物品管理 9 个 100% 的工作要求。工作中共检查含剧毒物品单位 107 家次，含放射物单位 48 家次，易致爆单位 44 家次，管制刀具销售企业 26 家次，发现安全隐患 10 处，责令整改涉危单位 10 家。

（王海英）

加强区内企事业单位安全检查

年内，开发区公安分局对区内企事业单位开展安全检查 147 家次，发现不符合工作规范、存在安全隐患等需整改问题 300 余处，发动各类群防群治力量 450 余人，隐患整治率达 100%。

（王海英）

加强金融单位管理

年内，开发区公安分局召开银行系统防尾随抢劫、防电信诈骗等宣传发动会 12 次，组织银行开展各种实战演练 10 次，对金融单位安全检查 50 余次，填写安全检查记录 18 份，发现并整改安全隐患 20 处，成功阻止电信诈骗案件 23 起，为事主挽回经济损失 200 余万元。

（王海英）

强化执法办案培训

年内，开发区公安分局通过集中培训、跟班培训等多种形式对基层办案单位民警进行培训 50 余次，开展典型案例讲评 20 余次，举办执法办案平台操作培训班 10 次，完成对分局办案单位的跟班作业，组织新刑诉法培训 3 次考试 2 次。参加培训民警共 240 余人次，提升了民警业务能力和执法水平。

（王海英）

加强公安文化建设

年内，开发区公安分局加强公安文化建设，建成“一带三区五中心”，即一个荣誉长廊、三个特色展区（忠诚教育展示区、峥嵘岁月展示区、警营风貌展示区）、五大活动中心(心理减压中心、电子阅览中心、健身活动中心、电教播放中心、音乐休闲中心)，展示全体民警精神面貌，为分局民警提供放松减压及娱乐场所。

（王海英）

引导群众依法表达利益诉求，维护自身合法权益。开发区检察处联合大兴区人民检察院预防处、驻所检察室，组织北京亦庄国际开发建设有限公司参观大兴区看守所，开展廉政警示教育活动，选派人员配合检察院相关部门与来访群众座谈。

（孙长宝）

检 察

举办知识产权保护法制宣传活动

4月26日，按照大兴区人民检察院的统一部署，开发区检察处举办知识产权保护法制宣传活动。共制作16块宣传展板和宣传橱窗，内容包括检察职能介绍、机构设置、工作流程、办理知识产权刑事案件的经验做法以及7个法律效果和社会效果较好的典型案例。在宣传活动中，检察官为各界群众详细讲解宣传展板的内容，并对他们提出的法律问题予以解答。同时，发放《检察知识问答》《检务公开手册》以及《大兴检察（月刊）》等宣传材料共计300余册。

（孙长宝）

开展“12·4”法制宣传日活动

12月4日，开发区检察处围绕弘扬宪法精神，服务科学发展法制宣传日活动主题，结合党的十八大对法制工作新要求和检察工作职能，开展法制宣传活动。发放宣传资料200余份，联系卡100余张，受理群众咨询30余人次，解答法律疑难问题10余件，接访群众20人次。检察人员现场讲解相关法律知识、解答法律咨询、受理控告申诉，宣传检察机关的职能、受案范围、检察机关自侦案件立案标准及相关法律知识，帮助群众解决身边的法律问题，

举办检察开放日活动

举办检察开放日活动　　孙长宝 摄

12月13日，大兴区人民检察院举办以“守护公平正义”为主题的检察开放日活动。开发区检察处作为该院检察开放点之一，向社会各界全面开放。开发区30多名群众参与活动。活动中，接待人员向参观群众简要介绍检察机关职能、开发区检察处的机构设置和举报申诉受理范围，现场回答来访群众的法律咨询问题，征求群众对检察处开展工作的意见和建议，并发放《大兴检察（月刊）》、便民联系卡等法制宣传材料。通过参观和交流，来访群众对开发区检察处的工作职能、机构设置、办案环境、检察文化、检察队伍的精神面貌等有了更加直观和深入的认识，并表示今后对检察机关强化法律监督、维护公平正义、打击刑事犯罪和化解社会矛盾、服务全区发展大局等各项检察工作给予更多的理解和支持。

（孙长宝）

开展走访和调研工作

年内，开发区检察处走访京东方集团、开发区总公司、可口可乐等多家区内大型企业，了解企业对检察工作的需求，与企业建立畅通的沟通渠道，就企业生产发展中遇到的法律问题给予解答，并对企业职务犯罪预防工作提出建议。多次与开发区党政部门座谈，听取意见和建议，建立沟通协调机制，探讨如何充分发挥检察职能，服务开发区发展大局。

（孙长宝）

开展控申接待工作

年内，开发区检察处发挥控申窗口作用，对控申接待大厅进行亲民化设计，逐步建立各项便民、利民、为民举措。开发区检察处实行控申接待轮流排班制度，落实岗位职责，保证及时接待群众来访；注重服务细节，树立亲民爱民的好形象。通过设置休息沙发、饮水器具以及宣传资料栏等配套设施，为申诉人提供更加方便的服务；通过检务公开显示屏宣传《来访须知》《文明接待公约》《受案范围》《投诉指南》《检察人员纪律》等规定，便于来访人观看，方便群众掌握诉讼渠道，引导群众依法来访。接待室全年接待来访群众 90 余人次。制作便民联系卡，在上街巡访、日常接待中发放给信访群众，便民联系卡注明举报中心职责、举报电话、咨询电话、单位地址、服务方式等内容，方便群众依法表达诉求。控申接待室年内共接待 4 起 11 人次涉及拆迁问题的群众来访。

（孙长宝）

完成十八大安保维稳工作任务

年内，开发区检察处立足本职，多措并举，为党的十八大召开营造和谐稳定的社会环境。召开会议专题研究十八大安保维稳工作，传达上级会议精神，落实各项安保维稳工作责任，执行安保维稳工作方案。加强接待值班和排查化解涉检信访矛盾纠纷。开展消防安全检查，排除 3 处安全隐患，接受消防知识与实务教育培训，提升消防实操技能。严格遵守各项交通法规和警车、公车使用管理制度，坚持安全文明行车，倡导绿色安全出行。

（孙长宝）

审　判

概况

北京市大兴区人民法院经济技术开发区人民法庭（简称开发区法庭）2012 年负责审理开发区的民事、商事、劳动争议和知识产权案件。现有人员 26 人，其中法官 12 人，具有研究生学历的占 91.67%。开发区法庭以“靠前服务、能动有为”为指导思想，开展“当服务开发区发展的法律参谋、做保障开发区发展的司法卫士”活动，为开发区发展营造良好法治环境。

（渠阳振）

联合召开物业纠纷调处座谈会

3 月 9 日，开发区法庭与开发区房地局召开物业纠纷调处联合座谈会。共同讨论开发区物业小区存在的矛盾纠纷类型，分析业主拒绝交纳物业服务费的原因，交流合理化解矛盾的方法和措施，决定建立法庭、司法所、房地局、居委会相关人员组成的普法宣传队伍，通过法制宣传，促进小区和谐稳定。

（梁阳振）

加强法庭文化建设

年内，开发区法庭投入3万多元建设法庭文化长廊，购置多媒体器材。开展法庭爱民月、廉政文化教育座谈、优秀庭审评比等活动，注重对法庭干警进行文化教育，提高法庭文化建设水平。

（梁阳振）

审结各类案件1280件

年内，开发区法庭共受理各类案件1311件，审结各类案件1280件，结案率为97.64%。受理案件包括婚姻家庭纠纷、建设工程合同纠纷、房屋买卖合同纠纷、物业服务合同纠纷等。在审结的案件中，判决结案501件，调解结案397件，撤诉结案361件，其他方式结案21件，调撤率达59.22%。未发生一起当事人因对法院处理结果不服而引发的涉诉上访事件。

（梁阳振）

交通管理

概况

2012年，开发区交通大队加强秩序管理、事故预防和交通安全宣传，提升全区群众交通安全意识、文明意识、法制意识，道路交通环境得到改善，交通管控能力得到提高。截至年底，车管站审验机动车驾驶证21314个，换发驾驶证14445个，同比增加9.7%，核发各类通行证件5187张，发放临时号牌38044张，同比增加90.23%。执法站共处理非现场违法行为174257起，一般程序违法行为1784起。加强道路施工监管，共审批占道施工15项。开发区交通大队有4人荣立市交管局个人三等功，有20人受到市交管局嘉奖，执法小分队荣立集体三等功；被市公安局评为市一级执法示范单位；被首都精神文明建设委员会和开发区精神文明办评为“文明单位”。

（吕筝）

完成“7·21”强降雨交通保障任务

民警合力清理下水管道　　王元海 摄

7月21日，北京市遭遇大到暴雨天气，开发区交通大队启动恶劣天气应急预案，调集66名民警、150名交通协管员上路维护交通秩序，开启警示灯、车台喊话器提醒过往车辆，组织发生涉水故障车司机开展自救，在水深处用身体做标杆，引导车辆有序通过。从下午4点到第二天早上7点，全体民警坚守岗位15小时，共清移车辆200余辆，为群众指路提醒上千次，捡拾号牌81块，复位井盖上百个，解救被困群众200余人。当晚零时区内交通全面恢复，为北京市首个恢复交通的地区。

（吕筝）

加强危化品安全监管

8月22日，开发区交通大队在联华

林德气体（北京）有限公司，组织 150 家重点涉及危化品运输、使用的单位安全负责人，集中开展危化品运输安全宣教活动。10 月 16 日，开发区交通大队召开十八大期间危化品交通安全管理工作部署会，区内 247 家涉及危化品单位参加会议，增强重点企业的安全意识，确保十八大期间危化品安全。

（吕筝）

帮助乘客找回贵重行李

10 月 11 日，一乘客乘坐出租车时，将装有总价值十几万元物品的行李箱遗忘在出租车上，开发区交通大队值班民警立即调取事发时段的监控录像，经过对 20 多个路口近百辆车的查找，找到当事车辆，帮助当事人将遗失物品取回。当事人对大队民警的帮助表示感谢和赞扬。

（吕筝）

市公安交管局领导到开发区调研

市公安交管局领导到开发区调研　　张艳东 摄

10 月 30 日，市公安交管局政委孙钫、纪委书记郭振川到开发区交通大队检查指导十八大安保工作。查看干警宿舍、廉政教育室等，并就强化战时党建队建、创新战时工作思路、保持忧患意识和危机意识、不断争创一流等方面提出具体要求。

（吕筝）

妥善处置燃气泄漏事故

11 月 19 日 21 时 40 分，永昌中路锦绣街路口发生燃气泄漏。开发区交通大队启动突发事件应急处置预案，立即通知管委会应急办、管委办、开发区消防队及管道产权单位华北燃油公司，并将该情况直报市公安交管局勤务指挥部和交管局指挥中心。开发区大队启动一级上勤方案，出动警力 48 人次，警车 25 辆次，领导班子成员到达事故现场，按照职责分工，分别负责外围疏导、周边卡控、后勤保障等工作，确保过往车辆、行人安全。经过近 19 个小时的抢修，燃气泄漏事故抢修工作全部结束，抢修期间交通秩序正常，未发生拥堵情况。

（吕筝）

帮助危重病人快速就医

11 月 23 日 15 时 11 分，开发区交通大队接到一位李姓司机求助，欲从亦庄同仁医院送一位断指病人前往积水潭医院救治。15 时 14 分，大队指挥室通知路面民警赶赴现场，驾驶警车为其带道。并将警情上报局指挥中心，由交管局指挥中心协调安排沿线支队完成接力护送工作。15 时 25 分，民警将李先生的车带至京沪高速四环入口处，与朝阳支队顺利完成交接工作。11 月 24 日 10 时 30 分，开发区交通大队接一位刘姓司机求助，欲送急症病人往北京航天部总医院救治，大队指挥室及时调度路面执勤民警赶到报警地点，驾驶警车为其带道。10 时 45 分，将病人带至亦庄桥下，与大兴支队完成交接工作。两次行动为病人及时救治争取了宝贵时间。

（吕筝）

联动执法治理秩序乱点

对酒后驾车等违法行为进行检查 刘思远 摄

年内，开发区交通大队通过“321”打防控一体化机制，与区内分局、城管建立联合执法长效机制，清理秩序乱点，针对占路施工、占路摆摊设点、“黑车”“摩的”“残三”、电动自行车违法等开展联合行动50余次。

（吕筝）

优化道路交通管理系统

年内，开发区交通大队按照“道路资源精耕细作、优化渠化寸土必争、信号配时分秒必夺”的思路，对辖区重点区域分级开展系统优化，对路口、路段进行优化调整。综合治理交通堵点、乱点，协调有关部门排查治理断头路、瓶颈路段，完善道路微循环系统。开发区交通大队制订交通优化方案16个，清除旧标线1.89万平方米，施划新标线1.89万平方米，增补护栏23千米，调整交通设施30处，增加标志标牌85块，将北京同仁医院南侧、亦庄医院北侧等6条区间路改建成单行线，提高道路通行能力。

（吕筝）

全年接警处警情况

年内，开发区交通大队“122”接处警12714起，比上年增加1926起，增长18%，其中交通事故报警6532起、拥堵报警145起、群众反映6037起、出动警力1.2万余人次，为群众提供帮助4500余次，接受群众咨询1万余次。

（吕筝）

加强占路施工监管

年内，开发区交通大队采取事前审批、事中监督、事后追究措施，加强施工监管，办理占路施工58起，其中临时占路施工43起，受理道口开设申请32家。完成京东方8.5代线、中水工程、管网二期建设、宏达路大修、隆庆街中修、天华东路中修等大型占路施工工程交通保障工作。

（吕筝）

交通安全隐患排查

对运输单位车辆进行安全检查 高羽元 摄

年内，开发区交通大队协调局设施处与开发区市政局对全区交通设施、科技设备进行动态排查，健全应急抢修工作机制，并进行满负荷极限测试、集中维护保养。全年共开展道路交通隐患排查15次，联合巡视巡检21次，排查整改道路隐患9处。

（吕筝）

“文明交通行动”主题宣传活动

年内，开发区交通大队结合首都文明

交通行动五年计划，调动社会资源，深入企业、工地、学校、社区，组织开展文明出行推动日、文明交通引导行动等系列大型社会公益活动及绿色出行、文明交通、从我做起主题宣传教育活动。全年组织开展交通安全教育活动 80 余场次，受教育人员累计 13 万余人次。发放《致开发区居民的一封信》《严禁酒后开车》等宣传材料 15 万余份。先后 5 次组织 50 名外籍人士和 150 名交通安全志愿者在路口维护交通秩序；在沿街单位组织 550 名交通安全义务宣传员对企业内部车辆人员进行自检；开发区大队向驻区 1000 余家企业车管干部发送温馨提示短信，形成人人参与、人人践行文明交通的氛围。

（吕筝）

联合多部门开展实战演练

年内，开发区交通大队与开发区消防、安监、市政、999 急救中心、环保等单位联合组织开展 5 次危化品运输车辆事故、重大交通事故医疗、安保勤务、恶劣天气等多种突发情况处置的综合演练，提升区各职能单位处置突发事件和协调联动能力。

（吕筝）

对社会单位安全监管执法情况

年内，开发区交通大队检查单位内部交通安全 763 次，发放《责令限期整改通知书》1436 份，《责令机动车上道路行驶通知书》240 份，追查重点违法行为 1099 起，停驶 342 家发生严重交通违法行为企业的 954 辆上路行驶车辆，向 1182 家备案单位发放《开发区企事业单位交通安全防范责任制度》《交通安全项登记表》。全年无交通死亡事故。

（吕筝）

提升窗口服务水平

年内，开发区交通大队以让群众满意为宗旨，完善各项服务设施，在接待大厅内设置引导员、老弱病残办事绿色通道、一机双屏服务评价器等 13 项便民服务设施。对窗口民警提出“嘴巴甜一点、脑筋活一点、行动快一点、做事多一点、效率高一点、理由少一点、胆量大一点、脾气小一点、说话轻一点、微笑露一点”的十点工作要求。全年接待群众 17 万人次，发放便民服务卡 12130 多张，收到锦旗 7 面，表扬信 3 封，表扬电话 26 个，全队民警累计加班加点 21800 多小时，贡献公休 890 余天，15 名民警带病坚持工作，13 名民警克服家庭困难，坚守工作岗位。

（吕筝）

开展“五比五争当活动”

年内，开发区交通大队重视青年队伍建设，在青年民警中开展“五比五争当活动”（比学习，争当进步好模范；比质量，争当负责质检员；比创意，争当创新智多星；比奉献，争当敬业优质砖；比作风，争当自律守纪兵）。开展辩论赛、才艺展示等活动，为青年成才进步搭建平台。开发区交通大队举办法制大讲堂 1 次，规范执法培训会 12 次，树立执法标兵 6 人次；组织廉政警示教育活动 10 余次，组织领导干部 6 人进行执法资格考试，提高民警执法技能，强化纪律作风，完成十八大、全国两会等重大活动的交通保卫任务。

（吕筝）

消 防

概况

2012年，北京经济技术开发区公安消防支队暨中国人民武装警察部队北京经济技术开发区消防支队（简称开发区消防支队）下设司令部、政治处、后勤处、防火处（均为副团级），1个亦庄消防中队（为副营级），现有执勤备战车辆9部。支队主要承担开发区的防火灭火、抢险救援、应对突发事件等各种灾害事故的处置及辖区消防勤务保障，管辖面积为46.8平方千米。开发区消防支队夯实社会面消防工作基础，实现火灾形势和队伍内部安全双稳定。成功处置“6·11”大巴追尾货车、“7·21”特大暴雨、“9·20”卡车侧翻沙埋轿车、“11·4”强降雪天气抢险救援、“11·19”天然气泄漏等灾害事故抢险救援。年内，举办北京市公安消防部队正规化建设暨铁军中队创建工作和思想政治工作“五化”建设两个现场会，得到公安部、市公安局和市消防总队的肯定。被公安部消防局评为党的十八大消防安全保卫战成绩突出公安消防支队；所属亦庄消防中队被评为党的十八大消防安全保卫战成绩突出公安消防中队；支队党委被市公安局评为“好班子”；荣获1个个人二等功，1个集体、6个个人三等功，23人获先进个人称号。

开发区消防支队外景　　黎军　摄

（张宇　黎军）

召开“清剿火患”战役阶段工作表彰会

召开“清剿火患”战役阶段工作表彰会　　黎军　摄

1月17日，“清剿火患”战役阶段工作先进个人奖励表彰暨攻坚推进会在开发区消防支队召开，开发区管委会副主任高言杰，公安分局局长邹燕平，消防支队支队长刘洪海、政委隗兆功等支队党委成员及全体官兵，分局办公室、政治处、法制科、治安大队、内保中队、保安公司、天华路派出所、博兴路派出所、交通大队三管领导及受奖励人员参加会议。会议就前一阶段“清剿火患”战役工作进行总结，宣读《关于对“清剿火患”战役暨消防平安二号行动阶段工作先进个人进行奖励的决定》，为受表彰的25名先进个人颁发荣誉证书。

（黎军）

举行消防宣传车“五进”活动启动仪式

1月18日，开发区消防支队在上海沙龙社区举行消防宣传车“五进”活动启动仪式。消防支队及开发区内派出所、工商、城管、交通、物业、居委会负责人及社区群众共计200余人参加仪式。仪式上，向群众发放消防宣传材料，讲解消防知识。

社区群众现场体验消防宣传车。截至年底，消防宣传车共开展35次消防宣传车“五进”活动，宣传培训2万余人次。完成对社区居民、企事业单位员工、施工现场民工、保安等培训19次，接待来队参观消防宣传车群众1万余人次。

（黎军）

召开正规化建设暨铁军中队创建现场会

正规化建设暨铁军中队创建工作现场会　　黎军 摄

4月6日，市消防总队在开发区消防支队召开北京市公安消防部队正规化建设暨铁军中队创建工作现场会。公安部消防局副局长于建华，市消防总队政委吴志强，司令部、政治部、后勤部领导，各消防支队主官及参谋长、基层中队主官、新闻媒体记者等共计110人参加会议。与会人员参观亦庄中队库室和营区设置，在训练场实地观摩由开发区消防支队20人攻坚突击队现场演示的地下救援操、多功能射流水雾灭火操、攀爬横渡下降救援操、摩托车破拆灭火救援操等攻坚操法，现场参观体验攻坚突击队配备的先进器材装备。

（张宇）

举办“5·12”防灾减灾日宣传活动

5月10日，开发区“5·12”大型防灾减灾宣传活动在开发区消防支队举办，开发区管委会、安监、公安、消防、市政、交通等单位领导出席活动，应急社会成员单位以及开发区总公司应急抢险大队，各社区居委会代表300余人参加。活动中，为企事业单位和社区的优秀消防志愿者颁发证书。支队铁军队员展示攻坚操法，展出铁军突击队高精尖器材装备，现场群众参加灭火演示体验、攀岩心理体验、火灾逃生通道体验、消防宣传车及云梯体验等科目，消防、交通、市政等部门发放宣传材料。

（黎军）

举行危化品事故应急演练

6月15日，开发区安监局、应急办、消防支队、交通大队和辖区联华林德气体、东进世美肯等公司共同联合开展危化品事故应急演练。消防支队共出动7辆消防车，50名官兵参加演练。通过演练，完善开发区危险化学品应急救援体系，增强多部门之间相互衔接、配合，实际检验了危险化学品事故应急救援预案。

举行危化品事故应急演练　　黎军 摄

（黎军）

开展施工现场安全咨询日活动

6月25日，开发区消防支队联合开发区安监局、建发局、城管大队、社发局等部门在辖区“12平方公里”回迁安置房施工现场，开展安全生产月活动暨施工现场安全咨询日活动，30余家建设、施工、监理单位的500余人参加。发放宣传资料

1000 余份，接受消防知识咨询 200 余人次，普及消防知识，提高施工人员防范火灾能力。

（黎军）

开展汛期水上应急救援演练

6 月 27 日，开发区消防支队结合区内凉水河和新凤河出现水位上涨的实际情况，举行水上应急救援演练。亦庄中队出动消防车 3 辆，共 21 名官兵参加演练。

（黎军）

全力做好“7 · 21”特大暴雨抢险救援

“7 · 21”特大暴雨抢险救援　　黎军　摄

7 月 21 日，北京遭遇 61 年来最强特大暴雨，大范围、长时间的强降雨导致开发区多个居民住宅、企业、工厂及交通路段出现较高水位内涝，群众、车辆被困。开发区消防支队全面展开救援行动，救助被困群众脱险的同时，接待安置被困群众。为更好地接待被困群众，临时开放中队学习室，安置被困群众，并为群众准备矿泉水、热饮、面条等，缓解群众疲劳与饥饿。为抢救企业物资，全体官兵连续奋战至 7 月 22 日晚，为辖区内交通大队、豪力大厦、听涛雅苑等单位企业、居民社区进行紧急抽排水。救援中，消防支队出动救援车辆 8 辆次，消防官兵 48 人。支队官兵连夜奋战 30 多小时，抢险排水 6 起，累计排水 200 余吨，抢救社会被困车辆 65 辆，共接待安置被困群众 38 人，疏散群众 70 多人，保障了人民群众生命财产安全。

（黎军）

召开消防安全保卫攻坚会战誓师大会

十八大消防安全保卫攻坚会战誓师大会　　黎军　摄

8 月 23 日，开发区消防支队召开十八大消防安全保卫攻坚会战誓师大会。市消防总队、开发区公安分局相关领导及消防支队全体官兵共 70 余人参加会议。会议宣读了《党的十八大消防安保工作总体方案》，就开发区消防支队十八大安保各项工作进行了整体部署；为灭火处突、政治保障、战勤保障、社会面火灾防控等 4 支突击队授旗；支队军政主官与部门领导及中队主官签订责任书；官兵代表分别作表态发言。

（黎军）

成立十八大消防安保指挥部

十八大消防安保指挥部召开第 1 次例会　　黎军　摄

8 月 28 日，开发区公安分局在消防支队召开十八大消防安保指挥部成立暨第 1 次例会。会议宣读了《北京经济技术开发区公安分局关于成立开发区十八大消防安全保卫指挥部的决定》，就开发区消防支队十八大安保工作进行部署，为消防安保指挥部成立揭牌。

（黎军）

多部门联合开展燃气泄漏应急救援演练

8 月 30 日，开发区消防支队联合开发区应急办、安监局、发改局、交通大队及北港燃华燃气有限公司在开发区经海路与科创十五街交叉路口，开展燃气泄漏应急救援演练。通过演练，加强辖区相关职能部门的协调配合，情报沟通，提升综合救援能力，为燃气泄漏灾害事故处置积累经验。

（黎军）

开展高层建筑固定消防设施测试工作

8 月 31 日，开发区消防支队在辖区朝林广场开展高层建筑固定消防设施测试工作。消防支队全勤指挥部，亦庄中队 7 辆消防车、49 名官兵参加。通过现场实地测试，熟悉掌握重点单位消防设施情况，提升部队高层建筑灭火救援实战水平。

（黎军）

开学“消防第一课”筑牢校园防火墙

9 月 3 日，开发区消防支队走进北京二中亦庄学校、北京电子科技职业学院、北京中芯学校，为 7000 余名师生讲授新学期消防安全第一课。消防教员结合校园火灾案例，从火灾的定义、成因、如何扑救初期火灾、如何安全疏散逃生、正确使用灭火器及日常碰到的消防安全常识等对学生进行消防安全知识培训。课后，在消防官兵的指导下，师生们进行灭火器实际操作、疏散逃生演练。通过开学前消防安全第一课，让广大师生熟悉掌握消防安全知识，提高疏散逃生能力及安全防范意识。

（黎军）

联合多部门排查“六小单位”消防安全

9 月 7 日，开发区消防支队联合开发区商务局、工商局、安监局、卫生监督检验局、城管大队等职能部门对辖区临街“六小单位”进行专项检查。对于检查中发现的消防隐患问题，督促单位整改，加强对消防设施的维护保养，保证消防安全。

（黎军）

举办消防业务培训班

9 月 10 日，开发区消防支队在北京电子科技职业学院举办消防控制室值机人员、保安员及特殊工种消防业务培训班。开发区治安大队、天华路派出所、博兴路派出所、保安公司主管领导及区内单位消防安全管理人员、中控室操作人员、保安员 300 余人参加。通过培训，加强单位消防安全责任意识，提升中控室操作人员消防业务水平。

（黎军）

举行“安正杯”家庭消防安全知识竞赛

“安正杯”家庭消防安全知识竞赛　　黎军 摄

9 月 16 日，“安正杯”家庭消防安全知识竞赛复赛在开发区博大大厦举行。开发区工委宣传部、社发局、消防支队等部门相关人员、社区加油助威群众和媒体记者 100 余人参加。本次复赛参赛家庭由区内 8 个社区 205 个参赛家庭预赛中决出。复赛设置了个人必答题、抢答题、风险题 3 种题型，范围涉及新《消防法》《北京市消防条例》、消防基础知识、家庭防灭火基本常识等内容。竞赛共评出一等奖1名，二等奖3名，三等奖4名，切实达到“影响一个家庭，带动整个社会参与消防工作”的目的。

（黎军）

完成十八大期间重点消防保卫任务

10月24日，辖区某企业被确定为党的十八大重点服务保障单位，开发区消防支队仅用两天时间建立了该单位全部档案材料的基础台账，全面摸清了服务保障单位及其周边500米区域内单位的消防基础信息。设立十八大消防安保前沿指挥部，专门为一线驻在执勤人员配备高压细水雾、灭火器、灭火毯等装备。启动战时网格化管理机制，将重点服务保障单位及周边划分为3个网格，消防支队党委成员分片包干，带领网格成员按照“五定”原则开展工作。每天坚持情报会商，通报执法执勤情况，确保十八大重点服务保障单位的消防安全。其间，消防支队组织对服务保障单位开展12次地毯式检查，排查消除单位火灾隐患37处，组织灭火救援、疏散逃生演练13次，培训员工500余人次。出台党的十八大重点服务保障单位消防安保工作方案，细化完善“1、3、5、10”分钟灭火救援、反恐处突、执勤、通信保障、政治保障、后勤保障等6项子方案，编发十八大重点服务保障单位《消防安保每日会商快报》21期。

（黎军）

“11·4”强降雪天气营救被困群众

11月4日4时，大兴区中信地产建筑工地临时工棚发生坍塌事故，亦庄中队立即出动3辆消防车21名官兵赶赴人员被困现场。经参战官兵全力搜寻，科学施救，4名被困工人得到及时解救和有效安置，避免了人员伤亡。

（黎军）

举行治安巡逻车辆灭火器材配发仪式

举行治安巡逻车辆灭火器材配发仪式　　黎军 摄

11月5日，在开发区公安分局举行巡逻车辆灭火器材配发仪式，开发区公安分局、消防支队共计30余人参加仪式。开发区消防支队协调开发区公安分局，结合巡警车辆治安巡逻工作，采购灭火器、灭火毯、消防应急救援包等消防器材，配发到全部巡逻车辆，实现治安巡逻与消防安全巡视的有机结合，提高巡逻民警、巡防队员初期火灾扑救能力，拓展社会面火灾事故巡查防控宽度，增强全天候发现社会面火灾事故的水平。发放仪式后，消防支队现场就灭火器、灭火毯及应急救援包的使用进行操作培训。

（黎军）

举行“119”消防宣传月活动启动仪式

11月6日，在开发区上海沙龙社区广场举行以“人人关注消防，共筑平安和谐”为主题的第二十二届“119”消防宣传月活动启动仪式。开发区公安分局、消防支队及辖区有关部门、驻区职能局和企事业单位、社区居民及社区义务消防队等300余人参加。活动中，向各社区居委会代表发放装有灭火器、灭火毯、多功能手电、手套、救生绳索等消防应急器材的灭火手推车 50 部。发放消防安全常识二十条折页等宣传品 3000 份。消防支队监督员及区质监局工程师就如何鉴别消防产品的真伪进行讲解，让百姓对消防器材的真伪有直观的认识，引导消费者正确选用合格的消防产品。

举行“119”消防宣传月活动启动仪式　　黎军 摄

（黎军）

市防火委考核验收开发区消防工作责任制

12 月 28 日，市防火安全委员会第四考核组对开发区 2012 年度落实政府消防工作责任制情况进行考核验收。开发区管委会副主任高言杰参加。考核组采取随机抽查的方式，对开发区部分单位落实消防安全责任、消防工作档案建设、四个能力建设、网格化管理、三项备案制度建设等情况进行实地抽查。在考核验收工作汇报会上，开发区安监局、财政局、社发局、建发局、消防支队、公安分局等部门分别从履行安全生产工作综合监管职责、消防工作资金投入、社区消防安全工作、施工现场安全监管、火灾事故发生及处置情况和公安派出所消防监督管理工作开展情况进行汇报，高言杰作题为《加强领导、落实责任、实现消防工作社会化建设新突破》的政府落实消防责任制工作汇报。考核组对开发区 2012 年度消防工作给予肯定。

（黎军）

全年出警 136 起

年内，开发区消防支队出警 136 起，出动车辆 285 辆，出动警力 1986 人，抢救被困人员 45 人，疏散被困人员 81 人。其中火警 38 起，出动车辆 142 辆，出动警力 985 人，疏散被困人员 53 人；抢险 98 起，出动车辆 143 辆，出动警力 1001 人，抢救被困人员 45 人，疏散被困人员 28 人。

（岳馨）

全年发生火灾 17 起

年内，全区共发生火灾 17 起，与上年相比，减少 2 起，下降 10.53%；无人员伤亡；直接财产损失 7.89 万元，比上年减少 879.61 万元，下降 99.1%，实现火灾起数与火灾损失的双下降。从起火场所分布情况来看，垃圾荒草类火灾居首位，共 8 起，占火灾总数的 47.06%；其次是汽车类火灾 6 起，占火灾总数的 35.29%；施工现场火灾 2 起，占火灾总数的 11.76%；社会单位火灾 1 起，占火灾总数的 5.88%。与上年相比，社会单位火灾、汽车火灾呈下降趋势，社会单位火灾减少 1 起，下降 50%；汽车火灾减少 1 起，下降 14.29%；荒草、施工现场火灾与上年持平。在全部火灾原因中，电气原因火灾居首位，共 6 起，与上年持平；遗留火种发生自燃的火灾 9 起，比上年增加 5 起，同比增长 125%；外来明火致灾的 1 起。涉嫌刑事犯罪 1 起。

（施鸿鹏）

加强执法规范化建设

年内，开发区消防支队按照双人执法、

审验分离、独立受理、逐级审批的模式开展工作。在受理环节，精简申报手续，实行便民措施；在审批环节，设置建审、验收两个技术复核环节，真正从技术层面实现审验分离；在行政处罚中，强化法制审核，严格执行自由裁量基准，最大限度地杜绝执法的随意性。制定《内部行政审批权限和程序规定》，重新调整支队审批权限，明确分工，施行重大案件集体议案制度。

（黎军）

深化消防铁军队伍建设

深化消防铁军队伍建设　　单位提供

年内，开发区消防支队科学制订训练计划，修订各类预案150份，开展高层建筑、地下空间、大跨度厂房、亦庄线轨道交通等特殊场所演练75次，调研单位180余家，出动警力500余人次，并先后投入300万元购置激光位移监测仪、便携式液压破拆工具组等特种器材和个人防护装备1200余件（套），研发购置北京市第一辆多功能射流水雾消防车，组建20人的攻坚突击队、30人的轻型地震救援队，提高应急处突攻坚能力与快速反应能力。

（张宇）

开展消防监督检查专项整治行动

年内，开发区消防支队开展清剿火患、消防平安系列行动、零点夜查行动、十八大攻坚、校园消防安全检查、餐饮场所燃气消防安全大检查、安全生产打非治违行动、安全生产护航、平安社区等30余项火灾隐患整治专项行动。共检查单位6496家次，发现火灾隐患或违法行为8865处，督促整改火灾隐患或违法行为8900处，下发责令改正通知书2490份，下发临时查封决定书97份，责令“三停”60家，拘留17人。

（黎军）

加强廉洁执法建设

年内，开发区消防支队完善机关办公楼对外接待区，实现对外接待与内部办公的功能分区，通过启用玻璃门，做到办事透明。安装监控系统全程进行录像、录音，在全面提高消防监督执法工作效率、方便辖区单位办事的同时，实现办案场所透明、办事制度透明、群众监督透明。同时，支队因地制宜，完善询问室、讯问室、候问室“三室”建设，公开接受社会各界监督，实现办事公开、公正、透明。

（黎军）

推进廉政文化建设

年内，开发区消防支队印制《军队党员领导干部廉洁从政若干规定》《消防官兵对照查摆100个问题》《勤政廉政教育手册》等下发到每名干部手中，利用宣传标语、宣传卡片以及短信平台等手段宣传反腐倡廉，在支队内部全面营造廉政文化氛围。聘请法律顾问进行法律知识讲座，组织召开警风监督员座谈会2次、支队消防监督执法人员面向社会述职述廉大会2

次，发挥内外部监督力量。

（张宇）

开展联合检查

年内，开发区消防支队会同开发区公安局、安监局、工商局、建发局、社发局、城管局等部门组成联合检查组，开展火灾隐患排查整治工作。截至年底，共开展联合检查32次，检查单位192家，发现并消除火灾隐患676件，净化辖区消防安全环境。

（黎军）

多警联动开展“零点夜查行动”

年内，开发区消防支队结合十八大消防保卫、除火患，保平安冬春专项行动、元旦春节消防保卫等，会同开发区公安分局，联合治安、内保、人口、派出所等单位相关人员，实现多警联动；消防支队组成多支检查组和督导组，由党委成员分别带队，夜查行动从19时持续至24时，以暗访形式对开发区“五供”单位、宾馆、饭店、公共娱乐游艺场所、消防安全重点单位、重点服务保障单位及其周边及其他夜间营业场所等安全疏散、自动消防设施运行、消防器材配备、值班巡逻，以及落实灭火和应急疏散措施等情况进行突击夜查。截至年底，共组织开展6次零点夜查行动，出动检查组30组次，督察组12组次，共出动警力144人次，检查单位423家次，发现并督促整改火灾隐患630余处，威慑辖区夜间重点时段消防违法行为。

（黎军）

改善营区环境和办公条件

年内，开发区消防支队党委把部队业务经费、专项经费纳入政府预算，先后投入360余万元对机关办公楼外墙、内部办公条件以及营区环境进行全面升级装修改造。

（张宇）

加强对公安派出所消防执法工作指导

年内，开发区消防支队组织编写《公安派出所消防监督业务工作手册》，下发给派出所民警。采取多种培训方法，提高派出所民警业务水平，率先在两个派出所内设置消防警务工作室，专门用于民警开展消防监督工作，确保消防工作有效开展。

（张宇）

开展好常规消防宣传

年内，开发区消防支队利用有线电视开机时播放消防宣传提示、在入区口处等醒目位置设置大型消防标语及公益广告、在电影放映之前加映消防宣传提示短片、聘请社区消防宣传员、利用短信平台发送安全提醒和消防常识、举办各类消防培训班等，组织开展经常性消防宣传活动。

（黎军）

统计资料

综　合

北京经济技术开发区主要经济综合指标一览表

项　目	单位	2012年	2011年	增减（%）
开发区生产总值	亿元	827.7	782.5	5.8
第二产业	亿元	542.0	495.6	9.4
工业	亿元	516.2	473.9	8.9
建筑业	亿元	25.8	21.6	19.3
第三产业	亿元	285.7	286.9	-0.4
工业总产值（现价）	亿元	2187.9	2284.7	-4.2
高新技术企业	亿元	1993.7	2087.3	-4.5
销售（营业）收入	亿元	4328.5	4141.1	4.5
第二产业	亿元	2598.8	2637.2	-1.5
工业	亿元	2317.0	2380.8	-2.7
建筑业	亿元	281.8	256.5	9.9
第三产业	亿元	1729.7	1503.9	15.0
利润总额	亿元	212.1	339.8	-37.6
第二产业	亿元	161.3	197.4	-18.3
工业	亿元	152.7	188.7	-19.1
建筑业	亿元	8.7	8.7	-0.9
第三产业	亿元	50.8	142.3	-64.3
进出口总额	亿美元	213.4	252.5	-15.5
出口	亿美元	105.8	110.5	-4.3
财政收入	亿元	335.5	269.1	24.7
税收收入	亿元	268.1	245.4	9.3
财政支出	亿元	129.3	109.0	18.7
新批企业个数	个	1210	1038	16.6
新批企业投资总额	亿美元	60.1	63.6	-5.4
合同外资金额	亿美元	7.3	17.1	-57.5
外商实际投资	亿美元	6.7	6.4	3.8
全社会固定资产投资	亿元	339.9	320.2	6.2
全部从业人员年末人数	人	275219	253934	8.4
全部从业人员年平均工资	元	84581	76083	11.2
规模以上企业个数	个	721	700	3.0
工业	个	260	259	0.4

注：2011年末从业人员人数、从业人员平均工资以此为准。

北京经济技术开发区规划土地面积一览表

单位：公顷

项　目	面积	比重（%）
规划用地面积	4650.0	100.0
居住用地	453.3	9.7
公用设施用地	395.3	8.5
工业用地	1496.0	32.2
仓储用地	–	–
对外交通用地	–	–
道路广场用地	921.8	19.8
市政公用设施用地	90.2	1.9
绿地	813.2	17.5
特殊用地	–	–
其他用地	480.2	10.3

注：其他用地包括多功能用地和特殊用地。

北京经济技术开发区土地出让、转让一览表

项　目	单位	2012年	2011年
签订土地合同个数	个	20	39
外商及港澳台企业	个	5	7
签订土地合同面积	公顷	220.7	217.3
外商及港澳台企业	公顷	156.8	43.5
签订土地合同金额	亿元	53.7	43.5

北京经济技术开发区进出口总值一览表

单位：万美元

项　目	2012年	2011年	增减（%）
进出口总额	2134459	2525876	−15.5
进口总额	1076838	1423688	−24.4
外商及港澳台企业	990776	1214043	−18.4
高新技术企业	352131	466719	−24.6
机电产品进口	857562	1267226	−32.3
出口总额	1057621	1102188	−4.0
外商及港澳台企业	1002462	1062663	−5.7
高新技术企业	779238	895884	−13.0
机电产品出口	1030746	1079139	−4.5

注：为保持数据可比性，本表2011年数据根据2012年报表同期数填列，部分数据有所调整，请以此为准。

北京经济技术开发区财政收支情况一览表 单位：万元			
项 目	2012年	2011年	增减（%）
财政收入	3354857	2690948	24.7
税收收入	2681226	2453638	9.3
中央税收	1569365	1436932	9.2
地方税收	1111861	1016706	9.4
土地收入	673631	237310	183.9
按税种分			
增值税	889730	707620	25.7
消费税	307846	179974	71.1
个人所得税	199562	186975	6.7
营业税	136678	122828	11.3
企业所得税	670844	905981	−26.0
财政支出	1293462	1093768	18.3
基建支出	550402	569408	−3.3

招商引资

北京经济技术开发区招商引资情况一览表				
项 目	单位	2012年	2011年	增减（%）
批准企业个数	个	1210	1038	16.6
外商及港澳台企业	个	42	45	−6.7
内资企业	个	1168	993	17.6
批准企业投资总额	万美元	601485	635719	−5.4
外商及港澳台企业	万美元	55078	118880	−53.7
内资企业	万元	971787	849899	14.3
增资企业	万美元	391799	381954	2.6
合同外资金额	万美元	72573	170640	−57.5
外商实际投资	万美元	66922	64466	3.8
批准企业注册资本	万美元	432562	573334	−24.6
外商及港澳台企业	万美元	22180	84110	−73.6
内资企业	万元	971787	849899	14.3
增资企业	万美元	255774	354339	−27.8

北京经济技术开发区外商及港澳台投资企业主要国别或地区一览表

单位：个，万美元

国别	企业个数	投资总额	注册资本	合同外资金额
中国（香港）	18	34866	12893	12481
日本	2	12896	4317	4317
德国	3	2377	1252	1252
美国	3	230	224	214
以色列	1	800	400	204
加拿大	2	602	302	152
荷兰	1	200	200	98
英属维尔京	1	71	50	50
英国	2	80	65	32
新加坡	1	31	31	31
塞舌尔	1	20	20	20
意大利	1	20	20	16
韩国	1	16	16	16
开曼群岛	1	10	10	10
新西兰	1	8	8	8
其他	3	2850	2373	2165

注：“其他”表示合资企业、投资性公司等

北京经济技术开发区投资总额1000万美元以上的外商及中国港澳台地区企业一览表

序号	企业名称
1	百度云计算技术（北京）有限公司
2	北京亚太中立信息技术有限公司
3	北京巴博斯汽车销售服务有限公司
4	采埃孚汽车底盘系统（北京）有限公司
5	北京国新世纪水务科技股份有限公司

北京经济技术开发区工业总产值（现价）超过10亿元的企业一览表

序号	企业名称
1	诺基亚通信有限公司
2	北京奔驰汽车有限公司
3	富泰京精密电子（北京）有限公司
4	拜耳医药保健有限公司
5	北京京东方显示技术有限公司
6	威讯联合半导体（北京）有限公司
7	北京京东方光电科技有限公司
8	中芯国际集成电路制造（北京）有限公司
9	SMC（中国）有限公司
10	北京金风科创风电设备有限公司
11	施耐德（北京）低压电器有限公司
12	航卫通用电气医疗系统有限公司
13	利乐包装（北京）有限公司
14	北京德尔福万源发动机管理系统有限公司
15	资生堂丽源化妆品有限公司
16	北京同仁堂健康药业股份有限公司
17	加多宝（中国）饮料有限公司
18	赛诺菲（北京）制药有限公司
19	三洋能源（北京）有限公司
20	北京同仁堂科技发展股份有限公司
21	博世力士乐（北京）液压有限公司
22	北京泰德制药股份有限公司
23	安迅（北京）金融设备系统有限公司
24	和路雪（中国）有限公司
25	北京ABB高压开关设备有限公司
26	悦康药业集团有限公司
27	西得乐机械（北京）有限公司
28	揖斐电电子（北京）有限公司
29	北京天诚同创电气有限公司
30	宝健（中国）日用品有限公司
31	比泽尔制冷技术（中国）有限公司
32	北京可口可乐饮料有限公司
33	施耐德（北京）中压电器有限公司
34	航天长征火箭技术有限公司
35	经纬纺织机械股份有限公司
36	诺兰特移动通信配件（北京）有限公司

北京经济技术开发区出口总额超过 1000 万美元的企业一览表

序号	企业名称
1	诺基亚通信有限公司
2	富泰京精密电子（北京）有限公司
3	威讯联合半导体（北京）有限公司
4	中芯国际集成电路制造（北京）有限公司
5	航卫通用电气医疗系统有限公司
6	北京京东方显示技术有限公司
7	北京京东方光电科技有限公司
8	安讯（北京）金融设备系统有限公司
9	三洋能源（北京）有限公司
10	SMC(中国）有限公司
11	中航技进出口有限责任公司
12	博世力士乐（北京）液压有限公司
13	施耐德（北京）低压电器有限公司
14	北京通用电气华伦医疗设备有限公司
15	揖斐电电子（北京）有限公司
16	北京金佰利个人卫生用品有限公司
17	艾尼克斯电子（北京）有限公司
18	北京松下照明光源有限公司
19	瓦里安医疗器械贸易（北京）有限公司
20	金鹰国际货运代理有限公司
21	北京同仁堂股份有限公司
22	北京 ABB 高压开关有限公司
23	北京光宝移动电子信息部件有限公司
24	颇尔过滤器（北京）有限公司
25	富士康精密组件（北京）有限公司
26	北京松下电工有限公司
27	莱宝光学设备（北京）有限公司
28	北京美西半导体材料有限公司
29	西得乐机械（北京）有限公司
30	恩智浦半导体（北京）有限公司
31	中国国机重工集团有限公司
32	北京 ABB 低压电器有限公司
33	福莱克斯光变颜料有限公司
34	乐金化学显示器材料（北京）有限公司
35	北京德尔福万源发动机管理系统有限公司
36	中航国际成套设备有限公司
37	卡夫食品（北京）有限公司
38	和路雪（中国）有限公司
39	京珠盛世服饰有限公司
40	中非重工投资有限公司
41	北京同益中特种纤维技术开发有限公司

能源消费

北京经济技术开发区全社会能源消费量（等价值）

单位：万吨标准煤

项　目	2012 年	2011 年	增减（%）
合　计	147.61	127.88	15.43
第二产业	125.28	108.83	15.11
工业	111.25	93.83	18.56
第三产业	19.49	16.35	19.21
人民生活	2.84	2.70	5.10

注：本表中能源消费量相关数据为等价值，取自北京市统计局反馈的年度最终核算数据。

北京经济技术开发区规模以上二、三产业能源消费量（当量值）

（按行业门类分）

单位：万吨标准煤

项　目	2012 年	2011 年	增减（%）
合　计	82.40	73.30	12.4
第二产业	73.00	65.59	11.3
采矿业	3.94	2.95	33.7
制造业	49.55	42.34	17.0
电力、燃气及水的生产和供应业	9.90	9.18	7.9
建筑业	9.61	11.13	−13.7
第三产业	9.51	7.81	21.7
交通运输、仓储和邮政业	1.66	1.61	3.0
信息传输、计算机服务和软件业	1.20	1.10	9.0
批发和零售业	1.58	1.34	17.8
住宿和餐饮业	1.48	1.09	35.8
金融业	0.02	0.01	50.8
房地产业	1.28	0.74	72.9
租赁和商务服务业	0.30	0.19	54.7
科学研究、技术服务和地质勘查业	1.22	0.87	41.2
水利、环境和公共设施管理业	0.11	0.09	20.8
居民服务和其他服务业	0.12	0.13	−7.4
教育	0.11	0.20	−44.0
卫生、社会保障和社会福利业	0.10	0.08	17.5
文化、体育和娱乐业	0.07	0.03	108.0
公共管理和社会组织	0.25	0.32	−20.1

注：1. 门类“公共管理和社会组织”不等同于“公共机构”。公共机构目前暂无明确划分标准。
2. 当量值：亦称理论热值，是指某种能源一个度量单位本身所含热量。
3. 为保持数据可比性，本表 2011 年数据根据 2012 年报表同期数填列，部分数据有所调整，请以此为准。

北京经济技术开发区规模以上工业企业综合能源消费量（当量值）

（按行业大类分）　　单位：万吨标准煤

项　目	2012 年	2011 年	增减（%）
合　计	63.40	54.47	16.39
采矿业	3.94	2.95	33.73
开采辅助活动	3.94	2.95	33.73
制造业	49.55	42.34	17.02
农副食品加工业	0.03	0.02	60.49
食品制造业	1.89	1.87	0.93
酒、饮料和精制茶制造业	1.03	0.91	13.34
纺织服装、服饰业	0.05	0.05	-2.75
造纸和纸制品业	0.74	0.79	-5.19
印刷和记录媒介复制业	1.65	1.67	-1.64
文教、工美、体育和娱乐用品制造业	0.01	0.01	-18.43
化学原料和化学制品制造业	2.94	2.99	-1.68
医药制造业	2.79	2.42	15.34
化学纤维制造业	0.53	0.49	7.36
橡胶和塑料制品业	0.62	0.71	-13.50
非金属矿物制品业	0.07	0.07	-8.70
有色金属冶炼和压延加工业	…	…	-0.76
金属制品业	0.16	0.16	-0.02
通用设备制造业	2.03	2.24	-9.50
专用设备制造业	1.89	2.08	-9.07
汽车制造业	3.95	3.31	19.54
铁路、船舶、航空航天和其他运输设备制造业	0.46	0.28	62.84
电气机械和器材制造业	2.12	1.97	7.85
计算机、通信和其他电子设备制造业	26.12	19.78	32.06
仪器仪表制造业	0.28	0.26	7.35
其他制造业	0.21	0.27	-21.99
金属制品、机械和设备修理业	…	…	-8.07
电力、燃气及水的生产和供应业	9.90	9.18	7.91
电力、热力的生产和供应业	9.89	9.15	8.05
燃气生产和供应业	0.01	0.02	-44.76

注：1. 为保持数据可比性，本表 2011 年数据根据 2012 年报表同期数填列，部分数据有所调整，请以此为准。
2. “…”表示数据不足该表最小单位数。

北京经济技术开发区供电一览表

项　目	单位	2012年	2011年	增减（%）
报装户数	户	20833	15285	36.3
报装设备容量	千伏安	700172	974483	-28.1
接电户数	户	87	153	-43.1
接电设备容量	千伏安	337700	733030	-53.9
期末供电线路长度	千米	770	700	10.0
电缆	千米	770	700	10.0
期末用电户数	户	69479	56631	22.7
工业户	户	515	519	-0.8
用电量	万千瓦时	343598	287114	19.7
工业用电	万千瓦时	266930	221493	20.5

注：自2012年开始报装户数统计加入居民户数，同时调整2011年相关数据。

北京经济技术开发区供气一览表

	项　目	单位	2012年	2011年	增减（%）
北京市燃气集团有限责任公司第四分公司	已接通户数	户	21816	8132	168.3
	天然气工业	户	3	1	200.0
	天然气公服	户	44	26	69.2
	天然气民用	户	21769	8105	168.6
北京华油联合燃气开发有限公司	已接通户数	户	75387	63698	18.4
	天然气工业	户	99	73	35.6
	天然气公服	户	146	120	21.7
	天然气民用	户	75142	63505	18.3

北京经济技术开发区供热一览表

项　目	单位	2012年	2011年	增减（%）
供应能力				
蒸汽供应能力	吨/小时	935	915	2.2
高温热水供应能力	兆瓦	448	382	17.3
期末用热户数	户	310	279	11.1
蒸汽户数	户	233	234	-0.4
高温热水户数	户	51	20	155.0
其他	户	26	25	4.0
期末管线长度	千米	52.1	51.8	0.6
蒸汽管线长度	千米	35.7	35.4	0.9
高温热水管线长度	千米	14.4	14.4	0.0
其他	千米	2	2	0.0
采暖面积	万平方米	1041	910.9	14.3
蒸汽采暖面积	万平方米	716.8	697.8	2.7
高温热水采暖面积	万平方米	311.3	199.1	56.4
其他	万平方米	12.9	14	-7.9

注：2011年蒸汽供应能力有数据调整，请以此为准。

全社会固定资产投资

北京经济技术开发区全社会固定资产投资完成情况一览表

单位：亿元

项　目	2012 年	2011 年	增减（%）
合 计	339.9	320.2	6.2
民间投资	126.2	171.7	−26.5
按构成分			
建筑工程	163.4	132.2	23.6
安装工程	10.1	3.0	237.7
设备工器具购置	76.3	152.7	−50.1
其他费用	90.2	32.3	179.2
按产业分			
第二产业	184.6	219.6	83.1
工业	184.2	219.5	83.2
第三产业	155.3	100.7	−4.4
房地产开发	105.8	70.7	36.1
住宅	25.4	20.8	22.1
按投资主体分			
城镇投资	234.1	249.5	−6.2
农村非农户投资	0	0	−
房地产开发投资	105.8	70.7	36.1
农户投资	0	0	−

注：表内数据为项目建设地口径，按构成分组，不包括农户投资。

社会消费品零售额

北京经济技术开发区社会消费品零售额一览表

单位：亿元

项　目	社会消费品零售额		
	2012 年	2011 年	增减（%）
合 计	251.9	235.8	6.8
按规模分			
规模以上	234.8	220.3	6.6
规模以下及个体	17.1	15.5	10.3
商品交易市场			
按行业分			
批发零售业	248.6	233.0	6.7
住宿业	0.7	0.9	−22.2
餐饮业	2.6	1.9	36.8

注：为保持数据可比性，本表 2011 年数据根据 2012 年报表同期数填列，部分数据有所调整，请以此为准。

第三产业

北京经济技术开发区限额以上第三产业主要指标

单位：个，万人，亿元

项目	单位个数	从业人员平均人数	资产总计	收入合计	税收合计	利润总额
合计	430	7.6	2118.2	1729.7	46.6	50.8
按行业分	430	7.6	2118.2	1729.7	46.6	50.8
交通运输、仓储和邮政业	9	1.0	86.2	58.9	7.4	21.4
信息传输、计算机服务和软件业	64	1.0	170.3	81.7	4.5	-1.5
批发与零售业	135	1.9	598.8	1379.9	20.1	5.0
住宿和餐饮业	27	0.7	15.1	16.7	1.5	2.1
金融业	23	…	52.6	2.1	0.2	-1.3
房地产业	64	0.4	767.8	39.6	5.5	4.3
租赁和商务服务业	30	1.4	138.9	25.7	1.6	1.8
科学研究、技术服务与地质勘查业	55	0.9	274.2	113.4	4.9	18.4
水利、环境和公共设施管理业	3	***	***	***	***	***
居民服务和其他服务业	4	0.1	5.1	4.9	0.6	0.5
教育	7	…	1.5	1.5	…	…
卫生、社会保障和社会福利业	3	***	***	***	***	***
文化、体育与娱乐业	4	0.1	3.9	1.3	0.1	-0.2
公共管理与社会组织	2	***	***	***	***	***
按登记注册类型分	430	7.6	2118.2	1729.7	46.6	50.8
内资	354	4.1	1586.3	1349.1	29.7	27.6
国有	11	0.1	441.1	14.5	0.9	1.1
集体	1	***	***	***	***	***
联营						
股份有限公司	11	0.2	155.0	103.7	3.1	4.6
有限责任公司	188	2.7	860.2	1113.2	22.4	20.4
股份合作						
私营	140	1.0	129.0	117.2	3.2	1.6
其他	3	***	***	***	***	***
外商投资	45	1.6	405.7	271.0	12.2	30.7
港、澳、台商投资	31	1.9	126.3	109.6	4.7	-7.5

注：1. “***”表示为使个别机构单位所提供的资料得以保密，该数据不予公布。

2. “…”表示数据不足该表最小单位数。

北京经济技术开发区现代服务业企业财务状况一览表

单位：个，人，万元

行 业	单位个数	从业人员平均人数	营业收入	利润总额
合 计	249	37991	2641420	216816
信息传输、软件和信息技术服务业	64	9663	800715	-15322
电信、广播电视和卫星传输服务	15	2547	305342	-37416
互联网和相关服务	6	1174	51365	-263
软件和信息技术服务业	43	5942	444008	22357
金融业	23	363	20610	-12817
货币金融服务	4	***	***	***
资本市场服务	13	190	1622	-10488
保险业	1	***	***	***
其他金融业	5	145	12695	-2361
房地产业	64	3632	396397	43080
房地产业	64	3632	396397	43080
租赁和商务服务业	29	14130	254715	18066
商务服务业	29	14130	254715	18066
科学研究和技术服务业	55	8560	1129187	184487
研究和试验发展	16	3516	269121	65557
专业技术服务业	25	2420	244939	23807
科技推广和应用服务业	14	2624	615127	95123
水利、环境和公共设施管理业				
生态保护和环境治理业				
教育	7	470	9320	139
教育	7	470	9320	139
卫生和社会工作	3	532	17905	1668
卫生	3	532	17905	1668
文化、体育和娱乐业	4	641	12570	-2486
新闻出版业				
广播、电视、电影和影视录音制作业	2	70	7195	149
文化艺术业	1	***	***	***
体育	1	***	***	***
娱乐业				
公共管理、社会保障和社会组织				
社会保险				

注：“***”表示为使个别机构单位所提供的资料得以保密，该数据不予公布。

北京经济技术开发区文化创意产业主要经济指标一览表 单位：个，人，万元				
行 业	单位个数	从业人员平均人数	营业收入	利润总额
合 计	107	18931	1198392	-5837
文化艺术	1	***	***	***
新闻出版	14	4431	176423	18480
广播、电视、电影	6	1145	237539	12775
软件、网络及计算机服务	57	8429	570035	-30280
广告会展	7	384	49409	1445
艺术品交易	1	***	***	***
设计服务	8	607	26545	1915
旅游、休闲娱乐	5	***	***	***
其他辅助服务	8	1715	102046	-7536

注：“***”表示为使个别机构单位所提供的资料得以保密，该数据不予公布。

工 业

北京经济技术开发区规模以上工业企业主要经济指标一览表				
项 目	单位	合计		
		2012年	2011年	增减（%）
营业企业单位个数	个	260	259	1.4
从业人员年平均人数	人	154589	152266	1.5
资产总计	亿元	2444.6	2391.8	2.2
负债总计	亿元	1299.0	1297.1	1.0
主营业务收入	亿元	2270.2	2336.7	-2.8
工业总产值（现价）	亿元	2187.9	2284.7	-4.2
利润总额	亿元	152.7	188.7	-19.1
税金合计	亿元	127.8	129.6	-1.4
资产负债率	%	53.1	54.2	-1.1
流动资产周转率	次	1.5	1.8	-17.9
收入利润率	%	6.7	8.1	-1.4
产品销售率	%	99.2	98.0	1.2

注：1. 统计范围为年主营业务收入2000万元以上处于营业状态的法人工业企业。

2. 税金包括应交增值税、主营业务税金及附加、所得税和从管理费用中支付的各种税金。

北京经济技术开发区规模以上现代制造业主要经济指标一览表

项　目	单位	合 计		
		2012 年	2011 年	增减（%）
营业企业单位个数	个	143	141	1.4
从业人员年平均人数	人	100503	96991	3.6
资产总计	亿元	1764.0	1684.9	4.7
主营业务收入	亿元	1737.1	1795.2	-3.2
工业总产值（现价）	亿元	1731.9	1766.2	-1.9
利润总额	亿元	101.8	125.4	-18.9
税金合计	亿元	83.3	87.8	-5.1
资产负债率	%	55.1	57.7	-4.6
收入利润率	%	5.9	7.0	-16.2
产品销售率	%	99.2	99.1	0.1

注：1. 统计范围为年主营业务收入 2000 万元以上处于营业状态的法人工业企业。
　　2. 税金包括所得税、应交增值税、主营业务税金及附加、所得税和从管理费用中支付的各种税金。
　　3. 2011 年现代制造业数据以此表为准。

北京经济技术开发区规模以上高技术工业主要经济指标一览表

项　目	单位	合 计		
		2012 年	2011 年	增减（%）
营业企业单位个数	个	107	105	1.9
从业人员年平均人数	人	78066	77922	0.2
资产总计	亿元	1342.7	1285.7	4.4
主营业务收入	亿元	1222.4	1289.9	-5.2
工业总产值（现价）	亿元	1212.0	1281.2	-5.4
利润总额	亿元	66.1	69.1	-4.4
税金合计	亿元	21.9	33.2	-34.0
资产负债率	%	51.9	53.6	-3.2
收入利润率	%	5.4	5.4	0.6
产品销售率	%	98.8	99.2	-0.4

注：1. 统计范围为年主营业务收入 2000 万元以上处于营业状态的法人工业企业。
　　2. 税金包括所得税、应交增值税、主营业务税金及附加、所得税和从管理费用中支付的各种税金。

北京经济技术开发区规模以上都市工业主要经济指标一览表

项　目	单位	合 计		
		2012年	2011年	增减（%）
营业企业单位个数	个	43	48	−10.4
从业人员年平均人数	人	22695	30937	−26.6
资产总计	亿元	199.6	204.3	−2.3
主营业务收入	亿元	211.5	236.6	−10.6
工业总产值（现价）	亿元	168.0	226.3	−25.7
利润总额	亿元	20.4	28.0	−27.2
税金合计	亿元	19.9	17.3	15.0
资产负债率	%	50.8	50.9	−0.2
收入利润率	%	10.2	11.8	−13.8
产品销售率	%	97.8	96.3	1.6

注：1. 统计范围为年主营业务收入2000万元以上法人工业单位。
2. 税金包括应交增值税、主营业务税金及附加、所得税和从管理费用中支付的各种税金。

劳动工资

北京经济技术开发区从业人员一览表

单位：人

项　目	2012 年年末人数	2012 年平均人数
合　计	248103	245512
按行业分组		
农、林、牧、渔业	92	92
采矿业	3380	3357
制造业	155548	154903
电力、热力、燃气及水生产和供应业	946	925
建筑业	10341	9897
批发和零售业	16606	17156
交通运输、仓储和邮政业	10421	10723
住宿和餐饮业	8180	5929
信息传输、软件和信息技术服务业	11595	11377
金融业	165	163
房地产业	3874	3712
租赁和商务服务业	12881	13360
科学研究和技术服务业	9217	9000
水利、环境和公共设施管理业	1726	1704
居民服务、修理和其他服务业	1079	1155
教育	454	458
卫生和社会工作	–	–
文化、体育和娱乐业	848	845
公共管理、社会保障和社会组织	750	756

注：2012 年数据为市统计局反馈非私营法人单位数据。

北京经济技术开发区从业人员劳动工资一览表		
项 目	2012 年工资总额（万元）	2012 年平均工资（元）
合 计	2169919	88383
按行业分组		
农、林、牧、渔业	1309	142293
采矿业	31298	93233
制造业	1306503	84343
电力、热力、燃气及水生产和供应业	7899	85391
建筑业	60913	61547
批发和零售业	265484	154747
交通运输、仓储和邮政业	95930	89462
住宿和餐饮业	27722	46757
信息传输、软件和信息技术服务业	147712	129834
金融业	1340	82209
房地产业	29135	78487
租赁和商务服务业	57625	43133
科学研究和技术服务业	107565	119517
水利、环境和公共设施管理业	8194	48085
居民服务、修理和其他服务业	7506	64982
教育	2629	57406
卫生和社会工作	–	–
文化、体育和娱乐业	4769	56441
公共管理、社会保障和社会组织	6385	84462

注：2012 年数据为市统计局反馈非私营法人单位数据。

高新技术企业情况

北京经济技术开发区高新技术企业情况一览表				
项 目	单位	2012 年	2011 年	增减（%）
投产（开业）企业个数	个	532	474	12.2
工业总产值（现价）	亿元	1993.7	2087.3	−4.5
总收入	亿元	2869.6	3212.7	−10.7
产品销售收入	亿元	2068.0	2193.5	−5.7
利润总额	亿元	202.1	291.0	−30.6
实缴税费总额	亿元	230.4	224.9	2.4

注：2012 年年鉴中本表“单位”一列“万元”应为“亿元”，特此注释。

资料来源：统计资料中的所有表格均由开发区统计局、调查队提供。

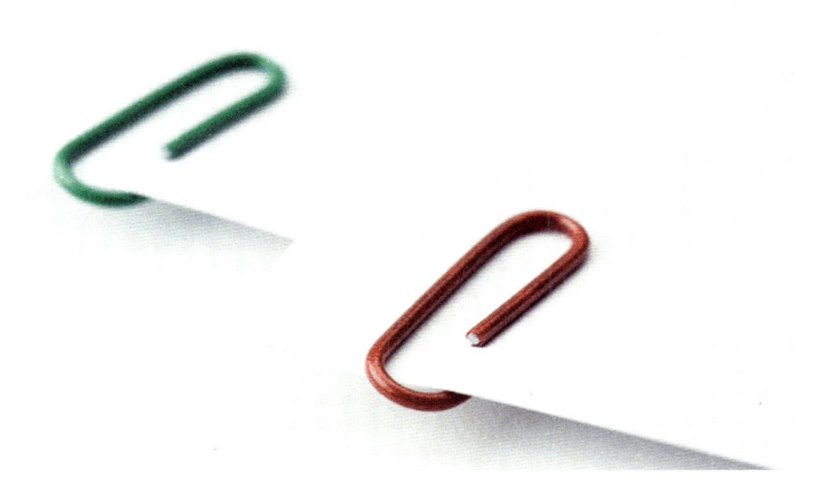

附录

北京经济技术开发区年鉴 2013

BEIJING ECONOMIC-TECHNOLOGICAL DEVELOPMENT AREA YEARBOOK

2012年北京经济技术开发区内世界500强企业一览表

序号	企业名称	区内投资项目名称
1	通用电气（美国）	航卫通用电气医疗系统有限公司
2		北京通用电气华伦医疗设备有限公司
3		通用电气运输系统（中国）有限公司
4		北京通用电气（中国）融资租赁有限责任公司
5	通用汽车（美国）	北京奥多特汽车技术服务有限公司
6	德尔福（美国）	北京德尔福万源发动机管理系统有限公司
7		北京德尔福技术开发有限公司
8	IBM（美国）	北京艾科泰国际电子有限公司
9	康宁（美国）	康宁显示科技（中国）有限公司
10		北京康宁光缆有限公司
11	可口可乐（美国）	北京可口可乐饮料有限公司
12	金佰利（美国）	北京金佰利个人卫生用品有限公司
13	摩根斯坦利（美国）	第一联合资产管理有限责任公司
14		华摩通资产管理有限公司
15		第二联合资产管理有限公司
16	JP摩根（美国）	通合资产管理有限责任公司
17		通源资产管理有限责任公司
18	高盛（美国）	融盛资产管理有限责任公司
19	联合技术（美国）	华润协鑫（北京）热电有限公司
20	霍尼韦尔（美国）	北京霍尼韦尔节能设备有限公司
21	TYCO（美国）	泰科流体控制（北京）有限公司
22	AP（美国）	法美高新气体（北京）有限公司
23	施耐德（法国）	施耐德（北京）中压电器有限公司
24		施耐德（北京）低压电器有限公司
25		施耐德电气销售（北京）有限公司
26	联合利华（荷兰、英国）	和路雪（中国）有限公司
27	诺基亚（芬兰）	诺基亚通信有限公司
28		诺基亚西门子通信网络科技服务有限公司
29		诺基亚（中国）投资有限公司
30		诺基亚联新互联网络服务有限公司
31		诺基亚（北京）通信技术服务有限公司
32		纬图通信贸易（中国）有限公司
33	拜耳（德国）	拜耳医药保健有限公司
34		拜耳材料科技（北京）有限公司
35	安万特（法国）	北京安万特制药有限公司
36	赫斯特（德国）	梅塞尔北方工业气体有限公司（北京）
37	欧倍德（英国翠丰集团）	欧倍德时尚家居购物中心
38	松下（日本）	北京松下电工有限公司
39		北京松下照明光源有限公司

（续表 1）

序号	企业名称	区内投资项目名称
40	乐天、三井物产（韩国、日本）	乐天（中国）食品有限公司
41	三井物产（日本）	北京住力电通光电技术有限公司
42		北京三井联通通信技术有限公司
43	伊藤忠（日本）	北京伊藤忠华堂综合加工有限公司
44	飞利浦（荷兰）	北京中视联条件接受系统有限公司
45	三洋（日本）	三洋能源（北京）有限公司
46	东芝（日本）	拓普康（北京）科技有限公司
47		北京三广医疗器械有限公司
48	现代（韩国）	北京京东方光电科技有限公司
49	好利获得（意大利）	北京万高宝信息系统工程有限公司
50	日立（日本）	北京日立北工大信息系统有限公司
51	戴姆勒－克莱斯勒（德国）	北京奔驰－戴姆勒·克莱斯勒汽车有限公司
52	三菱汽车（日本）	三菱吉普公司
53	欧姆龙（日本）	欧姆龙分公司
54	美国应用材料（美国）	美国应用材料公司
55	百胜餐饮集团（美国）	肯德基配送中心
56	DOVER（美国）	奥科电子（北京）有限公司
57		楼氏电子（北京）有限公司
58	汤姆逊（泰雷兹集团）（法国）	北京汤姆逊中信数字技术有限公司
59	ITW（美国）	北京米勒电气制造有限公司
60	百事（美国）	北京 DOLE 食品有限公司
61	普利司通（日本）	北京凡士通空气弹簧有限公司
62	ABB（瑞典、瑞士）	ABB 高压电器有限公司
63		ABB 低压电器有限公司
64	日本凸版（日本）	北京日邦印刷有限公司
65	博世（德国）	博世汽车检测设备（北京）有限公司
66		博世热力技术（北京）有限公司
67		博世力士乐（北京）液压有限公司
68	铃木（日本）	铃木（中国）投资有限公司
69	乐金电子（韩国）	乐金化学显示器材料有限公司
70	UBS（瑞士）	融瑞资产管理有限公司
71	德意志银行（德国）	德恒资产管理有限责任公司
72	英国航空（英国）	金鹰国际货运代理有限公司
73	TPG（TNT）（荷兰）	北京天地达快运有限责任公司
74	SK（韩国）	爱思开（北京）公路科技有限公司
75		爱思开（北京）咨询有限公司
76		爱思开（中国）文化创意产业发展有限公司
77	卡夫（美国）	卡夫食品（北京）有限公司
78	中国石油（中国）	中石油海洋工程技术有限公司
79	敦豪（德国邮政）	敦豪（中国）总部

（续表2）

序号	企业名称	区内投资项目名称
80	三菱重工（日本）	北京首旅普兰德洗涤有限公司
81		北京三菱重工北人印刷机械有限公司
82	美国国际集团、德意志银行（美国、德国）	融德资产管理有限公司
83	3M（美国）	3M北京技术中心（分公司）
84	李尔（美国）	北京北汽李尔汽车系统有限公司
85	皇家壳牌石油（荷兰）	壳牌北京研发中心
86	法国里昂证券（法国农业信贷银行）	北京泰德制药股份有限公司
87	鸿海集团（中国台湾）	富士康精密组件（北京）有限公司
88		富泰京精密电子（北京）有限公司
89	伟创力（新加坡）	伟创力电源系统（北京）有限公司
90	强生（美国）	北京大宝化妆品有限公司
91	中冶集团（中国）	中冶京诚工程技术有限公司
92	英特尔（美国）	英特尔移动通信技术（北京）有限公司
93		北京望海康信科技有限公司
94	住友化学（日本）	住化华北电子材料科技（北京）有限公司
95	国家电网公司（中国）	国网信息通信有限公司
96		北京中电飞华通信股份有限公司
97	中航工业集团（中国）	中航技进出口有限公司
98		中航国际北京公司
99		中航凯新（北京）船舶有限公司
100	中信集团（中国）	北京中信新城房地产有限公司
101	沃尔玛（美国）	沃尔玛山姆会员店（亦庄店）
102	中国铝业集团公司（中国）	中铝物资供销有限公司
103	中电信息产业集团（中国）	瑞得盛科技开发有限责任公司
104	联想控股（中国）	网通宽带网络有限责任公司
105	中国机械工业集团（中国）	中国国机重工集团有限公司
106	首钢集团（中国）	安川首钢机器人有限公司
107	华润集团（中国香港）	华润医药控股有限公司
108		华润电力燃料（中国）有限公司
109	KDDI（日本）	北京亚太中立信息技术有限公司
110	采埃孚（德国）	采埃孚汽车底盘系统（北京）有限公司
111	中石化（中国）	中国石化长城能源化工有限公司

（开发区产促局提供）

2012年北京经济技术开发区引进中央企业项目一览表	
序号	名称
1	中国电信股份有限公司北京分公司
2	中国国机重工集团有限公司
3	中国航空汽车工业控股有限公司
4	中国电子进出口瑞德盛产研基地
5	中航国际成套设备有限公司
6	中国黄金集团建设有限公司
7	中金增储基金总部
8	中石化新能源化工总部基地
9	中航动力科技工程有限责任公司

（开发区产促局提供）

2012年新区纳税前50名企业一览表		
序号	企业名称	备注
1	北京奔驰汽车有限公司	
2	拜耳医药保健有限公司	
3	诺基亚（中国）投资有限公司	
4	北京泰德制药股份有限公司	
5	利乐包装（北京）有限公司	
6	施耐德（北京）中低压电器有限公司	
7	资生堂丽源化妆品有限公司	
8	赛诺菲（北京）制药有限公司	
9	中外运—敦豪国际航空快件有限公司	
10	华融融德资产管理有限公司	
11	诺基亚通信有限公司	
12	中冶京诚工程技术有限公司	
13	北京京东世纪信息技术有限公司	
14	北京ABB高压开关设备有限公司	
15	宝健（中国）日用品有限公司	
16	北京中环汽车零部件有限公司	大兴区
17	加多宝（中国）饮料有限公司	
18	北京和裕房地产开发有限公司	
19	中航技进出口有限责任公司	
20	比泽尔制冷技术（中国）有限公司	
21	北京大宝化妆品有限公司	
22	北京德尔福万源发动机管理系统有限公司	

（续表）

序号	企业名称	备注
23	嘉康利（中国）日用品有限公司	
24	北京同仁堂科技发展股份有限公司	
25	SMC（中国）有限公司	
26	北京铁路信号有限公司	大兴区
27	壳牌统一（北京）石油化工有限公司	大兴区
28	航卫通用电气医疗系统有限公司	
29	中国石油集团海洋工程有限公司	
30	中芯国际集成电路制造（北京）有限公司	
31	中国航空技术北京有限公司	
32	颇尔过滤器（北京）有限公司	
33	铁科克诺尔干线铁路车辆制动盘制造（北京）有限公司	大兴区
34	北京力宝世纪置业有限公司	
35	北京经开工大投资管理有限公司	
36	博世力士乐（北京）液压有限公司	
37	北京运通博远房地产开发有限公司	
38	北京中彩在线科技有限责任公司	
39	施耐德（北京）中压电器有限公司	
40	北京英维特汽车服务连锁有限公司	
41	北京北汽李尔汽车系统有限公司	
42	北京经济技术投资开发总公司	
43	西得乐机械（北京）有限公司	
44	北京可口可乐饮料有限公司	
45	诺兰特移动通信配件（北京）有限公司	
46	百泰生物药业有限公司	
47	北京惠买在线网络科技有限公司	
48	华北高速公路股份有限公司	
49	蓝星（北京）化工机械有限公司	
50	北京威克多制衣中心	大兴区

（开发区产促局提供）

2012年度新区纳税增长前50名企业一览表		
排名	企业名称	备注
1	海鸿达（北京）餐饮管理有限公司	
2	北京优购文化发展有限公司	
3	中国华冶科工集团有限公司	
4	西得乐机械（北京）有限公司	
5	北京利德曼生化股份有限公司	
6	北京力宝世纪置业有限公司	
7	锋电能源技术有限公司	
8	北京京东世纪信息技术有限公司	
9	北京味多美食品科技有限责任公司	大兴区
10	北京雪莲羊绒股份有限公司	大兴区
11	北京华海基业机械设备有限公司	
12	英特尔移动通信技术（北京）有限公司	
13	嘉康利（中国）日用品有限公司	
14	铁科克诺尔干线铁路车辆制动盘制造（北京）有限公司	大兴区
15	舒泰神（北京）生物制药股份有限公司	
16	中交四公局第三工程有限公司	
17	联通宽带在线有限公司	
18	康明斯排放处理系统（中国）有限公司	
19	中航凯新（北京）船舶有限公司	
20	康宁显示科技（中国）有限公司	
21	北京运通博远房地产开发有限公司	
22	北京人民电器厂有限公司	大兴区
23	诺基亚联新互联网服务有限公司	
24	北京北汽李尔汽车系统有限公司	
25	博世热力技术（北京）有限公司	
26	北京京东方显示技术有限公司	
27	蓝星（北京）化工机械有限公司	
28	汇龙森欧洲科技（北京）有限公司	
29	北京科曼维斯凯服饰有限公司	
30	北京伊普国际水务有限公司	
31	施耐德（北京）中压电器有限公司	
32	北京中彩在线科技有限责任公司	
33	诺兰特移动通信配件（北京）有限公司	
34	中国国际电子商务中心	
35	华融融德资产管理有限公司	
36	北京金羽杰服装有限公司	大兴区
37	北京航天拓扑高科技有限责任公司	

（续表）

排名	企业名称	备注
38	卡尔拉得优胜汽车修复系统（北京）有限公司	
39	威利朗沃矿业设备（北京）有限公司	
40	悦康药业集团有限公司	
41	捷德（中国）信息科技有限公司北京分公司	
42	易安基自动化设备（北京）有限公司	
43	安川首钢机器人有限公司	
44	络派模切（北京）有限公司	
45	北京铁路信号有限公司	大兴区
46	北京通用电气华伦医疗设备有限公司	
47	和路雪（中国）有限公司	
48	葆婴有限公司	
49	SMC（中国）有限公司	
50	壳牌统一（北京）石油化工有限公司	大兴区

（开发区产促局提供）

2012年北京经济技术开发区新开工建设项目一览表

序号	批开工日期	项目	建设单位
1	1月9日	天安A-1研发试制楼等21项	北京天安科创置业有限公司
2	1月12日	河西区博兴西路（黄亦路—兴海路）新建道路工程	北京经济技术投资开发总公司
3	1月13日	1#总部办公楼等7项	北京富兴金地置业有限公司
4	1月17日	生产主楼等3项	北京三鼎光电仪器有限公司
5	1月18日	保健品原料生产楼等5项	伊比西（北京）植物药物技术有限公司
6	1月20日	中科宏圣大厦装修改造工程	北京中科宏圣科贸有限公司
7	2月1日	亦庄移动硅谷海智创业园52-1楼室内精装修	北京亦庄移动硅谷有限公司
8	2月2日	京珠盛世主厂房及库房	京珠盛世服饰有限公司
9	2月22日	河西区泰河三街（博兴西路—博兴八路）新建道路工程	北京经济技术投资开发总公司
10	2月28日	学生宿舍等2项	北京市杂技学校
11	3月5日	和利时10号生产楼C座等3项	北京和利时系统工程有限公司
12	3月12日	冠捷生产厂房等9项	冠捷显示科技（中国）有限公司
13	3月19日	澳源德江2#生产厂房	北京澳源德江生物技术有限公司
14	3月21日	越海物流5号宿舍楼	北京越海全球物流有限公司
15	4月1日	国药恒瑞研发中心（含测试、试验、办公等4项）	北京国药恒瑞美联信息技术有限公司

（续表 1）

序号	批开工日期	项 目	建设单位
16	4 月 1 日	开发区路南区新建道路博兴南路（南区北路—南区三街）	北京经济技术投资开发总公司
17	4 月 1 日	路南区南区北路（博兴南路—亦柏路）新建道路工程	北京经济技术投资开发总公司
18	4 月 1 日	路南区南区一街（南区西路—亦柏路）新建道路工程	北京经济技术投资开发总公司
19	4 月 11 日	河西区博兴十一路（兴海路—黄亦路）新建道路工程	北京经济技术投资开发总公司
20	4 月 11 日	河西区泰河一街（博兴西路—博兴八路）新建道路工程	北京经济技术投资开发总公司
21	4 月 11 日	河西区泰河二街（博兴西路—博兴八路）新建道路	北京经济技术投资开发总公司
22	4 月 12 日	博世力士乐 202 厂房（机电产品生产基地项目）	博世力士乐（北京）液压有限公司
23	4 月 12 日	隆力 1 号厂房 A 段等 4 项	隆力液压机械（北京）有限公司
24	4 月 16 日	天宇附属楼一层扩建等 2 项	天宇通信集团有限公司
25	4 月 18 日	3# 厂房（硅晶材料产业园一、二期项目）	北京京运通科技股份有限公司
26	4 月 19 日	研发生产楼等 4 项	鸿博昊天科技有限公司
27	4 月 27 日	联合厂房等 2 项（汽车内饰生产项目）	北京常春汽车零部件有限公司
28	5 月 8 日	贞观 C 座研发办公楼等 7 项	贞观国际科技发展（北京）有限公司
29	5 月 23 日	MRA- 焊装车间扩建、MRA- 冲压车间扩建、MRA- 焊装车间扩建、MRA- 员工活动中心、MRA- 涂装车间至焊接车间通廊扩建工程	北京奔驰汽车有限公司
30	6 月 5 日	MRA- 总装车间	北京奔驰汽车有限公司
31	6 月 15 日	发动机联合厂房（奔驰发动机项目）	北京奔驰汽车有限公司
32	6 月 21 日	亚太中立自有厂房外立面及内部装修工程	北京亚太中立信息技术有限公司
33	7 月 2 日	厂房等 6 项泰事达房地产开发（北京）有限公司汽车配套工业园	泰事达房地产开发（北京）有限公司
34	7 月 2 日	实验楼（三期）	北京欣联恒业投资有限责任公司
35	7 月 4 日	北京海关 1# 楼等 16 项（北京海关建设项目）	中华人民共和国北京海关
36	7 月 6 日	京东方运营与研发中心项目	京东方科技集团股份有限公司
37	7 月 6 日	1-A 化、中药楼等 21 项（悦康医药科工贸产业基地项目）（5# 生产厂房）	悦康药业集团有限公司
38	7 月 9 日	开发区支行办公楼装修改造工程	中国农业银行股份有限公司北京市分行
39	7 月 12 日	冠华轩 A 座生产研发楼等 3 项（研发楼及工业厂房项目）	北京冠华轩投资有限责任公司
40	7 月 17 日	幼儿园园舍等 2 项（X77R2 地块幼儿园工程）	北京经济技术投资开发总公司
41	7 月 26 日	亦庄京芯园 B1 研发办公楼等 6 项	北京亦庄京芯园投资发展有限公司

（续表2）

序号	批开工日期	项 目	建设单位
42	8月1日	开发区博大大厦一层大厅改造	北京经济技术投资开发总公司
43	8月3日	1#研发试制楼等9项（兴盛工业园三期）	北京金地科创置业有限公司
44	8月15日	机动车排放管理中心改建技术交流室	北京市机动车排放管理中心
45	8月15日	机动车中心综合楼改造食堂	北京市机动车排放管理中心
46	8月16日	霍曼技术设备生活区二层扩建（增建办公用房项目）	霍曼（北京）门业有限公司
47	8月24日	研发办公楼等4项（亿马先锋纯电动汽车）	北京亿马先锋汽车科技有限公司
48	8月24日	17#管理栋扩建等3项（针剂栋、管理栋、废品库扩建及扩产项目）	第一三共制药（北京）有限公司
49	8月31日	1#研发试制车间等7项	北京博大兴房地产开发有限公司
50	8月31日	卡森索乐J座生产研发楼	北京卡森索乐太阳能技术有限公司
51	9月7日	路南区N5地块临时供热厂工程	北京经济技术投资开发总公司
52	9月7日	幼儿园园舍等2项（X75R2地块幼儿园工程）	北京经济技术投资开发总公司
53	9月10日	河西区黄亦路(博兴西路—博兴十路）道路改造工程	北京经济技术投资开发总公司
54	9月18日	皓海嘉业一号厂房等2项	北京皓海嘉业机械科技有限公司
55	9月20日	货物通廊（揖斐电）	揖斐电电子（北京）有限公司
56	9月21日	16#生产研发楼等5项（16#生产研发楼、19#后勤办公楼）	北京星岛置业有限公司
57	9月21日	博世力士乐化学品及垃圾存放库等3项	博世力士乐（北京）液压有限公司
58	9月25日	比泽尔二期厂房等3项（比泽尔制冷设备项目）	比泽尔制冷技术（中国）有限公司
59	9月27日	康宁110KV变电站，控制室等3项	康宁显示科技（中国）有限公司
60	9月27日	国锐广场3A#住宅楼	北京国锐房地产开发有限公司
61	9月28日	A座职业装创意研发楼（含设计、制定、鉴定等）等3项	北京赛斯特新世纪服装有限公司
62	10月9日	MRA-涂装车间扩建	北京奔驰汽车有限公司
63	10月10日	MRA-污水处理站等6项（MRA-整车水密性实验中心、MRA-整车水密性实验中心检测区、RD-研发中心）MRA-油库及油泵房等2项（MRA-消防车库）、实验室等4项(试制车间改造）及室外工程	北京奔驰汽车有限公司
64	10月18日	国锐广场3b#住宅楼	北京国锐房地产开发有限公司
65	10月22日	学二食堂等2项（北京经济技术开发区职业教育园区实训楼等新建工程项目）	北京电子科技职业学院

（续表 3）

序号	批开工日期	项 目	建设单位
66	10 月 23 日	偏光板厂房扩建	住化华北电子材料科技（北京）有限公司
67	10 月 31 日	美基机电一号车间等 8 项	北京美基机电设备有限公司
68	10 月 31 日	鹿海园四里 8、9 号楼装修工程	北京博大新元房地产开发有限公司
69	11 月 1 日	京东总部办公 A 座等 8 项（京东商城总部基地项目）	北京京东世纪贸易有限公司
70	11 月 2 日	国通鑫泰 1# 厂房等 8 项（亦庄儿童医药器械产业园项目）	北京国通鑫泰投资管理有限公司
71	11 月 5 日	中金金融认证中心有限公司机房装修工程	中金金融认证中心有限公司
72	11 月 13 日	康龙化成 11# 实验楼等 2 项（新药研发服务外包基地）	康龙化成（北京）科技发展有限公司
73	11 月 19 日	通用电气新扩建厂房（增建包装出货库房项目）	北京通用电气华伦医疗设备有限公司
74	11 月 23 日	北汽李尔一期联合厂房等 2 项	北京北汽李尔汽车系统有限公司
75	11 月 23 日	锅炉房（B7 生物医药产业园锅炉房项目）	北京经济技术投资开发总公司
76	11 月 26 日	1–A 化、中药楼等 21 项（悦康医药科工贸产业基地项目）（除 5# 生产厂房）	悦康药业集团有限公司
77	11 月 27 日	2008 年二期市政工程 11 标段兴海三街（博兴八路 – 博兴路）市政工程	北京经济技术开发区基建办公室
78	11 月 28 日	中天银和 A 栋银行卡增值服务软件研发中心等 8 项	北京中天银和投资有限公司
79	12 月 4 日	202A 连廊等 5 项	北京天坛生物制品股份有限公司
80	12 月 5 日	6# 先进复合材料厂房等 12 项（中材科技先进复合材料产业基地项目）	北京北玻嘉美科技发展有限公司
81	12 月 5 日	康明斯厂房扩建等 4 项(厂房扩建项目）	康明斯发动机（北京）有限公司
82	12 月 5 日	偏光板厂房二次扩建	住化华北电子材料科技（北京）有限公司
83	12 月 12 日	博兴十路（新凤河路 – 新凤河）雨水工程	北京经济技术投资开发总公司
84	12 月 12 日	217 号东区污水提升泵房等 5 项	北京天坛生物制品股份有限公司
85	12 月 26 日	京东方视讯整机大楼（工业厂房）等 5 项（整机代工事业北京工厂项目）	北京京东方视讯科技有限公司
86	12 月 31 日	SMC4 号栋加工组装车间（SMC（中国）有限公司第四工厂二期项目）	SMC（中国）有限公司

（开发区建发局提供）

2012年北京经济技术开发区内国家级研究中心、基地、实验室一览表

序号	名称	承担企业	认定部门
1	新型疫苗国家工程研究中心	北京微谷生物技术有限公司	发展改革委
2	病毒生物技术国家工程研究中心	北京凯因生物技术有限公司	发展改革委
3	卫星导航应用国家工程研究中心	天合导航通信技术有限公司	发展改革委
4	国家人类基因组北方研究中心	北京诺赛基因组研究中心有限公司	科技部
5	国家药物安全评价监测中心	国家药物安全评价监测中心	
6	国家高技术计划（“863”计划）生物领域病毒基因载体研究开发基地	本元正阳基因技术有限公司	科技部
7	国家高技术研究发展计划成果产业化基地	北京凯正生物工程发展有限责任公司	发展改革委
8	国家“863”工程抗体研发基地	北京天广实生物技术有限公司	科技部
9	国家工程实验室	联通宽带业务应用国家工程实验室有限公司	发展改革委

（开发区科技局提供）

2012年北京经济技术开发区内国家级企业技术中心一览表

序号	名称	承担企业	认定部门
1	北京北开电气股份有限公司技术中心	北京北开电气股份有限公司	发展改革委
2	经纬纺织机械股份有限公司技术中心	经纬纺织机械股份有限公司	发展改革委
3	北京和利时系统工程有限公司技术中心	北京和利时系统工程有限公司	发展改革委

（开发区科技局提供）

2012年北京经济技术开发区内经市发展改革委认定的企业工程实验室一览表

序号	名称	申报单位
1	数字电视B2B交易支撑体系关键技术北京市工程实验室	中辉世纪传媒发展有限公司
2	药物安全评价关键技术北京市工程实验室	北京协和建昊医药技术开发有限责任公司
3	导航重复经颅磁刺激北京市工程实验室	北京脑泰科技发展有限公司
4	传染病分子诊断北京市工程实验室	北京金豪制药股份有限公司

（开发区科技局提供）

2012年北京经济技术开发区内经市科委认定的企业重点实验室一览表

序号	重点实验室名称	承担单位
1	基因组学研究北京市重点实验室	国家人类基因组北方研究中心
2	单克隆抗体上游研发技术北京市重点实验室	北京义翘神州生物技术有限公司
3	高温超导材料及应用技术北京市重点实验室	北京英纳超导技术有限公司
4	生化诊断试剂检验技术北京市重点实验室	北京利德曼生化股份有限公司
5	生物制品安全性评价北京市重点实验室	北京昭衍新药研究中心有限公司

（开发区科技局提供）

2012年北京经济技术开发区内经市科委认定的企业工程技术研究中心一览表

序号	名称	承担单位
1	北京市氯碱装备工程技术研究中心	蓝星（北京）化工机械有限公司
2	北京市铸轧工程技术研究中心	中冶京诚工程技术有限公司
3	北京市脂质靶向制剂工程技术研究中心	北京泰德制药股份有限公司
4	北京市基因工程抗体药物工程技术研究中心	百泰生物药业有限公司
5	北京市重组蛋白药物工程技术研究中心	北京凯因科技股份有限公司
6	北京市MOCVD工程技术研究中心	北京北方微电子基地设备工艺研究中心有限责任公司
7	北京市轻纺机械机器视觉工程技术研究中心	北京经纬纺机新技术有限公司
8	北京市移动卫星应用工程技术研究中心	北京中交通信科技有限公司
9	北京市半导体照明产品开发及应用工程技术研究中心	北京朗波尔光电股份有限公司
10	北京市蛋白和抗体研发及制备工程技术研究中心	北京义翘神州生物技术有限公司
11	北京市核医学装备工程技术研究中心	北京大基康明医疗设备有限公司

（开发区科技局提供）

2012年北京经济技术开发区内经市经济信息化委认定的企业技术中心一览表

序号	名称
1	经纬纺织机械股份有限公司技术中心
2	北京玻钢院复合材料有限公司
3	北京华德液压工业集团有限责任公司技术中心
4	蓝星（北京）化工机械有限公司
5	中冶京诚工程技术有限公司
6	金风科创风电设备有限公司
7	北京苍穹数码测绘有限公司
8	冠捷科技（北京）有限公司
9	北京航天万源煤化工工程技术有限公司
10	北京天源科创风电技术有限责任公司
11	阿尔特（中国）汽车技术有限公司
12	富思特制漆（北京）有限公司
13	悦康药业集团有限公司
14	百泰生物药业有限公司
15	北京京运通科技股份有限公司
16	中铁十九局集团有限公司
17	北京星昊医药股份有限公司
18	中国华冶科工集团有限公司

（开发区科技局提供）

2012年北京经济技术开发区内经市科委认定的企业科技研究开发机构一览表

序号	名称
1	北京诺赛基因组研究中心有限公司
2	北京云电英纳超导电缆有限公司
3	北京英纳超导技术有限公司
4	新奥新能（北京）科技有限公司
5	北京爱普益生物科技有限公司
6	北京亿仁赛博医疗科技研发中心有限公司
7	北京正大绿洲医药科技有限公司
8	北京迈劲医药科技有限公司
9	北京亿马先锋汽车科技有限公司
10	北京沙东生物技术有限公司
11	北京凯因生物技术有限公司
12	北京利达华信电子有限公司
13	北京京东方茶谷电子有限公司
14	北京洲际资源环保科技有限公司
15	北京金风科创风电设备有限公司
16	北京东港嘉华安全信息技术有限公司
17	北京京杰锐思技术开发有限公司
18	华北高速公路股份有限公司
19	北京太时芯光科技有限公司
20	北京全能燃料电池有限公司
21	北京龙源冷却技术有限公司
22	北京同益中特种纤维技术开发有限公司
23	中航金网（北京）电子商务有限公司
24	北京星和众工设备技术股份有限公司
25	北京华德液压工业集团有限责任公司
26	北京百花蜂产品科技发展有限公司
27	北京利德曼生化股份有限公司
28	北京昭衍新药研究中心有限公司
29	博尔诚（北京）科技有限公司
30	康龙化成（北京）新药技术有限公司
31	北京悦康科创医药科技有限公司
32	北京义翘神州生物技术有限公司
33	北京赤那思电气技术有限公司
34	北京凯正生物工程发展有限责任公司
35	北京华联印刷有限公司印刷数字技术开发研究中心
36	宝健（中国）日用品有限公司北京经济技术开发区分公司
37	SMC（中国）有限公司北京技术研发中心
38	北京天奈科技有限公司
39	北京中企开源信息技术有限公司
40	百泰生物药业有限公司

（续表1）

序号	名称
41	北京起步科技有限公司
42	北京国元堂医药研究所有限公司
43	北京旷博生物技术有限公司
44	北京中合实创电力科技有限公司
45	北京易信通联信息技术有限公司
46	北京世纪迈劲生物科技有限公司
47	北京时美时代科技有限公司
48	北京绿泽宇和科技有限公司
49	北京润德康泰生物技术有限公司
50	北京康乐卫士生物技术有限公司
51	北京汇智众鑫科技有限公司
52	北京中嘉阳光科技发展有限公司
53	北京协和建昊医药技术开发有限责任公司
54	北京美基机电设备有限公司
55	诺兰特移动通信配件（北京）有限公司
56	北京爱生科技发展有限公司
57	北京苍穹同绘数码科技有限公司
58	北京国富安电子商务安全认证有限公司
59	北京海步国际医药科技发展有限公司
60	北京圣福伦科技有限公司
61	北京同为时代生物技术有限公司
62	龙创信恒（北京）科技有限公司
63	北京绿竹生物制药有限公司
64	北京利达科信环境安全技术有限公司
65	亿江（北京）科技发展有限公司
66	航天长征火箭技术有限公司
67	中兴网安科技有限公司
68	美德创新（北京）科技有限公司
69	北京慧峰仁和科技股份有限公司
70	北京博大光通国际半导体技术有限公司
71	北京中瑞蓝科电动汽车技术有限公司
72	北京朗第伦索汽车燃气系统有限公司
73	北京迈康斯德医药技术有限公司
74	北京光宝移动电子电信部件有限公司
75	北京培宏望志科技有限公司
76	络派模切（北京）有限公司
77	北京豪特耐管道设备有限公司
78	北京牡丹联友环保科技股份有限公司
79	北京万源多贝克包装印刷机械有限公司
80	北京赛升药业股份有限公司
81	万盛（中国）科技有限公司
82	北京三诺佳邑生物技术有限责任公司

（续表2）

序号	名称
83	北京盈康宝科技发展有限公司
84	北京健翔和牧生物科技有限公司
85	北京赛维奥软件科技有限公司
86	北京四环生物制药有限公司

（开发区科技局提供）

2012年北京经济技术开发区内经市发展改革委认定的企业工程研究中心一览表

序号	名称	申报单位
1	下一代互联网关键技术和评测北京市工程研究中心	北京天地互连信息技术有限公司
2	抗体药物北京市工程研究中心	北京海默医星生物技术有限公司

（开发区科技局提供）

2012年北京经济技术开发区新认定的“小巨人”重点培育企业一览表

序号	公司名称
1	易美芯光（北京）科技有限公司
2	北京易信通联信息技术有限公司
3	北京旷博生物技术有限公司
4	亿江（北京）科技发展有限公司
5	北京海联捷迅信息科技发展有限公司
6	北京安泰伟奥信息技术有限公司
7	北京和利时自动化驱动技术有限公司
8	北京圣福伦科技有限公司
9	北京亚宝生物药业有限公司
10	北京悦康科创医药科技有限公司
11	北京国能子金电气技术有限公司
12	北京起步科技有限公司
13	北京耐威时代科技有限公司
14	北京友强惠泽机电科技股份有限公司
15	北京泰豪太阳能电源技术有限公司
16	北京泛博化学股份有限公司
17	北京天地超云科技有限公司
18	欧文托普阀门系统（北京）有限公司
19	北京艾迪康医学检验所有限公司
20	北京天地超云科技有限公司
21	数码辰星科技发展（北京）有限公司

（开发区科技局提供）

2012 年北京经济技术开发区领导一览表			
姓名	单位名称	职务	备注
林克庆	中共北京市大兴区委	书　记	
	中共北京市委经济技术开发区工委	书　记	
李长友	中共北京市大兴区委	副书记	
	北京市大兴区	区　长	
	中共北京市委经济技术开发区工委	副书记	
张伯旭	中共北京市大兴区委	副书记	
	北京市大兴区	副区长	
	中共北京市委经济技术开发区工委	副书记	
	北京经济技术开发区管委会	主　任	
贲　勇	中共北京市委经济技术开发区工委	副书记（正局级）	5月任正局级
张　文	中共北京市委经济技术开发区工委	委　员（正局级）	
王敬东	中共北京市委经济技术开发区工委	委　员	
	中共北京经济技术开发区纪工委	书　记	
赵昕昕	中共北京市大兴区委	常　委	
	中共北京市委经济技术开发区工委	委　员	
	北京经济技术开发区管委会	副主任	
高言杰	中共北京市委经济技术开发区工委	委　员	
	北京经济技术开发区管委会	副主任	
王合生	中共北京市委经济技术开发区工委	委　员	
	北京经济技术开发区管委会	副主任	
绳立成	北京市大兴区人大常委会	副主任	
	中共北京市委经济技术开发区工委	委　员	
	北京经济技术开发区管委会	副主任	
王宗刚	中共北京市委经济技术开发区工委	委　员	
	中共北京市委经济技术开发区工委组织部	部　长	
袁立洪	中共北京市委经济技术开发区工委	委　员	5 月任
	北京经济技术开发区管委会	副主任	5 月任
赵雅娟	中共北京市委经济技术开发区工委	委　员	5 月任
	中共北京市委经济技术开发区工委宣传部	部　长	5 月任
程　京	北京经济技术开发区管委会	副主任（挂职）	
杜新安	北京经济技术开发区管委会	巡视员	
张凤民	北京经济技术开发区	副局级	5 月任
	北京经济技术开发区总工会	主　席	5 月任

（开发区组织部提供）

2012年北京经济技术投资开发总公司领导一览表

姓名	单位名称	职务	备注
赵广义	北京经济技术投资开发总公司党委	书　记	
	北京经济技术投资开发总公司	经　理	8月免
白　文	北京经济技术投资开发总公司	经　理	8月任
罗伯明	北京经济技术投资开发总公司	副经理	
宋卫民	北京经济技术投资开发总公司	总会计师	5月免
韩洪英	北京经济技术投资开发总公司党委	副书记	
	北京经济技术投资开发总公司纪委	书　记	

（开发区组织部提供）

2012年中共北京市委经济技术开发区工作委员会部门领导一览表

单位名称	姓名	职务	备注
工委办公室	赵　鲁	主　任	6月任
	金光泽	副主任	
工委组织部	王　晖	副部长（正处级）	3月任副部长 8月任正处级
	孙泰旭	人事教育处副处长	8月免
工委宣传部	李怀亭	副部长	
	王燕石	副调研员	
党群工作部	程明亮	部　长	
	闫　英	副部长	8月任
政法工作部	王春练	部　长	3月免
		调研员	3月任、11月免
	王国良	部　长	3月任
	张林坤	副部长	
	王　耕	副调研员	
机关党委	抗均平	副书记	
总工会	骆　华	常务副主席	8月任
	陈朝凯	副主席、调研员	
	谷学春	副调研员	
纪工委、监察局	张　宇	副书记、监察局局长	
	赵凌云	纪工委副书记	
	付长海	正处级纪检监察员	
	张国平	副处级纪检监察员	
	赵　福	副处级纪检监察员	1月任

注：2012年年鉴中本表张宇职务应为纪工委副书记、监察局局长，赵凌云职务应为纪工委副书记，特此注释。

（开发区组织部提供）

2012年北京经济技术开发区管理委员会部门领导一览表

单位名称	姓名	职务	备注
管委会办公室	袁立洪	主　任	6月免
	沈永刚	主　任	6月任
	潘晓强	副主任	
	池　宇	副主任	
	黄　蕾	副主任	8月任
	边元松	调研员	
	杨保强	副调研员	
	郭福明	副调研员	
	陶纪忠	副调研员	
	王江波	副调研员	
	陈　明	副调研员	
	孙　鹏	副调研员	12月免
发展和改革局	李　旭	局　长	
	刘　力	副局长	
	关德鹏	副局长	12月免
产业促进局	张凤民	局　长	6月免
	孙泰旭	书记（正处级）	8月任
	叶　斌	副局长	5月免
	杨国柱	副局长	3月免
		调研员	9月免
	王延卫	副局长	
	邹本雨	副局长	
	李冬明	副局长	8月任
	欧勤生	调研员	
	娄　玫	副调研员	8月任
科技局	李群虹	局　长	
	苏　荣	副局长	
	周宵宇	副局长	12月任
	孙　鹏	副局长	12月任
	于春玲	副调研员	

（续表1）

单位名称	姓名	职务	备注
财政局	安春玲	局　长	
	于　飞	国有企业监事会主席	
	吕文玉	副局长	
	杨太恒	副局长	
	靳盛溢	副总会计师（副处级）	8月任
	王彦文	副调研员	
	息燕莉	副调研员	
	李晓红	副调研员	
人事劳动和社会保障局	常　宸	局　长	
	任鸣晨	副局长	
	张建荣	副局长	
	陈　清	副调研员	
房屋和土地管理局	尚健明	局　长	8月免
		书　记	8月任
	王俊杰	副局长	
	庞　雁	副局长	
	魏　军	调研员	
建设发展局	芦永忠	局　长	
	李　英	副局长	3月免
	刘文庆	副局长	
	黄俊斌	副局长	
	段青松	副局长（兼）	8月任
征地拆迁办公室	刘振宝	主　任	
	段青松	副主任	
	张　丹	副调研员	
市政管理局	王国良	局　长	3月免
	张　君	局　长	3月任
	赵　军	书　记	3月任
	张忠坤	总工程师（正处级）	8月任
	李　宁	副局长	
	孙玉洁	调研员	11月免
	陈立华	副调研员	5月任

（续表 2）

单位名称	姓名	职务	备注
社会发展局	郑海涛	局　长	
	李振方	副局长	3 月免
		调研员	11 月免
	张小戎	副局长、调研员	12 月任
	袁长友	副局长	
	路　畅	副局长	8 月任
	朱红兵	副调研员	
	李庆彬	副调研员	
	王群力	副调研员	
审计局	田　枫	局　长	
	刘　彬	副局长	
环境保护局	赵　军	局　长	3 月免
	李　英	局　长	3 月任
	王翠英	副局长	
统计局	段占奎	局　长	3 月免
		调研员	3 月任
	张　虹	局　长	3 月任
	孙玉军	副局长	12 月任
	冯龟凡	副局长	
安全生产监督管理局	刘建平	局　长	3 月免
	吴伯军	局　长	3 月任
	窦桂芹	副局长	
	王辰宇	调研员	
	闫庆平	调研员	
研究室	张　虹	主　任	3 月免
	宋晓晖	副主任	
	李继良	副主任	
信息化工作办公室	蒋学涛	主　任	
	张　红	副主任	

（续表3）

单位名称	姓名	职务	备注
北京市城市管理综合行政执法局开发区分局	张　君	局　长	3月免
	刘建平	局　长	3月任
	丁胜才	政　委	
	崔春生	副局长、调研员	12月免
	王　军	副局长	
	靳喜班	副局长	
	韩燕革	副局长	12月任
	胡福友	副调研员	
	王汝德	副调研员	
	段荣军	副调研员	
	郝成龙	副调研员	
	张京生	副调研员	9月免
北京市规划委员会经济技术开发区分局	陈晓君	局　长	
	周　波	副局长	
	张　舰	副局长	

（开发区组织部提供）

2012年驻北京经济技术开发区职能局负责人一览表			
单位名称	姓名	职务	备注
北京市工商行政管理局经济技术开发区分局	赵　敏	局　长	
北京经济技术开发区国家税务局	孙小平	局　长	7月免
	蒙玉英	局　长	7月任
北京市地方税务局开发区分局	王炯宁	党组书记、局长	
中华人民共和国北京经济技术开发区海关	韩　钢	关　长	4月免
	蔡　滨	关　长	4月任
北京经济技术开发区出入境检验检疫局	王大路	党组书记、局长	3月免
	张瑞宏	党组书记、局长	3月任
北京市公安局经济技术开发区分局	邹燕平	局　长	
北京市公安局公安交通管理局开发区交通大队	王万荣	大队长	
北京经济技术开发区公安消防支队	刘洪海	支队长	
北京市药品监督管理局经济技术开发区分局	阮培军	局　长	
北京市质量技术监督局北京经济技术开发区分局	董梦铎	局　长	
北京经济技术开发区经济社会调查队	任　斌	队　长	
北京市大兴区人民检察院经济技术开发区检察处	赵智杰	负责人	
北京市大兴区人民法院经济技术开发区人民法庭	单祖果	庭　长	

（开发区组织部提供）

国家部分机构全称简称对照表		
序号	全称	简称
1	中华人民共和国国务院办公厅	国务院办公厅
2	中华人民共和国国防部	国防部
3	中华人民共和国国家发展和改革委员会	发展改革委
4	中华人民共和国教育部	教育部
5	中华人民共和国科学技术部	科技部
6	中华人民共和国工业和信息化部	工业和信息化部
7	中华人民共和国民政部	民政部
8	中华人民共和国司法部	司法部
9	中华人民共和国财政部	财政部
10	中华人民共和国人力资源和社会保障部	人力资源社会保障部
11	中华人民共和国国土资源部	国土资源部
12	中华人民共和国环境保护部	环境保护部
13	中华人民共和国住房和城乡建设部	住房城乡建设部
14	中华人民共和国交通运输部	交通运输部
15	中华人民共和国铁道部	铁道部
16	中华人民共和国水利部	水利部
17	中华人民共和国农业部	农业部
18	中华人民共和国商务部	商务部
19	中华人民共和国文化部	文化部
20	中华人民共和国卫生部	卫生部
21	中国人民银行	人民银行
22	中华人民共和国审计署	审计署
23	国务院国有资产监督管理委员会	国资委
24	中华人民共和国海关总署	海关总署
25	国家税务总局	税务总局
26	国家工商行政管理总局	工商总局
27	国家质量监督检验检疫总局	质检总局
28	国家广播电影电视总局	广电总局
29	国家新闻出版总署（国家版权局）	新闻出版总署（版权局）
30	国家统计局	统计局
31	国家林业局	林业局
32	国家知识产权局	知识产权局
33	国务院法制办公室	法制办
34	新华通讯社	新华社

（续表）

序号	全称	简称
35	中国科学院	中科院
36	中国社会科学院	社科院
37	中国工程院	工程院
38	国家行政学院	行政学院
39	中国地震局	地震局
40	中国气象局	气象局
41	中国银行业监督管理委员会	银监会
42	中国证券监督管理委员会	证监会
43	中国保险监督管理委员会	保监会
44	国家自然科学基金委员会	自然科学基金会
45	国家能源局	能源局
46	国家国防科技工业局	国防科工局
47	国家海洋局	海洋局
48	国家测绘局	测绘局
49	中国民用航空局	民航局
50	国家邮政局	邮政局
51	国家食品药品监督管理局	食品药品监管局
52	国家中医药管理局	中医药局
53	国务院台湾事务办公室	台　办
54	国务院新闻办公室	新闻办
55	国家航天局	航天局

北京市部分政府机构全称简称对照表

序号	全称	简称
1	北京市人民代表大会常务委员会	市人大常委会
2	中共北京市委组织部	市委组织部
3	北京市委政法委员会	市委政法委
4	北京市机构编制委员会办公室	市编办
5	首都精神文明建设委员会办公室	首都文明办
6	中国人民政治协商会议北京市委员会	市政协
7	北京市政府新闻办公室（北京市委宣传部）	市政府新闻办公室（市委宣传部）
8	中共北京市委研究室	中共北京市委研究室
9	北京市人民政府办公厅	市政府办公厅
10	北京市发展和改革委员会	市发展改革委
11	北京市教育委员会	市教委
12	北京市科学技术委员会	市科委
13	北京市经济和信息化委员会	市经济信息化委（市国防科工办）
14	北京市公安局	市公安局
15	北京市监察局（中共北京市纪律检查委员会）	市监察局（市纪委）
16	北京市民政局	市民政局
17	北京市司法局	市司法局
18	北京市财政局	市财政局
19	北京市人力资源和社会保障局	市人力社保局
20	北京市国土资源局	市国土局
21	北京市环境保护局	市环保局
22	北京市规划委员会	市规划委（首规委办）
23	北京市住房和城乡建设委员会	市住房城乡建设委（市政府房改办）
24	北京市交通委员会	市交通委
25	北京市农村工作委员会	市农委（市委农工委）
26	北京市水务局	市水务局
27	北京市商务委员会	市商务委（市政府口岸办）
28	北京市文化局	市文化局
29	北京市卫生局	市卫生局
30	北京市审计局	市审计局
31	北京市人民政府外事办公室（北京市人民政府港澳事务办公室）	市政府外办（市政府港澳办）
32	北京市社会建设工作办公室	市社会办
33	北京市人民政府国有资产监督管理委员会	市国资委
34	北京市地方税务局	市地税局
35	北京市工商行政管理局	市工商局

（续表）

序号	全称	简称
36	北京市质量技术监督局	市质监局
37	北京市广播电影电视局	市广电局
38	北京市新闻出版（版权）局	市新闻出版局（市版权局）
39	北京市统计局（国家统计局北京调查总队）	市统计局 （国家统计局北京调查总队）
40	北京市园林绿化局（首都绿化委员会办公室）	市园林绿化局（首都绿化办）
41	北京市金融工作局	市金融局
42	北京市知识产权局	市知识产权局
43	北京市人民政府法制办公室	市政府法制办
44	北京市人民政府研究室	市政府研究室
45	中关村科技园区管理委员会	中关村管委会
46	北京市农业局	市农业局
47	北京市粮食局	市粮食局
48	北京市食品药品监督管理局	市食品药品监管局
49	北京市中医管理局	市中医局
50	北京市重大项目建设指挥部办公室	市重大项目办
51	北京市南水北调工程建设委员会办公室	市南水北调办
52	北京市档案局	市档案局
53	北京市公园管理中心	市公园管理中心
54	北京市投资促进局	市投资促进局
55	北京市地方志编纂委员会办公室	市地方志办公室
56	北京市政府采购中心	市政府采购中心
57	北京市国家税务局	市国税局
58	北京市气象局	市气象局
59	北京市人民政府台湾事务办公室	市台办（市委台湾工作办公室）
60	中华人民共和国北京海关	北京海关
61	北京市人民检察院	市人民检察院
62	北京市高级人民法院	市高级人民法院
63	北京市总工会	市总工会
64	共青团北京市委员会	团市委
65	北京市妇女联合会	市妇联
66	北京市科学技术协会	市科协
67	北京市社会科学界联合会	市社科联
68	北京市爱国卫生运动委员会	市爱卫会

主题词索引

索引说明

本索引采取主题索引也称内容分析索引法编纂。主题词以《北京经济技术开发区年鉴》（2013）正文中出现的专业名词、名词词组为主。

本索引按汉语拼音音序排列，汉字打头的标目按首字母的音序音调依次排列，首字相同时，则以第二字排序，依此类推；以阿拉伯数字打头的主题词，排在最前面；以英文字母打头的主题词，列于其后。

索引词条后的阿拉伯数字表示内容所在的页码，数字后的英文字母（a、b）表示正文中的栏别（从左至右）。

同一主题的内容在文中多处出现的，在索引中按页码顺序依次列出。

本刊的特载、园区建设20周年专稿、文件选载、大事记、统计资料、附录栏目内容不在索引范围内。

0～9

A

F

G

H

J

R

S

T

W

X

Y

Z

北京经济技术开发区年鉴编辑部

电　　话　(010)67887287　67887137　67880343

传　　真　(010)67887287　67881315

电子邮箱　bdaqzb@163.com

网　　址　www.bda.gov.cn

通讯地址　北京经济技术开发区荣华中路 15 号

邮　　编　100176

bdayearbook
（微信）

亦庄地情
（网址）

图书在版编目（CIP）数据

北京经济技术开发区年鉴．2013 / 北京经济开发区年鉴编纂委员会编．——北京：方志出版社，2013.12
ISBN 978-7-5144-1171-3

Ⅰ．①北… Ⅱ．①北… Ⅲ．①技术开发区—北京市—2013—年鉴 Ⅳ．①F127.1

中国版本图书馆 CIP 数据核字（2014）第 001359 号

北京经济技术开发区年鉴（2013）

编　　者：北京经济技术开发区年鉴编纂委员会
责任编辑：何明忠　齐　笑

出 版 社：方志出版社
（北京市东城区夕照寺 14 号院富瑞苑公寓 6 层）
邮编　100061
网址　http://www.fzph.org
发　　行：方志出版社发行中心
（010）67110500
经　　销：各地新华书店
法律顾问：北京高文律师事务所
印　　刷：北京华联印刷有限公司

开　　本：889 × 1194　1/16
印　　张：40
字　　数：873 千字
版　　次：2013 年 12 月第 1 版　2013 年 12 月第 1 次印刷
印　　数：0001~2000 册

ISBN 978-7-5144-1171-3/F · 126　定价：480.00 元